프로덕션 쿠버네티스

프로덕션 쿠버네티스

애플리케이션 플랫폼 구축을 위한

나정호 옮김   조쉬 로소 · 리치 랜더 · 알렉산더 브랜드 · 존 해리스 지음

i!i
에이콘

 에이콘출판의 기틀을 마련하신 故 정완재 선생님 (1935-2004)

쿠버네티스가 공개된 지 6년이 지났고, 공개됐을 때부터 저자는 쿠버네티스 개발 조직에 소속돼 실제로 쿠버네티스 프로젝트에 첫 번째 커밋을 수행했다(공개 릴리즈를 위한 클린 리포지터리를 만드는 과정에서의 유지보수를 담당했다). 쿠버네티스는 기대 이상의 성공을 거뒀다고 자신 있게 말할 수 있다. 성공의 기반에는 규모가 큰 오픈소스 커뮤니티와 현실 세계와의 격차를 해소하려는 기여자들의 적극적인 참여가 있었다.

쿠버네티스를 일반 기업에 제공한다는 사명으로 공동 설립한 스타트업 헵티오^{Heptio}에서 저자와 협력할 수 있었다. 헵티오에서 성공의 대부분은 실질적인 문제를 해결함에 있었고, 쿠버네티스의 실제 사용자와 직접 연결하는 동료의 노력이 있었기에 감사의 뜻을 전하고 싶다. 쿠버네티스를 운영 환경에서 실제로 작동하는 데 필요한 도구를 팀에 제공하기 위한 현장의 경험을 전하려는 목적을 두고 이 책을 썼다.

저자의 전체 경력은 애플리케이션 팀과 개발자를 대상으로 한 시스템 구축을 기반으로 한다. 마이크로소프트 인터넷 익스플로러^{Microsoft Internet Explorer}부터 윈도우 프레젠테이션 파운데이션^{Windows Presentation Foundation}에서 계속되고, 구글 컴퓨트 엔진^{Google Compute Engine}과 쿠버네티스 및 클라우드로 전환됐다. 현장에서 '플랫폼 빌더의 저주'라는 현상으로부터 플랫폼을 구축하는 사람들이 고통받는 것을 여러 차례 목격했다. 플랫폼을 구축하고 있는 사람들은 수십 년 동안 안정적인 기반을 구축하는 문제에 초점을 맞추고 있다. 그러나 그 안정적인 기반에 초점을 맞추면서 현재 사용자가 겪고 있는 문제에 사각지대가 생기게 된다. 종종 사용자가 구축하고 있는 것을 실제로 사용하도록 연결하는 시간에 문제가 없도록 빠른 시일 내 구축하는 시간이 부족하다.

'플랫폼 빌더의 저주'를 극복하려면 플랫폼 빌더의 거품 바깥 쪽에서 적극적으로 해결가능한 정보를 찾는 방법이 유일한 해결책이다. 정보를 찾는 일은 헵티오의 필드 엔지니어링 팀(이후에는 VMware 쿠버네티스 아키텍처 팀-KAT)이 수행했다. 이 팀은 업계의 다양한 고객이 쿠버네티스에서 성공할 수 있도록 도움을 주는 것 이상으로, 플랫폼의 '이론'이 어떻게 적용되는지 현실에 반영할 수 있는 중요한 창구 역할을 했다.

플랫폼 빌더 문제는 쿠버네티스와 CNCF^{Cloud Native Computing Foundation}를 중심으로 구축되고 번창하는 생태계로 인해 더욱 악화된다. 여기에는 CNCF의 일부 프로젝트와 더 넓은 영역에 속한 프로젝트 모두가 포함된다. 이 생태계를 '아름다운 혼돈'이라고 표현하는데, 이는 서로 다른 정도의 중복과 성숙함을 가진 열대 우림과 같은 모습을 한 프로젝트이기 때문이다. 그러나 열대 우림을 탐험하는 것처럼 쿠버네티스 생태계를 탐험하려면 헌신의 시간이 필요하고 위험이 따른다. 쿠버네티스 세계에 첫 발을 딛은 사용자는 더 큰 생태계의 전문가가 되기 위한 시간이나 능력이 부족하다.

이 책은 쿠버네티스 생태계의 구성요소를 소개한다. 또한 개별 도구와 프로젝트가 언제 적합한지를 보여주며, 독자가 고민하는 문제를 적절한 도구로 평가하는 방법을 소개한다. 특정 도구를 사용하라고 독자에게 권하는 것을 넘어, 문제의 종류를 해결하는 일련의 도구를 이해하는 더 큰 프레임워크라는 특징을 설명한다. 문제의 존재 여부를 파악하고, 다양한 접근 방식의 강점과 약점을 알고, 실제로 시작하는 데 실용적인 조언을 제공한다. 쿠버네티스를 프로덕션 환경으로 전환하려는 사람에게 매우 가치 있는 정보가 가득하다.

마지막으로 조쉬, 리치, 알렉스, 존에게 감사의 뜻을 전하고 싶다. 6년 전, 쿠버네티스를 시작한 그때의 도움 뿐만 아니라 이후 고객의 성공을 꾸준히 도왔기 때문이다. 이제는 그 경험이 실린 이 책을 통해 수많은 사용자에게 필수적인 조언을 제공하게 될 것이다.

– 조 베다^{Joe Beda}

VMware 탄주^{Tanzu}의 수석 엔지니어, 쿠버네티스 공동 창시자

2021년 1월 시애틀

나정호(skwjdgh1@gmail.com)

금융 분야의 데브옵스^{DevOps} 엔지니어로 핀테크 금융 플랫폼 및 안전한 소프트웨어 개발과 운영 환경을 갖추는 데 기여했으며, SI 분야에서는 클라우드 엔지니어로 다양한 프로젝트에서 클라우드 솔루션의 성과를 이끌어 냈다.

현재는 SK온에서 EV 배터리 생산에 최적화된 스마트 팩토리 데이터 플랫폼 구축과 데브옵스 기반 AI/MLOps 환경 제공에 주력하고 있다. 기술적 도전과 혁신을 선도하며, 효율적인 소프트웨어 개발 및 운영을 실현하기 위해 최선의 기술을 활용하는 데 초점을 맞추고 있다.

다양한 기업과 프로젝트에서의 경험에서 비롯된 기술적 역량을 번역에 녹여 독자에게 복잡한 기술 내용을 이해하기 쉽게 전달하고자 노력하고 있다.

옮긴이의 말

현대 디지털 비즈니스의 핵심은 '애플리케이션과 시스템 운영'이다. 기업은 고객의 요구사항을 충족시키고, 경쟁력을 확보하며, 혁신을 추구하기 위해 안정적이고 확장 가능한 소프트웨어를 개발하고 운영해야 한다. 이를 수행하기 위한 도구와 기술 중 하나로 쿠버네티스 Kubernetes가 많은 부분에서 각광받고 있다.

쿠버네티스는 컨테이너 오케스트레이션 플랫폼으로, 애플리케이션의 배포, 확장, 관리, 스케일링, 복구 및 모니터링을 자동화하고 단순화하는 역할을 한다. 이를 통해 기업은 애플리케이션을 더 빠르게 개발하고 안정적인 운영 환경에서 애플리케이션을 제공할 수 있으며, 다양한 클라우드 환경에서의 이식성을 확보할 수 있다.

이 책은 쿠버네티스를 운영 환경에서 안정적이고 확장성 있게 운영하기 위한 핵심 원칙과 실무 노하우를 전달한다. 다년 간의 경험과 업무에서의 실제 사례를 토대로 쿠버네티스로 운영 환경을 개선하고 효율성을 높이는 방법을 제시하고 있다.

쿠버네티스는 학습 곡선이 가파르고 다양한 측면이 존재하는 복잡한 기술이다. 여러분은 쿠버네티스의 운영 및 관리에 필요한 기본 원칙과 심화 내용을 이해하고, 실제 운영 환경에서 문제를 해결하는 방법을 얻을 수 있을 것이다.

쿠버네티스의 세계로 안내하고, 안정성과 확장성을 갖춘 운영 환경을 구축하는 여정을 함께 떠나는 동반자로서, 쿠버네티스를 마스터하고 현대의 디지털 비즈니스에서 성공을 거두는 데 도움이 될 것을 확신한다.

마지막으로 베타리딩을 진행해주신 한국 AWS의 클라우드 아키텍트 매니저 김상필 팀장님에게 감사의 말을 전하고자 한다.

조쉬 로소^{Josh Rosso}

쿠버네티스 1.2버전(2016)부터 쿠버네티스 도입 목적으로 많은 조직과 협력했다. CoreOS(레드햇^{Red Hat}), 헵티오^{Heptio}를 거쳐 현재는 VMware에서 엔지니어 및 아키텍트로 일하고 있다. 금융기관에서 컴퓨팅 플랫폼 구축, 5G 통신을 지원하기 위한 에지 시스템 구축 프로젝트의 아키텍처 설계 및 엔지니어링에 참여했다. 엔터프라이즈 관리형 베어 메탈부터 클라우드 프로바이더 관리형 가상 머신까지 다양한 환경에서 일했다.

리치 랜더^{Rich Lander}

도커를 조기에 채택해 2015년에 컨테이너로 운영 환경의 워크로드 실행을 주도했다. 컨테이너 오케스트레이션^{Orchestration}의 가치를 어렵게 배우고 쿠버네티스 1.3버전까지 실전 애플리케이션을 실행했다. CoreOS(레드햇), 헵티오와 VMware에서 제조, 유통 및 기타 다양한 산업 분야의 기업이 쿠버네티스와 클라우드 네이티브 기술을 채택할 수 있도록 지원하는 필드 엔지니어로 근무했다.

알렉산더 브랜드^{Alexander Brand}

2016년 아프렌다^{Apprenda}사에서 최초의 오픈소스 쿠버네티스 설치 프로그램 중 하나를 만드는 데 기여하면서 쿠버네티스와 함께 일을 시작했다. 헵티오와 VMware에서 금융, 헬스케어, 컨슈머 등을 포함한 여러 산업 분야의 조직을 쿠버네티스 기반 플랫폼으로 설계하고 구축했다. 소프트웨어 엔지니어로서 클라우드 네이티브 생태계의 쿠버네티스 및 기타 오픈소스 프로젝트에도 기여했다.

존 해리스 John Harris

2014년부터 도커와 협력해 포춘지 선정 상위 50대 기업 대상으로 컨설팅하고 컨테이너 기술과 패턴을 성공적으로 채택할 수 있도록 많은 도움을 주고 있다. 클라우드 네이티브 아키텍처, 엔지니어링 및 데브옵스의 다양한 경험을 제공해 모든 기업에서 견고한 쿠버네티스 플랫폼과 애플리케이션을 구축할 수 있도록 지원하고 있다. VMware(헵티오)에서 일하기 전에는 도커를 활용해 중요 고객을 지원하는 아키텍트로 일했다.

원고를 리뷰하고 피드백해 준 케이티 가만지^{Katie Gamanji}, 마이클 굿니스^{Michael Goodness}, 짐 웨버^{Jim Weber}, 제드 살라자르^{Jed Salazar}, 토니 스컬리^{Tony Scully}, 모니카 로드리게스^{Monica Rodriguez}, 크리스 도커리^{Kris Dockery}, 랄프 뱅크스턴^{Ralph Bankston}, 스티브 슬로카^{Steve Sloka}, 아론 밀러^{Aaron Miller}, 툰드 올루 이사^{Tunde Olu-Isa}, 알렉스 위드로^{Alex Withrow}, 스콧 로우^{Scott Lowe}, 라이언 채플^{Ryan Chapple}, 케넌 데르비세비치^{Kenan Dervisevic}에게 감사의 뜻을 전한다. 집필을 장려하고 헵티오에서 놀라운 실무 엔지니어링 팀을 운영해준 폴 룬딘^{Paul Lundin}에게도 고맙다고 인사하고 싶다.

책 전체에 걸쳐 많은 아이디어와 경험을 공유하고 지원함으로써 기여해 준 팀 동료들에 감사한다. 또한, 이 프로젝트를 시작하고 발전시키는 데 지원해 준 VMware의 조 베다^{Joe Beda}, 스콧 뷰캐넌^{Scott Buchanan}, 다니엘 버로우^{Danielle Burrow}, 팀 코번트리 콕스^{Tim Coventry-Cox}에게 감사드린다. 마지막으로, 계속된 지원과 피드백을 준 오라일리의 존 데빈스^{John Devins}, 제프 블리엘^{Jeff Bleiel}, 크리스토퍼 파우셔^{Christopher Faucher}에게 감사드린다.

그리고 개인적인 감사의 인사를 함께 전하고자 한다.

조쉬: 이 책을 쓰는 동안 조건없는 지원과 블루베리 팬케이크를 만들어 준 제시카 아펠바움에게 감사드린다. 또한 성장 기반이 돼주신 어머니 안젤라와 아버지 조에게 감사드린다.

리치: 아내 테일러와 아이들의 레이나, 재스민, 맥스 존의 지원과 너그러운 이해에 감사드린다. 또한 훌륭한 롤 모델이 돼준 아버지, 어머니, 제니에게 감사드린다.

알렉산더: 아내 아나이스에게 사랑과 감사를 전한다. 또한 지금의 저를 있게 해 준 가족, 친구, 동료들에게도 감사드린다.

존: 아내 크리스티나의 사랑과 인내에 고맙다고 전하고 싶다. 또한 오랜 지속적인 지원과 격려를 아끼지 않은 친구와 가족에게 감사드린다.

차례

쿠버네티스는 매우 강력한 기술이며, 몇 년 전부터 인기가 급상승했다. 이를 통해 소프트웨어 배포를 관리하는 방식에서 발전을 위한 기반을 형성할 수 있었다. API 기반의 소프트웨어와 분산 시스템은 쿠버네티스가 등장하기 전에 이미 잘 정립돼 있었지만, 널리 채택되지는 않았다. 쿠버네티스는 정립된 원칙을 훌륭하게 실현해 성공의 기반을 마련했을 뿐 아니라 중요한 무언가를 제공했다. 쿠버네티스 프로젝트 덕분에 대기업에서나 가능하던 고가용성highly available, 셀프 힐링Self-healing, 오토스케일링autoscaling 방식의 소프트웨어 배포가 모든 조직에 도달 가능한 수준이 됐다. 소프트웨어 시스템이 넓은 범위의 고수준 지시를 받아들이고 그대로 실행해 원하는 결과를 제공하도록 하는 조건을 발견하고, 변화하는 장애물을 극복하며 개발자의 개입 없이 문제를 해결하는 미래가 눈앞에 있다. 더 빠르고 신뢰성 있게 수행하는 시스템이 구현될 것이다. 쿠버네티스는 모두를 그 미래에 훨씬 가까이 이끌었다. 그러나 강력함과 높은 성능은 사람들이 이러한 복잡성을 탐색하는 데 도움이 되는 경험을 공유하고자 이 책을 쓰기로 결정했다.

쿠버네티스를 사용해 운영 환경에 애플리케이션 플랫폼을 구축하려면 이 책을 읽어야 한다. 그러나 쿠버네티스를 처음 사용하거나 작동 방식을 알고자 하는 사람에게 이 책은 부적절하다. 책에서 설명하는 솔루션을 각자의 연구와 테스트에 함께 적용해보기를 권한다. 이 책은 단계별 튜토리얼 스타일의 예제로 깊게 들어가지 않는다. 이론을 필요한 만큼만 다루고, 대부분의 구현을 독자의 연습 과제로 남겨두려고 했다.

이 책 전반에서 옵션, 도구, 패턴 및 실천의 형태의 지침을 찾을 수 있을 것이다. 지침을 읽고 애플리케이션 플랫폼 구축의 실천에 대한 관점을 이해해야 한다. 우리는 엔지니어이며 아키텍트이자 포춘지Fortune 500대 기업에서 플랫폼 목표를 달성하는 데 기여했으며, 이러한 실무 경험이 설명에 녹아 있다. 쿠버네티스가 1.0버전으로 제공하기 시작한 2015년부터 쿠버네티스를 사용하고 있다. 새로운 도구가 빨리 나타나기 때문에 도구보다는 패턴과 철학에 중점을 두려고 노력했으나, 가장 적절한 도구를 사용해 패턴을 표시한 부분도 있다.

클라우드 네이티브 여정을 통해 팀을 안내해 소프트웨어를 어떻게 구축하고 전달하는지 완전히 변화시키는 데 큰 성공을 거뒀다. 물론 성공 전에는 실패가 있었다. 실패의 이유는 조직이 쿠버네티스가 어떤 문제를 해결해줄 것이라는 오해가 있었기 때문이다. 그래서 초기에 개념에 깊이 파고드는 것으로 방향을 정했다. 그동안 고객과 소통하며 알게 된 흥미로운 점을 많이 알게 됐는데, 이런 대화들이 너무 흔해져서 책을 쓸 때가 온 것이 아닐까 생각했다.

조직과 프로덕션에 방식의 전환은 몇 번이나 반복했지만, 조직이 추구하는 핵심가치는 하나뿐이다. 클라우드 네이티브로의 전환이 원하는 그림대로 그려지지 않는다는 것이다. 이를 염두에 두고, 이 책이 운영 단계에 도달하기 위한 '5단계 프로그램'이나 '모든 쿠버네티스 사용자가 알아야 할 열 가지'를 찾고 있는 독자를 만족시키기는 어렵다는 점을 한계로 설정했다. 여기에서는 지금까지 본 많은 결정 포인트와 함정을 언급하며 필요에 따라 구체적인 사례와 일화를 제공하려고 한다. 모범 사례는 존재하지만, 항상 실용성의 시각으로 볼 필요가 있다. 한 번에 모든 상황에 맞는 해결책은 없으며, 여정 중 불가피하게 마주하게 될 많은 질문에 '상황에 따라 답이 다르다'라고 말할 수 밖에 없다.

그럼에도 독자 여러분이 이 책에 도전해보기를 적극적으로 권장한다. 고객과 협력할 때, 저자의 지침에 도전하고 보강하기를 권장한다. 지식은 유동적이며, 항상 새로운 기능 정보 제약에 따라 접근 방식을 지속적으로 업데이트하는 추세를 계속 유지해야 한다. 클라우드 네이티브 공간이 진화하는 것에 따라, 권장한 것과는 다른 대안적인 길을 선택하게 될 것이다. 우리의 경험을 소개하면서 독자가 책에 실린 다양한 경험과 독자만의 관점을 비교하고 판단할 수 있도록 도울 준비가 끝났다.

표기법

다음과 같은 표기법을 사용했다.

이탤릭체

새 용어, URL, 이메일 주소, 파일명 및 파일 확장자를 나타낸다.

일정한 너비

프로그램 목록 뿐만 아니라 단락에서 변수 또는 함수명, 데이터베이스, 데이터 유형, 환경 변수, 명령문 및 키워드와 같은 프로그램 요소를 참조하는 데 사용된다.

일정한 폭 굵게

사용자가 문자 그대로 입력해야 하는 명령 또는 기타 텍스트를 표시한다.

일정한 너비 기울임꼴

사용자 지정 값 또는 문맥으로 결정된 값으로 대체해야 하는 텍스트를 표시한다.

쿠버네티스의 오브젝트 종류는 파드, 서비스 및 스테이트풀셋과 같이 대문자로 분류된다.

조언이나 제안을 의미한다.

일반적인 참고사항을 나타낸다.

주의사항을 나타낸다.

예제 코드 및 주의사항

보충 자료(예제 코드, 연습문제 등)는 https://github.com/production-kubernetes에서 다운로드해 실습할 수 있다. 동일한 코드를 에이콘출판사 홈페이지 http://www.acornpub.co.kr/book/production-kubernetes에서도 다운로드할 수 있다.

예제 코드를 사용해 기술적인 질문이나 문제가 있을 때 bookquestions@oreilly.com으로 이메일을 보내주길 바란다.

예제 코드는 프로그램이나 문서에서 사용할 수 있다. 코드의 대부분을 복제할 때를 제외하고는 허가를 받지 않고 사용해도 된다. 예를 들어, 이 책의 코드의 일부를 사용하는 프로그램을 작성할 때 허가가 필요하지는 않다. 오라일리 책의 예제를 판매하거나 배포하려면 허가가 필요하다. 특정한 질문에 책의 내용이나 코드를 인용해 답할 때는 별도의 허가가 필요 없다. 이 책의 많은 부분의 예제 코드를 특정 제품의 문서에 포함시키려면 허가가 필요하다.

저작자 표기가 필수는 아니지만 표기해 준다면 감사하겠다. 저작자 표기를 할 때는 다음과 같이 제목, 저자, 출판사, ISBN을 기재한다. "『Production Kubernetes』 by Josh Rosso, Rich Lander, Alexander Brand, and John Harris (O'Reilly). Copyright 2021 Josh Rosso, Rich Lander, Alexander Brand, and John Harris, 978-1-492-09231-5."

만약 예제 코드의 사용이 일반적인 범위를 벗어나거나 사용 허가가 필요하다면 부담 없이 permission@oreilly.com으로 문의하길 바란다.

문의

정오표, 예제 및 추가 정보는 https://www.oreilly.com/library/view/production-kubernetes/9781492092292/에서 확인한다. 한국어판의 정오표는 에이콘출판사의 도서정보 페이지 http://www.acornpub.co.kr/book/production-kubernetes에서 확인할 수 있다.

그리고 한국어판에 관해 질문이 있다면 에이콘출판사 편집 팀(editor@acornpub.co.kr)이나 옮긴이의 이메일로 연락주길 바란다.

표지 설명

표지에 있는 동물은 일반부리고래다. 이는 해양에 사는 22종의 고래 종을 가리키는 이름으로, 돌고래와 비슷한 부리 모양을 공유하는 특징이 있다. 대부분 대륙붕에서 떨어진 심해 서식지에 사는 경향과 희소성 때문에 거의 알려진 바가 없다.

퀴비에부리고래 또는 거위부리고래는 가장 흔히 접하는 종이다. 표지의 고래인 수컷 거위부리고래는 짙은 회색이고 머리는 더 가볍다. 암컷은 주황색이나 갈색을 띠고 있다. 부리고래는 구부러진 등 지느러미가 있으며 부리를 제외하고도 비슷한 종의 고래보다 돌고래와 더 유사하다. 수컷은 포식자를 물리치고 짝을 놓고 경쟁하는 데 사용되는 엄니를 발달시켰는데, 특히 수컷 퀴비에부리고래의 옆구리에 뚜렷한 흉터가 있는 이유다.

부리고래는 먹이를 사냥하려고 특수한 한 쌍의 목구멍으로 가능한 반향 정위와 독특한 흡입 먹이 기술을 사용해 한 번에 한 시간 이상 1,600피트 이상의 깊이로 정기적으로 잠수한다. 과학자들은 부리고래의 상대적으로 더 큰 비장과 간이, 깊은 잠수 시의 산소 처리를 돕고 적응할 수 있다고 이론화했다. 먹이를 채집하려는 깊은 잠수 방식은 일반적으로 여러 번의 얕은 잠수와 장기간의 수면 호흡으로 이어진다.

대부분의 부리고래 종의 보존 상태에 대해 알려진 바는 거의 없지만 IUCN^{International Union for Conservation of Nature}은 4종을 심해 어업, 생물 오염 및 소나와 같은 인위적 요인 때문에 '낮은 위기/보존 필요'로 분류한다. 오라일리 표지의 많은 동물이 멸종 위기에 처해 있는데, 이런 동물들은 우리가 살고 있는 이 세상에서 모두 중요한 존재들이다.

표지 삽화는 카렌 몽고메리^{Karen Montgomery}가 제작했으며, 브리티시 쿼드러피드^{British Quadrupeds}의 흑백 판화를 기반으로 한다.

1장

쿠버네티스 운영 준비

수년 동안 세계적으로 쿠버네티스를 광범위하게 채택하고 도입한 IT 조직이 많다. 컨테이너화된 워크로드 및 마이크로서비스의 확산 때문에 인기가 높아졌다. 운영, 인프라 및 개발 팀이 쿠버네티스 워크로드를 구축, 실행 및 지원해야 하는 시점에 도달함에 따라 여러 팀이 솔루션의 일부로 쿠버네티스로 눈을 돌리고 있다. 쿠버네티스는 리눅스와 같은 오래된 오픈소스 프로젝트에 비해 상당히 젊은 프로젝트라고 할 수 있다. 특정 상용 솔루션은 도입된 많은 고객 사례로 입증됐지만, 쿠버네티스는 도입 초기 단계여서 사례가 아직 많지 않다. 기존에 쿠버네티스를 시도한 이력이 있는 조직은 많지만, 운영 단계에 도달하고 규모에 맞는 운영을 하는 조직은 훨씬 적다. 1장에서는 쿠버네티스를 사용하려는 엔지니어링 팀의 준비 단계를 설명한다. 특히, 쿠버네티스 운영을 준비할 때 살펴봐야 하는 주요 고려사항을 소개한다.

쿠버네티스 정의

쿠버네티스는 플랫폼인가? 인프라인가? 애플리케이션인가? 쿠버네티스가 무엇인지에 대한 정확한 정의를 할 수 있는 사람은 많지 않다. 쿠버네티스의 정체에 대한 질문 중 쿠버네티스가 명확히 해결할 수 있는 문제를 정의함으로써 운영을 돕는 방법을 알아본다. '쿠버네티스 운영'에서는 워크로드가 운영 트래픽을 성공적으로 처리하는 상태에 도달했다는 점이 핵심이다.

쿠버네티스라는 이름은 다소 포괄적인 용어다. 깃허브^{gitHub} 쿠버네티스 조직에서 리포지터리를 검색하면, 이 글을 쓰는 시점(2023년 8월 기준)에 78개의 리포지터리^{repository}가 있음을 보여준다. 그리고 약 163개의 프로젝트를 보유하고 있는 kubernetes-sigs가 있다. 이런 쿠버네티스 환경에서 작동하는 수백 개의 CNCF^{Cloud Native Compute Foundation} 프로젝트는 따로 설명하지 않고, 쿠버네티스에서 중요한 프로젝트만 대상으로 살펴볼 예정이다. 그렇다면 중요한 프로젝트는 무엇일까? 중요 프로젝트는 kubernetes/kubernetes(https://github.com/kubernetes/kubernetes) 경로의 리포지터리에 포함돼 있다. 이 리포지터리는 대부분의 쿠버네티스 클러스터에서 찾을 수 있는 주요 컴포넌트의 위치다. 주요 컴포넌트로 쿠버네티스 클러스터를 구성할 때 다음과 같은 기능을 제공받을 수 있다.

- 여러 호스트에 걸쳐 적용 가능한 워크로드 스케줄링
- 시스템과 상호작용을 위한 선언적이고 확장 가능한 API 노출
- 사용자가 API 서버와 상호작용할 수 있도록 kubectl CLI 제공
- 오브젝트^{object}의 현재 상태에서 원하는 상태로 조정
- 워크로드를 라우팅하는 요청을 위한 서비스 추상화 제공
- 연결 가능한 네트워킹, 스토리지 등을 지원하는 여러 가지의 인터페이스 노출

앞의 기능은 프로젝트 자체에서 지정하는 운영 컨테이너 오케스트레이터를 생성한다. 간단히 말해서 쿠버네티스는 여러 호스트에서 컨테이너화된 워크로드를 실행하고 스케줄링할 수 있는 방법을 제공한다. 다음 절에서는 쿠버네티스 운영을 향한 여정의 일부분이며, 기본적인 중요 컴포넌트를 설명한다.

중요 컴포넌트

중요 컴포넌트는 무엇인가? 중요 컴포넌트는 깃허브 kubernetes/kubernetes 리포지터리에 있다. 컴포넌트를 다양한 방식으로 사용하는 사람이 많다. 가령 구글 쿠버네티스 엔진GKE, Google Kubernetes Engine과 같은 관리형 서비스를 실행하는 사용자는 호스트에 있는 각 컴포넌트를 찾을 수 있고, 리포지터리에서 바이너리를 다운로드하거나 벤더로부터 공식 버전을 받을 수 있으며, 누구나 kubernetes/kubernetes 리포지터리에서 쿠버네티스 릴리즈를 다운로드할 수 있다. 릴리즈를 다운로드하고 압축을 푼 후 cluster/get-kube.sh 명령을 사용해 바이너리를 검색할 수 있다. 이렇게 하면 설치하려는 대상의 아키텍처를 자동으로 감지하고 서버 및 클라이언트 컴포넌트를 자동으로 다운로드할 수 있다. 다음 예시에서 자동 다운로드 부분과 주요 컴포넌트를 살펴본다.

```
$ ./get-kube.sh
Downloading kubernetes release v1.28.3
  from https://dl.k8s.io/v1.28.3/kubernetes.tar.gz
  to /Users/najeongho/IdeaProjects/kubernetes/cluster/kubernetes.tar.gz
Is this ok? [Y]/n
```

다운로드한 서버 컴포넌트 내부에 server/kubernetes−server−${ARCH}.tar.gz 패키지의 압축을 푼다. 쿠버네티스 클러스터를 구성하는 다음과 같은 주요 항목이 있다.

API 서버

모든 쿠버네티스 컴포넌트 및 사용자의 기본 상호작용interaction하는 서버다. 여기에서 오브젝트를 가져오고 추가하며, 삭제하고 변경한다. API 서버는 기본적으로 etcd에 상태를 저장한다.

kubelet

API 서버와 통신해 노드 상태를 리포팅하고 노드에서 스케줄링해야 하는 워크로드를 처리하는 호스트 에이전트다. 노드로 스케줄링된 워크로드가 시작되고 정상이 되도록 도커와 같은 호스트의 컨테이너 런타임과 통신한다.

컨트롤러 관리자

쿠버네티스에는 중요한 오브젝트가 많은데, 이는 오브젝트의 조정을 처리하는 단일 바이너리로 컨트롤러 세트를 말한다. 원하는 상태가 선언되면(예: 디플로이먼트에 3개의 레플리카가 있을 때) 컨트롤러가 이 상태를 충족하는 새 파드 생성을 처리한다.

스케줄러

최적의 노드라고 계산된 결과에 따라 워크로드를 실행할 위치를 결정한다. 필터링 및 점수를 매겨 실행 위치 결정을 내린다.

kube-proxy

백엔드 파드로 라우팅할 수 있는 가상 IP를 제공하는 쿠버네티스 서비스를 구현한다. 이는 iptables 또는 ipvs와 같은 호스트의 패킷 필터링 메커니즘을 사용해 수행된다.

전체 쿠버네티스의 컴포넌트를 명시한 것은 아니지만, 설명한 항목은 모두 중요 기능을 구성하는 요소라 할 수 있다. 그림 1-1은 쿠버네티스 컴포넌트가 함께 연관된 구성을 보여준다.

 쿠버네티스 아키텍처에는 구성 컴포넌트가 많다. 많은 클러스터에서 kube-apiserver, kube-scheduler 및 kube-controller-manager를 컨테이너로 실행하는 것을 예로 들 수 있다. 이는 컨트롤 플레인(control-plane)이 컨테이너 런타임, kubelet 및 kube-proxy도 실행할 수 있다는 것을 의미한다. 배포 고려사항은 2장에서 다룬다.

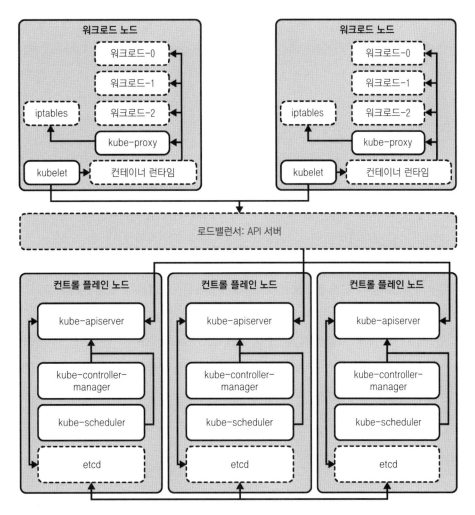

그림 1-1 쿠버네티스 클러스터를 구성하는 기본 컴포넌트다. 점선 테두리는 쿠버네티스의 일부가 아닌 중요 컴포넌트를 나타낸다.

컨테이너 오케스트레이션 이상의 확장 기능

쿠버네티스가 워크로드를 오케스트레이션하는 것 이상으로 수행하는 영역이 있다. 컴포넌트 중 kube-proxy는 워크로드에 대한 가상IP[VIP, virtual IP] 환경의 호스팅을 제공한다. 결과적으로 내부 IP 주소가 설정되고, 하나 이상의 기본 파드로 라우팅되는데, 확실히 컨테이너화된 워크로드를 실행하고 스케줄링하는 방법이다. 이론상으로는 이를 쿠버네티스의 일부로 구현하는 대신 프로젝트에서 서비스 API를 정의하고 서비스 추상화를 구현하려면 플러그인이 필요할 수 있다. 이 접근 방식을 사용하려면 사용자가 생태계의 다양한 플러그인을 중요 기능으로 포함하기보다는 그중에서 선택해야 할 것이다.

플러그인은 인그레스^{Ingress} 및 네트워크 폴리시^{NetworkPolicy}와 같은 많은 쿠버네티스 API가 채택한 모델이다. 쿠버네티스 클러스터에서 인그레스 오브젝트를 생성한다고 해서 바로 그 기능을 사용할 수 있는 것은 아닌 것처럼 말이다. 즉, API는 존재하지만 중요한 기능은 아니다. 팀은 API를 구현하려면 플러그인을 구현할 기술을 고려해야 한다. 인그레스는 클러스터에서 실행되는 ingress-nginx(https://kubernetes.github.io/ingress-nginx)와 같은 컨트롤러를 사용할 때가 많다. 인그레스 오브젝트를 읽고 파드를 가리키는 NGINX 인스턴스를 구성한 후에 API를 구현한다. 그러나 ingress-nginx는 많은 옵션 중 하나다. 프로젝트 컨투어 $^{Project\ Contour}$(https://projectcontour.io)는 같은 인그레스 API를 구현하지만, 대신 컨투어의 기반이 되는 프록시^{proxy}인 엔보이^{envoy}의 인스턴스를 프로그래밍한다. 이런 플러그인 모델 덕분에 팀에서 사용할 수 있는 옵션이 다양하다.

쿠버네티스 인터페이스

기능 추가에 대한 아이디어를 확장해 쿠버네티스 인터페이스를 소개한다. 쿠버네티스 인터페이스를 사용하면 주요 기능을 사용자 정의하고 구축할 수 있다. 일반적으로 인터페이스를 특정 오브젝트와 상호작용할 수 있는 방법의 정의 또는 장치로 생각할 수 있다. 소프트웨어 개발에서 인터페이스는 클래스나 구조체로 구현할 수 있는 기능을 정의한다는 아이디어와 유사하다. 쿠버네티스와 같은 시스템에서는 인터페이스/플러그인 등으로 추상화 네트워크와 같은 특정 기능을 구현할 수 있다.

인터페이스/플러그인 관계의 구체적인 사례로는 컨테이너 런타임 인터페이스$^{CRI,\ Container}$ $^{Runtime\ Interface}$(https://github.com/kubernetes/cri-api)를 들 수 있다. 쿠버네티스 초기에는 도

커^{Docker}라는 단일 컨테이너 런타임을 통해 지원됐다. 도커는 오늘날에도 여전히 많은 클러스터에 있지만, 최근에는 containerd(https://containerd.io) 또는 CRI-O(https://github.com/cri-o/cri-o)와 같은 대안 런타임을 사용하는 부분에 사용자의 관심이 많아지고 있다. 두 컨테이너 런타임과의 관계를 그림 1-2으로 나타냈다.

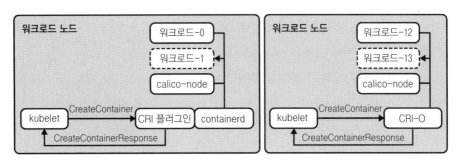

그림 1-2 두 개의 서로 다른 컨테이너 런타임을 실행하는 두 개의 워크로드 역할을 하는 노드다. kubelet은 CreateContainer와 같은 CRI에 정의된 명령을 보내고 런타임이 요청과 응답을 수행할 것이다.

`CreateContainerRequest` 또는 `PortForwardRequest`와 같은 명령은 RPC^{Remote Procedure Calls}로 실행하는 인터페이스가 많다. CRI 통신은 GRPC로 이뤄지며 kubelet은 `CreateContainerResponse` 및 `PortForwardResponse`와 같은 응답^{response}을 받을 수 있다. 그림 1-2에서 CRI를 충족시키는 두 가지 다른 모델도 볼 수 있다.

CRI-O는 처음부터 CRI를 구현하려고 만들어졌다. 따라서 kubelet은 명령을 직접 실행한다. containerd는 kubelet과 자체 인터페이스 사이에서 연결고리 역할을 하는 플러그인을 지원한다. kubelet이 가능한 모든 런타임을 어떻게 실행되는지에 대한 운영 지식과 아키텍처에 이해가 없어도 컨테이너 런타임을 실행할 수 있다. 이 개념은 쿠버네티스 클러스터를 설계, 구축 및 배포하는 방식에서 인터페이스를 매우 강력하게 만들어 준다.

시간이 흐르면서 플러그인 모델은 중요 프로젝트에서 일부 기능이 제거됐다. 플러그인 모델은 역사적으로 kubernetes/kubernetes 리포지터리 코드 베이스에서 의미하는 '트리 내부'에 있었다. 예를 들어 클라우드 프로바이더 통합^{CPI, Cloud-Provider Integrations}(https://github.com/kubernetes/cloud-provider)이 있다. CPI는 전통적으로 대부분 kube-controller-manager

및 kubelet과 같은 컴포넌트로 만들어졌다. 통합 과정은 보통 로드밸런서 프로비저닝이나 클라우드 프로바이더 메타데이터 노출과 같은 문제를 처리한다. 컨테이너 스토리지 인터페이스^{CSI, Container Storage Interface}(https://kubernetes-csi.github.io/docs/introduction.html)를 생성하기 전에 프로바이더는 블록 스토리지를 프로비저닝하고 쿠버네티스에서 실행되는 워크로드에서 사용할 수 있도록 한다. 쿠버네티스의 많은 기능을 사용할 수 있는 모든 프로바이더를 다시 구현할 필요는 없다. 더 나은 솔루션으로, 여러 프로젝트 또는 벤더에서 구현할 수 있는 자체 인터페이스 모델의 kubernetes/cloud-provider 리포지터리(https://github.com/kubernetes/cloud-provider)로 옮겨졌다. 쿠버네티스 코드 기반으로 무분별한 확장을 최소화하는 것과 함께 CPI 기능을 통해 중요한 쿠버네티스 클러스터의 범위에서 관리할 수 있다. 여기에는 업그레이드 또는 취약점 패치와 같은 일반적인 절차가 포함된다.

오늘날에는 쿠버네티스에서 사용자 정의 및 추가 기능이 있는 인터페이스가 많다. 책에서 살펴볼 인터페이스를 목록으로 정리했다.

- 컨테이너 네트워킹 인터페이스^{CNI, Container Networking Interface}: 네트워킹 프로바이더는 IPAM에서 실제 패킷 라우팅에 이르는 작업을 수행하는 방법을 정의할 수 있다.
- 컨테이너 스토리지 인터페이스^{CSI, Container Storage Interface}: 스토리지 프로바이더는 클러스터의 워크로드 요청을 충족할 수 있다. ceph, vSAN 및 EBS와 같은 기술로 구현한다.
- 컨테이너 런타임 인터페이스^{CRI, Container Runtime Interface}: 도커, containerd 및 CRI-O를 비롯한 일반적인 런타임과 같은 다양한 런타임을 지원한다. 또한 KVM을 활용해 경량 VM을 프로비저닝하는 firecracker와 같은 새로운 방식의 런타임의 확산케 했다.
- 서비스 메시 인터페이스^{SMI, Service Mesh Interface}: 쿠버네티스 생태계에 적용되는 최신 인터페이스 중 하나다. 트래픽 정책, 텔레메트리 및 트래픽 관리와 같은 항목을 정의하고 일관성을 유지하고자 할 때 사용한다.
- 클라우드 프로바이더 통합^{CPI, Cloud-Provider Integrations}: VMware, AWS, 애저^{Azure} 등과

같은 프로바이더가 쿠버네티스 클러스터를 사용해 클라우드 서비스에 대한 통합 지점을 구현할 수 있다.

- 오픈 컨테이너 이니셔티브^{OCI, Open Container Initiative Runtime Spec}: 하나의 도구에서 빌드된 컨테이너 이미지가 호환될 때, 모든 OCI 호환 컨테이너 런타임에서 실행할 수 있도록 이미지 형식을 표준화한다. OCI는 쿠버네티스와 직접적으로 연결돼 있지는 않지만, 플러그인 형태의 컨테이너 런타임 인터페이스를 갖고자 하는 요구에 부합한다.

쿠버네티스 요약

쿠버네티스의 범위를 요약해 소개했다. 쿠버네티스는 기존의 컨테이너 플랫폼에서 몇 가지 추가 기능이 있는 컨테이너 오케스트레이터^{orchestrator}다. 또한 인터페이스에 대한 플러그인을 활용해 확장 및 사용자 정의할 수 있는 기능이 있다. 쿠버네티스는 애플리케이션을 실행하는 우아한 수단을 찾는 많은 IT 집단의 기초 플랫폼이 될 수 있다. 잠시 뒤로 물러나서 생각해보면, 특정 조직에서 애플리케이션을 실행하는 데 사용되는 현재 시스템을 쿠버네티스로 교체하면 충분할지 의문이 든다. 현재 '애플리케이션 플랫폼'을 구성하는 컴포넌트와 장치에 훨씬 더 친숙한 상태이기 때문이다.

'쿠버네티스' 전략이 있다고 생각하거나 쿠버네티스가 소프트웨어 구축 및 실행 방법을 현대화하기 위한 적절한 기능이 될 것이라고 가정한 조직이 겪는 어려움을 많이 봤다. 쿠버네티스는 훌륭한 기술이지만 현대 인프라, 플랫폼 또는 소프트웨어 영역에서 사용자의 방향성의 중심이 돼서는 안 된다. 그러나 애플리케이션 제공, 소프트웨어 개발 또는 조직/사람 문제와 관련돼 있을 때 쿠버네티스 자체가 문제의 답이라고 믿는 회사의 중역 또는 고급 설계자가 예상외로 많다는 점이 실질적인 문제다. 쿠버네티스는 애플리케이션을 위한 플랫폼을 제공할 수 있는 가장 잘 맞는 퍼즐 조각으로 생각하면 좋을 것이다. 애플리케이션 플랫폼의 도입 방식을 좀 더 자세히 살펴본다.

애플리케이션 플랫폼 도입 방식

운영 단계를 준비하려면 애플리케이션 플랫폼의 도입 방식을 반드시 고려해야 한다. 보통 애플리케이션 플랫폼이란 워크로드를 실행할 수 있는 환경으로 정의한다. 이 책에 나오는 대부분의 정의와 마찬가지로 도입 후 만족 정도는 조직마다 다르다. 도입 목표로 적용한 결과는 다양한 비즈니스에 따라 방대하고 선호도 면에서 차이가 있다. 개발자의 몰입도, 운영 비용 절감, 소프트웨어 제공 시 더 빠른 전환 등 여러 가지를 예로 들 수 있다. 애플리케이션 플랫폼은 앱과 인프라의 교차점에 있다. 개발 경험$^{DevEx, Development Experience}$과 같은 고려사항은 일반적으로 애플리케이션 플랫폼을 도입할 때 주요 원칙이라 할 수 있겠다.

애플리케이션 플랫폼은 다양한 형태와 크기로 제공된다. IaaS(예: AWS)나 오케스트레이터 (예: 쿠버네티스)와 같은 사례는 기본적으로 일부의 추상적인 문제다. 헤로쿠^{Heroku}는 애플리케이션 플랫폼 모델의 좋은 예다. 자바^{Java}와 PHP나 Go와 같은 언어로 작성된 프로젝트를 쉽게 가져와 하나의 명령을 사용해 운영 환경에 배포할 수 있다. 앱과 함께 스스로 운영해야 하는 많은 플랫폼 서비스를 실행한다. 메트릭 수집, 데이터 서비스 및 지속적 전달$^{CD, Continuous Delivery}$과 같다. 또한 쉽게 확장할 수 있는 고가용성 워크로드를 실행할 수 있는 기본 기능을 제공한다. '헤로쿠는 쿠버네티스를 사용합니까? 자체 데이터 센터에서 실행합니까? AWS에서 실행합니까?' 등의 사항은 상관이 없다. 헤로쿠 사용자에게는 중요하지 않다. 개발자가 비즈니스 문제를 해결하는 데 더 많은 시간을 할애할 수 있도록 문제를 프로바이더나 플랫폼에 위임한다는 점에 주목해야 한다. 위임하는 접근 방식은 클라우드 서비스에만 해당되는 것은 아니다. 레드햇$^{Red Hat}$의 오픈시프트^{OpenShift}는 쿠버네티스가 구현한 세부 사항에 더 가깝고 개발자와 플랫폼 운영자가 최상위 추상화 집합과 상호작용하는 유사한 모델을 따른다.

도입 방식을 계속 고려하는 이유는 무엇인가? 클라우드 파운드리$^{Cloud Foundry}$, 오픈시프트, 헤로쿠와 같은 플랫폼이 문제를 해결했다면 쿠버네티스에 신경 쓸 이유가 없다. 사전에 구축된 많은 애플리케이션 플랫폼에 대한 주요 절충안은 상식선에서 따라야 한다. 기본 시스템의 소유권을 플랫폼에 위임하면 운영상의 부담이 크게 줄어든다. 동시에 플랫폼이 서비스 디스커버리나 시크릿^{secret} 관리와 같은 문제에 접근하는 방식이 조직의 요구사항을 충족하지 않을 때 해당 문제를 해결하는 데 필요한 제어 권한이 없을 수 있다. 또한 특정 벤더^{vendor}에 락인^{lock-in}이 되기도 한다. 추상화와 함께 애플리케이션을 어떻게 설계, 패키징 및 배포해야 하는지에 대한 의견도 나온다. 종합해 보면, 다른 시스템으로 옮겨 간다는 것이 쉽지 않음을 알 수 있다. 구글 쿠버네티스 엔진^{GKE, Google Kubernetes Engine}과 아마존 일래스틱 쿠버네티스 서비스^{Amazon EKS, Amazon Elastic Kubernetes Engine}간에 워크로드를 이동하는 것이 EKS^{Elastic Kubernetes Service}와 클라우드 파운드리 간에 이동하는 것보다 훨씬 쉬울 수 있다.

플랫폼 구축 접근 범위

성공적인 애플리케이션 플랫폼을 구축하기 위한 접근 방식이 있음이 분명하다. 시연 목적으로 몇 가지 가정을 수립하고, 접근 방식 간의 이론적 절충점을 평가해 본다. 그림 1-3은 접근 방식에 대한 임의의 평가를 보여주는데, 중견 기업에서 대기업 사이에 일할 수 있는 평균적인 회사를 명시한다.

그림 1-3의 그래프 중 왼쪽 하단에는 특히 EKS와 같은 관리형 서비스가 컨트롤 플레인을 처리할 때 상대적으로 적은 엔지니어링 노력이 필요한 쿠버네티스 클러스터 자체를 배포하는 것을 볼 수 있다. 클러스터 자체 배포 방식의 쿠버네티스만으로는 운영 환경에 적합하지 않기 때문에 추가 작업이 필요하다. 그러나 워크로드에 전용 클러스터를 사용하는 팀과 같은 사용 사례는 쿠버네티스만으로 충분하다.

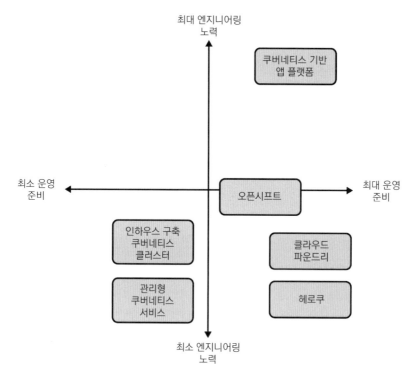

그림 1-3 개발자에게 애플리케이션 플랫폼을 제공하는 데 사용할 수 있는 다양한 옵션

그림 1-3의 오른쪽 하단에는 기본적으로 모두 갖춰진 개발자 경험을 제공하는, 보다 확실한 플랫폼이 있다. 클라우드 파운드리는 많은 애플리케이션 플랫폼 문제를 해결하는 프로젝트의 좋은 예로, 소프트웨어를 실행할 때 호환성이 맞는지를 확인하는 기능이 있다. 반면 오픈시프트에는 쿠버네티스보다 훨씬 더 운영 준비가 잘된 설정 방법을 결정하는 부분과 고려 사항이 있다. 다양한 플랫폼의 특성은 이점인지 혹은 방해 요소인지는 주요하게 고려할 대상이다.

그림 1-3의 오른쪽 상단에는 쿠버네티스 기반 애플리케이션 플랫폼이 명시돼 있다. 다른 플랫폼에 비해 애플리케이션 플랫폼은 의심할 여지 없이 적어도 플랫폼 관점에서 가장 많은 엔지니어링 노력이 필요하다. 그러나 쿠버네티스 확장성을 활용하면 개발자, 인프라 및 비즈니스 요구사항에 맞는 플랫폼을 만들 수 있다.

조직의 요구사항 조정

그림 1-3의 그래프에서 접근 방식이 요구사항에 얼마나 부합하는지 보여주는 3차원, 즉 z축이 누락됐다. 다른 시각적 표현을 살펴본다. 그림 1-4는 플랫폼을 조직의 요구에 맞게 조정할 때 플랫폼이 어떻게 보일지를 보여준다.

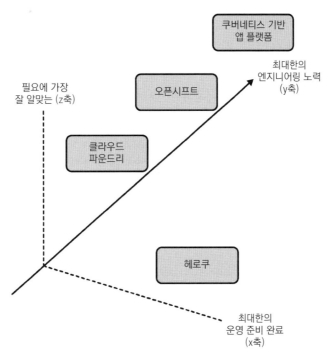

그림 1-4 플랫폼 종류를 조직의 요구사항인 z축과 조정하는 데 복잡성이 추가된다.

플랫폼에서 기대할 수 있는 요구사항, 기능 및 동작 측면에서 플랫폼 구축은 항상 잘 맞춰지고 가장 잘 정렬할 수 있는데, 이는 무엇이든 만들 수 있기 때문이다. 기능을 약간 조정해 쿠버네티스 위에 헤로쿠를 인하우스에서 다시 구현할 때 기술적으로 가능하다. 그러나 비용/보상은 다른 축(x축 및 y축)과 함께 평가돼야 한다. 차세대 플랫폼에서 다음과 같은 요구사항을 고려해 해당 사례를 바탕으로 구체적으로 살펴볼 예정이다.

- 규정에 따라 대부분의 온프레미스에서 실행한다.
- vSphere 지원 데이터 센터와 함께 베어메탈 플릿을 지원한다.
- 개발자가 애플리케이션을 컨테이너에 패키징하려는 수요를 지원한다.
- '티켓 기반' 인프라 프로비저닝에서 벗어나, 셀프 서비스 API 메커니즘을 구축할 방법이 필요하다.
- 과거에 벤더 락인된 시스템에서 마이그레이션하는 데 수백만 달러가 들었기 때문에 구축 중인 API 시스템을 벤더에 종속되지 않도록 하고 싶다.
- 다양한 제품의 스택^{stack}에 유료 엔터프라이즈 지원에 개방적이지만, 전체 제품 스택이 노드, CPU 코어, 애플리케이션 인스턴스별로 라이선스가 부여되는 모델에 커밋^{commit}하기를 꺼린다.

사용자는 엔지니어링 성숙도, 팀 구축 및 권한 부여에 대한 요구사항, 애플리케이션 플랫폼 구축이 합리적인 사업인지 여부를 확인하려면 사용 가능한 리소스를 이해해야 한다.

애플리케이션 플랫폼 요약

애플리케이션 플랫폼을 구성하는 요소는 여전히 명확하지 않다. 필자는 팀에 워크로드 오케스트레이션 이상의 경험을 제공한다고 생각하는 다양한 플랫폼에 중점을 뒀다. 또한 쿠버네티스를 사용자 정의^{customized}하고 확장해 유사한 결과를 얻을 수 있다고 설명했다. '쿠버네티스를 어떻게 얻을 수 있는가?'를 넘어 '현재 개발자 워크플로^{workflow}, 문제점 및 요구사항은 무엇인가?'와 같은 문제로 생각을 발전시킴으로써 플랫폼 및 인프라 팀은 직접 플랫폼 구축하는 편이 더 성공적이다. 이 부분에 초점을 맞춰, 운영의 적절한 방향을 계획하고 중요한 부분을 채택하면 목표에 달성할 가능성이 훨씬 더 높을 것이다. 결국 인프라, 보안 및 개발자 요구사항을 충족해 고객(일반적으로 개발자)에게 요구사항을 충족하는 솔루션을 제공하면 된다. 그림 1-5에 묘사된 것처럼 모든 개발자가 자신의 플랫폼을 구축해야 하는 '강력한' 엔진을 단순히 제공하고 싶지 않다는 점을 염두에 둬야 한다.

그림 1-5 개발자가 모두 갖춰진 환경(예: 운전 가능한 자동차)을 원할 때 프레임, 바퀴 등이 없는 엔진으로 충분치 않을 것이라 생각한다.

쿠버네티스 기반 애플리케이션 플랫폼 구축

쿠버네티스 운영 단계로 가는 과정에서의 퍼즐 한 조각을 알아봤다. 이쯤 되면 쿠버네티스는 그냥 빠진 것이 아닌가 하는 생각이 들 것이다. '각 프로그램이 한 가지 일을 잘 하게 하라'는 유닉스Unix 철학의 원칙은 쿠버네티스 프로젝트에 대한 강력한 열망이다. 특히 여러 운영 문제를 해결하려고 노력하는 만능 플랫폼을 대체할 방법은 대체로 쿠버네티스에 없는 기능을 추가하는 것이라 생각한다. 쿠버네티스는 훌륭한 오케스트레이터가 되는 데 초점을 맞춰 구축 방법에 대한 명확한 인터페이스를 정의했다. 구축 방법은 집을 짓는 일로 비유할 수 있다.

집의 좋은 기반은 온전한 구조로써, 탄탄한 구조를 토대로 집을 지을 수 있어야 한다. 또한 수도/전기/가스 등을 집으로 보내기 위한 적절한 전달 장치를 제공해야 한다. 단, 기반만으로는 거주자가 거주할 수 있는 공간이 거의 없다. 기반 위에 거주하려면 특정 형태의 집이 필요하다. 쿠버네티스와 같은 기반 위에 건물을 짓는 것을 설명하기 전에 그림 1-6과 같이 가구가 완비된 아파트의 비유로 살펴보자.

그림 1-6 거주가 가능한 아파트. 헤로쿠와 같은 서비스 옵션이 제공되는 플랫폼과 유사하다. 〈제시카 아펠바움의 삽화〉

헤로쿠의 비유를 든 서비스 옵션은 추가 작업 없이 거주가 가능하다. 그러나 추가적으로 내부 경험을 기반으로 사용자 정의할 수 있는 요건이 있으면 이런 사항을 바로 적용하기는 어렵다. 주어진 임대료에 만족하고 제공되는 기능에 따른다면 첫째 날부터 거주할 수 있다.

쿠버네티스를 기초로 비유한다면, 이제 그 위에 살기 좋은 집을 짓는 것을 고려할 수 있다. 이는 그림 1-7과 같다.

그림 1-7 집을 짓고 있다. 마치 쿠버네티스가 기반이 되는 애플리케이션 플랫폼을 구축하는 것과 유사하다.
〈제시카 아펠바움의 삽화〉

계획, 엔지니어링 및 관리 비용을 절감해 조직 전체에서 워크로드를 실행할 수 있는 가성비가 좋은 플랫폼을 구축할 수 있다. 즉, 만들어지는 모든 요소를 완전히 제어할 수 있음을 의미한다. 집은 미래의 거주자(애플리케이션)의 필요에 맞게 조정될 수 있고, 얼마든지 조정돼야 한다. 이제 이를 가능하게 하는 다양한 레이어layer와 고려사항을 분석해 본다.

기반부터 시작하기

쿠버네티스가 실행되리라 예상되는 기술이 포함된 기반부터 시작해야 한다. 기반이라고 하면 보통 컴퓨팅, 스토리지 및 네트워킹을 제공하는 데이터 센터나 클라우드 프로바이더다. 일단 구성되면 쿠버네티스를 부트스트랩할 수 있다. 몇 분 안에 기본 인프라 위에 클러스터가 배치 가능하다. 쿠버네티스를 부트스트랩하는 방법은 여러 가지인데, 2장에서 자세히 다룬다.

쿠버네티스 클러스터가 존재한다는 점에서 다음으로 개념적 흐름을 살펴보고 무엇을 구축해야 하는지 결정해야 한다. 주요 과정의 흐름은 그림 1-8과 같다.

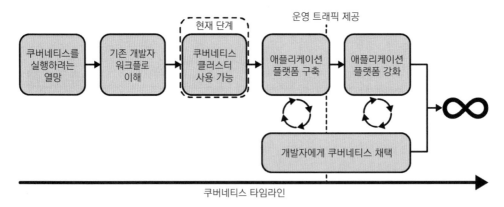

그림 1-8 팀이 쿠버네티스를 사용해 운영 단계로 가는 과정의 흐름도

쿠버네티스가 존재하는 시점에서 예상되는 질문은 다음과 같다.

- 워크로드 간 트래픽이 완전히 암호화되도록 하려면 어떻게 해야 하는가?
- 이그레스^{egress} 트래픽이 일관된 출발지의 CIDR을 보장하는 게이트웨이를 통과하도록 하려면 어떻게 해야 하는가?
- 애플리케이션에 셀프 서비스 트레이싱^{tracing} 및 대시보드를 제공하려면 어떻게 해야 하는가?
- 쿠버네티스 전문가가 되지 않고도 개발자가 온보딩하려면 어떻게 해야 할까?

관련 질문 목록은 끝이 없을 수도 있다. 사용자는 플랫폼 수준에서 해결해야 할 요구사항과 애플리케이션 수준에서 해결할 요구사항을 결정해야 한다. 여기서 핵심은 기존 워크플로를 깊이 이해해 현재 기대치에 부합하도록 구축해야 한다는 점이다. 해당 기능 세트를 충족할 수 없다면 개발 팀에 어떤 영향을 미치게 될 것인가의 부분을 고려한 후 쿠버네티스 위에 플랫폼 구축을 시작할 수 있다. 그러면 조기에 온보딩하고 빠른 피드백을 기반으로 정보에 입각한 결정을 내리려고 경험을 이해하려는 개발 팀과 계속 짝을 이뤄야만 한다. 운영 단계에 도달하면 이런 흐름이 중단돼서는 안 된다. 플랫폼 팀은 개발자가 수십 년 동안 사용할 정적인 환경으로 전달되는 것을 기대하는 것은 옳지 않다. 개발 속도를 높일 수 있는 문제나 잠재적 누락 기능이 있는 위치를 이해하는 개발 그룹과 계속 협의하며 조정해 나가야 성공한다. 개발자에게 기대해야 하는 쿠버네티스와의 연관성을 고려하는 부분부터 시작하는 방법이 가장 좋다.

추상화 범위

이전에는 '애플리케이션 개발자가 쿠버네티스를 직접 구축하면 실패한다'와 같은 자세를 취했다. 특히 기본 오케스트레이션 기술이 최종 사용자에게 무의미한 제품이나 서비스를 구축할 때 쿠버네티스와의 연관성을 살펴볼 때는 적절한 자세라고 생각한다. 여러 데이터베이스 기술을 지원하는 데이터베이스 관리 시스템^{DBMS}을 구축하고 있다고 가정해 보자. 데이터베이스의 샤드나 인스턴스가 쿠버네티스, Bosh 또는 메소스^{Mesos}로 실행되는지 여부는 개발자에게 중요하지 않다. 그러나 이 철학을 팀의 성공 기준으로 삼으면 위험해진다. 쿠버네티스 기반 애플리케이션을 레이어화하고 고객에게 더 나은 서비스를 제공하려고 플랫폼 서비스를 구축해야 할 때, 적절한 추상화가 어떻게 구성됐는지 결정해야 하는 많은 범위의 결정을 내려야 하는 지점을 만난다. 추상화 범위를 시각화한 내용을 그림 1-9에 담았다.

그림 1-9 범위의 각 끝 부분을 설명한 것으로, 각 팀에 자체 쿠버네티스 클러스터를 제공하는 것으로 시작해 PaaS 제품으로 사용자로부터 쿠버네티스를 완전히 추상화한다.

추상화는 플랫폼팀에 밤낮으로 유지보수를 요구할 수 있는 주제다. 추상화를 제공하는 데는 장점이 많다. 클라우드 파운드리와 같은 프로젝트는 완전한 개발자 경험을 제공한다. 예를 들어 단일 cf push 콘텍스트에서 애플리케이션을 가져와서 빌드하고 배포하고 운영 트래픽을 제공하도록 할 수 있다. 목표와 경험을 초점으로 두고, 클라우드 파운드리가 쿠버네티스 위에서 실행에 대한 지원을 확대한다. 그러면 이 전환을 기능 세트의 변경보다 구현 세부사항으로 볼 것으로 예상한다. 또한 회사에서 쿠버네티스보다 더 많은 것을 제공하지만, 개발자가 기술 중에서 명시적으로 선택하도록 하지 않게 제공하는 방법이다. 쿠버네티스 사용 경험과 함께 메소스 사용 경험이 있는 회사도 있기 때문이다. 그런 다음 애플리케이션 개발자에게 부담을 주지 않고 워크로드가 도달하는 위치를 투명하게 선택할 수 있는 추상화를 구축한다. 또한 기술 종속을 방지한다. 이 접근 방식을 절충하려면 다르게 작동하는 두 시스템 위에 추상화를 구축할 때 상당한 엔지니어링 노력과 성숙도가 필요하다. 또한 개발자는 쿠버네티스 또는 메소스와 상호작용하는 방법을 알아야 하는 부담을 덜 수 있지만 대신 추상화된 회사별 시스템을 사용하는 방법을 이해해야 한다. 현대에 오픈소스의 사용 제품군 전체에서 개발자는 조직 간 소통되지 않는 시스템을 학습하는데 그다지 열정이 있지 않다는 점을 기억해야 한다. 마지막으로, 추상화에 대한 집착으로 인해 쿠버네티스의 주요 기능을 노출할 수 없을 수도 있다는 점을 주의해야 한다.

시간이 지나면 쿠버네티스는 애플리케이션 프로젝트를 따라가려고 노력하고, 잠재적으로 추상화하는 시스템만큼 추상화를 복잡하게 만드는 고양이와 쥐 게임이 될 소지가 있다.

추상화 범위의 다른 쪽 끝에는 개발 팀에 자체 운영 서비스self-service 클러스터를 제공하려는 플랫폼 그룹이 있다. 자체 운영 서비스도 훌륭한 모델이 된다. 쿠버네티스 성숙도의 책임은 개발 팀에 있다. 디플로이먼트Deployments, 레플리카셋ReplicaSets, 파드Pods, 서비스Services 및 인그레스Ingress API의 작동 방식을 이해하고 있는가? Millicpu 설정에 대한 판단이 가능하고 리소스의 오버커밋overcommit이 어떻게 작동하는지 아는가? 둘 이상의 레플리카replica로 구성된 워크로드가 항상 다른 노드에서 예약되도록 하는 방법을 알고 있는가? 그렇다면 애플리케이션 플랫폼을 과도하게 엔지니어링하는 것을 피하고, 대신 애플리케이션 팀이 쿠버네티스 레이어를 관리할 수 있는 좋은 기회다.

자체 클러스터를 소유한 이 방식의 개발 팀 모델은 일반적이지는 않다. 쿠버네티스 배경이 있는 팀이 있더라도 업그레이드 시간이 됐을 때 쿠버네티스 클러스터의 생명 주기를 관리하는 방법을 결정하기 앞의 기능을 제공하는 데 시간을 쓰고 싶어하지 않는다. 물론 쿠버네티스가 제공하는 모든 기능에는 많은 힘이 있다. 개발 팀이 소프트웨어를 제공하는 것 외에도 쿠버네티스 전문가가 되기를 바라는 것은 비현실적이다. 2장에서 볼 수 있듯이 추상화는 '모 아니면 도'의 결정일 필요가 없다. 다양한 지점에서 추상화가 의미가 있는 정보에 입각한 결정을 내릴 수 있어야 한다. 개발자에게 작업을 완료하는 능력을 간소화하면서, 적절한 양의 유연성을 제공할 수 있는 부분을 결정해야 한다.

플랫폼 서비스 결정

쿠버네티스를 기반으로 구축할 때 애플리케이션 수준에서 해결되는 것과 관련해 플랫폼에 구축해야 하는 기능을 결정하는 일이 중요하다. 일반적으로 서비스 결정은 사례별로 평가돼야 한다. 예를 들어, 모든 자바 마이크로서비스가 쉽게 서비스 mTLS$^{mutual\ TLS}$를 하게 하는 라이브러리를 구현한다고 가정하자. 이는 네트워크를 통한 데이터 암호화 및 워크로드 ID를 위한 구성을 애플리케이션에 제공한다. 플랫폼팀으로서 플랫폼 수준에서 제공하거나, 구현해야 하는 것인지 결정하려면 사용법을 깊이 이해해야 한다. 많은 팀이 서비스 메시$^{service\ mesh}$라는 기술을 클러스터에 잠재적으로 구현해 문제를 해결하려고 한다. 절충안의 실행은 다음과 같은 고려사항을 드러낸다.

서비스 메시 도입의 장점은 다음과 같다.

- 자바 앱은 mTLS를 쉽게 하려고 라이브러리를 번들로 제공할 필요가 없다.
- 자바가 아닌 애플리케이션은 같은 mTLS 암호화 시스템에 일부가 될 수 있다.
- 애플리케이션 팀이 해결해야 하는 복잡성을 줄인다.

서비스 메시 도입의 단점은 다음과 같다.

- 서비스 메시는 운영 복잡성이 있는 분산 시스템이어서 실행하기가 어렵다.
- 서비스 메시는 ID 및 암호화를 훨씬 능가하는 기능을 도입한다.

- 서비스 메시의 ID API는 기존 애플리케이션에서 사용하는 백엔드 시스템과 통합되지 않을 수 있다.

이런 장단점을 고려해 플랫폼 수준에서 문제를 해결할지의 여부를 결론 낼 수 있다. 이때 새로운 플랫폼의 모든 애플리케이션 문제를 해결할 필요도 없고, 해결하려고 노력해서도 안 된다는 점을 잊지 말자. 서비스 메시는 이 책의 여러 장을 진행할 때 고려해야 할 밸런싱 balancing 작업이다. 권장 사항, 모범 사례 및 지침이 공유되지만 비즈니스 요구사항의 우선순위에 따라 각각을 평가해야 한다.

구축 블록

플랫폼을 구축할 때 사용할 수 있는 주요 컴포넌트를 구체적으로 식별해 1장을 마무리한다. 기본 컴포넌트에서 구현하려는 선택적 플랫폼 서비스에 이르기까지 모든 것이 포함된다.

그림 1-10의 컴포넌트는 대상에 따라 중요도가 다르다.

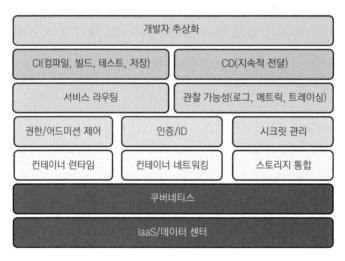

그림 1-10 애플리케이션 플랫폼 구축과 관련된 쿠버네티스 컴포넌트

컨테이너 네트워킹 및 컨테이너 런타임과 같이 워크로드를 실행할 수 없거나 통신을 허용할 수 없는 컴포넌트가 있다. 이로 인해 쿠버네티스 클러스터가 그다지 성공적이지 않을 것이라는 점을 고려하면 모든 클러스터에서 컴포넌트가 필요하다. 구현해야 하는지 여부에 차이가 있는 컴포넌트가 있기는 하다. 예를 들어, 애플리케이션이 이미 외부 시크릿secret 관리 솔루션에서 시크릿을 가져올 때, 시크릿 관리는 구현하려는 플랫폼의 서비스가 아닐 수도 있다.

보안과 같이 그림 1-10에서 분명하게 제외된 영역이 있다. 보안은 기능이 아니라 IaaS 레이어에서 모든 것을 구현하는 방법의 결과이기 때문이다. 이 책 전체에서 보안에 관해 깊이 알아볼 것을 감안해 주요 영역을 높은 수준에서 살펴볼 예정이다.

IaaS/데이터 센터 및 쿠버네티스

IaaS/데이터 센터 및 쿠버네티스는 기본 레이어를 형성한다. 안정성이 플랫폼의 안정성과 직접적인 관련이 있어서 기본 레이어를 등한시하려는 것은 아니다. 그러나 현대 환경에서는 쿠버네티스를 지원하려고 서버실의 랙rack의 아키텍처를 결정하는 데 훨씬 적은 시간을, 다양한 배포 옵션과 토폴로지 중에서 결정하는 데 훨씬 더 많은 시간을 할애한다. 기본적으로 쿠버네티스 클러스터를 프로비저닝하고 사용 가능하게 만드는 방법을 평가해야 한다.

컨테이너 런타임

컨테이너 런타임을 통해 각 호스트에서 워크로드의 생명 주기를 쉽게 관리할 수 있다. 일반적으로 CRI-O, containerd 및 도커와 같은 컨테이너를 관리할 수 있는 기술로 컨테이너 런타임을 구현한다. 컨테이너 런타임 인터페이스 기능으로 다양한 방식의 구현을 선택할 수 있다. 마이크로 VM에서 워크로드를 실행하려는 고유한 요구사항을 지원하는 특수 런타임도 있다.

컨테이너 네트워킹

통신을 쉽게 하기 위해 컨테이너 네트워킹은 워크로드 및 라우팅 프로토콜의 IPAMIP Address Management을 처리한다. 컨테이너 네트워킹 인터페이스로 캘리코Calico 또는 실리움Cilium을 포함해서 기술을 선택할 수 있다. 컨테이너 네트워킹 기술을 클러스터에 연결함으로써 kubelet은 시작하는 워크로드의 IP주소를 요청할 수 있다. 파드 네트워크 위에 서비스 추상화를 구현하는 데까지 사용되는 플러그인도 있다.

스토리지 통합

스토리지 통합은 호스트 디스크 스토리지가 부족할 때 수행하는 작업을 다룬다. 최신 쿠버네티스에서 점점 더 많은 조직이 스테이트풀stateful 워크로드를 클러스터에 제공한다. 워크로드는 상태가 애플리케이션 실패 또는 리스케줄링rescheduling 이벤트에 탄력적일 것이라는 어느 정도의 확실성이 필요하다. vSAN, EBS, Ceph 등과 같은 일반 시스템에서 스토리지를 제공할 수 있다. 다양한 백엔드 중에서 선택할 수 있는 기능은 컨테이너 스토리지 인터페이스로 사용된다. CNI 및 CRI와 유사하게 애플리케이션에서 요청한 스토리지 요구사항을 충족하는 플러그인을 클러스터에 배포할 수 있다.

서비스 라우팅

서비스 라우팅은 쿠버네티스에서 실행되는 워크로드로 들어오고 나가는 트래픽 라우팅을 용이하게 한다. 쿠버네티스는 서비스 API를 제공하지만, 이는 일반적으로 보다 풍부한 기능의 라우팅 기능을 지원하기 위한 기반이다. 서비스 라우팅은 컨테이너 네트워킹을 기반으로 하며, 레이어7 라우팅, 트래픽 패턴 등과 같은 고급 기능을 생성한다. 서비스 라우팅은 인그레스 컨트롤러라는 기술을 사용해 구현된다. 서비스 라우팅의 더 깊은 측면에는 다양한 서비스 메시가 있다. 이 기술은 서비스 간 mTLS, 관찰 가능성 및 서킷브레이커circuit breaker와 같은 애플리케이션 트래픽 제어와 같은 메커니즘을 완벽하게 갖추고 있다.

시크릿 관리

시크릿 관리는 워크로드에 필요한 민감한 데이터의 관리 및 배포를 다룬다. 쿠버네티스는 민감한 데이터와 상호작용할 수 있는 시크릿 API를 제공한다. 그러나 여러 기업에서 기본적으로 많은 클러스터에 요구하는 심층 방어에 대한 강력한 시크릿 관리 및 암호화 기능이 없다. 간단한 수준에서 데이터가 저장되기 전에 암호화되도록 할 수 있다(기타 암호화 요건). 고급 수준에서는 볼트^{Vault}나 사이버아크^{Cyberark}와 같은 시크릿 관리에 중점을 둔 다양한 기술 통합을 제공할 수 있다.

인증/ID

ID는 사람과 워크로드의 인증을 다룬다. 클러스터 관리자는 보통 LDAP 또는 클라우드 공급자의 IAM 시스템과 같은 시스템에 사용자를 인증하는 방법을 궁금해 한다. 사용자 외에도 워크로드는 제로 트러스트^{zero-trust} 네트워킹 모델을 지원하려고 사용자를 직접 식별하고자 할 수 있다. 이는 ID 프로바이더를 통합하고 mTLS와 같은 메커니즘을 사용해 워크로드를 확인함으로써 보안이 강화될 수 있다.

권한/어드미션 제어

권한 부여는 사용자나 워크로드의 ID를 확인할 수 있는 다음 단계다. 사용자 또는 워크로드가 API 서버와 상호작용할 때 리소스에 대한 액세스를 어떻게 허용하거나 거부할 것인가? 쿠버네티스는 resource/verb 수준 제어가 포함된 RBAC 기능을 제공하지만, 조직 내부의 권한 부여와 관련된 사용자 지정 로직은 어떤가? 어드미션 컨트롤러^{admission controller}는 올바른 인증 응답 및 다른 시스템을 동적으로 호출하려고 정적 규칙 목록을 살펴보는 것처럼 간단한 유효성 검사 로직을 구축한다. 이를 통해 권한이나 어드미션 제어를 발전시킬 수 있다.

CI/CD 파이프라인

CI/CD는 소스코드의 소프트웨어를 런타임으로 가져오는 전체 생명 주기를 다룬다. 여기에는 지속적 통합^{CI, Continuous Integration} 및 지속적 전달^{CD, Continuous Delivery}에 대한 일반적인 문제가 포함된다. 많은 개발자가 주요 상호작용하는 지점이 바로 시스템에서 설정하는 파이프라인이다. 쿠버네티스와 CI/CD 시스템을 잘 연동시키는 것은 플랫폼의 성공에 필수다. CI/CD 외에도 아티팩트^{artifact}의 저장, 취약성 관점에서 안전성, 클러스터에서 실행될 이미지의 무결성 보장과 같은 사항을 고려해야 한다.

관찰 가능성

관찰 가능성^{observability}은 클러스터에서 일어나는 일을 이해하는 데 도움이 되는 모든 것을 포괄하는 용어다. 여기에는 시스템 및 애플리케이션 레이어가 포함된다. 관찰 가능성은 세 가지 대표 영역, 즉 로깅^{logging}, 메트릭, 트레이싱을 포함한다. 로깅에는 호스트의 워크로드에서 대상 백엔드 시스템으로 로그 데이터를 전달하는 작업이 들어간다. 로깅 시스템에서 소비가능한 방식으로 로그를 집계하고 분석할 수 있다. 메트릭에는 특정 시점의 일부 상태를 나타내는 데이터 캡처가 포함된다. 분석 목적으로 이 데이터를 일부 시스템으로 집계하거나 스크랩할 수 있다. 트레이싱은 애플리케이션 스택을 구성하는 다양한 서비스 간의 상호작용을 이해해야 하는 필요성에서 크게 인기를 얻었다. 트레이싱 데이터가 수집되면 요청 또는 응답의 수명이 일부 형태의 콘텍스트 또는 상관 관계 ID로 표시되는 집계 시스템을 가져올 수 있다.

개발자 추상화

개발자 추상화^{developer abstractions}는 개발자가 쿠버네티스 플랫폼에서 성공적으로 서비스할 수 있도록 배치하는 도구 및 플랫폼 서비스다. 추상화 접근 방식은 범위 안에 존재한다. 쿠버네티스 사용을 개발 팀에 완전히 투명하게 만들기로 선택하는 조직도 있다. 쿠버네티스가 제공하는 많은 강력한 기능을 공개하고 모든 개발자에게 상당한 유연성을 제공하는 사례도 있다. 솔루션은 또한 개발자 온보딩 경험에 초점을 맞추는 경향이 있어, 플랫폼에서 활용할 수 있는 환경에 대한 액세스 및 보안 제어 권한을 부여 받을 수 있다.

요약

1장에서는 쿠버네티스, 애플리케이션 플랫폼, 쿠버네티스에서 애플리케이션 플랫폼을 구축하는 방법을 알아봤다. 훌륭한 워크로드 오케스트레이터를 기반으로 구축하는 방법을 좀 더잘 이해할 수 있도록 다양한 영역을 고민하는 계기가 되길 바란다. 이 책의 뒷부분에서 쿠버네티스의 중요 영역을 자세히 살펴본다. 플랫폼 구축의 관점을 더욱 확장하는 데 도움이 되는 통찰력, 사례 및 권장사항을 제공할 예정이다.

자, 쿠버네티스 운영의 여정을 시작해 보자.

2장

쿠버네티스 배포 모델

쿠버네티스를 '존재'하게 만드는 것이 운영 단계에서 쿠버네티스를 사용하는 첫 번째 단계다. 여기에는 쿠버네티스 클러스터를 프로비저닝하고 향후 업그레이드를 관리하기 위한 시스템 설치가 포함된다. 쿠버네티스는 분산 소프트웨어 시스템이므로 쿠버네티스 배포는 보통 소프트웨어 설치 연습까지 진행한다. 쿠버네티스가 본질적으로 인프라에 연결돼 있는 다른 소프트웨어 설치와 비교할 때 드러나는 중요한 차이점이다. 따라서 소프트웨어 설치와 인프라를 동시에 고려해야 한다.

쿠버네티스 클러스터 배포와 관리 서비스, 기존 제품과 프로젝트를 얼마나 활용해야 하는지에 대한 질문을 다룬다. 기존 서비스, 제품 및 프로젝트를 사용자 정의 자동화에 접근하는 방법을 활용해 설명한다. 또한 사용 가능한 다양한 접근 방식을 추론할 수 있도록 쿠버네티스 배포 도구를 평가하는 내용도 알아본다. 쿠버네티스를 배포하기 위해 사용자 정의 자동화를 구축할 때 etcd[1]에 대한 특별한 고려사항과 관리 중인 다양한 클러스터를 관리하는 방법을 포함해 전반적인 아키텍처 문제 해결 방법을 알아본다. 또한 다양한 소프트웨어 설치 및

---

1   etcd('엣시디'로 발음)는 VM의 분산된 시스템 또는 클러스터의 설정 공유, 서비스 디스커버리 및 스케줄러 조정을 위한 일관된 오픈소스, 분산형 키-값 저장소다(https://etcd.io). - 옮긴이

인프라 종속성을 관리하는 데 유용한 패턴과 다양한 클러스터 구성요소를 분해하고 이들이 어떻게 결합되는지 설명한다. 또한 기본 쿠버네티스 클러스터에 설치하는 애드온의 관리 방법과 쿠버네티스 및 애플리케이션 플랫폼을 구성하는 추가 컴포넌트를 업그레이드하기 위한 전략도 같이 살펴볼 예정이다.

관리형 서비스와 셀프 서비스 비교

쿠버네티스의 배포 모델 주제를 더 자세히 알아보기 전에 쿠버네티스에 대한 전체 배포 모델이 있어야 하는지 여부에 대한 아이디어를 알아본다. 클라우드 프로바이더는 배포 문제를 대부분 해결하는 관리형 쿠버네티스 서비스를 제공한다. 관리형 쿠버네티스 클러스터를 프로비저닝하려고 신뢰할 수 있는 선언적 시스템을 계속 개발해야 하지만, 클러스터를 불러오는 방법의 세부 정보를 추상화하는 것이 유리할 수 있다.

관리형 서비스

관리형 쿠버네티스 서비스를 사용할 때는 엔지니어링 노력이 절감된다. 쿠버네티스의 배포 및 생명 주기를 적절하게 관리하는 데 상당한 기술 설계 및 구현이 포함돼 있기 때문이다. 쿠버네티스는 애플리케이션 플랫폼의 컴포넌트component 중 하나인 컨테이너 오케스트레이터일 뿐이다.

관리형 서비스를 사용하면 워커 노드worker node를 마음대로 연결할 수 있는 쿠버네티스 컨트롤 플레인을 얻을 수 있고 스케일, 가용성 보장, 컨트롤 플레인 관리의 부담이 감소된다. 모두가 중요한 고려사항이고 클라우드 프로바이더의 기존 서비스를 이미 사용하고 있다면 한 발짝 더 앞서 나갈 수 있다. 예를 들어 AWSAmazon Web Services 클라우드 프로바이더에는 서버리스 컴퓨팅의 파게이트fargate, 역할 기반 액세스 제어의 RBACRole Based Access Control과 IAMIdentity and Access Management, 모니터링/로깅의 클라우드와치CloudWatch, 앱 컨테이너 플랫폼의

EKS^{Elastic Kubernetes Service2} 등을 사용하고 있다면 여러 문제를 해결할 수 있다.

이는 관리형 데이터베이스 서비스를 사용하는 것과 다르지 않다. 핵심 관심사가 비즈니스 요구사항을 충족하는 애플리케이션이고, 해당 애플리케이션 연결에 관계형 데이터베이스가 필요하지만, 전담 데이터베이스 관리자^{DBA, DataBase Administrator}를 직원으로 두기가 어려울 때, 클라우드 프로바이더에게 비용을 지불하면 큰 도움이 된다. 데이터베이스를 빠르게 시작하고 실행할 수 있기 때문이다. 관리형 서비스 프로바이더가 가용성을 관리하고 백업을 수행하며 사용자를 대신해 업그레이드를 진행함에 있어서 많은 부분에 이점이 있다. 그러나 절충안을 찾아야 하는 부분도 있다.

자체 서비스

관리형 쿠버네티스 서비스를 사용하면 비용이 절감된다. 구성 유연성과 자유로움이 부족한 상태에서 비용이 들기는 하지만, 벤더 락인^{lock-in} 문제를 고민해야 한다. 관리형 서비스는 클라우드 인프라 프로바이더가 제공한다. 인프라에 특정 벤더를 사용하는 데 많은 투자를 해야 한다면 벤더 중립적이지 않은 시스템을 설계하고 서비스를 활용을 고려해야 할 가능성이 높다. 문제는 벤더가 가격을 올리거나 미래에 서비스 품질을 떨어뜨리게 되면 사용자 서비스 운영에 어려움이 생긴다. 시간이 없어서 빨리 해결하려는 대책으로 비용을 지불했던 것이 이제는 사용자의 목줄을 죄고 영향력을 행사할 수 있기 때문이다.

물론 여러 프로바이더의 관리형 서비스를 사용해 운영 다각화를 할 수 있다. 쿠버네티스의 기능을 제공하는 방식과 제공되는 기능 사이에 계속 변동사항이 있기 때문에 바뀐 부분을 따라가기 어려운 문제가 생기기도 한다.

따라서 쿠버네티스를 셀프 서비스를 직접 구현하는 방법을 고려할 수 있다. 쿠버네티스에는 관리할 수 있는 다양한 기능이 있는데, 이런 기능을 통한 구성 가능성은 쿠버네티스를 매우 유연하고 강력하게 만든다. 쿠버네티스 자체를 이해하고 관리하는 데 투자한다면 앱 플랫폼

---

2 AWS에서 제공하는 쿠버네티스 서비스다(https://aws.amazon.com/ko/eks). - 옮긴이

세계를 사용자의 의도대로 구성할 수 있게 된다. 구현할 수 없는 기능이나 충족할 수 없는 요구사항 같은 것은 사실상 없다고 보면 된다. 인프라 프로바이더가 퍼블릭 클라우드 프로바이더든, 프라이빗 데이터 센터의 물리 서버든 상관없이 인프라 프로바이더 사이를 원활하게 구현할 수 있을 것이다. 다양한 인프라의 불일치가 예상되더라도 플랫폼 자체로 구성되는 쿠버네티스 기반으로 기능에 일관성이 생긴다. 플랫폼을 사용하는 개발자는 기본 인프라를 제공하는 담당이 누구인지 신경도 쓰지 않아도 되고, 심지어 모를 수도 있을 것이다.

개발자는 기본 인프라나 프로바이더가 아닌 플랫폼의 기능에만 관심을 가지면 된다. 사용 가능한 기능을 제어할 수 있고 인프라 프로바이더 사이에 일관된 기능을 제공하면 개발자는 다음과 같은 경험을 갖게 된다.

- 사용하는 쿠버네티스의 버전을 제어할 수 있다.
- 컨트롤 플레인 컴포넌트의 모든 플래그와 기능에 액세스할 수 있다.
- 기본 서버와 서버에 설치된 소프트웨어 및 디스크에 기록되는 정적 파드 매니페스트에 액세스할 수 있다.

개발자를 확보하기 위한 방편으로 사용하는 강력하고 매력적인 도구가 있을 텐데, 모두에게 곤란한 상황이 오지 않도록 도구 사용법을 숙지하길 권한다.

배포 모델 결정

영광스러운의 자리에 오르는 길은 여정을 처음 시작할 때부터 알지 못한다. 관리형 쿠버네티스 서비스 또는 셀프 서비스로 클러스터 서비스를 운영하는 방식을 결정할 때 현 상황은 영광스러운 최종 결론에 도달했기보다는 쿠버네티스 여정의 시작 부분에 훨씬 더 가깝다. 그리고 관리형 서비스와 셀프 서비스 방식의 결정은 비즈니스에 오래 지속되는 운영 영향을 미칠 만큼의 사항이기에 충분히 고려해야 한다. 배포 모델을 결정할 수 있는 사례를 소개한다.

다음과 같은 사례는 관리형 서비스에 의존해야 한다.

- 쿠버네티스를 이해하기가 어려울 것 같다.
- 비즈니스 성공에 중요한 분산 소프트웨어 시스템을 관리하는 책임이 위험해 보인다.
- 벤더에서 제공하는 기능으로 인한 제한의 불편함을 관리할 수 있을 것 같다.
- 관리형 서비스 제공 벤더가 사용자의 요구사항에 응답하고 훌륭한 비즈니스 파트너라는 믿음이 있다.

셀프 쿠버네티스 서비스 운영에 의존해야 사례는 다음과 같다.

- 벤더가 부과한 제한 때문에 불편하다.
- 클라우드 컴퓨팅 인프라를 제공하는 프로바이더에 대한 믿음이 없다.
- 쿠버네티스를 기반으로 구축할 수 있는 플랫폼의 성능에 기대한다.
- 컨테이너 오케스트레이터를 활용해 개발자에게 즐거운 경험을 제공할 수 있는 기회를 즐길 수 있다.

관리형 서비스를 사용하기로 결정했다면 2장의 나머지 부분을 건너뛰는 것이 좋다. '애드온' 및 '트리거 메커니즘'에는 일부 사용 사례로 소개하나 2장의 다른 절에는 명시되지 않는다. 반면에 자체 클러스터를 관리하려면 계속 읽기 바란다. 다음 절부터는 고려해야 할 배포 모델과 도구를 자세히 알아볼 예정이다.

자동화

쿠버네티스 클러스터의 배포 모델 설계를 수행할 때 자동화 주제가 가장 중요하다. 모든 배포 모델은 '자동화'를 기본 원칙으로 유지해야 한다. 비용을 절감하고 안정성을 개선하려면 인적 수고를 제거하는 것이 중요하다. 관리 인력을 채용하는 데는 비용이 많이 들기 때문이다. 엔지니어가 일상적이고 지루한 작업을 수행하려고 급여를 지불하는 것은 '혁신'에 전혀 도움이 안 된다. 게다가 관리 인력의 실수로 특정 단계에서 단 하나의 에러로 인해 시스템이 불안정해지거나 시스템이 전혀 작동하지 않기도 한다. 소프트웨어 시스템을 사용해 배포를 자동화위해 엔지니어링에 먼저 투자를 하면 가까운 미래에 닥칠 문제 해결에서의 많은 수고를 절약할 뿐 아니라 수익을 일으킬 것이다.

자체 클러스터 생명 주기를 관리하기로 결정했다면 관리를 위한 전략을 공식화해야 한다. 사전 빌드된 쿠버네티스 설치 프로그램을 사용하거나, 처음부터 자체 사용자 정의 자동화를 개발하는 것 중에서 선택할 수 있다. 이 결정은 관리형 서비스와 셀프 서비스 간의 결정과 유사하다. 하나의 경로는 강력한 성능, 제어 및 유연성을 제공하지만 엔지니어링 노력을 필요로 한다.

쿠버네티스 설치 소프트웨어

현재 수많은 오픈소스 및 엔터프라이즈 지원 쿠버네티스 설치 소프트웨어를 사용할 수 있다. 적절한 사례로 현재 CNCF 웹사이트(https://www.cncf.io/certification/kcsp)에 237개의 쿠버네티스 인증 서비스 프로바이더가 나열돼 있다. 일부는 비용을 지불해야 하며, 필요할 때 부를 수 있는 지원 직원 뿐만 아니라 숙련된 현장 엔지니어도 같이 포함된다.

다양한 쿠버네티스 설치 소프트웨어를 이해하고 사용하려면 연구와 실험이 필요하다. 상용 설치 소프트웨어(비용을 지불해야하는 설치 소프트웨어)는 버튼 하나만 누르면 순식간에 쿠버네티스를 사용할 수 있을 정도다. 제공된 기능과 사용 가능한 옵션에 적합하고 예산이 소프트웨어 비용을 감당할 수 있다면 이 설치 방법이 매우 적합하다. 이 글을 쓰는 시점에서 상용 쿠버네티스 설치 소프트웨어를 사용하는 방법이 현장에서 가장 일반적인 접근 방식이다.

사용자 정의 자동화

쿠버네티스 설치 소프트웨어를 사용할 때도 일반적으로 어느 정도의 사용자 정의 자동화가 필요하다. 이는 일반적으로 팀의 기존 시스템과 통합되는 형태이지만, 여기서는 사용자 정의 쿠버네티스 설치 소프트웨어 개발을 설명한다.

쿠버네티스로 여정을 시작하거나 쿠버네티스 전략으로 방향을 변경할 때 다음 사항이 모두 적용될 때만 자체 개발 자동화 경로를 선택할 수 있다.

- 노력에 전념할 엔지니어가 한두 명 이상 있다.
- 깊은 쿠버네티스 경험이 있는 엔지니어가 있다.
- 관리형 서비스나 쿠버네티스 설치 소프트웨어가 잘 충족하지 못하는 특수한 요구사항이 있을 때가 있다.

2장의 나머지 부분은 다음 중 하나에 해당된다.

- 사용자 정의 자동화 구축을 위한 사용 사례에 적합하다.
- 설치 소프트웨어를 평가하고 있으며, 좋은 패턴이 어떤 것인지 더 깊이 알고 싶다.

이 방법으로 쿠버네티스 클러스터를 설치 및 관리하기 위한 맞춤형 자동화 구축에 대한 세부정보를 얻을 수 있다. 모든 우려사항을 뒷받침하려면 플랫폼 요구사항을 명확하게 이해해야 한다. 이는 주로 앱의 요구사항, 특히 얼리어답터가 될 요구사항으로 주도돼야 한다. 플랫폼 사용자와 긴밀한 협력 없이 아무것도 없는 상태에서 플랫폼을 구축하는 함정에 빠지면 안 된다. 플랫폼의 초기 시험판 버전을 개발 팀이 테스트용으로 사용할 수 있도록 한다. 버그를 수정하고 기능을 추가하기 위한 운영 단계의 피드백 루프를 구축해야 한다. 플랫폼의 성공적인 채택은 피드백 루프에 달려 있다.

다음 절은 클러스터 구축을 시작하기 전에 고려해야 할 아키텍처 문제를 다룬다. 여기에는 etcd용 배포 모델, 배포 환경을 티어로 분리, 많은 수의 클러스터 관리와 관련된 문제 해결, 워크로드를 호스팅하는 데 사용할 수 있는 노드풀 유형이 포함된다. 먼저 쿠버네티스 설치 세부정보를 인프라 종속성에 맞춰 설명한 다음, 클러스터의 가상 또는 물리적 시스템에 설치되는 소프트웨어, 마지막으로 쿠버네티스 클러스터의 컨트롤 플레인을 구성하는 컨테이너화된 컴포넌트를 소개한다.

아키텍처 및 토폴로지

쿠버네티스 클러스터를 프로비저닝하고 관리하는 데 사용하는 시스템에 광범위한 영향을 미치는 아키텍처 결정을 알아본다. 여기에는 etcd의 배포 모델과 플랫폼의 해당 컴포넌트를 고려해야 하는 고유한 고려사항이 포함된다. 이런 주제 중에는 관리 중인 다양한 클러스터를 SLO^Service Level Objective3^에 따라 티어로 구성하는 방법이 있다. 또한 노드풀의 개념과 주어진 클러스터에서 다양한 목적으로 노드풀을 사용할 수 있는 방법을 살펴본다. 마지막으로 클러스터와 클러스터에 배포하는 소프트웨어의 페더레이션 관리 방법을 다룰 예정이다.

etcd 배포 모델

etcd는 쿠버네티스 클러스터의 오브젝트에 대한 데이터베이스로서 특별한 고려가 필요하다. etcd는 컨센서스 알고리즘4을 사용해 여러 시스템에서 클러스터 상태 사본을 유지 관리하는 분산 데이터 저장소다. 컨센서스 알고리즘은 etcd 클러스터의 노드에 대한 네트워크 고려사항을 도입해 네트워크 연결 합의를 안정적으로 유지할 수 있도록 한다. 네트워크 토폴로지를 고려할 때 설계해야 하는 고유한 네트워크 대기시간 설정 요구사항이 있다. 이 절에서 해당 주제를 다루고 etcd용 배포 모델에서 선택해야 할 두 가지 주요 아키텍처 선택사항도 살펴본다. 이 부분은 전용 vs 공동 배치 방식과 및 컨테이너에서 실행 또는 호스트에 직접 설치할지 여부 등을 고려해야 한다.

네트워크 고려사항

etcd의 기본 설정은 단일 데이터 센터의 대기 시간을 위해 설계됐다. 여러 데이터 센터에 etcd를 배포할 때 etcd 멤버 간의 평균 왕복을 테스트하고, 필요할 때 etcd에 대한 하트비트

---

3 SLO는 서비스 수준 목표를 의미하며, SLI(Service Level Indicator), 즉 서비스 수준 척도에 의해 측정된 서비스 수준의 목표 값 혹은 일정 범위의 값을 의미한다. - 옮긴이

4 etcd에서 채택하고 있는 분산합의 알고리즘이다. 분산합의 알고리즘은 노드들이 서로 상태를 교환하고, 동기화하는 일련의 과정을 의미한다(https://raft.github.io). - 옮긴이

heartbeat 간격 및 선택 시간 제한을 조정해야 한다. 서로 다른 리전region에 분산된 etcd 클러스터를 사용하지 않는 것이 좋다. 가용성을 높이기 위해 여러 데이터 센터를 사용하려면 최소한 한 리전에서 가까운 거리에 있어야 한다.

전용 vs 공동 배치

배포 방법에 있어서 etcd에 자체 전용dedicated 시스템을 제공할지 아니면 API 서버, 스케줄러, 컨트롤러 관리자 등을 사용해 컨트롤 플레인 시스템에 배치할지 여부를 고민한다. 가장 먼저 고려해야 할 사항은 클러스터의 크기다. 즉, 클러스터당 실행할 워커 노드 수를 관리하게 된다. 클러스터 크기에 대한 절충점은 2장의 뒤쪽에서 설명한다. 클러스터 크기를 통해 etcd를 어느 형태의 호스트에 구성해야 하는지를 알 수 있다.

etcd는 중요하다. etcd 성능이 떨어지면 클러스터의 리소스를 제어하는 능력이 저하된다. 워크로드에 쿠버네티스 API에 대한 종속성이 없는 한 문제가 발생하지 않지만, 컨트롤 플레인을 정상 상태로 반드시 유지해야만 한다.

길을 따라 차를 몰고 있을 때, 핸들의 작동이 멈췄는데 차가 여전히 주행을 하고 있다고 가정해보자. 조금은 위안이 될지는 모르나 사실 이는 굉장히 위험한 일이다. 마찬가지로 큰 클러스터와 함께 제공되는 etcd에 읽기 및 쓰기 요구사항을 배치하려면 다른 컨트롤 플레인 컴포넌트의 리소스 경합을 없애기 위해 전용 시스템을 해당 클러스터에 할당하는 것이 좋다. 이런 맥락에서 '대형' 클러스터는 사용 중인 컨트롤 플레인 시스템의 크기에 따라 다르지만 50대 이상의 워커 노드를 최소한으로 고려해야 한다. 200대 이상의 워커 노드가 있는 클러스터를 계획하려면 전용 etcd 클러스터만 계획하는 것이 가장 좋다. 더 작은 클러스터를 계획하려면 관리 오버헤드와 인프라 비용을 절약하려고 공동colocated 배치 etcd를 사용한다. Kubeadm은 인기 있는 쿠버네티스 부트스트래핑 도구로 공통 배치 모델을 지원하고 관련 문제를 처리한다.

컨테이너 vs 호스팅

다음으로 자주 묻는 질문은 etcd를 서버에 설치할 것인지 컨테이너에서 실행할 것인지의 여부다. 먼저 쉬운 답변부터 살펴본다. etcd를 공동 배치 방식으로 실행한다면 컨테이너에서 실행하면 된다. etcd를 같은 위치에서 실행 할 때 컨테이너에서 실행한다. 쿠버네티스 부트스트래핑에 kubeadm을 활용할 때 이 구성이 지원되고 테스트가 잘 수행된다. 이는 컨테이너의 최선의 선택이다. 반면에 전용 서버에서 etcd를 실행하기로 선택할 때 옵션은 다음과 같다. 호스트에 etcd를 설치할 수 있다. 그러면 VM 이미지를 만들고 컨테이너 런타임에 대한 추가 문제를 제거할 수 있다. 호스트에 또는 컨테이너에서 실행하려면 가장 유용한 패턴은 VM에 컨테이너 런타임 및 kubelet을 설치하고 정적 매니페스트를 사용해 etcd를 실행한다. 이는 다른 컨트롤 플레인 컴포넌트와 동일한 패턴 및 설치 방법을 따르는 이점이 있다. 복잡한 시스템에서 반복되는 패턴을 사용하는 것은 유용하지만 이 부분은 주로 선호도의 문제다.

클러스터 티어

티어tier에 따라 클러스터를 구성하는 것은 현장에서 볼 수 있는 거의 보편적인 패턴이다. 티어에는 테스트, 개발, 스테이징 및 운영 단계가 포함된다. 일부 팀에서는 이를 다른말로 '환경'이라고 한다. 그러나 티어는 다른 의미를 가질 수 있는 광범위한 용어다. 여기서는 다양한 유형의 클러스터를 구체적으로 설명하려고 티어라는 용어를 사용한다. 특히, 클러스터와 연관될 수 있는 SLO 및 SLA[5], 클러스터의 목적, 클러스터가 애플리케이션의 운영 환경 경로에 있는 위치를 명시한다. 조직마다 티어가 정확히 어떻게 표시되는지는 다르지만 공통된 주제가 있으며, 4개 티어가 일반적으로 의미하는 바를 설명한다.

모든 티어에서 동일한 클러스터 배포 및 생명 주기 관리 시스템을 사용한다. 하위 티어에서 이런 시스템을 많이 사용하면 중요한 운영 클러스터에 적용할 때 예상대로 작동할 수 있다.

---

5   서비스 수준 협약서(Service Level Agreement)는 서비스를 제공함에 있어서 프로바이더와 사용자 간에 서비스의 측정지표와 목표 등에 대한 협약서다. – 옮긴이

테스트

테스트 티어의 클러스터는 TTL^time-to-live이 적용되는 단일 테넌트, 임시 클러스터로 지정된 시간(일반적으로 일주일 미만)이 지나면 자동으로 소멸된다. 이들은 플랫폼 엔지니어가 개발 중인 특정 컴포넌트 또는 플랫폼 기능을 테스트할 목적으로 실행된다. 테스트 티어는 로컬 클러스터가 로컬 개발에 적합하지 않거나 로컬 클러스터에서 테스트하기 위한 후속 단계로 개발자가 사용할 수도 있다. 이는 앱이 처음에 쿠버네티스에서 애플리케이션을 컨테이너화하고 테스트할 때 더 일반적이다. 이런 클러스터에는 SLO 또는 SLA가 없다. 테스트 티어의 클러스터는 최신 버전의 플랫폼을 사용하거나 선택적으로 사전 알파 릴리즈를 사용한다.

개발

개발 티어 클러스터는 일반적으로 TTL이 없는 '영구' 클러스터다. 멀티테넌트이며 운영 클러스터의 모든 기능이 있다. 개발 티어 클러스터는 애플리케이션에 대한 첫 번째 통합 테스트에 사용되며 애플리케이션 워크로드와 플랫폼의 알파 버전과의 호환성을 테스트하는 데 사용된다. 개발 티어는 앱의 일반 테스트 및 개발에도 사용된다. 개발 티어 클러스터에는 일반적으로 SLO가 있지만 이와 관련된 공식 계약은 없다. 가동 중단은 개발자 생산성에 영향을 미치기 때문에 가용성 목표는 최소한 업무 시간 동안은 운영 수준에 가까울 때가 많다. 대조적으로, 애플리케이션은 개발 클러스터에서 실행될 때 SLO 또는 SLA가 없으며 매우 자주 업데이트되고 지속적이고 유동적이다. 공식적으로 출시된 플랫폼의 알파 및 베타 버전을 실행한다.

스테이징

개발 티어의 클러스터와 마찬가지로 스테이징 티어의 클러스터도 영구 클러스터이며 일반적으로 여러 테넌트에서 사용된다. 실제 운영 환경으로 롤아웃^rollout하기 전에 최종 통합 테스트 및 승인에 사용된다. 스테이징 환경에서 실행되는 소프트웨어를 적극적으로 개발하지 않는 이해 관계자가 사용하는데, 프로젝트 관리자, 제품 소유자 및 임원이 포함된다. 여기에는 소프트웨어의 시험판 버전에 액세스해야 하는 고객 또는 외부 이해 관계자도 포함될 수 있다. 개발 클러스터와 유사한 SLO를 갖을 때가 많다. 외부 이해 관계자 또는 유료 고객이 클러스터의 워크로드에 액세스하려면 스테이징 티어에는 공식 SLA가 연결될 수 있다. 엄격한 호환성 검증을 따를 때 스테이징 티어 클러스터는 공식적으로 출시된 플랫폼 베타 버전을 실행한다. 이전 버전과 호환성을 보장할 수 없을 때 스테이징 클러스터는 운영 환경에서 사용되는 것과 동일한 안정적인 플랫폼 릴리즈를 실행해야 한다.

운영

운영 티어 클러스터는 돈을 버는 역할을 한다. 이들은 고객 대면, 수익 창출 애플리케이션 및 웹 사이트에 사용된다. 승인되고 운영 준비가 된 안정적인 소프트웨어 릴리즈만 여기에서 실행된다. 그리고 플랫폼의 완전히 테스트되고 승인된 안정적인 릴리즈만 사용된다. 잘 정의된 세부 SLO가 적용된다. 종종 법적 구속력이 있는 SLA가 적용된다.

노드풀

노드풀^{node pool}은 단일 쿠버네티스 클러스터에서 노드 유형을 함께 그룹화하는 방법이다. 이런 유형의 노드는 고유한 특성이나 역할에 따라 함께 그룹화될 수 있다. 세부 사항에 들어가기 전에 노드풀 사용의 장단점을 이해하는 것이 중요하다. 절충안은 종종 단일 클러스터 내에서 여러 노드풀을 사용하는 것과 별도의 개별 클러스터를 프로비저닝하는 것 사이의 선택을 중심으로 이루어진다. 노드풀을 사용할 때 워크로드에서 노드 셀렉터^{node selector}를 사용해 해당 노드풀에서 끝나는지 확인해야 한다. 또한 노드 셀렉터가 없는 워크로드가 의도하지 않은 위치에 도달하는 것을 방지하려면 노드 테인트^{taint}를 사용해야 할 수도 있다. 또한 시스템이 고유한 가용영역을 모니터링하고 각각을 개별적으로 확장해야 하기 때문에 클러스터 내 노드의 확장이 더 복잡해진다. 반면에 별개의 클러스터를 사용하면 이런 문제를 클러스터 관리 및 소프트웨어 페더레이션 문제로 대체하는 데 많은 클러스터가 필요하다. 그리고 워크로드를 올바른 클러스터로 적절하게 목표화해야 한다. 표 2-1에는 노드풀 사용의 장단점이 요약돼 있다.

표 2-1 노드풀의 장단점

장점	단점
관리 중인 클러스터 수 감소	워크로드에 대한 노드 셀렉터가 종종 필요
워크로드에 대한 더 적은 수의 대상 클러스터	노드 테인트를 적용하고 관리
	더 복잡한 클러스터 확장 작업

특성 기반 노드풀은 일부 특정 워크로드에 필요하거나 적합한 컴포넌트 또는 속성이 있는 노드로 구성된 가용영역이다. 예를 들어 GPU^{Graphics Processing Unit}와 같은 특수 장치가 있다. 특성의 또다른 예는 사용하는 네트워크 인터페이스의 유형일 수 있다. 또 하나는 시스템의 CPU에 대한 메모리의 비율일 수 있다. 이런 리소스의 비율이 다른 노드를 사용할 수 있는 이유는 2장의 '인프라' 부분에서 더 자세히 논의할 예정이다. 지금은 이런 모든 특성이 다양한 유형의 워크로드에 적합하며, 실행하면 집합적으로 동일한 클러스터에 있을 때, 서로 다른 파드가 기동되는 위치를 관리하려면 노드풀로 그룹화해야 한다.

역할 기반 노드풀은 특정 기능이 있고 리소스 경합을 격리할 때가 많다. 역할 기반 가용영역으로 분할된 노드는 반드시 고유한 특성이 있는 것은 아니며, 다른 기능일 뿐이다. 일반적인 예는 클러스터의 인그레스 레이어 전용 노드풀이다. 인그레스 가용영역의 예에서 전용 가용영역은 리소스 경합 발생으로 워크로드를 격리할 뿐만 아니라(현재 네트워크 사용 리소스 요청 및 제한을 사용할 수 없기 때문에 이는 특히 중요함) 네트워크 모델과 특정 노드를 단순화한다. 클러스터 외부 소스의 트래픽에 노출된다. 특성 기반 노드풀과 달리 이런 역할은 종종 시스템이 특정 클러스터의 기능에서 중요한 역할을 하기 때문에 별개의 클러스터로 대체할 수 있는 문제가 아니다. 즉, 정당한 이유로 노드를 가용영역으로 분할하고 있는지 확인해야 한다. 무분별하게 가용영역을 만들지 않기 바란다. 쿠버네티스 클러스터는 충분히 복잡하다. 필요 이상으로 관리 영역을 복잡하게 만들 필요는 없다.

노드풀을 사용하는지 여부에 관계없이 많은 개별 클러스터에서 발생하는 멀티 클러스터 관리 문제를 해결해야 할 가능성이 가장 높다는 점을 신경 써야 한다. 많은 수의 개별 클러스터를 축적하지 않는 쿠버네티스를 사용하는 기업은 거의 없다. 여기에는 다양한 이유가 있다.

따라서 특성 기반 노드풀을 도입하면 엔지니어링 노력을 투자해 멀티클러스터 관리를 개발하고 개선하는 것을 고려해야 한다. 그런 다음 제공해야 하는 다양한 시스템 특성과 고유한 클러스터를 원활하게 사용할 수 있는 기회를 얻을 수 있다.

클러스터 페더레이션

클러스터 페더레이션은 광범위하게 사용자가 제어하는 모든 클러스터를 중앙에서 관리하는 방법을 나타낸다. 쿠버네티스는 요구사항에 따라 하나만 보유하기 어려운데, 그 부분을 제어하지 않으면 관리 영역이 복잡해질 수 있다. 페더레이션 전략은 기업이 소프트웨어 종속성을 관리해 비용이 많이 들지만 관리 영역을 좀 더 용이하게 할 수 있는 방법이다.

일반적이고 유용한 접근 방식은 리전별로 페더레이션 한 다음 글로벌global로 페더레이션 한다. 페더레이션 접근 방식은 클러스터의 급격한 확장에 따른 컴퓨팅 부하를 줄인다. 페더레이션을 처음 시작할 때 멀티 레벨의 페더레이션 접근 방식을 구현할 수 있는 글로벌 사이즈의 환경이나 인프라가 없을 수 있지만 향후 요구사항이 될 때를 대비해 설계 원칙으로 염두에 둬야 한다.

이 영역에서 몇 가지 중요한 주제를 논의해 보겠다. 관리 클러스터가 리전 서비스를 통합하고 중앙 집중화 하는데 어떻게 도움이 될 수 있는지 살펴볼 예정이다. 다양한 클러스터에서 워크로드에 대한 메트릭을 통합하는 방법을 고려하고 페더레이션이 중앙에서 관리되는 방식으로 다양한 클러스터에 배포된 관리 워크로드에 어떤 영향을 미치는지를 설명 할 예정이다.

관리 클러스터

관리 클러스터는 말 그대로 다른 클러스터를 관리하는 쿠버네티스 클러스터다. 조직은 사용량이 확대되고 관리 중인 클러스터의 수가 증가함에 따라 원활한 운영을 하려면 소프트웨어 시스템을 활용해야 한다는 사실을 알게 됐다. 그리고 예상대로 쿠버네티스 기반 플랫폼을 사용해 이 소프트웨어를 실행할 때가 많다. 클러스터 API(https://cluster-api.sigs.k8s.io)는 쿠버네티스 소프트웨어 중 대표적인 프로젝트가 됐다. 클러스터 및 서버 리소스와 같은 사용자 정의 리소스를 사용해 다른 쿠버네티스 클러스터 및 해당 컴포넌트를 나타내는 쿠버네티스 오퍼레이터 집합이다. 사용되는 일반적인 패턴은 다른 워크로드 클러스터에 대한 인프라를 배포 및 관리하려면 클러스터 API 컴포넌트를 관리 클러스터에 배포한다.

그러나 이런 방식으로 관리 클러스터를 사용하면 결함이 있다. 일반적으로 운영 티어와 다른 티어 간에 문제를 엄격하게 구분하는 것이 좋다. 따라서 조직에는 운영 전용 관리 클러스터가 있을 때가 많다. 이는 관리 클러스터 오버헤드를 더욱 증가시킨다. 다른 문제는 워크로드 스케일링에 대응해 워커 노드를 추가 및 제거하는 방법인 클러스터 오토스케일러cluster autoscaler에 있다. 클러스터 오토스케일러는 일반적으로 조정 이벤트가 필요한 조건을 감시하려고 조정되는 클러스터에서 실행된다. 그러나 관리 클러스터에는 해당 워커 노드의 프로비저닝 및 해제를 관리하는 컨트롤러가 포함돼 있다. 그렇다면 그림 2-1에 나와 있는 것처럼 클러스터 오토스케일러를 사용하는 모든 워크로드 클러스터 및 관리 클러스터에 대한 외부 종속성이 도입되게 된다. 수요를 충족하려고 클러스터를 확장해야 하는 바쁜 시간에 관리 클러스터를 사용할 수 없게 되면 어떻게 될까?

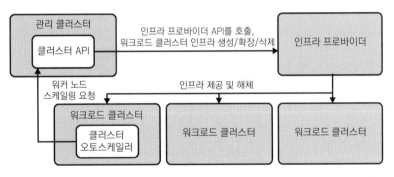

그림 2-1 스케일링 이벤트를 트리거하려고 관리 클러스터에 액세스하는 클러스터 오토스케일러

워크로드 클러스터에서 클러스터 API 구성요소를 독립적인 방식으로 실행하는 전략이 있다. 이는 클러스터 및 서버 리소스도 워크로드 클러스터에 있다. 클러스터 생성 및 삭제하려면 여전히 관리 클러스터를 사용할 수 있지만 워크로드 클러스터는 대부분 자율적이며, 오토스

케일링과 같은 일상적인 작업을 하려면 관리 클러스터에 대한 외부 종속성을 없애야 한다(그림 2–2 참조).

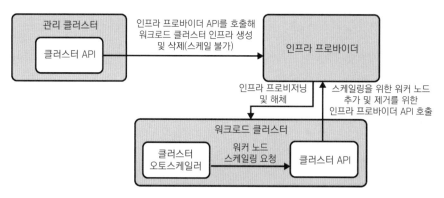

그림 2–2 스케일링 이벤트를 수행하려고 로컬 클러스터 API 구성요소에 액세스하는 클러스터 오토스케일러

이 패턴은 클러스터의 다른 컨트롤러 또는 워크로드에 클러스터 API 사용자 정의 리소스에 포함된 메타데이터와 속성이 필요하면 로컬 API로 리소스를 읽어 액세스할 수 있다는 뚜렷한 이점이 있다. 관리 클러스터 API에 액세스할 필요가 없다. 예를 들어, 네임스페이스 컨트롤러가 개발 클러스터에 있는지 운영 클러스터에 있는지에 따라 동작을 변경하면 컨트롤러가 있는 클러스터를 나타내는 클러스터 리소스에 이미 포함될 수 있는 정보다.

또한 관리 클러스터는 종종 다양한 다른 클러스터의 시스템에서 액세스하는 공유 또는 리전 서비스를 호스트하는 데 많은 관리 기능이 있는 것은 아니다. 관리 클러스터는 종종 이런 공유 서비스를 실행하기 위한 논리적인 장소다. 공유 서비스의 예로는 CI/CD 시스템 및 컨테이너 레지스트리가 있다.

관찰 가능성

많은 수의 클러스터를 관리할 때 인프라 전반에서 메트릭을 수집하고 이를 중앙집중화하는 문제가 생긴다. 클러스터 및 관리 중인 워크로드의 상태에 대한 명확한 형태를 제공하는 높은 수준의 측정 가능한 데이터 지점은 클러스터 페더레이션의 중요한 관심사다. 프로메테우스^{Prometheus}(https://prometheus.io)는 많은 조직에서 메트릭을 수집하고 저장하는 데 사용하는 오픈소스 프로젝트다. 사용 여부에 관계없이 페더레이션에 사용하는 모델은 매우 유용하고 가능한 한 사용하는 도구로 복제할 수 있도록 살펴볼 가치가 있다. 페더레이션된 프로메테우스 서버가 다른 하위 수준 프로메테우스 서버의 메트릭 하위 집합을 스크랩해 페더레이션에 대한 리전별 접근 방식을 지원한다. 따라서 사용되는 모든 페더레이션 전략을 수용할 수 있다. 9장에서는 프로메테우스 관련 주제를 더 상세하게 살펴볼 예정이다.

페더레이션 소프트웨어 배포

다양한 원격 클러스터를 관리할 때 해당 클러스터에 대한 소프트웨어 배포를 관리하는 방법도 중요하게 다루는 문제다. 클러스터 자체를 관리할 수 있는 것과 클러스터에 대한 최종 사용자 워크로드 배포를 구성하는 것은 완전히 다른 문제인데, 결국 모든 클러스터를 갖는 요점이다. 가용성을 위해 여러 리전에 배포해야 하는 중요하고 가치가 높은 워크로드가 있을 수 있다. 또는 다른 클러스터의 특성에 따라 워크로드가 배포되는 위치를 구성해야 할 수도 있다. 문제에 대한 좋은 솔루션 합의가 상대적으로 부족하다는 사실에서 알 수 있듯이 결정하기 어려운 이슈다.

쿠버네티스 커뮤니티는 한동안 광범위하게 적용할 수 있는 방식으로 이 문제를 해결하려고 시도했다. 가장 최근의 화두는 KubeFed(https://github.com/kubernetes-sigs/kubefed)프로젝트다. 또한 클러스터 구성을 다루지만 여기서는 여러 클러스터 대상으로 하는 워크로드의 정의에 더 관심이 많다. 등장한 유용한 디자인 개념은 쿠버네티스에서 사용되는 모든 API 유형을 페더레이션하는 기능이다. 예를 들어 네임스페이스 및 배포 유형의 페더레이션 버전을 사용하고 리소스를 여러 클러스터에 적용하는 방법을 선언할 수 있다. 페더레이션은 하나의 관리 클러스터에서 중앙 집중식으로 FederatedDeployment 리소스를 생성하고 해당 매니페스트를 다른 클러스터에서 생성되는 여러 원격 배포 오브젝트로 가질 수 있다는 점에서 강력한 개념이다. 앞으로 페더레이션 분야에서 더 많은 발전이 있을 것으로 생각한다. 현재 페더레이션 형태로 관리하려고 현장에서 많이 볼 수 있는 가장 일반적인 방법은 워크로드가 배포될 때 다른 클러스터를 대상으로 하도록 구성된 CI/CD 도구를 사용하는 방식이다.

클러스터 집합을 구성하고 관리하는 방법을 구성하는 광범위한 아키텍처 문제를 다루었으므로 이제 인프라 문제를 자세히 살펴볼 예정이다.

인프라스트럭처

쿠버네티스 배포는 IT 인프라에 종속된 소프트웨어 설치 프로세스다. 쿠버네티스 클러스터는 VM 또는 도커 컨테이너를 사용해 PC에서 기동할 수 있다. 그러나 PC 기동은 테스트 목적을 위한 데모 환경일뿐이다. 운영 환경을 사용하려면 다양한 인프라 구성요소가 있어야 하며, 종종 쿠버네티스 배포 자체의 일부를 활용해 프로비저닝 한다.

운영 환경 준비에 유용한 쿠버네티스 클러스터는 실행할 네트워크에 연결된 여러 대의 컴퓨터가 필요하다. 일관성 있게 이해하기 위해, 여러 대의 컴퓨터를 '머신'이라고 정의하겠다. 머신은 가상 또는 물리적일 수 있다. 이때, 머신을 프로비저닝할 수 있어야 한다는 점이 중요하다. 또한 머신을 온라인으로 가져오는 방법을 주의 깊게 생각해야 한다.

하드웨어 장비를 구입해 데이터 센터에 설치해야 할 수도 있다. 또는 클라우드 프로바이더에게 필요한 리소스를 요청해 필요에 따라 서버를 가동할 수도 있다. 프로세스가 무엇이든 서버와 적절하게 구성된 네트워크가 필요하며, 이는 배포 모델에서 고려해야 한다.

자동화 노력의 중요한 부분으로 인프라 관리 자동화를 신중하게 고려한다. 온라인 마법사에서 양식을 클릭하는 것과 같은 수동 작업에서 벗어나야만 한다. 대신 동일한 결과를 가져오려면 API를 호출하는 선언적 시스템을 사용하는 방향으로 자동화 모델을 사용해야 한다. 그러려면 아마존 웹 서비스[AWS, Amazon Web Services], 마이크로소프트 애저[Microsoft Azure] 또는 구글 클라우드 플랫폼[Google Cloud Platform]과 같은 클라우드 프로바이더와 마찬가지로 필요에 따라 서버, 네트워크 및 관련 리소스를 프로비저닝할 수 있는 기능이 필요하다. 그러나 모든 환경에 인프라를 가동하기 위한 API 또는 웹 사용자 인터페이스가 있는 것은 아니다. 방대한 운영 워크로드는 서버를 사용할 회사에서 구매해 설치할 서버로 가득 찬 데이터 센터에서 실행된다. 이는 쿠버네티스 소프트웨어 컴포넌트가 설치 및 실행되기 훨씬 전에 이뤄져야 한다. 이런 구분을 하고 각각은 유용하게 적용되는 모델과 패턴을 식별할 수 있어야 한다.

다음 절에서는 쿠버네티스 클러스터의 노드에 VM을 사용하는 것과 대조적으로 베어메탈에서 쿠버네티스를 실행하는 문제를 다룬다. 클러스터 스케일링과 클러스터 생명 주기 관리에 미치는 영향과 컴퓨팅 및 네트워크 인프라를 고려해야 할 사항을 살펴보겠다. 마지막으로 쿠버네티스 클러스터의 인프라 관리를 자동화하기 위한 전략으로 이어진다.

베어메탈과 가상화 비교

쿠버네티스를 탐색할 때 많은 사람들이 VM 레이어의 관련성이 필요한지 여부를 고려한다. 컨테이너는 거의 같은 일을 하지 않는가? 기본적으로 두 레이어의 가상화를 실행할 것인가? 답은 '꼭 그렇지는 않다'다. 쿠버네티스 초기화initiatives는 베어메탈bare metal 또는 가상화된 환경에서 크게 성공할 수 있다. 배포할 올바른 매체를 선택하는 것이 중요하며, 다양한 기술과 기술에 대한 팀의 성숙도로 문제 해결의 축적된 노하우로 수행돼야 한다.

가상화 혁명은 전세계가 인프라를 프로비저닝하고 관리하는 방식을 변화시켰다. 역사적으로 인프라 팀은 PXE 부팅 호스트, 서버 구성 관리, 스토리지와 같은 보조 하드웨어를 서버에서 사용할 수 있도록 하는 것과 같은 방법론을 사용했다. 최신 가상화 환경은 모든 것을 API 뒤에 추상화한다. 여기서 기본 하드웨어가 어떻게 생겼는지 모른 채 리소스를 마음대로 프로비저닝, 변경 및 삭제할 수 있다. 이 모델은 VMware와 같은 공급업체가 있는 데이터 센터와 대부분의 컴퓨팅이 일종의 하이퍼바이저에서 실행되는 클라우드에서 입증됐다.

이런 발전 덕분에 클라우드 네이티브 세계에서 인프라를 운영하는 많은 신규 사용자는 근본적인 하드웨어 문제를 전혀 알지 못할 수 있다. 그림 2-3의 다이어그램은 가상화와 베어메탈 간의 연관 지점이 어떻게 다른지 보여준다.

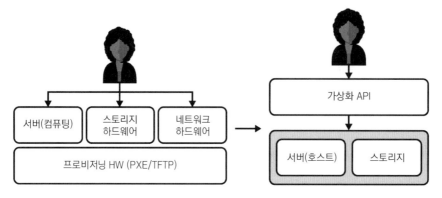

그림 2-3 베어메탈 컴퓨팅 인프라와 VM을 프로비저닝하고 관리할 때의 관리자 연관성 비교

가상화된 모델의 이점은 연관할 통합 API를 갖는 것 이상이다. 가상화된 환경에서는 하드웨어 서버에 많은 VM을 구축해 각각 컴퓨팅이 가능한 완전히 격리된 시스템으로 분할할 수 있다는 이점이 있다.

- VM 및 VM 이미지 생성 용이 및 복제
- 동일한 서버에서 여러 운영체제 실행
- 애플리케이션 요구사항에 따라 다양한 리소스를 할당해 서버 최적화
- 서버 중단 없이 리소스 설정 변경
- NIC와 같은 하드웨어 부품에 액세스 권한이 있는 하드웨어 서버를 프로그래밍 방식으로 제어
- 서버별로 고유한 네트워크 및 라우팅 구성 실행

앞의 유연성 덕분에 운영 문제의 범위를 더 작게 설정할 수도 있다. 예를 들어 하드웨어에서 실행되는 다른 모든 호스트에 영향을 주지 않고 하나의 호스트를 업그레이드할 수 있다. 또한 가상화된 환경에서 사용할 수 있는 많은 이점 때문에 VM 형태의 서버 생성 및 삭제를 더 효율적으로 진행할 수 있다. 가상화에는 고유한 장단점이 있다. 일반적으로 베어메탈에서 더 오랫동안 기동할 때 발생하는 오버헤드가 있다. 증권 트레이딩 애플리케이션과 같은 고성능에 민감한 많은 애플리케이션은 베어메탈에서 실행하는 것이 더 좋을 수 있다. 가상화 적

용 제품군 자체를 실행할 때에도 오버헤드가 있다. 에지^{Edge} 컴퓨팅에서 5G 네트워크를 실행하는 통신사이면 베어메탈에서 실행되기를 선호할 수 있다.

가상화 혁명에 대한 간략한 검토를 마쳤으므로, 쿠버네티스 및 컨테이너 추상화를 사용할 때 추상화 지점을 스택 위로 훨씬 더 높게 만들기 때문에 추상화가 어떤 영향을 미쳤는지 살펴볼 예정이다. 그림 2-4는 가상화가 쿠버네티스 레이어에서 운영자의 시각에서 어떻게 보이는지 보여준다. 기본 서버군은 워크로드가 필요한 리소스를 정의하고 적절하게 스케줄링 할 수 있는 '컴퓨팅 가용영역'으로 생각하면 되겠다.

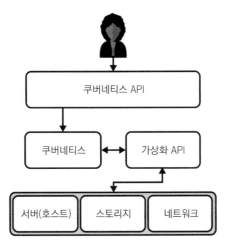

그림 2-4 쿠버네티스 사용 시 운영자와의 연관성

쿠버네티스 클러스터에는 기본 인프라와 여러 통합 지점이 있다는 점을 유의해야 한다. 많은 기업이 CSIDriver를 사용해 스토리지 프로바이더와 통합한다. 프로바이더에게 새 호스트를 요청하고 클러스터에 추가될 수 있는 여러 인프라 관리 프로젝트가 있다. 그리고 가장 일반적으로 조직은 클러스터 외부에 로드밸런서를 프로비저닝해 내부 트래픽을 라우팅하는 등의 추가 작업을 수행하는 클라우드 프로바이더 통합, 즉 CPI^{Cloud-Provider}에 의존한다.

본질적으로 인프라 팀은 쿠버네티스가 본질적으로 해결하지 못하는 가상화 리소스를 남겨두어 관리할 때 많은 편의를 잃게 되는데 이를 해결할 프로젝트와 베어메탈 통합 지점이 있다. 베어메탈 옵션은 주요 클라우드 프로바이더로 제공되고 있으며 패킷^{Packet}(최근 에퀴닉스 Equinix(https://www.equinix.com)에서 인수)과 같은 베어메탈 전용 IaaS 서비스가 시장 점유율을 확보한다. 베어메탈의 성공의 이면에는 다음과 같은 사항을 고려해야 한다.

대용량 노드

일반적으로 노드가 대용량일수록 노드당 더 많은 파드를 생성할 수 있다. 하드웨어를 잘 활용하려고 노드당 수천 개의 파드가 필요하면 작업이 더 복잡해지기도 한다. 예를 들어 인플레이스 업그레이드를 수행하려면 노드를 비워야 한다는 것은 1000건 이상의 리스케줄링 이벤트를 트리거해야 함을 의미한다.

동적 스케일링

워크로드 또는 트래픽 요구사항을 기반으로 새 노드를 빠르게 시작하는 방법이다.

VM 이미지 프로비저닝

클러스터 노드를 가능한 한 불변한^{immutable} 상태로 유지하려고 VM 이미지를 빠르게 생성 및 배포한다.

로드밸런서 API 부족

클러스터 외부에서 내부의 파드 네트워크로 인그레스 라우팅을 제공해야 한다.

공유 스토리지 통합

파드에 네트워크 연결 스토리지^{NAS, network-attached storage}를 가져오는 문제를 해결한다.

멀티테넌트 보안 문제

하이퍼바이저가 기동 중일 때 보안에 민감한 컨테이너가 전용 하이퍼바이저에서 실행되도록 보장할 수 있다. 특히 물리 서버를 임의의 방식으로 분할하고 이를 기반으로 컨테이너 스케줄링을 결정할 수 있다.

위의 고려사항들은 오픈소스 등으로 해결할 수 있다. 예를 들어, 로드밸런서 통합은 kube-vip(https://kube-vip.io) 또는 metallb(https://metallb.universe.tf)와 같은 오픈소스로 해결할 수 있다. 스토리지 통합은 ceph 클러스터와 같은 오픈소스로 해결 가능하다. 그러나 핵심은 컨테이너가 새로운 시대의 가상화 기술이 아니라는 것이다. 대부분의 구현에서 내부 컨테이너는 리눅스 커널 기본 요소를 사용해 프로세스가 호스트의 다른 프로세스와 격리된 느낌을 주도록 한다. 계속 풀어야 할 절충안은 무수히 많지만, 본질적으로 클라우드 프로바이더(가상화), 온프레미스 가상화 및 베어메탈 중에서 선택할 때의 지침은 기술 요구사항 및 조직의 운영 경험 등이 있다. 쿠버네티스를 가상화 스택의 대체 수단으로 고려하고 있다면, 쿠버네티스가 정확히 해결하는 문제가 무엇인지 다시 한번 고려해야 한다. 쿠버네티스 운영 방법을 배우고 팀이 쿠버네티스를 운영할 수 있도록 하는 것은 이미 수행 중인 작업임을 기억해야 한다. 그 아래에 있는 인프라를 관리하는 방법을 완전히 변경하는 복잡성을 추가하면 엔지니어링 노력과 위험이 크게 증가한다.

클러스터 사이즈 조정

쿠버네티스 배포 모델의 설계 및 인프라 계획에 필수적인 것은 사용하려는 클러스터 사이즈다. 클러스터 구축할 때 종종 '운영 클러스터에 몇 개의 워커 노드가 있어야 하는가?'라는 질문을 하게 되는데, '워크로드를 만족시키려면 얼마나 많은 워커 노드가 필요한가?'와는 별개의 질문이다. 하나의 단일 운영 클러스터를 사용해 모든 클러스터를 관리하면 두 질문에 대한 대답은 동일한데, 비유로 보면 현실에서는 결코 볼 수 없는 유니콘과 같다. 쿠버네티스 클러스터를 사용해 서버 시스템을 가축[cattle6]으로 취급할 수 있는 것처럼, 최신 쿠버네티스 설치 방법 및 클라우드 프로바이더로 클러스터 자체를 가축처럼 취급할 수 있다. 쿠버네티스를 사용하는 모든 기업에는 최소한의 소규모 클러스터를 보유하고 있을 것이다.

---

6 워크로드가 애완동물처럼 지속적인 관리를 해야 하는(stateful) 것이 아닌 가축처럼 최대한 상태 관리를 신경쓰지 않으며(stateless), 문제가 생겨도 새로 띄울 수 있는 방식을 의미한다. – 옮긴이

여기서 클러스터 사이즈를 더 확장한다면 다음과 같은 이점을 얻을 수 있을 것이다.

리소스 활용도 향상

각 클러스터에는 컨트롤 플레인 오버헤드 비용이 있다. 여기에는 etcd 및 API 서버와 같은 컴포넌트가 포함된다. 또한 각 클러스터에서 다양한 플랫폼 서비스를 실행한다. 예를 들어 인그레스 컨트롤러를 통한 프록시 등이 있다. 이런 컴포넌트는 오버헤드를 추가한다. 클러스터가 클수록 컴포넌트가 분산되면서 서비스의 복제가 최소화된다.

더 적은 수의 클러스터 배포

클라우드 프로바이더 또는 온프레미스 가상화 플랫폼에서 온디맨드로 프로비저닝하는 것과 달리 자체 베어메탈 컴퓨팅 인프라를 실행하면 필요에 따라 클러스터 사이즈를 늘렸다 줄였다 할 수 있고 요구에 따라 클러스터를 확장이 어려워진다. 배포 전략을 적당히 실행하면 클러스터 배포 전략에 일부만 자동화될 수 있다. 클러스터 배포를 완전 자동화하기 위한 엔지니어링 노력이 일부 자동화된 운영 엔지니어링 노력보다 더 클 수도 있다.

더 단순한 클러스터 및 워크로드 관리 프로필

운영 클러스터가 적으면 리소스 문제를 할당, 페더레이션 및 관리하는 데 사용하는 시스템이 능률적이고 정교할 필요는 없다. 클러스터 플릿^{fleet}에 걸친 페더레이션 클러스터 및 워크로드 관리는 복잡하고 어렵다. 이를 극복하기 위해 오픈소스 커뮤니티에서는 작업해 처리했으나 대기업의 많은 팀들은 이를 위해 맞춤형 시스템에 많은 투자를 했었다. 그리고 이런 노력은 지금까지 일부 제한된 성공을 거두기만 했다.

더 작은 클러스터는 다음과 같은 이점을 제공한다.

더 작은 장애 범위 반경

클러스터 장애가 발생할 때 더 작은 범위의 워크로드에 영향을 미친다.

테넌트 유연성

쿠버네티스는 멀티테넌트 플랫폼을 구축하는 데 필요한 모든 메커니즘을 제공한다. 그러나 특정 테넌트를 새 클러스터를 프로비저닝하는 엔지니어링 노력을 훨씬 덜 들게 된다. 예를 들어 한 테넌트가 사용자 정의 리소스와 같은 클러스터 전체 리소스에 액세스해야 하고 다른 테넌트가 보안 및 규정 준수를 위해 엄격한 격리 보장을 필요로 할 때, 특히 중요한 컴퓨팅 워크로드 리소스가 요구하면, 요구팀에 전용 클러스터를 할당하는 것이 가능할 수 있다.

스케일 감소 조정

클러스터가 수백 대의 워커 노드로 확장됨에 따라 해결해야 하는 사이즈의 문제가 자주 발생한다. 문제는 경우에 따라 다르지만 컨트롤 플레인에 병목 현상이 발생할 수 있다. 문제 해결 및 클러스터 조정에 엔지니어링 노력을 기울여야 한다. 더 작은 클러스터는 비용을 상당히 줄인다.

업그레이드 옵션

더 작은 클러스터를 사용하면 클러스터를 업그레이드하려고 더 쉽게 교체할 수 있다. 클러스터 교체에는 확실히 고유한 문제가 따르며, 2장의 '업그레이드'절에서 다루지만, 교체 전략은 매력적인 업그레이드 옵션이며, 더 작은 클러스터를 운영하면 훨씬 더 매력적이다.

노드풀 대체 방식

GPU 또는 메모리 최적화 노드와 같은 특수한 리소스가 있는 워크로드가 있고 시스템에서 많은 클러스터를 쉽게 수용할 수 있으면 이런 종류의 특수한 문제를 수용하려고 전용 클러스터를 실행하는 것은 간단하다. 노드풀 대체 방식은 2장의 앞부분에서 논의한 것처럼 여러 노드풀을 관리하는 복잡성을 완화한다.

컴퓨팅 인프라

분명히 말하면 쿠버네티스 클러스터에는 서버가 필요하다. 결국 이런 시스템의 가용영역을 관리하는 것이 핵심 목적이다. 초기 고려사항은 서버 유형의 선택이다. CPU 코어는 몇 개인 가? 얼마나 많은 메모리가 필요한가? 얼마나 많은 스토리지 볼륨이 필요한가? 네트워크 인터페이스의 대역폭은 어느 정도인가? GPU와 같은 특수 리소스가 필요한가? 이는 모두 실행하려는 소프트웨어의 요구사항으로 발생하는 문제다. 워크로드가 컴퓨팅 집약적인가? 아니면 메모리가 부족한가? GPU가 필요한 머신러닝 또는 AI 워크로드를 실행하고 있는가? 워크로드가 범용 서버의 컴퓨팅 대 메모리 비율에 잘 맞는다는 점에서 사용 사례가 매우 일반적이고 워크로드가 리소스 소비 스펙에서 크게 다르지 않으면 비교적 간단한 구성이 된다. 그러나 실행할 소프트웨어가 일반적이지 않고 다양하다면 스펙은 조금 더 복잡하다. 클러스터에 고려해야 할 다양한 유형의 서버를 살펴볼 예정이다.

etcd 서버(옵션)

쿠버네티스 클러스터에 전용 etcd 클러스터를 실행할 때에만 적용할 수 있는 선택적 서버 유형이다. 이전 절에서 etcd 서버 옵션의 장단점을 다뤘는데, etcd 서버는 디스크 읽기/쓰기 성능을 우선시해야 하므로 오래된 HDD(하드 디스크 드라이브)를 사용하지 않는 게 좋다. 또한 전용 시스템에서 etcd를 실행할 때도 저장 디스크를 etcd 전용으로 지정해 etcd가 OS 또는 다른 프로그램과 디스크 사용을 위한 리소스 경합을 겪지 않도록 해야 한다. 또한 주어진 etcd 클러스터에 있는 서버 간의 네트워크 대기 시간을 줄이려면 네트워크의 근접성을 포함한 네트워크 성능을 고려해야 한다.

컨트롤 플레인 노드(필수)

컨트롤 플레인 노드는 클러스터에 대한 컨트롤 플레인 컴포넌트를 실행하는 데 사용된다. 클러스터의 예상 크기와 내결함성 요구사항에 따라 크기와 번호가 지정되는 범용 시스템이어야 한다. 더 큰 클러스터에서는 API 서버에 더 많은 클라이언트가 있고 더 많은 트래픽을 관리한다. 이는 시스템당 더 많은 컴퓨팅 리소스 또는 많은 시스템에서 수용할 수 있다. 그러나 스케줄러와 컨트롤러 관리자와 같은 컴포넌트는 항상 하나의 활성 리더만 가질 수 있다. 컴포넌트 용량을 늘리는 것만으로는 API 서버에서 할 수 있는 것처럼 더 많은 레플리카로 생성할 수 없다. 이런 컴포넌트에 리소스가 부족하면 시스템당 더 많은 컴퓨팅 리소스로 수직^{vertical} 스케일링을 사용해야 한다. 또한 컨트롤 플레인 시스템에 etcd를 배치하면 위에서 언급한 etcd 시스템에도 동일한 고려사항이 적용된다.

워커 노드(필수)

워커 노드는 컨트롤 플레인 외 워크로드를 호스팅하는 범용 서버다.

메모리 최적화 노드(옵션)

범용 워커 노드에 적합하지 않은 메모리 스펙이 있는 워크로드가 있으면 메모리에 최적화된 노드풀을 고려해야 한다. 예를 들어 CPU:메모리 비율이 1CPU:4GiB인 워커 노드에 AWS 범용 M5 인스턴스 유형을 사용하고 있지만, 1CPU:8GiB 비율로 리소스를 소비하는 워크로드가 있으면 이런 워크로드는 이 비율로 클러스터에서 리소스를 요청(예약)할 때 사용하지 않는 CPU를 남긴다. 비효율성은 1CPU:8GiB의 비율을 갖는 AWS의 R5 인스턴스 유형과 같은 메모리 최적화 노드를 사용해 극복할 수 있다.

컴퓨팅 최적화 노드(옵션)

1CPU:2GiB를 사용하는 AWS의 C5 인스턴스 유형과 같이 컴퓨팅 최적화 노드의 스펙에 맞는 워크로드가 있을 때 효율성을 향상하려면 이런 서버 유형으로 노드풀을 추가하는 것을 고려해야 한다.

특수 하드웨어 노드(옵션)

일반적인 하드웨어 요청은 GPU다. 특수 하드웨어가 필요한 워크로드(예: 머신러닝)가 있으면 클러스터에 노드풀을 추가한 다음, 적절한 워크로드에 해당 노드를 대상으로 지정하면 잘 작동된다.

네트워크 인프라

네트워크는 구현 세부 사항으로 간단히 살펴볼 수 있지만, 배포 모델에 중요한 영향을 미칠 수 있다. 먼저 고려하고 설계해야 할 요소를 살펴본다.

라우팅 가능성

클러스터 노드가 공용 인터넷^{public internet}에 노출되는 것을 원하지 않는다. 어디에서나 해당 노드에 연결할 수 있다는 편리함은 위협 노출을 정당화하지 못한다. 해당 노드에 연결하려면 노드에 대한 액세스 권한을 얻어야 하지만 보안이 잘 돼 있고, SSH 액세스를 허용하고 클러스터 노드에 연결할 수 있는 배스천^{bastion} 호스트나 점프 박스는 홉^{hop}에 대한 장벽이 낮다.

그러나 사설망^{private network}의 액세스와 같이 추가로 확인할 사항이 더 있다. 네트워크에는 클러스터와의 연결이 필요한 서비스가 있다. 스토리지 장치^{array}, 내부 컨테이너 레지스트리^{registry}, CI/CD 시스템, 내부 DNS, 프라이빗 NTP^{Network Time Protocol} 서버 등을 예로 들 수 있다. 클러스터는 일반적으로 아웃바운드 프록시로 퍼블릭 컨테이너 레지스트리와 같은 퍼블릭 리소스에 대한 액세스도 필요하다.

아웃바운드 통신으로 퍼블릭 인터넷 액세스가 어려우면 오픈소스 컨테이너 이미지 및 시스템 패키지와 같은 리소스를 다른 방식으로 사용할 수 있어야 한다. 일관되고 효과적인 더 단순한 시스템을 지향한다. 가능하면 클러스터 배포에 필요한 인프라에 대한 수동 작업과 인적 승인을 피하는 것이 좋다.

다중화

가용영역^{AZ, Availability Zone}을 사용해 가동 시간을 요구사항에 맞춰 유지할 수 있다. 명확성을 위해 가용 영역은 퍼블릭 인터넷에 대한 연결 뿐만 아니라 고유한 전원 및 백업이 있는 데이터 센터다. 공유 전원 공급 장치가 있는 데이터 센터의 두 서브넷^{subnet}은 2개의 가용영역을 구성하지 않는다. 그러나 상대적으로 서로 가까이 있고 대기 시간이 짧으며^{low-latency} 대역폭이 높은^{high-bandwidth} 네트워크 연결이 있는 두 개의 개별 데이터 센터는 한 쌍의 가용영역을 구성한다. 2개의 AZ가 안정적이지만, 3개로 구성하면 안정성이 더 높아진다. 그 이상은 대비해야 하는 재난 수준에 따라 다르다. 데이터 센터가 다운되는 일도 생기기도 한다. 한 리전의 여러 데이터 센터가 동시 중단을 겪을 수는 있지만 이는 매우 드문 일이다. 워크로드가 얼마나 중요한지 고려해야 하는 일종의 재해를 기준으로 재난 수준을 나타낸다. 예를 들어 군용으로 필요한 워크로드를 실행하고 있는가, 아니면 온라인스토어에서 실행하고 있는가? 또한 다중화redundancy가 필요한 위치를 고려해야 한다. 워크로드에 대한 다중화을 구축하고 있는가, 클러스터 자체의 컨트롤 플레인인가? 경험상 AZ 전체에서 etcd를 실행하는 것은 허용되지만(그렇게 하면 2장의 '네트워크 고려사항'을 다시 살펴보는 게 좋다) AZ 전체에 컨트롤 플레인을 배포하면 클러스터에 대한 중복 제어가 제공된다는 점에 유의해야 한다. 워크로드가 클러스터 컨트롤 플레인에 의존하지 않는 한(이는 피해야 함) 워크로드 가용성은 컨트롤 플레인 중단의 영향을 받지 않는다. 영향을 받는 것은 실행 중인 소프트웨어를 변경할 수 있는 기능이다. 컨트롤 플레인 중단은 사소한 일이 아니고 우선순위가 높은 긴급 상황이다. 그러나 사용자 대면 워크로드에 대한 중단과는 다르다.

로드밸런싱

쿠버네티스 API 서버용 로드밸런서가 필요하다. 사용자 환경에서 로드밸런서를 프로그래밍 방식으로 프로비저닝할 수 있는가? 그렇다면 클러스터 컨트롤 플레인 배포의 일부로 기동하고 구성할 수 있다. 클러스터의 API에 대한 액세스 정책을 고려하고 이후에 로드밸런서가 뒤에 어떤 방화벽이 있는지 생각해 봐야 한다. 사용자는 보통 구성할 때 퍼블릭 인터넷에서 액세스할 수 없게 만든다. 클러스터의 컨트롤 플레인에 대한 원격 액세스는 일반적으로 클러스터가 존재하는 로컬 네트워크에 액세스할 수 있는 VPN을 통해 수행된다. 반면에 공개적으로 노출되는 워크로드가 있으면 클러스터 인그레스에 연결하는 별도의 고유한 로드밸런서가 필요하다. 대부분의 로드밸런서는 클러스터의 다양한 워크로드에 대한 모든 인그레스 요청을 처리한다. 클러스터 외부의 요청에 노출되는 각 워크로드에 로드밸런서 및 클러스터 인그레스를 배포하는 것은 가치가 거의 없다. 전용 etcd 클러스터를 실행하면 쿠버네티스 API와 etcd 사이에 로드밸런서를 두지 않는 게 좋다. API가 사용하는 etcd 클라이언트는 로드밸런서 없이 etcd 연결을 처리한다.

자동화 전략

쿠버네티스 클러스터의 인프라 구성요소를 자동화할 때 몇 가지 전략적 결정을 내려야 한다. 자동화 전략은 두 가지 카테고리로 나뉜다. 첫 번째는 활용 도구 카테고리다. 두 번째는 쿠버네티스 오퍼레이터와 관련해 어떻게 사용할 수 있는지다. 자동화 기능이 베어메탈 설치에서 매우 다르게 보일 것이라는 점을 인식하고, 서버를 프로비저닝하거나 쿠버네티스 배포를 위한 가용영역에 서버를 포함할 API가 있다는 가정에서 시작한다. 그렇지 않으면 프로그래밍 방식으로 액세스하고 제어할 수 있는 지점까지 수동 작업으로 간격을 채워야 한다. 사용 가능한 일부 도구부터 차례대로 살펴볼 예정이다.

인프라 관리 도구

테라폼^{Terraform}(https://www.terraform.io) 및 **AWS** 클라우드포메이션^{CloudFormation}(https://aws.amazon.com/ko/cloudformation)와 같은 인프라 관리 도구를 사용하면 컴퓨팅 및 네트워크 인프라에 원하는 상태를 선언하고 적용할 수 있다. 도구의 매니페스트에서 필요한 결과를 정의한 다음 선언된 상태를 충족하도록 명시할 수 있는 데이터 형식 또는 설정을 적용한다.

엔지니어가 쉽게 채택하고 결과를 얻을 수 있는 도구를 사용한다는 점에서 유리하다. 비교적 복잡한 인프라 프로비저닝 프로세스를 단순화하는 데 능숙하다. 반복적으로 동일하게 생성해야 하는 인프라 집합이 있고, 인프라 인스턴스 간에 큰 차이가 없을 때 탁월하게 좋다. 반복 가능성을 신뢰할 수 있고 인프라 교체가 상당 부분 관리 가능하기 때문에 불변 인프라 원칙[7]에 적합하다.

인프라 관리 도구는 인프라 요구사항이 크게 복잡하고 동적이며, 가변 조건에 따라 달라지면 가치가 감소하기 시작한다. 여러 클라우드 프로바이더에 걸쳐 쿠버네티스 배포 시스템을 설계하면 인프라 관리 도구는 번거로워진다. JSON 및 선언적 매니페스트에 사용되는 데이터 형식은 조건문 및 루프 기능을 표현하는 데 좋지 않다. 인프라 요구사항이 복잡하고 가변 조

7 　서버 생성 후 변경이 필요할 때 일부를 바꾸기보다 서버 전체를 교체해 사용하자는 개념이다. 전체가 교체되면 기존 서버는 폐기된다. 이 개념은 주로 컨테이너 기술, PaaS와 관련해 언급되는 방식이다. − 옮긴이

건이 많아지면, 바로 범용 프로그래밍 언어가 더 효과적이다.

개발 단계에서 대부분의 인프라 관리 도구는 일반적으로 사용되며, 실제로 특정 요건의 운영 환경을 관리하는 데도 사용된다. 그러나 시간이 지남에 따라 작업하기가 번거로워지며, 갚기가 어려운 일종의 기술 부채를 떠맡게 될 때가 있는데, 이때 쿠버네티스 오퍼레이터를 사용하거나 개발하는 것을 적극 고려해야 한다.

쿠버네티스 오퍼레이터

인프라 관리 도구가 범용 프로그래밍 언어를 사용해 소프트웨어를 작성하는 것을 보장한다면 이때, 소프트웨어는 쿠버네티스 인프라를 관리하는 웹 애플리케이션을 작성해 처리하거나, 커맨드라인 툴^{Command Line Tool}을 사용한다. 이를 위해 맞춤형 소프트웨어 개발을 고려하고 있다면 쿠버네티스 오퍼레이터 적용을 적극 고려해야 한다.

쿠버네티스 컨텍스트에서 오퍼레이터는 사용자 정의 리소스와 사용자 정의 쿠버네티스 컨트롤러로 시스템을 관리한다. 컨트롤러는 효과적이고 안정적인 상태 관리 방법을 사용한다. 쿠버네티스 리소스의 인스턴스를 만들 때 해당 리소스 종류를 담당하는 컨트롤러는 감시 메커니즘으로 API 서버에서 알림을 받은 다음, 리소스 사양에서 선언된 원하는 상태를 수행하기 위한 지침으로 사용한다. 따라서 인프라 문제를 나타내는 새로운 리소스 종류로 쿠버네티스 API를 확장하고, 인프라 리소스의 상태를 관리하기 위해 쿠버네티스 오퍼레이터를 개발하는 것은 매우 효과적이다. 쿠버네티스 오퍼레이터의 주제는 11장에서 더 자세히 다룰 예정이다.

쿠버네티스 오퍼레이터는 바로 클러스터 API 프로젝트라고 할 수 있다. 쿠버네티스 클러스터의 인프라를 관리하는 데 사용할 수 있는 쿠버네티스 오퍼레이터 모음이기에 목적에 맞게 오픈소스 프로젝트를 활용할 수 있다. 실제로 유사한 프로젝트를 처음부터 시작하기 전에 필요에 맞는지 확인하려면 이 프로젝트를 검토하는 것이 좋다. 또한 요구사항이 충족되지 않으면 팀이 필요한 기능 및 지원되는 인프라 프로바이더를 개발하는 데 도움이 되는 프로젝트에 참여할 수 있을지에 대한 질문이 생기기도 한다.

쿠버네티스는 컨테이너화된 소프트웨어 배포 관리를 자동화하기 위한 탁월한 옵션을 제공한다. 마찬가지로 쿠버네티스 오퍼레이터로 클러스터 인프라 자동화 전략에 상당한 이점을 제공할 수 있다. 오퍼레이터 사용을 적극 고려하고 가능하면 클러스터 API와 같은 프로젝트에 기여하는 것을 추천한다.

사용자 정의 요구사항이 있고 인프라 관리 도구 사용을 선호하면 이 옵션을 사용해 확실히 성공할 수 있다. 그러나 모든 기능을 갖춘 프로그래밍 언어가 아닌 선언적 매니페스트 설정 형식을 사용하는 제한 때문에 솔루션의 유연성이 떨어지고 추가적인 처리 과정이 더 많아진다.

서버 설치

클러스터용 서버가 가동되면 운영체제, 특정 패키지가 설치 및 구성^{configuration}이 필요하다. 또한 환경 및 기타 변수 값을 결정하고 적용하고 쿠버네티스 컨테이너화된 컴포넌트를 시작하는 프로세스를 조정하려면 일부 유틸리티 또는 프로그램이 필요하다.

일반적으로 사용되는 두 가지 광범위한 전략이 있다.

- 구성 관리 도구
- VM 이미지

구성 관리 도구

앤서블^{Ansible}, 셰프^{Chef}, 퍼펫^{Puppet} 및 솔트^{Salt}와 같은 구성 관리 도구는 소프트웨어가 VM에 설치되고 호스트에서 직접 실행되는 세계에서 인기를 얻었다. 다수의 원격 시스템 구성을 자동화하는 데 매우 유용한 도구들이다. 구성 관리 도구는 다양한 모델을 따르지만 일반적으로 관리자는 서버를 구성하고자 하는 형상을 선언적으로 작성하고, 이를 자동화된 방식으로 적용할 수 있다.

구성 관리 도구는 시스템 일관성을 안정적으로 설정할 수 있다는 점에서 효과적이다. 각 시스템은 효과적으로 동일한 소프트웨어 및 구성 세트를 설치할 수 있다. 그리고 일반적으로 버전 제어에 체크인된 선언적 레시피^{recipe}[8]나 플레이북^{playbook}[9]으로 수행된다. 모든 것이 성공적인 방식의 구성 솔루션이다.

쿠버네티스 세계에서 클러스터 노드를 온라인으로 가져올 수 있는 속도와 안정성이 부족하다. 새 워커 노드를 클러스터에 연결하는 데 사용하는 프로세스에 네트워크 연결로 자산을 가져오는 패키지 설치를 수행하는 구성 관리 도구가 포함돼 있으면, 해당 클러스터 노드에 대한 연결 프로세스에 상당한 시간이 추가된다. 또한 구성 및 설치 중에 에러가 발생한다. 일시적으로 사용할 수 없는 패키지 리포지터리에서 누락되거나 잘못된 변수에 이르기까지 모든 것이 구성 관리 프로세스를 실패하게 만들 수 있다. 이렇게 하면 클러스터 노드 연결이 완전히 중단된다. 리소스가 제한된 오토스케일링 클러스터에 연결하려고 해당 노드에 의존하면 가용성 문제를 유발하거나 문제가 지속될 수 있다.

VM 이미지

VM 이미지를 사용하는 것이 더 나은 대안이다. 모든 필수 패키지가 설치된 VM 이미지를 사용하면 VM이 부팅되는 즉시 소프트웨어를 실행할 수 있다. 네트워크 및 사용 가능한 패키지 리포지터리에 따라 종속된 패키지 설치가 없다. VM 이미지는 클러스터에 연결하는 노드의 안정성을 향상하고 노드가 트래픽을 수용할 준비가 되는 리드 타임$^{lead\ time}$을 상당히 단축한다.

VM 이미지를 사용하면 익숙한 구성 관리 도구를 사용해 VM 이미지를 빌드할 수 있다. 해시코프^{HashiCorp}의 패커^{Packer}(https://www.packer.io)를 사용하면 앤서블로 AMI$^{Amazon\ Machine\ Image}$

---

8   셰프의 선언적 매니페스트명 – 옮긴이

9   앤서블의 선언적 매니페이스명 – 옮긴이

를 구축하고 필요할 때마다 인스턴스에 사전 빌드된 이미지를 적용할 수 있다. VM 이미지를 빌드하려고 앤서블 플레이북을 실행하는 에러는 큰 문제가 되지 않는다. 반면, 클러스터에 연결하는 워커 노드 플레이북 에러가 발생하면 심각한 운영 장애가 발생하기도 한다.

실행하기 어려운 절충안이 포함된 결정이 있는데, 일부는 사용되지 않는다. 패커는 미리 빌드된 VM 이미지를 사용한다.

VM 설치 시 필요한 항목

VM을 설치할 때 운영체제가 필요하다. 쿠버네티스가 일반적으로 사용되고 테스트되는 리눅스 배포판을 설치하는 방법이 가장 안전하다. RHEL/CentOS 또는 우분투^{Ubuntu}는 쉬운 선택이다. 엔터프라이즈 지원이 있거나 테스트 및 개발에 약간의 추가 시간을 투자할 의향이 있다면 다른 배포판도 괜찮다. 플랫카 컨테이너 리눅스^{Flatcar Container Linux}(https://kinvolk.io/)는 컨테이너용으로 설계된 최적화된 리눅스 배포판이다.

컨테이너를 실행할 때 안정적으로 계속 운영하려면 도커나 containerd와 같은 컨테이너 런타임이 필요하다.

다음은 kubelet이 필요하다. kubelet은 쿠버네티스와 오케스트레이션하는 컨테이너 간의 인터페이스다. kubelet은 컨테이너를 조정하는 VM에 설치되는 컴포넌트다. 쿠버네티스는 컨테이너화된 세계다. 최신 규약에 명시된 쿠버네티스 자체는 컨테이너에서 실행된다는 것을 따른다. 즉, kubelet은 호스트에서 일반 바이너리 또는 프로세스로 실행되는 컴포넌트 중 하나다. kubelet을 컨테이너로 실행하려는 시도가 있었지만 이는 관리를 복잡하게 만들기 때문에 이런 방식의 구성은 하지 않는 게 좋다.

호스트에 kubelet을 설치하고 컨테이너에서 쿠버네티스의 나머지 부분을 실행한다. kubelet의 내재적인 모델은 명확하고 실용성 역시 같이 포함된다.

지금까지 리눅스 OS, 컨테이너를 실행하기 위한 쿠버네티스와 컨테이너 런타임 관련 여러 인터페이스를 설명했다. 이제 쿠버네티스 컨트롤 플레인을 부트스트랩할 수 있는 무언가가 필요하다. kubelet은 컨테이너를 실행할 수 있지만, 컨트롤 플레인이 없으면 아직 어떤 쿠버네티스 파드가 기동될지 알 수 없다. 여기에서 kubeadm 및 정적 파드를 사용한다.

kubeadm은 부트스트래핑을 수행할 수 있는 유일한 도구는 아니다. 그러나 쿠버네티스 커뮤니티에서 널리 채택됐으며, 많은 엔터프라이즈 운영 시스템에서 성공적으로 사용됐다. kubeadm은 쿠버네티스를 시작하고 실행하는 데 필요한 정적 파드 매니페스트를 부분적으로 제거하는 커맨드라인 프로그램이다. kubelet은 호스트의 디렉토리를 감시하고 그곳에서 찾은 모든 파드 매니페스트에 파드를 실행하도록 구성할 수 있다. kubeadm은 kubelet을 적절하게 구성하고 필요에 따라 매니페스트를 저장한다. kubeadm은 핵심적인 쿠버네티스 컨트롤 플레인 컴포넌트, 특히 etcd, kube-apiserver, kube-scheduler 및 kube-controller-manager를 부트스트랩할 수 있다.

그후 kubelet은 쿠버네티스 API에 제출된 매니페스트에서 파드를 생성하기 위한 모든 추가 설정 정보를 전달 받는다. 또한 kubeadm은 다른 노드를 새 클러스터에 안전하게 연결하는 데 사용할 수 있는 부트스트랩 토큰을 생성한다.

마지막으로 일종의 부트스트랩 유틸리티가 필요하다. 클러스터 API 프로젝트는 이를 위해 쿠버네티스 사용자 정의 리소스 및 컨트롤러를 사용한다. 또한 호스트에 설치된 커맨드라인 프로그램도 잘 작동한다. 부트스트랩 유틸리티는 kubeadm을 호출하고 런타임 구성을 관리하는 기능을 한다. VM이 부팅될 때 유틸리티에 제공된 인수로 쿠버네티스의 부트스트랩을 구성할 수 있다. 예를 들어, AWS에서는 유저데이터[Userdata10]를 활용해 부트스트랩 유틸리티를 실행하고 kubeadm 명령에 추가해야 하는 플래그 또는 kubeadm 구성 파일에 포함할 항목을 설정하는 인수를 전달할 수 있다. 최소한 `kubeadm init`를 사용해 새 클러스터를 생성할지, 아니면 `kubeadm join`을 사용해 기존 클러스터에 VM을 연결할지 여부를 부트스트랩 유틸리티에 알려주는 런타임 구성이 포함된다. 또한 VM을 초기화하면 부트스트랩 토큰을 저장하거나 연결하면 부트스트랩 토큰을 검색할 신뢰할 수 있는 위치를 포함해야 한다. 토큰

---

10 VM 초기화 세팅 시 적용되는 사용자 정의 설정 – 옮긴이

은 승인된 시스템만 클러스터에 연결되도록 해야 하므로 보안 적용에 주의해 처리해야 한다. 부트스트랩 유틸리티에 제공해야 하는 런타임 구성에 대한 자세한 내용을 확인하려면 공식 문서에 잘 설명돼 있는 kubeadm 내용을 참고해 쿠버네티스 수동 설치를 해야 한다. 단계를 수행하면 사용자 환경의 요구사항을 충족하는 데 무엇이 필요한지가 명확해진다. 그림 2-5 는 새로운 쿠버네티스 클러스터에서 첫 번째 컨트롤 플레인 노드를 만들려고 부트스트랩을 초기화하는 흐름을 보여준다.

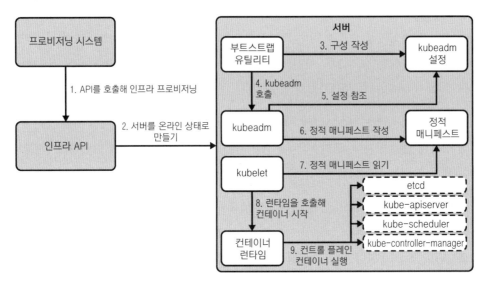

그림 2-5 쿠버네티스를 초기화하려고 서버를 부트스트랩한다.

쿠버네티스 클러스터의 일부로 사용되는 시스템에 설치할 항목을 알아봤다. 쿠버네티스용 컨트롤 플레인을 형성하기 위해 컨테이너에서 실행되는 소프트웨어를 살펴보겠다.

컨테이너형 컴포넌트

클러스터를 가동하는 데 사용되는 정적 매니페스트에는 컨트롤 플레인의 필수 컴포넌트인 etcd, kube-apiserver, kube-scheduler 및 kube-controller-manager가 포함돼야 한다. 컴포넌트는 필요에 따라 추가 사용자 정의 파드용 매니페스트를 제공할 수 있지만, 쿠버네티스 API를 사용할 수 있거나 페더레이션 시스템에 등록하기 전에 반드시 실행해야 하는 파드로 엄격하게 제한해야 한다. 나중에 API 서버로 워크로드를 설치할 수 있다면 그렇게 해야 한다. 정적 매니페스트로 생성된 모든 파드는 액세스 가능성이 훨씬 낮고 자동화되기 쉬운 서버 디스크에 저장되 있는 정적 매니페스트를 편집해야만 관리할 수 있다.

kubeadm을 사용하면 컨트롤 플레인 노드가 `kubeadm init`로 초기화될 때 etcd를 포함한 컨트롤 플레인에 대한 정적 매니페스트가 생성된다. 컴포넌트에 필요한 플래그 사양은 kubeadm 구성 파일을 사용해 kubeadm에 전달할 수 있다. 이전 절에서 논의한 부트스트랩 유틸리티는 kubeadm을 호출하는 템플릿화된 kubeadm 구성 파일을 작성할 수 있다.

부트스트랩 유틸리티로 정적 파드 매니페스트를 직접 사용자 정의를 하지 않는 게 좋다. 정말 필요하면 kubeadm을 사용해 별도의 정적 매니페스트 생성 및 클러스터 초기화 단계를 수행해 필요할 때 사용자 정의를 적용할 수 있는 기회를 만들어야 한다. 그러나 이런 구성은 kubeadm 구성으로 만들 수 없을 때만 수행하는 게 좋다.

쿠버네티스 컨트롤 플레인의 더 간단하고 덜 복잡한 부트스트랩은 더 강력하고 빠르며 쿠버네티스 버전 업그레이드로 인해 중단될 가능성이 훨씬 적다.

kubeadm은 컨트롤 플레인의 컴포넌트를 안전하게 연결하는 데 필요한 자체 서명된 TLS 인증서를 생성한다. 그러나 TLS 인증서로 한정적인 부분만 사용해야 한다. 회사 인증 기관 CA, Certificate Authority[11]를 트러스트trust로 사용해야 하는 보안 요구사항이 있을 때만 사용할 수 있다. TLS가 요구사항이라면 중간 권한 획득을 자동화할 수 있는 것이 중요하다. 클러스터

---

11   암호학에서 인증 기관은 디지털 인증서를 발급하는 하나의 단위다. 인증 기관은 공개 키 기반 구조(PKI, public key infrastructure)로 작성돼 있다. – 옮긴이

부트스트랩 시스템이 안전하다면 컨트롤 플레인에서 사용하는 자체 서명된 CA의 트러스트가 안전하며, 단일 클러스터의 컨트롤 플레인에 유효하다.

쿠버네티스 설치의 기본 사항을 알아봤다. 실행 중인 클러스터가 있을 때 발생하는 즉각적인 문제를 살펴본다. 쿠버네티스에 필수 애드온을 설치하는 방법부터 알아본다. 애드온은 운영 환경에 배포할 애플리케이션 플랫폼을 제공하려고 쿠버네티스에 추가로 필요한 컴포넌트를 구성한다. 그런 다음 플랫폼 업그레이드를 수행하기 위한 우려 사항과 전략을 알아볼 예정이다.

애드온

클러스터 애드온은 쿠버네티스 클러스터에 레이어화된 플랫폼 서비스의 추가를 광범위하게 포함한다. 여기서는 클러스터 애드온으로 설치할 항목은 다루지 않고, 애드온 자체의 본질적인 부분을 설명한다. 오히려 애드온으로 최초 쿠버네티스 클러스터를 운영 환경에 준비된 개발자 친화적인 플랫폼으로 바꾸는 컴포넌트를 설치하는 방법을 살펴본다.

클러스터에 추가하는 애드온은 배포 모델의 일부로 간주돼야 한다. 애드온 설치는 일반적으로 클러스터 배포의 마지막 단계를 구성한다. 애드온은 쿠버네티스 클러스터 자체와 함께 버전 또한 관리돼야 한다. 특정 플랫폼 컴포넌트 간에 버전 및 구성 종속성이 불가피하므로 함께 테스트 및 릴리즈되는 패키지로 플랫폼을 구성하는 쿠버네티스 및 애드온을 고려하면 유용하다.

Kubeadm은 쿠버네티스 서비스 리소스를 구현하는 클러스터 DNS 및 kube-proxy를 포함해 쿠버네티스 프로젝트의 적합성 테스트를 통과하는 데 필요한 필수 애드온을 설치한다. 그러나 kubeadm이 작업을 마친 후에 적용해야 하는 유사하고 중요한 구성요소가 더 많다. 가장 눈에 띄는 구성요소는 컨테이너 네트워크 인터페이스 플러그인이다. 클러스터는 파드 네트워크가 없으면 운영상 좋지 않다. 일반적으로 쿠버네티스에서 구축 중인 플랫폼에 기능을 추가할 데몬셋, 디플로이먼트 또는 스테이트풀셋^{StatefulSet}의 형태로 클러스터에 추가해야 하는 컴포넌트의 중요 목록 기반으로 파드를 생성하려면 별도의 파드 네트워크는 있어야 한다.

앞서 '아키텍처 및 토폴로지'에서 클러스터 페더레이션 및 해당 시스템에 새 클러스터를 등록하는 방법을 설명했다. 이것은 일반적으로 애드온 설치의 선행 조건이며, 설치를 위한 시스템과 정의는 종종 관리 클러스터에서 유지된다.

사용된 아키텍처가 무엇이든 일단 등록이 완료되면 클러스터 애드온 설치가 트리거될 수 있다. 설치 프로세스는 클러스터의 API 서버에 대한 일련의 호출로 각 컴포넌트에 필요한 쿠버네티스 리소스를 생성하는데, 클러스터 외부 또는 내부 시스템에서 호출할 수 있다.

애드온을 설치하는 접근 방식으로 젠킨스^{Jenkins}와 같은 CI/CD 도구를 사용해 지속적 배포 파이프라인을 사용하는 방법이 있다. 트리거가 소프트웨어 업데이트가 아니라 설치를 위한 새로운 대상이기 때문에 '연속적인' 부분은 이 컨텍스트에서 관련이 없다. CI 및 CD의 '지속적인' 부분은 일반적으로 새로운 변경사항이 버전 제어 소스코드 분기에 병합되면 소프트웨어의 자동화된 롤아웃을 나타낸다. 새로 배포된 클러스터에 클러스터 추가 소프트웨어 설치를 트리거하는 것은 완전히 다른 메커니즘이지만, 일반적으로 파이프라인에 설치에 필요한 기능이 포함돼 있다는 점에서 유용하다. 구현에 필요한 모든 것은 적절한 설치를 수행하기 위한 변수와 함께 새 클러스터 생성에 대한 응답으로 파이프라인을 실행하기 위한 호출이다.

쿠버네티스에 더 고유한 다른 접근 방식은 작업에 쿠버네티스 오퍼레이터를 사용하는 방식이다. 이 고급 접근 방식에는 클러스터 및 해당 버전에 대한 추가 컴포넌트를 정의할 수 있는 하나 이상의 사용자 정의 리소스로 쿠버네티스 API를 확장하는 것이 포함된다. 또한 사용자 정의 리소스에 정의된 사양에 따라 애드온 컴포넌트의 적절한 설치를 실행할 수 있는 컨트롤러 로직을 작성하는 작업도 포함된다.

클러스터에 대한 애드온이 무엇인지에 대한 핵심적이고 명확한 출처를 제공한다는 점에서 유용한 접근 방식이기도 하다. 그러나 추가 기능의 지속적인 생명 주기를 프로그래밍 방식으로 관리할 수 있는 기회를 제공한다는 점이 중요하다. 단점은 더 복잡한 소프트웨어를 개발하고 유지 관리하는 복잡성이 크다. 복잡성을 감수한다면 2일차[12] 업그레이드와 지속적인 관리를 구현해 미래의 인적 수고를 크게 줄여야 하기 때문이다. 1일차[13] 설치를 중단하고 업그레이드를 관리하기 위한 로직과 기능을 개발하지 않으면 지속적인 혜택이 거의 없는 상당한 소프트웨어 엔지니어링 비용을 부담하게 된다. 쿠버네티스 오퍼레이터는 원하는 상태를 나타내는 사용자 지정 리소스의 감시 기능으로 지속적인 운영 관리에서 가장 큰 가치를 제공한다.

분명히 말해서, 애드온 오퍼레이터 개념이 CI/CD와 같은 외부 시스템과 반드시 완전히 독립적인 것은 아니다. 실제로는 함께 사용할 때가 훨씬 더 많다. 예를 들어 CD 파이프라인을 사용해 오퍼레이터 및 추가 사용자 정의 리소스를 설치한 다음 오퍼레이터가 인계하도록 할 수 있다. 또한 오퍼레이터는 애드온에 대한 템플릿화된 쿠버네티스 매니페스트가 포함된 코드 리포지터리에서 설치하려면 매니페스트를 가져와야 할 수도 있다.

이런 방식으로 오퍼레이터를 사용하면 외부 종속성이 줄어들어 안정성이 향상된다. 그러나 외부 종속성을 완전히 제거할 수는 없다. 애드온을 해결하려고 오퍼레이터를 사용하는 것은 쿠버네티스 오퍼레이터 패턴을 잘 알고 이를 활용한 경험이 있는 엔지니어가 있을 때만 수행해야 한다. 그렇지 않으면 이 영역에서 팀의 지식과 경험을 발전시키면서 팀이 잘 알고 있는 도구와 시스템을 고수해야 한다.

'1일차' 문제인 쿠버네티스 클러스터 및 애드온을 설치하기 위한 시스템의 결론에 도달했다. 이제 업그레이드에 대한 '2일차' 문제로 넘어가도록 한다.

---

12 만들어진 시스템이 고객에게 전달돼 시스템 운영이 시작되고 관리와 최적화등의 절차를 진행하는 단계 – 옮긴이
13 인프라(서버/네트워크/스토리지)가 준비되고, 소프트웨어 개발/배포가 이뤄지는 단계 – 옮긴이

업그레이드

클러스터 생명 주기 관리는 클러스터 배포와 밀접한 관련이 있다. 클러스터 배포 시스템은 향후 업그레이드를 고려할 필요가 없다. 그러나 권장할 만큼 중복되는 우려가 있다. 최소한 운영 환경으로 전환하기 전에 업그레이드 전략을 해결해야 한다. 업그레이드 및 유지 관리 기능 없이 플랫폼을 배포할 수 있는 부분은 위험하다. 최신 릴리즈보다 훨씬 뒤쳐진 쿠버네티스 버전에서 실행되는 운영 워크로드를 볼 때 시스템에 업그레이드 기능이 추가되기 전에 운영 환경에 배포된 클러스터 배포 시스템을 개발한 결과를 보고 있다. 수익 창출 워크로드가 실행되는 운영 환경으로 처음 구성하면 누락된 기능이나 팀에서 소모적인 이슈에 집중하는 데 상당한 엔지니어링 예산이 소요된다. 시간이 지남에 따라 기능이 추가되고 소모적인 이슈는 제거되지만, 핵심 요점은 업그레이드 전략이 백로그에 남아 있는 동안 자연스럽게 높은 우선순위로 지정된다. 2일차 구성 시 도출되는 우려 사항은 조기에 예산을 편성하면 추후에 많은 도움이 될 수도 있다.

업그레이드 주제를 다룰 때 먼저 플랫폼 자체 및 이를 사용할 워크로드에 대한 종속성을 잘 이해할 수 있도록 플랫폼 버전 관리를 살펴본다. 또한 문제가 발생하면 롤백^{rollback} 계획에 접근하는 방법과 모든 것이 계획대로 진행됐는지 확인하기 위한 테스트일 때도 설명한다. 마지막으로 쿠버네티스 업그레이드를 위한 특정 전략을 비교하고 대조한다.

플랫폼 버전 관리

플랫폼의 버전을 지정하고 해당 플랫폼에서 사용되는 모든 소프트웨어의 버전을 문서화 해야 한다. 여기에는 시스템의 운영체제 버전과 컨테이너 런타임과 같이 시스템에 설치된 모든 패키지와 사용 중인 쿠버네티스 버전이 포함된다. 애플리케이션 플랫폼을 구성하려면 추가되는 각 애드온의 버전도 포함해야 한다. 팀이 플랫폼에 쿠버네티스 버전을 채택하는 것은 어느 정도 일반적이다. 가령 모든 사용자가 애플리케이션 플랫폼의 1.28 버전을 사용한다는 것은 쿠버네티스 1.28 버전을 사용하는 것으로 바로 알 수 있다.

보통 플랫폼 버전 관리는 단지 버전 관리를 수행하고 문서화한다는 부분이 소프트웨어 버전 관리에 비해서는 덜 중요시 한다. 그러나 시스템을 구축하고, 시스템을 문서화하고, 신뢰를 가지고 팀이 선호하는 시스템을 사용하는 게 좋다. 플랫폼 버전을 특정 시스템의 컴포넌트에 맞춰 고정하는 것은 때로는 혼란을 유발할 수 있다. 예를 들어 보안 취약점 때문에 컨테이너 런타임 버전을 업데이트해야 하면 플랫폼 버전에 반영해야 한다. 시맨틱^{semantic} 버전 관리 규칙을 사용하면 버그 수정 버전 번호가 변경된 것처럼 보일 수 있다. 이는 쿠버네티스 자체의 버전 변경(예: v1.28.2 → 1.28.3)과 혼동될 수 있다. 특히 메이저^{major}/마이너^{minor}/버그픽스^{bugfix} 규칙을 따르는 시맨틱 버전 관리를 사용하면 플랫폼에 고유한 독립 버전 번호를 별도로 부여하는 것을 고려해야 된다. 소프트웨어에 다른 소프트웨어 및 해당 버전에 대한 종속성이 있는 자체 독립 버전이 있다는 것은 보편적이다. 플랫폼이 동일한 규칙을 따른다면 많은 엔지니어들에게 그 의미를 명확하게 전달할 수 있다.

실패 대응 계획

실패 대응 계획은 업그레이드 프로세스 중에 문제가 발생할 것이라는 전제에서 시작한다. 장애에서 복구해야 하는 상황에 처해 있다고 상상하고 두려움과 고뇌를 동기로 삼아 해결 절차를 철저히 준비해야 한다. API로 가져온 벨레로^{velero} 백업은 물론 직접 etcd 스냅숏을 사용해 쿠버네티스 리소스에 대한 백업을 수행하고 복원하는 자동화를 구축한다. 애플리케이션에서 사용하는 퍼시스턴트 데이터에서도 같은 작업을 수행한다. 또한 중요한 애플리케이션과 해당 종속성에 대한 재해 복구를 직접 처리한다. 복잡하고 스테이트풀이 가능한 분산 애플리케이션은 순서와 종속성에 관계 없이 애플리케이션의 상태와 쿠버네티스 리소스를 복원하는 것만으로는 충분하지 않을 수 있다. 가능한 모든 에러 모드를 브레인스토밍하고 자동화된 복구 시스템을 개발해 수정한 다음 테스트한다. 가장 중요한 워크로드 및 해당 종속성은 대기 클러스터를 장애 조치할 준비가 돼 있도록 한 다음, 가능하면 장애 조치를 자동화하고 테스트를 해야 한다.

롤백 경로를 신중하게 고려해야 한다. 업그레이드로 인해 즉시 진단할 수 없는 에러나 중단이 발생할 때 롤백 옵션이 있으면 좋은 보험을 든 것과 같다. 복잡한 분산 시스템은 운영 중단으로 인한 스트레스와 주의가 산만해지면 문제를 해결하는 데 시간이 더 걸릴 수 있다. 복잡한 쿠버네티스 기반 플랫폼을 다룰 때 미리 결정된 플레이북 및 대체할 자동화 요소가 있는지 그 어느 때보다 중요한데 이는 실용적이고 현실적이다. 현실 세계에서 롤백이 항상 좋은 옵션은 아니다. 업그레이드 과정이 충분히 진행됐다면, 이전의 모든 변경사항을 되돌리는 것은 끔찍한 생각일 수 있다. 돌아갈 수 없는 지점이 어디인지 미리 파악하고 작업을 실시간으로 실행하기 전에 전략을 세워야 한다.

통합 테스트

모든 컴포넌트 버전을 포함하는 잘 문서화된 버전 관리 시스템을 갖는 것과 컴포넌트 버전을 관리하는 방법은 별개다. 쿠버네티스 기반 플랫폼과 같이 복잡한 시스템에서는 모든 것이 매번 예상대로 통합^{integrate}되고 함께 작동하도록 하는 것이 상당한 도전이다. 플랫폼의 모든 컴포넌트 간의 호환성이 중요할 뿐만 아니라 플랫폼에서 실행되는 워크로드와 플랫폼 자체 간의 호환성도 테스트하고 확인해야 한다. 플랫폼 호환성 문제를 줄이려면 애플리케이션에 대한 플랫폼 기본 구성에 의존하지만 플랫폼 기능을 활용할 때 애플리케이션 워크로드로 많은 가치를 발휘할 때가 많다.

모든 플랫폼 컴포넌트에 대한 단위 테스트는 다른 모든 건전한 소프트웨어 엔지니어링 관행과 함께 중요하다. 그러나 통합 테스트는 훨씬 더 수행하기 어렵더라도 단위 테스트 만큼 중요하다. 통합 테스트를 지원하는 좋은 오픈소스 도구로 소노부이^{Sonobuoy}(https://sonobuoy.io)라는 적합성 테스트 유틸리티가 있다. 클러스터가 제대로 실행되고 있는지 확인하려고 업스트림 쿠버네티스 엔드 투 엔드$^{end-to-end}$ 간 테스트를 실행하는 데 가장 일반적으로 사용된다. 즉, 클러스터의 모든 컴포넌트가 예상대로 함께 작동한다. 팀은 새 클러스터가 프로비저닝된 후 소노부이 스캔을 실행해 일반적인 컨트롤 플레인 파드를 검사하고, 클러스터가 제대로 작동하는지 확인하려고 테스트 워크로드를 배포하는 수동 프로세스를 자동화하기도 한다. 테스트 자동화 단계는 몇 단계 더 진행하는 것이 좋다. 플랫폼의 특정 기능 및 기능 테스트하는 자체 플러그인을 직접 개발하는 게 좋다. 조직의 요구사항에 중요한 작업을 테스트할 수 있다. 그리고 스캔을 정기적으로 실행해야 된다. 전체 테스트 모음이 아니면 쿠버네티스 CronJob을 사용해 플러그인의 하위 집합을 실행한다. 하위 플러그인은 즉시 사용할 수 없지만 약간의 엔지니어링으로 달성할 수 있으며 노력할 가치가 있다. 스캔 결과를 대시보드에 표시하고 경고할 수 있는 메트릭으로 노출한다. 적합성 스캔은 기본적으로 분산 시스템의 다양한 부분이 함께 작동한다. 그래서 작동할 것으로 기대하는 기능을 생성하고 자동화된 통합 테스트 접근 방식을 구성하는지 테스트할 수 있다.

통합 테스트는 플랫폼에서 실행되는 애플리케이션으로 확장돼야 한다. 서로 다른 앱에서 서로 다른 통합 테스트 전략을 채택할 것인데, 플랫폼팀의 영향력을 벗어나더라도 통합 테스트 전략을 강하게 옹호해야 한다. 운영 환경과 매우 유사한 클러스터에서 통합 테스트를 실행하지만 이에 대한 자세한 내용은 곧 살펴볼 예정이다. 통합 테스트는 플랫폼 기능을 활용하는 워크로드에 더 중요한데, 강력한 사례로 쿠버네티스 오퍼레이터가 있다. 이는 쿠버네티스 API를 확장하고 자연스럽게 플랫폼과 긴밀하게 통합된다. 또한 오퍼레이터를 사용해 조직의 소프트웨어 시스템에 대한 생명 주기를 배포하고 관리할 때, 특히 쿠버네티스 버전 업그레이드가 관련되면 플랫폼 버전 전반에 걸쳐 반드시 통합 테스트를 수행해야 한다.

업그레이드 전략

쿠버네티스 기반 플랫폼을 업그레이드하기 위한 세 가지 전략을 살펴보겠다.

- 클러스터 교체
- 노드 교체
- 인플레이스 업그레이드

업그레이드 전략은 위험이 가장 낮지만 높은 비용이 드는 방식에서, 위험이 가장 높지만 낮은 비용이 드는 방식의 순서로 문제를 해결한다. 마찬가지로 보편적이지만 이상적인 솔루션에 대한 기회를 없애는 절충안이 있다. 요구사항, 예산 및 위험 허용 범위에 적합한 솔루션을 찾으려면 비용과 이점을 고려해야 한다. 또한 각 전략에는 엔지니어링 예산, 위험 허용 범위 및 업그레이드 빈도와 같은 요인에 따라 달라지는 자동화 및 테스트 수준이 있다.

전략은 상호 배타적이지 않고 조합을 사용할 수 있다. 예를 들어 전용 etcd 클러스터를 인플레이스in-place 업그레이드[14]를 수행한 다음 나머지 쿠버네티스 클러스터에 노드 교체를 사용할 수 있다. 위험 허용 범위가 다른 여러 티어에서 다른 전략을 사용할 수도 있다. 그러나 운영 환경에 사용하는 방법이 먼저 개발 및 준비 단계에서 철저히 테스트되도록 모든 곳에서 동일한 전략을 사용하는 것이 좋다.

어떤 전략을 사용하든 몇 가지 원칙은 변함이 없다. 철저하게 테스트하고 가능한 한 많이 자동화해야 한다. 작업을 수행하는 자동화를 구축하고 테스트, 개발 및 스테이징 클러스터에서 해당 자동화를 철저히 테스트하면 운영 단계 업그레이드로 인해 최종 사용자에게 문제가 발생할 가능성이 훨씬 줄어든다. 또한 플랫폼 운영팀에 스트레스가 발생할 가능성도 훨씬 줄어든다.

클러스터 교체

클러스터 교체는 가장 비용이 많이 들지만 위험이 가장 낮은 방식이다. 전체 클러스터에 적용되는 불변의 인프라 원칙을 따른다는 점에서 위험성이 낮다. 업그레이드는 이전 클러스터와 함께 완전히 새로운 클러스터를 배포돼 수행된다. 워크로드는 이전 클러스터에서 새 클러스터로 마이그레이션된다. 새로 업그레이드된 클러스터는 워크로드가 마이그레이션될 때 필요에 따라 확장된다. 워크로드가 이동됨에 따라 이전 클러스터의 워커 노드가 축소된다. 그러나 업그레이드 프로세스 전반에 걸쳐 별개의 새 클러스터가 추가되고 관련된 비용이 발생한다. 새 클러스터를 축소하고 기존 클러스터를 축소하면 비용이 완화된다. 즉, 300대의 워커 노드를 보유한 운영 클러스터를 업그레이드하면 처음 300대의 워커 노드를 새 클러스터를 프로비저닝할 필요가 없다. 예를 들어 20대의 워커 노드가 있는 클러스터를 프로비저

---

14 이전 버전을 제거하거나 데이터를 저장하지 않고 그대로 새 버전으로 업그레이드 하는 방식이다. 이전 버전과 새 버전의 차이는 큰 차이가 없어야 하며, 큰 차이가 있을 경우 예기치 않는 문제나 업그레이드 실패가 발생할 수 있다. – 옮긴이

닝한다. 그리고 처음 몇 개의 워크로드가 마이그레이션되면 사용량이 감소한 이전 클러스터를 축소하고 새로 들어오는 다른 워크로드를 수용할 수 있도록 새 클러스터를 확장할 수 있다.

클러스터 오토스케일링 및 클러스터 오버 프로비저닝을 사용하면 심리스seamless15하게 만들 수 있지만, 업그레이드만으로는 기술 사용이 심리스하게 될 수 없다. 클러스터 교체를 처리할 때 두 가지 문제가 있기 때문이다.

첫 번째는 인그레스 트래픽을 관리할 때다. 워크로드가 하나의 클러스터에서 다음 클러스터로 마이그레이션되면 업그레이드된 새 클러스터로 트래픽을 다시 라우팅해야 한다. 이는 공개적으로 노출된 워크로드에 대한 DNS가 클러스터 인그레스로 해석resolve16되지 않고 오히려 클러스터 인그레스로 트래픽을 라우팅하는 GSLBGlobal Service Load Balancer 또는 리버스 프록시reverse proxy로 해석된다. GSLB은 멀티 클러스터로의 트래픽 라우팅을 관리할 지점을 제공한다.

다른 하나는 지속적인 스토리지 가용성이다. 스토리지 서비스 또는 스토리지 어플라이언스를 사용해 두 클러스터에서 같은 스토리지로 액세스할 수 있어야 한다. 퍼블릭 클라우드 프로바이더의 데이터베이스 서비스와 같은 관리형 서비스를 사용하면 두 클러스터에서 동일한 서비스를 사용할 수 있는지 확인해야 한다. 프라이빗 데이터 센터에서는 네트워크 및 방화벽이 문제가 될 수 있다. 퍼블릭 클라우드에서는 네트워크 및 가용성 영역의 문제가 된다. AWS EBS 볼륨은 특정 가용성 영역에서 사용할 수 있다. 그리고 AWS의 관리형 서비스에는 종종 특정 버추얼 프라이빗 클라우드VPC, Virtual Private Cloud가 연결돼 있어서 멀티 클러스터용 단일 VPC 적용을 고려할 수 있다. 쿠버네티스 설치 프로그램은 클러스터당 VPC를 가정하지만 클러스터당 VPC가 항상 최상의 모델은 아니다.

---

15 시스템의 설계 과정에서 모듈이 독립적으로 잘 정의돼 있어 기존 제품에 새로운 모듈을 쉽게 첨가하여 기능을 확장시킬 수 있는 상태를 말한다. – 옮긴이

16 호스트의 정보를 요청하는 프로그램의 네임서버 쿼리 형태로 해석하고, 쿼리의 응답을 프로그램에서 사용되는 적절한 형태로 변경하는 방식이다. 보통은 DNS에 등록된 도메인명을 IP로 변경한다. – 옮긴이

다음으로 워크로드 마이그레이션에 관심을 가져야 한다. 주로 쿠버네티스 리소스(디플로이먼트, 서비스, 컨피그맵^{ConfigMap} 등)가 언급된다. 워크로드 마이그레이션은 다음 두 가지 방법 중 하나를 선택해 수행할 수 있다.

1. 형상 리포지터리에서 선언적 코드 재배포
2. 기존 클러스터에서 기동 중인 리소스 정보 복사

첫 번째 방법은 배포 파이프라인을 새 클러스터로 지정하고 새 클러스터에 동일한 리소스를 재배포하도록 한다. 새 클러스터는 버전 제어에 있는 리소스 정의의 출처가 신뢰할 수 있고 내부 변경이 발생하지 않았다고 가정하는데 실제로 새 클러스터에서의 수행은 매우 드문 일이기 때문에 일반적으로 사용자, 컨트롤러 및 기타 시스템이 내부 변경 및 조정을 수행했었다. 이때 두 번째 방법으로 기존 리소스의 복사본을 만들어 새 클러스터에 배포해야 한다. 여기에서 벨레로와 같은 도구가 유용하다. 벨레로는 일반적으로 백업 도구로 알려져 있지만, 마이그레이션 도구로서의 더 좋은 가치를 낼 수 있다. 벨레로는 클러스터의 모든 리소스 또는 하위 집합의 스냅숏을 만들 수 있다. 따라서 워크로드를 한 번에 하나의 네임스페이스로 마이그레이션하면 각 네임스페이스의 스냅숏을 생성하고 해당 스냅숏을 매우 안정적인 방식으로 새 클러스터로 복원할 수 있다. 스냅숏은 etcd 데이터 저장소에서 직접 가져오는 것이 아니라 쿠버네티스 API로 가져오므로, 두 클러스터 API 서버에 벨레로 액세스를 허용하면 매우 유용한 방법이다. 그림 2-6은 벨레로의 접근 방식을 보여준다.

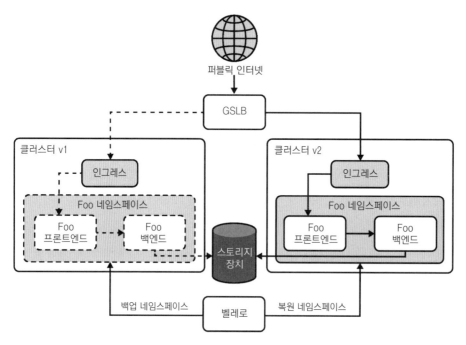

그림 2-6 백업된 클러스터 간 워크로드 마이그레이션 및 벨레로를 사용해 복원한다.

노드 교체

노드 교체 옵션은 비용과 위험의 중간 지점을 나타낸다. 이는 일반적인 접근 방식이며 클러스터 API에서 지원한다. 더 큰 클러스터를 관리하고 호환성 문제를 잘 이해하고 있을 때 적합한 옵션이다. 클러스터 서비스 및 워크로드와 관련해 컨트롤 플레인을 현상태에서 바로 업그레이드하기 때문에 호환성 문제가 노드 교체에서 가장 큰 위험이다. 쿠버네티스를 인플레이스 업그레이드하고 워크로드 중 하나에서 사용 중인 API 버전이 더 이상 존재하지 않으면 워크로드가 중단될 수 있다. 이를 완화할 수 있는 몇 가지 방법이 있다.

- 쿠버네티스 릴리즈 정보를 확인하면 쿠버네티스 버전 업그레이드가 포함된 플랫폼의 새 버전을 출시하기 전 변경 이력에 모든 API의 사용 중단 또는 제거의 정보가 담겨 있으므로 이를 확인함으로써 사전 이벤트 통지를 받을 수 있다.

- 운영 환경 배포 전에 철저히 테스트해야 한다. 운영 환경으로 롤아웃하기 전에 개발 및 스테이징 클러스터에서 플랫폼의 새 버전을 광범위하게 실행해야 한다. 최신 버전의 쿠버네티스가 출시된 직후 개발 환경에서 실행되면 철저하게 테스트하고 운영 환경에서 실행 중인 쿠버네티스의 최신 릴리즈를 계속 유지할 수 있다.

- API와의 긴밀한 결합^{coupling}을 피하는 게 좋다. 왜냐하면 클러스터에서 실행되는 플랫폼 서비스에는 적용되지 않기 때문이다. 이는 본질적으로 쿠버네티스와 긴밀하게 통합돼야 한다. 그러나 최종 사용자, 운영 워크로드를 가능한 한 플랫폼에 구애받지 않는 상태로 유지하면서 쿠버네티스 API를 종속성있게 사용하면 안 된다. 예를 들어, 애플리케이션은 쿠버네티스 시크릿 정보를 어떠한 것도 알 수 없다. 단순히 환경변수를 사용하거나 노출된 파일로 읽어야 한다. 이렇게 하면 앱을 배포하는 데 사용되는 매니페스트가 업그레이드되는 한 API 변경에 관계없이 애플리케이션 워크로드 자체가 계속해서 문제없이 실행된다. 워크로드에서 쿠버네티스 기능을 활용하려면 쿠버네티스 오퍼레이터 사용을 고려해야 한다. 오퍼레이터 중단은 애플리케이션 가용성에 영향을 미치지 않아야 한다. 오퍼레이터 중단은 해결해야 할 시급한 문제가 될 것이지만, 고객이나 최종 사용자가 확인해야 할 정도의 문제는 아니다.

노드 교체 옵션은 성공적으로 테스트되고 검증된 VM 이미지를 미리 빌드할 때 매우 유용하며 새 VM을 클러스터에 쉽게 연결할 수 있다. 운영체제 및 패키지를 포함해 업데이트된 모든 소프트웨어가 이미 설치돼 있고, 새 시스템을 배포하는 프로세스가 원래 배포와 거의 같은 프로세스를 사용할 수 있기 때문에, 실제로 프로세스를 빠르게 수행할 수 있다.

클러스터의 노드를 교체할 때 컨트롤 플레인에서 시작해야 한다. 전용 etcd 클러스터를 실행 중이면 etcd에서 시작해야 한다. 클러스터의 퍼시스턴트 데이터는 중요하며 신중하게 처리해야 한다. 첫 번째 etcd 노드를 업그레이드하는 데 문제가 발생할 때 적절하게 준비돼 있다면 업그레이드를 중단하는 것이 상대적으로 간단하다. 모든 워커 노드와 쿠버네티스 컨트롤 플레인을 업그레이드한 다음 etcd를 업그레이드하는 데 문제가 있으면, 전체 업그레이드를 롤백하는 것이 실용적이지 않은 상황에 처하게 되는데, 당장 눈에 보이는 문제를 우선 해결해야 한다. 전체 프로세스를 중단하고, 다시 그룹화하고, 다시 테스트하고, 나중에 다시 시작할 수 있는 기회를 잃을 수 있기 때문이다. 해당 문제를 바로 해결하거나 최소한 기존 버전을 당분간 안전하게 그대로 둘 수 있는지 지속적으로 확인해야 한다.

전용 etcd 클러스터는 노드를 세분화하는 것이 좋다. 즉, 먼저 클러스터에 노드를 추가한 다음 이전 노드를 제거하는 것과 달리 노드를 제거한 후 업그레이드된 교체 노드를 추가한다. 이 방법을 사용하면 각 etcd 노드의 멤버 목록을 변경하지 않고 그대로 둘 수 있다. 예를 들어, 3대의 멤버노드로 구성된 etcd 클러스터에 네 번째 멤버를 추가하려면 모든 etcd 노드의 멤버 목록을 업데이트해야 하므로 다시 시작해야 한다. 가능하면 etcd 멤버를 삭제하고 이전과 같은 IP주소를 가진 새 etcd 멤버로 교체하는 것이 구성에 훨씬 도움이 된다. 업그레이드에 대한 etcd 문서는 참고하기 좋으며, 현재 기동 중인 etcd 업그레이드를 고려할 수 있다. 이를 위해서 etcd를 기동하는 시스템의 OS 및 패키지에 대한 내부 업그레이드를 수행하면 신뢰할 수 있고 안정적인 업그레이드를 할 수 있다.

컨트롤 플레인 노드는 추가로 교체할 수 있다. 업그레이드된 쿠버네티스 바이너리(kubeadm, kubectl, kubelet)가 설치된 새 서버에서 --control-plane 플래그와 함께 kubeadm join 커맨드라인을 사용한다. 각 컨트롤 플레인 노드가 온라인 상태가 되고 작동이 확인되면 이전 버전 노드 중 하나를 드레인^{drain}[17]한 다음 삭제할 수 있다. 컨트롤 플레인 노드에 같은 위치에 있는 etcd를 실행하면 작동 시 etcd 검사를 포함하고, 필요에 따라 클러스터 멤버를 관리하려고 etcdctl을 사용할 수 있다

그런 다음 워커 노드 교체를 진행한다. 한 번에 하나씩 또는 여러 개를 더하거나 빼서 수행할 수 있다. 여기서 주요 관심사는 클러스터 활용이다. 클러스터의 활용도가 높으면 기존 노드를 드레인하고 제거하기 전에 새 워커 노드를 추가해 대체된 파드에 충분한 컴퓨팅 리소스를 확보할 수 있도록 해야 한다. 좋은 패턴은 업데이트된 모든 소프트웨어가 설치된 VM 이미지를 사용하고 온라인으로 전환한뒤, kubeadm join 커맨드라인을 사용해 클러스터에 추가

---

17   파드를 다른 노드로 옮기고, 해당 노드에 더 이상 파드를 스케줄링이 할 수 없도록 적용하는 기능이다. - 옮긴이

한다. 그리고 VM 이미지는 클러스터 배포에서 사용되는 것과 같은 많은 메커니즘을 사용해 구현할 수 있다. 그림 2-7은 컨트롤 플레인 노드를 한 번에 하나씩 교체하고 워커 노드를 일괄적으로 교체하는 작업을 보여준다.

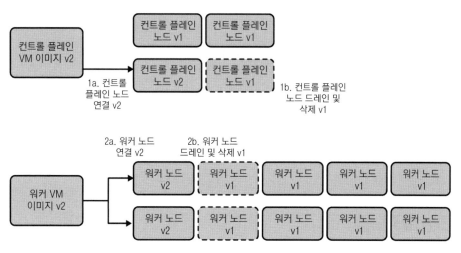

그림 2-7 클러스터의 노드를 교체해 업그레이드를 수행한다.

인플레이스 업그레이드

인플레이스 업그레이드는 노드 교체가 실용적이지 않은, 리소스가 제한된 환경에 적합하다. 롤백 경로는 더 어렵기 때문에 위험이 더 높다. 그러나 인플레이스 업그레이드는 포괄적인 테스트로 완화될 수 있다. 운영 구성의 쿠버네티스는 고가용성 시스템이다. 인플레이스 업그레이드가 한 번에 하나의 노드에서 수행되면 위험이 줄어든다. 따라서 앤서블과 같은 구성 관리 도구를 사용해 업그레이드 작업의 단계를 실행해 운영 환경에서 한 번에 모든 노드를 적용하는 방법으로 대체해야 한다.

etcd 노드는 해당 프로젝트에 대한 설명서에 따라 한 번에 하나씩 각 노드를 오프라인으로 전환하고 OS, etcd 및 기타 패키지에 대한 업그레이드를 수행한 다음 다시 온라인으로 전환한다. 컨테이너에서 etcd를 실행하면, 다운타임을 최소화하려면 멤버를 오프라인으로 전환하기 전에 문제의 이미지를 미리 가져오는 것을 고려해야 한다.

쿠버네티스 컨트롤 플레인 및 워커 노드는 kubeadm이 클러스터 초기화에 사용되기도 하지만, 업그레이드에도 사용된다. 업스트림 문서에는 1.13 이후의 각 마이너 버전 업그레이드에 이 프로세스를 수행하는 방법에 대한 자세한 지침이 있다. 항상 그렇듯이 업그레이드 실패 위험이 있으므로, 실패에 대비한 계획을 세우고 가능한 자동화하고 광범위하게 테스트해야한다.

kubeadm으로 업그레이드 옵션이 종료된다. 이제 이야기의 시작 부분으로 돌아가서 클러스터 프로비저닝 및 업그레이드 옵션을 트리거하는 데 사용하는 메커니즘을 살펴볼 예정이다. 트리거 메커니즘은 2장에서 지금까지 다룬 모든 내용의 종합적인 파악이 필요했기 때문에 가장 마지막으로 다룬다.

트리거 메커니즘

쿠버네티스 배포 모델에서 해결해야 할 모든 문제를 살펴봤으므로 어떤 형식을 취하든 설치 및 관리를 위한 자동화를 시작하는 트리거 메커니즘을 고려하는 것이 유용하다. 쿠버네티스 관리형 서비스를 사용하든, 사전 빌드된 설치 프로그램을 사용하든, 처음부터 빌드한 자체 사용자 정의 자동화를 사용하든, 클러스터 빌드, 클러스터 확장 및 클러스터 업그레이드 등 시작하는 방법이 중요하다.

쿠버네티스 설치 프로그램에는 일반적으로 설치 프로세스를 시작하는 데 사용할 수 있는 CLI 도구가 있다. 그러나 해당 도구를 단독으로 사용하면 기본 형상의 소스코드 또는 클러스터 인벤토리 레코드가 없다. 해당 인벤토리 목록이 없으면 클러스터 인벤토리를 관리하기가 어렵다.

깃옵스Git0ps[18] 접근 방식은 최근 몇 년 동안 인기를 얻었다. 이는 소스는 관리 중인 클러스터에 대한 구성을 포함하는 코드 리포지터리다. 새 클러스터에 대한 구성이 커밋되면 자동화가

---

18 애플리케이션의 배포와 운영에 관련된 모든 요소를 코드화하여 Git에서 관리(Ops)하는 운영 방식 – 옮긴이

트리거돼 새 클러스터를 프로비저닝한다. 기존 구성이 업데이트되면 자동화가 트리거돼 클러스터를 업데이트하고 워커 노드 수를 확장하거나 쿠버네티스 및 클러스터 추가 기능을 업그레이드할 수 있다.

쿠버네티스 고유의 다른 접근 방식이 있다. 클러스터 및 해당 종속성을 쿠버네티스 사용자 정의 리소스에 표시한 다음 쿠버네티스 오퍼레이터로 클러스터를 프로비저닝해 해당 사용자 정의 리소스의 선언된 상태에 응답한다. 쿠버네티스 오퍼레이터는 클러스터 API와 같은 프로젝트에서 취하는 접근 방식이다. 이는 소스는 관리 클러스터의 etcd에 저장된 쿠버네티스 리소스다. 그러나 서로 다른 리전이나 티어에 대한 관리용 멀티 클러스터가 일반적으로 사용된다. 여기서 깃옵스 접근 방식은 클러스터 리소스의 매니페스트가 소스 제어 리포지터리에 저장되고 파이프라인이 매니페스트로 적절한 관리 클러스터에 배포하는 방식으로 함께 사용할 수 있다. 이런 방식으로 깃옵스 및 쿠버네티스 네이티브 환경을 최대한 활용할 수 있다.

요약

쿠버네티스용 배포 모델을 개발할 때는 어떤 관리형 서비스나 기존 쿠버네티스 설치 도구(무료 및 유료)를 활용할 수 있는지 신중하게 고려해야 한다. 자동화를 시스템 구축의 지침으로 유지하는 것이 중요하다. 특히 만족해야 할 드문 요구사항도 주의 깊게 고려해야 한다. 인프라 종속성과 이를 배포 프로세스에 통합하는 방법, 클러스터를 구성할 시스템을 관리하는 방법을 신중하게 고려해야 한다. 클러스터의 컨트롤 플레인을 형성할 컨테이너화된 컴포넌트를 이해하는 것도 중요하다. 앱 플랫폼의 필수 기능을 제공할 클러스터 애드온을 일관된 패턴으로 설치하는 방법을 개발해야 한다. 플랫폼의 버전을 관리하고, 프로덕션 워크로드를 클러스터에 배치하기 전에 2일차 관리 및 업그레이드 경로를 마련해야 한다.

3장

컨테이너 런타임

쿠버네티스는 컨테이너 오케스트레이터다. 그러나 쿠버네티스 자체는 컨테이너를 생성, 시작 및 중지하는 방법을 알지 못한다. 대신 이런 작업을 처리하려고 컨테이너 런타임이라고 하는 연결 가능한 컴포넌트에 위임한다. 컨테이너 런타임은 클러스터 노드에서 컨테이너를 생성하고 관리하는 소프트웨어. 리눅스에서 컨테이너 런타임은 cgroup 및 네임스페이스와 같은 커널 기본 요소 세트를 사용해 컨테이너 이미지에서 프로세스를 생성한다. 본질적으로 쿠버네티스, 구체적으로는 kubelet은 컨테이너 런타임과 함께 작동해 컨테이너를 실행한다.

쿠버네티스 위에 플랫폼을 구축하는 조직은 여러 선택을 만난다. 사용할 컨테이너 런타임은 그러한 선택 중 하나다. 플랫폼을 필요에 맞게 사용자 정의할 수 있으므로 선택의 폭이 넓다. 선택지가 많아 혁신적인 개발과 고급 수준의 사용 사례도 나올 수 있다. 그러나 컨테이너 런타임의 기본 특성을 고려할 때 쿠버네티스가 구현을 제공하지 않는다. 또한 플러그인 가능한 인터페이스를 제공하고 책임을 다른 컴포넌트에 전가한다. 그 이유는 무엇일까?

질문에 답하려면 컨테이너의 역사와 여기까지 오게 된 경로를 되돌아보고 간략하게 검토한다. 먼저 컨테이너의 출현과 컨테이너가 소프트웨어 개발 환경을 어떻게 변화시켰는지 논의한다. 그런 다음 컨테이너 런타임, 이미지 및 기타 도구에 대한 표준화의 필요성에서 비롯된 오픈 컨테이너 이니셔티브, 즉 OCI[Open Container Initiative]를 논의한다. 여기서는 OCI 사양이 쿠버네티스와 어떻게 관련되는지 검토한다. OCI 이후에는 쿠버네티스 관련 컨테이너 런타임 인터페이스, 즉 CRI[Container Runtime Interface]를 논의한다. CRI는 kubelet과 컨테이너 런타임 사이를 이어준다. 쿠버네티스와 호환되도록 컨테이너 런타임이 구현해야 하는 인터페이스를 지정한다. 마지막으로 플랫폼에 대한 런타임을 선택하고 쿠버네티스 생태계에서 사용 가능한 옵션을 검토하는 방법을 알아본다.

컨테이너의 출현

Control groups[cgroups]와 네임스페이스는 컨테이너를 구현하는 데 필요한 기본 요소다. cgroups는 프로세스가 사용할 수 있는 리소스(예: CPU, 메모리 등)의 양에 제한을 가하는 반면, 네임스페이스는 프로세스가 접근할 수 있는 리소스(예: 볼륨 마운트, 프로세스, 네트워크 인터페이스 등)을 제어한다. 두 가지 기본 요소는 모두 2008년부터 리눅스 커널에 있었다. 네임스페이스는 훨씬 이전에 있었다. 그렇다면 오늘날의 컨테이너처럼 몇 년 후에 인기를 얻은 이유는 무엇인가?

질문에 답하려면 먼저 당시의 소프트웨어와 IT 산업을 둘러싼 환경을 생각해 볼 필요가 있다. 고려해야 할 초기 요소는 애플리케이션의 복잡성이다. 애플리케이션 개발자는 서비스 지향 아키텍처를 사용해 애플리케이션을 구축했으며, 심지어 마이크로서비스를 수용하기 시작했다. 아키텍처는 조직에 유지보수 가능성, 확장성 및 생산성과 같은 다양한 이점을 제공했다. 그러나 애플리케이션을 구성하는 컴포넌트의 수도 폭발적으로 증가했다. 의미 있는 애플리케이션에는 잠재적으로 여러 언어로 작성된 여러 서비스가 포함될 수 있다. 상상할 수 있듯이 애플리케이션을 개발하고 제공하는 것은 복잡했으며, 앞으로도 계속 복잡해진다. 기억해야 할 다른 요소는 소프트웨어가 빠르게 비즈니스 차별화 요소가 됐다. 새로운 기능을 더 빨리 출시할수록 제품의 경쟁력이 높아진다. 신뢰할 수 있는 방식으로 소프트웨어를 배포할 수 있는 능력을 갖추는 것이 비즈니스의 핵심이다. 마지막으로, 호스팅 환경으로서 퍼블릭 클라우드의 등장도 중요한 요소다. 개발자와 운영팀은 개발자의 PC에서 다른 사람의 데이터 센터에 실행되는 운영 서버에 이르기까지 모든 환경에서 애플리케이션이 똑같이 작동하도록 해야 했다.

이런 도전을 염두에 뒀다면 컨테이너 환경의 혁신이 무르익었다는 증거다. 이때, 바로 도커를 입력하면 된다. 도커는 많은 사람이 컨테이너에 액세스할 수 있도록 한다. 또한 개발자가 사용하기 쉬운 CLI로 컨테이너를 구축하고 실행할 수 있도록 하는 추상화를 구축할 수 있다. 개발자는 컨테이너 기술을 활용하는 데 필요한 저수준 커널 구성을 알아야 할 필요 없이, 터미널에서 docker run 명령어만 입력하면 된다.

모든 문제에 대한 답은 아니지만, 컨테이너는 소프트웨어 개발 생명 주기의 여러 단계를 개선했다. 첫째, 컨테이너와 컨테이너 이미지로 개발자는 애플리케이션 환경을 코드화할 수 있고, 개발자는 더 이상 누락되거나 일치하지 않는 애플리케이션 종속성과 씨름할 필요가 없다. 둘째, 컨테이너는 테스트 애플리케이션을 위한 재현 가능한 환경을 제공함으로써 테스트에 영향을 줬다. 마지막으로 컨테이너를 사용하면 소프트웨어를 운영 환경에 더 쉽게 배포할 수 있다. 운영 환경에 도커 엔진이 있는 한 최소한의 마찰로 애플리케이션을 배포할 수 있다. 전반적으로 컨테이너는 조직이 소프트웨어를 제로베이스에서 운영 환경으로 더 반복 가능하고 효율적인 방식으로 배포하는 데 도움이 된다.

또한 컨테이너의 출현은 다양한 도구, 컨테이너 런타임, 컨테이너 이미지 레지스트리 등으로 가득 찬 컨테이너 생태계를 탄생시켰다. 컨테이너 생태계는 좋은 평가를 받았지만, 새로운 도전 과제를 받게 된다. 모든 컨테이너 솔루션이 서로 호환되도록 하려면 어떻게 해야 할까? 결국 캡슐화 및 이식성 보장은 컨테이너의 주요 이점 중 하나인데, 단점을 해결하고 컨테이너 채택을 개선하려고 업계는 리눅스 재단 산하의 OCI를 만들어 오픈소스 명세specification를 수립한다.

오픈 컨테이너 이니셔티브

컨테이너가 업계 전반에 걸쳐 계속해서 인기를 얻으면서 컨테이너 운동의 성공을 보장하려고 표준과 명세가 필요하다는 것이 분명해졌다. OCI 프로젝트는 컨테이너 명세의 각 단체간 협업을 위해 2015년에 설립된 오픈소스 프로젝트다. 프로젝트의 주목할만한 단체는 OCI에 runc(https://github.com/opencontainers/runc)를 제공한 도커(https://www.docker.com)와, rkt(https://github.com/rkt/rkt)[1]를 사용해 컨테이너 런타임을 제공한 CentOS(https://cloud.Red Hat.com/learn/coreos)[2] 등이 있다.

OCI에는 OCI 런타임 명세, OCI 이미지 명세 및 OCI 배포 명세 등 세 가지 명세가 있다. 명세는 쿠버네티스와 같은 컨테이너 및 컨테이너 플랫폼에 대한 개발 및 혁신을 가능하게 한다. 또한 OCI는 최종 사용자가 배포 용이 및 상호 운용 가능한 방식으로 컨테이너를 사용할 수 있도록 해, 필요할 때 제품과 솔루션 사이를 더 쉽게 이동할 수 있도록 하는 것을 목표로 한다.

컨테이너 런타임 및 이미지 명세를 살펴볼 예정이다. 배포 명세는 주로 컨테이너 이미지 레지스트리와 관련이 있으므로, 자세히 알아보지는 않는다.

OCI 런타임 명세

OCI 런타임 명세는 OCI 호환 방식으로 컨테이너를 인스턴스화하고, 실행하는 방법을 결정한다. 먼저 명세는 컨테이너 구성의 스키마를 설명한다. 스키마에는 컨테이너의 루트 파일 시스템, 실행할 명령, 환경 변수, 사용자 및 그룹, 리소스 제한 등과 같은 정보가 포함된다. 다음 스니펫은 OCI 런타임 사양에서 가져온 컨테이너 구성 파일의 일부 설정 코드의 예시다.

---

1   레드햇에 인수한 이후, 프로젝트가 종료됐다(2020년 2월). - 옮긴이
2   2018년 1월 30일 레드햇에서 인수했다. - 옮긴이

```
{
  "ociVersion": "1.0.1",
  "process": {
    "terminal": true,
    "user": {
      "uid": 1,
      "gid": 1,
      "additionalGids": [
        5,
        6
      ]
    },
    "args": [
      "sh"
    ],
    "env": [
      "PATH=/usr/local/sbin:/usr/local/bin:/usr/sbin:/usr/bin:/sbin:/bin", "TERM=xterm"
    ],
    "cwd": "/",
    ...
  },
  ...
  "mounts": [
    {
      "destination": "/proc",
      "type": "proc",
      "source": "proc"
    },
    ...
  },
  ...
}
```

런타임 명세는 컨테이너 런타임이 지원해야 하는 작업을 결정한다. 작업에는 생성, 시작, 종료, 삭제 및 상태(컨테이너 상태에 대한 정보 제공)가 포함된다. 작업 외에도 런타임 명세는 컨테이너의 생명 주기와 컨테이너가 여러 단계로 진행되는 방식을 다음과 같이 구분한다.

(1) creating은 컨테이너 런타임이 컨테이너를 생성할 때다.

(2) created는 런타임이 create 작업을 완료했을 때다.

(3) running은 컨테이너 프로세스가 시작돼 실행 중일 때다.

(4) stopped는 컨테이너 프로세스가 완료된다.

OCI 프로젝트에는 OCI 런타임 명세를 구현하는 저수준 컨테이너 런타임인 runc도 있다. 도커, containerd 및 CRI-O와 같은 다른 상위 수준 컨테이너 런타임은 runc를 사용해 그림 3-1과 같이 OCI 사양에 따라 컨테이너를 생성한다. runc를 활용하면 컨테이너 런타임이 OCI 런타임 사양을 준수하면서 이미지 가져오기, 네트워킹 구성, 스토리지 처리 등과 같은 상위 수준 기능에 집중할 수 있다.

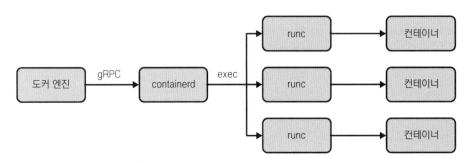

그림 3-1 도커 엔진, containerd 및 기타 런타임은 runc를 사용해 OCI 사양에 따라 컨테이너를 생성한다.

OCI 이미지 명세

OCI 이미지 명세는 컨테이너 이미지에 중점을 둔다. 명세는 매니페스트, 선택적 이미지 인덱스, 파일시스템 레이어 세트 및 구성을 정의한다. 이미지 매니페스트는 이미지를 설명한다. 여기에는 이미지 구성에 대한 지점, 이미지 레이어 목록, 어노테이션annotation 맵(선택사항)이 포함된다. 다음은 OCI 이미지 명세에서 가져온 매니페스트의 예시다.

```
{
  "schemaVersion": 2,
  "config": {
```

```
      "mediaType": "application/vnd.oci.image.config.v1+json",
      "size": 7023,
      "digest": "sha256:b5b2b2c507a0944348e0303114d8d93aaaa081732b86451d9bce1f4..."
    },
    "layers": [
      {
        "mediaType": "application/vnd.oci.image.layer.v1.tar+gzip",
        "size": 32654,
        "digest": "sha256:9834876dcfb05cb167a5c24953eba58c4ac89b1adf57f28f2f9d0..."
      },
      {
        "mediaType": "application/vnd.oci.image.layer.v1.tar+gzip",
        "size": 16724,
        "digest": "sha256:3c3a4604a545cdc127456d94e421cd355bca5b528f4a9c1905b15..."
      },
      {
        "mediaType": "application/vnd.oci.image.layer.v1.tar+gzip",
        "size": 73109,
        "digest": "sha256:ec4b8955958665577945c89419d1af06b5f7636b4ac3da7f12184..."
      }
    ],
    "annotations": {
      "com.example.key1": "value1",
      "com.example.key2": "value2"
    }
  }
```

이미지 인덱스는 다중 플랫폼 컨테이너 이미지 생성을 가능하게 하는 최상위 매니페스트 이다. 이미지 인덱스에는 각 플랫폼별 매니페스트에 대한 지점이 포함돼 있다. 다음은 명세 에서 얻은 인덱스의 예다. 인덱스가 ppc64le/linux[3]용과 amd64/linux[4]용의 두 가지 매니페 스트를 가리키는 방법에 주목한다.

---

3 ppc64는 리눅스, GCC(GNU Compiler Collection) 및 LLVM 오픈소스 소프트웨어 커뮤니티에서 일반적으로 사용되는 식별자로, 64 비트 빅엔디안 PowerPC 및 Power ISA 프로세서에 최적화된 애플리케이션의 대상 아키텍처를 나타낸다. – 옮긴이

4 AMD64는 AMD가 1999년에 발표한 x86의 64비트 확장 아키텍처. 주로 2010년대 이후 현재까지의 컴퓨터 CPU라 하면 떠오르는 제품의 대부분이 채택하고 있는 아키텍처다. 표준 명칭은 AMD64이지만 x86-64, x64, EM64T, Intel64등 여러 이름으로도 불린다. – 옮긴이

```
{
  "schemaVersion": 2,
  "manifests": [
    {
      "mediaType": "application/vnd.oci.image.manifest.v1+json",
      "size": 7143,
      "digest": "sha256:e692418e4cbaf90ca69d05a66403747baa33ee08806650b51fab...",
      "platform": {
        "architecture": "ppc64le",
        "os": "linux"
      }
    },
    {
      "mediaType": "application/vnd.oci.image.manifest.v1+json",
      "size": 7682,
      "digest": "sha256:5b0bcabd1ed22e9fb1310cf6c2dec7cdef19f0ad69efa1f392e9...",
      "platform": {
        "architecture": "amd64",
        "os": "linux"
      }
    }
  ],
  "annotations": {
    "com.example.key1": "value1",
    "com.example.key2": "value2"
  }
}
```

각 OCI 이미지 매니페스트는 컨테이너 이미지 구성을 참조한다. 구성에는 이미지의 엔트리 포인트entrypoint, 커맨드, 작업 디렉터리, 환경 변수 등이 포함된다. 컨테이너 런타임은 이미지에서 컨테이너를 인스턴스로 전환할 때 이 구성을 사용한다. 다음 스니펫은 간결하게 일부 필드가 제거된 컨테이너 이미지의 구성을 보여준다.

```
{
  "architecture": "amd64",
  "config": {
    ...
```

```
"ExposedPorts": {
  "53/tcp": {},
  "53/udp": {}
},
"Tty": false,
"OpenStdin": false,
"StdinOnce": false,
"Env": [
  "PATH=/usr/local/sbin:/usr/local/bin:/usr/sbin:/usr/bin:/sbin:/bin"
],
"Cmd": null,
"Image": "sha256:7ccecf40b555e5ef2d8d3514257b69c2f4018c767e7a20dbaf4733...",
"Volumes": null,
"WorkingDir": "",
"Entrypoint": [
  "/coredns"
],
"OnBuild": null,
"Labels": null
},
"created": "2023-01-28T19:16:47.907002703Z",
...
```

OCI 이미지 명세는 컨테이너 이미지 레이어를 생성하고 관리하는 방법을 설명한다. 레이어는 기본적으로 파일과 디렉토리를 포함하는 TAR 아카이브다. 이 명세는 압축되지 않은 레이어, gzip으로 압축된 레이어 및 배포할 수 없는 레이어를 포함해 레이어의 다양한 미디어 유형을 정의한다. 참조들은 SHA256 다이제스트[5]를 사용해 특정 레이어를 가리킨다. 이전에 설명한 것과 같이 컨테이너 이미지 매니페스트는 하나 이상의 레이어를 참조한다. 참조는 SHA256 다이제스트를 사용해 특정 레이어를 가리킨다. 최종 컨테이너 이미지 파일시스템은 매니페스트에 나열된 대로 각 레이어를 적용한 결과다.

OCI 이미지 명세는 컨테이너 이미지가 다양한 도구와 컨테이너 기반 플랫폼 간에 이식 가능

---

5   해시 함수라는 수학적인 연산을 통해 생성된 암호화된 메시지를 의미한다. – 옮긴이

하도록 보장하기 때문에 중요하다. 이 명세로 유저스페이스^{userspace} 컨테이너 빌드를 위한 카니코^{kaniko}(https://github.com/GoogleContainerTools/kaniko) 및 Buildah(https://buildah.io), 자바 기반 컨테이너를 위한 집^{Jib}(https://github.com/GoogleContainerTools/jib), 간소화되고 자동화된 빌드를 위한 컨테이너 네이티브 빌드팩^{Cloud Native Buildpack}(https://buildpacks.io)과 같은 다양한 이미지 빌드 도구를 개발할 수 있다(15장에서 이런 도구 중 일부를 살펴본다). 전반적으로 이 명세는 쿠버네티스가 컨테이너 이미지를 빌드하는 데 사용된 도구에 관계없이 컨테이너 이미지를 실행할 수 있도록 한다.

컨테이너 런타임 인터페이스

2장에서 설명했듯이 쿠버네티스는 맞춤형 애플리케이션 플랫폼을 구축할 수 있는 많은 확장 지점을 제공한다. 가장 중요한 확장 지점은 컨테이너 런타임 인터페이스다. CRI는 CoreOS의 rkt와 나중에 카타 컨테이너^{Kata Containers}(https://katacontainers.io)가 된 인텔의 클리어 컨테이너^{Clear Containers}[6]와 같은 하이퍼바이저^{hypervisor} 기반 런타임을 포함해 성장하는 컨테이너 런타임 에코시스템을 활성화하기 위한 노력으로 쿠버네티스 v1.5버전에 도입됐다.

CRI 이전에 새 컨테이너 런타임에 대한 지원을 추가하려면, 쿠버네티스의 새 릴리즈와 쿠버네티스 코드 기반에 대한 자세한 지식이 필요했다. CRI가 설정되면 컨테이너 런타임 개발자는 단순히 인터페이스를 준수해 쿠버네티스와 런타임의 호환성을 보장할 수 있다.

전반적으로 CRI의 목표는, 쿠버네티스 내 kubelet에서 컨테이너 런타임의 구현 세부 정보를 보다 구체적으로 추상화하는 것인데, 종속성 줄이기 위한 좋은 예다. kubelet은 컨테이너 런타임 관련 코드와 if문이 흩어져 있는 방식에서, 인터페이스에 의존하는 더 간결한 구현 방식으로 발전했다. 따라서 CRI는 kubelet 구현의 복잡성을 줄이는 동시에, 확장성과 테스트 가

---

6   2017년 12월에 카타 컨테이너의 일부 프로젝트로 합쳐졌다(https://01.org/blogs/2017/kata-containers-next-evolution-of-clear-containers). - 옮긴이

능성을 높였다. CRI는 잘 설계된 소프트웨어의 중요한 특성이다.

CRI는 gRPC 및 프로토콜 버퍼를 사용해 구현된다. 인터페이스는 RuntimeService 및 ImageService라는 두 가지의 서비스를 정의한다. kubelet은 두 서비스를 활용해 컨테이너 런타임과 상호작용한다. RuntimeService는 파드 생성, 컨테이너 시작 및 중지, 파드 삭제 등을 포함한 모든 파드 관련 작업을 담당한다. ImageService는 노드에서 컨테이너 이미지 나열, 가져오기 및 제거를 포함해 컨테이너 이미지 작업과 관련된다.

RuntimeService와 ImageService의 API를 자세히 살펴볼 수 있지만, 쿠버네티스에서 가장 중요한 작업의 흐름인 노드에서 파드 시작 부분을 이해하는 것이 더 유용하다. CRI로 kubelet과 컨테이너 런타임 간의 연관 관계를 살펴볼 예정이다.

파드 시작

 다음 설명은 쿠버네티스 v1.28.3 및 containerd v1.7.8를 기반으로 하고, 컴포넌트는 CRI의 v1 버전을 사용한다.

파드가 노드에 스케줄링되면 kubelet은 컨테이너 런타임과 함께 작동해 파드를 시작한다. 앞에서 언급했듯이 kubelet은 CRI로 컨테이너 런타임과 상호작용한다. 이에 kubelet과 컨테이너형 CRI 플러그인 간의 연관 관계를 다음 절에서 살펴보겠다.

containerd CRI 플러그인은 유닉스 소켓에서 수신 대기하는 gRPC 서버를 시작한다. 기본적으로 유닉스 소켓은 /run/containerd/containerd.sock 파일에 있다. kubelet은 container-runtime 및 container-runtime-endpoint 커맨드라인 플래그를 사용해 유닉스 소켓으로 containerd와 상호작용하도록 구성된다.

```
/usr/bin/kubelet
  --container-runtime=remote
  --container-runtime-endpoint=/run/containerd/containerd.sock
... 다른 플래그는 아래에 추가로 명시 ...
```

파드를 시작할 때 kubelet은 먼저 RuntimeService의 `RunPodSandbox` 메소드를 사용해 파드 샌드박스를 생성한다. 파드는 하나 이상의 컨테이너로 구성되기 때문에 모든 컨테이너가 공유할 리눅스 네트워크의 네임스페이스를 설정하려면 먼저 샌드박스를 생성해야 한다.

`RunPodSandbox` 메소드를 호출하면 kubelet은 파드의 이름, 고유 ID, 쿠버네티스 네임스페이스, DNS 구성 등을 포함해 메타데이터와 구성을 containerd로 보낸다. 컨테이너 런타임이 샌드박스를 생성하면 런타임은 kubelet이 샌드박스에서 컨테이너를 생성하는 데 사용하는 파드의 샌드박스 ID로 응답한다.

샌드박스를 사용할 수 있게 되면 kubelet은 ImageService의 `ImageStatus` 메소드를 사용해 노드에 컨테이너 이미지가 있는지 확인한다. `ImageStatus` 메소드는 이미지에 대한 정보를 반환한다. 이미지가 없으면 메소드는 null을 반환하고, kubelet은 이미지 가져오기를 진행한다.

kubelet은 ImageService의 `PullImage` 메소드를 사용해 필요할 때 이미지를 가져온다. 런타임이 이미지를 가져오면 kubelet이 컨테이너를 생성하는 데 사용하는 SHA256 다이제스트 이미지로 응답한다.

샌드박스를 생성하고 이미지를 가져온 후 kubelet은 RuntimeService의 `CreateContainer` 메소드로 샌드박스에 컨테이너를 생성한다. kubelet은 샌드박스 ID와 컨테이너 구성을 컨테이너 런타임에 제공한다. 컨테이너 구성에는 컨테이너 이미지 다이제스트, 명령 및 인수, 환경 변수, 볼륨 마운트 등을 포함해 예상할 수 있는 모든 정보가 포함된다. 생성 프로세스 중에 컨테이너 런타임은 컨테이너 ID를 생성한 다음 다시 kubelet으로 전달한다. 컨테이너 ID는 컨테이너 상태 아래에 있는 파드의 상태 필드에 표시되는 ID다.

```
containerStatuses:
 - containerID: containerd://0018556b01e1662c5e7e2dcddb2bb09d0edff6cf6933...
   image: docker.io/library/nginx:latest
```

그런 다음 kubelet은 RuntimeService의 `StartContainer` 메소드로 컨테이너 시작을 진행한다. `StartContainer` 메소드를 호출할 때 컨테이너 런타임에서 받은 컨테이너 ID를 사용한다.

kubelet이 CRI를 사용해 컨테이너 런타임과 상호작용하는 방법을 배웠다. ImageService
및 RuntimeService에 있는 메소드를 포함해 파드를 시작할 때 호출되는 gRPC 메소드를 구
체적으로 살펴봤다. 두 CRI 서비스는 kubelet이 다른 작업을 완료하는 데 사용하는 추가 방
법을 제공한다. 파드 및 컨테이너 관리(즉, CRUD) 방법 외에도 CRI는 컨테이너에서 명령 실
행(Exec 및 ExecSync), 컨테이너에 연결(Attach), 특정 컨테이너 포트 전달(PortForward) 등의
방법도 정의한다.

런타임 선택

CRI의 가용성을 감안할 때 플랫폼팀은 컨테이너 런타임과 관련해 선택의 유연성을 얻었다.
그러나 현실은 지난 몇 년 동안 컨테이너 런타임이 구현 세부사항이 됐다. 쿠버네티스 배포
를 사용하거나 관리되는 쿠버네티스 서비스를 활용하는 컨테이너 런타임이 가장 적합하다.

이는 컨테이너 런타임을 포함하는 미리 만들어진 VM 이미지를 제공하는 클러스터 API와 같
은 커뮤니티 프로젝트도 마찬가지다.

즉, 런타임을 선택할 수 있는 옵션이 있거나, 특수 런타임(예: VM 기반 런타임)에 대한 사용 사
례는 결정을 내릴 수 있는 정보가 있어야 한다. 컨테이너 런타임을 선택할 때 고려해야 할 사
항을 알아본다.

현장에서 지원할 때 먼저 받는 질문은 사용 사례가 많은 컨테이너 런타임이다. 대부분은 컨
테이너 사용 사례 경험이 높은 도커를 사용 중이었으며, 도커의 툴체인tool-chain 및 사용자 경
험에 익숙하다. 쿠버네티스는 도커를 지원하지만, 이미지 빌드 및 컨테이너 네트워크 생성
등과 같이 쿠버네티스에 필요하지 않은 확장된 기능 세트가 있으므로 사용을 권장하지 않
는다. 즉, 완전한 기능을 갖춘 도커 데몬은 쿠버네티스의 목적에 비해 너무 무겁거나 부풀려
있다. 이를 극복하려고 도커는 커뮤니티에서 가장 널리 사용되는 컨테이너 런타임 중 하나인

containerd를 지원한다. 그러나 containerd는 플랫폼 운영자가 다른 컨테이너 CLI를 배워야 한다는 단점은 있다.

고려해야 할 다른 사항은 지원 차이다. 쿠버네티스를 설치하는 방식에 따라 컨테이너 런타임에 대한 지원을 다르게 받을 수 있다. VMware의 탄주Tanzu 쿠버네티스 그리드, 레드햇의 오픈시프트 등과 같은 쿠버네티스 배포판은 일반적으로 특정 컨테이너 런타임을 제공한다. 다른 큰 이유가 없는 한 지원 방식을 수용해야 한다. 그러면 다른 컨테이너 런타임 지원 의미를 자연스럽게 받아들이게 된다.

컨테이너 런타임의 적합성 테스트는 지원과 밀접한 관련이 있다. 쿠버네티스 프로젝트, 특히 Node Special Interest Group(sig-node)[7]은 컨테이너 런타임이 호환되고 예상대로 작동하는지 확인하려고 CRI 유효성 검사 테스트 및 노드 적합성 테스트 세트를 정의한다. 테스트는 모든 쿠버네티스 릴리즈의 일부이며, 일부 런타임은 다른 것보다 더 많은 적용 범위를 가질 수 있다. 쿠버네티스 릴리즈 프로세스 중에 런타임 문제가 포착되므로, 테스트 범위가 많을수록 좋다. 커뮤니티는 쿠버네티스 테스트 그리드(https://k8s-testgrid.appspot.com)로 모든 테스트와 결과를 제공한다. 런타임을 선택할 때 컨테이너 런타임의 적합성 테스트를 더 넓게는 런타임과 전체 쿠버네티스 프로젝트의 관계를 고려해야 한다.

마지막으로 워크로드에 리눅스 컨테이너에서 제공하는 것보다, 더 강력한 격리 보장이 필요한지 결정해야 한다. 덜 일반적이지만 신뢰할 수 없는 코드 실행 또는 강력한 다중 테넌트 보장이 필요한 애플리케이션 실행과 같이 워크로드의 VM 수준 격리가 필요한 사용 사례가 있는데, 카타 컨테이너Kata Container와 같은 특수 런타임을 활용할 수 있다.

런타임을 선택할 때 고려해야 할 사항을 알아봤다. 가장 널리 사용되는 컨테이너 런타임인 도커, containerd 및 CRI-O를 검토해 본다. 또한 리눅스 컨테이너 대신 VM에서 파드를 실행하는 방법을 이해하려고 카타 컨테이너를 탐색한다. 마지막으로 CRI를 구현하는 컨테이너 런타임이나 컴포넌트는 아니지만, 쿠버네티스에서 워크로드를 실행하는 다른 방법을 제

7　SIG 노드는 파드와 호스트 리소스 간의 제어된 상호작용을 지원하는 컴포넌트를 담당하는 프로젝트 담당 조직이다(https://github.com/kubernetes/community/tree/master/sig-node). – 옮긴이

공하는 Virtual Kubelet를 알아볼 예정이다.

도커

쿠버네티스는 dockershim이라는 CRI 심^{shim}으로 도커 엔진을 컨테이너 런타임으로 지원한다. 심은 kubelet에 내장된 컴포넌트다. 기본적으로 3장의 앞부분에서 설명한 CRI 서비스를 구현하는 것은 gRPC 서버다. 도커 엔진이 CRI를 구현하지 않기 때문에 심이 필요하다. CRI와 도커 엔진 모두에서 작동하도록 모든 kubelet 코드 경로를 특수 케이스로 처리하는 대신, dockershim은 kubelet이 CRI로 도커와 통신하는데 사용할 수 있는 퍼사드[8] 역할을 한다. dockershim은 CRI 호출과 도커 엔진 API 호출 간의 변환을 처리한다. 그림 3-2는 kubelet이 심으로 도커와 상호작용하는 방법을 보여준다.

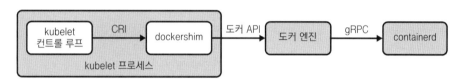

그림 3-2 dockershim을 통한 kubelet과 도커 엔진 간의 연관 관계

도커는 내부적으로 containerd를 활용한다. 따라서 kubelet에서 들어오는 API 호출은 결국 컨테이너를 시작하는 containerd로 연달아 전달된다. 결국 생성된 컨테이너는 도커 데몬이 아닌 containerd 아래에 있게 된다.

```
systemd
  └─containerd
      └─containerd-shim -namespace moby -workdir ...
          └─nginx
              └─nginx
```

문제 해결 관점에서 도커 CLI를 사용해 지정된 노드에서 실행 중인 컨테이너를 나열하고 검

---

8   객체지향 프로그래밍에서 클래스 라이브러리 같은 어떤 소프트웨어의 다른 커다란 코드 부분에 대한 간략화된 인터페이스를 제공하는 오브젝트를 의미한다. – 옮긴이

사할 수 있다. 도커에는 파드 개념이 없지만 dockershim은 쿠버네티스 네임스페이스, 파드 이름 및 파드 ID를 컨테이너 이름으로 인코딩한다.

다음 목록은 기본 네임스페이스에서 nginx라는 파드에 속한 컨테이너를 보여준다. 파드 인프라 컨테이너는 이름에 'k8s_POD_' 접두사가 있는 컨테이너다.

```
$ docker ps --format='{{.ID}}\t{{.Names}}' | grep nginx_default
3c8c01f47424     k8s_nginx_nginx_default_6470b3d3-87a3-499c-8562-d59ba27bced5_3
c34ad8d80c4d     k8s_POD_nginx_default_6470b3d3-87a3-499c-8562-d59ba27bced5_3
```

결과 출력이 도커 CLI 출력만큼 사용자에게 친숙하지 않더라도 containerd CLI인 ctr을 사용해 컨테이너를 검사할 수도 있다. 도커 엔진은 모비^{moby}(https://mobyproject.org)라는 containerd 네임스페이스를 사용한다.

```
$ ctr --namespace moby containers list
CONTAINER                  IMAGE     RUNTIME
07ba23a409f31bec7f163a...  -         io.containerd.runtime.v1.linux
0bfc5a735c213b9b296dad...  -         io.containerd.runtime.v1.linux
2d1c9cb39c674f75caf595...  -         io.containerd.runtime.v1.linux
```

노드에서 사용 가능한 crictl(https://kubernetes.io/docs/tasks/debug-application-cluster/crictl)을 사용할 수 있다. crictl 유틸리티는 쿠버네티스 커뮤니티에서 개발한 커맨드라인 도구로, CRI로 컨테이너 런타임과 상호작용하기 위한 CLI 클라이언트다. 도커가 CRI를 구현하지 않더라도 dockershim 유닉스 소켓과 함께 crictl을 사용할 수 있다.

```
$ crictl --runtime-endpoint unix:///var/run/dockershim.sock ps --name nginx
CONTAINER ID    MAGE              CREATED        STATE     NAME    POD ID
07ba23a409f31   nginx@sha256:b0a...  3 seconds ago  Running   nginx   ea179944...
```

컨테이너

containerd는 아마도 현장에서 쿠버네티스 기반 플랫폼을 구축할 때 접하게 되는 가장 일반적인 컨테이너 런타임이다. 작성 당시 containerd는 클러스터 API 기반 노드 이미지의 기본 컨테이너 런타임이며, 다양한 관리형 쿠버네티스 제품(예: AKS, EKS 및 GKE)에서 사용할 수 있다.

containerd 컨테이너 런타임은 containerd CRI 플러그인으로 CRI를 구현한다. CRI 플러그인은 containerd v1.1부터 사용할 수 있고, 기본적으로 활성화돼 있는 기본 containerd 플러그인이다. containerd는 /run/containerd/containerd.sock의 유닉스 소켓으로 gRPC API를 노출한다. 그림 3-3에 표시된 것처럼 kubelet은 유닉스 소켓을 사용해 파드를 실행할 때 containerd와 상호작용한다.

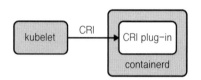

그림 3-3 containerd CRI 플러그인을 통한 kubelet과 containerd 간의 연관 관계

생성된 컨테이너의 프로세스 트리는 도커 엔진을 사용할 때의 프로세스 트리와 완전히 똑같이 보인다. 이는 도커 엔진이 containerd를 사용해 컨테이너를 관리하기 때문이다.

```
systemd
  └containerd
      └containerd-shim -namespace k8s.io -workdir ...
          └nginx
              └nginx
```

노드의 컨테이너를 검사하려면 containerd CLI인 ctr을 사용할 수 있다. 도커와 달리 쿠버네티스에서 관리하는 컨테이너는 모비 대신 k8s.io라는 containerd 네임스페이스에 있다.

```
$ ctr --namespace k8s.io containers ls | grep nginx
c85e47fa...    docker.io/library/nginx:latest    io.containerd.runtime.v1.linux
```

crictl CLI를 사용해 containerd 유닉스 소켓으로 containerd와 상호작용할 수도 있다.

```
$ crictl --runtime-endpoint unix:///run/containerd/containerd.sock ps --name nginx
CONTAINER ID    IMAGE          CREATED         STATE     NAME    POD ID
c85e47faf3616   4bb46517cac39  39 seconds ago  Running   nginx   73caea404b92a
```

CRI-O

CRI-O는 쿠버네티스용으로 특별히 설계된 컨테이너 런타임이다. 이름에서 알 수 있듯이 CRI의 구현이다. 따라서 도커 및 containerd와 달리 쿠버네티스 외부에서 사용하지 않는다. 작성 당시 CRI-O 컨테이너 런타임의 주요하게 사용한 사례는 레드햇 오픈시프트 플랫폼에서 사용한 사례가 있다.

containerd와 유사하게 CRI-O는 유닉스 소켓으로 CRI를 노출한다. kubelet은 일반적으로 /var/run/crio/crio.sock 파일에 있는 소켓을 사용해 CRI-O와 상호작용한다. 그림 3-4는 CRI로 CRI-O와 직접 상호작용하는 kubelet을 보여준다.

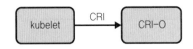

그림 3-4 CRI API를 사용한 kubelet과 CRI-O 간의 연관 관계

컨테이너를 생성할 때 CRI-O는 conmon이라는 프로세스를 인스턴스로 만든다. conmon은 컨테이너 모니터다. conmon은 컨테이너 프로세스의 부모이며, 컨테이너에 연결 방법 노출, 컨테이너의 STDOUT 및 STDERR 스트림을 로그 파일에 저장, 컨테이너 종료 처리와 같은 여러 문제를 처리한다.

```
systemd
  └─conmon -s -c ed779... -n k8s_nginx_nginx_default_e9115... -u8cdf0c...
      └─nginx
          └─nginx
```

CRI-O는 쿠버네티스용 저수준 컴포넌트로 설계됐기 때문에, CRI-O 프로젝트는 CLI를 제공하지 않는다. 즉, CRI를 구현하는 다른 컨테이너 런타임과 마찬가지로 CRI-O와 함께 `crictl`을 사용할 수 있다.

```
$ crictl --runtime-endpoint unix:///var/run/crio/crio.sock ps --name nginx
CONTAINER     IMAGE                 CREATED          STATE      NAME     POD ID
8cdf0c...     nginx@sha256:179...   2 minutes ago    Running    nginx    eabf15237...
```

카타 컨테이너

카타 컨테이너는 컨테이너 대신 경량 VM을 사용해 워크로드를 실행하는 오픈소스 런타임으로, VM 기반 런타임인 인텔의 클리어 컨테이너와 Hyper.sh의 RunV을 병합^{merge}한 후속작으로 나온 프로젝트다.

VM을 사용하기 때문에 카타 컨테이너는 리눅스 컨테이너보다 확실한 격리 보장을 제공한다. 워크로드가 리눅스 커널을 공유하지 못하도록 하는 보안 요구사항 또는 cgroup 격리로 충족할 수 없는 리소스 보장 요구사항이 있을 때, 카타 컨테이너가 적합할 수 있다. 예를 들어 카타 컨테이너의 일반적인 사용 사례는 신뢰할 수 없는 코드를 실행하는 다중 테넌트 쿠버네티스 클러스터를 실행한다. 바이두 클라우드^{Baidu Cloud}(https://oreil.ly/btDL9) 및 화웨이 클라우드^{Huawei Cloud}(https://oreil.ly/Mzarh)와 같은 클라우드 프로바이더는 클라우드 인프라에서 카타 컨테이너를 사용한다.

쿠버네티스와 함께 카타 컨테이너를 사용하려면 그림 3-5와 같이 kubelet과 카타 런타임 사이에 플러그인 가능한 컨테이너 런타임이 있어야 한다. 카타 컨테이너가 CRI를 구현하지 않기 때문이다. 대신 containerd와 같은 기존 컨테이너 런타임을 활용해 쿠버네티스와의 상호작용을 처리한다. containerd와 통합하려고 카타 컨테이너 프로젝트는 containerd 런타임 API, 특히 v2 containerd-shim API(https://oreil.ly/DxGyZ)를 구현한다.

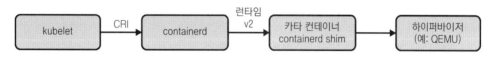

그림 3-5 containerd를 통한 kubelet과 Kata 컨테이너 간의 연관 관계

containerd는 노드에서 필요하고 사용 가능하므로, 동일한 노드에서 리눅스 컨테이너 파드 및 VM 기반 파드를 실행할 수 있다. 쿠버네티스는 RuntimeClass라는 여러 컨테이너 런타임을 구성하고 실행하는 메커니즘을 제공한다. RuntimeClass API를 사용하면 같은 쿠버네티스 플랫폼에서 다양한 런타임을 제공할 수 있으므로, 개발자의 필요에 더 잘 맞는 런타임을 사용할 수 있다. 다음 스니펫은 카타 컨테이너 런타임에 대한 예시 RuntimeClass다.

```
apiVersion: node.k8s.io/v1beta1
kind: RuntimeClass
metadata:
  name: kata-containers
handler: kata
```

kata-containers 런타임에서 파드를 실행하려면, 개발자는 파드 사양에 RuntimeClass 이름을 지정해야 한다.

```
apiVersion: v1
kind: Pod
metadata:
  name: kata-example
spec:
  containers:
  - image: nginx
    name: nginx
  runtimeClassName: kata-containers
```

카타 컨테이너는 QEMU(https://www.qemu.org), NEMU(https://github.com/intel/nemu) 및 AWS 파이어크래커Firecracker(https://firecracker-microvm.github.io)를 사용할 수 있는데, QEMU를 사용할 때 kata-containers RuntimeClass를 사용하는 파드를 시작한 후 QEMU 프로세스를 볼 수 있다.

```
$ ps -ef | grep qemu
root     38290      1  0 16:02 ?        00:00:17
     /snap/kata-containers/690/usr/bin/qemu-system-x86_64
     -name sandbox-c136a9addde4f26457901ccef9de49f02556cc8c5135b091f6d36cfc97...
     -uuid aaae32b3-9916-4d13-b385-dd8390d0daf4
     -machine pc,accel=kvm,kernel_irqchip
     -cpu host
     -m 2048M,slots=10,maxmem=65005M
     ...
```

카타 컨테이너는 유용한 기능을 제공하고 이를 시장성 있다고 생각할 수 있으나, 실제 현장의 사용 사례가 드물다. 쿠버네티스 클러스터에서 VM 수준 격리 보장이 필요한 상황에서만 카타 컨테이너를 살펴볼 가치가 있다.

Virtual Kubelet

Virtual Kubelet(https://github.com/virtual-kubelet/virtual-kubelet)은 kubelet처럼 작동하지만, 백엔드에서 플러그형 API를 제공하는 오픈소스 프로젝트다. 컨테이너 런타임 자체는 아니지만, 주요 목적은 쿠버네티스 파드를 실행하기 위한 대체 런타임을 표시한다. Virtual Kubelet은 확장 가능한 아키텍처로, 이런 대체 런타임은 본질적으로 서버리스 프레임워크, 에지 프레임워크 등과 같이 애플리케이션을 실행할 수 있는 모든 시스템이 될 수 있다. 그림 3-6에서 볼 수 있듯이 Virtual Kubelet은 애저 컨테이너 인스턴스[Azure Container Instances](https://docs.microsoft.com/ko-kr/azure/container-instances/container-instances-overview) 또는 AWS 파게이트[Fargate](https://aws.amazon.com/ko/fargate)와 같은 클라우드 서비스로 파드를 시작할 수 있다.

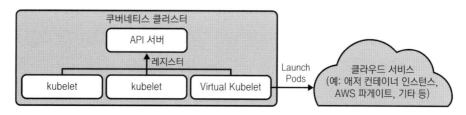

그림 3-6 애저 컨테이너 인스턴스, AWS 파게이트 등과 같은 클라우드 서비스에서 파드를 실행하는 Virtual Kubelet

Virtual Kubelet 커뮤니티는 AWS 파게이트, 애저 컨테이너 인스턴스, 해시코프 노마드(https://www.nomadproject.io) 등을 포함해, 필요에 따라 활용할 수 있는 다양한 프로바이더를 제공한다. 보다 구체적인 사용 사례가 있을 때 자체 프로바이더를 구현할 수도 있다. 프로바이더 구현에는 노드 등록, 파드 실행, 쿠버네티스에서 예상하는 API 익스포트[export]를 포함해 쿠버네티스와의 통합을 처리하려고, Virtual Kubelet 라이브러리를 사용해 Go 프로그램을 작성하는 작업이 포함된다.

Virtual Kubelet으로 유용한 시나리오를 상상할 수 있지만 현장에서 이를 필요로 하는 사례는 아직 없었다. Virtual Kubelet는 쿠버네티스 툴박스로 향후 유용한 선택지로 사용되리라 생각한다.

요약

컨테이너 런타임은 쿠버네티스 기반 플랫폼의 기본 컴포넌트다. 결국 컨테이너 런타임 없이 컨테이너화된 워크로드를 실행하는 것은 불가능하다. 쿠버네티스는 CRI를 사용해 컨테이너 런타임과 상호작용한다. CRI의 주요 이점은 플러그인 특성으로, CRI로 요구사항에 가장 적합한 컨테이너 런타임을 사용할 수 있다. 쿠버네티스 생태계에서 사용할 수 있는 다양한 컨테이너 런타임에 대한 정보를 제공하려고 도커, containerd 등과 같이 현장에서 일반적으로 볼 수 있는 런타임을 설명했다. 이를 통해 컨테이너 런타임의 다양한 옵션을 알아볼 수 있고, 기능을 추가로 탐색하면 애플리케이션 플랫폼의 요구사항을 충족하는 컨테이너 런타임을 선택하는 데 도움이 된다.

4장

컨테이너 스토리지

쿠버네티스가 스테이트리스stateless 워크로드의 세계에서 성공을 거두고 있지만, 스테이트풀 서비스 실행이 점점 보편화됐다. 데이터베이스 및 메시지큐message queue와 같은 복잡한 스테이트풀 워크로드도 쿠버네티스 클러스터로 이동한다. 이런 워크로드를 지원하려면 쿠버네티스는 임시 옵션 이상의 스토리지 기능을 제공해야 한다. 즉, 쿠버네티스는 애플리케이션 충돌이나 워크로드가 다른 호스트로 리스케줄링rescheduling되는 것과 같은 다양한 이벤트에 직면해, 향상된 탄력성과 가용성을 제공할 수 있는 시스템이다.

4장에서는 플랫폼이 애플리케이션에 스토리지 서비스를 제공할 수 있는 방법을 탐색한다. 쿠버네티스에서 사용 가능한 기본 스토리지를 배우기 전에 애플리케이션 지속성 및 스토리지 시스템 기대치에 대한 주요 문제를 알아본다. 이후에는 스토리지의 추가 요구사항이 발생함에 따라, 다양한 스토리지 프로바이더와의 통합을 가능하게 하는 CSIContainer Storage Interface, 즉 컨테이너 스토리지 인터페이스(https://kubernetes-csi.github.io/docs)를 살펴본다. 마지막으로 CSI 플러그인을 사용해 애플리케이션에 자체 구축 서비스 스토리지를 제공하는 방법을 알아본다.

스토리지 자체만으로 방대한 주제여서, 사용자가 워크로드에 제공할 수 있는 스토리지 정보에 기반한 결정을 내리기에 충분한 세부 정보를 설명한다. 스토리지가 배경이 아니면 인프라/스토리지 운영팀과 함께 세부 정보 개념을 검토하는 것이 좋다. 쿠버네티스는 조직의 스토리지 전문 지식의 필요성을 부정하지 않는다.

스토리지 고려사항

쿠버네티스 스토리지 패턴 및 옵션을 알아보기 전에, 한걸음 물러나서 잠재적인 스토리지 요구사항에 대한 주요 고려사항을 분석해야 한다. 인프라 및 애플리케이션 수준에서 다음 요구사항을 반드시 고려해야 한다.

- 액세스 모드
- 볼륨 확장
- 동적 프로비저닝
- 백업 및 복구
- 블록, 파일 및 오브젝트 스토리지
- 임시^{ephemeral} 데이터
- 프로바이더 선택

액세스 모드

애플리케이션을 지원할 수 있는 세 가지 액세스 모드가 있다.

ReadWriteOnce(RWO)
    단일 파드가 볼륨을 읽고 쓸 수 있다.

ReadOnlyMany(ROX)

여러 파드가 볼륨을 읽을 수 있다.

ReadWriteMany(RWX)

여러 파드가 볼륨을 읽고 쓸 수 있다.

클라우드 네이티브 애플리케이션은 RWO가 가장 일반적인 패턴이다. 아마존 일래스틱 블록 스토리지^{Amazon EBS}(https://aws.amazon.com/ebs) 또는 애저 디스크 스토리지^{Azure Disk Storage}(https://oreil.ly/wAtBg)와 같은 일반 프로바이더를 활용할 때, 디스크가 손상될 수 있으므로, RWO로 제한되고 하나의 노드에만 연결된다. RWO 제한이 문제가 될 수 있지만, 대부분의 클라우드 네이티브 애플리케이션은 이런 종류의 스토리지에서 가장 잘 작동한다. 스토리지는 볼륨을 단독으로 사용하고, 고성능 읽기/쓰기를 제공한다.

RWX에 대한 요구사항이 있는 레거시 애플리케이션을 찾는다. 종종 네트워크 파일시스템 ^{NFS}(https://oreil.ly/OrsBR)에 대한 액세스를 가정하도록 구축된다. 서비스가 상태를 공유하려면, NFS를 통해 데이터를 공유하는 것보다 더 우아한 솔루션이 있을 때가 많다. 메시지 큐 또는 데이터베이스의 사용을 예로 들 수 있다. 또한 애플리케이션이 데이터를 공유하려면, 일반적으로 파일시스템에 대한 액세스 권한을 부여하는 것보다 API를 통해 이를 노출하는 것이 가장 좋다. NFS는 RWX의 많은 사용 사례를 생각하게 만드는데, NFS가 올바른 설계 선택이 아닌 한 플랫폼팀은 RWX 호환 스토리지를 제공할지, 아니면 개발자에게 애플리케이션 재설계를 요청할지, 결정해야 하는 어려운 선택을 해야 할 순간이 온다.

ROX 또는 RWX 방식의 스토리지가 필요할 때, 아마존 일래스틱 파일시스템^{Amazon Elastic File System}(https://aws.amazon.com/efs) 및 애저 파일 쉐어^{Azure File Share}(https://oreil.ly/u6HiQ)를 사용한다.

볼륨 확장

시간이 지나면 애플리케이션 데이터가 볼륨 용량을 채우기 시작한다. 볼륨을 더 큰 볼륨으로 교체하려면, 데이터 마이그레이션이 필요하다는 문제가 생긴다. 이때 볼륨 확장을 통해 문제를 해결할 수 있다. 쿠버네티스와 같은 컨테이너 오케스트레이터의 관점에서 몇 가지 단계가 포함된다.

1. 오케스트레이터에게 추가 스토리지를 요청한다(예: 퍼시스턴트 볼륨 클레임^{Persistent} VolumeClaim을 사용).
2. 스토리지 프로바이더를 통해 볼륨 크기를 확장한다.
3. 더 큰 볼륨을 사용하도록 파일시스템을 확장한다.

완료되면 파드는 추가 공간에 액세스할 수 있다. 볼륨 확장 기능은 선택한 스토리지 백엔드와 쿠버네티스의 통합이 이전 단계를 용이하게 할 수 있는지 여부에 달려 있다. 4장의 뒷부분에서 볼륨 확장의 예를 살펴볼 예정이다.

볼륨 프로비저닝

동적 및 정적 프로비저닝의 두 가지 프로비저닝 모델을 사용할 수 있다. 정적 프로비저닝은 쿠버네티스가 사용할 노드에 볼륨이 생성된다고 가정한다. 동적 프로비저닝은 드라이버가 클러스터에서 실행되고 스토리지 프로바이더와 연결해 워크로드의 스토리지 요청을 충족할 수 있을 때다. 두 모델 중에서 가능할 때 동적 프로비저닝이 선호된다. 종종 둘 사이의 선택은 기본 스토리지 시스템에 쿠버네티스와 호환되는 드라이버가 있는지 여부의 문제다. 4장 뒷부분에서 드라이버를 자세히 알아본다.

백업 및 복구

백업은 특히 자동 복원이 요구될 때, 스토리지의 가장 복잡한 측면이다. 일반적으로 백업은 데이터 손실 시 사용하려고 저장되는 데이터 복사본이다. 일반적으로 백업 전략과 스토리지 시스템의 가용성 보장 간의 균형을 유지한다. 백업은 항상 중요하지만, 하드웨어 손실로 인해 데이터 손실이 발생하지 않는 복제 보장이 스토리지 시스템에 있을 때, 백업은 덜 중요하다. 또한 백업 및 복원을 용이하게 하려면, 애플리케이션에 다른 절차가 필요하다는 점을 고려해야 한다. 전체 클러스터를 백업하고 언제든지 복원할 수 있다는 생각은 이상일 뿐이며 이를 달성하려면 많은 엔지니어링 노력이 필요하다.

애플리케이션의 백업 및 복구를 책임져야 하는 사람을 결정하는 것은 조직에서 매우 어려운 결정 사항이다. 틀림없이 복구 기능을 플랫폼 서비스로 제공하는 것은 '있으면 좋은 일'이 될 수 있다. 그러나 앱을 다시 시작할 수 없고 개발자에게만 알려진 조치를 취해야 할 때와 같이 애플리케이션별 복잡성에 빠지면 복구가 어려워질 수 있다.

쿠버네티스 상태와 애플리케이션 상태에 적용되는 가장 널리 사용되는 백업 솔루션은 벨레로 프로젝트(https://velero.io)다. 벨레로는 쿠버네티스 오브젝트를 클러스터 간에 마이그레이션하거나 복원하려면, 백업할 수 있다. 또한 벨레로는 볼륨 스냅샷 예약을 지원한다. 4장에서 볼륨 스냅샷 생성을 더 깊이 파고들면서 스냅샷을 예약하고 관리하는 기능이 사용자를 위해 고려되지 않는다는 것을 알게 된다. 더군다나 초기 스냅샷을 생성하지만 볼륨들을 중심으로 오케스트레이션 흐름을 정의해야 한다. 마지막으로 벨레로는 백업 및 복구 혹을 지원한다. 이를 통해 백업 또는 복구를 수행하기 전에 컨테이너에서 명령을 실행할 수 있다. 일부 애플리케이션은 백업을 수행하기 전에 트래픽을 중지하거나, flush[1]를 트리거해야 할 수 있다. 백업은 벨레로 혹을 사용해 가능하다.

블록 디바이스 및 파일, 오브젝트 스토리지

애플리케이션에 연동되는 스토리지 유형은 적절한 기본 스토리지 및 쿠버네티스 통합을 선택하는 데 중요하다. 애플리케이션에서 사용하는 가장 일반적인 스토리지 유형은 파일 스토리지다. 파일 스토리지는 파일시스템이 맨 위에 있는 블록 디바이스다. 블록 디바이스를 통해 애플리케이션은 모든 운영체제에서 익숙한 방식으로 파일에 쓸 수 있다.

---

1   캐시에 기록되지 않은 데이터의 양이 일정 수준에 도달하면 주기적으로 캐시된 데이터를 스토리지 볼륨에 쓰는 방식이다. – 옮긴이

파일시스템의 기본은 블록 디바이스다. 파일시스템을 맨 위에 설정하는 대신 애플리케이션이 블록에 직접 읽고 쓸 수 있도록 장치를 제공할 수 있다. 파일시스템은 본질적으로 데이터 쓰기에 오버헤드를 추가한다. 현대 소프트웨어 개발에서는 파일시스템 오버헤드를 걱정할 때가 거의 없다. 그러나 사용 사례가 블록 장치와의 직접적인 상호작용을 보증할 때, 특정 스토리지 시스템이 지원할 수 있다.

최종 스토리지 타입은 오브젝트 스토리지다. 오브젝트 스토리지는 기존의 레이어 구조가 없다는 점에서 파일과 다르다. 오브젝트 스토리지를 사용하면 개발자가 구조화되지 않은 데이터를 가져와 고유 식별자를 부여하고, 주변에 일부 메타데이터를 추가하고 저장할 수 있다. AWS S3(https://aws.amazon.com/s3)와 같은 클라우드 프로바이더 오브젝트 스토리지는 조직에서 이미지, 바이너리 등을 호스팅 하는 용도로 선호하게 됐는데, 그 기반은 완전한 기능을 갖춘 웹 API 및 액세스 제어로 가속화됐다. 오브젝트 스토리지는 가장 일반적으로 애플리케이션 자체에서 인터랙션하며, 애플리케이션은 라이브러리를 사용해 프로바이더를 인증하고 인터랙션한다. 오브젝트 스토리지와의 인터랙션을 위한 인터페이스에 대한 표준화가 덜하기 때문에 애플리케이션이 투명하게 인터랙션할 수 있는 플랫폼 서비스로 통합된 것으로 보는 것이 일반적이다.

임시 데이터

스토리지는 파드의 생명 주기를 넘어서는 수준의 지속성을 의미할 수 있지만, 임시 데이터 사용을 지원하는 유효한 사용 사례가 있다. 기본적으로 자체 파일시스템에 쓰는 컨테이너는 임시 저장소를 사용한다. 컨테이너가 다시 시작되면 스토리지가 손실된다. emptyDir(https://oreil.ly/86zjA) 볼륨 유형은 재시작에 탄력적인 임시 스토리지에 사용할 수 있다. 이는 컨테이너 재시작에 대한 복원력이 있을 뿐만 아니라 동일한 파드의 컨테이너 간에 파일을 공유하는데 사용할 수 있다.

임시 데이터의 가장 큰 위험은 파드가 호스트의 스토리지 용량을 너무 많이 소비하지 않도록 하게 한다는 점이다. 파드당 4Gi와 같은 숫자는 많지 않은 것 같지만 노드가 수백, 어떤 때는 수천 개의 파드를 실행할 수 있다고 가정하면 문제가 된다. 쿠버네티스는 네임스페이스의 파드에 사용 가능한 임시 스토리지의 누적 양을 제한하는 기능을 지원한다. 이 부분은 12장에서 다룰 예정이다.

스토리지 프로바이더 선택

사용할 수 있는 스토리지 프로바이더는 부족하지 않다. 옵션은 Ceph와 같이 직접 관리할 수 있는 스토리지 솔루션에서 구글 퍼시스턴트 디스크^{Google Persistent Disk} 또는 아마존 일래스틱 블록 스토리지와 같은 완전 관리형 시스템에 이르기까지 다양하다. 옵션의 차이는 이 책의 범위를 훨씬 벗어난다. 그러나 스토리지 시스템의 기능과 함께 쿠버네티스와 쉽게 통합되는 기능을 이해하면 좋은데, 한 솔루션이 다른 솔루션에 비해 애플리케이션 요구사항을 얼마나 잘 충족할 수 있는지에 대한 관점이 드러나기 때문이다. 또한 자체 스토리지 시스템을 관리하려고 가능하면 운영 경험이 있는 시스템을 사용해야 한다. 새로운 스토리지 시스템과 함께 쿠버네티스를 도입하면 조직에 새로운 운영 복잡성이 많이 추가된다.

쿠버네티스 스토리지 기본 요소

기본적으로 쿠버네티스는 워크로드 스토리지를 지원하는 여러 기본 요소를 제공한다. 기본 요소는 정교한 스토리지 솔루션을 제공하는 데 사용할 기본 블록을 제공한다. 컨테이너에 사전 프로비저닝된 빠른 스토리지를 할당하는 예를 사용해, 퍼시스턴트 볼륨^{PersistentVolumes}, 퍼시스턴트 볼륨 클레임 및 스토리지 클래스를 다뤄본다.

퍼시스턴트 볼륨 및 클레임

볼륨 및 클레임^{claim}은 쿠버네티스의 스토리지 기반에 있다. 이는 퍼시스턴트 볼륨(https://oreil.ly/7_OAz) 및 퍼시스턴트 볼륨 클레임(https://oreil.ly/PKtAr) API를 사용해 노출된다. 퍼시스턴트 볼륨 리소스는 쿠버네티스에 알려진 스토리지 볼륨을 나타낸다. 관리자가 30Gi의 빠른 호스트 내 스토리지를 제공하려고 노드를 준비했다고 가정한다. 또한 관리자가 /mnt/fast-disk/pod-0에 스토리지를 프로비저닝했다고 가정한다. 쿠버네티스에서 이 볼륨을 나타내려고 관리자는 퍼시스턴트 볼륨 오브젝트를 생성할 수 있다.

```
apiVersion: v1
kind: PersistentVolume
metadata:
  name: pv0
spec:
  capacity:
    storage: 30Gi ❶
  volumeMode: Filesystem ❷
  accessModes:
  - ReadWriteOnce ❸
  storageClassName: local-storage ❹
  local:
    path: /mnt/fast-disk/pod-0
  nodeAffinity: ❺
    required:
      nodeSelectorTerms:
      - matchExpressions:
        - key: kubernetes.io/hostname
          operator: In
          values:
          - test-w
```

❶ 볼륨에서 사용 가능한 스토리지의 용량이다. 클레임이 볼륨에 바인딩할 수 있는지 여부를 확인하는 데 사용된다.

❷ 볼륨이 블록 장치(https://oreil.ly/mrHwE)인지 파일시스템인지를 지정한다.

❸ ReadWriteOnce, ReadOnlyMany, 및 ReadWriteMany를 포함한 볼륨의 액세스 모드를 지정한다.

❹ 볼륨을 스토리지 클래스와 연결한다. 볼륨에 대한 최종 클레임을 연동하는 데 사용된다.

❺ 볼륨이 연결돼야 하는 노드를 식별한다.

다음 예시처럼 퍼시스턴트 볼륨에는 볼륨 구현에 대한 세부 정보가 포함돼 있다. 추상화 레이어를 하나 더 제공하려고 요청에 따라 적절한 볼륨에 바인딩하는 퍼시스턴트 볼륨 클레임이 도입됐다. 가장 일반적으로 퍼시스턴트 볼륨 클레임은 애플리케이션 팀에서 정의하고, 네임스페이스에 추가하고 파드를 참조한다.

```
apiVersion: v1
kind: PersistentVolumeClaim
metadata:
  name: pvc0
spec:
  storageClassName: local-storage ❶
  accessModes:
    - ReadWriteOnce
  resources:
    requests:
      storage: 30Gi ❷
---
apiVersion: v1
kind: Pod
metadata:
  name: task-pv-pod
spec:
  volumes:
    - name: fast-disk
      persistentVolumeClaim:
        claimName: pvc0 ❸
  containers:
    - name: ml-processer
      image: ml-processer-image
      volumeMounts:
        - mountPath: "/var/lib/db"
          name: fast-disk
```

❶ ReadWriteOnce 액세스 모드가 있는 `local-storage` 클래스의 볼륨을 확인한다.

❷ 30Gi 이상의 스토리지가 있는 볼륨에 바인딩한다.

❸ 파드를 퍼시스턴트 볼륨 클레임의 컨슈머consumer로 선언한다.

퍼시스턴트 볼륨의 노드 어피니티nodeAffinity 설정에 따라 파드는 이 볼륨을 사용할 수 있는 호스트에서 자동으로 스케줄링된다. 개발자에게 추가로 노드 어피니티 구성이 필요하지 않다.

이 프로세스는 관리자에게 개발자가 스토리지를 사용할 수 있도록 하는 방법에 대한 매우 수동적인 흐름을 보여줬다. 이를 정적 프로비저닝이라고 한다. 적절한 자동화를 통해 호스트의 빠른 디스크를 파드에 노출하는 실행 가능한 방법이 될 수 있다.

Local Persistence Volume Static Provisioner(https://oreil.ly/YiQ0G)를 클러스터에 배포해 사전 할당된 스토리지를 감지하고 자동으로 퍼시스턴트 볼륨으로 노출할 수 있다. 또한 퍼시스턴트 볼륨 클레임 삭제 시 데이터 삭제와 같은 생명 주기 관리 기능을 제공한다.

잘못된 관행으로 이어질 수 있는 로컬 스토리지를 확보하는 방법에는 여러 가지가 있다. 예를 들어 개발자가 로컬 스토리지를 사전 프로비저닝할 필요 없이 hostPath(https://oreil.ly/PAU8Y)를 사용하도록 허용하는 것이 매력적으로 보일 수 있다. hostPath를 사용하면 퍼시스턴트 볼륨 및 퍼시스턴트 볼륨 클레임을 사용하지 않고 바인딩할 호스트의 경로를 지정할 수 있다. 이는 개발자가 호스트의 디렉터리에 바인딩할 수 있게 해 호스트 및 다른 파드에 부정적인 영향을 줄 수 있으므로 보안 위험이 클 수 있다. 개발자에게 파드 재시작을 견딜 수 있지만, 파드가 삭제되거나 다른 노드로 이동되지 않는 임시 스토리지를 제공하려면, EmptyDir(https://oreil.ly/mPwBg)을 사용할 수 있다. EmptyDir은 쿠버네티스가 관리하는 파일시스템에 스토리지를 할당하고 파드에 반영한다.

스토리지 클래스

많은 환경에서 디스크와 볼륨으로 노드를 미리 준비하는 것은 비현실적이어서, 요구사항에 따라 볼륨을 사용할 수 있는 동적 프로비저닝이 필요할 때가 많다. 이 모델을 용이하게 하려고 개발자가 사용할 수 있는 스토리지 클래스를 만들 수 있다. 이는 스토리지 클래스(https://oreil.ly/MoG_T) API를 사용해 정의된다. 클러스터가 AWS에서 실행되고 EBS 볼륨을 파드에 동적으로 제공할 때 다음 스토리지 클래스를 추가할 수 있다.

```
apiVersion: storage.k8s.io/v1
kind: StorageClass
metadata:
  name: ebs-standard ❶
  annotations:
    storageclass.kubernetes.io/is-default-class: true ❷
provisioner: kubernetes.io/aws-ebs ❸
parameters: ❹
  type: io2
  iopsPerGB: "17"
  fsType: ext4
```

❶ 클레임에서 참조할 수 있는 스토리지 클래스의 이름이다.

❷ 스토리지 클래스를 기본값으로 설정한다. 클레임에서 클래스를 지정하지 않으면 이 클래스가 사용된다.

❸ aws-ebs 프로비저닝 도구를 사용해 클레임을 기반으로 볼륨을 생성한다.

❹ 볼륨을 프로비저닝하는 방법에 대한 프로비저닝별 구성이다.

여러 스토리지 클래스를 사용할 수 있게 해 개발자에게 다양한 스토리지 옵션을 제공할 수 있다. 여기에는 단일 클러스터에서 둘 이상의 프로바이더 지원이 포함된다.

VMware vSAN과 함께 Ceph를 실행한다. 또는 같은 프로바이더를 통해 다른 레이어의 스토리지를 제공할 수 있다. 더 비싼 옵션과 함께 더 저렴한 스토리지를 제공하는 것을 예로 들 수 있다. 안타깝게도 쿠버네티스에는 개발자가 요청할 수 있는 클래스를 제한하는 세분화된 제어 기능이 없다. 제어는 8장에서 설명하는 어드미션 컨트롤러admission controller를 확인하는 방법으로 구현할 수 있다.

쿠버네티스는 AWS EBS, Glusterfs, GCE PD, Ceph RBD 등을 비롯한 다양한 프로바이더를 제공한다. 역사적으로 이런 스토리지 프로바이더가 핵심 쿠버네티스 프로젝트에서 로직을 구현해야 함을 의미한다. 그런 다음 앞의 코드는 관련 쿠버네티스 컨트롤 플레인 컴포넌트에 추가된다.

이 모델에는 몇 가지 단점이 있었다. 하나는 스토리지 프로바이더가 대역band 외에서 관리할 수 없다. 프로바이더에 대한 모든 변경사항은 쿠버네티스 릴리즈에 연결돼야 했다. 또한 모든 쿠버네티스 배포에는 불필요한 코드가 함께 제공된다. 예를 들어 AWS를 실행하는 클러스터에는 여전히 GCE PD와 상호작용하기 위한 프로바이더 코드가 있다. 프로바이더 통합을 외부화하고 내재된 기능을 사용하지 않는 것이 중요하다는 점이 더 명확해졌다. FlexVolume 드라이버(https://oreil.ly/YnnCq)는 처음에 이 문제를 해결하려는 목표의 외부 구현 사양이다. 그러나 FlexVolume은 다음 주제인 CSI를 위해 유지보수 모드로 전환됐다.

컨테이너 스토리지 인터페이스

컨테이너 스토리지 인터페이스, 즉 CSI는 워크로드에 블록 및 파일 스토리지를 제공하는 방법에 대한 해답이다. CSI의 구현을 드라이버라고 하며, 스토리지 프로바이더와 연동할 수 있는 운영 기능이 있다. 이런 프로바이더는 구글 퍼시스턴트 디스크(https://cloud.google.com/persistent-disk)와 같은 클라우드 시스템에서 사용자가 배포하고 관리하는 스토리지 시스템(예: Ceph(https://ceph.io))에 이르기까지 다양하다. 드라이버는 트리 외부에 있는 프로젝트의 스토리지 프로바이더가 구현한다. 배포된 클러스터의 대역 외에서 완전히 관리할 수 있다.

높은 수준에서 CSI 구현은 컨트롤러 플러그인과 노드 플러그인을 특징으로 한다. CSI 드라이버 개발자는 이런 컴포넌트를 구현하는 방법에 유연하게 대응한다. 일반적으로 구현된 사항은 컨트롤러와 노드 플러그인을 동일한 바이너리로 묶고 X_CSI_MODE와 같은 환경 변수를 통해 두 모드 중 하나를 활성화한다. 그 뒤에 드라이버가 kubelet에 등록되고, CSI 명세의 엔드포인트에서 구현된다.

컨트롤러 서비스는 스토리지 프로바이더의 볼륨 생성 및 삭제를 관리한다. 이 기능은 볼륨 스냅숏 생성 및 볼륨 확장과 같은(선택 사항) 기능으로 확장된다. 노드 서비스는 노드의 파드에서 사용할 볼륨을 준비한다. 이는 마운트를 설정하고 노드의 볼륨에 대한 정보를 리포팅하는 것을 의미한다. 노드 및 컨트롤러 서비스 모두 플러그인 정보, 기능 및 플러그인이 정상

인지 여부를 리포팅하는 ID 서비스도 구현한다. 그림 4-1은 이런 컴포넌트가 배포된 클러스터 아키텍처를 보여준다.

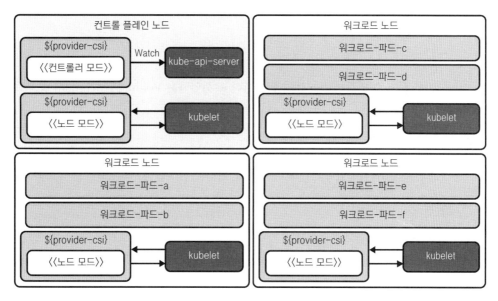

그림 4-1 CSI 플러그인을 실행하는 클러스터의 모습이다. 드라이버는 노드 및 컨트롤러 모드에서 실행된다. 컨트롤러는 일반적인 배포로 실행된다. 노드 서비스는 각 호스트에 파드를 배치하는 데몬셋으로 배포된다.

컨트롤러와 노드라는 두 가지 컴포넌트를 자세히 살펴보겠다.

CSI 컨트롤러

CSI 컨트롤러 서비스는 퍼시스턴트 스토리지 시스템에서 볼륨을 관리하기 위한 API를 제공한다. 쿠버네티스 컨트롤 플레인은 CSI 컨트롤러 서비스와 직접 인터랙션하지 않는다. 대신 쿠버네티스 스토리지 커뮤니티에서 유지보수하는 컨트롤러는 쿠버네티스 이벤트에 실행되고 새로운 퍼시스턴트 볼륨 클레임이 생성될 때 CSI 명령(예: CreateVolumeRequest)으로 변환된다. CSI 컨트롤러 서비스는 유닉스 소켓을 통해 API를 노출하기 때문에 컨트롤러는 일반적으로 CSI 컨트롤러 서비스와 함께 사이드카sidecar로 배포된다. 각각 다른 동작을 가진 여러 외부 컨트롤러가 있다.

external-provisioner

퍼시스턴트 볼륨 클레임이 생성되면 CSIDriver에서 볼륨 생성을 요청한다. 스토리지 프로바이더에서 볼륨이 생성되면 이 프로비저닝 도구는 쿠버네티스에서 퍼시스턴트 볼륨 오브젝트를 생성한다.

external-attacher

노드에서 볼륨을 연결하거나 분리해야 한다고 선언하는 VolumeAttachment 오브젝트를 관찰한다. CSIDriver에 연결 또는 분리 요청을 보낸다.

external-resizer

퍼시스턴트 볼륨 클레임에서 스토리지 용량 변경을 감지한다. 확장 요청을 CSIDriver 로 보낸다.

external-snapshotter

VolumeSnapshotContent 오브젝트가 생성되면, 스냅숏 요청이 드라이버로 전송된다.

 CSI 플러그인을 구현할 때 개발자는 앞서 언급한 컨트롤러를 사용할 필요가 없다. 그러나 모든 CSI 플러그인에서 로직을 작성할 때 중복을 방지하려면 판단해 일부는 사용하는 것이 좋다.

CSINode

노드 플러그인은 일반적으로 컨트롤러 플러그인과 동일한 드라이버 코드를 실행한다. 그러나 '노드 모드'에서 실행한다는 것은, 연결된 볼륨 마운트, 파일시스템 설정 및 파드에 볼륨 마운트와 같은 작업에 집중한다는 것을 의미한다. 이런 동작에 대한 요청은 kubelet을 통해 수행된다. 드라이버와 함께 다음과 같은 사이드카 패턴[2] 방식으로 종종 파드에 포함된다.

---

2 애플리케이션 컨테이너와 독립적으로 동작하는 별도의 컨테이너를 붙이는 패턴이다. 애플리케이션 컨테이너의 변경이나 수정 없이 독립적으로 동작하는 컨테이너를 붙였다 뗄 수 있다. – 옮긴이

node-driver-registrar

CSIDriver를 인식하도록 kubelet에 등록 요청(https://oreil.ly/kmkJh)을 보낸다.

liveness-probe

CSIDriver의 상태를 리포팅한다.

Storage as a Service 구현

앞에서 애플리케이션 스토리지, 쿠버네티스에서 사용 가능한 스토리지의 기본 요소, CSI를 사용한 드라이버 통합에 대한 주요 고려사항을 다뤘다. 이제 아이디어를 결합하고 개발자에게 서비스로서의 스토리지를 제공하는 구현을 살펴본다. 스토리지를 요청하고 워크로드에서 사용할 수 있도록 하는 선언적 방법을 제공하고자 한다.

또한 관리자가 볼륨을 미리 프로비저닝하고 연결할 필요 없이 동적으로 수행하는 것을 선호한다. 그보다는 워크로드의 요구사항에 따라 온디맨드 방식으로 이를 달성하고자 한다.

구현을 시작할 때 아마존 웹 서비스^{AWS}를 사용한다. 예제는 AWS의 EBS(https://oreil.ly/I4VVw) 시스템과 통합된다. 프로바이더 선택이 다르더라도 4장의 내용 대부분은 관련이 있다. 단순히 이 프로바이더를 설명하기 좋은 구체적인 예로 사용한다.

다음으로 통합/드라이버 설치, 개발자에게 스토리지 옵션 노출, 워크로드와 함께 스토리지 소비, 볼륨 크기 조정, 볼륨 스냅숏 생성을 알아볼 예정이다.

설치

설치는 다음과 같이 두 단계로 진행되는 간단한 프로세스다.

1. 프로바이더에 대한 액세스를 구성한다.
2. 드라이버 컴포넌트를 클러스터에 배포한다.

AWS 프로바이더는 드라이버가 적절한 액세스 권한을 식별하도록 요구한다. 이때 세 가지 옵션을 사용할 수 있다. 하나는 쿠버네티스 노드의 인스턴스 프로파일(https://oreil.ly/fGWYd)을 업데이트한다. 이렇게 하면 쿠버네티스 수준에서 자격 증명credential을 걱정할 필요가 없지만, AWS API에 도달할 수 있는 워크로드에 보편적인 권한이 제공된다. 두 번째 옵션은 특정 워크로드에 IAM 권한을 제공할 수 있는 자격 증명 서비스를 도입하는 방법으로 가장 안전하다. kiam(https://github.com/uswitch/kiam) 프로젝트를 예로 들 수 있는데, 이는 10장에서 다룬다. 마지막으로 CSIDriver에 탑재되는 시크릿에 자격 증명을 추가할 수 있다. 이 모델에서 시크릿은 다음과 같다.

```
apiVersion: v1
kind: Secret
metadata:
  name: aws-secret
  namespace: kube-system
stringData:
  key_id: "AKIAWJQHICPELCJVKYNU"
  access_key: "jqWi1ut4KyrAHADIOrhH2Pd/vXpgqA9OZ3bCZ"
```

 이 계정은 기본 스토리지 시스템을 조작할 수 있는 액세스 권한을 갖는다. 시크릿에 대한 액세스는 신중하게 관리해야 한다. 자세한 내용은 7장을 참조하면 된다.

앞의 구성을 사용해 CSI 컴포넌트를 설치할 수 있다. 먼저 컨트롤러가 배포로 설치된다. 여러 레플리카를 실행할 때 리더 선택을 사용해 활성화해야 하는 인스턴스를 결정한다. 그런 다음 모든 노드에서 파드를 실행하는 데몬셋 형태로 제공되는 노드 플러그인이 설치된다. 초기화되면 노드 플러그인의 인스턴스가 kubelet에 등록된다. 그런 다음 kubelet은 모든 쿠버네티스 노드에 CSINode 오브젝트를 생성해 CSI가 활성화된 노드를 리포팅한다. 3개 노드가 있는 클러스터의 출력은 다음과 같다.

```
$ kubectl get csinode
NAME                            DRIVERS    AGE
```

```
ip-10-0-0-205.us-west-2.compute.internal    1          97m
ip-10-0-0-224.us-west-2.compute.internal    1          79m
ip-10-0-0-236.us-west-2.compute.internal    1          98m
```

위에서 명시된 것과 같이 각 노드에 하나의 드라이버가 등록된 세 개의 노드가 나열된다. 한 CSINode의 YAML을 확인하면 다음과 같이 출력된다.

```
apiVersion: storage.k8s.io/v1
kind: CSINode
metadata:
  name: ip-10-0-0-205.us-west-2.compute.internal
spec:
  drivers:
    - allocatable:
        count: 25 ❶
      name: ebs.csi.aws.com
      nodeID: i-0284ac0df4da1d584
      topologyKeys:
        - topology.ebs.csi.aws.com/zone ❷
```

❶ 노드에서 허용되는 최대 볼륨 개수다.

❷ 워크로드에 대한 노드가 선택되면 드라이버가 볼륨을 생성할 위치를 알 수 있도록 이 값이 CreateVolumeRequest에 전달된다. 클러스터의 노드가 동일한 스토리지에 액세스할 수 없는 스토리지 시스템에 중요하다. 예를 들어 AWS에서 파드가 가용 영역에서 예약되면 볼륨은 같은 영역에서 생성돼야 한다.

드라이버는 클러스터에 공식적으로 등록된다. 자세한 내용은 CSIDriver 오브젝트에서 찾을 수 있다.

```
apiVersion: storage.k8s.io/v1
kind: CSIDriver
metadata:
  name: aws-ebs-csi-driver ❶
  labels:
    app.kubernetes.io/name: aws-ebs-csi-driver
```

```
spec:
  attachRequired: true ❷
  podInfoOnMount: false ❸
  volumeLifecycleModes:
  - Persistent ❹
```

❶ 드라이버를 나타내는 프로바이더의 이름이다. 이 이름은 플랫폼 사용자에게 제공하는 스토리지 클래스에 바인딩된다.

❷ 볼륨이 마운트되기 전에 연결 작업이 완료돼야 함을 지정한다.

❸ 마운트를 설정할 때 컨텍스트로 파드 메타데이터를 전달할 필요가 없다.

❹ 퍼시스턴트 볼륨 프로비저닝을 위한 기본 모델이다. 인라인 지원(https://oreil.ly/Z_pDY)은 옵션을 임시로 설정해 활성화할 수 있다. 임시 모드에서 스토리지는 파드만큼만 지속된다.

지금까지 탐색한 설정과 오브젝트는 부트스트랩 프로세스의 아티팩트다. CSIDriver 오브젝트를 사용하면 드라이버 세부 정보를 더 쉽게 검색할 수 있으며, 드라이버 배포 번들에 포함돼 있다. CSINode 오브젝트는 kubelet으로 관리된다. 일반 레지스트리 사이드카는 노드 플러그인 파드에 포함돼 있으며, CSIDriver에서 세부 정보를 가져오고 드라이버를 kubelet에 등록한다. 그런 다음 kubelet은 각 호스트에서 사용 가능한 CSIDriver의 수를 리포팅한다. 그림 4-2는 이 부트스트랩 프로세스를 보여준다.

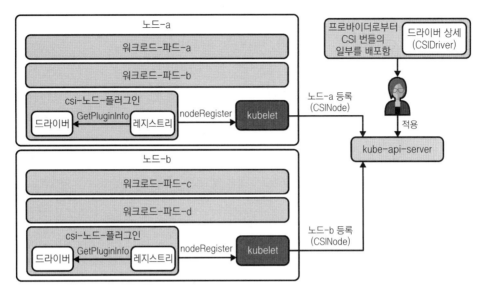

그림 4-2 노드 플러그인이 kubelet에 등록하는 동안, CSIDriver 오브젝트가 배포되는 번들의 일부다.
CSIDriver는 차례로 CSINode 오브젝트를 생성/관리한다.

스토리지 옵션 기준

개발자에게 스토리지 옵션을 제공하려면 스토리지 클래스를 생성해야 한다. 이 시나리오에서는 공개하려는 두 가지 유형의 스토리지가 있다고 가정한다. 첫 번째 옵션은 워크로드 지속성 요구에 사용할 수 있는 저렴한 디스크를 노출한다. 많은 애플리케이션은 빠른 읽기/쓰기가 필요하지 않은 일부 파일을 유지하기 때문에 SSD가 필요하지 않다. 따라서 저렴한 디스크HDD가 기본 옵션이 된다. 그런 다음 구성된 기가바이트당 맞춤형 IOPS(https://oreil.ly/qXMcQ)로 더 빠른 SSD를 제공한다. 표 4-1은 스토리지 옵션 기준을 보여준다. 비용은 글을 작성하는 시점의 AWS 비용을 반영했다.

표 4-1 스토리지 옵션 기준

기준명	스토리지 타입	볼륨당 최대 처리량	AWS 비용
기본 블록	HDD(최적화된)	40~90 MB/s	매월 1GB당 $0.051
성능 향상 블록	SSD(io1)[3]	~1000 MB/s	매월 1GB당 $0.125 + 매월 프로비저닝된 IOPS당 $0.065

표 4-1과 같은 기준을 생성하려고 각각에 대한 스토리지 클래스를 생성한다. 각 스토리지 클래스 내부에는 매개변수 필드가 있다. 여기에서 표 4-1의 기능을 충족하는 설정을 구성할 수 있다.

```
kind: StorageClass
apiVersion: storage.k8s.io/v1
metadata:
  name: default-block ❶
  annotations:
    storageclass.kubernetes.io/is-default-class: "true" ❷
provisioner: ebs.csi.aws.com ❸
allowVolumeExpansion: true ❹
volumeBindingMode: WaitForFirstConsumer ❺
parameters:
  type: st1 ❻
---
kind: StorageClass ❼
apiVersion: storage.k8s.io/v1
metadata:
  name: performance-block
provisioner: ebs.csi.aws.com
parameters:
  type: io1
  iopsPerGB: "20"
```

---

3 Provisioned IOPS 볼륨이며, I/O 집중적인 애플리케이션(예: 데이터베이스)에 적합한 스토리지로 예측 가능하고 우수한 성능을 제공한다. – 옮긴이

❶ 플랫폼 사용자에게 제공하는 스토리지 제품의 이름으로, 퍼시스턴트 볼륨 클레임에서 참조된다.

❷ 스토리지 옵션 기준이 기본값으로 설정된다. 스토리지 클래스를 지정하지 않고 퍼시스턴트 볼륨 클레임을 생성하면 기본 블록으로 사용된다.

❸ 실행 대상 CSIDriver을 매핑한다.

❹ 퍼시스턴트 볼륨 클레임을 변경해 볼륨 크기를 확장할 수 있다.

❺ 파드가 퍼시스턴트 볼륨 클레임(PVC)을 사용할 때까지 볼륨을 프로비저닝하지 않아야 한다. 이렇게 하면 예약된 파드의 적절한 가용 영역에 볼륨이 생성된다. 또한 연결이 해제된 PVC가 AWS에서 요금이 청구되는 볼륨을 생성하는 것을 방지한다.

❻ 드라이버가 PVC을 충족하는 스토리지 유형을 지정한다.

❼ 고성능 SSD에 맞춰진 두 번째 스토리지 클래스다.

스토리지 사용

스토리지 준비 방법에 이어 사용자가 다양한 스토리지 클래스를 사용하는 방법을 알아본다. 스토리지 요청에 대한 개발자 경험과 만족스러운 방법을 살펴본다. 먼저 다음과 같이 사용 가능한 스토리지 클래스를 나열한다.

```
$ kubectl get storageclasses.storage.k8s.io

NAME                     PROVISIONER        RECLAIMPOLICY   VOLUMEBINDINGMODE
default-block (default)  ebs.csi.aws.com    Delete          Immediate
performance-block        ebs.csi.aws.com    Delete          WaitForFirstConsumer

ALLOWVOLUMEEXPANSION
true
true
```

개발자가 PVC를 생성할 수 있도록 함으로써 모든 스토리지 클래스를 참조할 수 있다. 스토리지 클래스가 문제가 될 때, 요청이 적절한지 평가하려고 어드미션 컨트롤을 구현하는 것을 고려할 수 있다. 이 주제는 8장에서 다룰 예정이다.

개발자가 애플리케이션에 사용할 수 있는 더 저렴한 HDD와 고성능 SSD를 만들고 싶어한다고 가정해본다. 이때 1개의 퍼시스턴트 볼륨 클레임이 생성된다. 이를 각각 pvc0 및 pvc1이라고 다음과 같이 지정한다.

```
apiVersion: v1
kind: PersistentVolumeClaim
metadata:
  name: pvc0 ❶
spec:
  resources:
    requests:
      storage: 11Gi
---
apiVersion: v1
kind: PersistentVolumeClaim
metadata:
  name: pvc1
spec:
  resources:
    requests:
      storage: 14Gi
  storageClassName: performance-block ❷
```

❶ 기본 스토리지 클래스(기본 블록)를 사용하고, RWO 및 파일시스템 스토리지 유형과 같은 다른 기본값을 가정한다.

❷ 성능 향상 블록이 기본 블록이 아닌 드라이버에 요청됐는지 확인한다.

스토리지 클래스 설정에 따라 두 가지는 서로 다른 프로비저닝 동작을 나타낸다. 성능이 뛰어난 스토리지(pvc1에서)는 AWS에서 연결되지 않은 볼륨으로 생성된다. 볼륨은 빠르게 연결할 수 있으며, 바로 사용 가능하다. 기본 스토리지(pv0에서)는 파드가 AWS에서 스토리지를 프로비저닝하려고 PVC를 소비할 때까지 클러스터가 대기하는 보류 상태에 있다. 파드가 최종적으로 클레임을 사용할 때 프로비저닝하는 데 더 많은 작업이 필요하지만, 사용하지 않은 스토리지에 대한 요금은 청구되지 않는다. 쿠버네티스의 클레임과 AWS의 볼륨 간의 관계는 그림 4-3에서 볼 수 있다.

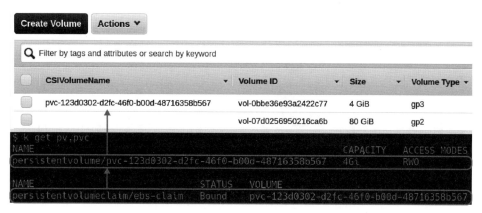

그림 4-3 pv1은 AWS에서 볼륨으로 프로비저닝되며, 상관 관계의 용이성을 위해 CSIVolumeName에 전파된다.
pv0에는 파드가 참조할 때까지 생성된 해당 볼륨이 없다.

개발자가 1개의 파드를 생성한다고 가정한다. 하나의 파드는 pv0을 참조하고, 다른 파드는 pv1을 참조한다. 노드에서 각 파드가 예약되면 볼륨이 해당 노드에 연결돼 사용된다.

pv0는 문제가 발생하기 전에 AWS에서 볼륨도 생성된다. 파드가 예약되고 볼륨이 연결되면 파일시스템이 설정되고 스토리지가 컨테이너에 마운트된다. 퍼시스턴트 볼륨이기 때문에 파드가 다른 노드로 스케줄링이 되더라도 볼륨이 함께 제공될 수 있는 모델을 도입했다. 자체 운영 서비스 스토리지 요청을 충족한 방법에 대한 엔드 투 엔드end-to-end 흐름은 그림 4-4에 나와 있다.

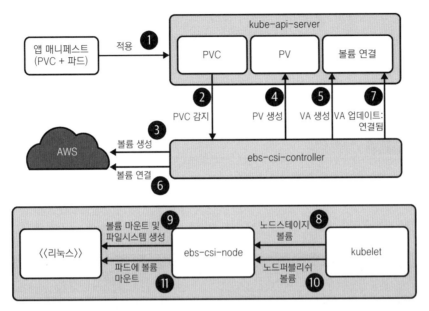

그림 4-4 스토리지 요청을 충족하려고 함께 작동하는 드라이버와 쿠버네티스의 end-to-end 흐름

 이벤트는 CSI와의 스토리지 인터랙션을 디버깅하는 데 특히 유용하다. 프로비저닝, 연결 및 마운트는 모두 PVC를 충족하고, 다른 컴포넌트가 수행한 작업을 리포팅하므로, 이런 오브젝트에 대한 이벤트를 확인해야 한다. kubectl describe -n $NAMESPACE pvc $PVC_NAME은 이런 이벤트를 쉽게 볼 수 있는 방법이다.

리사이징

aws-ebs-csi-driver에서 지원되는 기능이다. 대부분의 CSI 구현에서 external-resizer 컨트롤러는 퍼시스턴트 볼륨 클레임 오브젝트의 변경사항을 감지하는 데 사용된다. 리사이징 resizing이 감지되면, 드라이버로 전달돼 볼륨을 확장한다. 이때 컨트롤러 플러그인에서 실행되는 드라이버는 AWS EBS API로 확장을 용이하게 한다.

EBS에서 볼륨이 확장되면 컨테이너에서 확장된 만큼의 공간을 즉시 사용할 수 없다. 이는 파일시스템이 여전히 원래 공간만 차지하기 때문이다.

파일시스템을 확장하려면 노드 플러그인의 드라이버 인스턴스가 파일시스템을 확장할 때까지 기다려야 한다. 모든 작업은 파드를 종료하지 않고 수행할 수 있다. 파일시스템 확장은 노드 플러그인의 CSIDriver의 다음 로그에서 볼 수 있다.

```
mount_linux.go: Attempting to determine if disk "/dev/nvme1n1" is formatted
using blkid with args: ([-p -s TYPE -s PTTYPE -o export /dev/nvme1n1])

mount_linux.go: Output: "DEVNAME=/dev/nvme1n1\nTYPE=ext4\n", err: <nil>

resizefs_linux.go: ResizeFS.Resize - Expanding mounted volume /dev/nvme1n1

resizefs_linux.go: Device /dev/nvme1n1 resized successfully
```

쿠버네티스는 PVC의 다운사이징을 지원하지 않는다. CSIDriver가 이에 대한 해결 방법을 제공하지 않는 한, 볼륨을 다시 생성하지 않고는 크기를 줄일 수 없다. 볼륨을 늘릴 때 이 점을 염두에 둬야 한다.

스냅숏

컨테이너에서 사용하는 볼륨 데이터의 주기적인 백업을 용이하게 하려면 스냅숏 기능을 사용할 수 있다. 기능은 종종 2개의 다른 CRD를 담당하는 2개의 컨트롤러로 나뉜다. CRD에는 VolumeSnapshot 및 VolumeSnapshotContent가 포함된다. 고수준 high-level에서 VolumeSnapshot은 볼륨의 생명 주기를 담당한다. 오브젝트를 기반으로 VolumeSnapshotContent은 외부 스냅숏 컨트롤러에서 관리된다. 컨트롤러는 일반적으로 CSI의 컨트롤러 플러그인에서 사이드카 패턴으로 실행되며, 요청을 드라이버에 전달한다.

이 글을 쓰는 시점에서 오브젝트는 기본 쿠버네티스 API 오브젝트가 아닌 CRD로 구현된다. 이를 위해서는 CRD 정의를 미리 배포하려면 CSIDriver 또는 쿠버네티스에서 사전 배포가 필요하다.

스토리지 클래스를 통해 스토리지를 제공하는 것과 유사하게 스냅숏 클래스를 도입해 스냅숏을 제공한다. 다음 YAML은 스냅숏 클래스를 나타낸다.

```
apiVersion: snapshot.storage.k8s.io/v1beta1
kind: VolumeSnapshotClass
metadata:
  name: default-snapshots
driver: ebs.csi.aws.com ❶
deletionPolicy: Delete ❷
```

❶ 스냅숏 요청을 위임할 드라이버.

❷ VolumeSnapshot이 삭제될 때 VolumeSnapshotContent를 삭제해야 하는지 여부다. 실제로 볼륨은 삭제될 수 있다(프로바이더 지원에 따라 다름).

애플리케이션의 네임스페이스와 퍼시스턴트 볼륨 클레임에서 VolumeSnapshot이 생성될 수 있다. 예시는 다음과 같다.

```
apiVersion: snapshot.storage.k8s.io/v1beta1
kind: VolumeSnapshot
metadata:
  name: snap1
spec:
  volumeSnapshotClassName: default-snapshots ❶
  source:
    persistentVolumeClaimName: pvc0 ❷
```

❶ 드라이버가 사용할 클래스를 지정한다.

❷ 스냅숏 할 볼륨을 알려주는 볼륨 클레임을 지정한다.

오브젝트의 존재는 VolumeSnapshotContent 오브젝트를 생성해야 함을 알려준다. 오브젝트의 범위는 클러스터 전체다. VolumeSnapshotContent 오브젝트가 감지되면 스냅숏 생성 요청이 발생하고, 드라이버는 AWS EBS와 통신해 이를 충족한다. 만족하면 VolumeSnapshot은 ReadyToUse를 상태로 리포팅한다. 그림 4-5는 다양한 오브젝트 간의 관계를 보여준다.

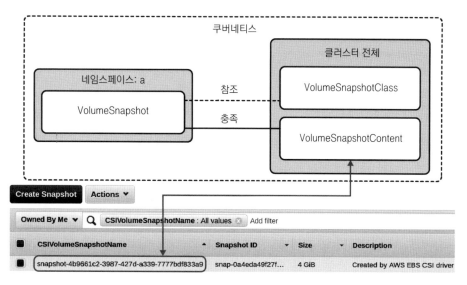

그림 4-5 스냅숏 흐름을 구성하는 다양한 오브젝트 및 관계

스냅숏이 있으면 데이터 손실 시나리오를 탐색할 수 있다. 원본 볼륨이 실수로 삭제됐거나, 장애가 발생했거나, 퍼시스턴트 볼륨 클레임의 우발적인 삭제로 인해 제거됐는지 여부에 관계없이 데이터를 다시 설정할 수 있다. 이를 위해 `spec.dataSource`가 지정된 새 퍼시스턴트 볼륨 클레임이 생성된다. `dataSource`는 데이터를 새 클레임에 채울 수 있는 VolumeSnapshot 참조를 지원한다. 다음 매니페스트는 이전에 생성된 스냅숏에서 복구한다.

```
apiVersion: v1
kind: PersistentVolumeClaim
metadata:
  name: pvc-reclaim
spec:
  accessModes:
    - ReadWriteOnce
  storageClassName: default-block
  resources:
    requests:
      storage: 600Gi
```

```
dataSource:
  name: snap1 ❶
  kind: VolumeSnapshot
  apiGroup: snapshot.storage.k8s.io
```

❶ 새 PVC를 보충하려고 EBS 스냅숏을 참조하는 VolumeSnapshot 인스턴스다.

새로운 클레임을 참조하려고 파드가 다시 생성되면 마지막 스냅숏 상태가 컨테이너로 반환된다. 이제 강력한 백업 및 복구 솔루션을 만들기 위한 모든 기본 요소에 액세스할 수 있다. 솔루션은 CronJob을 통한 스냅숏 예약, 맞춤형 컨트롤러를 작성하거나 벨레로(https://velero.io)와 같은 도구로 스케줄링에 따라 데이터 볼륨과 함께 쿠버네티스 오브젝트를 백업하는 것부터 다양하게 제공될 수 있다.

요약

다양한 컨테이너 스토리지 주제를 살펴봤다. 첫째, 사용자에게 기술 결정을 가장 잘 알릴 수 있도록 애플리케이션 요구사항과 기본 스토리지 프로바이더가 요구사항을 충족할 수 있는 운영 전문 지식을 확인했다. 둘째, 오케스트레이터와 스토리지 시스템을 통합해 개발자가 기본 스토리지 시스템에 능숙하지 않아도 필요한 스토리지를 얻을 수 있는 방법을 설명했다.

5장

파드 네트워크

네트워크의 초창기부터 필자는 호스트 간 통신을 용이하게 하는 방법에 관심이 많았다. 호스트 고유 주소 지정, 네트워크를 통한 패킷 라우팅, 알려진 경로 전파 문제도 관심 주제였다. 10년 이상 동안 소프트웨어 정의 네트워크^{SDN, Software-Defined Networks}는 점점 더 역동적인 환경에서 호스트 간 통신 문제를 해결함으로써 급속히 성장했다. VMware NSX가 있는 데이터 센터에 있든 아마존 VPC가 있는 클라우드에 있든 관계없이 모든 클라우드 사용자는 SDN을 사용하고 있을 가능성이 높다.

쿠버네티스에서는 이런 원칙과 욕구가 유지된다. 서비스가 호스트에서 파드로 이동하더라도 워크로드의 주소 지정 가능성과 라우팅 가능성이 있는지는 확인해야 한다. 또한 파드가 호스트에서 소프트웨어로 실행되고 있을 때, 가장 일반적인 소프트웨어 정의 네트워크를 설정한다.

5장에서는 파드 네트워크의 개념을 살펴본다. 먼저 파드 네트워크를 구현하기 전에 이해하고 고려해야 하는 주요 네트워크 개념을 설명한다. 그런 다음 네트워크 요구사항에 따라 네트워크 구현을 선택할 수 있는 컨테이너 네트워크 인터페이스^{CNI}(https://github.com/containernetworking/cni)를 다룬다. 마지막으로 생태계에서 캘리코^{Calico} 및 실리움^{Cilium}과 같은 일반적인 플러그인을 검토해 트레이드오프^{tradeoff}를 보다 구체화한다. 5장 내용을 잘 이해하면 애플리케이션 플랫폼에 적합한 네트워크 솔루션과, 구성에 대한 결정을 내릴 수 있는 부분을 알 수 있게 된다.

 5장에서 파드 네트워크를 설계하고 운영을 위한 결정을 내릴 수 있을 만큼만 제공하는 것이 목표다. 팀의 주업무가 네트워크와 관련하지 않으면, 네트워크팀과 함께 이런 개념을 검토하는 것이 좋다. 쿠버네티스는 조직에 네트워크 전문 지식이 있어야 할 필요성을 부정하지 않는다.

네트워크 고려사항

파드 네트워크에 대한 구현 세부정보를 살펴보기 전에 주요 고려사항부터 알아본다. 고려사항의 영역은 다음과 같다.

- IPAM^{IP Address Management}
- 라우팅 프로토콜
- 캡슐화^{encapsulation} 및 터널링
- 워크로드 라우팅 가능성^{routability}
- IPv4 및 IPv6
- 암호화된^{encrypted} 워크로드 트래픽
- 네트워크 폴리시

영역을 이해하면 플랫폼에 적합한 네트워크 솔루션에 대한 결정을 시작할 수 있다.

IP주소 관리

파드와 통신하려면 파드가 고유하게 주소 지정이 가능한지 확인해야 한다. 쿠버네티스에서 각 파드는 IP를 받는다. IP는 클러스터 내부에 있거나 외부에서 라우팅할 수 있다. 자체 주소

가 있는 각 파드는 공유 IP에서 충돌하는 포트를 걱정할 필요가 없다는 점을 고려해 네트워크 모델을 단순화한다. 그러나 파드당 IP 모델에는 고유한 문제가 있다.

파드는 일시적인 것으로 생각해야 한다. 특히 클러스터 또는 시스템 장애의 요구사항에 따라 다시 시작되거나 일정이 변경되는 경향이 있는데, 이 부분 때문에 IP 할당을 빠르게 실행하고, 클러스터의 IP 풀을 효율적으로 관리해야 한다. 이런 관리 방식을 IP 주소 관리, 즉 IPAM(https://oreil.ly/eWJki)이라고 하며, 쿠버네티스에만 한정되는 것이 아니다. 컨테이너 네트워크 접근 방식을 더 깊이 파고 들면서 IPAM이 구현되는 다양한 방법을 탐색한다.

워크로드의 IP에 대한 일시적인 기대는 일부 레거시 워크로드(예: 특정 IP에 고정되고 고정 상태로 유지될 것으로 예상하는 워크로드)에서 문제를 일으킨다. 컨테이너 네트워크 구현(5장 뒷부분에서 다룸)에 따라 특정 워크로드를 IP로 예약할 수 있다. 그러나 필요할 때가 아니면 이 모델을 사용하지 않는 것이 좋다. 워크로드가 이 문제를 적절히 해결하려고 활용할 수 있는 많은 서비스 디스커버리(service discovery)[1] 또는 DNS 메커니즘이 있다. 이 부분은 6장에서 자세히 살펴볼 예정이다.

IPAM은 선택한 CNI 플러그인을 기반으로 구현된다. 파드 IPAM과 관련된 플러그인에는 몇 가지 공통점이 있다. 먼저 클러스터 생성 시 파드 네트워크의 Classless Inter-Domain Routing[CIDR](https://oreil.ly/honRv)을 지정할 수 있다. 설정 방법은 쿠버네티스를 부트스트랩하는 방법에 따라 다르다. kubeadm은 다음과 같이 플래그를 전달할 수 있다.

```
kubeadm init --pod-network-cidr 10.30.0.0/16
```

실제로 kubeadm은 kube-controller-manager에 --cluster-cidr 플래그를 설정한다. 그런 다음 쿠버네티스는 cluster-cidr의 청크[chunk2]를 모든 노드에 할당한다. 기본적으로 각 노드에는 /24가 할당된다. 그러나 이는 kube-controller-manager에서 --node-cidr-mask-size-ipv4 또는 --node-cidr-mask-size-ipv6 플래그를 설정해 제어할 수 있다. 할당을 특

---

1 서비스 클라이언트가 서비스를 호출할 때 서비스의 위치(IP주소와 포트)를 알아낼 수 있는 기능이다. – 옮긴이
2 전송되는 데이터의 집합 또는 프로세스에서 한 번에 처리 가능한 데이터 단위다. – 옮긴이

징으로 하는 Node 오브젝트는 다음과 같다.

```
apiVersion: v1
kind: Node
metadata:
  labels:
    kubernetes.io/arch: amd64
    kubernetes.io/hostname: test
    kubernetes.io/os: linux
    manager: kubeadm
  name: master-0
spec:
  podCIDR: 10.30.0.0/24 ❶
  podCIDRs:
  - 10.30.0.0/24 ❷
```

❶ 이 필드는 호환성 목적으로 명시한다. podCIDR은 나중에 단일 노드에서 듀얼 스택(IPv4 및 IPv6 CIDR)을 지원하는 배열로 도입됐다.

❷ 이 노드에 할당된 IP 범위는 10.30.0.0 – 10.30.0.255다. IP 범위는 10.30.0.0/16 클러 스터 CIDR에서 사용 가능한 65,534개 중 254개의 파드용 주소다.

값이 IPAM에서 사용되는지 여부는 CNI 플러그인에 따라 다르다. 예를 들어 캘리코는 이 설 정을 감지하고 준수하는 반면, 실리움은 쿠버네티스(기본값)와 독립적으로 IP 풀을 관리하거 나, 할당을 준수하는 옵션을 제공한다. 대부분의 CNI 구현에서 CIDR 선택이 클러스터의 호 스트/노드 네트워크와 겹치지 않는 것이 중요하다. 그러나 파드 네트워크가 클러스터 내부 에 남아 있다고 가정하면, 선택한 CIDR이 클러스터 외부의 네트워크 스페이스와 겹칠 수 있다. 그림 5-1은 다양한 IP 스페이스의 관계와 할당의 예를 보여준다.

클러스터의 파드 CIDR 크기를 설정하는 문제는 네트워크 모델에서 비롯된 주제다. 대부분의 배 포에서 파드 네트워크는 완전히 클러스터 내부에 있다. 따라서 파드 CIDR은 향후 규모에 맞게 매우 커질 수 있다. 파드 CIDR을 더 큰 네트워크로 라우팅할 수 있어 주소 스페이스를 사용할 때 더 신중하게 고려해야 할 수 있다. 노드당 파드 수를 최종 노드 수로 곱하면 대략적인 추정치를 얻을 수 있다. 노드당 파드 수는 kubelet에서 구성할 수 있지만, 기본 파드 수는 110개다.

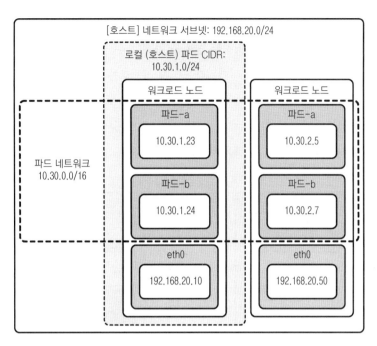

[호스트] 네트워크 서브넷: 192.168.20.0/24

로컬 (호스트) 파드 CIDR:
10.30.1.0/24

워크로드 노드 | 워크로드 노드

파드-a
10.30.1.23

파드-a
10.30.2.5

파드 네트워크
10.30.0.0/16

파드-b
10.30.1.24

파드-b
10.30.2.7

eth0
192.168.20.10

eth0
192.168.20.50

그림 5-1 호스트 네트워크, 파드 네트워크 및 각 [호스트] 로컬 CIDR의 IP 스페이스과 IP 할당 현황

라우팅 프로토콜

파드가 처리되면 파드의 경로를 이해해야 한다. 여기에서 라우팅 프로토콜이 작동한다. 라우팅 프로토콜은 특정 장소로 또는 장소에서 경로를 전파하는 다양한 방법으로 생각할 수 있다. 라우팅 프로토콜을 도입하면 보통 정적 경로(https://oreil.ly/97En2)를 구성하는 것보다 동적 라우팅이 가능해진다. 쿠버네티스에서는 네트워크가 워크로드 IP를 라우팅하는 방법을 알지 못할 때가 많기 때문에 캡슐화(다음 절에서 설명)를 활용하지 않을 때 여러 경로를 이해해야 한다.

BGP^{Border Gateway Protocol}는 워크로드 경로를 분산하는데 가장 일반적으로 사용되는 프로토콜 중 하나다. 캘리코(https://www.projectcalico.org) 및 Kube-Router(https://www.kube-router.io)와 같은 프로젝트에서 사용된다. BGP는 클러스터의 워크로드 경로 통신을 가능

하게 할 뿐만 아니라, 내부 라우터를 외부 라우터와 피어링할 수도 있다. 이렇게 하면 외부 네트워크 패브릭이 파드 IP로 라우팅하는 방법을 인식할 수 있다. 캘리코와 같은 구현에서 BGP 데몬은 캘리코 파드의 일부로 실행된다. 이 파드는 모든 호스트에서 실행된다. 워크로드에 대한 경로가 알려지면, 캘리코 파드는 각 잠재적 워크로드에 대한 경로를 포함하도록 커널 라우팅 테이블을 수정한다. 이는 동일한 L2 세그먼트에서 실행할 때 특히 잘 작동할 수 있는 워크로드 IP를 통한 기본 라우팅을 제공하는데, 동작 모습을 그림 5-2에 나타냈다.

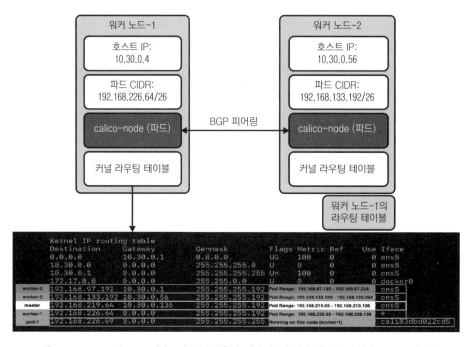

그림 5-2 calico-pod는 BGP 피어로 경로를 공유한다. 커널 라우팅 테이블은 경로에 따라 프로그래밍된다.

더 큰 네트워크로 라우팅할 수 있는 파드 IP를 만드는 것은 언뜻 보기에는 매력적이지만 신중하게 고려해야 한다. 자세한 내용은 '워크로드 라우팅 가능성' 절에서 살펴볼 예정이다.

많은 환경에서 워크로드 IP에 대한 기본 라우팅은 불가능하다. 또한 BGP와 같은 라우팅 프로토콜은 기본 네트워크와 통합하지 못할 수 있다. 클라우드 프로바이더의 네트워크에서 실행될 때가 그렇다. 예를 들어 기본 라우팅을 지원하고 BGP로 경로를 공유하려는 CNI 배포를 고려해 보면 AWS 환경에서는 두 가지 이유로 실패할 수 있다.

출발지/목적지 확인 활성화

출발지^{source}/목적지^{destination}를 활성화하면 호스트에 도달하는 패킷이 대상 호스트의 대상(및 출발지 IP)이 된다. 일치하지 않으면 패킷이 삭제된다. 이 설정은 비활성화할 수 있다.

패킷 서브넷 통과

패킷이 특정 서브넷을 떠나야 할 때, 기본 AWS 라우터에서 대상 IP를 평가한다. 파드 IP가 있으면 라우팅할 수 없다.

위의 내용을 토대로 터널링 프로토콜을 살펴본다.

캡슐화 및 터널링

터널링 프로토콜은 기본 네트워크에 거의 알려지지 않은 방식으로 파드 네트워크를 실행할 수 있는 기능을 제공한다. 터널링은 캡슐화를 사용해 처리한다. 이름에서 알 수 있듯이 캡슐화에는 패킷(내부 패킷)을 다른 패킷(외부 패킷) 안에 넣는 것이 포함된다. 내부 패킷의 src IP 및 dst IP 필드는 워크로드(파드) IP를 참조하는 반면, 외부 패킷의 src IP 및 dst IP 필드는 호스트/노드 IP를 참조한다. 패킷이 노드를 떠날 때 워크로드별 데이터가 페이로드에 있으므로, 기본 네트워크에 다른 패킷으로 나타난다. VXLAN, Geneve 및 GRE와 같은 다양한 터널링 프로토콜이 있다. 쿠버네티스에서 VXLAN은 네트워크 플러그인에서 가장 일반적으로 사용되는 방법 중 하나가 됐다. 그림 5-3은 VXLAN으로 회선을 가로지르는 캡슐화된 패킷을 보여준다.

보다시피 VXLAN은 전체 이더넷 프레임을 UDP 패킷 안에 넣는다. VXLAN은 본질적으로 종종 오버레이 네트워크라고 하는 완전히 가상화된 레이어2 네트워크를 제공한다. 언더레이 네트워크라고 하는 오버레이 아래의 네트워크는 오버레이와 관련이 없다. 오버레이 네트워크는 터널링 프로토콜의 주요 이점 중 하나다.

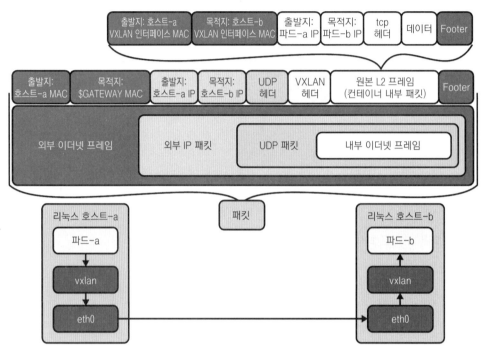

그림 5-3. 호스트 간 워크로드를 내부 패킷 이동하는 데 사용되는 VXLAN 캡슐화 방식이다. 네트워크는 외부 패킷에만 인식하기 때문에 워크로드 IP 및 해당 경로에 대한 인식이 없어야 한다.

종종 환경의 요구사항/기능에 따라 터널링 프로토콜을 사용할지 여부를 선택한다. 캡슐화는 오버레이가 언더레이 네트워크에서 추상화되기 때문에 많은 시나리오에서 작동하는 이점이 있다. 그러나 접근 방식에는 몇 가지 단점이 있다.

트래픽 이해 및 문제 해결의 어려움

패킷 내의 패킷은 네트워크 문제를 해결할 때 추가 복잡성이 만들어 질 수 있다.

캡슐화 적용 및 해제에 드는 처리 비용

패킷이 호스트를 떠날 때 캡슐화가 적용돼야 하고, 호스트에 들어갈 때 캡슐화 해제 decapsulation돼야 한다. 기본 라우팅에 비해 약간의 오버헤드가 추가된다.

패킷의 크기 증가

유선으로 패킷의 포함해 전송될 때 패킷이 더 커진다. 네트워크에 맞도록 최대 전송 단위MTU, Maximum Transmission Unit(https://oreil.ly/dzYBz)를 조정해야 할 수 있다.

워크로드 라우팅 가능성

대부분의 클러스터에서 파드 네트워크는 클러스터 내부에 있다. 즉, 파드는 서로 직접 통신할 수 있지만, 외부 클라이언트는 파드 IP에 직접 연결할 수 없다. 파드 IP가 임시적이라는 점을 고려할 때 파드의 IP와 직접 통신하는 것은 나쁜 방식이다. 기본 IP를 추상화하는 서비스 디스커버리 또는 로드밸런싱 메커니즘에 의존하는 것이 좋다. 내부 파드 네트워크의 큰 이점은 조직에서 소중한 주소 공간을 차지하지 않는다. 많은 조직에서 주소가 회사 내에서 고유한 상태를 유지하도록 주소 공간을 관리한다. 따라서 부트스트랩하는 각 쿠버네티스 클러스터를 /16 스페이스(65,536개 IP)을 요청할 때 다소 복잡하다.

파드를 직접 라우팅할 수 없을 때, 파드 IP에 대한 외부 트래픽을 용이하게 하는 몇 가지 패턴이 있다. 일반적으로 전용 노드 하위 집합의 호스트 네트워크에 인그레스 컨트롤러를 노출한다. 그런 다음 패킷이 인그레스 컨트롤러 프록시에 들어가면 파드 네트워크에 참여하므로 파드 IP로 직접 라우팅할 수 있다. 일부 클라우드 프로바이더는 모든 것을 자동으로 연결하는 (외부) 로드밸런서 통합을 포함하기도 한다. 이는 6장에서 이런 다양한 인그레스 모델과 장단점을 살펴본다.

요구사항에 따라 파드를 더 큰 네트워크로 라우팅할 수 있어야 한다. 이를 수행하기 위한 두 가지 주요 수단이 있다. 첫 번째는 기본 네트워크와 직접 통합되는 네트워크 플러그인을 사용한다. 예를 들어 AWS의 VPC CNI(https://github.com/aws/amazon-vpc-cni-k8s)는 여러 보조 IP를 각 노드에 연결하고 이를 파드에 할당한다. 이렇게 하면 EC2 호스트와 마찬가지로 각 파드를 라우팅할 수 있다. 이 모델의 주요 단점은 서브넷/VPC의 IP를 사용한다. 두 번째 옵션은 '라우팅 프로토콜'에 설명된 대로 BGP와 같은 라우팅 프로토콜로 파드에 경로를 전파한다. BGP를 사용하는 일부 플러그인을 사용하면 전체 IP 스페이스를 노출해야 한다.

 절대적으로 필요할 때가 아니면 파드 네트워크를 외부에서 라우팅할 수 있도록 하지 않아야 한다. 라우팅 가능한 파드에 대한 요구를 주도하는 레거시 애플리케이션을 종종 볼 수 있다. 예를 들어 클라이언트를 동일한 백엔드에 고정해야 하는 TCP 기반 워크로드를 생각해 보면, 일반적으로 서비스 디스커버리로 컨테이너 네트워크 패러다임에 맞게 애플리케이션을 업데이트하고 클라이언트-서버 선호도(선택 가능한 정도)가 필요하지 않도록 백엔드를 재설계해야 한다. 파드 네트워크를 노출시키면 IP 공간을 소모하고 잠재적으로 IPAM 및 경로 전파 구성을 더 복잡하게 만들고 추가 비용이 발생한다.

IPv4 및 IPv6

오늘날 대부분의 클러스터는 IPv4를 독점적으로 실행한다. 그러나 많은 워크로드의 주소 지정이 중요한 통신 회사와 같은 특정 클라이언트에서 IPv6 네트워크 클러스터를 실행하려는 요구사항이 있다. 쿠버네티스는 **1.16**부터 듀얼 스택(https://oreil.ly/sj_jN)으로 IPv6을 지원한다. 이 글을 쓰는 시점에서 듀얼 스택은 베타 기능이다. 듀얼 스택을 사용하면 클러스터에서 IPv4 및 IPv6 주소 공간을 구성할 수 있다.

사용 사례에 IPv6이 필요할 때 쉽게 활성화할 수 있지만, 몇 가지 컴포넌트를 정렬해야 한다.

- 아직 베타 상태인 동안 kube-apiserver 및 kubelet에서 feature-gate를 활성화해야 한다.
- kube-apiserver, kube-controller-manager 및 kube-proxy는 모두 IPv4 및 IPv6 스페이스를 지정하려면 추가 구성이 필요하다.
- 캘리코(https://projectcalico.org) 또는 실리움(https://cilium.io)과 같이 IPv6을 지원하

는 CNI 플러그인을 사용해야 한다.

앞의 내용을 사용하면 각 노드 오브젝트에 2개의 CIDR 할당이 표시된다.

```
spec:
  podCIDR: 10.30.0.0/24
  podCIDRs:
  - 10.30.0.0/24
  - 2002:1:1::/96
```

CNI 플러그인의 IPAM은 IPv4, IPv6 또는 둘 모두가 각 파드에 할당되는지 여부를 결정하는 역할을 한다.

암호화된 워크로드 트래픽

파드 간 트래픽은 기본적으로 암호화될 때가 거의 없다. 이는 TLS와 같이 암호화 없이 유선으로 전송된 패킷을 일반 텍스트로 스니핑할 수 있음을 의미한다. 많은 네트워크 플러그인이 유선을 통한 트래픽 암호화를 지원한다. 예를 들어, 안트레아^{Antrea}(https://antrea.io)는 GRE^{Generic Routing Encapsulation} 터널[3]을 사용할 때 IPsec(https://oreil.ly/jqzCQ)을 사용한 암호화를 지원한다. 캘리코는 노드의 와이어가드^{WireGuard}(https://www.wireguard.com) 설치를 활용해 트래픽을 암호화할 수 있다.

암호화를 활성화하는 현재 호스트 간 트래픽이 처리되는 방식을 이해하려면 다음과 같은 내용을 네트워크팀과 상의하는 것이 좋다.

- 데이터 센터의 호스트 간 이동할 때 데이터가 암호화되는가? 특정 암호화 메커니즘이 작동할 수 있는가?
- 모든 서비스가 TLS로 통신하는가? 워크로드 프록시가 mTLS를 활용하는 서비스 메시를 활용할 계획인가?

---

3   라우팅이 불가능한 패킷을 라우팅 가능한 패킷의 내부에 넣어서 전송할 때 사용하는 터널링 프로토콜이다. - 옮긴이

- 서비스 프록시 및 CNI 레이어에서 암호화가 필요한가?

등의 내용일 것이다. 암호화는 보안을 강화시키지만, 네트워크 관리 및 문제해결을 더 복잡하게 만든다. 패킷을 암호화 및 복호화 하는 것이 성능에 영향을 미치므로, 잠재적 처리량이 감소한다는 점을 반드시 기억해야 한다.

네트워크 폴리시

파드 네트워크가 연결되면 논리적인 다음 단계는 네트워크 폴리시^{NetworkPolicy}를 설정하는 방법을 고려한다. 네트워크 폴리시는 허용되는 인그레스 및 이그레스 트래픽을 정의할 수 있는 방화벽 규칙이나 보안 그룹과 유사하다. 쿠버네티스는 핵심 네트워크 API의 일부로, 네트워크 폴리시 API(https://oreil.ly/1UV_3)를 제공한다. 모든 클러스터에 정책을 추가할 수 있다. 그러나 정책을 구현하는 것은 CNI 프로바이더의 책임이다. 즉, 플란넬^{flannel}(https://github.com/coreos/flannel)과 같이 네트워크 폴리시를 지원하지 않는 CNI 프로바이더를 실행하는 클러스터는 네트워크 폴리시 오브젝트를 적용하지만, 이는 생각만큼 많이 지원하지 않는다. 오늘날 대부분의 CNI는 네트워크 폴리시를 어느 정도만 지원한다. 플러그인이 정책 시행만 제공하는 모드에서 실행되는 캘리코와 같은 플러그인과 함께 사용할 수 없을 때가 많다.

쿠버네티스에서 사용 가능한 네트워크 폴리시는 방화벽 스타일 규칙을 관리할 수 있는 다른 레이어를 추가한다. 예를 들어 많은 네트워크에서 분산 방화벽 또는 보안 그룹 메커니즘으로 사용할 수 있는 서브넷 또는 호스트 수준 규칙을 제공한다. 기존 솔루션은 좋긴 하지만, 파드 네트워크에 대한 가시성을 갖지 못할 때가 많다. 이렇게 하면 파드 기반 워크로드 통신에 대한 규칙을 설정할 때 필요한 세분성 수준을 방지할 수 있다. 쿠버네티스 네트워크 폴리시의 매력적인 측면은 쿠버네티스에서 처리하는 대부분의 오브젝트와 마찬가지로 선언적으로 정의되며, 대부분의 방화벽 관리 솔루션에 비해 훨씬 더 쉽게 관리할 수 있다. 따라서 일반적으로 기존 방화벽 솔루션을 새로운 패러다임에 맞추기보다 쿠버네티스 수준에서 네트워크 폴리시를 구현하는 것을 고려해야 한다. 그렇다고 해서 기존 호스트 간 방화벽 솔루션을 버려야 한다는 의미는 아니다. 또한 쿠버네티스가 워크로드 내 정책을 처리하도록 한다.

네트워크 폴리시를 사용하기로 선택할 때, 이런 정책은 네임스페이스 범위라는 점에 유의해야 한다. 기본적으로 네트워크 폴리시 오브젝트가 없으면 쿠버네티스는 워크로드와의 모든 통신을 허용한다. 정책을 설정할 때 정책이 적용되는 워크로드를 선택할 수 있다. 존재할 때 기본 동작이 반전되고 정책에서 허용하지 않는 모든 인그레스 및 이그레스 트래픽이 차단된다. 즉, 쿠버네티스 네트워크 폴리시 API는 허용되는 트래픽만 지정한다. 또한 네임스페이스의 정책은 추가적이다. 인그레스 및 이그레스 규칙을 구성한 다음, 네트워크 폴리시 오브젝트를 고려해야 한다.

```
apiVersion: networking.k8s.io/v1
kind: NetworkPolicy
metadata:
  name: team-netpol
  namespace: org-1
spec:
  podSelector: {} ❶
  policyTypes:
  - Ingress
  - Egress
  ingress: ❷
  - from:
    - ipBlock:
      cidr: 10.40.0.0/24
    ports:
    - protocol: TCP
      port: 80
  egress:
  - to: ❸
    ports:
    - protocol: UDP
      port: 53
  - to: ❹
    - namespaceSelector:
        matchLabels:
          name: org-2
```

```
    - podSelector:
        matchLabels:
            app: team-b
  ports:
  - protocol: TCP
    port: 80
```

❶ 비어 있는 podSelector는 정책이 네임스페이스의 모든 파드에 적용됨을 의미한다. 또한 레이블과 일치시킬 수 있다.

❷ 인그레스 규칙은 프로토콜이 TCP고, 포트가 80일 때 IP 범위가 10.40.0.0/24인 소스의 트래픽을 허용한다.

❸ 이그레스 규칙은 워크로드의 DNS 트래픽을 허용한다.

❹ 이그레스 규칙은 레이블이 team-b인 org-2 네임스페이스의 워크로드로 향하는 패킷으로의 트래픽 전송을 제한한다. 또한 프로토콜은 TCP여야 하고 대상 포트는 80이어야 한다.

시간이 지남에 따라 네트워크 폴리시 API가 특정 사용 사례로 제한되는 것을 보았다. 이에 따른 일반적인 요구사항은 다음과 같다.

- 복잡한 상태 평가
- DNS 레코드 기반 IP 확인
- L7 규칙(호스트, 경로 등)
- 클러스터 차원의 정책으로 모든 네임스페이스에서 글로벌 규칙을 복제할 필요 없이 글로벌 규칙을 적용할 수 있다.

요구사항을 충족시키기 위해 일부 CNI 플러그인은 보다 좋은 자체 정책 API를 제공한다. 프로바이더별 API 사용의 주요 단점은 규칙을 더 이상 플러그인 간에 이식할 수 없다. 5장의 뒷부분에서 캘리코와 실리움을 각각 다룰 때 이런 예를 살펴볼 예정이다.

요약: 네트워크 고려사항

파드 네트워크 전략 정보에 입각한 결정을 내릴 수 있도록 하는 주요 네트워크 고려사항을 살펴봤다. CNI 및 플러그인을 알아보기 전에 고려해야 할 주요 영역을 다음과 같이 요약할 수 있다.

- 파드 CIDR은 클러스터당 얼마나 커야 하는가?
- 언더레이 네트워크가 이후 생성될 파드 네트워크에 어떤 네트워크 제약을 가하는가?
- 쿠버네티스 관리 서비스나 벤더 제품을 사용할 때 지원되는 네트워크 플러그인은 무엇인가?
- BGP와 같은 라우팅 프로토콜이 인프라에서 지원되는가?
- 캡슐화되지 않은(네이티브) 패킷이 네트워크로 라우팅될 수 있는가?
- 터널 프로토콜(캡슐화)을 사용하는 것이 바람직하거나 필요한가?
- (외부적으로) 라우팅 가능한 파드를 지원해야 하는가?
- 워크로드에 IPv6 실행이 요구사항인가?
- 네트워크 폴리시 또는 방화벽 규칙을 어느 수준에서 시행할 것으로 예상하는가?
- 파드 네트워크에서 유선 트래픽을 암호화해야 하는가?

질문에 대한 답변이 구체화되면 문제를 해결하려고 올바른 기술을 연결할 수 있는 방법인 CNI를 배우기 시작하는 것이 좋다.

컨테이너 네트워크 인터페이스

지금까지 논의된 모든 고려사항은 서로 다른 사용 사례가, 서로 다른 컨테이너 네트워크 솔루션을 보증한다는 것을 분명히 해둔다. 쿠버네티스 초기에는 대부분의 클러스터에서 플란넬(https://github.com/coreos/flannel)이라는 네트워크 플러그인을 실행했다. 시간이 지남에 따라 캘리코(https://www.projectcalico.org) 및 기타 솔루션과 같은 솔루션이 인기를 얻었다.

새로운 플러그인은 네트워크 생성 및 실행에 대한 다양한 접근 방식을 가져왔다. 이로 인해 쿠버네티스와 같은 시스템이 워크로드에 대한 네트워크 리소스를 요청할 수 있는 방법의 표준이 만들어졌다. 표준을 컨테이너 네트워크 인터페이스[CNI, Container Networking Interface](https://github.com/containernetworking/cni)라고 한다.

오늘날 쿠버네티스와 호환되는 모든 네트워크 옵션은 이런 방식의 인터페이스를 따른다. 컨테이너 스토리지 인터페이스[CSI, Container Storage Interface] 및 컨테이너 런타임 인터페이스[CRI, Container Runtime Interface]와 유사하게 애플리케이션 플랫폼 내 네트워크 스택에 유연성을 제공한다.

CNI 사양은 다음과 같은 주요 작업을 정의한다.

ADD

네트워크에 컨테이너를 추가하고 연결된 인터페이스, IP 등으로 응답한다.

DELETE

네트워크에서 컨테이너를 제거하고 연결된 모든 리소스를 해제한다.

CHECK

컨테이너의 네트워크가 올바르게 설정됐는지 확인하고, 문제가 있을 때는 에러로 응답한다.

VERSION

플러그인에서 지원하는 CNI 버전을 반환한다.

이 기능은 호스트에 설치된 바이너리로 구현된다. kubelet은 호스트에서 예상하는 구성을 기반으로 적절한 CNI 바이너리와 통신한다. 구성 파일의 예는 다음과 같다.

```
{
  "cniVersion": "0.4.0", ❶
  "name": "dbnet", ❷
  "type": "bridge",
  "bridge": "cni0",
  "args": {
    "labels" : {
      "appVersion" : "1.0"
    }
  },
  "ipam": { ❸
    "type": "host-local",
    "subnet": "10.1.0.0/16",
    "gateway": "10.1.0.1"
  }
}
```

❶ 플러그인이 사용될 것으로 예상되는 CNI(사양) 버전

❷ 네트워크 설정 요청을 보낼 CNI 드라이버(바이너리)

❸ 사용할 IPAM 드라이버로, CNI 플러그인이 IPAM을 처리하지 않을 때 지정된다.

 CNI conf 디렉토리에 여러 CNI 구성이 있을 수 있다. 사전순으로 평가되며 첫 번째 구성이 사용된다.

CNI 구성 및 CNI 바이너리와 함께 대부분의 플러그인은 인터페이스 연결 및 IPAM 이외의 문제를 처리하는 각 호스트에서 파드를 실행한다. 여기에는 경로 전파 및 네트워크 폴리시 프로그래밍과 같은 부분이 포함된다.

CNI 설치

CNI 드라이버는 파드 네트워크에 포함되는 모든 노드에 설치해야 한다. 또한 CNI 구성을

설정해야 한다. 설치는 일반적으로 CNI 플러그인을 배포할 때 처리된다. 예를 들어 실리움을 배포할 때 모든 노드에 실리움 파드를 배치하는 데몬셋이 생성된다. 실리움 파드에는 기본 스크립트 install-cni.sh를 실행하는 PostStart 명령이 있다. 이 스크립트는 2개의 드라이버를 설치해 시작한다. 먼저 lo 인터페이스를 지원하려면 루프백 드라이버를 설치한다. 그런 다음 실리움 드라이버를 설치한다. 스크립트는 다음과 같이 개념적으로 실행된다(예제는 간결하고 단순하다).

```
# 호스트에 CNI 드라이버 설치

# CNI 루프백 드라이버를 설치. 실패를 허용함
cp /cni/loopback /opt/cin/bin/ || true

# cilium 드라이버 설치
cp /opt/cni/bin/cilium-cni /opt/cni/bin/
```

설치 후에도 kubelet은 사용할 드라이버를 인식해야 한다. /etc/cni/net.d/(플래그로 구성 가능)에서 CNI 설정을 찾는다. 동일한 install-cni.sh 스크립트는 다음과 같이 드라이버를 추가한다.

```
cat > /etc/cni/net.d/05-cilium.conf <<EOF
{
  "cniVersion": "0.3.1",
  "name": "cilium",
  "type": "cilium-cni",
  "enable-debug": ${ENABLE_DEBUG}
}
EOF
```

작업 순서를 보여주려고 새로 부트스트랩된 단일 노드 클러스터를 살펴보도록 한다. 이 클러스터는 kubeadm을 사용해 부트스트랩됐다. 모든 파드를 체크하면 core-dns 파드가 실행되고 있지 않음을 알 수 있다.

```
NAMESPACE     NAME                       READY   STATUS    RESTARTS   AGE
kube-system   coredns-f9fd979d6-26lfr    0/1     Pending   0          3m14s
```

kube-system	coredns-f9fd979d6-zqzft	0/1	Pending	0	3m14s
kube-system	etcd-test	1/1	Running	0	3m26s
kube-system	kube-apiserver-test	1/1	Running	0	3m26s
kube-system	kube-controller-manager-test	1/1	Running	0	3m26s
kube-system	kube-proxy-xhh2p	1/1	Running	0	3m14s
kube-system	kube-scheduler-test	1/1	Running	0	3m26s

core-dns를 실행하도록 예약된 호스트에서 kubelet 로그를 체크한 후, CNI 구성이 없기 때문에 컨테이너 런타임이 파드를 시작하지 않는다는 것이 분명해졌다.

 DNS가 시작되지 않는 이때는 클러스터 부트스트랩 후 CNI 문제의 가장 일반적인 메트릭 중 하나를 보여준다. 다른 증상은 NotReady 상태를 리포팅하는 노드다.

```
# journalctl -f -u kubelet

-- Logs begin at Sun 2023-09-27 15:40:13 UTC. --
Sep 27 17:11:18 test kubelet[2972]: E0927 17:11:18.817089 2972 kubelet.go:2103]
Container runtime network not ready: NetworkReady=false
reason:NetworkPluginNotReady message:docker: network plugin is not ready: cni
config uninitialized
Sep 27 17:11:19 test kubelet[2972]: W0927 17:11:19.198643 2972 cni.go:239]
Unable to update cni config: no networks found in /etc/cni/net.d
```

 kube-apiserver 및 kube-controller-manager와 같은 파드가 성공적으로 시작된 이유는 호스트 네트워크를 사용하기 때문이다. 호스트 네트워크를 활용하고 파드 네트워크에 의존하지 않기 때문에 core-dns에서 볼 수 있는 것과 동일한 동작에 취약하지 않다.

실리움 설명서에서 YAML 파일을 적용하기만 하면, 실리움을 클러스터에 배포할 수 있다. 이때 앞서 언급한 실리움 파드가 모든 노드에 배포되고 cni-install.sh 스크립트가 실행된다. CNI bin 및 구성 디렉토리를 체크하면 설치된 컴포넌트를 볼 수 있다.

```
# ls /opt/cni/bin/ | grep -i cilium
cilium-cni

# ls /etc/cni/net.d/ | grep -i cilium
05-cilium.conf
```

실행한 대로 kubelet 및 컨테이너 런타임이 예상대로 작동한다. 가장 중요한 것은 core-dns 파드가 실행하고 있다는 것이다. 그림 5-4는 이 절에서 지금까지 다룬 내용의 상호작용을 보여준다.

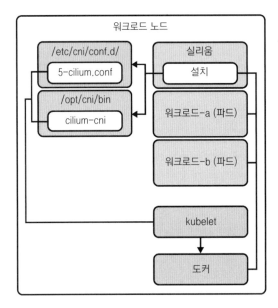

그림 5-4 도커는 컨테이너를 실행하는 데 사용된다. kubelet은 CNI와 상호작용해 네트워크 인터페이스를 연결하고 파드의 네트워크를 구성한다.

예에서는 실리움을 통한 설치를 살펴봤지만 대부분의 플러그인은 유사한 배포 모델을 따른다. 플러그인 선택에 대한 주요 방식은 '네트워크 고려사항'의 내용을 기반으로 한다. 이를 염두에 두고 다양한 접근 방식을 더 잘 이해하려고 일부 CNI 플러그인을 탐색하는 것으로 전환할 예정이다.

CNI 플러그인

CNI의 몇 가지 구현을 알아본다. CNI는 CRI와 같은 다른 인터페이스에 비해 가장 큰 옵션 배열 중 하나다. 따라서 일부 플러그인만 다를 예정이기에 추가적인 부분은 독자가 추가로 검색할 것을 권장한다. 클라이언트에서 볼 수 있는 가장 일반적이고 다양한 접근 방식을 보여주기에 충분히 고유한 요소로 다음 플러그인을 선택했다.

 파드 네트워크는 모든 쿠버네티스 클러스터의 기초다. 따라서 CNI 플러그인은 중요한 경로에 있게 된다. 시간이 지남에 따라 CNI 플러그인을 변경할 수 있다. 이때 내부 마이그레이션을 수행하는 대신, 클러스터를 다시 빌드하는 것이 좋다. 이 접근 방식에서는 새 CNI가 포함된 새 클러스터를 가동한다. 그런 다음 아키텍처 및 운영 모델에 따라 워크로드를 새 클러스터로 마이그레이션한다. 현재 위치에서 CNI 마이그레이션을 수행할 수 있지만, 이는 사소한 위험을 감수하고 권장 사항과 신중하게 비교해야 한다.

캘리코

캘리코는 클라우드 네이티브 생태계에서 잘 정립된 CNI 플러그인이다. 캘리코 프로젝트(https://www.projectcalico.org)는 CNI 플러그인을 지원하는 오픈소스 프로젝트이며, Tigera(https://www.tigera.io)는 엔터프라이즈 기능 및 지원을 제공하는 기업이다. 캘리코는 노드 간에 워크로드 경로를 전파하고 더 큰 데이터 센터 패브릭과 통합을 제공하려고 BGP를 많이 사용한다. CNI 바이너리 설치와 함께 캘리코는 각 호스트에서 calico-node 에이전트를 실행한다. 이 에이전트는 노드와 펠릭스^{Felix} 에이전트 간의 BGP 피어링을 용이하게 하기 위한 BIRD 데몬을 제공한다. 펠릭스 에이전트는 알려진 경로를 가져와 커널 경로 테이블에 프로그래밍한다. 상호작용은 그림 5-5에 명시돼 있다.

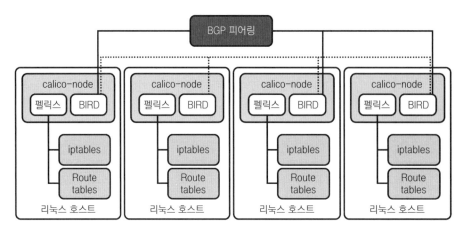

그림 5-5 네트워크 경로 간 통신하기 위한 BGP 피어링과 iptables 및 커널 라우팅 테이블 프로그래밍을 보여주는 캘리코 컴포넌트와의 상호작용

IPAM는 캘리코가 처음 언급된 'IP주소 관리'에서 설명된 클러스터 cidr 설정을 따른다. 그러나 이 기능은 노드당 CIDR 할당에 의존하는 것보다 훨씬 뛰어나다. 캘리코는 IPPools (https://oreil.ly/-Nd-Q)라는 CRD를 생성한다. 이는 특히 다음과 같은 기능을 활성화하는 IPAM에 많은 유연성을 제공한다.

- 노드별 블록 크기 설정
- IPPool이 적용되는 노드 지정
- 노드가 아닌 네임스페이스에 IPPool 할당
- 라우팅 동작 구성

클러스터당 여러 풀을 가질 수 있는 기능과 함께 IPAM 및 네트워크 아키텍처에서 많은 유연성이 생긴다. 기본적으로 클러스터는 여기에 표시된 것처럼 단일 IPPool을 실행한다.

```
apiVersion: projectcalico.org/v3
kind: IPPool
metadata:
  name: default-ipv4-ippool
spec:
  cidr: 10.30.0.0/16 ❶
```

```
blockSize: 29 ❷
ipipMode: Always ❸
natOutgoing: true
```

❶ 클러스터의 파드 네트워크 CIDR

❷ 각 노드 수준 CIDR 할당 크기

❸ 캡슐화 모드

캘리코는 클러스터 내부에서 패킷을 라우팅하는 다양한 방법을 제공한다. 여기에는 다음이
포함된다.

Native

> 패킷을 캡슐화하지 않는다.

IP-in-IP

> 간단한 캡슐화로 IP 패킷은 다른 패킷의 페이로드에 배치된다.

VXLAN

> 고급 캡슐화로, 전체 L2 프레임은 UDP 패킷에 캡슐화되며 가상 L2 오버레이를 설정
> 한다.

사용자의 선택은 많은 네트워크가 지원할 수 있는 기능이다. '라우팅 프로토콜'에 설명된 대
로 기본 라우팅은 최상의 성능, 가장 작은 패킷 크기 및 가장 간단한 문제 해결 경험을 제공
한다. 그러나 많은 환경, 특히 여러 서브넷이 포함된 환경에서는 이 모드가 불가능하다. 캡
슐화 접근 방식은 대부분의 환경, 특히 VXLAN에서 작동한다. 또한 VXLAN 모드는 BGP를
사용할 필요가 없으므로 BGP 피어링이 차단되는 환경에 대한 솔루션이 될 수 있다. 캘리코
캡슐화 접근 방식의 고유한 기능으로 서브넷 경계를 넘는 트래픽을 활성화할 수 있다. 이렇
게 하면 서브넷 외부에서 라우팅을 중단하지 않으면서 서브넷에서 라우팅할 때 거의 기본 성
능을 사용할 수 있는데, IPPool의 `ipipMode`를 `CrossSubnet`으로 설정해 활성화할 수 있다.
그림 5-6은 이 동작을 보여준다.

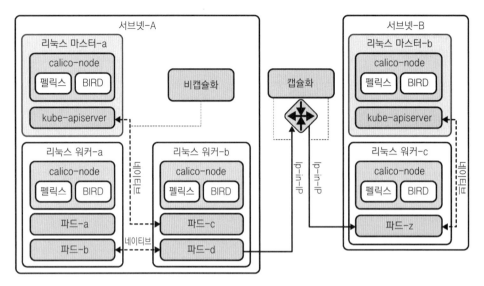

그림 5-6 CrossSubnet IP-in-IP 모드가 활성화될 때 트래픽 동작 관계

BGP를 활성화한 상태로 유지하는 캘리코 배포는 기본적으로 `calico-node` 파드의 내장 BGP 데몬 덕분에 추가 작업이 필요하지 않다. 더 복잡한 아키텍처에서 조직은 BGP 기능을 경로마다 리플렉터[reflector]를 도입하는 방법으로 사용한다(https://tools.ietf.org/html/rfc4456). 때로는 (기본) 전체 메시 접근 방식이 필요할 때 대규모로 필요할 수 있다. 제한된 경로상의 리플렉터와 함께 피어링은 네트워크 라우터와 통신하도록 구성할 수 있는데, 그렇게 되면 전체 네트워크가 파드 IP에 대한 경로를 인식할 수 있다. 리플렉터는 아래 예시처럼 캘리코의 BGP Peer CRD를 사용해 구성된다.

```
apiVersion: projectcalico.org/v3
kind: BGPPeer
metadata:
  name: external-router
spec:
  peerIP: 192.23.11.100 ❶
  asNumber: 64567 ❷
  nodeSelector: routing-option == 'external' ❸
```

❶ bgp 피어링할 대상의 IP

❷ 클러스터 자체 시스템(https://oreil.ly/HiXLN)의 ID

❸ 대상과 피어링해야 하는 클러스터 노드다. 이 필드는 선택사항으로, 이를 생략하면 BGP Peer 구성이 글로벌로 간주된다. 특정 노드 집합이 라우팅 가능한 IP 제공과 같은 고유한 라우팅 기능을 제공해야 할 때에만 글로벌 피어링을 하지 않는 것이 좋다.

네트워크 폴리시 측면에서 캘리코는 쿠버네티스 네트워크 폴리시 API를 완벽하게 구현한다. 캘리코는 기능 향상 목적으로 2개의 추가 CRD를 제공한다. 여기에는 (projectcalico.org/v3), 네트워크 폴리시(https://oreil.ly/oMsCm) 및 GlobalNetworkPolicy(https://oreil.ly/3pUOs)가 포함된다. 캘리코 관련 API는 쿠버네티스 네트워크 폴리시와 유사해 보이지만, 평가evaluation를 위한 보다 좋은 규칙과 많은 익스프레션expression을 제공한다. 또한 정책 순서 지정 및 애플리케이션 레이어 정책(이스티오Istio와의 통합 필요)이 지원된다. GlobalNetworkPolicy는 클러스터 전체 수준에서 정책을 적용하기 때문에 특히 유용하다. 기본적으로 모든 트래픽이 거부되고 워크로드 요구사항에 따라 이그레스/인그레스가 열리는 마이크로 세분화와 같은 모델을 쉽게 달성할 수 있다. DNS와 같은 중요한 서비스를 제외한 모든 트래픽을 거부하는 GlobalNetworkPolicy를 적용할 수 있다. 네임스페이스 수준에서는 인그레스 및 이그레스에 대한 액세스를 열 수 있다. GlobalNetworkPolicy가 없으면 모든 네임스페이스에서 deny-all 규칙을 추가하고 관리해야 한다.

 역사적으로 캘리코는 iptables으로 패킷 라우팅 결정을 구현했다. 서비스는 캘리코는 kube-proxy에서 수행한 프로그래밍에 의존해 서비스의 엔드포인트를 확인한다. 네트워크 폴리시는 캘리코에서 iptables를 프로그래밍해 패킷이 호스트에 들어오거나 나가는 것을 허용해야 하는지의 여부를 결정한다. 이 글을 쓰는 시점에서 캘리코는 eBPF 데이터플레인 옵션을 도입했다. 시간이 지남에 따라 캘리코에서 사용하는 많은 기능이 이 모델로 이전될 것으로 예상한다.

실리움

실리움은 캘리코에 비해 상대적으로 새로운 CNI 플러그인이다. eBPF[extended Berkeley Packet Filter](https://ebpf.io)를 활용하는 최초의 CNI 플러그인이다. eBPF는 유저스페이스[userspace]에서 패킷을 처리하는 대신, 커널 스페이스을 떠나지 않고 처리할 수 있음을 의미한다. eXpress 데이터 경로[XDP, eXpress Data Path](https://oreil.ly/M3m6t)와 함께 NIC 드라이버에 훅을 설정해 라우팅을 결정할 수 있다. 또한 패킷을 수신하는 즉시 라우팅 결정을 내릴 수 있다.

eBPF는 페이스북(https://oreil.ly/agUXl) 및 넷플릭스(https://oreil.ly/Ubt1Q)와 같은 기술 주도 회사에서 적용된 기술로 성능과 가용성을 증명했다. eBPF를 사용해 실리움은 확장성, 관찰 가능성 및 보안과 관련된 향상된 기능을 내세울 수 있다. BPF와의 긴밀한 통합은 네트워크 폴리시 시행과 같은 일반적인 CNI 문제가 더 이상 유저스페이스의 iptables를 처리되지 않는다는 것을 의미한다. 대신 eBPF 맵(https://oreil.ly/4Rdvf)을 광범위하게 사용하면 더 많은 규칙이 추가됨에 따라 확장되는 방식으로 신속하게 의사결정을 내릴 수 있다. 그림 5-7은 실리움이 설치된 스택의 상위 수준 개요를 보여준다.

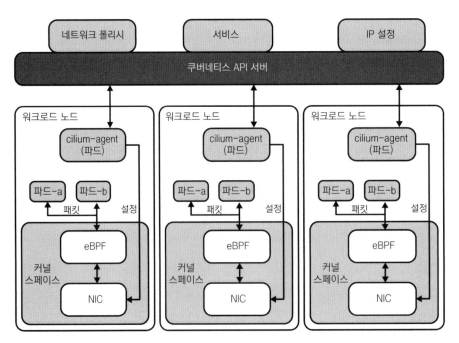

그림 5-7 커널 수준에서 eBPF 맵 및 관련 프로그램과 상호작용하고 있는 실리움 구성

실리움은 IPAM을 클라우드 프로바이더 통합에 위임하거나, 자체적으로 관리하는 모델을 따른다. 실리움이 IPAM을 관리하는 가장 일반적인 시나리오에서는 각 노드에 파드 CIDR을 할당한다. 기본적으로 실리움은 쿠버네티스 노드 할당과 관계없이 CIDR을 관리한다. 노드 수준 주소 지정은 CiliumNode CRD에 노출된다. 이렇게 하면 IPAM을 보다 유연하게 관리할 수 있다. 파드 CIDR을 기반으로 쿠버네티스에서 수행되는 기본 CIDR 할당을 고수할 때 실리움은 쿠버네티스 IPAM 모드를 제공한다. 실리움은 노드 오브젝트에 노출된 각 노드에 할당된 파드 CIDR에 의존한다. 다음은 CiliumNode 오브젝트의 예다. 클러스터의 각 노드 중 하나가 존재할 것으로 예상할 수 있다.

```
apiVersion: cilium.io/v2
kind: CiliumNode
metadata:
  name: node-a
spec:
  addresses:
  - ip: 192.168.122.126 ❶
    type: InternalIP
  - ip: 10.0.0.245
    type: CiliumInternalIP
  health:
    ipv4: 10.0.0.78
  ipam:
    podCIDRs:
    - 10.0.0.0/24 ❷
```

❶ 워크로드 노드의 IP주소

❷ 노드에 할당된 CIDR로, 할당의 크기는 cluster-pool-ipv4-mask-size: "24"를 사용해 실리움을 구성 제어

캘리코과 유사하게 실리움은 캡슐화된 기본 라우팅 모드를 제공한다. 기본 모드는 캡슐화돼 있다. 실리움은 터널링 프로토콜 VXLAN 또는 Geneve 사용을 지원한다. 이 모드는 호스트 간 라우팅 가능성이 존재하는 한, 대부분의 네트워크에서 작동해야 한다. 기본 모드에서 실행하려면 파드 경로를 어느 정도 이해해야 한다. 예를 들어 실리움은 AWS의 IPAM용

ENI 사용을 지원한다. 이 모델에서 파드 IP는 VPC에 알려져 있으며, 본질적으로 라우팅 가능하다. 클러스터가 동일한 L2 세그먼트에서 실행된다고 가정하고 실리움 관리 IPAM으로 기본 모드를 실행하려면 auto-direct-node-routes: true를 실리움 설정에 추가할 수 있다. 실리움은 설정에 맞춰 호스트의 라우팅 테이블을 프로그래밍한다. L2 네트워크에 걸쳐 있을 때, 경로를 배포하려고 BGP와 같은 추가 라우팅 프로토콜을 도입해야 통신할 수 있다.

실리움은 쿠버네티스 네트워크 폴리시 API(https://oreil.ly/_WUKS)를 적용할 수 있다. 이 정책의 대안으로 실리움은 자체 CiliumNetworkPolicy(https://oreil.ly/EpkhJ) 및 CiliumClusterwideNetworkPolicy(https://oreil.ly/RtYH5)등을 제공한다. 둘의 주요 차이점은 정책의 범위다. CiliumNetworkPolicy는 네임스페이스 범위이고, CiliumClusterwideNetworkPolicy는 클러스터 전체다. 두 가지 모두 쿠버네티스 네트워크 폴리시 이상으로 기능이 향상됐다. 레이블 기반 레이어3 정책 지원과 함께 DNS 확인 및 애플리케이션 수준(레이어7) 요청 정책을 지원한다.

대부분의 CNI 플러그인은 서비스와 관련되지 않지만, 실리움은 완전한 기능을 갖춘 kube-proxy 대체품을 제공한다. 이 기능은 각 노드에 배포된 cilium-agent에 내장돼 있다. 모드에서 배포하려면 kube-proxy가 클러스터에 없고 KubeProxyReplacement 설정이 실리움에서 엄격하게 설정돼 있는지 확인해야 한다. 이 모드를 사용할 때 실리움은 eBPF 맵에서 서비스에 대한 경로를 구성해 $O(1)$만큼 빠르게 해결한다. 이는 iptables 체인에서 서비스를 구현하고 대규모 서비스 이탈률이 높을 때 문제를 일으킬 수 있는 kube-proxy와 대조된다. 또한 실리움에서 제공하는 CLI는 서비스 또는 네트워크 폴리시와 같은 컴포넌트의 문제를 해결할 때 좋은 경험을 제공한다. iptables 체인을 해석하는 대신 다음과 같이 시스템을 쿼리할 수 있다.

```
kubectl exec -it -n kube-system cilium-fmh8d -- cilium service list
ID    Frontend            Service Type    Backend
[...]
7     192.40.23.111:80    ClusterIP       1 => 10.30.0.28:80
                                          2 => 10.30.0.21:80
```

실리움은 eBPF 프로그램과 맵을 사용해 매우 매력적이고 흥미로운 CNI 옵션을 제공한다. eBPF 프로그램을 계속 활용함으로써 실리움과 통합되는 더 많은 기능(예: 흐름 데이터 추출, 정책 위반 감지 등)이 도입되고 있다. 실리움과 통합되는 중요 데이터를 추출하고 표시하기 위해 hubble(https://github.com/cilium/hubble)이 도입됐다. 실리움의 eBPF 프로그램을 사용해 운영자를 위한 UI 및 CLI를 제공한다.

마지막으로 실리움에서 제공하는 eBPF 기능은 기존의 많은 CNI 프로바이더와 함께 실행할 수 있다. 이는 CNI 연결 모드에서 실리움을 실행해 수행된다. CNI 연결 모드에서는 AWS의 VPC CNI와 같은 기존 플러그인이 라우팅 및 IPAM을 처리한다. 실리움의 책임은 네트워크 관찰 가능성, 로드밸런싱 및 네트워크 폴리시 시행을 포함한 다양한 eBPF 프로그램에서 제공하는 기능이다. 환경에서 실리움을 완전히 실행할 수 없거나 현재 CNI 선택과 함께 기능을 테스트할 때에 선호되는 접근 방식이다.

AWS VPC CNI

AWS의 VPC CNI는 지금까지 살펴본 것과 매우 다른 접근 방식을 보여준다. 노드 네트워크와 독립적으로 파드 네트워크를 실행하는 대신 파드를 동일한 네트워크에 완전히 통합한다. 두 번째 네트워크가 도입되지 않기 때문에 경로 또는 터널링 프로토콜에 대한 우려가 더 이상 필요하지 않다. 파드에 IP가 제공되면 EC2 호스트와 동일한 방식으로 네트워크의 일부가 된다. 서브넷의 다른 호스트와 같은 라우팅 테이블(https://oreil.ly/HYHHp)이 적용된다. 아마존에서는 이를 기본 VPC 네트워크라고 한다.

IPAM은 데몬은 두 번째 탄력적 네트워크 인터페이스^{ENI, Elastic Network Interface}(https://oreil.ly/NBjs3)를 쿠버네티스 노드에 연결한다. 그런 다음 결국 파드에 연결될 보조^{secondary} IP 풀(https://oreil.ly/vUGdI)을 관리한다. 노드에서 사용할 수 있는 IP의 양은 EC2 인스턴스 크기에 따라 다르다. IP는 일반적으로 VPC에서 '비공개' IP다. ENI는 VPC에서 IP 공간을 소비하고 IPAM 시스템을 완전히 독립적인 파드 네트워크보다 더 복잡하게 만든다. 그러나 새로운 네트워크를 도입하지 않았기 때문에 트래픽 라우팅 및 문제 해결이 크게 간소화됐다. 그림

5-8은 AWS VPC CNI를 사용한 IPAM 설정을 보여준다.

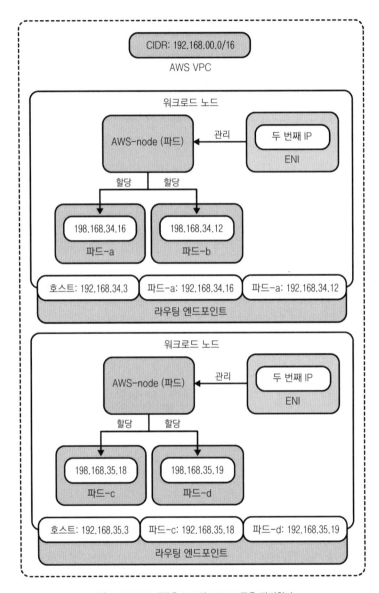

그림 5-8 IPAM 데몬은 ENI 및 보조 IP 풀을 관리한다.

ENI를 사용하면 노드당 실행할 수 있는 파드 수에 영향을 준다. AWS는 인스턴스 유형을 최대 파드와 연관시키는 깃허브 페이지(https://oreil.ly/jk_XL)의 목록을 관리한다.

멀터스

지금까지 파드에 인터페이스를 연결해 네트워크에서 사용할 수 있도록 하는 특정 CNI 플러그인을 살펴봤다. 그러나 파드가 둘 이상의 네트워크에 연결돼야 할 때에는 멀터스^{Multus} CNI 플러그인이 필요한 곳이다. 일반적이지는 않지만 통신 산업에는 특정 전용 네트워크로 트래픽을 라우팅하려고 네트워크 기능 가상화^{NFV, Network Function Virtualizations}가 필요한 사용 사례가 있다.

멀터스는 다른 여러 CNI를 사용할 수 있는 CNI로 생각할 수 있다. 이 모델에서 멀터스는 쿠버네티스와 상호작용하는 CNI 플러그인이 된다. 멀터스는 일반적으로 파드 간 통신을 용이하게 할 것으로 예상되는 네트워크인 기본 네트워크로 구성되는데, 멀터스는 5장에서 이야기한 플러그인 중 하나일 수도 있다. 그런 다음 멀터스는 다른 인터페이스를 파드에 연결하는 데 사용할 수 있는 추가 플러그인을 지정해 보조 네트워크 구성을 지원한다. 파드에 k8s.v1.cni.cncf.io/networks: sriov-conf와 같은 어노테이션을 추가해 추가 네트워크를 연결할 수 있다. 그림 5-9는 구성의 결과를 보여준다.

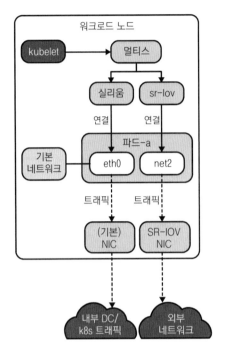

그림 5-9 다중 네트워크 멀티스 구성의 트래픽 흐름

추가 플러그인

플러그인의 영역은 방대하지만 일부분만 다뤘다. 그러나 플러그인에서 찾을 수 있는 주요 변경사항을 식별한다. 대부분 네트워크을 활용하는 데 사용되는 엔진을 서로 다른 접근 방식으로 대안을 삼지만 많은 핵심 원칙은 똑같이 유지된다. 다음 목록은 추가 언급되는 플러그인이며, 각각의 네트워크 접근 방식을 설명한다.

안트레아

안트레아(https://antrea.io/docs)의 데이터 플레인은 Open vSwitch(https://www.openvswitch.org) 방식으로 구현된다. 흐름 데이터를 체크하는 기능과 함께 고성능 라우팅을 제공한다.

위브

위브^{weave}(https://www.weave.works/oss/net)는 트래픽 라우팅을 위한 많은 메커니즘을 제공하는 오버레이 네트워크(예: 커널에서 패킷 처리를 유지하려고 OVS 모듈을 사용하는 빠른 데이터 경로 옵션)를 제공한다.

플란넬

플란넬(https://github.com/coreos/flannel)은 파드 및 초기 CNI 중 하나를 위한 간단한 레이어3 네트워크다. 여러 백엔드를 지원하지만, 가장 일반적으로 VXLAN을 사용하도록 구성한다.

요약

쿠버네티스/컨테이너 네트워크 생태계는 수많은 옵션으로 가득 차 있다. 네트워크 요구사항은 조직마다 크게 다를 수 있다. CNI 플러그인을 선택하는 것은 최종 애플리케이션 플랫폼에 대한 가장 기본적인 고려사항이다. 많은 옵션을 탐색하는 것이 부담스러울 수 있지만, 환경 및 애플리케이션의 네트워크 요구사항을 더 잘 이해하려고 작업하는 것이 좋다. 이에 대한 깊은 이해와 함께 네트워크 플러그인을 올바르게 선택해야 한다.

6장

서비스 라우팅

서비스 라우팅은 쿠버네티스 기반 플랫폼의 중요한 기능이다. 컨테이너 네트워크 레이어가 파드를 연결하는 저수준 기본 요소를 처리하는 동안, 개발자는 서비스를 상호 연결하고(예: 이스트웨스트 서비스 라우팅east-west service routing) 애플리케이션을 클라이언트에 노출(예: 노스사우스 서비스 라우팅north-south service routing)하기 위해 더 높은 수준의 메커니즘이 필요하다. 서비스 라우팅은 메커니즘을 제공하는 세 가지 관심사인 서비스, 인그레스 및 서비스 메시를 포함한다.

서비스는 파드 세트를 단일 유닛 또는 네트워크 서비스로 취급하는 방법을 제공한다. 클러스터 전체에서 애플리케이션의 수평 확장을 가능하게 하는 로드밸런싱 및 라우팅 기능을 제공한다. 또한 서비스는 애플리케이션이 종속성을 검색하고 상호작용하는 데 사용할 수 있는 서비스 디스커버리 메커니즘을 제공한다. 마지막으로 서비스는 클러스터 외부의 네트워크 클라이언트에 워크로드를 노출하는 레이어3/4[1] 메커니즘도 제공한다.

인그레스는 클러스터에서 노스사우스 라우팅을 처리한다. 주로 HTTP 및 HTTPS 서비스와

---

1   OSI7 레이어 중 레이어3은 네트워크 레이어(주 프로토콜: IP), 레이어4는 트랜스포트 레이어(주 프로토콜: TCP/UDP)를 의미한다. – 옮긴이

같이 클러스터에서 실행되는 워크로드에 대한 진입점 역할을 한다. 인그레스는 서비스보다 더 세분화된 트래픽 라우팅을 가능하게 하는 레이어7 로드밸런싱 기능을 제공한다. 트래픽의 로드밸런싱은 클러스터에 설치돼야 하는 인그레스 컨트롤러로 처리된다. 인그레스 컨트롤러는 엔보이, NGINX 또는 HAProxy와 같은 프록시 기술을 활용한다. 컨트롤러는 쿠버네티스 API에서 인그레스 설정을 한 후 프록시를 구성한다.

서비스 메시는 고급 라우팅, 보안 및 관찰 기능을 제공하는 서비스 라우팅 레이어다. 주로 이스트웨스트 서비스 라우팅과 관련이 있지만, 일부 구현은 노스사우스 라우팅도 처리할 수 있다. 서비스 메시의 서비스는 연결을 보강하는 프록시로 서로 통신한다. 프록시를 사용하면 소스코드를 변경하지 않고도 워크로드를 향상시키기 때문에 서비스 메시가 서비스 라우팅 제어에 매력적인 방식이다.

운영 환경 쿠버네티스 플랫폼에서 중요하게 여기는 서비스 라우팅 기능을 자세히 살펴볼 예정이다. 먼저 서비스의 내용에서 다양한 서비스 타입 및 구현 방법을 설명한다. 다음으로 인그레스의 내용에서 인그레스 컨트롤러 및 운영 환경에서 인그레스를 실행할 때 고려해야 할 다양한 고려사항을 알아본다. 마지막으로 서비스 메시, 쿠버네티스에서 작동하는 방식 및 운영 플랫폼에서 서비스 메시를 채택할 때 고려해야 할 사항을 다룬다.

쿠버네티스 서비스

쿠버네티스 서비스는 서비스 라우팅의 기초다. 서비스는 여러 파드에 걸쳐 기본적인 로드밸런싱을 제공하는 네트워크 추상화다. 대부분의 클러스터에서 실행되는 워크로드는 서비스를 사용해 서로 통신한다. 파드의 대체 가능한 특성 때문에 파드 IP 대신 서비스를 사용하는 것이 좋다.

이 절에서는 쿠버네티스 서비스와 다양한 서비스 타입을 검토한다. 서비스와 밀접하게 관련된 다른 쿠버네티스 리소스인 엔드포인트도 살펴볼 예정이다. 그런 다음 서비스 구현 세부 정보를 살펴보고, kube-proxy를 살펴볼 예정이다. 마지막으로 클러스터 내 DNS 서버에 대한 서비스 디스커버리 및 고려사항을 설명한다.

서비스 추상화

서비스는 여러 파드 간에 트래픽을 로드밸런싱하는 쿠버네티스의 핵심 API 리소스다. 서비스는 OSI 모델의 L3/L4 레이어에서 로드밸런싱을 수행한다. 대상 IP 및 포트가 있는 패킷을 가져와 백엔드 파드로 전달한다.

로드밸런서에는 일반적으로 프론트엔드와 백엔드 풀이 있다. 서비스도 마찬가지다. 서비스의 프론트엔드는 ClusterIP다. ClusterIP는 클러스터에서 액세스할 수 있는 가상 IP주소[VIP, virtual IP]다. 워크로드는 VIP를 사용해 서비스와 통신한다. 백엔드 풀은 서비스의 파드 셀렉터를 충족하는 파드 모음이다. 파드는 ClusterIP로 향하는 트래픽을 수신한다. 그림 6-1은 서비스의 프론트엔드와 백엔드 풀을 보여준다.

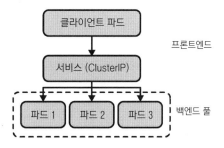

그림 6-1 서비스에는 프론트엔드와 백엔드 풀이 있다. 프론트엔드는 ClusterIP, 백엔드는 파드 세트다.

서비스 IP주소 관리

5장에서 설명했듯이 쿠버네티스를 배포할 때 두 가지 범위의 IP주소를 구성한다. 한편으로 파드 IP 범위 또는 CIDR 블록은 클러스터의 각 파드에 IP주소를 제공한다. 반면에 서비스 CIDR 블록은 클러스터의 서비스에 대한 IP주소를 제공한다. CIDR은 쿠버네티스가 ClusterIP를 서비스에 할당하는 데 사용하는 범위다.

API 서버는 쿠버네티스 서비스에 대한 IPAM(IP주소 관리)을 처리한다. 서비스를 생성할 때 API 서버(etcd 지원)는 서비스 CIDR 블록에서 IP주소를 할당하고 이를 서비스의 ClusterIP 필드에 쓴다.

서비스를 생성할 때 서비스 명세에서 ClusterIP를 지정할 수도 있다. 이때 API 서버는 요청된 IP주소가 서비스 CIDR 블록에서 사용 가능한지 확인한다. 즉, 명시적으로 ClusterIP를 설정하는 것은 안티패턴antipattern[2]이다.

서비스 리소스

서비스 리소스에는 이름, 타입, 포트 등을 포함해 주어진 서비스의 구성이 포함돼 있다. [예시 6-1]은 NGINX 배포를 위한 YAML 표현의 서비스 정의 예시다.

예시 6-1 ClusterIP에서 NGINX를 노출하는 서비스 정의

```
apiVersion: v1
kind: Service
metadata:
  name: nginx
spec:
  selector: ❶
    app: nginx
    ports: ❷
      - protocol: TCP ❸
        port: 80 ❹
        targetPort: 8080 ❺
    clusterIP: 172.21.219.227 ❻
    type: ClusterIP
```

❶ 파드 셀렉터. 쿠버네티스는 셀렉터를 사용해 서비스에 속한 파드를 찾는다.

❷ 서비스로 액세스할 수 있는 포트다.

❸ 쿠버네티스는 서비스에서 TCP, UDP 및 SCTP 프로토콜을 지원한다.

---

2   실제 많이 사용되는 패턴이지만 비효율적이거나 비생산적인 패턴을 의미한다. – 옮긴이

❹ 서비스에 도달할 수 있는 포트다.

❺ 백엔드 파드가 수신 대기^{listen}하는 포트로, 서비스로 노출되는 포트(위의 포트 필드)와 다를 수 있다.

❻ 쿠버네티스가 이 서비스에 할당한 ClusterIP다.

서비스의 파드 셀렉터는 서비스에 속하는 파드를 결정한다. 파드 셀렉터는 쿠버네티스가 서비스와 동일한 네임스페이스의 파드를 평가하는 키/값 페어$^{key/value\ pair}$의 모음이다. 파드의 레이블에 같은 키/값 페어가 있으면 쿠버네티스는 파드의 IP주소를 서비스의 백엔드 풀에 추가한다. 백엔드 풀의 관리는 엔드포인트 리소스로 엔드포인트 컨트롤러에서 처리된다. 6 장의 뒷부분에서 엔드포인트를 더 자세히 살펴볼 예정이다.

서비스 타입

기본 서비스 타입인 ClusterIP 서비스를 주로 설명했다. 쿠버네티스는 ClusterIP 외에 추가 기능을 제공하는 여러 서비스 타입을 제공한다. 이 절에서는 각 서비스 타입과 그 유용성를 설명한다.

ClusterIP ClusterIP 서비스는 하나 이상의 파드가 지원하는 가상 IP주소, 즉 VIP를 생성한다. 일반적으로 VIP는 클러스터에서 실행되는 워크로드에만 사용할 수 있다. 그림 6-2는 ClusterIP 서비스를 보여준다.

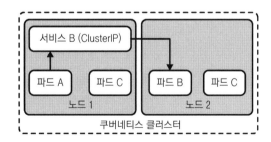

그림 6-2 ClusterIP 서비스는 클러스터에서 실행되는 워크로드에 액세스할 수 있는 VIP다.

NodePort NodePort 서비스는 VM에서 실행 중인 기존 애플리케이션이나 웹 애플리케이션 사용자와 같이 클러스터 외부의 네트워크 클라이언트에 서비스를 노출해야 할 때 유용하다.

이름에서 알 수 있듯이 NodePort 서비스는 모든 클러스터 노드의 포트에서 서비스를 노출한다. 포트는 구성 가능한 포트 범위에서 무작위로 할당된다. 할당되면 클러스터의 모든 노드가 지정된 포트에서 연결을 수신 대기한다. 그림 6-3은 NodePort 서비스를 보여준다.

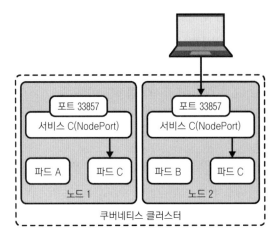

그림 6-3 NodePort 서비스는 모든 클러스터 노드에서 임의의 포트를 연다. 클러스터 외부의 클라이언트는
이 포트로 서비스에 연결할 수 있다.

NodePort 서비스의 주요 문제는 클라이언트가 서비스에 도달하려고 서비스의 노드 포트 번호와 하나 이상의 클러스터 노드의 IP주소를 알아야 한다. 노드가 실패하거나 클러스터에서 제거될 수 있기 때문에 문제가 된다.

문제를 해결하려면 NodePort 서비스 앞에 외부 로드밸런서를 사용하는 방법이 있다. 클라이언트는 클러스터 노드의 IP주소나 서비스의 포트 번호를 알 필요가 없다. 대신 로드밸런서는 서비스에 대한 단일 엔트리 포인트로 작동한다.

외부 로드밸런서를 관리하고 구성을 지속적으로 업데이트해야 하는 단점이 있다. 개발자가 새로운 NodePort 서비스를 생성했을 때 새 로드밸런서를 만들어야 한다. 클러스터에 새 노드를 추가했을 때 모든 로드밸런서의 백엔드 풀에 새 노드를 추가해야 한다.

NodePort 서비스를 사용하는 방법보다 나은 대안으로 LoadBalancer 서비스가 있다. 인그레스 컨트롤러는 다른 옵션으로, 6장 뒷부분인 '인그레스'에서 살펴볼 예정이다.

LoadBalancer LoadBalancer 서비스는 일부 단점을 해결하려고 NodePort 서비스를 기반으로 한다. 기본적으로 LoadBalancer 서비스는 내부에 있는 NodePort 서비스다. 그러나 LoadBalancer 서비스에는 컨트롤러가 만족하는 추가 기능이 있다.

클라우드 프로바이더 통합이라고도 하는 컨트롤러는 NodePort 서비스를 외부 로드밸런서와 자동으로 연결하는 역할을 한다. 즉, 컨트롤러는 클러스터의 LoadBalancer 서비스 구성에 대한 응답으로 외부 로드밸런서 생성, 관리 및 구성을 처리한다. 컨트롤러는 로드밸런서를 프로비저닝하거나 구성하는 API와 인터랙션해 이를 수행한다. 연관 관계는 그림 6-4처럼 돼있다.

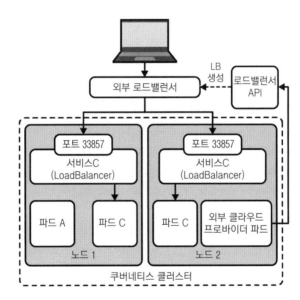

그림 6-4 LoadBalancer 서비스는 클라우드 프로바이더 통합을 활용해 트래픽을 노드 포트로 전달하는 외부 로드밸런서를 생성한다. 노드 수준에서 서비스는 NodePort와 똑같다.

쿠버네티스에는 아마존 웹 서비스[AWS], 구글 클라우드 및 마이크로소프트 애저를 비롯한 여러 클라우드 프로바이더용 컨트롤러가 내장돼 있다. 통합 컨트롤러는 쿠버네티스 소스코드 구조에서 구현되므로 일반적으로 쿠버네티스 내부 클라우드 프로바이더라고 한다.

쿠버네티스 프로젝트가 발전함에 따라 쿠버네티스 외부 클라우드 프로바이더가 쿠버네티스 내 지원 프로바이더의 대안으로 부상했다. 쿠버네티스 외부 프로바이더로 로드밸런서 벤더는 LoadBalancer 서비스 제어 루프의 구현을 제공할 수 있다. 현재 쿠버네티스는 내부 프로바이더와 외부 프로바이더를 모두 지원한다. 그러나 내부 프로바이더가 더 이상 사용되지 않는다는 점을 감안할 때 커뮤니티는 외부 프로바이더를 빠르게 채택한다.

클라우드 프로바이더 통합 없는 LoadBalancer 서비스

클라우드 프로바이더 통합 없이 쿠버네티스를 실행하면 LoadBalancer 서비스가 '보류 중' 상태로 남아 있음을 알 수 있다. 베어메탈로의 배포 사례에서 문제가 생기는 예를 볼 수 있다. 베어메탈에서 플랫폼을 실행하면 메탈LB(MetalLB)를 활용해 LoadBalancer 서비스를 지원할 수 있다.

메탈LB(https://metallb.universe.tf)는 베어메탈에서 LoadBalancer 서비스를 지원하는 오픈소스 프로젝트다. 메탈LB는 클러스터에서 실행되며, 두 가지 모드 중 하나로 작동할 수 있다. 레이어2[3] 모드에서는 클러스터 노드 중 하나가 리더가 돼 LoadBalancer 서비스의 외부 IP에 대한 ARP 요청에 응답하기 시작한다. 트래픽이 리더에 도달하면 kube-proxy가 나머지를 처리한다.

리더가 실패하면 클러스터의 다른 노드가 인계받아 요청 처리를 시작한다. 이 모드의 큰 단점은 단일 노드가 ARP 요청에 응답하는 노드라는 점을 감안할 때 진정한 로드밸런싱 기능을 제공하지 않는다.

두 번째 작동 모드는 BGP를 사용해 네트워크 라우터와 피어링한다. 메탈LB는 피어링 관계로 LoadBalancer 서비스의 외부 IP를 알린다. 레이어2 모드와 유사하게 kube-proxy는 클러스터 노드 중 하나에서 백엔드 파드로의 트래픽 라우팅을 처리한다. BGP 모드는 트래픽이 단일 리더 노드 대신, 여러 노드에 걸쳐 로드밸런싱된다는 점에서 레이어2 모드의 제한 사항을 해결한다.

LoadBalancer 서비스를 지원해야 할 때 메탈LB가 실행 가능한 경로를 제공할 수 있다. 그러나 대부분은 LoadBalancer 서비스를 지원하지 않고 벗어날 수 있다. 예를 들어 애플리케이션의 상당 부분이 HTTP 서비스는 인그레스 컨트롤러를 활용해 부하를 분산하고 트래픽을 이런 애플리케이션으로 가져올 수 있다.

---

3   데이터링크 레이어로, 랜카드나 네트워크 장비의 하드웨어 주소만으로 통신하는 레이어. 각 네트워크 장비에는 고유한 이름이 붙는데 이를 MAC(Media Access Control) 주소라고 한다. - 옮긴이

ExternalName ExternalName 서비스 유형은 어떤 종류의 로드밸런싱 또는 프록시도 수행하지 않는다. ExternalName 서비스는 주로 클러스터의 DNS에서 구현되는 서비스 디스커버리 구성이다. ExternalName 서비스는 클러스터 서비스를 DNS명에 매핑한다. 관련된 로드밸런싱이 없기 때문에 이 유형의 서비스에는 ClusterIP가 없다.

ExternalName 서비스는 다양한 방식으로 유용하다. 예를 들어, 단편적인 애플리케이션 마이그레이션 노력은 ExternalName 서비스의 이점을 얻을 수 있다. 애플리케이션의 컴포넌트를 쿠버네티스로 마이그레이션하고 종속성 중 일부를 외부에 남겨두면 마이그레이션을 완료하는 동안 ExternalName 서비스를 연결 기반으로 사용할 수 있다. 전체 애플리케이션을 마이그레이션하면 애플리케이션 배포를 변경할 필요 없이 서비스 유형을 ClusterIP로 변경할 수 있다.

독창적인 방법으로 유용하지만 ExternalName 서비스는 아마도 가장 덜 일반적으로 사용되는 서비스 유형이다.

Headless Service ExternalName 서비스와 마찬가지로 Headless Service 유형은 ClusterIP를 할당하거나 로드밸런싱을 제공하지 않는다. Headless Service는 쿠버네티스 API 및 클러스터의 DNS 서버에 서비스 및 해당 엔드포인트를 등록하는 방법일 뿐이다.

Headless Service는 애플리케이션이 서비스의 특정 레플리카나 파드에 연결해야 할 때 유용하다. 이런 애플리케이션은 서비스 디스커버리를 사용해 서비스 뒤에 있는 모든 파드 IP를 찾은 다음 특정 파드에 대한 연결을 설정할 수 있다.

지원 통신 프로토콜

쿠버네티스 서비스는 TCP, UDP 및 SCTP와 같은 특정 프로토콜 세트를 지원한다. 서비스 리소스에 나열된 각 포트는 포트 번호와 프로토콜을 지정한다. 서비스는 프로토콜이 다른 여러 포트를 노출할 수 있다. 예를 들어 다음 스니펫은 kube-dns 서비스의 YAML 정의를 보여준다. 다음의 예시에서 포트 목록에 TCP 53포트와 UDP 53포트가 어떻게 포함돼 있는지 확인할 수 있다.

```
apiVersion: v1
kind: Service
metadata:
 labels:
   k8s-app: kube-dns
   kubernetes.io/cluster-service: "true"
   kubernetes.io/name: KubeDNS
 name: kube-dns
 namespace: kube-system
spec:
 clusterIP: 10.96.0.10
 ports:
 - name: dns
   port: 53
   protocol: UDP
   targetPort: 53
 - name: dns-tcp
   port: 53
   protocol: TCP
   targetPort: 53
 - name: metrics
   port: 9153
   protocol: TCP
   targetPort: 9153
 selector:
   k8s-app: kube-dns
 type: ClusterIP
```

프로토콜 및 트러블슈팅 서비스

쿠버네티스로 작업하는 동안 핑(ping)을 사용해 쿠버네티스 서비스 문제를 해결하려고 시도했을 수 있다. 서비스에 핑을 시도하면 패킷이 100% 손실된다는 사실을 알게 됐다. 핑을 사용할 때 쿠버네티스 서비스에서 지원되지 않는 ICMP 데이터그램을 쓴다는 문제점이 있다.

서비스 문제 해결과 관련해 핑을 사용하는 대신 대체 도구를 사용해야 한다. 연결을 테스트하려면 서비스 프로토콜과 함께 작동하는 도구를 선택해야 한다. 예를 들어 웹 서버의 문제를 해결하기 위해 텔넷을 사용해 서버에 대한 TCP 연결을 설정할 수 있는지 여부를 테스트할 수 있다.

> 서비스 문제를 해결하는 빠른 방법은 해당 엔드포인트 리소스를 확인해 파드 셀렉터가 하나 이상의 파드
> 를 선택하고 있는지 확인한다. 잘못된 셀렉터 설정은 서비스의 일반적인 문제다.

지금까지 설명한 것처럼 서비스는 파드 간에 트래픽을 로드밸런싱한다. 서비스 API 리소스
는 로드밸런서의 프론트엔드를 나타낸다. 백엔드 또는 로드밸런서 뒤에 있는 파드 모음은 다
음에 살펴볼 엔드포인트 리소스 및 컨트롤러로 추적된다.

엔드포인트

엔드포인트 리소스는 쿠버네티스 서비스 구현과 관련된 다른 API 오브젝트다. 모든 서비스
리소스에는 비슷한 엔드포인트 리소스가 있다. 로드밸런서 비유를 떠올리면 엔드포인트 오
브젝트를 트래픽을 수신하는 IP주소 풀로 생각할 수 있다. 그림 6-5는 서비스와 엔드포인트
간의 관계를 보여준다.

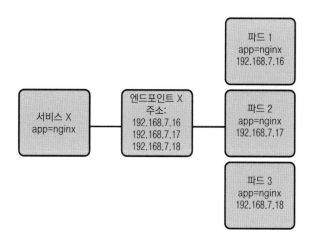

그림 6-5 서비스와 엔드포인트 리소스 간의 관계

엔드포인트 리소스

[예시 6-1]의 NGINX 서비스의 엔드포인트 리소스는 다음과 같다(일부 관련 없는 필드는 제거함).

```
apiVersion: v1
kind: Endpoints
metadata:
  labels:
    run: nginx
  name: nginx
  namespace: default
subsets:
- addresses:
  - ip: 10.244.0.10
    nodeName: kube03
    targetRef:
      kind: Pod
      name: nginx-76df748b9-gblnn
      namespace: default
  - ip: 10.244.0.9
    nodeName: kube04
    targetRef:
      kind: Pod
      name: nginx-76df748b9-gb7wl
      namespace: default
  ports:
  - port: 8080
    protocol: TCP
```

예시에는 NGINX 서비스를 지원하는 2개의 파드가 있다. NGINX ClusterIP로 향하는 네트워크 트래픽은 2개 파드에서 로드밸런싱된다. 또한 포트가 80이 아닌 8080인지 확인하면 된다. 이 포트는 서비스에 지정된 타겟포트[targetPort] 필드와 일치한다. 백엔드 파드가 수신 대기하는 포트다.

엔드포인트 컨트롤러

엔드포인트 리소스는 쿠버네티스가 서비스를 생성할 때 자동으로 생성한다는 점이 흥미롭다. 엔드포인트는 일반적으로 상호작용하는 다른 API 리소스와 다르다.

엔드포인트 컨트롤러는 엔드포인트 오브젝트를 만들고 관리하는 역할을 한다. 서비스를 생성할 때마다 엔드포인트 컨트롤러는 비슷한 엔드포인트 리소스를 생성한다. 더 중요한 것은 필요에 따라 엔드포인트 오브젝트의 IP목록도 업데이트한다.

컨트롤러는 서비스의 파드 셀렉터를 사용해 서비스에 속한 파드를 찾는다. 파드 집합이 있으면 컨트롤러는 파드 IP주소를 가져와 그에 따라 엔드포인트 리소스를 업데이트한다.

엔드포인트 리소스의 주소는 (ready) 주소와 notReadyAddresses의 두 세트 중 하나일 수 있다. 엔드포인트 컨트롤러는 해당 파드의 레디니스를 검사해 주소가 준비됐는지 여부를 결정한다. 파드의 레디니스는 여러 요인에 따라 달라진다. 파드가 스케줄링됐는지 여부를 예로 들 수 있다. 파드가 Pending 중일 때(스케줄링 대기) 준비 조건은 false값이다. 궁극적으로 파드는 실행 중이고, 레디니스 프로브readiness probe를 전달할 때 준비된 것으로 간주한다.

파드 준비 및 레디니스 프로브

엔드포인트 컨트롤러가 파드 IP주소가 트래픽을 허용할 준비가 됐는지 여부를 결정하는 방법을 설명했다. 그러나 쿠버네티스는 파드가 준비됐는지 여부를 어떻게 알 수 있을까?

쿠버네티스가 파드 준비를 결정하는 데 사용하는 두 가지 방법이 있다.

플랫폼 정보

쿠버네티스에는 관리 중인 워크로드에 대한 정보가 있다. 예를 들어 시스템은 파드가 노드에 성공적으로 스케줄링됐는지 여부를 알고 있다. 또한 파드의 컨테이너가 실행 중인지 여부도 알고 있다.

레디니스 프로브

개발자는 워크로드에 대한 레디니스 프로브를 구성할 수 있다. 설정되면 kubelet은 주기적으로 워크로드를 조사해 트래픽을 수신할 준비가 됐는지 확인한다. 프로브가 애플리케이션별 문제를 확인하기 때문에 레디니스를 파드를 조사하는 것이 플랫폼 정보를 기반으로 레디니스를 결정하는 것보다 더 좋다. 예를 들어, 프로브는 애플리케이션의 내부 초기화 프로세스가 완료됐는지 확인할 수 있다.

레디니스 프로브는 필수적이다. 적용이 안 되면 클러스터는 처리할 수 없는 워크로드로 트래픽을 라우팅해 애플리케이션 에러와 최종 사용자에게 불편을 초래할 수 있다. 쿠버네티스에 배포하는 애플리케이션에서 항상 레디니스 프로브를 정의해야 한다. 14장에서 레디니스 프로브를 더 자세히 살펴볼 예정이다.

엔드포인트 슬라이스 리소스

엔드포인트 슬라이스EndpointSlices 리소스는 쿠버네티스 v1.16에서 구현된 최적화 기능이다. 대규모 클러스터 배포(https://oreil.ly/H8rHC)에서 엔드포인트 리소스와 함께 발생할 수 있는 확장성 문제를 해결한다. 확장성 문제를 검토하고 엔드포인트 슬라이스가 어떻게 도움이 되는지 살펴볼 예정이다.

서비스를 구현하고 라우팅 가능하게 만들려고 클러스터의 각 노드는 엔드포인트 API를 감시하고, 변경사항을 구독한다. 엔드포인트 리소스가 업데이트될 때마다 클러스터의 모든 노드에 전파돼야 적용된다. 스케일링 이벤트가 좋은 예다. 엔드포인트 리소스의 파드 집합에 변경사항이 있을 때마다 API 서버는 업데이트된 전체 오브젝트를 모든 클러스터 노드로 보낸다.

엔드포인트 API를 처리하는 접근 방식은 여러 이유로 더 큰 클러스터에서 잘 확장되지 않는다.

- 대규모 클러스터에는 많은 노드가 포함된다. 클러스터에 노드가 많을수록 엔드포인트 오브젝트가 변경될 때 더 많은 업데이트를 보내야 한다.
- 클러스터가 클수록 더 많은 파드(및 서비스)를 호스팅할 수 있다. 파드 수가 늘어나면 엔드포인트 리소스 업데이트 빈도도 증가한다.

- 서비스에 속한 파드의 수가 증가함에 따라 엔드포인트 리소스의 크기가 증가한다. 더 큰 엔드포인트 오브젝트에는 더 많은 네트워크 및 스토리지 리소스가 필요하다.

엔드포인트 슬라이스 리소스는 여러 리소스에 걸쳐 엔드포인트 집합을 분할해 문제를 해결한다. 모든 파드 IP주소를 단일 엔드포인트 리소스에 배치하는 대신 쿠버네티스는 다양한 엔드포인트 슬라이스 오브젝트에 걸쳐 주소를 분할한다. 기본적으로 엔드포인트 슬라이스 오브젝트는 100개의 엔드포인트로 제한된다.

엔드포인트 슬라이스의 영향을 더 잘 이해하기 위한 시나리오를 살펴볼 예정이다. 10,000개의 엔드포인트가 있는 서비스를 고려하면 100개의 엔드포인트 슬라이스 오브젝트가 생성된다. 엔드포인트 중 하나가 제거되면(예: 축소 이벤트로 인해) API 서버는 영향을 받는 엔드포인트 슬라이스 오브젝트를 각 노드로 보낸다. 100개의 엔드포인트가 있는 단일 엔드포인트 슬라이스를 보내는 것이 수천 개의 엔드포인트가 있는 단일 엔드포인트 리소스를 보내는 것보다 훨씬 더 효율적이다.

요약하자면 엔드포인트 슬라이스 리소스는 많은 수의 엔드포인트를 엔드포인트 슬라이스 오브젝트 세트로 분할해 쿠버네티스의 확장성을 향상시킨다. 수백 개의 엔드포인트가 있는 서비스가 있는 플랫폼을 실행할 때, 엔드포인트 슬라이스 개선사항의 이점을 누릴 수 있다. 쿠버네티스 버전에 따라 엔드포인트 슬라이스 기능이 선택된다. 쿠버네티스 v1.18을 실행 중일 때 엔드포인트 슬라이스 리소스를 사용하려면 kube-proxy에서 기능 플래그를 설정해야 한다. 쿠버네티스 v1.19부터 엔드포인트 슬라이스 기능은 기본적으로 활성화된다.

서비스 구현 세부정보

지금까지 쿠버네티스 클러스터에서 워크로드에 제공되는 서비스, 엔드포인트와 그 기능을 살펴봤다. 쿠버네티스는 서비스를 어떻게 구현하고 작동하는가?

쿠버네티스에서 서비스를 실현하는 데 사용할 수 있는 다양한 접근 방식를 설명한다. 먼저 전체 kube-proxy 아키텍처를 설명한다. 다음으로 다양한 kube-proxy 데이터 플레인 모드를 검토한다. 마지막으로, kube-proxy 대체제인 kube-proxy의 역할을 대신할 수 있는 CNI 플러그인과 같은 대안을 알아본다.

Kube-proxy

Kube-proxy는 모든 클러스터 노드에서 실행되는 에이전트다. 주로 로컬 노드에서 실행되는 파드에 서비스를 제공하는 일을 담당한다. 서비스 및 엔드포인트용 API 서버를 관찰하고 이에 따라 패킷을 처리하도록 리눅스 네트워크 스택(예: iptables 사용)을 프로그래밍해 이를 구현한다.

 역사적으로 kube-proxy는 노드에서 실행되는 파드와 서비스 간의 네트워크 프록시 역할을 한다. 여기에서 kube-proxy 이름이 유래됐다. 그러나 쿠버네티스 프로젝트가 발전함에 따라 kube-proxy는 프록시가 아닌 노드 에이전트 또는 현지화된 컨트롤 플레인이 됐다.

Kube-proxy는 유저스페이스, iptables 및 IPVS의 세 가지 작동 모드를 지원한다. iptables 와 IPVS가 더 나은 대안이기 때문에 유저스페이스 프록시 모드는 거의 사용되지 않는다. 따라서 다음 절에서는 iptables 및 IPVS 모드만 다룬다.

Kube-proxy: iptables 모드

iptables 모드는 작성 당시의 기본 kube-proxy 모드다(쿠버네티스 v1.18). iptables 모드는 오늘날 클러스터 설치에서 가장 널리 사용되는 모드라고 해도 과언이 아니다.

iptables 모드에서 kube-proxy는 iptables의 네트워크 주소 변환[NAT, Network Address Translation] 기능을 활용한다.

ClusterIP 서비스 ClusterIP 서비스를 구현하려면 kube-proxy는 리눅스 커널의 NAT 테이블을 프로그래밍해 서비스로 향하는 패킷에 DNAT(대상 NAT)를 수행한다. DNAT 규칙은 패킷의 대상 IP주소를 서비스 엔드포인트의 IP주소(파드 IP주소)로 바꾼다. 교체되면 네트워크는 패킷이 원래 파드로 전송된 것처럼 처리한다.

여러 서비스 엔드포인트에서 트래픽을 로드밸런싱하려면 kube-proxy는 여러 iptables체인을 사용한다.

서비스 체인

각 서비스에 대한 규칙을 포함하는 최상위 체인이다. 각 규칙은 패킷의 대상 IP가 서비스의 ClusterIP와 일치하는지 확인한다. 그렇다면 패킷은 서비스별 체인으로 전송된다.

서비스별 체인

각 서비스에는 iptables 체인이 있다. 체인에는 서비스 엔드포인트당 규칙이 포함돼 있다. 각 규칙은 iptables 통계(statistic) 확장을 사용해 대상 엔드포인트를 무작위로 선택한다. 각 엔드포인트는 선택될 확률이 $1/n$이며, 여기서 n은 엔드포인트의 수다. 선택되면 패킷이 서비스 엔드포인트 체인으로 전송된다.

서비스 엔드포인트 체인

각 서비스 엔드포인트에는 패킷에 DNAT를 수행하는 iptables 체인이 있다.

다음 iptables 규칙 목록은 ClusterIP 서비스의 예를 보여준다. 서비스는 NGINX라고 하며 3개의 엔드포인트가 있다(불필요한 iptables 규칙은 제외).

```
$ iptables --list --table nat
Chain KUBE-SERVICES (2 references) ❶
target      prot opt source                 destination
KUBE-MARK-MASQ  tcp  --  !10.244.0.0/16      10.97.85.96
    /* default/nginx: cluster IP */ tcp dpt:80
KUBE-SVC-4N57TFCL4MD7ZTDA  tcp  --  anywhere          10.97.85.96
    /* default/nginx: cluster IP */ tcp dpt:80
KUBE-NODEPORTS  all  --  anywhere           anywhere
    /* kubernetes service nodeports; NOTE: this must be the last rule in
    this chain */ ADDRTYPE match dst-type LOCAL

Chain KUBE-SVC-4N57TFCL4MD7ZTDA (1 references) ❷
target      prot opt source                 destination
```

```
KUBE-SEP-VUJFIIOGYVVPH7Q4  all -- anywhere      anywhere      /* default/nginx: */
    statistic mode random probability 0.33333333349
KUBE-SEP-Y42457KCQHG7FFWI  all -- anywhere      anywhere      /* default/nginx: */
    statistic mode random probability 0.50000000000
KUBE-SEP-UOUQBAIW4Z676WKH  all -- anywhere       anywhere     /* default/nginx: */

Chain KUBE-SEP-UOUQBAIW4Z676WKH (1 references) ❸
target     prot opt source              destination
KUBE-MARK-MASQ  all -- 10.244.0.8       anywhere             /* default/nginx: */
DNAT       tcp -- anywhere              anywhere             /* default/nginx: */
    tcp to:10.244.0.8:80

Chain KUBE-SEP-VUJFIIOGYVVPH7Q4 (1 references)
target     prot opt source              destination
KUBE-MARK-MASQ  all -- 10.244.0.108     anywhere             /* default/nginx: */
 DNAT       tcp -- anywhere             anywhere             /* default/nginx: */
    tcp to:10.244.0.108:80

Chain KUBE-SEP-Y42457KCQHG7FFWI (1 references)
target     prot opt source              destination
KUBE-MARK-MASQ  all -- 10.244.0.6           anywhere         /* default/nginx: */
 DNAT       tcp -- anywhere             anywhere             /* default/nginx: */
tcp to:10.244.0.6:80
```

❶ 이 항목은 최상위 체인이다. 클러스터의 모든 서비스에 대한 규칙이 있다. KUBE-SVC-4N57TFCL4MD7ZTDA 규칙이 대상 IP를 10.97.85.96으로 지정하는 방법을 확인한다. NGINX 서비스의 ClusterIP다.

❷ 이 항목은 NGINX 서비스의 체인이다. 주어진 규칙과 일치할 확률이 있는 각 서비스 엔드포인트에 대한 규칙이 있는 방법을 확인한다.

❸ 이 체인은 서비스 엔드포인트 중 하나에 해당한다(SEP는 서비스 엔드포인트를 의미한다). 마지막 규칙은 패킷을 엔드포인트(또는 파드)로 전달하려고 DNAT를 수행하는 규칙이다.

NodePort 및 LoadBalancer 서비스 NodePort 및 LoadBalancer 서비스와 관련해 kube-proxy는 ClusterIP 서비스에 사용되는 것과 유사한 iptables 규칙을 구성한다. 주요 차이점은 규칙이 대상 포트 번호를 기반으로 패킷을 일치시킨다. 일치하면 규칙은 패킷을 DNAT가 발생하는 서비스별 체인으로 보낸다. 아래 스니펫은 포트 31767에서 수신 대기하는 NGINX NodePort 서비스에 대한 iptables 규칙을 보여준다.

```
$ iptables --list --table nat
Chain KUBE-NODEPORTS (1 references) ❶
target      prot opt source              destination
KUBE-MARK-MASQ tcp  --  anywhere          anywhere      /* default/nginx: */
    tcp dpt:31767
KUBE-SVC-4N57TFCL4MD7ZTDA tcp  --  anywhere      anywhere      /* default/nginx: */
    tcp dpt:31767 ❷
```

❶ Kube-proxy는 `KUBE-NODEPORTS` 체인의 NodePort 서비스에 대한 iptables 규칙을 프로그래밍한다.

❷ 패킷이 대상 포트로 `tcp: 31767`을 갖고 있으면 서비스별 체인으로 전송된다. 이 체인은 예시 2번에서 명시한 서비스별 체인이다.

iptables 규칙을 프로그래밍하는 것 외에도 kube-proxy는 NodePort 서비스에 할당된 포트를 열고 열린 상태로 유지한다. 포트를 잡고 있는 것은 라우팅 관점에서 기능이 없다. kube-proxy는 단지 다른 프로세스가 iptables를 요구하는 것을 방지할 뿐이다.

NodePort 및 LoadBalancer 서비스를 사용할 때 주요 고려사항은 서비스의 외부 트래픽 정책 설정이다. 외부 트래픽 정책은 서비스가 외부 트래픽을 노드 로컬 엔드포인트(externalTrafficPolicy: local)로 라우팅할지, 아니면 클러스터 전체 엔드포인트(externalTrafficPolicy: cluster)로 라우팅할지 결정한다. 각 정책에는 다음에 설명한 것과 같이 장점과 단점이 있다.

정책이 로컬로 설정되면 서비스는 트래픽을 수신하는 노드에서 실행 중인 엔드포인트(파드)로 트래픽을 라우팅한다. 로컬 엔드포인트로 라우팅하면 두 가지 중요한 이점이 있다. 첫째, 관련된 SNAT가 없으므로 출발지 IP가 보존돼 워크로드에서 사용할 수 있다. 둘째, 트래픽을 다른 노드로 전달할 때 발생하는 추가 네트워크 홉이 없다. 즉, 로컬 정책에도 단점이 있다. 주로 서비스 엔드포인트가 없는 노드에 도달하는 트래픽은 삭제된다. 이런 이유로 로컬 정책은 일반적으로 노드의 상태를 확인하는 외부 로드밸런서와 결합된다. 노드에 서비스에 대한 엔드포인트가 없을 때, 로드밸런서는 상태 확인이 실패하면 노드로 트래픽을 보내지 않는다.

그림 6-6은 이 기능을 보여준다. 로컬 정책의 다른 단점은 불균형 애플리케이션 로드의 가능성이다. 예를 들어 노드에 3개의 서비스 엔드포인트가 있을 때 각 엔드포인트는 트래픽의 33%를 수신한다. 다른 노드에 단일 엔드포인트가 있으면 트래픽의 100%를 수신한다. 불균형 문제는 안티어피니티$^{anti\text{-}affinity}$ 규칙을 사용해 파드를 확산하거나 파드를 예약하려고 데몬셋을 사용해 완화할 수 있다.

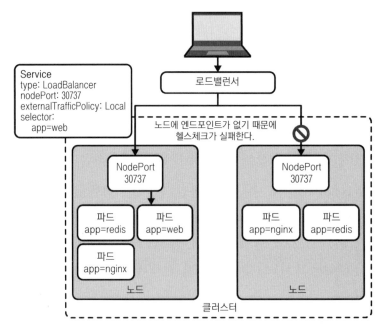

그림 6-6 로컬 외부 트래픽 정책이 있는 LoadBalancer 서비스. 외부 로드밸런서는 노드를 상태 확인을 실행한다. 서비스 엔드포인트가 없는 노드는 로드밸런서의 백엔드 풀에서 제거된다.

수많은 외부 트래픽을 처리하는 서비스가 있을 때 일반적으로 로컬 외부 정책을 사용하는 것이 올바른 선택이다. 그러나 사용할 수 있는 로드밸런서가 없으면 클러스터 외부 트래픽 정책을 사용해야 한다. 정책을 사용하면 그림 6-7과 같이 클러스터의 모든 엔드포인트에서 트래픽이 로드밸런싱된다. 로드밸런싱과 SNAT 때문에 출발지 IP가 손실될 수 있고, 추가 네트워크 홉이 발생할 수 있는 우려사항이 있다. 그러나 클러스터 정책은 엔드포인트 파드가 실행되는 위치에 관계없이 외부 트래픽을 삭제하지 않는다.

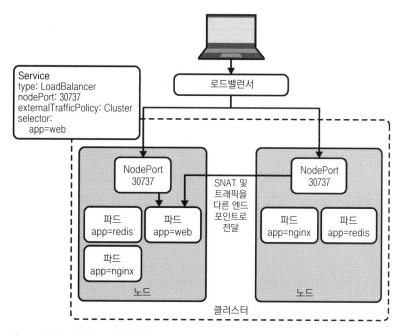

그림 6-7 클러스터 외부 트래픽 정책이 있는 LoadBalancer 서비스. 노드 로컬 엔드포인트가 없는 노드는
트래픽을 다른 노드의 엔드포인트로 전달한다.

conntrack 커널의 네트워킹 스택이 서비스로 향하는 패킷에 DNAT를 수행할 때 conntrack 테이블에 항목을 추가한다. conntrack 테이블은 동일한 서비스로 향하는 추가 패킷에 적용되도록 수행된 변환을 추적한다. 또한 소스 파드로 보내기 전에 응답 패킷에서 NAT를 제거하는 데도 사용된다.

표의 각 항목은 NAT 이전 프로토콜, 원본 IP, 원본 포트, 대상 IP 및 대상 포트를 NAT 이후 프로토콜, 원본 IP, 원본 포트, 대상 IP 및 대상 포트에 매핑한다(항목에는 추가 정보가 포함되지만 이 컨텍스트에서는 관련이 없다). 그림 6-8은 파드(192.168.0.9)에서 서비스(10.96.0.14)로의 연결을 추적하는 테이블 항목을 보여준다. DNAT 이후 목적지 IP와 포트가 어떻게 변경되는지 예시로 확인한다.

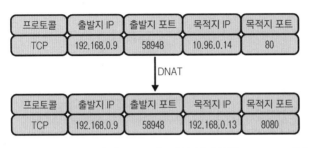

그림 6-8 파드(192.168.0.9)에서 서비스(10.96.0.14)로의 연결을 추적하는 conntrack 테이블 항목이다.

 conntrack 테이블이 가득 차면 커널이 연결을 끊거나 거부하기 시작한다. 이는 일부 애플리케이션에서 문제가 될 수 있다. 많은 연결을 처리하고 연결 문제를 확인하는 워크로드를 실행하면 노드에서 conntrack 테이블의 최대 크기를 조정해야 할 수 있다. conntrack 테이블 사용률을 모니터링하고 테이블이 거의 꽉 찼을 때 경고해야 한다는 점을 명심해야 한다.

마스커레이딩 이전 예제에 나열된 KUBE-MARK-MASQ iptables 규칙을 살펴봤다. 이런 규칙은 클러스터 외부에서 노드에 도착하는 패킷에 적용된다. 패킷을 적절하게 라우팅하려면 서비스 패브릭이 패킷을 다른 노드로 전달할 때 패킷을 마스커레이딩/소스 NAT 해야 한다. 그렇지 않으면 응답 패킷에 요청을 처리한 파드의 IP주소가 포함된다. 패킷의 파드 IP는 클라이언트가 파드가 아닌 노드에 대한 연결을 시작했기 때문에 연결 문제를 일으킬 수 있다.

마스커레이딩Masquerade은 클러스터에서 나가는 데도 사용된다. 파드가 외부 서비스에 연결될 때, 소스 IP는 파드 IP 대신 파드가 실행되는 노드의 IP주소여야 한다. 그렇지 않으면 네트워크는 응답 패킷이 대상 IP주소로 파드 IP를 갖기 때문에 응답 패킷을 삭제한다.

성능 문제 iptables 모드는 쿠버네티스 클러스터를 계속 지원한다. 이에 대규모 클러스터 배포에서 발생할 수 있는 몇 가지 성능 및 확장성 제한을 알고 있어야 한다.

iptables 규칙의 구조와 작동 방식을 고려할 때 파드가 서비스에 대한 새 연결을 설정할 때마다 초기 패킷은 iptables 규칙 중 하나와 일치할 때까지 iptables 규칙을 통과한다. 최악의 시나리오에서 패킷은 iptables 규칙의 전체 컬렉션을 통과해야 한다.

iptables 모드는 패킷을 처리할 때 O(n)시간 복잡도를 겪는다. 즉, iptables 모드는 클러스터의 서비스 수에 따라 선형으로 확장된다. 서비스의 수가 증가함에 따라 서비스의 연결 성능이 저하된다.

iptables 규칙에 대한 업데이트도 대규모로 발생한다는 점이 중요하다. iptables 규칙은 증분식이 아니기 때문에 kube-proxy는 모든 업데이트를 전체 테이블을 작성해야 한다. 경우에 따라 업데이트를 완료하는 데 몇 분 정도 걸릴 수 있으며, 이로 인해 트래픽이 오래된 엔드포인트로 전송될 위험이 있다. 또한 kube-proxy는 업데이트 동안 iptables 잠금(/run/xtables.lock)을 유지해야 하므로 CNI 플러그인과 같이 iptables 규칙을 업데이트해야 하는 다른 프로세스와 경합이 발생할 수 있다.

선형^{linear} 스케일링은 모든 시스템에서 바람직하지 않은 방식이다. 즉, 쿠버네티스 커뮤니티에서 수행한 테스트(https://oreil.ly/YJAu9) 결과를 보면 수만 개의 서비스가 포함된 클러스터를 실행하지 않는 한, 성능 저하를 느끼지 않아야 한다. 그러나 이 정도 규모로 운영하면 kube-proxy의 IPVS 모드를 활용할 수 있다. 이는 다음 절에서 살펴볼 예정이다.

Kube-proxy: IP 가상 서버 모드

IPVS는 리눅스 커널에 내장된 로드밸런싱 기술이다. 쿠버네티스는 iptables 모드의 확장성 제한 및 성능 문제를 해결하려고 kube-proxy에서 IP 가상 서버, 즉 IPVS에 대한 지원을 추가했다.

iptables 모드는 iptables 규칙을 사용해 쿠버네티스 서비스를 구현한다. iptables 규칙은 최악의 시나리오에서 패킷이 전체를 통과해야 하는 목록에 저장된다. IPVS는 원래 로드밸런싱 사용 사례 목적으로 설계됐기 때문에 이 문제를 겪지 않는다.

리눅스 커널의 IPVS 구현은 해시 테이블을 사용해 패킷의 대상을 찾는다. 새 연결이 설정될 때 서비스 목록을 탐색하는 대신, IPVS는 서비스 IP주소를 기반으로 대상 파드를 즉시 찾는다.

IPVS 모드의 kube-proxy가 각 쿠버네티스 서비스 유형을 처리하는 방법를 살펴볼 예정이다.

ClusterIP 서비스   ClusterIP가 있는 서비스를 처리할 때 ipvs 모드의 kube-proxy는 몇 가지 작업을 수행한다. 다음 스니펫과 같이 `kube-ipvs0`이라는 노드의 테스트용 네트워크 인터페이스에 ClusterIP 서비스의 IP주소를 추가한다.

```
$ ip address show dev kube-ipvs0
28: kube-ipvs0: <BROADCAST,NOARP> mtu 1500 qdisc noop state DOWN group default
    link/ether 96:96:1b:36:32:de brd ff:ff:ff:ff:ff:ff
    inet 10.110.34.183/32 brd 10.110.34.183 scope global kube-ipvs0
        valid_lft forever preferred_lft forever
    inet 10.96.0.10/32 brd 10.96.0.10 scope global kube-ipvs0
        valid_lft forever preferred_lft forever
    inet 10.96.0.1/32 brd 10.96.0.1 scope global kube-ipvs0
      valid_lft forever preferred_lft forever
```

테스트용 인터페이스를 업데이트한 후 kube-proxy는 ClusterIP 서비스의 IP주소로 IPVS 가상 서비스를 생성한다. 마지막으로 각 서비스 엔드포인트를 IPVS 가상 서비스에 IPVS 실제 서버를 추가한다. 다음 스니펫은 3개의 엔드포인트가 있는 ClusterIP 서비스에 대한 IPVS 가상 서비스 및 실제 서버를 보여준다.

```
$ ipvsadm --list --numeric --tcp-service 10.110.34.183:80
Prot LocalAddress:Port Scheduler Flags
   -> RemoteAddress:Port          Forward   Weight   ActiveConn   InActConn
TCP 10.110.34.183:80 rr ❶
   -> 192.168.89.153:80           Masq      1        0            0 ❷
   -> 192.168.89.154:80           Masq      1        0            0
```

```
    -> 192.168.89.155:80            Masq        1        0          0
```

❶ IPVS 가상 서비스다. 해당 IP주소는 ClusterIP 서비스의 IP주소다.

❷ 이 항목은 IPVS 실제 서버 중 하나다. 서비스 엔드포인트(파드) 중 하나에 해당한다.

NodePort 및 LoadBalancer 서비스 NodePort 및 LoadBalancer 서비스 kube-proxy는 서비스의 ClusterIP에 대한 IPVS 가상 서비스를 생성한다.

Kube-proxy는 또한 각 노드의 IP주소와 루프백 주소를 IPVS 가상 서비스를 생성한다. 다음 스니펫은 TCP 포트 30737에서 수신하는 NodePort 서비스를 생성된 IPVS 가상 서비스 목록을 보여준다.

```
ipvsadm --list --numeric
IP Virtual Server version 1.2.1 (size=4096)
Prot LocalAddress:Port Scheduler Flags
    -> RemoteAddress:Port        Forward    Weight    ActiveConn    InActConn
TCP 10.0.99.67:30737 rr ❶
    -> 192.168.89.153:80         Masq       1         0             0
    -> 192.168.89.154:80         Masq       1         0             0
    -> 192.168.89.155:80         Masq       1         0             0
TCP 10.110.34.183:80 rr ❷
    -> 192.168.89.153:80         Masq       1         0             0
    -> 192.168.89.154:80         Masq       1         0             0
    -> 192.168.89.155:80         Masq       1         0             0
TCP 127.0.0.1:30737 rr ❸
    -> 192.168.89.153:80         Masq       1         0             0
    -> 192.168.89.154:80         Masq       1         0             0
    -> 192.168.89.155:80         Masq       1         0             0
TCP 192.168.246.64:30737 rr ❹
    -> 192.168.89.153:80         Masq       1         0             0
    -> 192.168.89.154:80         Masq       1         0             0
    -> 192.168.89.155:80         Masq       1         0             0
```

❶ 노드의 IP주소에서 수신 대기하는 IPVS 가상 서비스

❷ 서비스의 ClusterIP 주소를 수신하는 IPVS 가상 서비스

❸ localhost에서 수신하는 IPVS 가상 서비스

❹ 노드의 보조 네트워크 인터페이스에서 수신 대기하는 IPVS 가상 서비스

kube-proxy 없는 실행

역사적으로 kube-proxy는 모든 쿠버네티스 배포의 필수 요소였다. 쿠버네티스 서비스가 작동하도록 하는 중요한 컴포넌트다. 그러나 커뮤니티가 발전함에 따라 kube-proxy가 실행되지 않는 쿠버네티스 배포를 볼 수 있는데 어떻게 가능한지와 대신 서비스를 처리하는 것은 무엇인가?

eBPF^{Extended Berkeley Packet Filters}의 출현으로 실리움(https://oreil.ly/sWoh5) 및 캘리코(https://oreil.ly/0jrKG)와 같은 CNI 플러그인이 kube-proxy의 여러 기능을 대신할 수 있다. iptables 또는 IPVS로 서비스를 처리하는 대신 CNI 플러그인은 서비스를 파드 네트워킹 데이터 플레인에 직접 프로그래밍한다. eBPF 구현이 엔드포인트 조회 목적으로 해시 테이블을 사용한다는 점을 감안할 때 eBPF를 사용하면 쿠버네티스에서 서비스의 성능과 확장성이 향상된다. 또한 개별 서비스 업데이트를 효율적으로 처리할 수 있으므로 서비스 업데이트 처리가 향상된다.

kube-proxy의 필요성을 제거하고 서비스 라우팅을 최적화하는 것은 특히 대규모로 운영하는 사람에게 가치있는 구성이다. 그러나 솔루션을 운영 환경에서 실행하는 것은 아직 초기 단계다. 예를 들어 실리움 구현은 kube-proxy-less 배포를 지원하려고 최신 커널 버전이 필요하다(작성 당시 최신 실리움 버전은 v1.8). 마찬가지로 캘리코팀은 아직 기술 도입 초기 단계에 있기 때문에 운영 환경에서 eBPF 사용을 권장하지 않는다(작성 당시 최신 캘리코 버전은 v3.15.1이다). 시간이 지남에 따라 kube-proxy 교체가 더 보편화될 것으로 예상된다. 실리움은 다른 CNI 플러그인(CNI 체이닝(https://oreil.ly/jZ-2r)이라고 함)과 함께 프록시 교체 기능 실행도 지원한다.

서비스 디스커버리

서비스 디스커버리는 애플리케이션이 네트워크에서 사용 가능한 서비스를 검색할 수 있는 메커니즘을 제공한다. 라우팅 문제는 아니지만 서비스 디스커버리는 쿠버네티스 서비스와 밀접하게 관련돼 있다.

플랫폼팀은 Consul과 같은 클러스터에 전용 서비스 디스커버리 시스템을 도입해야 하는지 여부를 궁금해할 수 있다. 가능하지만 쿠버네티스는 클러스터에서 실행되는 모든 워크로드에 서비스 디스커버리를 제공하므로 일반적으로 필요하지 않다. 이 절에서는 쿠버네티스에서 사용할 수 있는 다양한 서비스 디스커버리 메커니즘, DNS 기반 서비스 디스커버리, API 기반 서비스 디스커버리 및 환경 변수 기반 서비스 디스커버리를 설명한다.

DNS 사용

쿠버네티스는 클러스터 내부에서 실행되는 워크로드에 DNS를 통한 서비스 디스커버리를 제공한다. 쿠버네티스 적합 배포는 쿠버네티스 API와 통합되는 DNS 서버를 실행한다. 오늘날 가장 많이 사용되는 DNS 서버는 확장 가능한 오픈소스 DNS 서버인 CoreDNS(https://coredns.io)이다.

CoreDNS는 쿠버네티스 API 서버의 리소스를 감시한다. 각 쿠버네티스 서비스를 CoreDNS는 `<service-name>.<namespace-name>.svc.cluster.local` 형식으로 DNS 레코드를 생성한다. 예를 들어 기본 네임스페이스에서 NGINX라는 서비스는 DNS 레코드 `nginx.default.svc.cluster.local`을 가져온다. 그러나 파드는 DNS 레코드를 어떻게 사용할 수 있는가?

DNS 기반 서비스 디스커버리를 활성화하려고 쿠버네티스는 CoreDNS를 파드용 DNS 해석기^{resolver}로 구성한다. 파드의 샌드박스를 설정할 때 kubelet은 CoreDNS를 네임서버로 지정하는 /etc/resolv.conf를 작성하고, 설정 파일을 컨테이너에 삽입한다. 파드의 /etc/resolv.conf 파일은 다음과 같다.

```
$ cat /etc/resolv.conf
search default.svc.cluster.local svc.cluster.local cluster.local
```

```
nameserver 10.96.0.10
options ndots:5
```

구성이 다음과 같이 파드는 이름으로 서비스에 연결을 시도할 때마다 CoreDNS에 DNS 쿼리를 보낸다.

해석기 구성의 다른 흥미로운 방식은 ndots 및 검색을 사용해 DNS 쿼리를 단순화한다. 파드가 동일한 네임스페이스에 존재하는 서비스에 도달하려고 할 때 정규화된 도메인명(nginx.default.svc.cluster.local) 대신 서비스의 이름을 도메인명으로 사용할 수 있다.

```
$ nslookup nginx
Server:        10.96.0.10
Address:       10.96.0.10#53

Name:    nginx.default.svc.cluster.local
Address: 10.110.34.183
```

마찬가지로 파드가 다른 네임스페이스에 있는 서비스에 도달하기를 원할 때 서비스명에 네임스페이스명을 추가하면 된다.

```
$ nslookup nginx.default
Server:        10.96.0.10
Address:       10.96.0.10#53

Name:    nginx.default.svc.cluster.local
Address: 10.110.34.183
```

ndots 구성에서 클러스터 외부의 서비스와 통신하는 애플리케이션에 미치는 영향을 고려한다. ndots 매개변수는 도메인명이 절대경로명 또는 완전경로명으로 적용되려고 도메인명에 표시돼야 하는 점^{dot} 개수를 지정한다. 정규화되지 않은 이름을 확인할 때 시스템은 다음예와 같이 검색 매개변수의 항목을 사용해 다양한 조회를 시도한다. 따라서 애플리케이션이 정규화되지 않은 클러스터 외부 이름을 확인할 때 해석기는 이름을 절대경로명으로 확인하기 전에 여러 번의 시행착오를 거친 뒤 클러스터 DNS 서버를 참조한다. 문제를 방지하려고 '.'를 추가해 애플리케이션에서 정규화된 도메인명을 사용할 수 있다. 이름 끝에 '.' 또는 파드 사양의 `dnsConfig` 필드로 파드의 DNS 구성을 조정할 수 있다.

다음 스니펫은 외부 이름을 확인하는 파드에 대한 `ndots` 구성의 영향을 보여준다. 구성된 `ndots`보다 점이 적은 이름을 확인하면 여러 DNS 쿼리가 발생하는 반면 절대 이름을 확인하면 단일 쿼리가 발생한다.

```
$ nslookup -type=A google.com -debug | grep QUESTIONS -A1 ❶
    QUESTIONS:
google.com.default.svc.cluster.local, type = A, class = IN
--
    QUESTIONS:
google.com.svc.cluster.local, type = A, class = IN
--
    QUESTIONS:
google.com.cluster.local, type = A, class = IN
--
    QUESTIONS:
google.com, type = A, class = IN

$ nslookup -type=A -debug google.com. | grep QUESTIONS -A1 ❷
    QUESTIONS:
google.com, type = A, class = IN
```

❶ 5개 미만의 점이 있는 이름을 확인하려고 시도한다(정규화되지 않음). 해석기는 /etc/resolv.conf의 검색 필드에 있는 항목당 하나씩 여러 조회를 수행한다.

❷ 정규화된 이름을 확인하려고 시도한다. 해석기는 단일 조회를 수행한다.

전반적으로 DNS를 통한 서비스 디스커버리는 애플리케이션이 쿠버네티스 서비스와 상호작용하는 장벽을 낮추기 때문에 매우 유용하다.

쿠버네티스 API 사용

쿠버네티스에서 서비스를 디스커버리하는 다른 방법은 쿠버네티스 API를 사용한다. 커뮤니티는 고[Go], 자바, 파이썬[Python] 등을 비롯한 다양한 언어로 다양한 쿠버네티스 클라이언트 라이브러리를 관리한다. 스프링[Spring]과 같은 일부 애플리케이션 프레임워크는 쿠버네티스 API

를 통한 서비스 디스커버리도 지원한다.

서비스 디스커버리 목적으로 쿠버네티스 API를 사용하면 특정 시나리오에서 유용하다. 예를 들어 애플리케이션이 서비스 엔드포인트 변경사항이 발생하는 즉시 이를 인식해야 할 때 API를 관찰하는 것이 좋다.

쿠버네티스 API로 서비스 디스커버리를 수행할 때의 주요 단점은 애플리케이션을 기본 플랫폼에 밀접하게 연결한다. 이상적으로는 애플리케이션이 플랫폼을 인식하지 않아야 한다. 서비스 디스커버리 목적으로 쿠버네티스 API를 사용하기로 선택할 때 비즈니스 로직에서 쿠버네티스 세부 정보를 추상화하는 인터페이스를 구축해야 한다.

환경변수 사용

쿠버네티스는 서비스 디스커버리를 쉽게 하기 위해 환경변수를 파드에 주입한다. 각 서비스를 쿠버네티스는 서비스 정의에 따라 여러 환경변수를 설정한다. 80포트에서 수신 대기하는 NGINX 클라우드 IP 서비스에 대한 환경변수는 다음과 같다.

```
NGINX_PORT_80_TCP_PORT=80
NGINX_SERVICE_HOST=10.110.34.183
NGINX_PORT=tcp://10.110.34.183:80
NGINX_PORT_80_TCP=tcp://10.110.34.183:80
NGINX_PORT_80_TCP_PROTO=tcp
NGINX_SERVICE_PORT=80
NGINX_PORT_80_TCP_ADDR=10.110.34.183
```

이 접근 방식의 단점은 파드를 다시 시작하지 않고는 환경변수를 업데이트할 수 없다. 따라서 파드가 시작되기 전에 서비스가 준비돼 있어야 한다.

DNS 서비스 성능

플랫폼의 워크로드에 DNS 기반 서비스 디스커버리를 제공하는 것이 중요하다. 클러스터의 크기와 애플리케이션 수가 증가함에 따라 DNS 서비스가 병목 현상이 될 수 있다. 성능이 뛰어난 DNS 서비스를 제공하는 데 사용할 수 있는 기술을 알아본다.

노드별 DNS 캐시

쿠버네티스 커뮤니티는 NodeLocal DNSCache(https://oreil.ly/lQdTH)라는 DNS 캐시 추가 기능을 관리한다. 추가 기능은 각 노드에서 DNS 캐시를 실행해 여러 문제를 해결한다. 첫째, 워크로드가 DNS 서버(잠재적으로 다른 노드에 있음)에 연결하는 대신, 로컬 캐시(캐시 적중을 가정)에서 응답을 얻는다는 점에서 캐시는 DNS 조회의 대기 시간을 줄인다. 둘째, 워크로드가 대부분의 시간 동안 캐시를 활용하므로 CoreDNS 서버의 로드가 감소한다. 마지막으로 캐시 누락할 때 로컬 DNS 캐시는 중앙 DNS 서비스에 연결할 때 DNS 쿼리를 TCP로 업그레이드한다. UDP 대신 TCP를 사용하면 DNS 쿼리의 안정성이 향상된다.

DNS 캐시는 클러스터에서 데몬셋으로 실행된다. DNS 캐시의 각 레플리카는 해당 노드에서 시작되는 DNS 쿼리를 가로챈다. 캐시를 사용하려고 애플리케이션 코드나 구성을 변경할 필요가 없다. NodeLocal DNSCache 추가 기능의 노드 수준 아키텍처는 그림 6-9에 나와 있다.

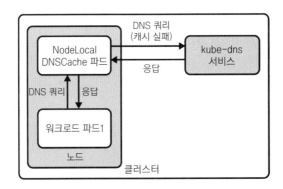

그림 6-9 NodeLocal DNSCache 추가 기능의 노드 수준 아키텍처. DNS 캐시는 DNS 쿼리를 가로채 캐시 히트가 있으면 즉시 응답한다. 캐시 누락일 때 DNS 캐시는 쿼리를 클러스터 DNS 서비스로 전달한다.

DNS 서버 오토스케일링

클러스터에서 NodeLocal DNSCache를 실행하는 것 외에도 클러스터 크기에 따라 DNS 배포를 자동으로 확장할 수 있다. 이 전략은 수평 파드 오토스케일러Horizontal Pod Autoscaler를 활용하지 않는다. 대신 클러스터의 노드 수를 기반으로 워크로드를 확장하는 클러스터 비례 오토스케일러cluster Proportional Autoscaler(https://oreil.ly/432we)를 사용한다.

클러스터 비례 오토스케일러는 클러스터에서 파드로 실행된다. 오토스케일링이 필요한 워크로드를 설정하는 구성 플래그가 있다. DNS를 오토스케일하려면 대상 플래그를 CoreDNS(또는 kube-dns) 배포로 설정해야 한다. 오토스케일러 처리가 실행되면 기본적으로 10초마다 API 서버를 폴링해 클러스터의 노드 및 CPU 코어 수를 가져온다. 그런 다음 CoreDNS 배포의 레플리카 수를 조정한다. 원하는 레플리카 수는 구성 가능한 레플리카 대 노드 비율 또는 레플리카 대 코어 비율에 따라 결정된다. 사용할 비율은 워크로드와 워크로드의 DNS 집약도에 따라 다르다.

대부분은 NodeLocal DNSCache를 사용하면 안정적인 DNS 서비스를 제공하기에 충분하다. 그러나 오토스케일링 DNS는 최소 및 최대 노드 범위가 충분히 넓은 클러스터를 자동 확장할 때 사용할 수 있는 다른 전략이다.

인그레스

쿠버네티스에서 실행되는 워크로드는 일반적으로 클러스터 외부에서 액세스할 수 없다. 애플리케이션에 외부 클라이언트가 없을 때는 문제가 되지 않는다. 배치 워크로드는 이런 애플리케이션의 좋은 예다. 그러나 현실적으로 대부분의 쿠버네티스 디플로이먼트는 최종 사용자가 있는 웹 서비스를 호스팅한다.

인그레스는 쿠버네티스에서 실행 중인 서비스를 클러스터 외부의 클라이언트에 노출하는 접근 방식이다. 쿠버네티스가 인그레스 API를 즉시 수행하지는 않지만 모든 쿠버네티스 기반 플랫폼의 필수 요소다. 기성 쿠버네티스 애플리케이션 및 클러스터 추가 기능이 인그레스 컨트롤러가 클러스터에서 실행되고 있다고 예상하는 것은 드문 일이 아니다. 또한 개발자는 쿠버네티스에서 애플리케이션을 성공적으로 실행할 수 있어야 한다.

플랫폼에서 인그레스를 구현할 때 고려해야 할 사항을 안내하는 것을 소개한다. 인그레스 API, 가장 일반적인 인그레스 트래픽 패턴, 쿠버네티스 기반 플랫폼에서 인그레스 컨트롤러의 중요한 역할을 검토한다. 또한 인그레스 컨트롤러를 배포하는 다양한 방법과 장단점을 살펴볼 예정이다. 마지막으로, 직면할 수 있는 일반적인 문제를 해결하고 생태계의 다른 도구와의 유용한 통합 방법을 살펴본다.

인그레스 적용 사례

쿠버네티스 서비스는 이미 트래픽을 파드로 라우팅하는 방법을 제공하고 있는데, 동일한 방식을 달성하려고 추가 전략이 필요한 이유는 무엇인가? 플랫폼을 단순하게 유지하는 것을 좋아하는 만큼, 현실은 서비스에 중요한 한계와 단점이 있다.

제한된 라우팅 기능

서비스는 수신 요청의 목적지 IP 및 포트에 따라 트래픽을 라우팅한다. 서비스는 작고 비교적 단순한 애플리케이션에 유용하지만 보다 실질적인 마이크로서비스 기반 애플리케이션에서는 빠르게 분리된다. 이런 애플리케이션에는 더 스마트한 라우팅 기능과 기타 고급 기능이 필요하다.

비용

클라우드 환경에서 실행 중일 때 클러스터의 각 LoadBalancer 서비스는 AWS ELB와 같은 외부 로드밸런서를 생성한다. 플랫폼의 각 서비스를 별도의 로드밸런서를 실행하면 금세 비용이 많이 들 수 있다.

인그레스는 라우팅 기능과 비용의 제한 사항을 모두 해결한다. OSI 모델의 레이어3/4에서 로드밸런싱으로 제한되는 대신 인그레스는 레이어7에서 로드밸런싱 및 라우팅 기능을 제공한다.

또한 플랫폼에 여러 로드밸런서 또는 엔트리포인트를 가질 필요가 없다는 것이 인그레스의 장점이다. 호스트 헤더를 기반으로 HTTP 요청을 라우팅하는 기능과 같이 인그레스에서 사용할 수 있는 고급 라우팅 기능 덕분에 모든 서비스 트래픽을 단일 엔트리포인트로 라우팅하고 인그레스 컨트롤러가 트래픽 역다중화demultiplexing를 처리하도록 할 수 있다. 이를 통해 플랫폼으로 트래픽을 가져오는 비용을 크게 줄일 수 있다.

플랫폼에 대한 단일 인그레스 지점을 가질 수 있는 기능은 또한 비클라우드 배포의 복잡성을 줄인다. 여러 NodePort 서비스로 여러 외부 로드밸런서를 잠재적으로 관리해야 하는 대신, 트래픽을 인그레스 컨트롤러로 라우팅하는 단일 외부 로드밸런서를 작동할 수 있다.

인그레스가 쿠버네티스 서비스와 관련된 대부분의 단점을 해결하더라도 후자는 여전히 필요하다. 인그레스 컨트롤러 자체는 플랫폼 내부에서 실행되므로 외부에 존재하는 클라이언트에 노출돼야 한다. 이는 서비스(NodePort 또는 로드밸런서)를 사용해 구현할 수 있다. 게다가 대부분의 인그레스 컨트롤러는 HTTP 트래픽의 로드밸런싱과 관련해 빛을 발한다. 다른 프로토콜을 사용하는 애플리케이션을 호스팅하려면 인그레스 컨트롤러의 기능에 따라 인그레스와 함께 서비스를 사용해야 할 수도 있다.

인그레스 API

인그레스 API를 사용하면 애플리케이션 팀이 서비스를 노출하고 필요에 따라 요청 라우팅을 구성할 수 있다. 인그레스는 HTTP 라우팅에 중점을 두고 있기 때문에 인그레스 API 리소스는 들어오는 HTTP 요청의 속성에 따라 트래픽을 라우팅하는 다양한 방법을 제공한다.

일반적인 라우팅 기술은 HTTP 요청의 Host 헤더에 따라 트래픽을 라우팅한다. 예를 들어 다음 인그레스 구성에서 호스트 헤더가 bookhotels.com으로 설정된 HTTP 요청은 한 서비스로 라우팅되고, bookflights.com으로 향하는 요청은 다른 서비스로 라우팅된다.

```
---
apiVersion: networking.k8s.io/v1
kind: Ingress
```

```
metadata:
  name: hotels-ingress
spec:
  rules:
  - host: bookhotels.com
    http:
      paths:
      - path: /
        backend:
          serviceName: hotels
          servicePort: 80
---
apiVersion: networking.k8s.io/v1
kind: Ingress
metadata:
  name: flights-ingress
spec:
  rules:
  - host: bookflights.com
    http:
      paths:
      - path: /
        backend:
          serviceName: flights
          servicePort: 80
```

클러스터 전체 도메인명의 특정 하위 도메인에서 애플리케이션을 호스팅하는 것은 쿠버네티스에서 흔히 볼 수 있는 접근 방식이다. 이때 플랫폼의 도메인명을 할당하고 각 애플리케이션은 하위 도메인을 얻는다. 이전 예시의 여행 테마를 유지하면서 여행 예약 애플리케이션에 대한 하위 도메인 기반 라우팅의 예는 `hotels.cluster1.useast.example.com` 및 `flight.cluster1.useeast.example.com`이 있을 수 있다. 하위 도메인 기반 라우팅은 사용할 수 있는 최상의 전략 중 하나다. 또한 테넌트별 도메인명(예: 테넌트A.example.com 및 테넌트B.example.com)에서 SaaS^Software-as-a-Service 애플리케이션의 테넌트를 호스팅하는 것과 같은 다른 흥미로운 사용 사례를 지원한다. 이후 절에서 하위 도메인 기반 라우팅을 구현하는 방법을 알아본다.

인그레스 구성 충돌 및 충돌 방지 방법

인그레스 API는 다중팀 또는 다중 테넌트 클러스터에서 구성 충돌이 발생하기 쉽다. 동일한 도메인명을 사용해 애플리케이션을 노출하려는 여러 팀에서 많이 볼 수 있다. 애플리케이션 팀이 호스트가 app.bearcanoe.com으로 설정된 인그레스 리소스를 생성하는 상황을 고려해야 한다. 다른 팀이 같은 호스트로 인그레스를 생성하면 어떻게 되는가? 인그레스 API는 이 시나리오를 처리하는 방법을 지정하지 않는다. 대신 수행할 작업을 결정하는 것은 인그레스 컨트롤러에 달려 있다. 일부 컨트롤러는 가능하면 구성을 병합하지만 다른 컨트롤러는 새 인그레스 리소스를 거부하고 에러 메시지를 기록한다. 특정 상황에서 인그레스 리소스가 겹치면 놀라운 동작이 발생할 수 있으며 심지어 서비스가 중단될 수도 있다.

일반적으로 두 가지 방법 중 하나로 문제를 해결한다. 첫 번째는 들어오는 인그레스 리소스의 유효성을 검사하고 호스트명이 클러스터에서 고유한지 확인하는 어드미션 컨트롤러를 사용한다. 실무에서는 시간이 지남에 따라 이런 어드미션 컨트롤러를 많이 구축했다. 요즘에는 문제를 처리하려고 OPA(Open Policy Agent)를 사용한다. OPA 커뮤니티는 이 사용 사례에 대한 정책(https://oreil.ly/wnN0V)도 유지한다.

컨투어(Contour) 인그레스 컨트롤러는 다른 솔루션으로 이에 접근한다. HTTPProxy 사용자 정의 리소스는 루트 HTTPProxy 리소스를 포함해 이 사례를 처리한다. 간단히 말해서 루트 HTTPProxy는 호스트를 지정한 다음, 해당 도메인에서 호스팅되는 다른 HTTPProxy 리소스를 포함한다. 운영자가 루트 HTTPProxy 리소스를 관리하고 특정 팀에 할당한다는 개념이다. 예를 들어 운영자는 호스트 app1.bearca noe.com을 사용해 루트 HTTPProxy를 만들고 모든 HTTPProxy 리소스를 app1 네임스페이스에 포함한다. 자세한 내용은 컨투어의 문서(https://oreil.ly/xOzBF)를 참조하면 된다.

인그레스 API는 호스트 기반 라우팅 이상의 기능을 지원한다. 쿠버네티스 프로젝트의 발전으로 인그레스 컨트롤러는 인그레스 API를 확장했다. 인그레스 API를 확장하는 과정에서 인그레스 리소스가 발전했지만, 어노테이션을 사용한 방법이었다. 어노테이션을 사용할 때의 문제는 스키마가 없다는 점이다. API 서버가 잘못된 구성을 포착할 방법이 없기 때문에 이로 인해 사용자 환경이 좋지 않을 수 있다. 문제를 해결하려고 일부 인그레스 컨트롤러는 CustomResourceDefinition[CRD4]를 제공한다. 리소스에는 인그레스로 사용할 수 없는 기능을 제공하는 잘 정의된 API가 있다. 예를 들어 컨투어는 HTTPProxy 사용자 정의 리소스를 제

---

4   사용자 정의 서버를 구축하는 대신, 쿠버네티스 API 서버에 추가하려고 리소스를 정의하는 사용자 정의 코드 명세 방식으로, 공개 지원되는 API 리소스가 사용 요구조건에 맞지 않는다면, CRD를 이용해 쿠버네티스 API를 확장할 수 있다. – 옮긴이

공한다. CRD를 활용하면 더 광범위한 기능에 액세스할 수 있지만, 필요할 때 인그레스 컨트롤러를 교체하는 기능을 포기할 수 있다. 즉, 특정 컨트롤러에 인그레스를 '고정'한다.

인그레스 컨트롤러 및 작동 방식

쿠버네티스로 처음 구성했을 때를 기억할 수 있다면, 아마도 인그레스에서 수수께끼 같은 상황을 만난다. 이전에는 디플로이먼트 및 인그레스가 포함된 샘플 YAML 파일을 다운로드해 클러스터에 적용했다. 파드가 정상적으로 기동됐지만 정상적으로 통신될 수 없었다. 인그레스 리소스는 기본적으로 아무 것도 하지 않았다. 여기에서 일어나는 일을 알아본다.

인그레스는 플랫폼 빌더가 구현하도록 남겨진 쿠버네티스의 API중 하나다. 즉, 쿠버네티스는 인그레스 인터페이스를 노출하고 다른 컴포넌트가 구현을 제공할 것으로 기대하는데, 이 컴포넌트를 일반적으로 인그레스 컨트롤러라고 한다.

인그레스 컨트롤러는 클러스터에서 실행되는 플랫폼 컴포넌트다. 컨트롤러는 인그레스 API를 관찰하고 인그레스 리소스에 정의된 구성에 따라 작동한다. 대부분의 구현에서 인그레스 컨트롤러는 NGINX 또는 엔보이와 같은 리버스 프록시와 쌍을 이룬다. 두 컴포넌트 아키텍처는 컨트롤러가 인그레스 컨트롤러의 컨트롤 플레인이고 프록시가 데이터 플레인 컴포넌트라는 점에서 다른 소프트웨어 정의 네트워크 시스템과 유사하다. 그림 6-10은 인그레스 컨트롤러의 컨트롤 플레인과 데이터 플레인을 보여준다.

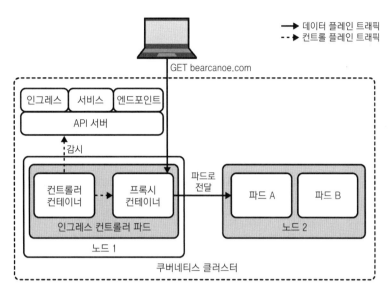

그림 6-10 인그레스 컨트롤러는 API 서버의 다양한 리소스를 감시하고, 프록시를 구성한다.
프록시는 인그레스 구성에 따라 수신 트래픽을 처리하고 이를 파드로 전달한다.

인그레스 컨트롤러의 컨트롤 플레인은 쿠버네티스 API에 연결하고 인그레스, 서비스, 엔드 포인트 등과 같은 다양한 리소스를 감시한다.

리소스가 변경될 때마다 컨트롤러는 감시 알림을 수신하고 쿠버네티스 API에 선언된 원하는 상태에 따라 작동하도록 데이터 플레인을 구성한다.

데이터 플레인은 네트워크 트래픽의 라우팅 및 로드밸런싱을 처리한다. 앞서 언급했듯이 데 이터 플레인은 일반적인 프록시로 구현된다.

인그레스 API는 서비스 추상화를 기반으로 하기 때문에 인그레스 컨트롤러는 서비스로 트 래픽을 전달하거나 파드로 직접 보낼 수 있다. 대부분의 인그레스 컨트롤러는 후자를 선택 한다. 인그레스 리소스에서 참조하는 서비스가 존재하는지 확인하는 것 외에는 서비스 리소 스를 사용하지 않는다. 라우팅과 관련해 대부분의 컨트롤러는 해당 엔드포인트 오브젝트에 나열된 파드 IP주소로 트래픽을 전달한다. 파드로 트래픽을 직접 라우팅하면 서비스 레이어 를 우회하므로 지연 시간이 줄어들고 다양한 로드밸런싱 전략이 추가된다.

인그레스 트래픽 패턴

인그레스는 각 애플리케이션이 필요에 따라 라우팅을 구성할 수 있다는 장점이 있다. 일반적으로 각 애플리케이션은 들어오는 트래픽을 처리할 때 요구사항이 다르다. 일부는 에지[5]에서 TLS 종료가 필요한 경우가 있고, TLS 자체를 처리하기를 요구한다. TLS를 전혀 지원하지 않을 수 있는 애플리케이션도 있다(이때 보안이 취약하므로 추천하지 않는다).

이 절에서는 일반적인 인그레스 트래픽 패턴을 탐색한다. 인그레스 트래픽 패턴을 통해 인그레스가 개발자에게 어떤 기능을 제공할 수 있고, 인그레스가 사용자의 플랫폼 제공에 어떻게 적합할 수 있는지에 대한 아이디어를 줄 것이다.

HTTP 프록시

HTTP 프록시는 인그레스의 기본이다. 이 패턴은 하나 이상의 HTTP 기반 서비스를 노출하고 HTTP 요청의 속성에 따라 트래픽을 라우팅하는 것을 포함한다. 앞에서 이미 Host 헤더를 기반으로 한 라우팅을 설명했다. 라우팅 결정에 영향을 줄 수 있는 다른 속성에는 인그레스 컨트롤러에 따라 URL 경로, 요청 방법, 요청 헤더 등이 있다.

다음 인그레스 리소스는 `app1.example.com`에서 `app1` 서비스를 노출한다. 일치하는 Host HTTP 헤더가 있는 모든 수신 요청은 `app1` 파드로 전송된다.

```
apiVersion: networking.k8s.io/v1
kind: Ingress
metadata:
  name: app1
spec:
  rules:
  - host: app1.example.com
    http:
      paths:
      - path: /
        backend:
```

---

5   에지는 사용자나 데이터 소스의 물리적인 위치나 그 위치와 가까운 곳에서 컴퓨팅을 수행하는 것을 의미한다.– 옮긴이

```
        serviceName: app1
        servicePort: 80
```

적용되면 앞의 구성은 그림 6-11과 같은 데이터 플레인 흐름을 생성한다.

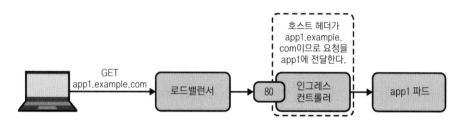

그림 6-11 인그레스 컨트롤러로 클라이언트에서 대상 파드로의 HTTP 요청 경로다.

TLS 적용 HTTP 프록시

TLS 암호화 지원은 인그레스 컨트롤러에 대한 주요 기능이다. 이 인그레스 트래픽 패턴은 라우팅 관점에서 HTTP 프록시와 동일하다. 그러나 클라이언트는 일반 텍스트 HTTP 대신 보안 TLS 연결로 인그레스 컨트롤러와 통신한다.

TLS를 사용해 **app1**을 노출하는 인그레스 리소스를 보여주는 예를 살펴본다. 컨트롤러는 참조된 쿠버네티스 시크릿에서 TLS 제공 인증서 및 키를 가져온다.

```
apiVersion: networking.k8s.io/v1
kind: Ingress
metadata:
  name: app1
spec:
  tls:
  - hosts:
      - app1.example.com
    secretName: app1-tls-cert
  rules:
  - host: app1.example.com
    http:
      paths:
```

```
  - path: /
    backend:
      serviceName: app1
      servicePort: 443
```

인그레스 컨트롤러는 인그레스 컨트롤러와 백엔드 서비스 간의 연결과 관련해 다양한 구성을 지원한다. 외부 클라이언트와 컨트롤러 간의 연결은 TLS(보안)이지만 인그레스 컨트롤러와 백엔드 애플리케이션 간의 연결은 보안이 필요하지 않다.

컨트롤러와 백엔드 간의 연결이 안전한지 여부는 애플리케이션이 TLS 연결을 수신하는지 여부에 따라 다르다. 기본적으로 대부분의 인그레스 컨트롤러는 그림 6-12와 같이 TLS를 종료하고 암호화되지 않은 연결로 요청을 전달한다.

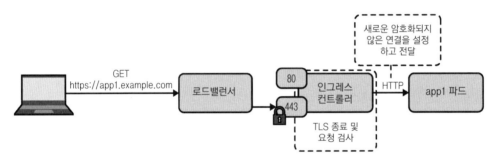

그림 6-12 TLS를 종료하고 암호화되지 않은 연결로 백엔드 파드로 요청을 전달해 HTTPS 요청을 처리하는 인그레스 컨트롤러

백엔드에 대한 보안 연결이 필요할 때 인그레스 컨트롤러는 에지에서 TLS 연결을 종료하고 백엔드와의 TLS 연결을 새로 설정한다(그림 6-13 참조). 클라이언트와 TLS 핸드셰이크[TLS Handshake][6]를 수행해야 하는 애플리케이션과 같은 특정 애플리케이션에는 TLS 연결 재설정이 적절하지 않을 때가 있다. 이때 TLS 패스스루[TLS passthrough]가 실행 가능한 대안이다.

---

6   송신자와 수신자가 암호화된 데이터를 교환하기 위한 일련의 협상과정을 의미하며, 협상과정에는 TLS 인증서 전달, 대칭키(비밀키) 전달, 암호화 알고리즘 결정, TLS 프로토콜 결정 등이 포함된다. – 옮긴이

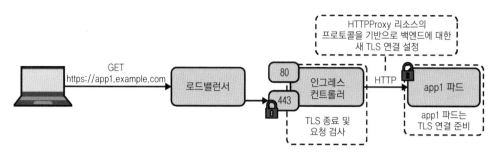

그림 6-13 인그레스 컨트롤러는 HTTPS 요청을 처리할 때 TLS를 종료하고 백엔드 파드와 새 TLS 연결을 설정한다.

레이어3/4 프록시

인그레스 API의 주요 초점은 레이어7 프록시(HTTP 트래픽)이지만 일부 인그레스 컨트롤러는 레이어3/4(TCP/UDP트래픽)에서 트래픽을 프록시할 수 있는데, HTTP를 사용하지 않는 애플리케이션을 노출해야 할 때 유용하다. 인그레스 컨트롤러를 평가할 때 레이어3/4 프록시에 대한 지원이 컨트롤러마다 다르기 때문에 이를 염두에 둬야 한다.

TCP 또는 UDP 서비스 프록시의 주요 문제는 인그레스 컨트롤러가 제한된 수의 포트(일반적으로 80 및 443)에서 수신 대기한다.

트래픽을 구별하는 전략 없이는 같은 포트에 다른 TCP 또는 UDP 서비스를 노출하는 것이 불가능하다. 인그레스 컨트롤러는 이 문제를 다양한 방식으로 해결한다. 컨투어와 같은 일부는 SNI(서버 이름 표시) TLS 확장을 사용하는 TLS 암호화 TCP 연결의 프록시만 지원한다. 컨투어가 트래픽이 어디로 향하고 있는지 알아야 하기 때문이다. 그리고 SNI를 사용할 때 TLS 핸드셰이크의 ClientHello 메시지에서 대상 도메인명을 사용할 수 있다(암호화되지 않음). TLS와 SNI는 TCP에 의존하기 때문에 컨투어는 UDP 프록시를 지원하지 않는다.

다음은 컨투어에서 지원하는 샘플 HTTP 프록시 사용자 정의 리소스다. 레이어3/4 프록시는 사용자 정의 리소스가 인그레스 API보다 더 나은 경험을 제공하는 사례다.

```
apiVersion: projectcontour.io/v1
 kind: HTTPProxy
metadata:
```

```
    name: tcp-proxy
  spec:
   virtualhost:
     fqdn: tcp.bearcanoe.com
     tls:
       secretName: secret
   tcpproxy:
     services:
     - name: tcp-app
       port: 8080
```

앞의 구성에서 컨투어는 SNI 확장에서 서버 이름을 읽고 트래픽을 백엔드 TCP 서비스로 프록시한다. 그림 6-14는 이 기능을 보여준다.

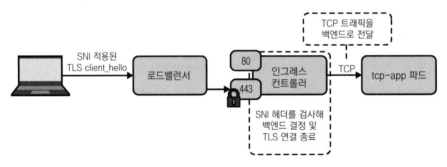

그림 6-14 인그레스 컨트롤러는 SNI 헤더를 검사해 백엔드를 결정하고 TLS 연결을 종료하고 TCP 트래픽을 파드로 전달한다.

다른 인그레스 컨트롤러는 기본 프록시에 레이어3/4 프록시용 추가 포트를 바인딩하도록 지시하는 데 사용할 수 있는 구성 매개변수를 노출한다. 그런 다음 추가 포트를 클러스터에서 실행 중인 특정 서비스에 매핑하는데 커뮤니티 주도 NGINX 인그레스 컨트롤러가 레이어 3/4 프록시로 접근 방식이다.

레이어3/4 프록시의 일반적인 사용 사례는 TLS 패스스루다. TLS 패스스루에는 TLS 엔드포인트를 노출하는 애플리케이션과 클라이언트와 직접 TLS 핸드셰이크를 처리해야 하는 필요성이 포함된다. 'TLS를 사용한 HTTP 프록시' 패턴에서 설명한 것처럼 인그레스 컨트롤러는 일반적으로 클라이언트 쪽 TLS 연결을 종료한다. 인그레스 컨트롤러가 HTTP 요청을 검사할 수 있도록 TLS 종료가 필요하다. 그렇지 않으면 암호화된다. 그러나 TLS 패스스루를 사용하면 인그레스 컨트롤러가 TLS를 종료하지 않고 대신 백엔드 파드에 대한 보안 연결을 프록시한다. 그림 6-15는 TLS 통과를 보여준다.

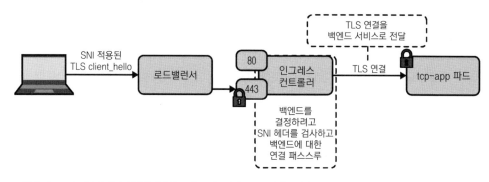

그림 6-15 TLS 패스스루가 활성화되면 인그레스 컨트롤러는 SNI 헤더를 검사해 백엔드를 결정하고, TLS 연결을 전달한다.

인그레스 컨트롤러 선택

선택할 수 있는 여러 인그레스 컨트롤러가 있다. 경험상 NGINX 인그레스 컨트롤러는 가장 일반적으로 사용되는 컨트롤러다. 그러나 NGINX 인그레스 컨트롤러가 사용자의 애플리케이션 플랫폼에 가장 적합하다는 것을 의미하지는 않는다. 다른 선택에는 컨투어, HA 프록시, 트래픽^{Traefik}(https://traefik.io) 등이 있다. 이 책의 주제는 어떤 것을 사용해야 하는지 알려주는 대신, 결정을 내리는 데 필요한 정보를 제공하는 것을 목표로 한다. 또한 해당될 때 중요한 절충점을 강조한다.

인그레스 컨트롤러의 주요 목표는 애플리케이션 트래픽을 처리한다. 따라서 인그레스 컨트롤러를 선택할 때 애플리케이션을 기본 요소로 선택하는 것은 당연하다. 구체적으로 애플리케이션에 필요한 기능과 요구사항은 무엇인가? 다음은 애플리케이션 지원 관점에서 인그레스 컨트롤러를 평가하는 데 사용할 수 있는 기준 목록이다.

- 애플리케이션이 HTTPS 엔드포인트를 노출하는가? 클라이언트와의 TLS 핸드셰이크를 직접 처리해야 하는가, 아니면 에지에서 TLS를 종료해도 되는가?

- 애플리케이션은 어떤 SSL 암호를 사용하는가?

- 애플리케이션에 세션 어피니티 또는 고정 세션이 필요한가?

- 애플리케이션에 HTTP 헤더 기반 라우팅, 쿠키 기반 라우팅, HTTP 메서드 기반 라우팅 등과 같은 고급 요청 라우팅 기능이 필요한가?

- 애플리케이션에 라운드 로빈, 가중 최소 요청 또는 랜덤과 같은 다양한 로드밸런싱 알고리즘 요구사항이 있는가?

- 애플리케이션에 CORS^Cross-Origin Resource Sharing에 대한 지원이 필요한가?

- 애플리케이션이 인증 문제를 외부 시스템으로 오프로드하는가? 일부 인그레스 컨트롤러는 애플리케이션 전반에 걸쳐 공통 인증 메커니즘을 제공하려고 활용할 수 있는 인증 기능을 제공한다.

- TCP 또는 UDP 엔드포인트를 노출해야 하는 애플리케이션이 있는가?

- 애플리케이션에 수신 트래픽의 속도를 제한하는 기능이 필요한가?

애플리케이션 요구사항 외에도 데이터 플레인 기술에 대한 조직의 경험을 반드시 고려해야 한다. 특정 프록시에 이미 친숙하면 일반적으로 해당 프록시에서 시작하는 것이 안전하다. 사용자는 프록시가 어떻게 작동하는지 잘 이해하고 있을 것이며, 더 중요한 것은 프록시의 한계와 문제를 해결하는 방법을 알게 된다.

지원 가능성은 고려해야 할 중요한 요소다. 인그레스는 플랫폼의 필수 컴포넌트이고, 클라이언트와 클라이언트에서 도달하려는 서비스의 한가운데에 존재한다. 인그레스 컨트롤러에 문제가 생기면 중단에 직면했을 때 필요한 지원에 액세스할 수 있는 방법을 마련해야 한다.

마지막으로 IngressClass를 사용해 플랫폼에서 여러 인그레스 컨트롤러를 실행할 수 있다는 점을 기억해야 한다. 그렇게 하면 플랫폼의 복잡성과 관리가 증가하지만 어떤 때는 필요하다. 플랫폼의 채택률이 높아지고 실행 중인 운영 환경 워크로드가 많을수록 인그레스 티어에서 더 많은 기능을 구현해야 한다. 단일 인그레스 컨트롤러로는 충족할 수 없는 일련의 요구사항을 갖게 될 가능성이 있다.

인그레스 컨트롤러 배포 고려사항

인그레스 컨트롤러에 관계없이 인그레스 티어를 배포하고 운영할 때 염두에 둬야 할 고려사항이 있다. 플랫폼에서 실행되는 애플리케이션에도 영향을 미치는 고려사항도 있다.

전용 인그레스 노드

인그레스 컨트롤러를 실행하려고 노드 세트를 전용(또는 예약)해 클러스터의 '에지' 역할을 하는 것은 매우 성공적으로 찾은 패턴이다. 그림 6-16은 배포 패턴을 보여준다. 처음에는 전용 인그레스 노드를 사용하는 것이 낭비되는 것처럼 보일 수 있다.

그러나 전용 컨트롤 플레인 노드를 실행할 여유가 있다면 클러스터의 모든 워크로드에 대한 중요한 경로에 있는 레이어에 전용 노드를 할당할 여유가 있다. 인그레스에 전용 노드 풀을 사용하면 상당한 이점이 있다.

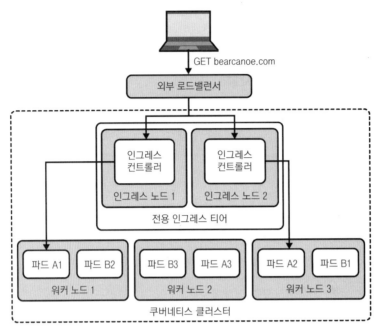

GET bearcanoe.com

외부 로드밸런서

인그레스
컨트롤러

인그레스
컨트롤러

인그레스 노드 1   인그레스 노드 2

전용 인그레스 티어

파드 A1   파드 B2

파드 B3   파드 A3

파드 A2   파드 B1

워커 노드 1   워커 노드 2   워커 노드 3

쿠버네티스 클러스터

그림 6-16 전용 인그레스 노드는 인그레스 컨트롤러용으로 예약돼 있다. 인그레스 노드는 클러스터 또는 인그레스 티어의 '에지' 역할을 한다.

주요 이점은 리소스 격리다. 쿠버네티스는 리소스 요청 및 제한 구성을 지원하지만, 플랫폼 팀이 이런 매개변수를 올바르게 설정하는 데 어려움을 겪을 수 있음을 발견했다. 이는 플랫폼팀이 쿠버네티스 여정의 시작 단계에 있고 리소스 관리를 뒷받침하는 구현 세부 정보(예: cgroups)를 인식하지 못하면 특히 그렇다. 또한 작성 당시 쿠버네티스는 네트워크 I/O 또는 파일 설명자에 대한 리소스 격리를 지원하지 않아 이런 리소스의 공정한 공유를 보장하기 어렵다.

전용 노드에서 인그레스 컨트롤러를 실행하는 다른 이유는 규정 준수다. 많은 조직에서 인그레스 컨트롤러와 호환되지 않을 수 있는 방화벽 규칙 및 기타 보안 정책을 미리 설정했다. 전용 인그레스 노드는 일반적으로 클러스터 노드 전체가 아닌 일부 클러스터 노드에 대한 예외를 가져오는 것이 더 쉽기 때문에 이런 환경에 적합하다.

마지막으로 인그레스 컨트롤러를 실행하는 노드 수를 제한하면 베어메탈 또는 온프레미스 설치에 도움이 된다. 이런 구성에서 인그레스 티어는 보통 하드웨어 로드밸런서 장비가 앞에 구성돼 있다.

대부분은 API가 없고 트래픽을 특정 백엔드 세트로 라우팅하도록 정적으로 구성해야 하는 기존 로드밸런서다. 인그레스 노드 수가 적으면 이런 외부 로드밸런서를 쉽게 구성하고 관리할 수 있다.

전반적으로 인그레스 전용 노드는 성능, 규정 준수 및 외부 로드밸런서 관리에 도움이 된다. 전용 인그레스 노드를 구현하는 가장 좋은 방법은 인그레스 노드에 레이블을 지정하고 테인트^{Taint}시킨다.

그런 다음 인그레스 컨트롤러를 (1)테인트를 허용하고 (2)인그레스 노드를 대상으로 하는 노드 셀렉터가 있는 데몬셋으로 배포한다. 이 접근 방식을 사용하면, 인그레스 컨트롤러가 인그레스용으로 예약된 노드 이외의 노드에서 실행되지 않으므로 인그레스 노드 오류를 고려해야 한다. 이상적일 때 장애가 발생한 노드는 인그레스 트래픽을 계속 처리할 수 있는 새 노드로 자동 교체된다.

호스트 네트워크 바인딩

인그레스 트래픽 경로를 최적화하려고 인그레스 컨트롤러를 기본 호스트의 네트워크에 바인딩할 수 있다. 이렇게 하면 들어오는 요청이 쿠버네티스 서비스 패브릭을 우회하고 인그레스 컨트롤러에 직접 도달한다. 호스트 네트워킹을 활성화할 때 인그레스 컨트롤러의 DNS 정책이 ClusterFirstWithHostNet으로 설정돼 있는지 확인해야 된다. 다음 스니펫은 파드 템플릿의 호스트 네트워킹 및 DNS 정책 설정을 보여준다.

```
spec:
  containers:
  - image: nginx
    name: nginx
  dnsPolicy: ClusterFirstWithHostNet
hostNetwork: true
```

호스트 네트워크에서 직접 인그레스 컨트롤러를 실행하면 성능이 향상될 수 있지만, 그렇게 하면 인그레스 컨트롤러와 노드 사이의 네트워크 네임스페이스 경계가 제거된다는 점을 명심해야 한다.

즉, 인그레스 컨트롤러는 호스트에서 사용 가능한 모든 네트워크 인터페이스 및 네트워크 서비스에 대한 전체 액세스 권한을 갖는다. 이는 인그레스 컨트롤러의 위협 모델에 영향을 미친다. 즉, 데이터 플레인 프록시 취약점은 공격자가 측면 이동을 수행할 수 있는 기준을 낮춘다. 또한 호스트 네트워크에 연결하는 것은 권한이 있는 작업이다. 따라서 인그레스 컨트롤러는 권한 있는 워크로드로 실행하려고 상승된 권한 또는 예외가 필요하다.

그럼에도 호스트 네트워크에 바인딩하는 것이 절충할 가치가 있으며, 일반적으로 플랫폼의 인그레스 컨트롤러를 노출하는 가장 좋은 방법이라는 것을 알게 됐다. 인그레스 트래픽은 서비스 스택을 통과하는 대신 컨트롤러의 게이트에 직접 도착한다('쿠버네티스 서비스'에서 설명한 것처럼 최적이 아닐 수 있다).

인그레스 컨트롤러 및 외부 트래픽 정책

적절하게 구성되지 않을 때 쿠버네티스 서비스를 사용해 인그레스 컨트롤러를 노출하면 인그레스 데이터 플레인의 성능에 영향을 준다.

'쿠버네티스 서비스'에서 상기하면 서비스의 외부 트래픽 정책은 클러스터 외부에서 들어오는 트래픽을 처리하는 방법을 결정한다. NodePort 또는 LoadBalancer 서비스를 사용해 인그레스 컨트롤러를 노출하면 외부 트래픽 정책을 로컬로 설정해야 한다.

로컬 정책을 사용하면 외부 트래픽이 다른 노드로 이동하는 대신 로컬 인그레스 컨트롤러에 도달하므로 불필요한 네트워크 홉핑Hopping을 방지한다. 또한 로컬 정책은 SNAT를 사용하지 않는다. 즉, 클라이언트 IP주소가 요청을 처리하는 애플리케이션에 표시된다.

인그레스 컨트롤러 분산

인그레스 컨트롤러 플릿의 고가용성을 보장하려면 파드 안티어피니티 규칙을 사용해 인그레스 컨트롤러를 서로 다른 장애 도메인에 분산한다.

DNS 및 인그레스 역할

플랫폼에서 실행되는 애플리케이션은 인그레스 데이터 플레인을 공유하므로, 플랫폼 네트워크에 대한 단일 진입점을 공유한다. 요청이 들어오면 인그레스 컨트롤러의 주요 책임은 트래픽을 명확하게 하고, 인그레스 구성에 따라 라우팅한다.

요청 대상을 결정하는 주요 방법은 대상 호스트명(HTTP는 호스트 헤더 또는 TCP는 SNI)을 사용해 DNS를 인그레스 구현의 필수 요소로 바꾼다. DNS 및 인그레스와 관련해 사용할 수 있는 두 가지 주요 접근 방식을 설명한다.

와일드카드 DNS 레코드

필자가 지속적으로 사용하는 가장 성공적인 패턴은 환경에 도메인명을 할당하고 하위 도메인을 다른 애플리케이션에 할당해 분할하는 방식인데 이 방식을 '하위 도메인 기반 라우팅'이라고 한다. 이 패턴을 구현할 때 클러스터의 인그레스 티어로 확인되는 와일드카드 DNS 레코드(예: *.bearcanoe.com) 생성이 포함되는데 일반적으로 이 부분이 적용되는 곳은 인그레스 컨트롤러 앞에 있는 로드밸런서다.

인그레스 컨트롤러에 와일드카드 DNS 레코드를 사용하면 다음과 같은 이점이 있다.

- 애플리케이션은 루트 경로(/)를 포함해 하위 도메인 아래의 모든 경로를 사용할 수 있다. 개발자는 앱이 하위 경로에서 작동하도록 하려고 엔지니어링 시간을 할애할 필요가 없다. 경우에 따라 애플리케이션은 루트 경로에서 호스팅될 것으로 예상하고 그렇지 않으면 작동하지 않는다.
- DNS 구현은 비교적 간단하다. 쿠버네티스와 DNS 프로바이더 간에 통합이 필요하지 않다.
- 단일 와일드카드 DNS 레코드는 각 애플리케이션를 서로 다른 도메인명을 사용할 때 발생할 수 있는 DNS 전파propagation 문제를 제거한다.

쿠버네티스 및 DNS 통합

와일드카드 DNS 레코드를 사용하는 대신, 플랫폼을 DNS 프로바이더와 통합할 수 있다. 쿠버네티스 커뮤니티는 external-dns(https://github.com/kubernetes-sigs/external-dns)라는 통합 방식을 제공하는 컨트롤러를 관리한다. 지원되는 DNS 프로바이더를 사용할 때 이 컨트롤러를 사용해 도메인명 생성을 자동화하는 것이 좋다.

쿠버네티스 컨트롤러에서 예상할 수 있듯이 external-dns는 업스트림 DNS 프로바이더에서 DNS 레코드와 인그레스 리소스에 정의된 구성을 지속적으로 조정한다. 즉, external-dns는 인그레스 API에서 발생하는 변경사항에 따라 DNS 레코드를 생성, 업데이트 및 삭제한다. external-dns는 인그레스 리소스의 일부인 DNS 레코드를 구성하려고 두 가지 정보가 필요하며, 둘 다 인그레스 사양에 있는 원하는 호스트명과 인그레스 리소스의 상태 필드에서 사용할 수 있는 대상 IP주소다.

여러 도메인명을 지원해야 할 때 플랫폼을 DNS 프로바이더와 통합하는 방법이 유용하다. 컨트롤러는 필요에 따라 DNS 레코드를 자동으로 생성한다. 그러나 다음 트레이드오프를 염두에 두는 것이 중요하다.

- 클러스터에 추가 컴포넌트(external-dns)를 배포해야 한다. 추가 애드온은 플랫폼에서 하나 이상의 컴포넌트를 운영, 유지 관리, 모니터링, 버전 지정 및 업그레이드해야 하므로 배포에 더 많은 복잡성을 가져온다.
- external-dns가 DNS 프로바이더를 지원하지 않으면 자체 컨트롤러를 개발해야 한다. 컨트롤러를 구축하고 관리하려면 더 높은 가치의 노력에 투자할 수 있는 엔지니어링 노력이 필요하다. 이때는 단순히 와일드카드 DNS 레코드를 구현하는 것이 가장 좋다.

TLS 인증서 처리

인그레스 컨트롤러는 TLS로 애플리케이션을 제공하려고 인증서와 프라이빗 키$^{private\ key}$가 필요하다. 인그레스 전략에 따라 인증서 관리가 번거로울 수 있다. 클러스터가 단일 도메인명을 호스팅하고 하위 도메인 기반 라우팅을 구현하면 단일 와일드카드 TLS 인증서를 사용할 수 있다. 그러나 어떤 상황에는 클러스터가 다양한 도메인에 걸쳐 애플리케이션을 호스팅하므로 인증서를 효율적으로 관리하기가 어렵다. 또한 보안 팀은 와일드카드 인증서 사용을 반대할 수 있다. 쿠버네티스 커뮤니티는 인증서 발행 및 관리를 용이하게 하는 인증서 관리 추가 기능을 중심으로 처리했다. 추가 기능은 적절하게 인증서 관리자[cert-manager](https://cert-manager.io)로 구현한다.

인증서 관리자는 클러스터에서 실행되는 컨트롤러다. 쿠버네티스 API로 인증 기관[CA, Certificate Authority][7] 및 인증서의 선언적 관리를 가능하게 하는 CRD 세트를 설치한다. 더 중요한 것은 ACME 기반 인증 기관, 해시코프 볼트[Vault], Venafi(https://www.venafi.com) 등을 포함한 다양한 인증서 발급자[issuer]를 지원한다. 또한 필요하면 사용자 정의 발급자를 구현하기 위한 확장점도 제공한다.

인증서 관리자의 인증서 발행 기능은 발급자와 인증서를 중심으로 이뤄진다. 인증서 관리자에는 2개의 발급자 사용자 정의 리소스가 있다. 발급자 리소스는 특정 쿠버네티스 네임스페이스에서 인증서에 서명하는 CA를 나타낸다. 모든 네임스페이스에서 인증서를 발급할 때 ClusterIssuer 리소스를 사용할 수 있다. 다음은 platform-ca-key-pair라는 쿠버네티스 시크릿에 저장된 프라이빗 키를 사용하는 ClusterIssuer 정의의 예다.

```
apiVersion: cert-manager.io/v1
kind: ClusterIssuer
metadata:
  name: prod-ca-issuer
spec:
  ca:
    secretName: platform-ca-key-pair
```

---

7 암호학에서 인증 기관은 다른 곳에서 사용하기 위한 디지털 인증서를 발급하는 하나의 단위다. 인증 기관은 많은 공개 키 기반 구조에 설명돼 있다. - 옮긴이

인증서 관리자의 장점은 인그레스 API와 통합돼 인그레스 리소스에 대한 인증서를 자동으로 발행한다. 예를 들어, 다음 인그레스 오브젝트가 주어지면 인증서 관리자는 TLS에 적합한 인증서 키페어key pair를 자동으로 생성한다.

```
apiVersion: networking.k8s.io/v1
kind: Ingress
metadata:
  annotations:
    cert-manager.io/cluster-issuer: prod-ca-issuer ❶
  name: bearcanoe-com
spec:
  tls:
  - hosts:
    - bearcanoe.com
    secretName: bearcanoe-cert-key-pair ❷
  rules:
  - host: bearcanoe.com
    http:
      paths:
      - path: /
        backend:
          serviceName: nginx
          servicePort: 80
```

❶ cert-manager.io/cluster-issuer 어노테이션은 인증서 관리자에게 다음을 사용하도록 지시한다. prod-ca-issuer는 인증서를 발행한다.

❷ 인증서 관리자는 인증서와 개인 키를 쿠버네티스 시크릿에서 bearcanoe-cert-key-pair 이라는 이름으로 저장한다

인증서 관리자는 개인 키 생성, 인증서 서명 요청CSR, Certificate Signing Request 생성, CA에 CSR 제출을 포함하는 인증서 요청 프로세스를 처리한다. 발급자가 인증서를 발행하면 인증서 관리자는 이를 bearcanoe-cert-key-pair 인증서에 저장한다. 그러면 인그레스 컨트롤러가 이를 선택하고, TLS로 애플리케이션 서비스를 시작할 수 있다. 그림 6-17은 프로세스를 보다 자세히 보여준다.

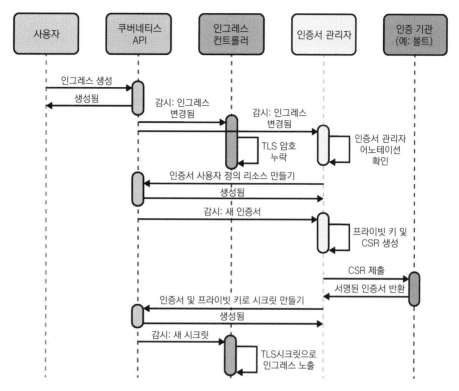

그림 6-17 인증서 관리자는 인그레스 API를 감시하고, 인그레스 리소스에 cert-manager.io/cluster-issuer 어노테이션이 있으면 인증 기관에 인증서를 요청한다.

인증서 관리자는 쿠버네티스에서 인증서 관리를 단순화한다. 대부분의 플랫폼은 어느 정도 인증서 관리자를 사용한다. 플랫폼에서 인증서 관리자를 활용하면 볼트와 같은 외부 시스템을 CA로 사용하는 것을 고려해야 한다. 쿠버네티스 시크릿으로 지원되는 CA를 사용하는 대신, 인증서 관리자를 외부 시스템과 통합하는 것이 더 강력하고 안전한 솔루션이다.

서비스 메시

업계가 계속해서 컨테이너와 마이크로서비스를 채택함에 따라 서비스 메시는 엄청난 인기를 얻었다. '서비스 메시'라는 용어는 비교적 새로운 것이지만, 여기에 포함된 개념은 그렇지 않다. 서비스 메시는 서비스 라우팅, 로드밸런싱 및 텔레메트리[telemetry]에 대한 기존 아이디어를 재조명한다. 컨테이너와 쿠버네티스가 등장하기 전에 하이퍼스케일 인터넷 회사는 마이크로서비스와 관련된 문제에 직면해 서비스 메시 전구체[precursor8]를 구현했다.

가령, 트위터는 모든 마이크로서비스가 포함된 스칼라 라이브러리인 Finagle(https://twitter.github.io/finagle)을 만들었다. 로드밸런싱, 서킷브레이킹[circuit breaking], 자동 재시도, 텔레메트리 등을 처리했다. 넷플릭스는 자바 애플리케이션을 위한 유사한 라이브러리인 히스트릭스[Hystrix](https://github.com/Netflix/Hystrix)를 개발했다.

컨테이너와 쿠버네티스는 판도를 바꿨다. 서비스 메시는 더 이상 전구체와 같은 언어별 라이브러리가 아니다. 오늘날 서비스 메시는 분산시스템 그 자체이다. 데이터 플레인을 구현하는 프록시 컬렉션을 구성하는 컨트롤 플레인으로 구성된다. 라우팅, 로드밸런싱, 텔레메트리 및 기타 기능은 애플리케이션 대신 프록시에 내장돼 있다. 서비스 메시에 참여하려고 코드를 변경할 필요가 없기 때문에 프록시 모델로 이동하면 더 많은 앱에서 기능을 활용할 수 있다.

서비스 메시는 대표 분류할 수 있는 광범위한 기능 세트 세 가지를 제공한다.

라우팅 및 안정성

트래픽 이동, 트래픽 미러링, 재시도 및 서킷브레이킹과 같은 고급 트래픽 라우팅 및 안정성 기능이다.

보안

ID, 인증서 관리 및 상호 TLS를 포함해 서비스 간의 보안 통신을 가능하게 하는 ID 및 액세스 제어 기능이다.

관찰 가능성

서비스 메시에서 발생하는 모든 상호작용의 메트릭 및 추적을 자동으로 수집한다.

---

8 전구체 또는 전구물질은 화학에서 다른 화합물을 생성하는 화학 반응에 참여하는 화합물이다. 예를 들면, 베타카로틴은 비타민 A의 전구체다. – 옮긴이

서비스 메시를 자세히 알아보기 전에, '서비스 메시가 필요한가?'라고 질문해 보자. 서비스 메시를 앞에서 소개한 기능을 구현하기 위한 만병통치약처럼 생각하는 조직이 많아졌다. 그러나 서비스 메시를 채택했을 때의 영향을 매우 신중히 고려해야 한다는 점을 잊지 말아야 한다.

서비스 메시 사용 사례

서비스 메시는 애플리케이션 플랫폼과 상위에서 실행되는 애플리케이션에 엄청난 가치를 제공할 수 있다. 개발자가 높이 평가할 매력적인 기능 세트를 제공한다. 동시에 서비스 메시는 처리해야 하는 엄청난 복잡성은 엄청나다.

쿠버네티스는 복잡한 분산 시스템이다. 쿠버네티스에 애플리케이션 플랫폼을 만드는 데 필요한 몇 가지 구성 블록을 배웠지만 알아야 할 내용이 아직 많다. 실제로 성공적인 쿠버네티스 기반 애플리케이션 플랫폼을 구축하려면 해야할 작업이 많다. 서비스 메시를 고려할 때 쿠버네티스의 많은 사항을 염두에 둬야 한다. 쿠버네티스 여정을 시작하는 동안, 서비스 메시를 구현하면 구성 속도가 느려진다.

필자는 현장에서 일하면서 이런 사례를 직접 목격했다. 서비스 메시의 빛나는 기능에 눈이 멀었던 플랫폼팀과 협력했다. 물론 이런 기능은 플랫폼을 개발자에게 더 매력적으로 만들어 플랫폼의 채택을 늘린다. 그러나 타이밍이 중요하다. 서비스 메시를 생각하기 전에 운영 환경에서 운영 경험을 얻을 때까지 기다려야 한다.

요구사항이나 문제를 이해하는 것이 핵심이다. 말 앞에 수레를 두는 것처럼 플랫폼이 실패할 가능성을 높일 뿐만 아니라 엔지니어링 노력을 낭비하게 된다. 아직 운영 단계에 있지 않은 쿠버네티스 기반 플랫폼을 개발하면서 서비스 메시에 뛰어든 조직이 그와 같은 사례다. '조직의 사용자는 서비스 메시가 제공하는 모든 기능이 필요하다'라고 한다. 12개월 후, 사용자가 사용하고 있던 기능은 메시의 인그레스 기능뿐이었다. mTLS, 고급 라우팅, 추적이 적용되지 않았다. 전용 인그레스 컨트롤러를 운영 환경용으로 준비하기 위한 엔지니어링 노력은 완전한 기능을 갖춘 서비스 메시 구현보다 훨씬 적다. 최소한의 실행 가능한 제품을 운영 환경에 넣은 다음 계속해서 기능을 추가하려고 반복하는 노력이 필요하다.

이 글을 읽고 나면 애플리케이션 플랫폼에서 서비스 메시가 설 자리가 없다고 생각할 수도 있다. 정반대로 서비스 메시를 적용하면 수많은 문제를 해결할 수 있으며, 이를 활용하면 많은 가치를 가져올 수 있다. 결국 성공적인 서비스 메시 구현이 적절한 타이밍과 올바른 이유에 있다는 사실을 안다.

서비스 메시 인터페이스

쿠버네티스는 다양한 플러그형 컴포넌트에 대한 인터페이스를 제공한다. 컨테이너 런타임 인터페이스^{CRI}, 컨테이너 네트워킹 인터페이스^{CNI} 등이 인터페이스에 포함되며, 이는 쿠버네티스를 확장 가능한 기반으로 만든다. 서비스 메시는 느리지만 확실히 쿠버네티스 플랫폼의 중요한 요소가 되고 있다. 따라서 서비스 메시 커뮤니티는 협력해 서비스 메시 인터페이스_{SMI, Service Mesh Interface}를 구축했다.

이미 설명한 다른 인터페이스와 유사하게 SMI는 쿠버네티스와 서비스 메시 간의 인터랙션을 지정한다. 즉, SMI는 핵심 쿠버네티스 프로젝트의 일부가 아니라는 점에서 다른 쿠버네티스 인터페이스와 다르다. 대신 SMI 프로젝트는 CRD를 활용해 인터페이스를 지정한다. SMI 프로젝트에는 Go용 SMI SDK와 같은 인터페이스를 구현하기 위한 라이브러리도 있다.

SMI는 CRD 세트로 이전 절에서 설명한 세 가지 기둥을 다룬다. 트래픽 분할 API는 여러 서비스에서 트래픽을 라우팅 및 분할하는 것과 관련이 있다. 이로 블루-그린 배포 및 A/B테스트와 같은 다양한 배포 시나리오를 가능하게 하는 백분율 기반 트래픽 분할이 가능하다. 다음 스니펫은 'flights' 웹 서비스의 카나리아 배포를 수행하는 TrafficSplit의 예다.

```
apiVersion: split.smi-spec.io/v1alpha3
kind: TrafficSplit
metadata:
  name: flights-canary
  namespace: bookings
spec:
```

```
service: flights ❶
backends: ❷
- service: flights-v1
  weight: 70
- service: flights-v2
  weight: 30
```

❶ 클라이언트가 연결하는 최상위 서비스(예: `flight.bookings.cluster.svc.local`)

❷ 트래픽을 수신하는 백엔드 서비스다. v1 버전은 트래픽의 70%를 수신하고 v2 버전은 나머지를 수신한다.

트래픽 액세스 제어^{Traffic Access Control} 및 트래픽 사양 API는 함께 작동해 액세스 제어와 같은 보안 기능을 구현한다. 트래픽 액세스 제어 API는 서비스 메시에서 허용되는 서비스 인터랙션을 제어하는 CRD를 제공한다. CRD를 사용해 개발자는 어떤 서비스가 어떤 조건(예: 허용되는 HTTP 메서드 목록)에서 서로 통신할 수 있는지 결정하는 액세스 제어 정책을 지정할 수 있다. 트래픽 사양 API는 HTTP 트래픽에 대한 `HTTPRouteGroup` CRD 및 TCP 트래픽에 대한 `TCPRoute`를 포함해 트래픽을 설명하는 방법을 제공한다. 트래픽 액세스 제어 CRD와 함께 이들은 애플리케이션 수준에서 정책을 적용한다.

예를 들어 다음 HTTPRouteGroup 및 TrafficTarget은 예약 서비스에서 결제 서비스로의 모든 요청을 허용한다.

HTTPRouteGroup 리소스는 트래픽을 설명하고 TrafficTarget은 소스 및 대상 서비스를 지정한다.

```
apiVersion: specs.smi-spec.io/v1alpha3
kind: HTTPRouteGroup
metadata:
  name: payment-processing
  namespace: payments
spec:
  matches:
  - name: everything ❶
```

```
      pathRegex: ".*"
      methods: ["*"]
---
apiVersion: access.smi-spec.io/v1alpha2
kind: TrafficTarget
metadata:
  name: allow-bookings
  namespace: payments
spec:
  destination: ❷
    kind: ServiceAccount
    name: payments
    namespace: payments
    port: 8080
  rules: ❸
  - kind: HTTPRouteGroup
    name: payment-processing
    matches:
    - everything
  sources: ❹
  - kind: ServiceAccount
    name: flights
    namespace: bookings
```

❶ HTTPRouteGroup의 모든 요청을 허용한다.

❷ 목적지 서비스로, 이때 파드는 결제 네임스페이스에서 결제 서비스 어카운트를 사용
한다.

❸ 출발지 및 목적지 서비스 간의 트래픽을 제어하는 HTTPRouteGroup이다.

❹ 출발지 서비스로, 예약 네임스페이스에서 항공편 서비스 어카운트을 사용하는 파드다.

트래픽 메트릭^{Traffic Metrics}API는 서비스 메시의 텔레메트리 기능을 제공한다. 이 API는 입력
을 제공하는 메커니즘 대신 출력을 정의한다는 점에서 나머지 API와 다소 다르다. 트래픽 메
트릭 API는 서비스 메트릭을 노출하는 표준을 정의한다.

260

모니터링 시스템, 오토스케일러, 대시보드 등과 같이 메트릭이 필요한 시스템은 표준화된 방식으로 이를 사용할 수 있다. 다음 스니펫은 두 파드 간의 트래픽에 대한 메트릭을 노출하는 예시 트래픽메트릭 리소스를 보여준다.

```yaml
apiVersion: metrics.smi-spec.io/v1alpha1
kind: TrafficMetrics
resource:
  name: flights-19sk18sj11-a9od2
  namespace: bookings
  kind: Pod
edge:
  direction: to
  side: client
  resource:
    name: payments-ks8xoa999x-xkop0
    namespace: payments
    kind: Pod
timestamp: 2020-08-09T01:07:23Z
window: 30s
metrics:
- name: p99_response_latency
  unit: seconds
  value: 13m
- name: p90_response_latency
  unit: seconds
  value: 7m
- name: p50_response_latency
  unit: seconds
  value: 3m
- name: success_count
  value: 100
- name: failure_count
  value: 0
```

SMI는 쿠버네티스 커뮤니티의 최신 인터페이스다. 아직 개발 이터레이션[iteration9] 중이지만, SMI는 커뮤니티가 향하는 방향을 묘사한다. 쿠버네티스의 다른 인터페이스와 마찬가지로 SMI를 사용하면 플랫폼 빌더가 이식 가능하고 공급자에 구애받지 않는 API를 사용해 서비스 메시를 제공할 수 있으므로 쿠버네티스의 가치, 유연성 및 기능이 더욱 향상된다.

데이터 플레인 프록시

서비스 메시의 데이터 플레인은 서비스를 함께 연결하는 프록시 모음이다. 엔보이[Envoy](https://www.envoyproxy.io)는 클라우드 네이티브 생태계에서 가장 인기 있는 서비스 프록시다. 원래 리프트[Lyft]에서 개발된 이 제품은 2016년 말(https://oreil.ly/u5fCD)에 오픈소스로 공개된 이후 빠르게 클라우드 네이티브 시스템에서 널리 퍼진 구성 블록이 됐다.

엔보이는 인그레스 컨트롤러(Contour(https://projectcontour.io)), **API 게이트웨이**(Ambassador (https://www.getambassador.io), Gloo(https://docs.solo.io/gloo/latest)에서 사용된다.)와 서비스 메시(이스티오(https://istio.io), OSM(https://github.com/openservicemesh/osm))에서 사용된다.

엔보이가 gRPC/REST API를 통한 동적 구성을 지원해 구성 블록으로서 훌륭하다는 평가를 받는다. 엔보이 이전의 오픈소스 프록시는 쿠버네티스처럼 동적인 환경에서 설계되지 않았는데, 기본적으로 정적 구성 파일을 사용했으며, 구성 변경사항을 적용하려면 다시 시작해야 했다.

반면 엔보이는 동적 구성을 위한 xDS(검색 서비스) API를 제공한다(그림 6-18 참조). 또한 엔보이가 활성 연결을 끊지 않고 다시 초기화할 수 있도록 하는 활성 재시작[host restart]을 지원한다.

---

9 애자일 방법론에서 짧은 기간 동안에 동작하는 SW를 사용자에게 피드백을 받아 수정하는데, 이때의 짧은 기간을 이터레이션이라고 한다. – 옮긴이

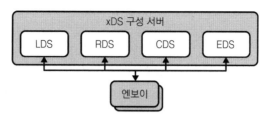

그림 6-18 엔보이는 XDS API를 통한 동적구성을 지원한다. 엔보이는 구성 서버에 연결하고
LDS, RDS, EDS, CDS 및 기타 xDS API를 사용해 구성을 요청한다.

엔보이의 xDS는 리스너 디스커버리 서비스[LDS, Listener Discovery Service], 클러스터 디스커버리 서비스[CDS, Cluster Discovery Service], 엔드포인트 디스커버리 서비스[EDS, Endpoints Discovery Service], 라우트 디스커버리 서비스[RDS, Route Discovery Service] 등을 포함하는 API 모음이다. 엔보이 구성 서버는 API를 구현하고 엔보이의 동적 구성 소스로 작동한다. 시작하는 동안 엔보이는 구성 서버(일반적으로 gRPC로)에 연결하고 구성 변경사항을 구독[subscribe]한다. 환경이 변경되면 구성 서버가 변경사항을 엔보이로 스트리밍한다. xDS API를 다음 절에서 자세히 살펴본다.

LDS API는 엔보이의 리스너를 구성한다. 리스너는 프록시에 대한 진입점이다. 엔보이는 클라이언트가 연결할 수 있는 여러 리스너를 열 수 있다. 일반적인 예는 HTTP 및 HTTPS 트래픽을 80포트 및 443포트에서 수신 대기한다.

각 리스너에는 들어오는 트래픽을 처리하는 방법을 결정하는 일련의 필터 체인이 있다. HTTP 연결 관리자 필터는 RDS API를 활용해 라우팅 구성을 가져온다. 라우팅 구성은 엔보이에 들어오는 HTTP 요청을 라우팅하는 방법을 알려준다. 가상 호스트 및 요청 일치(경로 기반, 헤더 기반 등)에 대한 세부 정보를 제공한다.

라우팅 구성의 각 경로는 클러스터를 참조한다. 클러스터는 동일한 서비스에 속하는 엔드포인트의 모음이다. 엔보이는 각각 CDS 및 EDS API를 사용해 클러스터 및 엔드포인트를 검색한다. 흥미롭게도 EDS API에는 엔드포인트 오브젝트 자체가 없다. 대신 클러스터 로드 배치(ClusterLoadAssignment) 오브젝트를 사용해 클러스터에 엔드포인트를 할당한다.

xDS API의 세부사항을 자세히 살펴보는 동안 엔보이의 작동 방식과 기능을 설명한다. 요약하면 리스너는 포트에 바인딩하고 클라이언트의 연결을 수락한다. 리스너에는 들어오는 연결을 어떻게 처리할지 결정하는 필터 체인이 있다. 예를 들어 HTTP 필터는 요청을 검사하고 클러스터에 매핑한다. 각 클러스터에는 트래픽을 수신하고 처리하는 엔드포인트가 하나 이상 있다. 그림 6-19는 이런 개념의 그래픽 표현과 서로 어떻게 관련돼 있는지 보여준다.

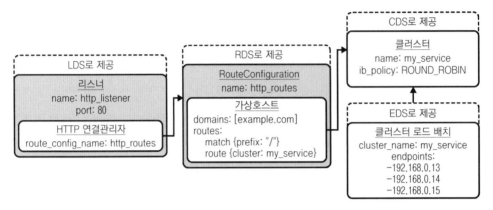

그림 6-19 80포트에 바인딩하는 리스너가 있는 엔보이 구성. 리스너에는 라우팅 구성을 참조하는 HTTP 연결 관리자 필터가 있다. 라우팅 구성은 '/' 접두사가 있는 요청을 일치하는 3개의 엔드포인트가 있는 my_service 클러스터로 요청을 전달한다.

쿠버네티스 서비스 메시

서비스 메시의 데이터 플레인이 서비스 간 연결을 제공하는 방법과 데이터 플레인 프록시로서의 엔보이와 xDS API로 동적 구성을 지원하는 방법을 알아봤다. 쿠버네티스에서 서비스 메시를 구축하려면 클러스터 내부에서 발생하는 상황에 따라 서비스 메시의 데이터 플레인을 구성하는 컨트롤 플레인이 필요하다. 컨트롤 플레인은 서비스, 엔드포인트, 파드 등을 이해해야 한다.

또한 개발자가 서비스 메시를 구성하는 데 사용할 수 있는 쿠버네티스 사용자 정의 리소스를 노출해야 한다.

쿠버네티스용으로 가장 널리 사용되는 서비스 메시 구현 오픈소스가 바로 이스티오[Istio]다. 이스티오는 엔보이 기반 서비스 메시에 대한 컨트롤 플레인을 구현한다. 컨트롤 플레인은 자체적으로 세 가지 기본 하위 구성요소(파일럿^{Pilot}, 시타델^{Citadel} 및 갤리^{Galley})가 있는 istiod라는 컴포넌트에서 구현된다. 파일럿은 엔보이 구성 서버다. xDS API를 구현하고 애플리케이션과 함께 실행되는 엔보이 프록시로 구성을 스트리밍한다.

시타델은 서비스 메시 내부의 인증서 관리를 담당한다. 서비스 ID 및 mTLS를 설정하는 데 사용되는 인증서를 발행한다. 마지막으로 갤리는 쿠버네티스와 같은 외부 시스템과 상호작용해 설정을 얻는다. 기본 플랫폼을 추상화하고 다른 istiod 컴포넌트에 대한 구성을 변환한다. 그림 6-20은 이스티오 컨트롤 플레인 컴포넌트 간의 인터랙션을 보여준다.

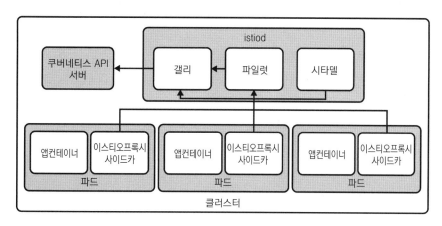

그림 6-20 이스티오 컨트롤 플레인 연관 관계

이스티오는 서비스 메시의 데이터 플레인을 구성하는 것 외에 다른 기능을 제공한다. 첫째, 이스티오에는 엔보이 사이드카를 파드에 주입하는 변형 어드미션 웹훅$^{mutating\ admission\ webhook}$이 포함돼 있다. 서비스 메시에 참여하는 모든 파드에는 모든 수신^{incoming} 및 발신^{outgoing} 연결을 처리하는 엔보이 사이드카가 있다. 웹훅을 변경하면 개발자가 모든 애플리케이션 디플로이먼트 매니페스트에 사이드카 프록시를 수동으로 추가할 필요가 없으므로, 플랫폼에서 개발자 경험이 향상된다. 플랫폼은 옵트인$^{opt-in}$ 및 옵트아웃$^{opt-out}$ 모델 모두를 사용해 사이드카를 자동으로 삽입한다.

즉, 엔보이 프록시 사이드카를 워크로드와 함께 삽입한다고 해서 워크로드가 엔보이로 트래픽 전송을 자동으로 시작한다는 의미는 아니다. 따라서 이스티오는 초기화 컨테이너[init-container]를 사용해 파드의 네트워크 트래픽을 가로채서 엔보이로 라우팅하는 iptables 규칙을 설치한다. 다음 스니펫(간결한 코드를 위해 불필요 부분 중략)은 이스티오 초기화 컨테이너 설정을 보여준다.

```
...
initContainers:
- args:
  - istio-iptables
  - --envoy-port ❶
  - "15001"
  - --inbound-capture-port ❷
  - "15006"
  - --proxy-uid
  - "1337"
  - --istio-inbound-interception-mode
  - REDIRECT
  - --istio-service-cidr ❸
  - '*'
  - --istio-inbound-ports ❹
  - '*'
  - --istio-local-exclude-ports
  - 15090,15021,15020
  image: docker.io/istio/proxyv2:1.6.7
  imagePullPolicy: Always
  name: istio-init
...
```

❶ 이스티오는 모든 아웃바운드 트래픽을 캡처하고, 이 포트에서 엔보이로 보내는 iptables 규칙을 설치한다.

❷ 이스티오는 모든 인바운드 트래픽을 캡처하고, 이 포트에서 엔보이로 보내는 iptables 규칙을 설치한다.

❸ 엔보이로 리디렉션할 CIDR 목록이다. 이때 모든 CIDR을 리디렉션한다.

❹ 엔보이로 리디렉션할 포트 목록이다. 이때 모든 포트를 리디렉션한다.

이스티오의 아키텍처에 이어, 일반적으로 사용되는 서비스 메시 기능을 알아본다. 현장에서의 요구사항은 서비스 인증 및 서비스 간 트래픽 암호화다.

이 기능은 SMI의 트래픽 액세스 제어 API에서 다룬다. 이스티오와 대부분의 서비스 메시 구현은 이를 달성하려고 mTLS를 사용한다. 이스티오는 서비스 메시에 참여하는 모든 서비스를 mTLS가 기본적으로 활성화돼 있다. 워크로드는 암호화되지 않은 트래픽을 사이드카 프록시로 보낸다.

사이드카 프록시는 mTLS에 대한 연결을 업그레이드하고 다른 쪽 끝에 있는 사이드카 프록시로 전송한다. 기본적으로 서비스는 서비스 메시 외부의 다른 서비스에서 TLS가 아닌 트래픽을 계속 수신할 수 있다. 모든 인터랙션에 mTLS를 적용할 때 이스티오는 TLS 암호화 요청만 수락하도록 서비스 메시의 모든 서비스를 구성하는 STRICT 모드를 지원한다. 예를 들어 istio-system 네임스페이스에서 다음 설정을 사용해 클러스터 수준에서 엄격한 mTLS를 적용할 수 있다.

```
apiVersion: "security.istio.io/v1beta1"
kind: "PeerAuthentication"
metadata:
  name: "default"
  namespace: "istio-system"
spec:
  mtls:
    mode: STRICT
```

트래픽 관리는 서비스 메시가 처리하는 다른 주요 관심사다. 트래픽 관리는 이스티오의 트래픽 관리 기능이 더 고급임에도 SMI의 TrafficSplit API에서 캡처된다. 트래픽 분할 또는 이동 외에도 이스티오는 에러 주입, 서킷브레이킹, 미러링 등을 지원한다.

트래픽 이동과 관련해 이스티오는 가상 서비스 및 DestinationRule이라는 두 가지의 개별 사용자 지정 리소스를 구성에 사용한다.

- 가상 서비스 리소스는 메시에서 서비스를 생성하고 트래픽이 서비스로 라우팅되는 방식을 지정한다. 서비스의 호스트명과 요청 대상을 제어하는 규칙을 지정한다. 예를 들어 가상 서비스는 트래픽의 90%를 한 대상으로 보내고, 나머지는 다른 대상으로 보낼 수 있다. 가상 서비스가 규칙을 평가하고 대상을 선택하면 DestinationRule의 특정 하위 집합으로 트래픽을 보낸다.
- DestinationRule 리소스는 지정된 서비스에 사용할 수 있는 '실제' 백엔드를 나열한다. 각 백엔드는 별도의 하위 집합에 캡처된다. 각 하위 집합에는 로드밸런싱 정책, mTLS 모드 등과 같은 고유한 라우팅 구성이 있을 수 있다.

예를 들어 서비스 버전2를 천천히 출시하려는 상황을 가정한다. 이를 달성하려고 다음 DestinationRule 및 가상 서비스를 사용할 수 있다. DestinationRule은 v1 및 v2버전의 두 가지 서비스 하위 집합을 만든다. 가상 서비스는 하위 집합을 참조한다. 트래픽의 90%를 v1버전 하위 집합으로, 트래픽의 10%를 v2버전 하위 집합으로 보낸다.

```
apiVersion: networking.istio.io/v1alpha3
kind: DestinationRule
metadata:
  name: flights
spec:
  host: flights
  subsets:
  - name: v1
    labels:
      version: v1
  - name: v2
    labels:
      version: v2
---
apiVersion: networking.istio.io/v1alpha3
kind: VirtualService
metadata:
  name: flights
spec:
```

```yaml
hosts:
- flights
http:
- route:
  - destination:
      host: flights
      subset: v1
    weight: 90
  - destination:
      host: flights
      subset: v2
    weight: 10
```

서비스 관찰 가능성은 일반적으로 추구되는 기능이다. 서비스 메시의 모든 서비스 간에 프록시가 있어서 서비스 수준 메트릭을 쉽게 도출할 수 있다. 개발자는 애플리케이션을 계측하지 않고도 이런 메트릭을 얻을 수 있다.

메트릭은 프로메테우스 형식으로 노출돼 광범위한 모니터링 시스템에서 사용할 수 있다. 다음은 사이드카 프록시에서 캡처한 메트릭의 예다(간결목적으로 일부 레이블이 제거됨). 메트릭은 항공편 예약 서비스에서 결제 처리 서비스로 7,183건의 성공적인 요청이 있었음을 보여준다.

```
istio_requests_total{
  connection_security_policy="mutual_tls",
  destination_service_name="payments",
  destination_service_namespace="payments",
  destination_version="v1",
  request_protocol="http",
  ...
  response_code="200",
  source_app="bookings",
  source_version="v1",
  source_workload="bookings-v1",
  source_workload_namespace="flights"
} 7183
```

전반적으로 이스티오는 SMI에 포함된 모든 기능을 제공한다. 그러나 아직 SMI API(이스티오 v1.6)를 구현하지 않는다. SMI 커뮤니티는 SMI API가 이스티오와 작동하도록 하는 데 사용할 수 있는 어댑터(https://github.com/servicemeshinterface/smi-adapter-istio)를 관리한다. 이스티오를 설명한 이유는, 주로 현장에서 가장 흔히 접하는 서비스 메시이기 때문이다. 즉, 링커드Linkerd(https://linkerd.io), Consul Connect, Maesh[10] 등을 포함해 쿠버네티스 생태계에서 사용할 수 있는 다른 서비스 메시가 있다. 구현에 따라 데이터 플레인 아키텍처가 달라지는데, 이를 알아본다.

데이터 플레인 아키텍처

서비스 메시는 서비스가 서로 통신하는 데 사용할 수 있는 고속도로다. 이 고속도로에 진입하려고 서비스는 진입로 역할을 하는 프록시를 사용한다. 서비스 메시는 데이터 플레인과 관련해 사이드카 프록시 또는 노드 프록시의 두 가지 아키텍처 모델 중 하나를 따른다.

사이드카 프록시

사이드카 프록시는 둘 중 가장 일반적인 아키텍처 모델이다. 이스티오는 사이드카 프록시 모델을 따라 엔보이 프록시로 데이터 플레인을 구현한다. 링커드도 이 접근 방식을 사용한다.

본질적으로 사이드카 프록시 패턴을 따르는 서비스 메시는 서비스와 함께 실행되는 워크로드의 파드 내부에 프록시를 배포한다. 일단 배포되면 사이드카 프록시는 그림 6-21에 표시된 것처럼 서비스 안팎의 모든 통신을 가로챈다.

---

10 현재 명칭은 Traefik Mash이다. - 옮긴이

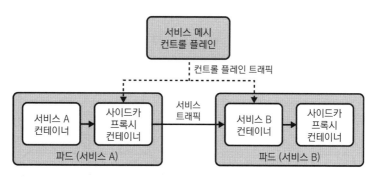

그림 6-21 서비스 메시에 참여하는 파드에는 파드의 네트워크 트래픽을 가로채는 사이드카 프록시가 있다.

노드 프록시 접근 방식과 비교할 때 사이드카 프록시 아키텍처는 데이터 플레인 업그레이드와 관련해 서비스에 더 큰 영향을 미칠 수 있다. 파드를 다시 생성하지 않고는 사이드카를 업그레이드할 방법이 없기 때문에 업그레이드에는 모든 서비스 파드를 롤링하는 작업이 포함된다.

노드 프록시

노드 프록시는 대체 데이터 플레인 아키텍처다. 각 서비스에 사이드카 프록시를 주입하는 대신 서비스 메시는 각 노드에서 실행되는 단일 프록시로 구성된다. 각 노드 프록시는 그림 6-22에 표시된 대로 해당 노드에서 실행되는 모든 서비스의 트래픽을 처리한다. 노드 프록시 아키텍처를 따르는 서비스 메시에는 Consul Connect(https://www.consul.io/docs/connect) 및 Maesh(https://containo.us/maesh)가 포함된다. 링커드의 첫 번째 버전도 노드 프록시를 사용했지만 프로젝트는 이후 두 번째 버전의 사이드카 모델로 이동했다.

사이드카 프록시 아키텍처와 비교할 때 노드 프록시 접근 방식은 서비스에 더 큰 성능 영향을 미칠 수 있다. 프록시는 노드의 모든 서비스에서 공유되기 때문에 서비스는 트래픽 부하가 많은 타 서비스로 인해 어려움을 겪을 수 있으며, 프록시는 네트워크 병목 현상이 발생 할 수 있다.

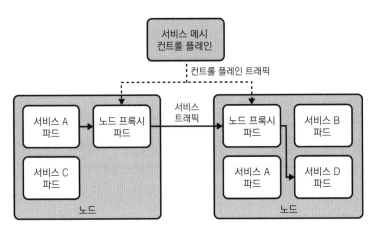

그림 6-22 노드 프록시 모델에는 노드의 모든 서비스에 대한 트래픽을 처리하는 단일 서비스 메시 프록시가 포함된다.

서비스 메시 채택

서비스 메시를 채택하기가 어렵다고 생각할 것이다. 기존 클러스터에 배포해야 하는가? 이미 실행 중인 워크로드에 영향을 주지 않으려면 어떻게 해야 하는가? 테스트를 위해 서비스를 선택적으로 어떻게 도입할 수 있는가?

애플리케이션 플랫폼에 서비스 메시를 도입할 때 고려해야 할 다양한 사항을 살펴본다.

우선순위 지정

가장 먼저 서비스 메시 고려사항의 우선순위를 지정한다. 그렇게 하면 구현 및 테스트 관점 모두에서 범위를 좁힐 수 있다. 요구사항(서비스 메시를 채택하면 설정한 것인가?)처럼 고려사항으로 mTLS를 우선시할 수 있다. 이때 이 기능을 지원하는 데 필요한 PKI[11]배포에 집중할 수 있다. 추적 스택을 설정하거나 트래픽 라우팅 및 관리를 테스트하는 개발 주기를 걱정할 필요가 없다.

---

11   공개 키 기반 구조는 디지털 인증의 생성, 관리, 배포, 사용, 저장, 파기와 공개 키 암호화의 관리에 쓰이는 일련의 역할, 정책, 하드웨어, 소프트웨어, 절차를 의미 한다. – 옮긴이

고려사항 중 하나에 집중하면 서비스 메시를 배우고, 플랫폼에서 어떻게 작동하는지 이해하고, 운영 전문 지식을 얻을 수 있다. 익숙해지면 필요에 따라 추가 고려사항을 직접 구현할 수 있다. 본질적으로 한번에 많은 것을 구현하는 대신, 부분적 배포를 따르면 더욱 성공적이다.

신규/기존 클러스터 배포 선택

플랫폼의 생명 주기 및 토폴로지에 따라 서비스 메시를 새 클러스터에 배포하거나 기존 클러스터에 추가하는 것 중에서 선택할 수 있다. 가능하면 새 클러스터 경로를 사용하는 것이 좋다. 이렇게 적용하면 기존 클러스터에서 실행되고 있는 애플리케이션에 대한 잠재적인 중단 문제가 제거된다. 클러스터가 일시적이면 서비스 메시를 새 클러스터에 배포하는 것이 자연스러운 경로여야 한다.

기존 클러스터에 서비스 메시를 도입해야 하는 상황에서는 개발 및 테스트 티어에서 광범위한 테스트를 수행해야 한다. 이때, 개발 팀이 스테이징 및 운영 환경 티어로 롤아웃하기 전에 서비스 메시로 서비스를 실험하고 테스트할 수 있는 온보딩 창을 제공한다는 점이 더 중요하다. 마지막으로 애플리케이션이 서비스 메시의 일부가 되도록 선택할 수 있는 메커니즘을 제공한다. 옵트인 메커니즘을 활성화하는 일반적인 방법은 파드 어노테이션을 제공한다. 예를 들어 이스티오는 플랫폼이 사이드카 프록시를 워크로드에 삽입해야 하는지 여부를 결정하는 어노테이션(sidecar.istio.io/inject)을 제공하며, 이는 다음 스니펫에서 볼 수 있다.

```
apiVersion: apps/v1
kind: Deployment
metadata:
  name: nginx
spec:
  template:
    metadata:
      annotations:
        sidecar.istio.io/inject: "true"
    spec:
      containers:
```

```
  - name: nginx
    image: nginx
```

업그레이드 처리

플랫폼의 일부로 서비스 메시를 제공할 때 확실한 업그레이드 전략이 있어야 한다. 서비스 메시 데이터 플레인은 클러스터의 에지를 포함해 서비스를 연결하는 중요한 경로에 있다는 점을 명심해야 한다(서비스 메시의 인그레스 게이트웨이를 사용하든 다른 인그레스 컨트롤러를 사용하든 상관없이). 서비스 메시의 프록시에 영향을 미치는 CVE^{Common Vulnerabilities and Exposures}[12]가 있으면 어떻게 되는가? 업그레이드를 어떻게 효과적으로 처리할 것인가? 이런 문제를 이해하고 잘 수립된 업그레이드 전략 없이 서비스 메시를 채택하지 않는게 좋다.

업그레이드 전략은 컨트롤 플레인과 데이터 플레인을 모두 고려해야 한다. 컨트롤 플레인 업그레이드는 서비스 메시의 데이터 플레인이 없이도 계속 작동해야 하므로 위험이 적다. 즉, 컨트롤 플레인의 업그레이드를 미루거나 중단하지 말아야 한다. 컨트롤 플레인과 데이터 플레인 간의 버전 호환성을 이해해야 한다. 가능하면 이스티오 프로젝트(https://oreil.ly/TZj7F)에서 권장하는 카나리아 업그레이드 패턴을 따르는 게 좋다. 또한 서비스 메시 사용자 정의 리소스 정의^{CRD} 변경사항과 이런 변경사항이 서비스에 영향을 미치는지 여부를 검토해야 한다.

플랫폼에서 실행되는 프록시의 수와 프록시가 서비스 트래픽을 처리한다는 사실을 고려할 때 데이터 플레인 업그레이드는 더 복잡하다. 프록시가 사이드카로 실행되면 쿠버네티스가 컨테이너의 인플레이스 업그레이드를 지원하지 않으므로 프록시를 업그레이드하려면 전체 파드를 다시 생성해야 한다. 전체 데이터 플레인 업그레이드를 수행할지, 아니면 새 데이터 플레인 프록시의 느린 롤아웃을 수행할지 여부는 업그레이드의 이유에 따라 다르다. 한편, 프록시의 취약점을 처리하기 위해 데이터 플레인을 업그레이드하는 경우, 취약점을 해결하기 위해 서비스 메시에 참여하는 모든 파드를 재생성해야 한다.

---

12 CVE는 공개적으로 알려진 컴퓨터 보안 결함 목록이다. CVE는 보통 CVE ID 번호가 할당된 보안 결함을 의미한다.– 옮긴이

예상했듯이 업그레이드 작업은 일부 애플리케이션에 지장을 줄 수 있다. 반면에 새로운 기능이나 버그 수정을 활용하려고 업그레이드할 때 파드가 클러스터에서 생성되거나 이동할 때 새 버전의 프록시가 출시되도록 할 수 있다. 느리고 덜 방해가 되는 업그레이드는 프록시의 버전을 중간에 걸치게 되며, 이는 서비스 메시가 지원하는 한 허용될 수 있다. 업그레이드하는 이유에 관계없이 항상 개발 및 테스트 티어를 사용해 서비스 메시 업그레이드를 연습하고 검증해야 한다.

일반적으로 서비스 메시가 지원할 수 있는 쿠버네티스 버전의 범위가 좁다는 사실을 기억해야 한다. 쿠버네티스 업그레이드는 서비스 메시에 어떤 영향을 미치는가? 서비스 메시를 활용하면 새 버전이 출시되는 즉시 쿠버네티스를 업그레이드하는 데 방해가 되는가? 쿠버네티스 API가 비교적 안정적이라는 점을 감안할 때 서비스 메시 영향은 미미하다. 그러나 쿠버네티스 API가 변경될 가능성이 있으므로 개발자는 이를 염두에 두고 코드를 작성해야 한다.

리소스 오버헤드

서비스 메시를 사용할 때 사이드카 아키텍처에서 수행하는 리소스 오버헤드는 주요 절충점이 되는 기능이다. 서비스 메시는 클러스터의 각 파드에 프록시를 주입inject한다. 작업을 완료하려고 프록시는 다른 서비스에서 사용할 수 있는 리소스(CPU 및 메모리)를 사용한다. 서비스 메시를 채택할 때 오버헤드와의 절충이 그만한 가치가 있는지 알아야 한다. 데이터 센터에서 클러스터를 실행할 때 오버헤드가 적절하다. 그러나 오버헤드로 인해 리소스 제약이 더 엄격한 에지 배포에서 서비스 메시를 사용하지 못할 수 있다.

서비스 호출이 출발지 및 목적지 서비스 모두에서 프록시를 통과한다는 점에서 서비스 메시가 서비스 간에 대기 시간을 도입한다는 점이 중요하다. 서비스 메시에 사용되는 프록시는 일반적으로 고성능이지만, 프록시를 도입하는 대기 시간 오버헤드와 주어진 오버헤드에서 애플리케이션이 작동할 수 있는지 여부를 꼭 이해해야 한다.

서비스 메시를 평가할 때 리소스 오버헤드를 조사하는 데 시간을 할애해야 한다. 나아가, 서비스 메시가 부하load에서 어떻게 동작하는지 이해하려고 서비스로 성능 테스트를 실행한다.

mTLS 인증 기관

서비스 메시의 ID 기능은 일반적으로 X.509[13] 인증서를 기반으로 한다. 서비스 메시의 프록시는 인증서를 사용해 서비스 간에 mTLS 연결을 설정한다.

서비스 메시의 mTLS 기능을 활용하려면 먼저 인증서 관리 전략을 수립해야 한다. 서비스 메시는 일반적으로 서비스 인증서를 발행하는 역할을 하지만 인증 기관[CA]을 결정하는 것은 사용자의 몫이다. 대부분의 서비스 메시는 자체 서명된 인증서를 CA로 사용한다. 그러나 성숙한 서비스 메시를 사용하면 필요하면 자체 CA를 가져올 수 있다.

서비스 메시는 서비스 간 통신을 처리하므로 자체 서명된 CA를 사용하는 것이 적절하다. CA는 기본적으로 애플리케이션과 해당 클라이언트에 표시되지 않는 구현 세부정보다. 즉, 보안 팀은 자체 서명된 CA의 사용을 승인하지 않을 수 있다. 서비스 메시를 채택할 때 보안 팀에 확인해야 한다.

mTLS에 자체 서명된 CA를 사용할 수 없으면 서비스 메시가 인증서를 발행하는 데 사용할 수 있는 CA인증서와 키를 제공해야 한다. 또는 통합이 가능할 때 볼트와 같은 외부 CA와 통합할 수 있다.

멀티클러스터 서비스 메시

일부 서비스 메시는 여러 쿠버네티스 클러스터에서 서비스 메시를 확장하는 데 사용할 수 있는 멀티클러스터 기능을 제공한다. 멀티클러스터 기능은 애플리케이션에 투명하게 적용 가능한 보안 채널로 서로 다른 클러스터에서 실행되는 서비스를 연결하는 것이 목표다. 멀티클러스터 서비스 메시는 플랫폼의 복잡성을 증가시킨다. 개발자가 알고 있어야 하는 성능 및 결함 도메인 영향을 모두 가질 수 있다. 어쨌든 멀티클러스터 서비스 메시를 생성하는 것이 매력적으로 보일 수 있지만 단일 클러스터에서 서비스 메시를 성공적으로 실행하기 위한 운영 지식을 얻을 때까지 이를 피해야 한다.

---

13 X.509는 공개 키 인증서와 인증 알고리즘을 사용하기 위한 PKI 표준이다. – 옮긴이

요약

서비스 라우팅은 쿠버네티스 위에 애플리케이션 플랫폼을 구축할 때 중요한 관심사다. 서비스는 애플리케이션에 레이어3/4 라우팅 및 로드밸런싱 기능을 제공한다. 애플리케이션은 파드 IP 변경이나 클러스터 노드 장애를 걱정하지 않고 클러스터의 다른 서비스와 통신할 수 있다. 또한 개발자는 NodePort 및 LoadBalancer 서비스를 사용해 클러스터 외부의 클라이언트에 애플리케이션을 노출할 수 있다.

인그레스는 더 풍부한 라우팅 기능을 제공하려고 서비스를 기반으로 한다. 개발자는 인그레스 API를 사용해 요청의 호스트 헤더 또는 클라이언트가 도달하려는 경로와 같은 애플리케이션 수준 문제에 따라 트래픽을 라우팅할 수 있다. 인그레스 API는 인그레스 리소스를 사용하기 전에 배포해야 하는 인그레스 컨트롤러로 충족된다. 인그레스 컨트롤러가 설치되면 수신 요청을 처리하고 API에 정의된 인그레스 구성에 따라 라우팅한다.

마이크로서비스 기반 애플리케이션 포트폴리오가 큰 경우, 개발자는 서비스 메시의 기능을 활용해 이점을 얻을 수 있다. 서비스 메시를 사용할 때 서비스는 인터랙션을 강화하는 프록시로 서로 통신한다. 서비스 메시는 트래픽 관리, mTLS, 액세스 제어, 자동화된 서비스 메트릭 수집 등을 포함한 다양한 기능을 제공할 수 있다. 쿠버네티스 생태계의 다른 인터페이스와 마찬가지로 SMI는 플랫폼 운영자가 특정 구현에 자신을 묶지 않고 서비스 메시를 사용할 수 있도록 하는 것을 목표로 한다. 그러나 서비스 메시를 채택하기 전에 쿠버네티스 위에 추가 분산 시스템을 운영할 수 있는 운영 전문 지식이 팀에 있는지 확인해야 한다.

7장

시크릿 관리

시크릿 데이터란 애플리케이션이 비밀로 유지하려는 데이터로, 모든 애플리케이션 스택에서 시크릿 데이터를 볼 수 있다. 일반적으로 시크릿을 자격 증명과 연결시키는데, 자격 증명은 데이터베이스 또는 메시지큐와 같은 클러스터 내부 또는 외부 시스템에 액세스하는 데 사용된다. 또한 프라이빗 키를 사용할 때 시크릿 데이터에 부딪히는데, 이는 다른 애플리케이션과 mTLS를 수행하는 애플리케이션의 기능을 지원할 수 있다. 이 기능과 관련된 문제는 11장에서 다룬다. 시크릿의 존재는 다음과 같은 운영상의 문제를 고려해야 한다.

시크릿 순환 정책

변경해야 하는 시크릿은 얼마나 오래 남도록 허용되는가?

키(암호화) 순환 정책

시크릿 데이터가 디스크에 유지되기 전에 애플리케이션 레이어에서 암호화된다고 가정할 때 암호화 키가 순환rotation해야 하기 전에 얼마 동안 머물 수 있는가?

시크릿 저장 정책

시크릿 데이터를 저장하려면 어떤 요구사항을 충족해야 하는가? 격리된 하드웨어에 시크릿을 유지해야 하는가? HSMHardware Security Module과 통합하려면 시크릿 관리 솔루선이 필요한가?

개선 계획

시크릿 또는 암호화 키가 손상되면 어떻게 해결할 계획인가? 애플리케이션에 영향을 주지 않고 계획이나 자동화를 실행할 수 있는가?

가장 먼저 애플리케이션에 대한 시크릿 관리를 제공할 레이어를 결정해야 한다. 플랫폼 수준에서 이 문제를 해결하지 않고 대신 애플리케이션 팀이 애플리케이션에 시크릿을 동적으로 주입하기를 기대하는 조직도 있다. 예를 들어 조직에서 볼트와 같은 시크릿 관리 시스템을 실행하면, 애플리케이션은 API와 직접 통신해 시크릿을 인증하고 검색할 수 있다.

애플리케이션 프레임워크는 시스템과 직접 통신할 수 있는 라이브러리를 제공할 수도 있다. 예를 들어, 스프링은 볼트를 인증하고, 시크릿을 검색하고, 해당 값을 자바 클래스에 직접 주입하는 스프링볼트 프로젝트를 제공한다. 애플리케이션 레이어에서 가능하지만 플랫폼 서비스로 엔터프라이즈급 시크릿 기능을 제공하기를 원하는 플랫폼팀이 많다. 아마도 애플리케이션 개발자가 시크릿이 어떻게 전달됐는지 또는 어떤 외부 프로바이더(예: 볼트)를 걱정할 필요가 없는 방식으로 사용되고 있다.

쿠버네티스의 시크릿 데이터를 생각하는 방법을 자세히 설명한다. 쿠버네티스가 실행되는 하위 수준 레이어에서 시작해 워크로드에서 시크릿 데이터를 사용할 수 있도록 하는 쿠버네티스가 노출하는 API까지 작업한다. 이 책의 많은 주제와 마찬가지로 여러 범위에서 고려사항과 권장사항을 찾을 수 있다. 범위의 한쪽 부분은 엔지니어링 노력과 위험에 대한 대비에 비해 얼마나 안전하게 얻을 수 있는지를 포함하고 다른 쪽 끝은 이 플랫폼을 사용하는 개발자에게 제공하고 싶은 추상화 수준에 중점을 둔다.

심층 방어

시크릿 데이터 보호는 시크릿을 안전하게 만들려고 어떤 깊이까지 갈 의향이 있는지에 따라 크게 달라진다. 심층 방어에서는 가장 안전한 옵션을 선택하는 것이 우선이지만, 실제는 '충분히 안전한 옵션'을 유지하면서 강화하는 쪽으로 합리적인 결정을 내린다. 하지만 '충분히 안전한'이라는 다소 애매한 것에서 비롯된 판단이 큰 장애로 이어지기도 한다. 여기서 보안 레이어를 살펴보고 가장 중요한 사항을 설명한다.

방어는 말 그대로 물리적 레이어에서 시작할 수 있다. 대표적인 예가 구글이다. 여러 백서 (https://cloud.google.com/security/overview/whitepaper)와 데이터 센터 보안에 대한 접근 방식을 설명하는 유튜브 동영상(https://oreil.ly/dtHUx)도 있다. 여기에는 금속 탐지기, 세미 트럭을 멈출 수 있는 차량 장벽, 데이터 센터에 들어가기 위한 여러 레이어의 시설 보안이 포함된다.

세부사항에 대한 관심은 실제 사용장비 및 랙^{rack}을 넘어 확장된다. 드라이브가 폐기되면 구글은 승인된 직원에게 데이터를 삭제한 다음 잠재적으로 드라이브를 분쇄하고 파쇄한다. 물리적 보안이라는 주제가 흥미롭긴 하지만, 이 책에서는 데이터 센터의 물리적 보안을 깊이 있게 다루지 않을 예정이다. 클라우드 프로바이더가 하드웨어의 보안을 안전하게 보장하려고 수행하는 부분은 정말 많다.

디스크가 사용 불능이 되거나 파괴되기 전에 사용자가 어떻게든 디스크에 액세스했다고 가정한다. 대부분의 클라우드 제공업체와 데이터 센터는 저장 시 드라이브가 암호화되도록 해 물리적 디스크를 보호한다. 프로바이더는 자체 암호화 키를 사용해 이를 수행하거나 고객이 자체 키를 제공하도록 허용해 프로바이더가 암호화되지 않은 데이터에 액세스하는 것을 거의 불가능하게 하는 심층 방어의 예를 만들 수 있다.

심층 방어 방식으로 데이터 센터 내부의 물리적인 부분을 보호할 수 있으며, 이를 물리적 디스크 자체의 데이터 암호화로 확장해 내부적으로 악의적인 행위자가 사용자 데이터로 무엇이든 할 수 있는 기회를 차단한다.

디스크 암호화

디스크 암호화 도메인을 자세히 살펴보겠다. 디스크를 암호화하는 방법은 여러 가지다. 전체 블록 암호화를 위한 리눅스의 일반적인 방법은 리눅스 통합 키 시스템[LUKS, Linux Unified Key System][1]을 활용한다. LUKS는 버전 2.6부터 리눅스 커널에서 사용할 수 있는 dm-crypt 암호화 하위 시스템과 함께 작동한다. vSAN, ceph, Gluster와 같은 전용 스토리지 시스템은, 각각은 저장 데이터 암호화를 제공하는 하나 이상의 방식을 제공한다. 클라우드 프로바이더에서 기본 암호화 동작은 다르다. AWS에서 일래스틱 블록 스토리지에 대한 암호화를 활성화하려면 기술 문서를 살펴봐야 한다. AWS는 모범 사례 설정으로 권장하는 기본적으로 암호화를 활성화하는 기능을 제공한다. 반면 구글 클라우드[Google Cloud]는 기본 모드로 저장 데이터 암호화를 수행한다. AWS와 마찬가지로 자체 암호화 키 제공과 같은 암호화 동작을 사용자 지정할 수 있는 KMS[Key Management Service]로 구성할 수 있다.

클라우드 프로바이더 또는 데이터 센터 운영자에 대한 신뢰 여부에 관계없이 기본 관행처럼 저장 데이터 암호화를 적극 권장한다. 미사용 암호화는 기본적으로 데이터가 암호화돼 저장됨을 의미한다. 이는 공격 벡터를 완화하는 데 유용할 뿐만 아니라 가능한 실수에 대한 보호 기능도 제공한다. 예를 들어 VM의 세계에서는 호스트의 스냅숏을 만드는 것이 간단해졌다. 스냅숏은 다른 파일과 마찬가지로 내부 또는 외부 네트워크에 실수로 노출되기 쉬운 데이터다. 심층 방어 방식으로 API의 UI 또는 필드로 잘못된 버튼을 선택하면 유출된 데이터가 개인 키 액세스 권한이 없는 사용자에게 쓸모가 없는 시나리오로부터 스스로 보호해야 한다. 그림 7-1은 권한을 얼마나 쉽게 가져갈 수 있는지에 대한 UI를 보여준다.

---

1   LUKS는 서버의 파티션을 암호화할 수 있다. 이는 모바일 컴퓨터 및 이동식 매체를 사용할 때 더욱 중요하다. LUKS를 사용하면 다중 사용자 키로 파티션의 벌크 암호화에 사용되는 마스터 키를 해독할 수 있다. – 옮긴이

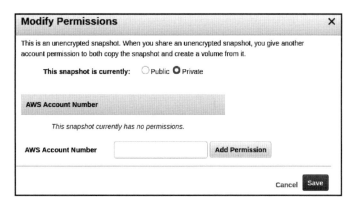

그림 7-1 AWS 스냅숏에 대한 권한 설정은 '퍼블릭'이라는 경고에 따라 다른 사용자에게 스냅숏에서 볼륨을 생성할 수 있는 액세스 권한을 부여하고 잠재적으로 데이터에 액세스할 수 있다.

전송 보안

암호화된 저장 데이터 보안 이외에 전송 중인 데이터의 보안은 어떠한가? 쿠버네티스 시크릿 아키텍처 설명전 시크릿이 서비스 간에 전송될 때 적용할 수 있는 보안 경로를 살펴볼 예정이다. 그림 7-2는 시크릿에 대한 상호작용 부분을 보여준다. 화살표는 호스트 간의 네트워크로 이동하는 시크릿 데이터를 나타낸다.

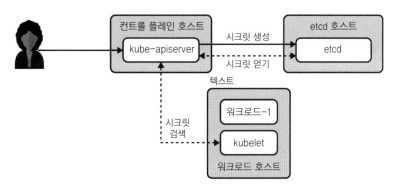

그림 7-2 시크릿이 전송되는 지점을 보여주는 구성도

그림 7-2는 다른 호스트에 도달하려고 네트워크로 이동하는 시크릿 데이터의 흐름을 보여준다. 저장 데이터 암호화 전략이 아무리 강력하더라도 상호작용 지점 중 하나라도 TLS로 통신하지 않으면 시크릿 데이터가 노출된다. 그림 7-2에서 볼 수 있듯이 여기에는 사용자와 시스템 간의 상호작용인 kubectl과 시스템 간 상호작용인 kubelet에서 API 서버로의 흐름이 포함된다. 요약하면 쿠버네티스는 TLS를 적용해 API 서버 및 etcd와의 암호화 통신을 수행한다. 쿠버네티스 클러스터를 설치하거나 부트스트랩하는 거의 모든 설정모드의 기본값이므로, 필요성을 설명하는 부분은 많은 시간을 할애하지 않는다. 자주 적용되는 방식으로 인증서를 생성하려고 인증 기관을 사용한다. 그러나 인증서는 쿠버네티스 시스템 컴포넌트 내부에 있다는 점에 유의해야 한다. 이를 염두에 두고 기본 CA 적용 쿠버네티스가 생성되는 것을 업데이트할 필요가 없을 수도 있다.

애플리케이션 암호화

애플리케이션 암호화는 쿠버네티스에서 실행되는 시스템 컴포넌트 또는 워크로드에서 수행하는 암호화 방식이다. 애플리케이션 암호화는 자체적으로 많은 레이어를 가질 수 있다. 예를 들어 쿠버네티스의 워크로드는 데이터를 쿠버네티스에 유지하기 전에 암호화할 수 있으며, 그런 다음 파일시스템 수준에서 암호화될 etcd에 암호화를 유지할 수 있다. 처음 두 암호화 지점은 '애플리케이션 수준'으로 보는데 많은 암호화 적용이 필요하다.

많은 수준에서 암호화 또는 해독화decryption가 항상 발생하는 것은 아니지만, 애플리케이션 수준에서 데이터가 적어도 한 번 암호화되는 부분이 있다. 지금까지 이야기한 내용인 TLS를 통한 암호화와 저장 데이터 암호화를 고려해야 한다. 암호화를 진행할 때 이 부분을 고려했다면 첫 단추를 잘 꿴 것이다. 시크릿 데이터가 전송 중이면 암호화되며, 실제 디스크에서도 암호화된다. 그러나 실행 중인 시스템에서는 어떤가? 디스크에 저장된 비트는 암호화될 수 있지만, 사용자가 시스템에 액세스할 수 있다면 데이터를 읽을 수 있기 때문에, 중요한 자격 증명을 보관할 수 있는 암호화된 컴퓨터를 마련해야 한다. 누군가 사용자의 컴퓨터를 훔치거나 디스크에 접근해 데이터에 액세스하려고 하더라도 원하는 정보를 얻을 수 없다. 그러나 컴퓨터를 부팅하고 사용자로 로그인하는 데 성공하면 데이터에 대한 전체 액세스 권한을 갖게 된다.

애플리케이션 암호화는 유저스페이스에서 키로 데이터를 암호화하는 작업이다. 암호화 작업은 (강력한) 암호로 보호된 gpg 키를 사용해 해당 파일을 암호화해 사용자가 사용하기 전에 암호를 해독하도록 할 수 있다. 간단한 스크립트를 작성하면 프로세스를 자동화할 수 있으며, 훨씬 더 심층적인 보안 모델을 사용할 수 있다. 공격자가 사용자로 로그인할 때 암호가 없으면 의미가 없기 때문에 해독 키조차도 쓸모가 없다. 쿠버네티스에도 같은 고려사항이 적용된다. 앞으로 쿠버네티스 클러스터에 두 가지 방식이 설정돼 있다고 가정한다.

- 저장 시 암호화는 쿠버네티스에서 사용하는 파일시스템 및 스토리지 시스템에서 활성화된다.
- TLS는 모든 쿠버네티스 컴포넌트 및 etcd를 활성화한다.

다음 절에서 쿠버네티스 애플리케이션 수준에서의 암호화를 알아본다.

쿠버네티스 시크릿 API

쿠버네티스 시크릿 API는 쿠버네티스에서 가장 많이 사용되는 API다. 시크릿 오브젝트를 채우는 방법은 여러 가지가 있지만, API는 워크로드가 시크릿 데이터와 상호작용을 가질 수 있는 일관된 방식을 제공한다. 시크릿 오브젝트는 컨피그맵과 매우 유사하다. 또한 워크로드가 환경변수 또는 볼륨 데이터로 오브젝트를 사용하는 방식의 유사한 메커니즘을 갖고 있다. 다음 예시와 같이 시크릿 오브젝트 설정을 한다.

```
apiVersion: v1
kind: Secret
metadata:
  name: mysecret
type: Opaque
```

```
data:
  dbuser: aGVwdGlvCg==
  dbkey: YmVhcmNhbm9lCg==
```

데이터 필드에서 dbuser 및 dbkey는 base64[2]로 인코딩된다. 모든 쿠버네티스 시크릿 데이터는 다음과 같다. 인코딩되지 않은 문자열 데이터를 API 서버에 전달하려면 stringData 필드를 다음과 같이 사용할 수 있다.

```
apiVersion: v1
kind: Secret
metadata:
  name: mysecret
type: Opaque
stringData:
  dbuser: heptio
  dbkey: bearcanoe
```

예시처럼 적용되면 stringData는 API 서버에서 인코딩돼 etcd에 적용된다. 일반적으로 쿠버네티스가 이 데이터를 인코딩한다는 점을 오해한다. 시크릿 데이터에는 모든 종류의 특수 문자 또는 이진 데이터가 포함될 수 있다. 올바르게 저장됐는지 확인하려고 base64로 인코딩된다.

기본적으로 시크릿이 손상되지 않도록 하는 핵심 메커니즘은 RBAC다. 시크릿과 관련된 RBAC 방식의 의미를 이해하는 것은 공격 패턴을 방지하는 데 중요하다.

get

네임으로 명시된 시크릿의 데이터를 검색한다.

list

모든 시크릿 및 시크릿 데이터 목록을 가져온다.

---

2 8비트 이진 데이터(실행 파일이나, ZIP 파일 등)를 문자 코드에 영향을 받지 않는 공통 ASCII 영역의 문자들로만 이뤄진 일련의 문자열로 바꾸는 인코딩 방식을 가리키는 개념이다. - 옮긴이

watch

모든 시크릿 변경 및 시크릿 데이터 변경을 감시한다.

사용자 목록 액세스 권한 부여와 같은 일부 RBAC 적용 실수는 네임스페이스의 모든 시크릿을 노출하거나 ClusterRoleBinding이 실수로 적용될 때 전체 클러스터를 다른 사용자에게 노출한다. 실제론 대다수의 사용자에게 ClusterRole 권한이 필요하지 않다. 사용자의 RBAC이 워크로드가 액세스할 수 있는 시크릿을 결정하지 않기 때문이다. 일반적으로 kubelet은 파드의 컨테이너에서 시크릿을 사용할 수 있도록 한다. 요약하면, 파드가 유효한 시크릿을 참조하는 한 kubelet은 지정한 방식으로 이를 사용할 수 있도록 한다. 워크로드의 시크릿을 노출하는 방법에 대한 옵션이 있으며, 다음 절에서 살펴볼 예정이다.

시크릿의 범위

kubelet에서 시크릿 검색 및 주입을 처리하는 방식이 매우 편리하다. 그러나 kubelet은 애플리케이션이 시크릿에 액세스할 수 있어야 하는지 여부를 어떻게 알 수 있을까? 쿠버네티스의 시크릿에 대한 워크로드 액세스 모델은 매우 간단하다. 시크릿은 네임스페이스 범위다. 즉, 네임스페이스 간에 시크릿을 복제하지 않으면 파드가 해당 네임스페이스에서만 시크릿을 참조할 수 있다. 이는 또한 파드가 네임스페이스에서 사용 가능한 모든 시크릿에 액세스할 수 있음을 의미한다.

시크릿 범위 설정이 워크로드 간에 네임스페이스를 공유하는 방법을 매우 신중히 고려해야 한다. 이 모델이 허용되지 않으면 어드미션 컨트롤러 레이어에서 추가 검증를 적용하는 방법이 있으며, 이 부분은 8장에서 다룬다.

시크릿 소비 모델

시크릿을 사용하려는 워크로드의 선택사항이 있다. 시크릿 데이터가 수집되는 방식의 기본 설정은 애플리케이션에 따라 다를 수 있다. 그러나 선택한 접근 방식에는 장단점이 있다. 다음 절에서는 워크로드에서 시크릿 데이터를 사용하는 세 가지 방법을 알아본다.

환경변수

시크릿 데이터는 환경변수에 주입될 수 있다. 워크로드 YAML에서 임의의 키와 시크릿에 대한 참조를 지정할 수 있다. 이는 애플리케이션 코드를 변경할 필요성을 줄여 이미 환경변수가 예상되는 쿠버네티스로 이동하는 워크로드에 좋은 기능이 된다. 다음 파드 예시를 살펴본다.

```
apiVersion: v1
kind: Pod
metadata:
  name: nginx
spec:
  containers:
  - name: nginx
    image: nginx
    env:
      - name: USER ❶
        valueFrom:
          secretKeyRef:
            name: mysecret ❷
            key: dbuser ❸
      - name: PASS
        valueFrom:
          secretKeyRef:
            name: mysecret
            key: dbkey
```

❶ 애플리케이션에서 사용할 수 있는 환경변수 키다.

❷ 쿠버네티스의 시크릿 오브젝트 이름이다.

❸ USER 변수에 삽입해야 하는 시크릿 오브젝트의 키다.

환경변수에 시크릿을 노출할 때의 단점은 핫 리로드[Hot reload3]가 불가능하다. 시크릿 오브젝

---

3 핫 리로드는 앱을 처음부터 다시 시작하지 않고 새로운 코드 변경에 따른 코드 변경사항만 표시하며, 변경된 코드에만 적용된다.
   – 옮긴이

트의 변경사항은 파드가 다시 생성될 때까지 반영되지 않는데, 수동 적용 또는 스케줄링 변경과 같은 시스템 이벤트로 발생할 수 있다. 또한 일부는 환경변수의 시크릿을 볼륨 마운트에서 읽는 것보다 덜 안전하다고 생각한다는 점을 염두에 둬야 한다. 이 점은 논쟁의 여지가 있지만, 일반적으로 누출될 수 있는 몇 가지 방식을 언급하는 것이 좋다. 즉, 프로세스 또는 컨테이너 런타임을 검사할 때 환경변수를 일반 텍스트로 볼 수 있는 방법이 있기 때문이다. 또한 일부 프레임워크, 라이브러리 또는 언어는 환경변수를 로그에 덤프(상세기록)하는 디버그 또는 충돌^{crash} 모드를 지원할 수 있다. 환경변수를 사용하기 전에 리스크 감지 모드 사용을 고려해야 한다.

시크릿 볼륨 주입

볼륨으로 시크릿 오브젝트를 주입할 수 있다. 워크로드의 YAML에서 시크릿이 참조되는 볼륨을 설정한다. volumeMount를 사용해 해당 볼륨을 참조하는 보안 시크릿을 주입하는 예시 코드다.

```
apiVersion: v1
kind: Pod
metadata:
  name: nginx
spec:
  containers:
  - name: nginx
    image: nginx
    volumeMounts:
    - name: creds ❷
      readOnly: true
      mountPath: "/etc/credentials" ❸
  volumes: ❶
  - name: creds
    secret:
      secretName: mysecret
```

❶ 마운트에 사용할 수 있는 파드 수준 볼륨이다. 지정된 이름은 마운트에서 참조돼야 한다.

❷ 컨테이너 파일시스템에 마운트할 볼륨 오브젝트다.

❸ 컨테이너 파일시스템에서 마운트를 사용할 수 있는 위치다.

파드 매니페스트로 시크릿 데이터를 /etc/credentials에서 사용할 수 있으며, 시크릿 오브젝트의 각 키/값 페어는 자체 파일에서 가져온다.

```
root@nginx:/# cat /etc/credentials/db
dbkey    dbuser
```

볼륨 접근 방식의 가장 큰 이점은 파드를 다시 시작하지 않고도 시크릿을 동적으로 업데이트할 수 있다. 시크릿에 대한 변경사항이 확인되면 kubelet은 시크릿을 다시 로드하고, 컨테이너의 파일시스템에 업데이트된 것으로 표시한다.

kubelet이 리눅스에서 tmpfs를 사용해 시크릿 데이터가 메모리에만 저장되도록 하는 방식이 중요하다. 리눅스 호스트에서 마운트 테이블 파일을 검사해 이 부분을 확인할 수 있다.

```
# grep 'secret/creds' secret/creds

tmpfs
/var/lib/kubelet/pods/
e98df9fe-a970-416b-9ddf-bcaff15dff87/volumes/
kubernetes.io~secret/creds tmpfs rw,relatime 0 0
```

NGINX 파드가 호스트에서 제거되면 볼륨 마운트가 삭제된다. 이 모델을 염두에 두고 시크릿 데이터의 크기가 절대 커서는 안 된다는 점을 고려하는 것이 특히 중요하다. 자격 증명 또는 키를 별도로 보유해, 데이터베이스처럼 사용하지 않는다는 방식도 매우 유용하다.

애플리케이션 관점에서 디렉토리 또는 파일에 대한 간단한 상태 체크 후 애플리케이션에 값을 다시 주입하는 것만으로도 시크릿 변경을 처리할 수 있다. 쿠버네티스 API 서버를 직접 상태 체크하거나 별도의 통신할 필요가 없기에 많은 워크로드에 적용된 성공적인 방식이다.

클라이언트 API 소비
클라이언트 API 사용 방식 쿠버네티스 핵심 기능이 아니다. 이 모델은 kubeapiserver와 통신해 시크릿을 검색하고 이를 애플리케이션에 주입해야 하는 책임을 애플리케이션에 둔다. 애플리케이션에서 쿠버네티스와의 통신을 간단하게 만드는 프레임워크와 라이브러리가 있다. 자바는 스프링 클라우드 쿠버네티스Spring Cloud Kubernetes에서 이 기능을 스프링 애플리케이션에 제공한다. 일반적으로 사용되는 스프링 프로퍼티소스Spring PropertySource 유형을 사용하고 쿠버네티스에 연결하도록 시크릿 및 컨피그맵을 검색해 연결할 수 있다.

주의: 애플리케이션에서 시크릿 객체를 직접 사용하는 방식을 신중히 고려하기

클라이언트 애플리케이션에서 직접 시크릿 오브젝트를 사용할 수 있지만, 일반적으로 이 접근 방식을 권장하지 않는다. 이전 절에서 볼륨 마운트 시크릿에 대한 스프링의 애플리케이션의 적합성을 언급했지만 컨피그맵용 API 서버도 언급했다. 컨피그맵도 각 애플리케이션이 API 서버와 직접 통신하도록 요구하는 것은 좋은 방식은 아니다. 쿠버네티스 오브젝트 적용 관점에서 볼 때, 가능하면 애플리케이션이 실행 중인 위치를 인식하지 않는 것이 좋다. 즉, 쿠버네티스 또는 다른 컨테이너 서비스에서와 같이 VM에서 실행할 수 있다면 더 좋다. 대부분의 언어와 프레임워크에는 환경변수와 파일을 읽는 데 필요한 기본 요소가 있다. kubelet은 컨테이너가 오브젝트로 시크릿 데이터를 가져오도록 할 수 있으므로 이 사용 사례 기반으로 애플리케이션에 프로바이더별 로직을 추가하는 이유는 무엇인가? kubelet은 API 서버에 연결하고 감시를 설정해야 하는 다른 클라이언트다. kubelet에서 추가적인 연결로 워크로드가 시크릿 오브젝트에 액세스하려면 RBAC와 함께 자체 서비스 어카운트를 갖도록 적용해야 한다.

반면에 이 작업을 kubelet에 위임할 때는 서비스 어카운트가 필요하지 않다. 실제로 서비스 어카운트는 완전히 비활성화될 수 있다.

워크로드 수준에서 시크릿 사용을 알아봤고, 시크릿 데이터 저장을 설명한다.

etcd 시크릿 데이터

대부분의 쿠버네티스 오브젝트와 마찬가지로 시크릿은 etcd에 저장된다. 기본적으로 시크릿을 etcd에 유지하기 전에 쿠버네티스 레이어에서 암호화가 수행되지 않는다. 그림 7-3은 매니페스트에서 etcd로의 시크릿 데이터 흐름을 보여준다.

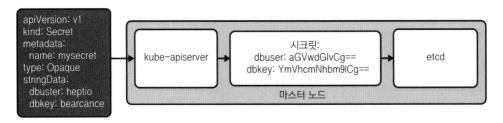

그림 7-3 쿠버네티스의 기본 시크릿 데이터 흐름(동시에 배치된 etcd는 때때로 별도의 호스트에서 실행됨)

쿠버네티스는 시크릿 데이터를 암호화하지 않지만, 하드웨어 액세스 권한을 얻을 때 데이터에 대한 액세스를 의미하지 않는다. 저장 데이터 암호화는 LUKS(리눅스 통합 키 설정)와 같은 방법으로 디스크에서 수행할 수 있다. 여기서 하드웨어에 대한 물리적 액세스는 암호화된 데이터에만 액세스할 수 있다. 많은 클라우드 프로바이더 및 엔터프라이즈 데이터 센터의 물리적 액세스는 기본 작동 모드다. 그러나 etcd를 실행하는 서버에 대한 ssh 액세스 권한을 얻고 권한이 있거나 파일시스템을 보려고 에스컬레이션할 수 있는 사용자를 얻으면 잠재적으로 시크릿 데이터에 액세스할 수 있다.

경우에 따라 이런 모델을 기본으로 적용할 수 있다. etcd는 쿠버네티스 API 서버 외부에서 실행할 수 있으므로, 최소한 하이퍼바이저에서 분리할 수 있다. 이 모델에서 공격자는 etcd 노드에 대한 루트 액세스 권한을 얻고 데이터 위치를 찾은 다음 etcd 데이터베이스에서 시크릿 탈취를 시도할 것이다.

다른 진입점은 API 서버에 대한 루트 액세스 권한을 얻고 API 서버 및 etcd 인증서를 찾은 다음 시크릿을 읽으려고 etcd와 통신하는 API 서버를 가장한다. 두 경우 모두 잠재적으로 다른 보안 위험성을 발생시킬 수 있다. 예를 들어, 공격자는 컨트롤 플레인 컴포넌트를 실행하는 내부 네트워크나 서브넷에 액세스할 수 있다. 또한 노드에 ssh로 연결하려고 적절한 키를 탈취할 것이다. 공격자 사례보다 사용자의 RBAC 적용 실수나 애플리케이션 보안 손상 때문에 이전에 시크릿이 노출될 가능성이 훨씬 더 높다.

위협 모델을 더 잘 이해하려면 공격자가 시크릿에 액세스할 수 있는 방법의 예를 살펴본다. 공격자가 SSH로 kube-apiserver 노드에 대한 루트 액세스 권한을 얻을 때를 생각해 본다.

공격자는 다음과 같이 스크립트를 설정할 수 있다.

```bash
#!/bin/bash

# etcd 노드의 위치에 따라 이 설정 부분을 변경
ENDPOINTS='192.168.3.43:2379'

ETCDCTL_API=3 etcdctl \
  --endpoints=${ENDPOINTS} \
  --cacert="/etc/kubernetes/pki/etcd/ca.crt" \
  --cert="/etc/kubernetes/pki/apiserver-etcd-client.crt" \
  --key="/etc/kubernetes/pki/apiserver-etcd-client.key" \
  ${@}
```

스니펫에 표시된 인증서 및 키 위치는 쿠버네티스가 kubeadm으로 부트스트랩될 때의 기본값이며, 이는 cluster-api와 같은 많은 도구에서도 사용된다. etcd는 /registry/secrets/${NAMESPACE}/${SECRET_NAME} 디렉토리에 시크릿 데이터를 저장한다. 이 스크립트를 사용해 이름이 login1인 시크릿을 가져오는 것은 다음과 같다.

```
# ./etcctl-script get /registry/secrets/default/login1

/registry/secrets/default/login1
k8s


v1Secret


login1default"*$6c991b48-036c-48f8-8be3-58175913915c2bB0kubectl.kubernetes.io/last-applied-
configuration {"apiVersion":"v1", "data": {"dbkey":"YmVhcmNhbm9lCg==", "dbuser":"aGVwdGlvCg=="},
"kind":"Secret", "metadata": {"annotations":{}, "name":"login1", "namespace":"default"},
"type":"Opaque"}
z
dbkey
bearcanoe

dbuserheptio
Opaque"
```

앞의 예시처럼 시크릿 login1을 성공적으로 손상시켰다.

암호화 없이 시크릿을 저장하는 것이 허용될 수 있지만, 많은 플랫폼 운영자는 여기서 멈추지 않기로 선택한다. 쿠버네티스는 etcd에서 데이터를 암호화하는 방법을 지원해, 시크릿에 대한 방어 수준을 높인다. 여기에는 etcd에 저장되기 전에 저장 중 암호화(쿠버네티스 레이어에서 암호화가 발생)를 지원하는 모델이 포함된다. 이런 모델에는 정적 키 암호화 및 봉투 암호화envelope encryption가 포함된다.

정적 키 암호화

쿠버네티스 API 서버는 미사용 비밀 암호화를 지원한다. 이는 쿠버네티스 API 서버에 암호화 키를 제공해 달성되며, 암호화 키를 사용해 모든 시크릿 오브젝트를 etcd에 유지하기 전에 암호화한다. 그림 7-4는 정적 키 암호화가 작동 중일 때 시크릿의 흐름을 보여준다.

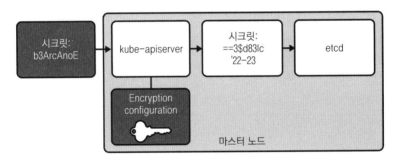

그림 7-4 API 서버의 암호화 키 사이의 관계는 시크릿을 etcd에 저장하기 전에 암호화하는 데 사용된다.

EncryptionConfiguration에 보관된 키는 API 서버로 이동할 때 시크릿 오브젝트를 암호화하고 해독하는 데 사용된다. 공격자가 etcd에 액세스하면 내부에 암호화된 데이터가 표시되므로, 시크릿 데이터가 손상되지 않는다. 키는 secretbox, aescbc 및 aesgcm를 비롯한 다양한 프로바이더를 사용해 생성할 수 있다.

프로바이더마다 장단점이 있으므로 보안 팀과 협력해 적절한 옵션을 선택하는 것이 좋다. 쿠버네티스 문제 #81127은 프로바이더에 대한 고려사항에 대한 좋은 주제다. 기업이 연방 정보 처리 표준[FIPS, Federal Information Processing Standards]과 같은 표준을 준수해야 할 때, 신중히 선택해야 한다. 이 예에서는 성능이 좋고 안전한 암호화 프로바이더 역할을 하는 secretbox를 사용한다.

정적 키 암호화를 설정하려면 32바이트 키를 생성해야 한다. 암호화 및 암호 해독 모델은 대칭이므로 단일키가 두 가지 목적을 모두 수행한다. 키를 생성하는 방법은 기업마다 다를 수 있다. 리눅스 호스트를 사용해 다음과 같은 엔트로피[4]에 만족하면 /dev/urandom을 쉽게 사용할 수 있다.

```
head -c 32 /dev/urandom | base64
```

키 데이터를 사용해 kube-apiserver를 실행하는 모든 노드에 EncryptionConfiguration을 추가해야 한다. 이 정적 파일은 클러스터 API를 사용할 때 앤서블 또는 KubeadmConfig Spec과 같은 구성 관리를 사용해 추가해야 한다. 이렇게 하면 키를 추가, 삭제 및 로테이션할 수 있다. 구성이 /etc/kubernetes/pki/secrets/encryption-config.yaml에 저장돼 있다고 가정한 다음의 예를 살펴본다.

```
apiVersion: apiserver.config.k8s.io/v1
kind: EncryptionConfiguration
resources:
  - resources:
    - secrets
    providers:
    - secretbox:
        keys:
        - name: secret-key-1
          secret: u7mcOcHKbFh9eVluB18hbFIsVfwpvgbXv650QacDYXA==
    # ID는 필수(기본값) 공급자다
    - identity: {}
```

---

4   정보 리소스의 평균 정보량(평균적 불확실량) – 옮긴이

프로바이더 목록은 순서가 지정돼 있다. 즉, 암호화는 항상 첫 번째 키를 사용해 발생하고 암호 해독는 나열된 키 순서로 시도된다. ID는 기본 일반 텍스트 프로바이더이며, 마지막에 있어야 한다. 첫 번째는 시크릿이 암호화되지 않는다.

앞의 구성을 따르려면 EncryptionConfiguration을 로컬로 로드하도록 kube-apiserver의 모든 인스턴스를 업데이트해야 한다. /etc/kubernetes/manifests/kube-apiserver.yaml 에 다음과 같이 인수를 추가할 수 있다.

```
--encryption-provider-config=/etc/kubernetes/pki/secrets/encryption-config.yaml
```

kube-apiserver(s)가 다시 시작되면 변경사항이 적용되고 시크릿이 etcd로 전송되기 전에 암호화된다. kube-apiserver 재시작은 자동일 수 있다. 예를 들어 정적 파드를 사용해 API 서버를 실행할 때 매니페스트 파일을 변경하면 다시 시작된다. 테스트 단계가 끝나면 이 파일로 호스트를 미리 프로비저닝하고 암호화 프로바이더가 기본적으로 활성화돼 있는지 확인하는 것이 좋다. EncryptionConfiguration 파일은 앤서블과 같은 구성 관리 도구를 사용하거나 cluster-api를 사용해 kubeadmConfigSpec에서 해당 정적 파일을 설정해 추가할 수 있다. 이 클러스터 API 접근 방식은 EncryptionConfiguration을 사용자 데이터에 넣는다. 사용자 데이터가 암호화됐는지 확인하면 된다. kubeadm을 사용한다고 가정하고 ClusterConfiguration의 apiServer에 인수를 추가해 API 서버에 encryption-provider-config 플래그를 추가할 수 있다. 그렇지 않으면 서버 시작 메커니즘에 따라 플래그가 있는지 확인해야 된다.

암호화를 검증하려고 API 서버에 새 시크릿 오브젝트를 적용할 수 있다. 시크릿 이름이 login2라고 가정하고 이전 절의 스크립트를 그대로 사용해 다음과 같이 검색할 수 있다.

```
# ./etcctl-script get /registry/secrets/default/login2

/registry/secrets/default/login2
k8s:enc:secretbox:v1:secret-key-1:^DH
                                                HN,lU/:L kdR<_h (fO$V
y.
   r/m
```

MjVAGP<%B0kZHY}->q|&c?a\i#xoZsVXd+8_rCy.gcj[Mv<X5N):MQ'7t
'pLBxqょ)b7+r49`f

6(iciQ0.ſ$'.ejbprλ=Cp+R-D%q!r/pbv1_.izyPlQ)1!7@X\0

Eiㄴr(dwlS

데이터가 etcd에서 완전히 암호화된 것을 볼 수 있다. 암호화를 수행하는 데 사용된 프로바이더(secretbox) 및 키(secret-key-1)를 지정하는 메타데이터가 있다. 한 번에 많은 프로바이더와 키를 지원하므로 쿠버네티스에 특히 중요하다. 암호화 키가 설정되기 전에 생성된 모든 오브젝트는 login1을 쿼리할 수 있고 여전히 일반 텍스트로 표시된다고 가정해 보겠다.

```
# ./etcctl-script get /registry/secrets/default/login1

/registry/secrets/default/login1
k8s
```

위의 예시는 두 가지 중요한 개념을 보여준다. 첫째, login1은 암호화되지 않는다. 암호화 키가 있는 동안 새로 생성되거나 변경된 시크릿 오브젝트만 이 키로 암호화된다. 둘째, kube-apiserver로 다시 전달할 때 프로바이더/키 매핑이 없고 암호 해독이 시도되지 않는다. 이 부분의 개념은 정의된 범위에 걸쳐 암호화 키를 교체할 것을 적극 권장하기 때문에 중요하다. 3개월에 한 번 순환한다고 가정해 보겠다. 3개월이 지나면 Encryption Configuration을 다음과 같이 변경한다.

```
- secretbox:
    keys:
    - name: secret-key-2
      secret: xgI5XTIRQHN/C6mlS43MuAWTSzuwkGSvIDmEcw6DDl8=
    - name: secret-key-1
      secret: u7mcOcHKbFh9eVluB18hbFIsVfwpvgbXv650QacDYXA=
```

secret-key-1이 제거되지 않는 것이 중요하다. 새로운 암호화에는 사용되지 않지만 이전에 암호화된 기존 시크릿 오브젝트에 사용돼 해독된다. 이 키를 제거하면 API 서버가 login2와 같은 시크릿 오브젝트를 클라이언트에 반환하지 못하게 된다. 이 키는 처음이므로 모든 새 암호화에 사용된다. 시크릿 오브젝트가 업데이트되면 시간이 지남에 따라 새로운 키를 사용

해 다시 암호화된다. 그때까지 원래 키는 대체 암호를 해독하는 옵션으로 목록에 남아 있을
수 있다. 키를 삭제하면 클라이언트에서 다음과 같은 응답을 볼 수 있다.

```
Error from server (InternalError): Internal error occurred: unable to transform key "/registry/
secrets/default/login1": no matching key was found for the provided Secretbox transformer
```

저자 추천: 새로운 공격 벡터 이해

심층 방어를 강화하기 위한 각 단계를 수행할 때마다 공격 벡터가 어떻게 이동했는지 이해하는 것이 중요
하다. 정적 키 암호화 모델은 암호화가 없는 것보다 확실히 더 안전하다. 그러나 암호화 키는 API 서버의
동일한 호스트에 있다.

많은 쿠버네티스 디플로이먼트는 동일한 호스트에서 etcd와 kubeapiserver를 실행한다. 즉, 루트 액세
스를 사용하면 공격자가 etcd에서 쿼리하는 데이터를 해독할 수 있다. 정적 키를 사용한 저장 데이터 암
호화에만 의존해서는 안 된다. 정적 키 사용이 허용되지 않을 때, 외부 시크릿 저장소를 사용하거나 KMS
플러그인을 활용하는 것을 고려해야 한다. 두 가지 대체 접근 방식은 다음 절에서 다룬다.

봉투 암호화

쿠버네티스 1.10 이상은 KMS와의 통합을 지원해 봉투 암호화를 적용 가능하다. 봉투 암호
화에는 키 암호화 키[KEK, Key Encryption Key]와 데이터 암호화 키[DEK, Data Encryption Key]의 두 가지 키가
포함된다. KEK는 KMS에 외부적으로 저장되며, KMS 프로바이더가 손상되지 않는 한 위험
하지 않다. KEK는 시크릿 오브젝트 암호화를 담당하는 DEK를 암호화하는 데 사용된다. 각
시크릿 오브젝트는 데이터를 암호화 및 해독하려고 고유한 DEK를 가져온다. DEK는 KEK
로 암호화되고 데이터 자체와 함께 저장할 수 있으므로, kube-apiserver가 많은 키를 인식
할 필요가 없다. 구조적으로 봉투 암호화의 흐름은 그림 7-5에 표시된 다이어그램과 같다.

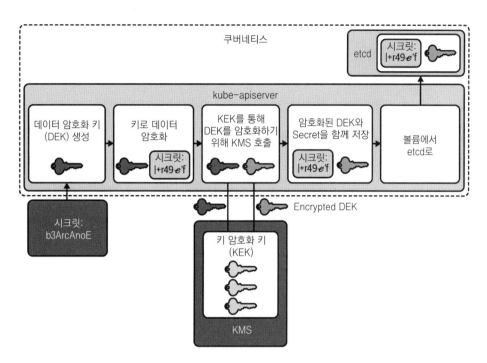

그림 7-5 봉투 암호화를 사용해 시크릿을 암호화하는 흐름이다. KMS 레이어는 클러스터 외부에 있다.

KMS 프로바이더에 따라 흐름이 작동하는 방식에 약간의 차이가 있지만, 일반적으로 이 방식은 봉투 암호화가 작동하는 방식을 보여준다. 이 모델에는 다음과 같은 여러 가지 이점이 있다.

- KMS는 쿠버네티스 외부에 있으므로 격리 방식으로 보안을 강화한다.
- KEK의 중앙 집중화로 키를 쉽게 순환할 수 있다.
- DEK와 KEK의 분리는 시크릿 데이터가 KMS로 전송되거나 KMS로 알려진 적이 없음을 의미한다.
- KMS는 DEK 해독에만 관련된다.
- DEK의 암호화는 시크릿과 함께 저장하기 쉽고 시크릿과 관련된 키를 쉽게 관리할 수 있음을 의미한다.

프로바이더 플러그인은 원격 KMS와 통신할 수 있는 gRPC 서버를 구현하는 권한 있는 컨테이너를 실행해 작동한다. 이 컨테이너는 kube-apiserver가 있는 마스터 노드에서만 실행된다. 그런 다음 이전 절의 암호화 설정과 유사하게 EncryptionConfiguration을 KMS 플러그인과 통신하기 위한 설정과 함께 마스터 노드에 추가해야 한다.

```yaml
apiVersion: apiserver.config.k8s.io/v1
kind: EncryptionConfiguration
resources:
- resources:
  - secrets
  providers:
  - kms:
      name: myKmsPlugin
      endpoint: unix:///tmp/socketfile.sock
      cachesize: 100
      timeout: 3s
# 필요하지만, 암호화에 사용되지 않음.
  - identity: {}
```

EncryptionConfiguration이 /etc/kubernetes/pki/secrets/encryption-config.yaml의 각 마스터 노드에 저장돼 있다고 가정하면, 다음을 포함하도록 kube-apiserver 인수를 업데이트해야 한다.

```
--encryption-provider-config=/etc/kubernetes/pki/secrets/encryption-config.yaml
```

값을 변경하면 kube-apiserver를 다시 시작해야 한다.

디자인 관점에서 KMS 플러그인은 적용 가능한 모델이다. 그러나 KMS 플러그인 구현은 사례가 드물고 이미 적용돼 있어도 많이 부족하다. 책을 쓸 당시의 다음의 상황은 사실이다. aws encryption-provider(AWS) 또는 k8s-cloudkms-plugin(구글) 태그에서 지정된 릴리즈가 없다. 애저의 플러그인 kubernetes-kms에는 키 순환을 지원하지 않는 등 주목할 만한 제한 사항이 있다. 따라서 KMS 플러그인이 자동으로 제공되고 구글에서 지원하는 GKE와 같은 관리형 서비스에서 실행할 때를 제외하고 사용에 불안정할 수 있다.

마지막으로 사용 가능한 유일한 클라우드 프로바이더의 KMS 플러그인은 kubernetes-vault-kmsplugin으로, 부분적으로만 구현되고 무기한 중단과 동시에 아카이브됐다.

외부 프로바이더

쿠버네티스를 엔터프라이즈급 시크릿 저장소라고 생각하는 것은 아니다. 서비스 어카운트와 같은 용도로 사용되는 시크릿 API를 제공하지만, 엔터프라이즈 시크릿 데이터는 부족할 수 있다. 위험과 옵션을 이해하는 한, 애플리케이션 시크릿을 저장하는 데 사용하는 데 본질적으로 잘못된 것은 없다. 그러나 많은 고객, 특히 금융 서비스와 같은 분야에서 일하는 고객은 시크릿 API가 제공할 수 있는 것보다 더 많은 것을 요구한다. 이런 사용자는 하드웨어 보안 모듈HSM, Hardware Security Module과 통합 기능이 필요하고 고급 키 순환 정책을 사용한다.

필자는 사용자에게 쿠버네티스가 기본 제공하는 프로바이더부터 시작해 보안(암호화)을 강화하는 접근 방식이 적절한지 확인하는 가이드를 제공할 것이다. 봉투 암호화를 제공하는 KMS 암호화 모델은 etcd의 시크릿 데이터 안전성의 장점을 설명했다. 자주 수행될 때 그 이상으로 확장하려면 엔지니어링 팀이 운영 지식을 갖고 있는 시크릿 관리 도구가 무엇인지 살펴봐야 한다. 운영 환경을 대비하는 용량 관리 부분에서 시크릿 관리 시스템을 실행하는 것은 내부에 포함된 데이터의 가용성이 높을 뿐만 아니라 잠재적인 공격자로부터 보호돼야 하는 상태 저장 서비스를 실행하는 것과 유사한 어려운 작업이 될 수 있다.

볼트

볼트Vault는 해시코프의 오픈소스 프로젝트다. 볼트는 시크릿 관리 솔루션과 관련해 사용자가 가장 선호하는 인기 프로젝트다. 볼트는 클라우드 네이티브 공간에 통합할 수 있는 여러 방법을 찾는다. 스프링과 같은 프레임워크와 쿠버네티스 자체에서 통합하는 기능을 제공한다. 또한 쿠버네티스에서 볼트를 실행하고 볼트에서 토큰 리뷰TokenReview API를 사용해 쿠버네티스 API 서버에 대한 요청을 인증할 수 있도록 한다. 이 절에서 사이드카 및 초기화 컨테이너 주입과 새로운 접근 방식인 CSI 통합을 포함한 두 가지 방식의 쿠버네티스 통합점을 설명하고자 한다.

사이버아크

사이버아크^{Cyberark}는 고객에게 인기 있는 솔루션이다. IT 보안회사로서, 사이버아크는 고객에게 꾸준한 투자를 받았고, 주로 쿠버네티스를 통합하려는 요구사항을 받았다. 사이버아크는 자격 증명 공급자와 동적 액세스 공급자^{DAP, Dynamic Access Provider}를 제공한다. DAP는 쿠버네티스 관리자가 통합할 수 있는 여러 엔터프라이즈 메커니즘을 제공한다. 볼트와 유사하게 애플리케이션과 함께 초기화 컨테이너를 사용해 DAP와 통신하는 기능을 지원한다.

시크릿 주입 통합

쿠버네티스의 워크로드에 외부 시크릿 저장소를 사용할 수 있게 되면, 검색을 위한 옵션이 있다. 이 절에서는 접근 방식, 권장 사항 및 장단점을 다룬다. 또한 시크릿 소비에 대한 각 설계 접근 방식과 볼트의 구현을 설명한다.

시크릿 주입 통합 방식은 초기화 컨테이너 및 사이드카 컨테이너를 실행해 외부 시크릿 저장소와 통신한다. 일반적으로 시크릿은 파드의 파일시스템에 주입돼, 파드에서 실행되는 모든 컨테이너에서 사용할 수 있다. 가능하면 이 접근 방식을 적극 권장한다. 주요 이점은 애플리케이션에서 시크릿 저장소를 완전히 분리한다. 그러나 시크릿 주입을 용이하게 하는 것이 이제 쿠버네티스 기반 플랫폼을 제공하므로, 이로 인해 플랫폼이 더 복잡해진다.

모델의 볼트 구현은 vault-agent-injector를 가리키는 변형 웹훅^{MutatingWebhook}을 사용한다. 파드가 생성될 때 어노테이션을 기반으로 vault-agent-injector는 초기화 컨테이너(초기 시크릿 검색에 사용됨)와 사이드카 컨테이너를 추가해 필요하면 시크릿 업데이트를 유지한다. 그림 7-6은 파드와 볼트 간의 상호작용 흐름을 보여준다.

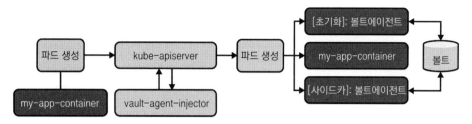

그림 7-6 사이드카 인젝션 아키텍처. my-app-container와 함께 모든 볼트 파드는 사이드카로 실행된다.

볼트 관련 컨테이너를 삽입할 변형 웹훅의 구성은 다음과 같다.

```
apiVersion: admissionregistration.k8s.io/v1
kind: MutatingWebhookConfiguration
metadata:
  labels:
    app.kubernetes.io/instance: vault
    app.kubernetes.io/managed-by: Helm
    app.kubernetes.io/name: vault-agent-injector
  name: vault-agent-injector-cfg
webhooks:
- admissionReviewVersions:
  - v1beta1
  clientConfig:
    caBundle: REDACTED
    service:
      name: vault-agent-injector-svc
      namespace: default
      path: /mutate
      port: 443
  failurePolicy: Ignore
  matchPolicy: Exact
  name: vault.hashicorp.com
  namespaceSelector: {}
  objectSelector: {}
  reinvocationPolicy: Never
  rules:
  - apiGroups:
    - ""
```

```
    apiVersions:
    - v1
    operations:
    - CREATE
    - UPDATE
    resources:
    - pods
    scope: '*'
  sideEffects: Unknown
  timeoutSeconds: 30
```

변형 웹훅은 모든 파드 생성 또는 업데이트 이벤트에서 호출된다. 평가는 모든 파드에서 발생하지만, 모든 파드가 변경되거나 볼트 에이전트가 주입되는 것은 아니다. vault-agent-injector는 모든 파드 사양에서 2개의 어노테이션을 검색한다.

vault.hashicorp.com/agent-inject: "true"

다른 컨테이너가 시작되기 전에 시크릿을 검색하고, 파드의 파일시스템에 쓰는 볼트 에이전트 초기화 컨테이너를 포함하도록 인젝터에 지시한다.

vault.hashicorp.com/agent-inject-status: "update"

워크로드와 함께 실행되는 볼트 에이전트 사이드카를 포함하도록 인젝터에 지시한다. 볼트에서 변경되면 시크릿을 업데이트한다. 초기화 컨테이너는 여전히 이 모드에서 실행된다. 이 매개변수는 선택 사항이며, 포함되지 않으면 사이드카가 추가되지 않는다.

vault-agent-injector가 vault.hashicorp.com/agent-inject: "true"를 기반으로 변형을 수행하면 다음 부분이 추가된다.

```
  initContainers:
  - args:
    - echo ${VAULT_CONFIG?} | base64 -d > /tmp/config.json
    - vault agent -config=/tmp/config.json
    command:
    - /bin/sh
    - -ec
```

```yaml
  env:
  - name: VAULT_CONFIG
    value: eyJhd
  image: vault:1.3.2
  imagePullPolicy: IfNotPresent
  name: vault-agent-init
  securityContext:
    runAsGroup: 1000
    runAsNonRoot: true
    runAsUser: 100
  volumeMounts:
  - mountPath: /vault/secrets
    name: vault-secrets
```

vault-agent-injector가 vault.hashicorp.com/agentinject-status: "update" 어노테이션이 표시되면 다음 부분이 추가된다.

```yaml
  containers:
    #
    # ORIGINAL WORKLOAD CONTAINER REMOVED FOR BREVITY
    #
  - name: vault-agent
    args:
    - echo ${VAULT_CONFIG?} | base64 -d > /tmp/config.json
    - vault agent -config=/tmp/config.json
    command:
    - /bin/sh
    - -ec
    env:
    - name: VAULT_CONFIG
      value: asdfasdfasd
    image: vault:1.3.2
    imagePullPolicy: IfNotPresent
    securityContext:
      runAsGroup: 1000
      runAsNonRoot: true
      runAsUser: 100
    volumeMounts:
```

```
  - mountPath: /vault/secrets
    name: vault-secrets
```

에이전트가 있으면 볼트에서 데이터베이스 암호를 다음 어노테이션과 같이 요청하는 방식으로 암호를 검색하고 다운로드한다.

```
vault.hashicorp.com/agent-inject-secret-db-creds: "serets/db/cred"
```

기본적으로 시크릿 값은 Go 언어의 맵핑이 출력된 것처럼 유지된다. 구문상 다음과 같이 나타난다. 모든 시크릿은 /vault/secrets에 저장된다.

```
key: map[k:v],
key: map[k:v]
```

시크릿 형식을 소비에 최적화하기 위해 볼트는 어노테이션에 템플릿 추가를 지원한다. 볼트는 표준 Go 템플릿을 사용한다. 예를 들어 JDBC 연결 문자열을 생성하려면 cred라는 이름의 시크릿에 다음 템플릿을 적용할 수 있다.

```
spec:
  template:
    metadata:
      annotations:
        vault.hashicorp.com/agent-inject: "true"
        vault.hashicorp.com/agent-inject-status: "update"
        vault.hashicorp.com/agent-inject-secret-db-creds: "secrets/db/creds"
        vault.hashicorp.com/agent-inject-template-db-creds: |
          {{- with secret "secrets/db/creds" -}}
          jdbc:oracle:thin:{{ .Data.data.username }}/{{ .Data.data.password }}
          {{- end }}
```

이 모델의 주요 복잡성 영역은 요청하는 파드의 인증 및 권한 부여다. 볼트는 여러 인증 방법을 제공한다(https://www.vaultproject.io/docs/auth). 쿠버네티스에서 특히 이 사이드카 삽입 모델에서 볼트를 실행할 때 파드가 기존 서비스 어카운트 토큰을 ID로 제공할 수 있도록 쿠버네티스를 인증하도록 볼트를 설정할 수 있다. 인증 메커니즘을 설정하면 다음과 같이 나타난다.

```
# from within a vault container

vault write auth/kubernetes/config \
    kubernetes_host="https://$KUBERNETES_PORT_443_TCP_ADDR:443" \  ❶
    kubernetes_ca_cert=@/var/run/secrets/kubernetes.io/serviceaccount/ca.crt \
    token_reviewer_jwt=\
    "$(cat /var/run/secrets/kubernetes.io/serviceaccount/token)"  ❷
```

❶ 이 환경변수는 기본적으로 볼트 파드에 있어야 한다.

❷ 토큰 리뷰^{TokenReview} 요청을 수행할 때 쿠버네티스 API 서버를 인증하는 데 사용되는 이 파드의 서비스 어카운트 토큰 위치다.

시크릿 요청이 볼트에 입력되면 볼트에서 요청자의 서비스 어카운트를 확인할 수 있다. 볼트는 요청자의 ID를 확인하려고 쿠버네티스 토큰 리뷰 API로 통신해 이를 수행한다. ID가 검증됐다고 가정하면 볼트는 서비스 어카운트가 시크릿에 액세스할 수 있는 권한이 있는지 확인해야 한다. 서비스 어카운트와 정책 간의 권한 부여 정책 및 바인딩은 볼트에서 구성 및 유지 관리돼야 한다. 볼트에서 정책은 다음과 같이 작성된다.

```
# 볼트 컨테이너에서 실행
vault policy write team-a - <<EOF

path "secret/data/team-a/*" {
  capabilities = ["read"]
}
EOF
```

다음 예시처럼 볼트에 **team-a**라는 정책이 생성돼 secret/data/team-a/의 모든 시크릿에 대한 읽기 액세스 권한을 제공한다.

```
vault policy list
default
team-a
root
```

마지막 단계는 볼트에서 액세스를 승인할 수 있도록 요청자의 서비스 어카운트를 정책과 연결한다.

```
vault write auth/kubernetes/role/database \
    bound_service_account_names=webapp \ ❶
    bound_service_account_namespaces=team-a \ ❷
    policies=team-a \ ❸
    ttl=20m ❹
```

❶ 요청자의 서비스 어카운트 이름이다.

❷ 요청자의 네임스페이스다.

❸ 이 계정을 하나 이상의 정책에 연결하기 위한 바인딩이다.

❹ 볼트별 인증 토큰이 있어야 하는 기간이다. 만료되면 authn/authz가 다시 수행된다.

지금까지 설명한 볼트 관련 프로세스는 다양한 외부 시크릿 관리 저장소에 적용될 수 있다. 쿠버네티스 코어를 넘어서는 시스템을 다룰 때 시크릿 액세스의 인증 및 권한 부여를 통합하는 데는 어느 정도의 오버헤드가 발생할 것이다.

CSI 통합

시크릿 저장소 통합에 대한 새로운 접근 방식은, secrets-store-csi-driver를 활용한다. 이 글을 쓰는 시점에서 secrets-store-csi-driver는 kubernetes-sigs의 쿠버네티스 하위 프로젝트다. 낮은 수준에서 시크릿 관리 시스템과 통합을 가능하게 하는 방식이다. 즉, 사이드카 또는 초기화 컨테이너를 실행해 시크릿 데이터를 파드에 주입하지 않고도 파드가 외부에서 호스팅되는 시크릿에 액세스할 수 있다. 그 결과 시크릿 상호작용은 플랫폼 서비스에 가깝고 애플리케이션이 통합해야 하는 것과는 다르다. secrets-store-csi-driver는 모든 호스트에서 드라이버 파드(데몬셋으로)를 실행하며, 이는 CSIDriver가 스토리지 프로바이더와 함께 작동하는 방식과 유사하다.

그런 다음 드라이버는 외부 시스템에서 시크릿 조회를 담당하는 프로바이더에 의존한다. 볼트는 모든 호스트에 볼트 프로바이더 바이너리를 설치해야 한다. 바이너리 위치는 드라이버의 **provider-dir** 마운트가 설정된 곳이어야 한다. 이 바이너리는 호스트에 이미 존재하거나 가장 일반적으로 데몬셋과 같은 프로세스로 설치된다. 전체 아키텍처는 그림 7-7에 표시된 것과 유사하게 나타낸다.

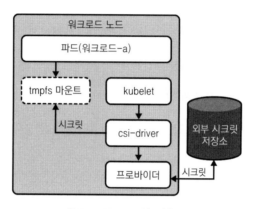

그림 7-7 CSIDriver 상호작용 흐름

볼트는 UX와 시크릿 프로바이더를 추상화하는 방식을 기반으로 유망해 보이는 상당히 새로운 접근 방식을 사용한다. 그러나 추가로 적용해야 하는 부분이 있다. 예를 들어 파드 자체가 시크릿을 요청하지 않을 때 ID는 어떻게 처리되는가? 볼트는 파드를 대신해 요청하기 때문에 드라이버 및 프로바이더가 파악해야 한다. 지금은 SecretProviderClass를 포함하는 기본 API를 볼 수 있다. 볼트와 같은 외부 시스템 상호작용 목적 SecretProviderClass는 다음과 같다.

```
apiVersion: secrets-store.csi.x-k8s.io/v1alpha1
kind: SecretProviderClass
metadata:
  name: apitoken
spec:
  provider: vault
  parameters:
```

```
  roleName: "teama"
  vaultAddress: "https://vault.secret-store:8000" ❶
  objects:  |
    array:
    - |
        objectPath: "/secret/team-a" ❷
        objectName: "apitoken" ❸
        objectVersion: ""
```

❶ 볼트의 위치이며, 서비스명(볼트) 뒤에 네임스페이스인 secret-store가 지정된다.

❷ This 키/값 오브젝트가 기록된 볼트의 경로다.

❸ team-a에서 조회할 실제 오브젝트다.

SecretProviderClass가 있으면 파드는 다음과 같이 사용하고 참조할 수 있다.

```
kind: Pod
apiVersion: v1
metadata:
  name: busybox
spec:
  containers:
  - image:
    name: busybox
    volumeMounts:
    - name: secrets-api
      mountPath: "/etc/secrets/apitoken"
      readOnly: true
  volumes:
    - name: secrets-api
      csi:
        driver: secrets-store.csi.k8s.com
        readOnly: true
        volumeAttributes:
          secretProviderClass: "apitoken"
```

파드가 시작되면 드라이버와 프로바이더가 시크릿 데이터 검색을 시도한다. 외부 프로바이

310
```
```

더에 대한 인증 및 권한 부여가 성공했다고 가정하면, 시크릿 데이터는 쿠버네티스 시크릿과 마찬가지로 볼륨 마운트에 나타난다. 노드의 드라이버 파드에서 로그를 검사해 프로바이더에게 전송된 명령을 확인할 수 있다.

```
level=info msg="provider command invoked: /etc/kubernetes/secrets-store-csi-providers/vault/
provider-vault --attributes [REDACTED] --secrets [REDACTED] [--targetPath /var/lib/kubelet/
pods/643d7d88-fa58-4f3f-a7eb-341c0adb5a88/volumes/kubernetes.io~csi/secrets-store-inline/mount
--permission 420]"
```

secrets-store-csi-driver는 눈여겨볼 가치가 있는 접근 방식이다. 시간이 지남에 따라 프로젝트가 안정화되고 프로바이더가 성숙하기 시작하면 쿠버네티스에 애플리케이션 플랫폼을 구축하는 사용자에게 접근 방식이 보편화되는 것을 볼 수 있다.

선언적 관리 방식

애플리케이션 배포, 지속적 통합 및 지속적 전달의 요구사항은 순전히 선언적 모델로 전환된다. 선언적 모델은 원하는 상태를 선언하고 시간이 지남에 따라 컨트롤러가 원하는 상태를 현재 상태와 조정하려고 작동하는 쿠버네티스에서 사용되는 것과 동일한 모델이다. 애플리케이션 개발자와 데브옵스 팀의 이런 열망은 일반적으로 깃옵스[GitOps]라는 패턴으로 나타낸다.

대부분의 깃옵스 접근 방식의 핵심 원칙은 하나 이상의 깃[git] 리포지터리를 워크로드에 대한 정보 소스로 사용한다. 일부 브랜치 또는 태그에서 커밋이 확인되면 빌드 및 배포 프로세스에서, 종종 클러스터 내부에서 이를 선택할 수 있다. 이는 궁극적으로 트래픽을 수신할 수 있는 사용 가능한 워크로드를 만드는 것을 목표로 한다. 깃옵스와 같은 모델은 15장에서 더 자세히 다룰 예정이다.

순수 선언적 접근 방식을 취할 때 시크릿 데이터는 고유한 문제를 만든다. 물론 코드와 함께 구성을 커밋할 수 있지만, 애플리케이션에서 사용하는 자격 증명과 키는 어떤가? 커밋에 표시되는 API 키가 일부 사용자들을 혼란스럽게 만들 수 있다. 문제를 해결하는 방법이 있다. 물론 선언적 모델 외부에 시크릿 데이터를 유지하고 깃옵스 방식으로 처리하는 방식이 있다. 데이터에 액세스할 때 의미 있는 값을 아무것도 노출하지 않는 방식으로 시크릿 데이터를 '봉인seal'하는 방식도 있다. 봉인은 다음 절에서 더 자세히 살펴볼 예정이다.

시크릿 봉인

어떻게 하면 진정한 시크릿 정보를 봉인할 수 있을까? 새로운 개념이 아니다. 비대칭 암호화를 사용해 시크릿을 암호화하고 장소에 커밋하며 데이터 노출을 걱정하지 않는 방법을 보장할 수 있다. 이 모델에는 암호화 키(일반적으로 공개)와 해독 키(일반적으로 비공개)가 있다. 아이디어는 암호화 키로 생성된 모든 시크릿은 프라이빗 키가 손상되지 않고는 값이 손상될 수 없다. 물론 신뢰할 수 있는 암호를 선택하고, 프라이빗 키가 안전한지를 항상 확인하고, 암호화 키와 시크릿 데이터 순환 정책을 모두 설정하는 방법 등, 이 모델에서 보안을 유지하려면 많은 것을 보장해야 한다. 다음 절에서 살펴볼 모델은 클러스터에서 프라이빗 키가 생성되고 개발자가 시크릿 데이터에 사용할 수 있는 자체 암호화 키를 배포할 수 있을 때의 모습이다.

sealed-secret-controller

Bitnami-labs/sealed-secrets는 설명된 것을 달성하려고 일반적으로 사용되는 오픈소스 프로젝트다. 그러나 대체 도구를 선택하거나 직접 구축할 때 주요 개념이 크게 변경되지는 않는다.

이 프로젝트의 핵심 컴포넌트는 클러스터 내부에서 실행되는 sealed-secret-controller이다. 기본적으로 암호화 및 해독을 수행하는 데 필요한 키를 생성한다. 클라이언트 측에서 개발자는 kubeseal이라는 커맨드라인 유틸리티를 사용한다. 비대칭 암호화를 사용하고 있기 때문에 kubeseal은 공개 키(암호화용)만 알면 된다. 개발자가 데이터를 사용해 암호화하면 값을 직접 해독할 수도 없다. 시작하려면 먼저 컨트롤러를 쿠버네티스 클러스터에 배포한다.

```
kubectl apply -f https://github.com/bitnami-labs/sealed-secrets/releases/download/v0.9.8/
controller.yaml
```

기본적으로 컨트롤러는 암호화 및 해독 키를 생성한다. 물론 사용자의 증명서를 사용하는 것도 가능하다. 공개(인증서) 및 비공개(키)는 kube-system/sealed-secret-key 아래 쿠버네티스 시크릿에 저장된다. 다음 단계는 개발자가 작업에 착수할 수 있도록 암호화 키를 검색하도록 허용한다. 쿠버네티스 시크릿에 직접 액세스해 이 작업을 수행해서는 안 된다. 대신 컨트롤러는 암호화 키를 검색하는 데 사용할 수 있는 엔드포인트를 노출한다. 이 서비스에 액세스하는 방법은 사용자에게 달려 있지만 클라이언트는 그림 7-8에 자세히 설명된 흐름이 있는 다음 명령을 사용해 서비스를 호출할 수 있어야 한다.

```
kubeseal --fetch-cert
```

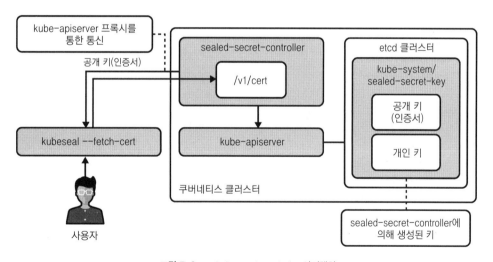

그림 7-8 sealed-secret-controller 아키텍처

공개 키가 kubeseal에 로드되면 (암호화된) 시크릿 데이터를 포함하는 SealedSecret CRD를 생성할 수 있다. CRD는 etcd에 저장된다. sealed-secret-controller는 표준 쿠버네티스 시

크릿을 통해 시크릿을 사용할 수 있도록 한다. SealedSecret 데이터가 시크릿으로 올바르게 변환됐는지 확인하려고 SealedSecret 오브젝트에 템플릿을 지정할 수 있다.

다른 키와 마찬가지로 쿠버네티스 시크릿으로 시작할 수 있다.

```
apiVersion: v1
kind: Secret
metadata:
  name: mysecret
type: Opaque
data:
  dbuser: aGVwdGlvCg==
  dbkey: YmVhcmNhbm9lCg==
```

시크릿을 '봉인'하려면 kubeseal을 실행하고, JSON에서 암호화된 출력을 생성할 수 있다.

```
kubeseal mysecret.yaml
{
  "kind": "SealedSecret",
  "apiVersion": "bitnami.com/v1alpha1",
  "metadata": {
    "name": "mysecret",
    "namespace": "default",
    "creationTimestamp": null
  },
  "spec": {
    "template": {
      "metadata": {
        "name": "mysecret",
        "namespace": "default",
        "creationTimestamp": null
      },
      "type": "Opaque"
    },
    "encryptedData": {
      "dbkey": "gCHJL+3bTRLw6vL4Gf......",
      "dbuser": "AgCHJL+3bT......"
    }
```

```
        },
        "status": {
        }
    }
```

예시처럼 SealedSecret 오브젝트는 아무 곳에나 배치할 수 있다. sealed-secret-controller 가 보유한 봉인 키가 손상되지 않는 한 데이터는 안전하다. 순환은 이 모델에서 특히 중요하 며, 다음 절에서 다룬다.

일단 적용되면 흐름과 저장소는 그림 7-9처럼 보인다.

sealed-secret-controller가 만든 시크릿 오브젝트는 해당하는 SealedSecret CRD가 소유 한다.

```
ownerReferences:
- apiVersion: bitnami.com/v1alpha1
  controller: true
  kind: SealedSecret
  name: mysecret
  uid: 49ce4ab0-3b48-4c8c-8450-d3c90aceb9ee
```

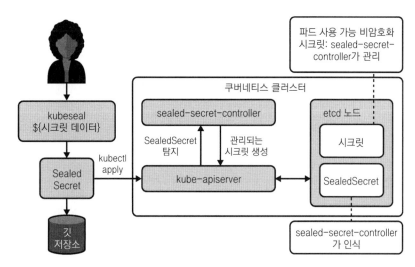

그림 7-9 SealedSecret과 봉인되지 않은 시크릿 관리와의 sealed-secret-controller의 상호작용

SealedSecret이 삭제되면 해당 시크릿 오브젝트가 가비지 콜렉션^{garbage collection}[5] 된다.

키 갱신

SealedSecret 개인 키가 RBAC 구성 에러로 인해 누출되면 모든 시크릿이 손상된 것으로 간주돼야 한다. 봉인키를 주기적으로 갱신하고 '갱신'의 범위를 반드시 이해해야 한다. 기본 동작은 이 키가 30일마다 갱신된다. 그리고 기존 키를 대체하지 않는다. 대신 데이터 봉인을 해제할 수 있는 기존 키 목록에 추가된다. 그러나 새 키는 모든 새 암호화 활동에 사용된다. 가장 중요한 것은 기존의 SealedSecret이 다시 암호화되지 않는다. 키가 누출되면 다음을 수행해야 한다.

- 암호화 키를 즉시 교체한다.
- 기존의 모든 시크릿을 교체한다.
- 재암호화만으로는 충분하지 않다는 것을 기억해야 된다. 예를 들어 누군가가 깃 저장소의 기록으로 쉽게 이동해 암호화된 이전 정보를 찾아 손상된 키를 사용할 수 있다. 일반적으로 암호 및 키에 대한 교체 및 갱신 전략이 있어야 한다.

SealedSecret은 암호화 중에 네임스페이스에 적용되는 사용한다. 이는 SealedSecret이 생성된 네임스페이스에 속하고 다른 네임스페이스 사이를 이동할 수 없는 격리 메커니즘을 제공한다. 일반적으로 이 방식이 기본 동작이며, 가장 안전하기 때문에 그대로 둬야 한다. 그래서 네임스페이스는 SealedSecret 문서에서 다루는 구성 가능한 액세스 정책을 지원한다.

멀티클러스터 모델

SealedSecret 모델에서는 많은 클러스터를 포함하는 배포 토폴로지^{topology}를 고려해야 한다. 배포 토폴로지 중 대부분은 클러스터를 임시로 처리한다. 이때 비공개 키를 모두 공유하지

---

5 메모리 관리 기법 중의 하나로, 프로그램이 동적으로 할당했던 메모리 영역 중에서 필요없어진 영역을 해제하는 기능이다. – 옮긴이

않는 한 이제 각 클러스터 고유한 키를 갖는 것을 걱정해야 하기 때문에 SealedSecret 스타일 컨트롤러를 실행하기가 더 어렵다. 또한 개발자가 암호화 키를 가져와야 하는 상호작용점(이전 절에서 설명한 대로)은 클러스터 하나에서 여러 클러스터로 이동할 수 있다. 이 부분은 결코 해결할 수 없는 문제는 아니기 때문에 적용 고려해 볼 가치가 있다.

적용 범위 확인

클라이언트와 작업할 때 SealedSecret이 해결하는 문제를 종종 오해를 하게 된다. 일반적으로 etcd를 암호화하거나 볼트와 같은 엔터프라이즈급 시크릿 저장소를 실행하는 대신 SealedSecret 접근 방식을 사용할 수 있다는 부분의 생각이다. 이런 고민은 SealedSecret이 해결하려는 것이 아니다. 이런 접근 방식은 깃 저장소에 데이터를 암호화하고 안전하게 저장할 수 있다. 그러나 프라이빗 키와 암호화되지 않은 시크릿은 여전히 쿠버네티스에 있다. 즉, 쿠버네티스 시크릿 API 기본값 이상으로 조치를 취하지 않으면 애플리케이션 레이어에서 암호화되지 않은 상태로 존재한다. 요약하면 7장에서 설명하는 시크릿을 통한 해결 방법과 다른 방식의 모든 솔루션의 방식과 비교점을 알고 있어야 한다.

시크릿 모범 사례

시크릿의 애플리케이션 소비는 사용되는 언어와 프레임워크에 크게 의존한다. 편차가 크겠지만 애플리케이션 개발자가 선택할 수 있도록 권장하는 모범 사례가 있다.

시크릿 상호작용 감사

쿠버네티스 클러스터는 감사^{audit}가 활성화된 상태로 구성돼야 한다. 감사를 사용하면 특정 리소스 주변에서 발생하는 이벤트를 지정할 수 있다. 감사는 리소스가 언제 누구와 상호작용했는지 알려준다. 변형 방식은 변경된 사항도 자세히 설명한다. 시크릿 이벤트 감사는 액세스 문제에 대응하는 데 중요하다. 감사에 대한 자세한 내용은 클러스터 감사 문서를 참조하면 된다.

시크릿 누출 금지

시크릿 누출leak은 결코 바람직하지 않지만, 다중 테넌트 쿠버네티스 환경에서는 시크릿이 누출될 수 있는 방법을 고려해야 한다. 일반적으로는 실수로 시크릿을 기록한다. 예를 들어, 플랫폼 엔지니어가 오퍼레이터를 구축할 때 시크릿 기록을 몇 번 참조한다(자세한 내용은 11장에서 자세히 다룰 예정이다). 오퍼레이터는 종종 자신이 관리하는 시스템과 연결해야 하는 외부 시스템의 시크릿을 처리한다. 개발 단계에서 디버깅하려면 이 시크릿 데이터를 기록하는 것이 일반적일 수 있다. 로그는 stdout/stderr 수집되고 많은 쿠버네티스 기반 플랫폼에서 로그 분석 플랫폼으로 전달된다. 이는 시크릿이 많은 환경과 시스템으로 일반 텍스트로 전달될 수 있음을 의미한다.

쿠버네티스는 기본적으로 선언적 시스템이다. 개발자는 특히 테스트할 때 시크릿 데이터를 쉽게 포함할 수 있는 매니페스트를 작성하게 된다. 개발자는 테스트 중에 사용된 시크릿이 소스 컨트롤 리포지터리source control repository에 커밋commit되지 않도록 주의해서 작업해야 한다.

볼륨 선호 방식

쿠버네티스에서 제공하는 시크릿에 액세스하는 가장 일반적인 방법은 값을 환경변수나 볼륨으로 전달한다. 대부분의 애플리케이션에서는 볼륨을 선호해야 한다. 환경변수는 다양한 방식으로 누출될 가능성이 더 높을 수 있다. 예를 들어 테스트 중에 수행된 echo 명령이나 시작 수행 또는 충돌[6] 발생 중에 프레임워크가 환경변수를 자동으로 덤프dump[7]한다. 그렇다고 해서 이런 문제가 본질적으로 볼륨으로 해결된다는 의미는 아니다.

보안 측면을 제외하더라도 앱 개발자가 사용하는 주요 이점은 시크릿이 변경되면 볼륨이 자동으로 업데이트된다. 이렇게 하면 토큰과 같은 시크릿을 온라인 핫 리로드될 수 있다. 환경

---

6   프로그램 간의 충돌로 인해 프로그램이 종료되는 것을 의미한다. – 옮긴이
7   메모리 내용을 파일로 남기는 것을 의미한다. – 옮긴이

변수를 사용해 시크릿 변경을 수행하려면 파드를 다시 시작해야 한다.

애플리케이션에 시크릿 저장소 프로바이더를 알 수 없도록 설정

애플리케이션이 필요한 시크릿을 검색하고 사용하려면 취할 수 있는 접근 방식이 있다. 비즈니스 로직에서 시크릿 저장소를 호출하는 것부터 시작 시 환경변수가 설정될 것으로 예상하는 것까지 다양하다. 관심사 분리의 철학에 따라 쿠버네티스, 볼트 또는 기타 프로바이더가 시크릿을 관리하는지 여부가 애플리케이션에 중요하지 않은 방식으로 시크릿 소비를 구현하는 것이 좋다. 이를 달성하면 애플리케이션을 이식 가능하고 플랫폼에 구애받지 않고 앱 상호작용의 복잡성을 줄일 수 있다. 애플리케이션이 프로바이더로부터 시크릿을 검색하려면 프로바이더와 통신하는 방법을 이해하고 프로바이더와의 통신을 인증할 수 있어야 하기 때문에 복잡성이 줄어든다.

이 프로바이더에 구애받지 않는 구현을 달성하려면 애플리케이션은 환경변수 또는 볼륨에서 시크릿을 로드하는 방식을 선호해야 한다. 앞서 말했듯이 볼륨이 가장 좋은 방법이다. 모델에서 애플리케이션은 하나 이상의 볼륨에 시크릿이 있다고 가정한다. 볼륨은 파드를 다시 시작하지 않고 동적으로 업데이트할 수 있으므로 보안 정보의 핫 리로드가 필요할 때 애플리케이션이 파일시스템을 감시할 수 있다. 컨테이너의 로컬 파일시스템에서 소비함으로써 백업 저장소가 쿠버네티스인지 여부는 중요하지 않다.

스프링과 같은 일부 애플리케이션 프레임워크에는 API 서버와 직접 통신하고 시크릿 및 설정을 자동 주입하는 라이브러리가 포함돼 있다. 이런 유틸리티는 편리하지만 방금 논의한 사항을 고려해 애플리케이션에 가장 가치 있는 접근 방식을 결정하면 된다.

요약

쿠버네티스 시크릿 API, 시크릿과 상호작용하는 방법, 시크릿을 저장하는 방법, 시크릿을 봉인하는 방법 등 몇 가지 모범 사례를 살펴봤다. 7장의 내용을 바탕으로 보호하려는 대상과 깊이의 양을 고려하고, 각 레이어에 대한 해결 방식의 우선순위를 결정하는 방법을 정하는 것이 중요하다.

8장

어드미션 컨트롤

쿠버네티스의 유연한 모듈식 설계가 장점 중 하나라는 내용을 여러 번 언급했다. 합리적인 기본값은 플랫폼 컨슈머를 위한 대안 또는 보다 완전한 기능을 제공하는 경험을 제공하려고 대체, 보강, 구축될 수 있다. 어드미션 컨트롤은 유연한 설계 목표에서 특히 이점을 얻는 영역이다. 어드미션 컨트롤은 etcd에서 지속되기 전에 쿠버네티스 API 서버에 대한 요청의 유효성을 검사하고 변경하는 것과 관련이 있다. 미세한 세분성과 컨트롤로 오브젝트를 처리하는 어드미션 컨트롤 기능은 여러 가지 흥미로운 사용 사례를 다음과 같이 명시할 수 있다.

- 현재 삭제 중인 네임스페이스(종료 상태)에 새 오브젝트를 생성할 수 없도록 적용한다.
- 새 파드가 루트 사용자로 실행되지 않도록 강제 적용한다.
- 네임스페이스의 모든 파드가 사용하는 메모리의 총합이 사용자 정의 제한을 초과하지 않는지 확인한다.
- 인그레스 규칙을 실수로 덮어쓰지 않도록 한다.
- 모든 파드에 사이드카 컨테이너가 추가된다(예: 이스티오).

먼저 API 서버에 대한 모든 요청이 통과하는 프로세스인 어드미션 체인을 알아보고, 관련 범위의 컨트롤러를 설명한다. 컨트롤러는 API 서버에 대한 플래그로 활성화 및 비활성화할 수 있고, 일부 사용 사례 중 일부를 활성화할 수 있다. 다른 컨트롤러 사용 사례는 더 많은 사용자 정의 구현이 필요하며, 유연한 웹훅 모델로 통합된다. 클러스터에 어드미션 컨트롤을 통합하기 위한 가장 강력하고 유연한 옵션을 제공하는 웹훅 모델을 좀 더 자세히 알아본다. 마지막으로 웹훅 모델을 구현하고 사용자 친화적인 추가 기능을 제공하는 독자적인 오픈소스 프로젝트인 게이트키퍼^{Gatekeeper}를 다루며 마무리한다.

 Go 언어로 작성된 코드를 살펴볼 예정이다. 쿠버네티스 및 기타 많은 클라우드 기본 도구는 빠른 개발 속도, 강력한 동시성 기본 요소 및 깔끔한 디자인으로 Go 기반으로 구현된다. Go를 알 필요는 없으며(그러나 쿠버네티스 도구에 관심 있다면, Go를 살펴보는 것이 좋다) 사용자 정의과 기본 내용을 비교할 때 필요한 개발 기술의 절충점을 살펴볼 예정이다.

쿠버네티스 어드미션 체인

개별 컨트롤러의 기능과 메커니즘을 자세히 살펴보기 전에, 먼저 그림 8-1과 같이 쿠버네티스 API 서버로 들어오고 나가는 요청의 흐름을 알아본다.

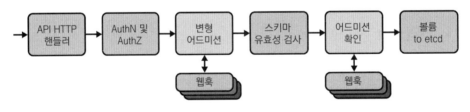

그림 8-1 어드미션 체인

처음에 요청이 API 서버에 도착하면, 클라이언트가 유효하고 구성된 RBAC 규칙에 따라 요청된 작업(예: 특정 네임스페이스에 파드 생성)을 수행할 수 있도록 인증 및 권한이 부여된다.

다음 단계에서 요청은 그림 8-1에서 가장 왼쪽에 있는 파란색 상자로 표시된 변경 어드미션 컨트롤러를 통과한다. 요청은 내장 컨트롤러이거나 외부(관련 범위 외부) 변경 웹훅에 대한 호출일 수 있다(8장 뒤에서 설명한다). 어드미션 컨트롤러는 리소스 속성이 향후 단계로 전달되기 전에 수정할 수 있다. 컨트롤러의 유용한 이유에 대한 예로 서비스 어카운트 컨트롤러(기본적으로 제공되고 활성화됨)를 고려해 본다. 파드가 생성되면 서비스 어카운트 컨트롤러는 파드의 사양을 검사해 서비스 어카운트, 즉 서비스 어카운트, 즉 SA$^{Service\ Acount}$ 필드가 설정돼 있는지 확인한다. 그렇지 않으면, 필드를 추가하고 네임스페이스에 대한 기본 SA로 설정한다. 또한 파드가 서비스 어카운트 토큰(https://oreil.ly/K6e5E)에 액세스할 수 있도록 ImagePullSecret 및 볼륨을 추가한다.

그런 다음 요청은 생성되는 오브젝트가 정의된 스키마에 따라 유효한지 확인하려고 스키마 유효성 검사를 거친다. 여기에서 필수 필드와 같은 항목이 설정됐는지 확인한다. 오브젝트가 검증되기 전에 변경 어드미션 컨트롤러에서 필드를 설정할 수 있음을 의미하므로 순서가 매우 중요하다.

오브젝트가 etcd에 지속되기 전의 마지막 단계는 그림 8-1에서 가장 오른쪽에 있는 파란색 상자로 표시된 어드미션 컨트롤러의 유효성 검사를 통과한다. 어드미션 컨트롤러는 내장 컨트롤러이거나, 외부(관련 범위 외부) 유효성 검사 웹훅에 대한 호출일 수 있다(8장 뒤에서 알아본다). 검증 컨트롤러는 요청을 어드미션하거나 거부할 수만 있고, 페이로드를 수정할 수 없다는 점에서 컨트롤러를 변경하는 것과 다르다. 표준화된 스키마가 아닌 운영 로직에 대한 유효성 검사와 관련이 있다는 점에서 이전 스키마 유효성 검사 단계와 다르다.

어드미션 컨트롤러를 검증하는 예는 NamespaceLifecycle 컨트롤러다. 네임스페이스와 관련된 여러 가지 작업이 있지만, 여기서 살펴볼 작업은 현재 삭제 중인 네임스페이스에서 생성될 새 오브젝트에 대한 요청을 거부하는 부분이다. 스니펫에서 다음과 같은 동작을 확인할 수 있다.

```
// 네임스페이스를 종료할 때 오브젝트를 생성하지 않도록 해야 한다.
if a.GetOperation() == admission.Create {
  if namespace.Status.Phase != v1.NamespaceTerminating {
    return nil ❶
  }
  err := admission.NewForbidden(a, fmt.Errorf("%s 네임스페이스가 종료 중이므로 새 콘텐츠를 만들 수 없다.",
```

```
    a.GetNamespace()))
  if apierr, ok := err.(*errors.StatusError); ok {
    apierr.ErrStatus.Details.Causes = append(apierr.ErrStatus.Details.Causes, metav1.
StatusCause{
      Type: v1.NamespaceTerminatingCause,
      Message: fmt.Sprintf("네임스페이스 %s이(가) 종료되고 있다.", a.GetNamespace()),
      Field: "metadata.namespace",
    })
  }
  return err ❷
}
```

❶ 오브젝트 요청을 수행할 때와 네임스페이스가 현재 종료되지 않을 때, 에러를 반환하지
  않는다. 요청은 이 컨트롤러로 전달된다.

❷ 그렇지 않으면 네임스페이스가 종료되고 있다는 API 에러를 반환한다. 에러가 반환되면
  요청이 거부된다.

요청을 전달하고 etcd에 오브젝트 정보를 유지하려면 모든 유효성 검사 어드미션 컨트롤러가 이
를 어드미션해야 한다. 거부하려면 하나의 컨트롤러만 거부처리만 하면 된다.

어드미션 컨트롤러 관련 범위

쿠버네티스가 처음 출시됐을 때 사용자가 CNI와 같은 외부 기능을 연결하거나, 확장할 수
있는 인터페이스의 수가 최소화됐다. 클라우드 프로바이더, 스토리지 프로바이더와의 기타
통합 및 어드미션 컨트롤러 구현은 모두 쿠버네티스 핵심 코드에 구현됐으며, 종종 관련 범
위 내로 설명된다. 시간이 지남에 따라 프로젝트는 플러그인형 인터페이스의 수를 늘리려고
노력했으며, 컨테이너 스토리지 인터페이스CSI의 생성과 외부 클라우드 프로바이더로의 전
환을 볼 수 있다.

어드미션 컨트롤러는 많은 핵심 기능이 여전히 관련 범위에 있는 영역 중 하나이다. 쿠버네티스는 API 서버 플래그를 구성해 활성화하거나 비활성화할 수 있는 다양한 어드미션 컨트롤러와 함께 제공된다. 이 모델은 역사적으로 플래그를 구성할 수 있는 액세스 권한이 없었던 클라우드 관리 쿠버네티스 플랫폼 사용자에게 문제가 있음이 입증됐다. 파드 시큐리티 폴리시^{PSP, PodSecurityPolicy}는 클러스터 전체에서 고급 보안 기능을 활성화하지만, 기본적으로 활성화돼 있지 않으므로, 사용자가 인지하기 어려운 컨트롤러의 예다.

그러나 어드미션 컨트롤은 API 서버에서 코드를 이동하고 향상된 플러그인 적용으로 이동하는 추세를 천천히 따르고 있다. 이 프로세스의 시작은 웹훅을 변경하고 검증하는 추가 방식과 함께 이뤄졌다. 이들은 API 서버가 요청(특정 기준과 일치)을 전달하고 어드미션 결정을 외부 웹훅에 위임하도록 지정할 수 있는 2개의 유연한 어드미션 컨트롤러다. 다음 절에서 이 부분을 더 자세히 살펴볼 예정이다.

이 프로세스의 다른 단계는 현재 파드 시큐리티 폴리시의 내장 컨트롤러의 사용 중단 발표(https://github.com/kubernetes/enhancements/issues/5)다. 이를 대체할 수 있는 여러 가지 접근 방식이 있지만, 커뮤니티가 계속해서 코드를 관련 범위 밖으로 이동함에 따라 PSP는 외부 어드미션 컨트롤러에 위임한다. 사실, 더 많은 내장 어드미션 컨트롤러가 결국 관련 범위에서 제거될 것이다. 이는 핵심 코드 기반이 아닌 쿠버네티스 업스트림 조직에 있는 타사 도구나 표준화된 컴포넌트를 활용하기 위한 권장 사항으로 대체돼 사용자가 필요할 때, 교체할 수 있는 정상적인 기본 선택을 허용한다.

기본 제공 어드미션 컨트롤러의 하위 집합은 기본적으로 활성화돼 있다. 이는 대부분의 클러스터에서 잘 작동하는 정상적인 기본값 세트로 적용됐다. 여기에 목록을 복제하지는 않겠지만, 필요한 컨트롤러가 활성화돼 있는지 확인해야 한다. 또한 이 기능의 UX는 약간 혼란스러울 수 있다. 추가(기본값이 아닌) 컨트롤러를 활성화하려면, API 서버에 --enableadmission-plugins 플래그를 사용해야 하고, 기본 컨트롤러를 비활성화하려면 --disable-admission-plugins list 매개변수를 지정해야 한다.

공식 쿠버네티스 문서에서 사용할 수 있는 관련 범위 내 컨트롤러에 대한 좋은 정보가 많이 있으므로 여기서는 더 이상 다루지 않는다. 어드미션 컨트롤러의 진정한 힘은 두 가지 특별한 방식의 유효성 검사 및 변경 웹훅으로 활성화된다.

웹훅

 모든 어드미션 컨트롤러는 쿠버네티스 API 서버로 가는 요청에 대한 중요한 경로에 있다. 범위가 다양하므로, 모든 요청을 가로챌 수는 없지만 활성화 및 주입할 때 이를 확실히 알고 있어야 한다. 이는 두 가지 이유로 웹훅 어드미션 컨트롤러를 살펴볼 때 특히 관련이 있다. 첫째, 관련 범위 외부에 구현되고 HTTPS로 호출해야 하므로, 대기 시간이 추가됐다. 둘째, 광범위한 잠재적 기능 범위를 가지고 있으며, 타사 시스템을 호출할 수도 있다. 어드미션 컨트롤러가 가능한 효율적으로 수행하고, 가능한 한 빨리 반환될 수 있도록 세심한 주의를 기울여야 한다.

웹훅은 특별한 유형의 어드미션 컨트롤러다. 쿠버네티스 API 서버를 구성해 API 요청을 외부 웹훅 엔드포인트로 보내고, 결정(원래 요청을 허용할지, 거부할지 또는 변경할지 여부) 응답을 받을 수 있다. 웹훅은 여러 가지 이유로 매우 강력한 기능이라 할 수 있다.

- 수신 웹 서버는 HTTPS 수신기를 노출할 수 있는 모든 프로그래밍 언어로 작성할 수 있다. 어드미션 결정 로직을 구현하는 데 사용할 수 있는 웹 프레임워크, 라이브러리 및 전문 지식을 활용할 수 있다.
- 클러스터 내부 또는 외부에서 실행할 수 있다. 클러스터에서 실행하려면 사용할 수 있는 검색 및 운영 초기설정primitives을 활용한다. 예를 들어 서버리스 기능에서 재사용 가능한 기능을 구현할 수 있다.
- 정책 결정을 내리려고 쿠버네티스 외부의 시스템 및 데이터 저장소를 호출할 수 있다. 예를 들어, 특정 이미지가 쿠버네티스 매니페스트에서 사용하도록 어드미션 됐는지 확인하려고 중앙 집중식 보안 시스템에 쿼리할 수 있다.

API 서버는 TLS로 웹훅을 호출하므로, 웹훅은 쿠버네티스 API에서 신뢰하는 인증서를 제시해야 한다. 이는 종종 인증서 관리자를 클러스터에 배포하고 인증서를 자동으로 생성해 달성한다. 클러스터가 부족하면 공용 루트 CA 또는 쿠버네티스가 인식하는 내부의 일부 CA에서 쿠버네티스 API 서버가 신뢰하는 인증서를 프로비저닝해야 한다.

웹훅 모델이 작동하려면 API 서버와 웹훅 서버 간에 교환되는 요청 및 응답 메시지를 정의된 스키마가 있어야 한다. 쿠버네티스에서 이는 AdmissionReview 오브젝트로 정의되며, 다음을 포함해 요청에 대한 정보를 포함하는 JSON 페이로드[payload 1]다.

- API 버전, 그룹 및 종류
- 이름 및 네임스페이스와 같은 메타데이터 및 응답 결정과 연관시키기 위한 고유 ID
- 시도한 작업(예: 생성)
- 그룹 구성원을 포함해 요청을 시작한 사용자의 정보
- 테스트 실행 요청인지의 여부(이는 나중에 설계 고려사항을 살펴볼 때 살펴볼 예정이며 중요한 내용임)
- 실제 리소스

모든 정보는 수신 웹훅에서 어드미션을 결정을 계산하는 데 사용할 수 있다. 일단 결정이 되면 서버는 자체의 어드미션 메시지로 응답해야 한다(이번에는 응답 필드 포함). 어드미션 메시지는 다음 요소를 포함한다.

- 요청의 고유 ID(상관 관계용)
- 요청이 계속 진행되도록 허용해야 하는지의 여부
- 선택적 사용자 정의 에러 상태 및 메시지

웹훅 검증은 웹훅에 전송된 요청을 수정할 수 없으며, 원래 오브젝트만 허용하거나 거부할 수 있어서 상당히 제한적이다. 그러나 클러스터에 적용된 오브젝트가 보안 표준(특정 사용자

---

1 페이로드는 전송되는 데이터를 뜻한다. 페이로드는 전송의 근본적인 목적이 되는 데이터의 일부분으로 데이터와 함께 전송되는 헤더와 메타데이터와 같은 데이터는 제외한다. – 옮긴이

ID, 호스트 마운트 없음 등)을 준수하거나 필요한 모든 메타데이터(내부팀 규정 레이블, 주석 등)를 포함하는지 확인할 때 적합하다.

웹훅을 변경하려면, 응답 구조에 패치 세트도 포함될 수 있다. 패치세트는 API 서버에 어드미션되기 전에 요청을 수행해야 하는 변경사항을 캡슐화하는 유효한 JSONPatch 구조를 포함하는 base64로 인코딩된 문자열이다. 어드미션 리뷰 오브젝트의 모든 필드와 구조에 대한 자세한 설명을 원하면 공식 문서(https://oreil.ly/NWagy)를 참조하면 된다.

변경 컨트롤러의 간단한 예는 팀 또는 워크로드별 메타데이터가 포함된 레이블 집합을 파드 또는 배포에 추가하는 것일 수 있다. 컨트롤러를 변경하는 부분이 더 복잡하지만, 일반적인 다른 방법으로는 많은 서비스 메시 구현에서 사이드카 프록시를 삽입한다. 서비스 메시가 작동하는 방식은 메시의 데이터 플레인에 참여할 사이드카 컨테이너를 추가하려고 파드 사양 spec을 변경하는 어드미션 컨트롤러를 실행한다. 주입은 기본적으로 발생하지만, 추가 컨트롤을 제공하려고 네임스페이스 또는 파드 수준에서 어노테이션으로 재정의할 수 있다.

이 모델은 추가 기능으로 배포를 강화하는 효과적인 방법이지만, 최종 사용자 경험을 개선하려고 복잡성을 숨긴다. 그러나 많은 결정사항이 숨어있기 때문에 서비스 메시는 양날의 검이 될 수 있다. 컨트롤러를 바꾸면 최종 사용자의 가시성이 제거되고 원래 생성된 것과 일치하지 않는 오브젝트가 클러스터에 적용돼 사용자가 변경 컨트롤러가 클러스터에서 작동 중이라는 사실을 모르면, 잠재적으로 혼동을 일으킬 수 있다는 단점이 있음을 유념하자.

웹훅 어드미션 컨트롤러 설정

클러스터 관리자는 MutatingWebhookConfiguration 및 ValidatingWebhookConfiguration 종류를 사용해 동적 웹훅의 구성을 지정할 수 있다. 다음은 관련 절을 간략하게 설명하는 어노테이션이 달린 예다. 다음 절에서 필드 중 일부 고려사항을 자세히 살펴보겠다.

```
apiVersion: admissionregistration.k8s.io/v1
kind: MutatingWebhookConfiguration
metadata:
```

```
    name: "test-mutating-hook"
webhooks:
- name: "test-mutating-hook"
  rules: ❶
  - apiGroups:     [""]
    apiVersions:   ["v1"]
    operations:    ["CREATE"] ❷
    resources:     ["pods"] ❸
    scope:         "Namespaced" ❹
  clientConfig: ❺
    service:
      namespace: test-ns
      name: test-service
      path: /test-path
      port: 8443
    caBundle: "Ci0tLS0tQk...tLS0K" ❻
  admissionReviewVersions: ["v1", "v1beta1"] ❼
  sideEffects: "None" ❽
  timeoutSeconds: "5" ❾
  reinvocationPolicy: "IfNeeded" ❿
  failurePolicy: "Fail" ⓫
```

❶ 일치 규칙. 이 웹훅을 전송해야 하는 API/종류/버전/작업이다.

❷ 웹훅에 대한 호출을 트리거해야 하는 작업이다.

❸ 타겟팅할 종류다.

❹ 네임스페이스 및 클러스터 범위 리소스를 대상으로 지정해야 하는지의 여부다.

❺ API 서버가 웹훅에 연결하는 방법을 명시한다. 이 부분은 test-service.test-ns.svc 클러스터에 있다.

❻ 웹훅의 서버 인증서를 검증하는 데 사용할 PEM 인코딩 CA 번들이다.

❼ 웹훅이 지원하는 AdmissionReviewVersions을 선언한다.

❽ 웹훅에 외부 부작용(외부 시스템에 대한 호출/종속성)이 있는지 여부를 설명한다.

❾ 실패 정책^{failurePolicy}을 트리거할 때까지 대기하는 시간이다.

❿ 이 웹훅을 다시 호출할 수 있는지 여부(다른 웹훅이 호출된 후에 발생할 수 있음)다.

⓫ 웹훅이 실패 열림 또는 닫기돼야 하는지 여부다. 웹훅 실패 여부는 보안에 영향을 준다.

앞의 설정에서 볼 수 있듯이 어드미션 웹훅으로 가로챌 요청을 선택하는 데 있어 매우 세부적일 수 있다. 예를 들어 시크릿을 생성하는 요청만 대상으로 할 때 다음 규칙을 사용할 수 있다.

```
# <...스니펫...>
rules: ❶
- apiGroups:    [""]
  apiVersions:  ["v1"]
  operations:   ["CREATE"] ❷
  resources:    ["secrets"] ❸
  scope:        "Namespaced" ❹
# <...스니펫...>
```

이를 네임스페이스 또는 오브젝트 셀렉터와 추가로 결합해 더 세분화할 수 있다. 이로 특정 레이블이 있는 대상 및 오브젝트에 원하는 수의 네임스페이스를 지정할 수 있다. 예를 들어 다음 스니펫에서는 레이블이 webhook: 및 enabled: 네임스페이스에 있는 시크릿만 선택한다.

```
# <...스니펫...>
namespaceSelector:
  matchExpressions:
  - key: webhook
    operator: In
    values: ["enabled"]
# <...스니펫...>
```

웹훅 디자인 고려사항

어드미션 웹훅을 작성하고 구현할 때 염두에 둘 요소가 있다. 다음 절에서 일부 실제 시나리오에 미치는 영향을 요소와 더불어 자세히 이야기할 것이지만, 높은 수준에서 다음과 같은 문제를 알고 있어야 한다.

실패 모드

웹훅에 연결할 수 없거나 알 수 없는 응답을 API 서버로 다시 보내면 실패한 것으로 처리된다. 관리자는 실패 정책 필드를 무시(요청 허용) 또는 실패(요청 거부)로 설정해 이 상황에서 실패 열림 또는 닫힘 여부를 선택해야 한다.

보안 관련 중요한 기능 중 웹훅은 실패가 가장 안전한 옵션이다. 중요하지 않은 훅은 무시(Ignore)가 가장 안전할 수 있다(조정 컨트롤러를 백업으로 사용할 수 있음). 권장 사항을 이 목록의 성능 항목에서 언급된 권장 사항과 결합하면 된다.

순서

API 서버 요청 흐름과 관련해 가장 먼저 주목해야 할 점은 웹훅 유효성 검사가 호출되기 전에 변경 웹훅이 모두 호출된다는 것이다(한 번 이상 가능). 순서는 항상 적용되기 전에 항상 리소스의 최종 버전을 볼 수 있도록 웹훅(보안 요구사항에 따라 요청을 거부할 수 있음)의 유효성을 검사할 수 있기 때문에 중요하다.

웹훅을 변경하는 것은 특정 순서로 호출된다는 보장이 없으며, 후속 훅이 요청을 수정할 때, 여러 번 호출될 수 있다. 이는 ReinvocationPolicy를 지정해 수정할 수 있지만, 이상적으로는 순서가 기능에 영향을 미치지 않도록 멱등성[2]을 고려해서 웹훅을 설계해야 한다.

---

2 멱등성은 수학이나 전산학에서 연산의 한 성질을 나타내는 것으로, 연산을 여러 번 적용하더라도 결과가 달라지지 않는 성질을 의미한다. – 옮긴이

성능

웹훅은 API 서버로 흐르는 요청의 중요 경로의 일부로 호출된다. 웹훅이 중요하고(보안 관련) 응답이 닫히지 않을 때(시간 초과가 발생하면 요청이 거부됨) 고가용성을 염두에 두고 설계해야 한다. 필자가 존경하는 전 동료 중 한 분(https://twitter.com/mauilion)이 자주 언급했듯이, 사용자가 애플리케이션에서 주의하지 않으면 어드미션 컨트롤이 서비스 로서의 병목 현상이 될 수 있다.

웹훅이 리소스 집약적이거나 외부 종속성이 있으면, 훅이 호출되는 빈도와 주요 경로 에 기능을 추가할 때 성능에 미치는 영향을 고려해야 한다. 이때는 클러스터에 있는 오 브젝트를 조정하는 컨트롤러가 더 나을 수 있다. 웹훅 설정을 작성할 때 불필요하게 또 는 관련 없는 리소스에서 호출되지 않도록 가능한 한 엄격하게 범위를 좁혀야 한다.

부작용

일부 웹훅은 쿠버네티스 API에 대한 요청에 따라 외부 리소스(예: 클라우드 프로바이더의 일부 리소스)를 수정하는 역할을 할 수 있다. 웹훅은 dryRun 옵션을 인식하고 활성화될 때 외부 상태 수정을 건너뛴다. 웹훅은 부작용(sideEffect) 필드를 설정해 부작용을 비 활성화하거나 이 옵션을 활성화 할 선택지가 있다. 이 필드의 유효한 옵션과 각 옵션의 동작에 대한 자세한 내용은 공식 문서(https://oreil.ly/8FGic)에 자세히 설명돼 있다.

변형 웹훅 작성

변형 어드미션 웹훅을 작성하는 두 가지 접근 방식을 살펴본다. 먼저 언어에 제약받지 않는 일반 HTTPS 핸들러를 구현하는 방법을 간략하게 설명하겠다. 그런 다음 팀에서 쿠버네티스 컨트롤러 컴포넌트를 개발하는 데 도움이 되도록 설계된 컨트롤러 런타임 업스트림 프로젝 트를 다루면서 실제 사용 사례를 더 자세히 알아볼 예정이다.

이 절의 두 솔루션 모두 Go(컨트롤러 런타임용) 또는 다른 프로그래밍 언어에 대한 전문 지식이 필요하다. 요구사항이 어드미션 컨트롤러를 만들고 구현하는 데 방해가 될 때가 있다. 팀에 경험이 없거나 맞춤형 웹훅을 작성할 필요가 없으면, 8장의 마지막 절에서는 프로그래밍 지식이 필요하지 않은 구성 가능한 어드미션 정책에 대한 솔루션을 제공한다.

일반 HTTPS 핸들러

어드미션 컨트롤러를 위한 웹훅 모델의 장점은 모든 언어로 처음부터 이를 구현할 수 있다. 여기에서 사용하는 예시는 모두 Go 언어로 작성됐지만, TLS 지원 HTTP 처리 및 JSON 구문 분석이 가능한 모든 언어가 허용된다.

웹훅을 작성하는 이 방법은 현재 사용 중인 스택과 통합할 수 있는 가장 유연성을 제공하지만, 많은 고급 추상화 부분을 제외해야 한다(안정화된 쿠버네티스 클라이언트 라이브러리가 있는 언어로 이 부분을 완화할 수 있음).

어드미션 컨트롤 웹훅은 API 서버에서 요청을 수신 및 반환한다. 메시지의 스키마는 잘 알려져 있으므로, 요청을 수신하고 수동 패치로 오브젝트를 수정할 수 있다.

웹훅을 변경하는 서비스 어카운트에 대한 AWS IAM 역할(https://oreil.ly/rW3ym)을 자세히 살펴보겠다. 이 웹훅은 AWS 서비스에 대한 인증에 사용할 수 있는 서비스 어카운트 토큰이 있는 파드에 예상 볼륨을 삽입하는 데 사용된다(이 사용 사례의 보안 측면에 대한 자세한 내용은 10장을 참조하면 된다).

```
// <...스니펫...>
type patchOperation struct { ❶
  Op     string      `json:"op"`
  Path   string      `json:"path"`
  Value  interface{} `json:"value,omitempty"`
}
volume := corev1.Volume{ ❷
  Name: m.volName,
  VolumeSource: corev1.VolumeSource{
    Projected: &corev1.ProjectedVolumeSource{
      Sources: []corev1.VolumeProjection{
```

```
                {
                    ServiceAccountToken: &corev1.ServiceAccountTokenProjection{
                        Audience:                    audience,
                        ExpirationSeconds: &m.Expiration,
                        Path:                        m.tokenName,
                    },
                },
            },
        },
    },
}
patch := []patchOperation{ ❸
    {
        Op:    "add",
        Path: "/spec/volumes/0",
        Value: volume,
    },
}
if pod.Spec.Volumes == nil { ❹
    patch = []patchOperation{
        {
            Op:    "add",
            Path: "/spec/volumes",
            Value: []corev1.Volume{
                volume,
            },
        },
    }
}
patchBytes, err := json.Marshal(patch) ❺
// <...스니펫...>
```

❶ Define 쿠버네티스 API 서버에 대한 응답하려면 JSON으로 마샬링될 패치 동작
    patchOperation 구조체를 정의한다.

❷ 관련 ServiceAccountToken 정보로 볼륨 구조체를 구성한다.

❸ 이전에 구성된 볼륨 정보로 패치 동작의 인스턴스를 만든다.

❹ 현재 볼륨이 없으면, 해당 키를 만들고 이전에 구성된 볼륨 정보를 추가한다.

❺ 패치 내용이 포함된 JSON 오브젝트를 생성한다.

이 어드미션 웹훅에 대한 실제 구현에는 패치 세트에 추가되는 추가 기능(예: 환경변수 추가)이 포함돼 있지만 예시에서는 이를 무시한다. 패치 세트가 구성이 완료되면 패치 세트(다음 스니펫의 패치 필드)가 포함된 AdmissionResponse 오브젝트를 반환해야 한다.

```
return &v1beta1.AdmissionResponse{
    Allowed: true,
    Patch:      patchBytes,
    PatchType: func() *v1beta1.PatchType {
        pt := v1beta1.PatchTypeJSONPatch
        return &pt
    }(),
}
```

예시에서 패치 세트를 생성하고 API 서버에 대한 적절한 응답을 구성해야 하는 수동 작업이 많다는 것을 알 수 있다. 이는 Go 언어에서 사용 가능한 일부 쿠버네티스 라이브러리를 사용할 때도 나타난다. 그러나 에러, 정상적인 종료, HTTP 헤더 처리 등을 처리하는 데 필요한 많은 지원 코드가 생략됐다.

최대한의 유연성을 제공하는 방식이지만 더 많은 도메인 지식이 필요하고 구현 및 유지 관리가 더 복잡하다. 이 절충안은 대부분의 사용자들에게 너무나 익숙할 것이다. 특정 사용 사례와 내부 전문 지식을 평가할 때는 주의를 기울여야 한다.

다음 절에서는 많은 표준 공통 코드를 제거하고 업스트림 헬퍼 프레임워크인 컨트롤러-런타임을 좀 더 자세히 알아본다.

컨트롤러 런타임

업스트림 프로젝트 controller-runtime(https://github.com/kubernetes-sigs/controller-runtime)을 자세히 살펴보고 기본 쿠버네티스 클라이언트 라이브러리 위에 제공하는 추상화를 확인할 예정이다. 이 부분에서 어드미션 컨트롤러가 더 간소화됐다. 더 많은 기능을 제공하려고, 커뮤니티 요구사항을 충족하려면 구축한 오픈소스 컨트롤러를 컨트롤러 런타임의 장점을 알아보고 기술의 취약점을 다루는 방법을 사용해 본다. 간결함 때문에 컨트롤러의 기능과 코드가 다소 단순화됐지만, 핵심 기본 사상은 남아 있다.

큐브빌더

업스트림 리포지터리(https://oreil.ly/sBfth)에는 기본 제공 유형(예: 파드, 디플로이먼트 등)에 대한 웹훅 구현을 시작하는 데 도움이 되는 예시가 포함돼 있다. 사용자 정의 리소스 CRD용 웹훅을 구현하려고 큐브빌더(Kubebuilder)(https://github.com/kubernetes-sigs/kubebuilder) 프로젝트가 전체 솔루션 중 더 적합할 수 있다. 큐브빌더는 컨트롤러 런타임을 활용하고 추가 생성 유틸리티 및 문서를 제공한다. 이 책의 뒷부분에서 CRD와 큐브빌더를 더 자세히 알아본다.

큐브빌더를 사용할 때 프로젝트는 관련 매니페스트를 생성해 쿠버네티스 클러스터에 웹훅을 배포할 수 있는 편리한 표시 시스템을 다음의 예시처럼 제공한다.

```
/* +kubebuilder:webhook:path=/infoblox-ipam, mutating=true, failurePolicy=fail,
groups="infrastructure.cluster.x-k8s.io", resources=vspheremachines, verbs=
create,versions=v1alpha3, name=mutating.infoblox.ipam.vspheremachines.infrastructure.
cluster.x-k8s.io */
```

살펴볼 컨트롤러는 다음 작업을 수행하도록 설계된 웹훅이다.

1. 클러스터 API vSphereMachine[3] 오브젝트를 확인한다.
2. 구성 가능한 필드를 기반으로 외부 IPAM[4] 시스템(이때 인포블록스[Infoblox5])에서 IP주소를 할당한다.

---

3   VMware vSphere는 VMware의 가상화 플랫폼으로, 데이터 센터를 CPU, 스토리지 및 네트워킹 리소스를 포함하는 집계된 컴퓨팅 인프라로 변환한다(https://docs.vmware.com/kr/VMware-vSphere/index.html). - 옮긴이

4   IP주소 관리(IP Address Management) 소프트웨어는 엔터프라이즈급 IP주소 및 도메인 네임관리, 네트워크 관리 등을 구현하는 솔루션을 뜻한다. - 옮긴이

5   인포블록스는 이전에 캘리포니아 실리콘 밸리에 본사를 둔 비상장 IT 자동화 및 보안 회사다. 특히 도메인 네임 시스템, 동적 호스트 구성 프로토콜 및 IP주소 관리 목적으로 네트워크에 연결된 장치를 관리하고 식별하는 데 중점을 둔다(https://www.infoblox.kr). - 옮긴이

3. vSphereMachine의 고정 IP 필드에 할당된 IP를 삽입한다.

4. 쿠버네티스 API 서버로 요청된 변형이 (클러스터 API 컨트롤러로) 작동되고 etcd에 유지되도록 허용한다.

다음과 같은 이유로 웹훅을 변경하는 맞춤형 컨트롤러 런타임 사용의 좋은 사례다.

- 요청이 API 서버에 도달하기 전에 IP주소를 추가하려면 요청을 변경해야 한다(그렇지 않으면 오류가 발생함).
- 외부 시스템(인포블록스)을 호출하고 있으므로 상호작용하려고 Go 라이브러리를 활용할 수 있다.
- 적은 양의 boilerplate[6]로 새로운 커뮤니티 및 클라이언트 개발자가 기능을 이해하고 확장할 수 있다.

 8장 범위를 벗어났지만 클러스터에서 실행되는 컨트롤러와 함께 이 웹훅을 함께 제공됐다. 클러스터 실행 컨트롤러는 웹훅이 외부 상태(인포블록스)와 상호작용하고 수정하거나 외부 상태에 의존할 때 중요하다. 왜냐하면 어드미션 수행 시 방금 본 상태에 의존하기보다는 해당 상태를 지속적으로 조정해야 하기 때문이다. 이는 변형 어드미션 웹훅을 구축할 때 고려해야 할 사항이며, 추가 컴포넌트가 필요하면 솔루션의 복잡성을 증가시킬 수 있다.

컨트롤러 런타임 웹훅은 서명이 다음과 같은 핸들 메서드를 구현해야 한다.

```
func (w *Webhook) Handle(
  ctx context.Context,
  req admission.Request) admission.Response
```

admission.Request 오브젝트는 웹훅이 수신하는 초기 적용 오브젝트로, 실행 중인 작업(예: 생성) 및 기타 여러 유용한 메타데이터에 대한 쉬운 액세스를 제공하는 초기 JSON에 대한 추상화다.

---

6   변경 없이 계속 재사용할 수 있는 저작물을 말한다. 확대 해석하면, 이 아이디어는 때로 '보일러 플레이트 코드'라고 부르는, 재사용 가능한 프로그램을 가리키는데 사용되기도 한다. – 옮긴이

```
vm := &v1alpha3.VSphereMachine{} ❶
err := w.decoder.DecodeRaw(req.Object, vm) ❷
if err != nil {
  return admission.Errored(http.StatusBadRequest, err) ❸
}
```

❶ 새 vSphere VM 오브젝트를 만든다.

❷ 기본 제공 디코더^{decoder}를 사용해 요청의 초기 오브젝트를 Go 언어 vSphereMachine 오브젝트로 디코딩한다.

❸ 디코딩 단계에서 에러 응답을 반환하려고 편리한 메서드인 Errored를 사용한다.

요청의 VM 오브젝트는 응답이 반환되기 전에 어떤 방식으로든 수정하거나 유효성을 검사할 수 있다. 다음 예시에서는 인포블록스 어노테이션(웹훅이 조치를 취해야 함을 나타냄)이 vSphereMachine 오브젝트에 있는지 확인한다. 아무런 조치도 취하지 않으면 추가 로직에서 단락될 수 있으므로, 웹훅 초기에 수행해야 하는 중요한 단계다. 어노테이션이 없을 때 API 서버로 수정되지 않은 오브젝트를 최대한 빨리 반환하려면 편리한 Allowed 메서드를 사용한다. '웹훅 디자인 고려사항'에서 앞서 논의한 바와 같이 웹훅은 API 요청의 중요한 경로에 있으며, 웹훅 내부에서 수행하는 모든 작업은 최대한 빨라야 한다.

```
if _, ok := vm.Annotations["infoblox"]; !ok {
  return admission.Allowed("할 수 있는게 없다.")
}
```

이 요청을 처리하고 앞의 로직이 트리거되지 않는다고 가정하면 인포블록스(표시되지 않음)에서 IP주소를 검색해 VM 오브젝트에 직접 적용한다.

```
vm.Spec.VirtualMachineCloneSpec.Network.Devices[0].IPAddrs[0] = ipFromInfoblox ❶
marshaledVM, err := json.Marshal(vm) ❷
if err != nil { ❸
  return admission.Errored(http.StatusInternalServerError, err)
}
return admission.PatchResponseFromRaw(req.Object.Raw, marshaledVM) ❹
```

❶ VM 오브젝트에 IP 필드를 설정해 변경한다.

❷ API 서버로 다시 보낼 수 있도록 VM 오브젝트를 JSON으로 마샬링한다.

❸ 마샬링[7]이 실패하면 앞에서 본 편리한 에러 메서드를 사용한다.

❹ 다른 편리한 방법인 PatchReponseFromRaw는 응답을 다시 보낸다. 이 부분은 나중에 더 자세히 살펴볼 예정이다.

 가로채기(intercept)를 원하거나 차단해야 하는 사용 사례가 있는데, API 서버에 대한 삭제 요청이다. 삭제 요청에 대한 예는 클러스터의 리소스에 연결될 수 있는 일부 외부 상태를 정리하는 것일 수 있다. 삭제 요청은 웹훅에서 수행할 수 있지만, 열림 또는 닫힘 실패 여부와 상태가 잘못 정렬될 위험을 고려해야 한다. 이상적으로는 정리를 보장하려고 종료자(finalizer)(https://oreil.ly/Y1iGD) 및 클러스터에서 실행되는 사용자 정의 컨트롤러를 사용해 삭제 로직을 구현해야 한다.

앞의 스니펫에서 컨트롤러 런타임의 다른 편리한 메서드인 PatchResponseFromRaw를 볼 수 있다. 이 메서드는 원래 초기 오브젝트와 올바르게 직렬화된 응답을 보내기 전에 수정한 오브젝트 간에 필요한 JSONPatch 비교 결과를 자동으로 처리한다. 이전 절에서 다룬 내용보다 수동적인 접근 방식과 비교할 때 일부 표준 공통 코드를 제거하고 컨트롤러 코드를 더 간결하게 만드는 좋은 방법이다.

간단한 유효성 검사 혹은 필요한 로직을 처리한 후, 사용할 수 있는 Admission.Allowed() 및 Admission.Denied()와 같은 편의성을 제공하는 함수도 활용할 수 있다.

 어드미션 컨트롤러의 일부로 외부 상태를 조작할 때 req.DryRun 조건을 인식하고 확인해야 하는데, 설정되면 사용자는 테스트 실행, 무작동 요청만 실행하고 이때 컨트롤러가 외부 상태를 변경하지 않도록 해야 한다.

---

7 한 오브젝트의 메모리에서 표현 방식을 저장 또는 전송에 적합한 다른 데이터 형식으로 변환하는 과정이다. 또한 이는 데이터를 컴퓨터 프로그램의 서로 다른 부분 간에 혹은 한 프로그램에서 다른 프로그램으로 이동해야 할 때도 사용된다. – 옮긴이

컨테이너 런타임은 허용 컨트롤러를 구축하기 위한 매우 강력한 기반을 제공하므로 최소한의 표준 공통 코드로 구현하려는 로직에 집중할 수 있다. 그러나 프로그래밍 전문 지식이 필요하고, 어드미션 로직이 컨트롤러 코드에서 난독화돼 최종 사용자[end user]에게 잠재적으로 더 혼란스럽거나 예상치 못한 결과를 초래할 수 있다.

다음 절에서는 정책 논리를 중앙 집중화하고 의사 결정 규칙을 작성하려고 표준 언어를 도입하는 새로운 모델을 살펴볼 예정이다. 이 영역에 등장하는 도구는 맞춤형 컨트롤러의 유연성과 기술이 부족한 작업자 및 최종 사용자를 위한 더 큰 사용성 기능을 결합하려고 노력한다.

중앙 집중식 정책 시스템

지금까지 어드미션 컨트롤러를 구현하고 구성하는 다양한 방법을 살펴봤다. 각각에는 채택을 선택할 때 고려해야 하는 고유한 장단점이 있다. 마지막 절에서는 정책 논리를 한 곳으로 중앙 집중화하고 표준화된 언어를 사용해 허용/거부 규칙을 표현하는 새로운 모델을 다룬다. 모델에는 두 가지 주요 이점이 있다.

- 특정 정책 언어(범용 프로그래밍 언어와 반대)로 규칙을 표현할 수 있으므로 어드미션 컨트롤러를 만드는 데 프로그래밍 지식이 필요하지 않다. 정책 규칙은 또한 로직을 변경할 때마다 컨트롤러를 다시 빌드하고 재배포할 필요가 없음을 의미한다.
- 정책 및 규칙은 보기, 편집 및 감사 목적으로 단일 위치(대부분은 클러스터 자체)에 저 장된다.

모델은 여러 오픈소스 도구로 구축 및 구현되고 있으며, 일반적으로 다음 두 가지 컴포넌트로 구성된다.

- 오브젝트가 허용 또는 거부돼야 하는지 여부에 대한 조건을 표현할 수 있는 정책/쿼리 언어

- 어드미션 컨트롤러 역할을 하는 클러스터에 있는 컨트롤러. 컨트롤러의 역할은 API 서버로 들어오는 오브젝트에 대한 정책/규칙을 평가하고 승인 또는 거부 결정을 한다.

게이트키퍼^{Gatekeeper}(https://github.com/open-policyagent/gatekeeper)라고 하는 이 중앙 집중식 정책 모델의 가장 널리 사용되는 구현에 초점을 맞춰 살펴볼 예정이다. Kyverno(https://kyverno.io)도 인기를 얻고 있다. 게이트키퍼는 오픈 폴리시 에이전트^{OPA, Open Policy Agent}라는 저수준^{lower-level}의 도구를 기반으로 한다. OPA는 레고^{ReGo} 언어로 작성된 정책을 수집된 JSON 문서에 적용하고 결과를 반환하는 오픈소스 정책 엔진이다.

레고 언어

레고(Rego)는 오픈 폴리시 에이전트(OPA)에서 사용하는 선언적 쿼리 언어다. OPA 작성자가 만든 것으로, OPA 엔진에서 정책 언어로 사용된다. 범용 프로그래밍 언어로 설계되지 않았으며, 데이터 구조에 대한 논리 연산을 쿼리하고 수행하는 데 특화돼 있다. 이 접근 방식을 사용하면 구문이 상당히 간결하지만, 처음에는 읽고 쓰기가 어려울 수 있다. 이 책에서 레고 구문을 자세히 다루지는 않지만, 사용자가 무료로 레고를 배우고, 학습한 지식을 테스트할 수 있는 온라인 교육 포털(https://acad emy.styra.com/courses/opa-rego) 사이트가 있다.

호출 애플리케이션은 결과를 수신하고 진행 방법을 결정(정책 결정)해 OPA를 활용할 수 있다. 8장에서 쿠버네티스가 요청을 보내고 어드미션 결정 응답을 받기 위한 표준 스키마를 갖고 있다는 것을 알고 있으므로 적합한 것처럼 보인다. 그러나 OPA 자체는 플랫폼/컨텍스트에 구애받지 않으며, 단순히 JSON에서 작동하는 정책 엔진이다. OPA 엔진과 쿠버네티스 간의 인터페이스 역할을 할 컨트롤러가 필요하다. 게이트키퍼는 해당 인터페이스 역할을 수행하고 플랫폼 운영자가 정책을 작성하고, 적용하기 쉽게 하려고 템플릿 및 확장성과 관련된 추가 쿠버네티스 기본 기능을 제공하는 도구다. 게이트키퍼는 클러스터에 적용되는 쿠버네티스 리소스에 대한 어드미션 정책 결정을 내리려고 사용자가 레고에서 규칙을 작성할 수 있도록 하는 어드미션 컨트롤러로 클러스터에 배포된다.

게이트키퍼는 클러스터 운영자가 사전 설정 정책 템플릿을 생성하고 `ConstraintTemplate` CRD로 노출할 수 있는 모델을 활성화한다. 이런 템플릿은 사용자 정의 입력 매개변수(함수와 매우 유사)를 허용할 수 있는 특정 제약 조건에 대한 새 CRD를 생성한다. 이 접근 방식은 최종 사용자가 자신의 값으로 제약 조건의 인스턴스를 생성할 수 있기 때문에 강력하며, 이는 게이트키퍼에서 클러스터에 대한 어드미션 컨트롤의 일부로 사용된다.

 이 절의 후반부에 자세히 설명된 이유 때문에 현재 게이트키퍼는 기본적으로 외부에 공개되어 있으면 장애가 발생할 수 있다는 점에 유의해야 한다. 이는 보안에 심각한 영향을 미칠 수 있으며, 운영 환경에서 이런 솔루션을 구현하기 전에 각 접근 방식과 관련된 장단점(8장과 공식 문서의 대부분에서 자세히 설명)을 주의 깊게 이해해야 한다.

현장에서 구현한 일반적인 규칙은 팀이 기존 인그레스 리소스를 편집할 수 없도록 한다. 인그레스 리소스 부분은 대부분의 쿠버네티스 클러스터의 요구사항이며, 일부 인그레스 컨트롤러(예: 컨투어)는 즉시 이를 방지하는 메커니즘을 제공한다. 그러나 인그레스 리소스 편집이 사용자의 도구에 해당되지 않을 때 게이트키퍼를 사용해 이 규칙을 시행할 수 있다. 이는 공식 게이트키퍼 문서(https://oreil.ly/LINGy)에서 공통 정책 라이브러리로 관리되는 여러 상황 중의 하나다.

이때 클러스터에 적용되는 오브젝트 외부에 존재하는 데이터를 기반으로 정책 결정을 내려야 한다. 이미 존재하는 인그레스 리소스를 알고 적용 중인 리소스와 비교하려고 해당 리소스 주변의 메타데이터를 검사할 수 있으려면 쿠버네티스에 직접 쿼리해야 한다.

이런 아이디어를 기반으로 하는 훨씬 더 복잡한 예를 들어 각 리소스의 구현을 살펴본다. 이때 정규식 패턴으로 네임스페이스에 어노테이션을 달고 해당 네임스페이스에 적용된 모든 인그레스가 정규식을 준수하는지 확인한다. 앞에서 정책 결정을 내리려고 게이트키퍼가 사용할 수 있는 클러스터에 대한 정보가 필요하다고 언급했다. 이는 쿼리 가능한 데이터 소스를 제공하려고 쿠버네티스의 어떤 리소스를 게이트키퍼의 캐시와 동기화해야 하는지 지정하는 동기화 구성을 정의해 달성된다.

```
apiVersion: config.gatekeeper.sh/v1alpha1
kind: Config
metadata:
  name: config
  namespace: "gatekeeper-system"
spec:
  sync: ❶
    syncOnly:
      - group: "extensions"
        version: "v1beta1"
        kind: "Ingress"
      - group: "networking.k8s.io"
        version: "v1beta1"
        kind: "Ingress"
      - group: ""
        version: "v1"
        kind: "Namespace"
```

❶ 동기화 부분은 정책 결정을 지원하려고 게이트키퍼가 캐시해야 하는 모든 쿠버네티스 리소스를 지정한다.

 게이트키퍼가 쿠버네티스 API 서버에 필요한 리소스를 계속 쿼리할 필요가 없도록 캐시가 존재한다. 그러나 게이트키퍼가 오래된 데이터를 기반으로 결정을 내릴 가능성이 있다. 이를 완화하려고 기존 리소스를 간헐적으로 정책을 실행하고 각 제약 조건의 상태 필드에 위반을 기록하는 감사 기능이 있다. 통과하는 위반(부실 캐시 읽기의 결과일 수 있음)이 확인되지 않은 상태로 남아 있지 않도록 꾸준히 모니터링해야 한다.

구성이 적용되면 관리자는 ConstraintTemplate를 생성할 수 있다. 이 리소스는 정책의 주요 내용과 관리자 또는 기타 운영자가 제공/재정의할 수 있는 모든 입력 매개변수를 정의한다.

```
apiVersion: templates.gatekeeper.sh/v1beta1
kind: ConstraintTemplate metadata:
  name: limitnamespaceingress
spec:
  crd:
    spec:
```

```
    names:
      kind: LimitNamespaceIngress
      listKind: LimitNamespaceIngressList
      plural: limitnamespaceingresss
      singular: limitnamespaceingress
    validation:
      # Schema for the `parameters` field in the constraint
      openAPIV3Schema:
        properties: ❶
          annotation:
            type: string
targets: ❷
  - target: admission.k8s.gatekeeper.sh
    rego: |
      package limitnamespaceingress
      violation[{"msg": msg}] {
        cluster := data.inventory.cluster.v1
        namespace := cluster.Namespace[input.review.object.metadata.namespace]
        regex := namespace.metadata.annotations[input.parameters.annotation]
        hosts := input.review.object.spec.rules[_].host
        not re_match(regex, hosts)
        msg := sprintf("Only ingresses matching %v in namespace %v allowed",
          [regex ,input.review.object.metadata.namespace])
      }
```

❶ 속성 부분은 규칙의 각 인스턴스화된 레고 정책에 삽입하는 데 사용할 수 있는 입력 매개변수를 정의한다.

❷ 대상 부분에는 정책 규칙에 대한 레고 코드가 포함돼 있다. 여기에서 레고 구문을 파헤치지는 않겠지만 입력 매개변수가 input.parameters.<parameter_name>(이때 어노테이션)으로 참조되고 있음을 주목한다.

사용자 정의 입력 매개변수의 어노테이션으로 사용자는 게이트키퍼가 정규식 패턴을 가져와야 하는 특정 어노테이션 이름을 지정할 수 있다. 명령문이 False를 반환하면, 레고는 위반된 값을 트리거하지 않는다. 이때 호스트가 정규식과 일치하는지 확인하므로 위반된 값을 트리거하지 않도록 re_match()를 반전해 위반된 값을 트리거하지 않고 대신 어드미션 컨트롤로 요청을 허용한다.

마지막으로 이전 정책의 인스턴스를 생성해 승인 컨트롤의 일부로 특정 리소스에 적용하도록 게이트키퍼를 구성한다. LimitNamespaceIngress 오브젝트는 규칙이 apiGroups 모두를 인그레스 오브젝트에 적용돼야 함을 지정하고 allowed-ingress-pattern을 정규식 패턴을 검사해야 하는 어노테이션으로 지정한다(사용자 정의 가능한 입력 매개변수).

```
apiVersion: constraints.gatekeeper.sh/v1beta1
kind: LimitNamespaceIngressmetadata:
  name: limit-namespace-ingressspec:
  match:
    kinds:
      - apiGroups: ["extensions", "networking.k8s.io"]
        kinds: ["Ingress"]
  parameters:
    annotation: allowed-ingress-pattern
```

마지막으로 네임스페이스 오브젝트 자체가 사용자 정의 주석 및 패턴으로 적용된다. 여기에서는 allowed-ingress-pattern 필드에 정규식 \w\.my-namespace\.com을 지정한다.

```
apiVersion: v1
kind: Namespace
metadata:
  annotations:
    # Note regex special character escaping
    allowed-ingress-pattern: \w\.my-namespace\.com
  name: ingress-test
```

설정 단계가 모두 완료됐다. 인그레스 오브젝트 추가를 시작할 수 있으며, 구성한 규칙은 이를 평가하고 인그레스의 지속성/생성을 허용하거나 거부한다.

```
# 호스트가 위의 패턴과 일치하지 않기 때문에 실패한다.
apiVersion: networking.k8s.io/v1beta1
kind: Ingress
metadata:
  name: test-1
```

```
    namespace: ingress-test
spec:
  rules:
  - host: foo.other-namespace.com
    http:
      paths:
      - backend:
          serviceName: service1
          servicePort: 80
---
# 패턴이 일치하면 성공한다.
apiVersion: networking.k8s.io/v1beta1
kind: Ingress
metadata:
  name: test-2
  namespace: ingress-test
spec:
  rules:
  - host: foo.my-namespace.com
    http:
      paths:
      - backend:
          serviceName: service2
          servicePort: 80
```

두 번째 인그레스는 spec.rules.host가 ingress-test 네임스페이스의 allowed-ingress-pattern 어노테이션에 지정된 정규식 패턴과 일치하므로 성공된다. 그러나 첫 번째 인그레스가 일치하지 않아 오류가 발생한다.

```
Error from server ([denied by limit-namespace-ingress] Only ingresses with host matching \w\.
my-namespace\.com are allowed in namespace ingress-test): error when creating "ingress.yaml":
admission webhook "validation.gatekeeper.sh" denied the request: [denied by limit-namespace-
ingress] Only ingresses with host matching \w\.my-namespace\.com are allowed in namespace
ingress-test
```

게이트키퍼에는 다음과 같은 장점이 있다.

- 확장 가능한 ConstraintTemplate 모델로 관리자는 공통 정책을 정의하고 이를 조직 전체에서 라이브러리로 공유/재사용할 수 있다.
- 레고 지식이 필요하지만, 추가 프로그래밍 언어 경험이 필요하지 않으므로 정책 설계 및 생성을 위한 진입 장벽이 낮아진다.
- 기반 기술^{OPA}은 상당히 성숙하고 커뮤니티에서 잘 지원된다. 게이트키퍼는 새로운 레이어이지만, 강력한 초기 지원을 경험했다.
- 모든 정책 시행을 하나의 어드미션 컨트롤러로 통합하면 중앙 집중식 감사 로그에 액세스할 수 있으며, 이는 규제 환경에서 종종 중요하다.

게이트키퍼는 현재 요청을 바꿀 수 없다는 약점이 있다. 다양한 방법으로 외부 데이터 소스를 지원하지만 구현하기가 번거로울 수 있다. 이런 문제는 앞으로 불가피하게 해결될 것이지만, 해당 영역에 대한 강력한 요구사항이 있으면 이전 절에서 설명한 사용자 정의 승인 컨트롤 솔루션 중 하나를 구현해야 한다.

게이트키퍼 및 모든 범용 어드미션 컨트롤러를 사용할 때 마지막으로 고려해야 할 사항은 이런 도구가 캡처하는 요청의 범위가 매우 광범위할 수 있다. 이는 여러 오브젝트를 다루는 규칙을 작성할 수 있고, 컨트롤러 자체에 오브젝트를 캡처할 수 있는 권한의 상위 집합을 포함시켜야 해서 오브젝트의 유용성을 위해 필요하다. 그러나 캡처 기능은 여러 가지 결과를 초래한다.

- 도구는 중요한 경로에 있다. 컨트롤러 및 구성에 버그나 기타 문제가 있으면 광범위한 중단이 발생할 수 있다.
- 컨트롤러가 컨트롤 플레인에 대한 요청을 가로채기 때문에 관리자인 사용자가 수정 단계를 수행하지 못하도록 일시적으로 잠기기도 한다. 이는 특히 클러스터 운영에 중요하거나 필수적인 리소스(예: 네트워킹 리소스 등)에 적합하다.
- 넓은 범위는 반드시 광범위한 RBAC 정책이 어드미션 컨트롤러/정책 서버에 연결돼야 한다. 소프트웨어에 취약점이 있으면, 보안 사고 발생 가능성이 높다.

kube-system 네임스페이스를 대상으로 하는 리소스를 가로채도록 어드미션 웹훅을 구성하지 않아야 한다. 이 네임스페이스의 오브젝트는 클러스터 작동에 필수적일 때가 많으며, 오브젝트의 우발적인 변형 또는 거부가 발생하면 클러스터에 심각한 문제를 일으킬 수 있다.

요약

쿠버네티스 클러스터에 허용되는 오브젝트를 제어하는 다양한 방법을 알아봤다. 이 책에서 다루는 많은 문제와 마찬가지로 각 방법에는 개별 요구사항과 관련해 고유한 절충안과 결정이 있다. 어드미션 컨트롤은 클러스터 및 워크로드 보안 영역에서 많이 적용되기 때문에 더욱 신중한 검사와 더 깊은 지식이 필수적인 영역이다.

내장 컨트롤러는 견고한 기능 집합을 제공하지만, 필요한 모든 기능이 있지는 않다. 이런 작업들이 웹훅 기능을 변경하고 검증하는 외부(관련 범위 외부) 컨트롤러로 이동할 것으로 예상한다. 가까운 시일에 더 복잡한 기능 목적으로 자체 웹훅을 구축해야 한다는 사실을 알게 된다(처음부터 프레임워크를 사용). 그러나 게이트키퍼와 같은 광범위한 어드미션 정책 도구가 더 성숙해짐에 따라 여기에서 많은 가치를 추가할 수 있다고 생각한다.

9장

관찰 가능성

모든 소프트웨어 시스템을 관찰하는 능력은 매우 중요하다. 실행 중인 애플리케이션의 상태를 확인할 수 없으면 효과적으로 관리할 수 없다. 이 부분은 관찰 가능성으로 다루고 있다. 사용하고 있는 소프트웨어 실행 상태를 이해하려면 사용하는 다양한 메커니즘과 시스템이 필요하다. 관찰 가능성의 제어 이론 정의를 고수하지 않는다는 것을 인정해야 한다. 사용자가 얻고 있는 것이 무엇인지 쉽게 이해하고자 하는 목적과 더불어, '관찰 가능성' 용어 자체가 대중화된 이유로 이를 사용한다.

관찰 가능성의 컴포넌트는 세 가지 카테고리로 나눌 수 있다.

로깅

프로그램으로 기록된 이벤트 메시지를 집계하고 저장한다.

메트릭

시계열 데이터를 수집해 대시보드에서 사용 가능하게 하고 경보를 보낸다.

트레이싱

클러스터에서 여러 개별 워크로드를 통과하는 요청 데이터를 캡처한다.

쿠버네티스 기반 플랫폼에서 효과적인 관찰 가능성을 구현해 운영 환경에서 플랫폼이 호스팅하는 워크로드를 안전하게 관리할 수 있는 방법을 다룬다. 먼저 로깅을 탐색하고 집계하고 로깅 백엔드로 전달하는 시스템을 살펴본다. 다음으로 메트릭을 수집하는 방법, 해당 데이터를 시각화하는 방법 및 경보 전달하는 방법을 다룬다. 마지막으로 애플리케이션이 별개의 워크로드로 구성될 때 무슨 일이 일어나는지 더 잘 이해할 수 있도록 분산 시스템을 통한 트레이싱 요청을 다룬다. 로깅부터 성공적으로 적용된 모델을 살펴본다.

로깅 동작 방식

쿠버네티스 기반 플랫폼의 로깅 동작 방식을 알아본다. 필자는 주로 플랫폼 컴포넌트 및 테넌트 워크로드에서 스토리지 백엔드로 로그를 캡처, 처리 및 전달하는 메커니즘을 다루고 있다.

예전에는 운영 환경에서 실행한 소프트웨어는 디스크의 파일에 로그를 기록했다. 오늘날의 시스템과 비교해 로깅용 워크로드와 인스턴스가 적었기 때문에 로그 집계가 잘 수행되지 않는 더 간단한 작업이었다. 컨테이너화된 세계에서 애플리케이션은 일반적으로 대화형 CLI가 하는 방식으로 표준 출력 및 표준 오류를 로깅한다. 실제로 컨테이너가 보편화되기 전에도 최신 서비스 지향 소프트웨어[1]의 모범 사례로 언급됐다. 클라우드 네이티브 소프트웨어 생태계에는 더 뚜렷한 워크로드와 각각의 인스턴스가 있지만, 일시적이고 로그를 유지하려고 마운트된 디스크가 없을 때가 많다. 이로 인해 로그 수집, 집계 및 저장에 문제가 발생한다.

단일 워크로드에 여러 레플리카가 있을 때가 많으며, 검사할 개별 컴포넌트가 여러 개 있을 수 있다. 중앙 집중식 로그 집계가 없으면 로그를 분석(검색 및 구문 분석)하는 것은 실제로 불가능하지는 않더라도 매우 지루한 작업이다. 수십 개의 레플리카가 있는 워크로드에 대한 로

---

1 대규모 컴퓨터 시스템을 구축할 때의 개념으로 업무상의 일 처리에 해당하는 소프트웨어 기능을 서비스로 판단해 그 서비스를 네트워크에 연동해 시스템 전체를 구축해 나가는 소프트웨어 방식이다. – 옮긴이

그를 분석해야 한다. 이때 레플리카에서 로그 항목을 검색할 수 있는 중앙 수집 지점이 있어야 한다.

로깅 메커니즘을 다루면서 먼저 플랫폼의 컨테이너화된 워크로드에서 로그를 캡처하고 라우팅하는 전략을 살펴본다. 여기에는 쿠버네티스 컨트롤 플레인 및 플랫폼 유틸리티와 플랫폼 테넌트의 로그가 포함된다. 쿠버네티스 API 서버 감사 로그와 쿠버네티스 이벤트도 다룬다. 마지막으로 기록된 데이터에서 발견된 조건의 경보와 해결 전략을 알아본다. 대부분의 기업에는 통합할 로그 백엔드가 있으므로, 로그 저장은 다루지 않는다. 일반적으로 쿠버네티스 기반 플랫폼 자체의 문제는 아니다.

컨테이너 로그 처리

쿠버네티스 기반 플랫폼에서 컨테이너화된 워크로드를 로그 처리를 수행할 수 있는 세 가지 방법을 살펴본다.

애플리케이션 포워딩

애플리케이션에서 직접 백엔드로 로그를 보낸다.

사이드카 처리

사이드카를 사용해 애플리케이션의 로그를 관리한다.

노드 에이전트 전달

각 노드에서 해당 노드의 모든 컨테이너의 로그를 백엔드로 전달하는 파드를 실행한다.

애플리케이션 포워딩

이때 애플리케이션은 로그의 백엔드 스토리지와 통합돼야 한다. 개발자는 이 기능을 애플리케이션에 구축하고, 해당 기능을 관리해야 한다. 로그 백엔드가 변경되면 애플리케이션 업데이트가 필요할 수 있다. 로그 처리는 사실상 보편적이므로 애플리케이션에서 이를 오프로드[2]하는 것이 훨씬 더 합리적이다. 애플리케이션의 포워딩은 대부분의 상황에서 좋은 옵션이 아니며, 운영 환경에서는 거의 볼 수 없다. 이미 로그 백엔드와 통합된 쿠버네티스 기반 플랫폼으로 마이그레이션 중인 기존 애플리케이션이 있을 때만 의미가 있다.

사이드카 처리

이 모델에서 애플리케이션은 하나의 컨테이너에서 실행되고 파드의 공유 스토리지에 있는 하나 이상의 파일에 로그를 쓴다. 같은 파드의 다른 컨테이너인 사이드카는 해당 로그를 읽고 처리한다. 사이드카는 로그로 다음 두 가지 중 하나를 수행한다.

1. 로그 스토리지 백엔드로 직접 전달
2. 표준 에러^{standard error} 및 표준 출력^{standard out} 로그를 기록한다.

사이드카 로그 처리를 할 때 보통 백엔드로 직접 로그를 전달하는 방식을 쓴다. 그러나 플랫폼이 로그 집계 시스템을 제공하지 않을 때의 임시적인 해결 방법이다.

사이드카가 표준 출력 및 표준 에러에 로그를 기록하는 상황에서는 노드 에이전트 전달(다음 절에서 설명)을 활용하려고 적용한다. 사이드카는 흔하지 않은 방법이며, 표준 출력 및 표준 에러에 로그를 쓸 수 없는 애플리케이션을 실행할 때만 유용하다.

노드 에이전트 전달

노드 에이전트 전달을 사용하면 클러스터의 각 노드에서 로그 처리 워크로드가 실행되고, 컨테이너 런타임에서 작성한 각 컨테이너의 로그 파일을 읽고 로그를 백엔드 스토리지로 전달한다.

노드 에이전트 방식은 일반적으로 권장하는 모델이고, 지금까지 가장 일반적으로 사용하는 구현 방식이며 다음과 같은 이유로 유용하다고 평가한다.

2　대상에서 특정 정보를 처리하고 정제된 정보를 백엔드로 보내는 방식이다. – 옮긴이

- 서로 다른 사이드카 및 애플리케이션이 해당 통합을 유지해야 하는 것과 달리 로그 포워더와 백엔드 간에 단일 통합 지점이 있다.

- 표준화된 필터링 구성, 메타데이터 첨부 및 여러 백엔드로의 전달이 중앙 집중화된다.

- 로그 순환은 kubelet 또는 컨테이너 런타임에서 처리한다. 애플리케이션이 컨테이너 내부에 로그 파일을 작성할 때와 애플리케이션 자체 또는 사이드카로 적용하면 직접 로그 순환을 처리해야 한다.

노드 에이전트 로그 전달에 사용되는 일반적인 도구는 플루언트디^{Fluentd}(https://www.fluentd.org) 및 플루언트 비트^{Fluent Bit}(https://fluentbit.io)이다. 이름에서 알 수 있듯이 두 프로젝트는 관련이 있다. 플루언트디는 원래 루비^{ruby} 언어로 작성됐으며, 풍부한 플러그인 생태계가 있다. 플루언트 비트는 임베디드 리눅스와 같은 환경을 위한 보다 가벼운 솔루션에 대한 요구사항에서 시작됐다. C로 작성됐으며 플루언트디보다 메모리 사용량이 훨씬 적지만 사용 가능한 플러그인이 많지 않다.

로그 집계 및 전달 도구를 선택할 때 플랫폼 엔지니어에게 제공하는 일반적인 지침은 강력한 기능을 가진 플루언트디용 플러그인이 없는 한 플루언트 비트를 사용한다. 플루언트디 플러그인을 활용할 필요가 있을 때는 플루언트 비트를 노드 에이전트로 사용하면서 클러스터 전체 집계기로 실행하는 것을 고려해보는 것도 좋다. 이 모델에서는 데몬셋으로 배포되는 플루언트 비트를 노드 에이전트로 사용한다. 플루언트 비트는 클러스터에서 실행 중인 플루언트디에 배포 또는 스테이트풀셋으로 로그를 전달한다. 플루언트디는 추가 태깅을 수행하고, 개발자가 액세스하는 하나 이상의 백엔드로 로그를 라우팅한다. 그림 9-1은 이런 방식의 패턴을 보여준다.

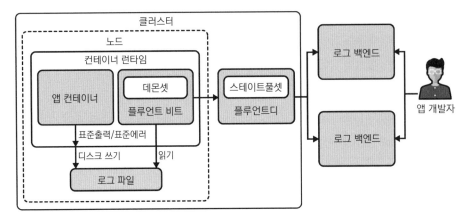

그림 9-1 컨테이너화된 앱에서 백엔드로의 로그 집계

보통 노드 에이전트 전달 방법을 강력하게 선호하지만, 로그 집계를 중앙 집중화할 때 발생할 수 있는 잠재적인 문제를 언급할 가치가 있다. 기술 스택에서 클러스터 전체 집계자를 사용할 때, 각 노드 또는 전체 클러스터에 대한 중앙 실패 지점을 도입한다. 노드 에이전트가 과도하게 로깅할 때, 하나의 워크로드로 인해 중단되면 해당 노드의 모든 워크로드에 대한 로그 수집에 영향을 미칠 수 있다.

디플로이먼트로 실행되는 플루언트디 클러스터 전체 집계가 있을 때, 해당 파드의 임시 스토리지 레이어를 버퍼[3]로 사용한다. 버퍼에서 로그를 플러시[flush][4]하기 전에 종료되면 로그가 손실된다. 이런 이유로 파드가 다운될 때, 해당 로그가 손실되지 않도록 스테이트풀셋으로 실행하는 것이 좋다.

쿠버네티스 감사 로그

쿠버네티스 API에서 감사 로그를 수집하는 방법을 다룬다. 쿠버네티스 감사 로그는 클러스

---

3 데이터를 한 곳에서 다른 한 곳으로 전송하는 동안 일시적으로 그 데이터를 보관하는 영역이다. 버퍼링이란 버퍼를 활용하는 방식 또는 버퍼를 채우는 동작을 말한다. 다른 말로 '큐'라고도 표현한다. – 옮긴이

4 버퍼 플러시는 데이터를 임시 저장소에서 영구적인 데이터 저장소로 전송하는 것을 말한다. – 옮긴이

터에서 누가 무엇을 했는지 알아내는 방법을 제공한다. 무언가 잘못됐을 때 근본 원인 분석을 수행할 수 있도록 운영 환경에서 이 기능을 켠다. 또한 이를 필요로 하는 규정 준수 요구 사항이 있을 수 있다.

감사 로그가 활성화되고 API 서버의 플래그로 구성된다. API 서버를 사용하면 요청 및 응답 본문을 포함해 전송된 모든 요청의 모든 단계의 로그를 캡처할 수 있다. 실제로 모든 요청이 기록되기를 원하지는 않는다. API 서버에 대한 호출이 많기 때문에 저장할 로그 항목이 매우 많다. 감사 정책의 규칙을 사용해 API 서버가 로그를 기록할 요청 및 단계를 규정할 수 있다. 감사 정책이 없으면 API 서버는 실제로 로그를 작성하지 않는다. `--audit-policy-file` 플래그를 사용해 컨트롤 플레인 노드의 파일시스템에서 감사 정책이 있는 위치를 API 서버에 알린다. [예시 9-1]은 중요한 데이터를 제외하지 않고 로그 정보의 양을 제한할 수 있도록 정책 규칙이 작동하는 방식을 보여주는 여러 규칙을 보여준다.

예시 9-1 감사 정책 예시

```yaml
apiVersion: audit.k8s.io/v1
kind: Policy
rules:
- level: None ❶
  users: ["system:kube-proxy"]
  verbs: ["watch"]
  resources:
  - group: "" # core
    resources: ["endpoints", "services", "services/status"]
- level: Metadata ❷
  resources:
  - group: ""
    resources: ["secrets", "configmaps"]
  - group: authentication.k8s.io
    resources: ["tokenreviews"]
  omitStages:
  - "RequestReceived"
- level: Request ❸
  verbs: ["get", "list", "watch"]
  resources:
```

```
    - group: ""
    - group: "apps"
    - group: "batch"
  omitStages:
    - "RequestReceived"
- level: RequestResponse ❹
  resources:
    - group: ""
    - group: "apps"
    - group: "batch"
  omitStages:
    - "RequestReceived"
# Default level for all other requests.
- level: Metadata ❺
  omitStages:
    - "RequestReceived"
```

❶ None 감사 수준은 API 서버가 이 규칙과 일치하는 이벤트를 기록하지 않음을 의미한다. 따라서 사용자가 나열된 리소스 감시를 system:kube-proxy에 요청하면 이벤트가 기록되지 않는다.

❷ 메타데이터 수준에서 요청 메타데이터만 기록됨을 의미한다. 나열된 리소스 요청이 API 서버에 수신되면, 어떤 사용자가 어떤 리소스를 어떤 유형의 요청을 했는지를 기록하지만, 요청이나 응답의 본문은 기록하지 않는다. RequestReceived 단계는 기록되지 않는다. 이는 요청이 수신될 때 별도의 로그 항목을 작성하지 않음을 의미한다. 장기 실행 감시에 대한 응답을 시작할 때 로그 항목을 작성한다. 클라이언트에 대한 응답을 완료한 후 로그 항목을 작성한다. 그리고 발생하는 모든 패닉을 기록한다. 그러나 요청이 처음 수신되면 로그 항목을 생략한다.

❸ 요청 수준은 API 서버에 요청 메타데이터를 요청하도록 지시하지만, 응답 본문은 기록하지 않는다. 따라서 클라이언트가 get, list, watch 요청을 보내면 오브젝트가 포함된 상세 응답 본문은 기록되지 않는다.

❹ RequestResponse 수준은 요청 메타데이터, 요청 본문 및 응답 본문과 같은 가장 많은 정

356

보를 기록한다. 이 규칙은 이전과 동일한 API 그룹을 나열한다. 따라서 실제로 이 규칙은 요청이 그룹 중 하나의 리소스에 대한 get, list, watch가 아니면 응답 본문을 추가로 기록하도록 지시한다. 사실상 이 규칙은 나열된 그룹의 기본 로그 수준이 된다.

❺ 이전 규칙에서 일치하지 않는 다른 리소스에는 이 기본값이 적용된다. 이 값은 요청이 수신될 때 추가 로그 메시지를 건너뛰고 요청 메타데이터와 제외된 요청 및 응답 본문만 기록하도록 한다.

시스템의 다른 로그와 마찬가지로 감사 로그 중 일부를 백엔드로 전달한다. 9장 앞부분에서 다룬 애플리케이션 전달 또는 노드 에이전트 전달 전략을 사용할 수 있다. 동일한 원칙과 패턴이 많이 적용된다.

애플리케이션 전달 방식은 웹훅 백엔드에 직접 로그를 보내도록 해 API 서버를 구성할 수 있다. 이때 연결을 위한 주소와 자격 증명이 포함된 설정 파일의 위치를 플래그로 API 서버에 알린다. 설정 파일은 kubeconfig 형식을 사용한다. 모든 로그가 백엔드에 도착하도록 버퍼링 및 일괄 처리에 대한 설정 옵션을 조정하는 데 약간의 시간을 할애해야 한다. 예를 들어, 일괄 처리하기 전에 버퍼링할 이벤트 수에 버퍼 크기를 너무 낮게 설정하고 오버플로하면 이벤트가 삭제된다.

노드 에이전트 전달은 API 서버가 컨테이너 플랫폼 노드의 파일시스템에 로그 파일을 쓰도록 할 수 있다. API 서버에 플래그를 제공해 파일 경로, 최대 보존 기간, 최대 파일 수 및 최대 로그 파일 크기를 구성할 수 있다. 이때 플루언트 비트 및 플루언트디와 같은 도구를 사용해 로그를 집계하고 전달할 수 있다. 앞서 논의한 노드 에이전트 전달로 로그를 관리하려고 이런 도구를 사용한다면 이 방식은 좋은 패턴일 수 있다.

쿠버네티스 이벤트

쿠버네티스에서 이벤트는 기본 리소스다. 플랫폼 컴포넌트가 쿠버네티스 API로 다른 오브젝트에 발생한 부분의 정보를 노출하는 방법이다. 사실상, 기본 리소스는 일종의 플랫폼 로

그다. 다른 로그와 달리 일반적으로 로깅 백엔드에 저장되지 않고, etcd에 저장되며 기본적으로 1시간 동안 유지된다. 플랫폼 운영자와 사용자가 오브젝트를 취한 작업의 정보를 수집할 때 사용된다. [예시 9-2]는 새로 생성된 파드를 살펴볼 때 제공되는 이벤트를 보인다.

예시 9-2 파드 이벤트 내역

```
$ kubectl describe pod nginx-6db489d4b7-q8ppw
Name:          nginx-6db489d4b7-q8ppw
Namespace:     default
...
Events:
Type          Reason          Age          From                                              Message
----          ------          ----         ----                                              -------
Normal        Scheduled       <unknown>    default-scheduler                                 Successfully
assigned default/nginx-6db489d4b7-q8ppw
Normal        Pulling         34s          kubelet, ip-10-0-0-229.us-east-2.compute.internal
Pulling image "nginx"
Normal        Pulled          30s          kubelet, ip-10-0-0-229.us-east-2.compute.internal
Successfully pulled image "nginx"
Normal        Created         30s          kubelet, ip-10-0-0-229.us-east-2.compute.internal
Created container nginx
Normal        Started         30s          kubelet, ip-10-0-0-229.us-east-2.compute.internal
Started container nginx
```

[예시 9-3]에서와 같이 동일한 이벤트를 직접 검색할 수도 있다. 이때는 리소스를 살펴볼 때 본 파드 이벤트 외에도 레플리카셋 및 배포 리소스에 대한 이벤트가 포함된다.

예시 9-3 직접 검색된 네임스페이스의 이벤트

```
$ kubectl get events    -n default
LAST SEEN         TYPE          REASON          OBJECT                             MESSAGE
2m5s              Normal        Scheduled       pod/nginx-6db489d4b7-q8ppw         Successfully
assigned default/nginx-6db489d4b7-q8ppw
2m5s              Normal        Pulling         pod/nginx-6db489d4b7-q8ppw         Pulling image
"nginx"
2m1s              Normal        Pulled          pod/nginx-6db489d4b7-q8ppw         Successfully
pulled image "nginx"
2m1s              Normal        Created         pod/nginx-6db489d4b7-q8ppw         Created
```

```
container nginx
2m1s             Normal      Started             pod/nginx-6db489d4b7-q8ppw         Started
container nginx
2m6s             Normal      SuccessfulCreate    replicaset/nginx-6db489d4b7        Created pod:
nginx-6db489d4b7-q8ppw
2m6s             Normal      ScalingReplicaSet   deployment/nginx                   Scaled up
replica set nginx-6db489d4b7 to 1
```

쿠버네티스 이벤트는 쿠버네티스 API로 사용할 수 있으므로, 특정 이벤트를 감시하고 대응하는 자동화를 완전히 구축할 수 있다. 그러나 실제로 쿠버네티스 API가 이 부분을 실제로 수행하는 것을 보지 못한다. 이벤트를 메트릭으로 노출하는 이벤트 익스포터[exporter]를 사용한다. 프로메테우스 익스포터의 자세한 내용은 '프로메테우스' 절을 참조한다.

로그 경보

애플리케이션 로그는 소프트웨어 동작에 대한 중요한 정보를 노출한다. 조사가 필요한 예기치 않은 에러가 발생할 때 특히 유용하다. 로그 경보를 통해 문제를 유발하는 이벤트 패턴을 찾을 수 있다. 로그에 노출된 이벤트의 알림을 설정하려면, 먼저 메트릭을 대신 사용하는 것이 좋다. 해당 동작을 나타내는 메트릭을 노출하면 이에 대한 경고 규칙을 구현할 수 있다. 로그 메시지는 변경될 가능성이 높기 때문에 경고에 대한 신뢰성이 떨어진다. 로그 메시지의 텍스트를 약간 변경하면 이를 사용하는 경보가 실수로 중단될 수 있다.

보안 영향

백엔드에 집계된 다양한 로그에 대한 사용자의 액세스 권한을 고려하는 것을 잊지 말아야 한다. 모든 사람이 운영 환경 API 서버 감사 로그에 액세스하는 것을 원하지 않을 수 있다. 권한 있는 사용자만 액세스할 수 있는 정보가 있는 민감한 시스템이 있을 수 있다. 이는 로그 태그 지정에 영향을 미치거나 여러 백엔드를 연결해야 하기에 전달 구성에 영향을 줄 수 있다.

플랫폼 및 해당 테넌트의 로그 관리와 관련된 다양한 메커니즘을 다뤘고, 메트릭 및 경보를 자세히 알아본다.

메트릭

메트릭 및 경보 서비스는 플랫폼의 유용성에 매우 중요하다. 메트릭을 사용하면 측정된 데이터를 타임라인에 표시하고, 바람직하지 않거나 예기치 않은 동작을 나타내는 차이를 인식할 수 있다. 메트릭은 애플리케이션에 무슨 일이 일어나고 있는지 이해하는 데 도움을 주고, 애플리케이션이 예상대로 작동하는지 알려주며, 문제를 해결하거나 워크로드 관리 방법을 개선할 수 있는 방법에 통찰력을 제공한다. 결정적으로 메트릭은 경보를 발생시킬 유용한 측정값을 제공한다. 장애 알림 또는 임박한 장애 경보로 다운타임 및 에러를 방지 및 최소화할 수 있다.

프로메테우스를 사용해 플랫폼 서비스로 메트릭 및 경보를 제공하는 방법을 다룬다. 여기에서 탐색할 상당한 세부 사항이 있으며, 그렇게 진행할 때 특정 소프트웨어 스택을 참조하는 것이 도움이 된다. 프로메테우스를 사용할 때 다른 솔루션을 사용할 수 없거나 사용해서는 안 된다는 의미가 아니다. 프로메테우스가 올바른 솔루션이 아닐 때도 많지만, 메트릭 경보에는 적합한 훌륭한 모델을 제공한다. 사용하는 정확한 도구에 관계없이 프로메테우스 모델은 메트릭에 접근하는 방법을 알려주는 명확한 구현 참조를 제공한다.

먼저 프로메테우스가 무엇인지, 메트릭을 수집하는 방법 및 제공하는 기능을 전반적으로 살펴본다. 그런 다음 장기 보관long-term storage 및 메트릭 푸시 사용 사례를 포함해 다양한 일반 하위 주제를 다룬다. 다음으로 사용자 정의 메트릭 생성 및 수집은 물론 인프라 전반에 걸친 메트릭 수집의 구성 및 페더레이션을 다룬다. 또한 실행 가능한 쇼백showback 및 차지백chargeback 데이터에 대한 경보 및 메트릭 사용을 자세히 알아본다. 마지막으로 프로메테우스 스택의 다양한 컴포넌트 각각을 알아보고 서로 어떻게 잘 호환되는지를 설명한다.

프로메테우스

프로메테우스는 쿠버네티스 기반 플랫폼을 위한 일반적인 오픈소스 솔루션이 된 오픈소스 메트릭 도구다. 익스포터를 사용해 기본 노드와 같은 항목에서 메트릭을 가져온다. 이로 인해 데이터독Datadog과 뉴렐릭New Relic 및 VMware 탄주Tanzu 등 관찰 가능성 서비스를 제공하는 많은 기업의 메트릭 시스템은 프로메테우스 메트릭을 지원한다.

프로메테우스 메트릭은 실제로 모든 시스템에서 사용할 수 있는 시계열 데이터의 표준 형식이다. 프로메테우스는 대상에서 메트릭을 수집하는 스크래핑scraping 모델을 사용한다. 따라서 애플리케이션과 인프라는 일반적으로 메트릭을 아무데도 보내지 않고 프로메테우스가 스크래핑할 수 있는 엔드포인트에 노출한다. 이 모델은 데이터를 표시하는 형식 이외의 메트릭 시스템을 알아야 하는 앱에서 구현해야 하는 부분을 제거한다.

메트릭 수집을 위한 스크래핑 모델, 대용량 데이터 처리 기능, 데이터 모델의 레이블 사용 및 프로메테우스 쿼리 언어, 즉 PromQL은 동적 클라우드 네이티브 환경을 위한 훌륭한 메트릭 도구다. 새로운 워크로드를 쉽게 도입하고 모니터링할 수 있다. 애플리케이션 또는 시스템에서 프로메테우스 메트릭을 노출하고 프로메테우스 서버에 스크래핑 구성을 추가하고, PromQL을 사용해 초기화 데이터를 의미 있는 통찰력 및 경보로 전환한다. 다양한 메트릭 도구는 프로메테우스가 쿠버네티스 생태계에서 인기 있는 선택이 된 핵심 이유다.

프로메테우스는 다음과 같은 중요한 메트릭 기능을 제공한다.

- 스크래핑 모델을 사용해 대상에서 메트릭 수집
- 시계열 데이터베이스에 메트릭을 저장한다.
- 일반적으로 경보 규칙에 따라 얼럿매니저Alertmanager로 경보를 보낸다.
- 다른 컴포넌트가 프로메테우스로 저장된 메트릭에 액세스할 수 있도록 HTTP API를 노출한다.
- 애드혹Ad Hoc 메트릭 쿼리를 실행하고, 다양한 상태 정보를 얻는 데 유용한 대시보드를 제공한다.

대부분의 팀은 시작할 때 시각화로 그라파나^{Grafana}와 쌍을 이루는 메트릭 수집에 프로메테우스를 사용한다. 그러나 운영 환경에서 시스템을 체계적으로 사용하는 부분은 소규모팀에 다소 어려운 일이다. 메트릭의 장기 보관을 해결하고, 메트릭 볼륨이 증가함에 따라 프로메테우스를 확장하고, 메트릭 시스템의 페더레이션을 구성해야 한다. 이들 중 어느 것도 시간이 지남에 따라 해결하고 관리할 사소한 문제가 아니다. 따라서 시스템이 확장됨에 따라 메트릭 스택의 관리가 번거로워지면 사용하는 메트릭 유형을 변경하지 않고 상용 시스템 중 하나로 마이그레이션할 수 있다.

장기 보관

프로메테우스는 메트릭을 장기간 보관하도록 설계되지 않았다. 대신 원격 엔드포인트에 대한 쓰기 지원을 제공하며, 이런 기능을 제공하는 플러그인과 통합해 사용할 수 있는 여러 솔루션(https://oreil.ly/wcaVl)이 있다. 애플리케이션 플랫폼의 일부로 메트릭 솔루션을 제공할 때 데이터 보존 내용을 해결해야 한다. 운영 환경에서만 장기 보관을 제공하는가? 그렇다면 비운영 환경에서 프로메테우스 레이어의 보존 기간을 어떻게 제공할 것인가? 장기 보관의 메트릭을 사용자에게 어떻게 노출할 것인가? 문제를 해결하는 데 도움이 되는 도구 스택 중 Thanos(https://thanos.io) 및 Cortex(https://cortexmetrics.io)와 같은 프로젝트가 있다. 플랫폼 테넌트가 이런 시스템을 어떻게 활용할 수 있는지 염두에 두고 어떤 보존 정책을 적용해야 할지 고민해야 한다.

푸시 메트릭

모든 워크로드가 스크래핑 모델에 적합한 것은 아니다. 이때 프로메테우스 푸시 게이트웨이^{Pushgateway}(https://github.com/prometheus/pushgateway)를 사용할 수 있다. 예를 들어, 작업이 완료되면 종료되는 배치 워크로드는 프로메테우스 서버가 사라지기 전에 모든 메트릭을 수집할 기회를 제공하지 않을 수 있다. 이때 일괄 워크로드는 해당 메트릭을 푸시 게이트웨이로 푸시할 수 있으며, 푸시 게이트웨이는 프로메테우스 서버가 검색할 해당 메트릭을 노출한다. 따라서 플랫폼이 지원을 요구하는 워크로드를 지원할 때 푸시 게이트웨이를 메트릭 스택의 일부로 배포하고, 테넌트가 이를 활용할 수 있도록 정보를 게시할 수 있어야 한다. 푸시 게이트웨이를 사용하려면 클러스터의 위치와 REST와 같은 HTTP API를 사용하는 방법을 알아야 한다. 그림 9-2는 메트릭을 푸시 게이트웨이로 푸시하는 것을 지원하는 프로메테우스 클라이언트 라이브러리를 활용하는 임시 워크로드를 보여준다. 그런 다음 메트릭은 프로메테우스 서버에서 스크래핑된다.

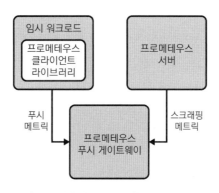

그림 9-2 임시 워크로드를 위한 푸시 게이트웨이

사용자 정의 메트릭

프로메테우스 메트릭은 애플리케이션으로 기본적으로 노출될 수 있다. 쿠버네티스 기반 플랫폼에서 실행되도록 명시적으로 개발된 많은 애플리케이션이 바로 이 작업을 수행한다. 공식적으로 지원되는 클라이언트 라이브러리(https://oreil.ly/t9SLv)와 커뮤니티 지원 라이브러리가 많다. 이를 사용해 애플리케이션 개발자는 스크래핑을 위해 사용자 정의 프로메테우스 메트릭을 노출하는 것이 간단하다는 것을 알게 된다. 라이브러리는 14장에서 자세히 다룰 예정이다.

또는 프로메테우스 메트릭이 앱이나 시스템에서 기본적으로 지원되지 않을 때, 익스포터를 사용할 수 있다. 익스포터는 애플리케이션 또는 시스템 데이터를 수집한 다음, 이를 프로메테우스 메트릭으로 노출한다. 익스포터의 일반적인 예는 노드 익스포터다. 하드웨어 및 운영체제 메트릭을 수집한 다음 프로메테우스 서버가 스크랩할 수 있도록 해당 메트릭을 노출한다. 널리 사용되는 다양한 도구에 대한 커뮤니티 지원 익스포터(https://oreil.ly/JO8sO)가 있으며, 그중 일부는 유용할 수 있다.

사용자 정의 메트릭을 노출하는 애플리케이션이 배포되면 다음 문제는 프로메테우스 서버의 스크래핑 설정에 애플리케이션을 추가한다. 스크래핑 설정은 일반적으로 프로메테우스 오퍼레이터에서 사용하는 ServiceMonitor 사용자 정의 리소스에서 적용한다. 프로메테우스 오퍼레이터는 '메트릭 컴포넌트'에서 자세히 살펴볼 예정이지만, 지금은 사용자 정의 쿠버네티스 리소스를 사용해 오퍼레이터에게 네임스페이스 및 레이블을 기반으로 서비스를 자동 검색하도록 지시할 수 있다는 사실만 아는 것만으로도 충분하다.

가능하면 사내에서 개발한 소프트웨어를 계측^{instrument}한다. 기본 계측이 실현 가능하지 않으면, 익스포터를 개발하거나 활용한다. 또한 자동 검색 메커니즘을 사용해 노출된 메트릭을 수집해 시스템에 대한 가시성을 편리하게 제공할 수 있다.

 프로메테우스 데이터 모델에서 레이블을 사용하는 것은 효과적이지만, 과도하게 사용하면 프로메테우스 서버의 리소스 소비가 많아져 자원 사용량에 문제가 발생할 수 있다. 메트릭의 높은 카디널리티[5] 영향을 숙지하고 프로메테우스 문서에서 계측 가이드(https://oreil.ly/RAskV)를 주기적으로 확인해야 한다.

---

5   카디널리티(cardinality)는 전체 행에 대한 특정 컬럼의 중복 수치를 나타내는 방식이다. 중복도가 '낮으면' 카디널리티가 '높다'고 표현하고, 중복도가 '높으면' 카디널리티가 '낮다'고 표현한다. – 옮긴이

조직 및 페더레이션

메트릭 처리는 특히 컴퓨팅 자원을 많이 사용하므로, 계산 부하를 세분화하면 프로메테우스 서버의 자원 소비를 관리하는 데 도움이 될 수 있다. 예를 들어 하나의 프로메테우스 서버를 사용해 플랫폼의 메트릭을 수집하고 다른 프로메테우스 서버를 사용해 애플리케이션이나 노드 메트릭에서 사용자 정의 메트릭을 수집한다. 특히 처리할 메트릭이 훨씬 더 많고 스크래핑 대상이 많은 대규모 클러스터에 적용할 수 있다.

그러나 메트릭 계산 부하를 세분화하면 데이터를 볼 수 있는 위치가 단편화[fragment6] 된다. 단편화 문제를 해결하기 위해 페더레이션을 사용한다. 일반적으로 페더레이션은 데이터와 제어를 중앙 집중식 시스템으로 통합하는 것을 의미한다. 프로메테우스 페더레이션에는 다양한 프로메테우스 서버에서 중앙 프로메테우스 서버로 중요한 메트릭을 수집하는 작업이 포함된다. 이는 워크로드에서 메트릭을 수집하는 데 사용된 것과 동일한 스크래핑 모델을 사용해 수행된다. 프로메테우스 서버가 메트릭을 스크랩할 수 있는 대상 중 하나는 다른 프로메테우스 서버다.

프로메테우스 페더레이션은 단일 쿠버네티스 클러스터에서나 여러 쿠버네티스 클러스터등 둘 다 수행될 수 있다. 이는 쿠버네티스 클러스터를 관리하는 데 사용하는 패턴에 적합한 방식으로 메트릭 시스템을 구성하고 통합할 수 있다는 점에서 매우 유연한 모델을 제공한다. 여기에는 레이어의 페더레이션이 포함된다. 그림 9-3은 서로 다른 데이터 센터에 있는 프로메테우스 서버에서 메트릭을 스크랩하는 글로벌 프로메테우스 서버의 예를 보여준다. 메트릭은 차례로 클러스터의 대상에서 메트릭을 스크랩한다.

---

6   필요 이상으로 부하 처리 자원을 할당하거나, 할당된 자원을 해제하지 않아 낭비되는 상태를 말한다. - 옮긴이

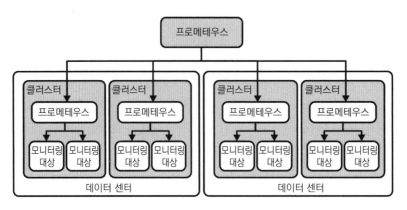

그림 9-3 프로메테우스 페더레이션

페더레이션은 강력하고 유연하지만, 관리하기가 복잡하고 부담이 될 수 있다. 모든 프로메테우스 서버에서 메트릭을 수집하는 강력한 방법을 제공하는 비교적 최근의 개발은 프로메테우스에 페더레이션과 같은 기능을 구축하는 오픈소스 프로젝트인 Thanos(https://thanos.io)이다. 프로메테우스 오퍼레이터가 지원하며, 기존 프로메테우스 설치에 레이어화할 수 있다. Cortex(https://cortexmetrics.io)는 이 분야에서 유망한 프로젝트다. Thanos와 Cortex는 모두 CNCF에서 프로젝트를 인큐베이팅한다.

플랫폼 채택이 증가함에 따라 운영 확장을 지원하도록 프로메테우스 서버의 조직 및 페더레이션을 신중하게 계획한다. 테넌트의 소비 모델을 신중하게 고려해야 한다. 다양한 대시보드를 사용해 워크로드 메트릭에 액세스하도록 하지 않아야 한다.

경보

프로메테우스는 경보 규칙을 사용해 메트릭에서 경보를 생성한다. 경보가 트리거되면 일반적으로 경보가 구성된 얼럿매니저 인스턴스로 전송된다. 얼럿매니저를 배포하고 경보를 보내도록 프로메테우스를 구성하는 것은 프로메테우스 오퍼레이터를 사용할 때 다소 간단하다. 얼럿매니저는 경보를 처리하고 메시징 시스템과 통합해 엔지니어가 문제를 알 수 있도록 한다. 그림 9-4는 플랫폼 컨트롤 플레인 및 테넌트 애플리케이션에 고유한 프로메테우스 서버를 사용하는 방법을 보여준다. 둘 다 공통 얼럿매니저를 사용해 경보를 처리하고 수신자에게 알린다.

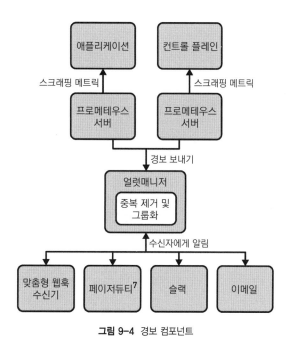

그림 9-4 경보 컴포넌트

지나치게 경보를 적용하지 않도록 주의한다. 과도한 중요 경보는 대기 중인 엔지니어를 지치게 하고 잘못된 값으로 적용된 복귀값은 실제 중요 이벤트를 놓칠 수 있다. 따라서 시간을 내 경보를 유용하게 조정한다. 경보 주석에 유용한 설명을 추가해 엔지니어가 장애 경보를 받았을 때 상황을 이해하는 데 유용한 컨텍스트를 제공한다. 경보가 전달된 인시던트의 해결에 도움이 될 수 있는 런북Runbook[8] 또는 기타 문서에 링크를 포함하는 것이 좋다.

플랫폼에 대한 경보 외에도 테넌트에 대한 경보를 노출해 애플리케이션 메트릭의 경고를 설

---

7 IT 부서를 위한 SaaS 사고 대응 플랫폼을 전문으로하는 미국 클라우드 컴퓨팅(SaaS) 기업이다(https://www.pagerduty.com/). – 옮긴이

8 특정 결과를 달성하기 위한 문서화된 절차다. 절차를 런북으로 문서화하면 적절하게 파악한 이벤트에 일관된 방식으로 신속하게 대응할 수 있다. – 옮긴이

정할 수 있도록 하는 방법을 고려해야 된다. 여기에는 프로메테우스에 경보 규칙을 추가하는 방법이 포함되며, 이는 '메트릭 컴포넌트'에서 자세히 다룬다. 또한 얼럿매니저로 알림 메커니즘을 설정해 애플리케이션 팀이 설정한 규칙에 따라 경보를 받도록 하는 것도 포함한다.

데드맨 스위치

하나의 경보는 보편적으로 적용할 수 있고, 중요하기에 지속적으로 처리할 가치가 있다. 메트릭과 경보 시스템이 다운되면 어떻게 되는가? 해당 이벤트에 대한 경보를 어떻게 받을 수 있는가? 이때 정상 작동 조건에서 주기적으로 발생하는 경보를 설정해야 하며, 경보가 중지되면 긴급 경보를 발생시켜 메트릭 및 경보 시스템이 다운됐음을 알려야 한다. 페이저듀티 PagerDuty(https://oreil.ly/zDJJE)에는 해당 기능을 제공하는 데드맨 스위치$^{Dead\ Man's\ Switch}$[9]라는 통합 기능이 있다. 또는 설치한 시스템의 웹훅 경보가 있는 사용자 정의 솔루션을 설정할 수 있다. 구현 세부사항에 관계없이 경보 시스템이 오프라인 상태가 되면 긴급하게 알림을 받도록 해야 한다.

쇼백과 차지백

쇼백^{Showback}은 일반적으로 조직 단위 또는 해당 워크로드의 리소스 사용량을 설명하는 데 사용되는 용어다. 차지백^{Chargeback}은 해당 리소스 사용량과 비용을 연결한다. 이는 메트릭 데이터의 의미 있고 실행 가능한 표현의 완벽한 예시다.

쿠버네티스는 앱 개발 팀에서 사용하는 컴퓨팅 인프라를 동적으로 관리할 수 있는 기회를 제공한다. 즉시 사용 가능한 용량이 제대로 관리되지 않으면 클러스터의 무분별한 확장과 리소스 활용도가 저하될 수 있다. 효율성을 위해 인프라 및 워크로드 배포 프로세스를 간소화하는 것은 비즈니스에 매우 유리하다. 그러나 합리화는 낭비로 이어질 수도 있어서 쇼백 및 차

---

9 인간 조종자가 의식 상실, 사망 등 조종 능력을 상실한 경우 자동적으로 안전을 위한 조치를 취하도록 만들어진 장치다. 일반적으로는 열차 등 기계를 다룰 때 실수나 실패 혹은 사고 발생 시 최소한의 피해로 줄이기 위해 지하철, 급유기, 화물 엘리베이터, 잔디깎이, 트랙터, 제트스키, 기계톱, 트레드밀, 스노우모빌 등에 정비돼 있다. – 옮긴이

지백과 함께 사용해 담당팀과 경영팀이 책임지도록 하는 조직이 많다.

관련 메트릭을 수집할 수 있으려면 워크로드에 '팀' 또는 '소유자' 이름 또는 식별자^{identifier}와 같은 유용한 레이블을 지정해야 한다. 조직에서 이를 위한 표준화된 시스템을 구축하고 어드미션 컨트롤을 사용해 플랫폼 테넌트가 배포한 모든 파드에서 레이블 사용을 시행하는 것이 좋다. 네임스페이스와 같이 워크로드를 식별하는 다른 유용한 방법이 가끔 있지만, 레이블이 가장 유연하다.

쇼백 구현에는 두 가지 접근 방식이 있다.

요청

파드의 각 컨테이너를 정의된 리소스 요청으로 팀이 예약한 리소스를 기반으로 한다.

소비

팀이 리소스 요청으로 실제로 소비한 내역 또는 실제 사용량 중 더 높은 항목을 기반으로 한다.

요청 기반 쇼백

요청 기반 쇼백은 워크로드로 정의된 집계 소스 요청량을 활용한다. 예를 들어 10개의 레플리카가 있는 배포가 레플리카당 1개의 CPU코어를 요청하면 실행 중인 단위 시간당 10개의 코어를 사용한 것으로 간주된다. 이 모델에서 워크로드가 요청을 초과한 버스트[10] 상태로 레플리카당 평균 1.5개의 코어를 사용할 때 해당 리소스를 무료로 얻을 수 있다. 리소스 요청 이상으로 소비된 추가 코어 5개는 워크로드에 기인하지 않는다. 이 접근 방식은 스케줄러가 클러스터의 노드에 할당할 수 있는 항목을 기반으로 한다는 점에서 유리하다. 스케줄러는 리소스 요청을 노드의 예약된 용량으로 간주한다. 노드에 사용되지 않는 예비 리소스가 있고, 워크로드가 버스트해 사용되지 않은 용량을 사용하면 해당 워크로드는 해당 리소스를 무료로 얻는다. 그림 9-5의 실선은 이 방법을 사용하는 워크로드에 기인한 CPU 리소스를 나타

---

10 서비스 이벤트 등으로 갑작스런 많은 양의 리소스 사용으로 단시간 내 추가 리소스가 요구되는 상태를 말한다. – 옮긴이

낸다. 요청을 초과하는 소비는 속성으로 적용되지 않는다.

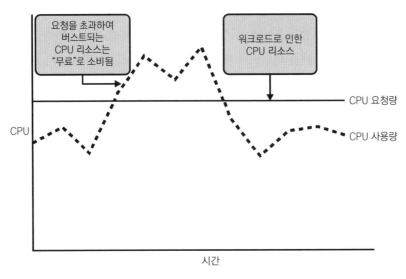

그림 9-5 CPU 요청을 기반으로 한 쇼백

소비 기반 쇼백

소비 기반 쇼백 모델에서 워크로드는 리소스 요청 사용량 또는 실제 사용량 중 더 높은 사용량이 할당된다. 이 접근 방식을 사용하면 워크로드가 요청된 리소스보다 일반적이고 지속적으로 더 많이 사용하면 실제로 소비한 리소스를 사용한 것으로 표시된다. 리소스 요청을 낮게 설정해 시스템 부하를 과중하게 하는 부분을 제거하는 방식이다. 이는 초과 커밋된 노드에서 리소스 경합으로 이어질 가능성이 더 높다. 그림 9-6의 실선은 소비 기반 방법을 사용해 워크로드에 기인한 CPU 리소스를 나타낸다. 이때 요청 이상으로 급증한 소비가 귀속된다.

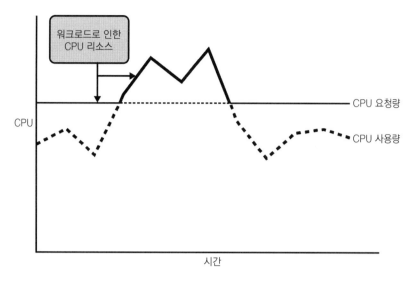

그림 9-6 위 요청을 버스트할 때 CPU 사용량을 기반으로 한 쇼백

'메트릭 컴포넌트'에서 쿠버네티스 리소스와 관련된 메트릭을 노출하는 플랫폼 서비스인 kube-state-metrics를 설명한다. kube-state-metrics를 메트릭 스택의 일부로 사용할 때 리소스 요청을 다음 메트릭으로 사용할 수 있다.

- CPU: `kube_pod_container_resource_requests`
- 메모리: `kube_pod_container_resource_requests_memory_bytes`

리소스 사용량은 다음 측정 항목으로 확인할 수 있다.

- CPU: `container_cpu_usage_seconds_total`
- 메모리: `container_memory_usage_bytes`

쇼백은 워크로드에 대한 쇼백을 결정하기 위해 CPU 또는 메모리를 사용할지 결정해야 한다. 이를 위해 CPU와 메모리 모두를 워크로드가 소비하는 총 클러스터 리소스의 백분율을 계산한다. 클러스터에 CPU 또는 메모리가 부족하면 더 많은 워크로드를 호스팅할 수 없으므로 더 높은 값을 적용해야 한다. 예를 들어 워크로드가 클러스터 CPU의 1%와 클러스터 메모리의 3%를 사용할 때 메모리가 없는 클러스터는 더 이상 워크로드를 호스팅할 수 없으므로 클러스터의 3%를 효과적으로 사용한다. 쇼백은 또한 '인프라'에서 설명하는 호스트 워크로드와 일치하도록 다른 노드 프로필을 사용해야 하는지 여부를 알려주는 데 도움이 된다.

차지백

쇼백을 해결하면 비용을 적용할 메트릭이 있으므로 차지백이 가능하다. VM 비용은 일반적으로 퍼블릭 클라우드 프로바이더를 사용할 때 매우 간단하다. 자체 하드웨어를 구입하려면 조금 더 복잡할 수 있지만, 어떻게든 두 가지 비용 값을 제시해야 한다.

- CPU의 단위 시간당 비용
- 메모리의 단위 시간당 비용

이 비용을 결정된 쇼백 가치에 적용하면 플랫폼 테넌트에 내부적으로 요금을 청구할 수 있는 모델이 생긴다.

네트워크 및 스토리지

지금까지 워크로드에서 사용하는 컴퓨팅 인프라에 대한 쇼백 및 차지백을 살펴봤다. 쇼백 및 차지백은 실무에서 본 대부분의 사용 사례를 다룬다. 그러나 상당한 네트워킹 대역폭과 디스크 스토리지를 소모하는 워크로드가 있다. 애플리케이션을 실행하는 실제 비용에 기여할 수 있으므로 인프라를 고려해야 한다. 모델은 대체로 동일하다. 관련 메트릭 항목을 수집한 다음 예약된 리소스, 소비된 리소스 또는 둘의 조합에 따라 요금을 부과할지 결정한다. 메트릭을 수집하는 방법은 이 인프라에 사용되는 시스템에 따라 다르다.

프로메테우스의 작동 방식과 배포된 컴포넌트의 세부 사항을 살펴보기 전에 파악해야 하는 주제를 다뤘다. 다음은 프로메테우스 메트릭 스택에서 일반적으로 사용되는 컴포넌트를 살펴본다.

메트릭 컴포넌트

메트릭 스택을 배포하고 관리하는 데 매우 일반적으로 사용되는 접근 방식의 컴포넌트를 살펴본다. 또한 사용자가 마음대로 사용할 수 있는 관리 도구 중 일부와 모든 요소가 어떻게 결합되는지 다룬다. 그림 9-7은 프로메테우스 메트릭 스택에 있는 컴포넌트의 일반적인 구성을 보여준다. 스택 자체의 일부가 아니라 스택의 배포 및 관리를 위한 유틸리티인 프로메테우스 오퍼레이터는 포함되지 않는다. 구성도에는 프로메테우스 어댑터의 역할을 설명하기 위한 몇 가지 오토스케일링 컴포넌트가 포함돼 있지만 여기에서는 오토스케일링을 다루지 않는다. 해당 주제에 대한 자세한 내용은 13장을 참조하면 된다.

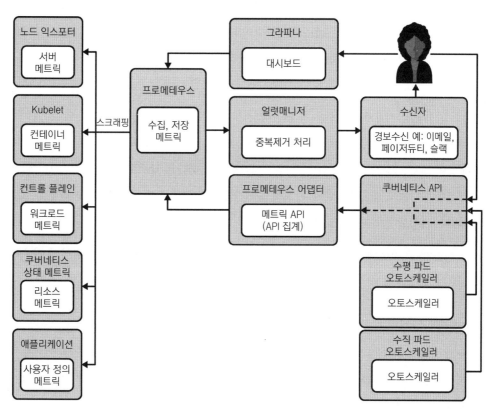

그림 9-7 프로메테우스 메트릭 스택의 공통 컴포넌트

프로메테우스 오퍼레이터

프로메테우스 오퍼레이터(https://oreil.ly/k1lMx)는 플랫폼 자체와 테넌트 워크로드에 대한 쿠버네티스 메트릭 시스템의 다양한 컴포넌트를 배포하고 관리하는 데 도움이 되는 쿠버네티스 오퍼레이터다. 일반적으로 쿠버네티스 오퍼레이터에 대한 자세한 내용은 '오퍼레이터 패턴'을 참조한다. 프로메테우스 오퍼레이터는 프로메테우스 서버를 나타내는 몇 가지 사용자 정의 리소스를 사용한다. 메트릭 항목을 기록하고 이를 경보를 전달하는 규칙 등 플랫폼에서 프로메테우스 서버를 배포하고 설정하는 수고를 크게 줄일 수 있다.

사용자 정의 리소스는 플랫폼 엔지니어에게 매우 유용하지만, 플랫폼 테넌트에게 매우 중요한 인터페이스를 제공하기도 한다. 전용 프로메테우스 서버가 필요할 때 프로메테우스 리소스를 특정 네임스페이스에 배포해 구성할 수 있다. 기존 프로메테우스 서버에 경보 규칙을 추가해야 한다. PrometheusRule 리소스를 사용해 추가할 수 있다.

관련 오픈소스인 kube-prometheus(https://oreil.ly/DITxj) 프로젝트는 프로메테우스 오퍼레이터를 사용해 시작하기에 좋은 장소다. 완전한 메트릭 스택에 대한 매니페스트 모음을 제공한다. 여기에는 즉시 사용할 수 있는 유용한 시각화를 위한 그라파나 대시보드 구성이 포함돼 있어 매우 편리하다. 그러나 시스템을 시작하고 이해하는 장소로 간주해 요구사항에 맞게 구성할 수 있으므로, 일단 운영 환경에 들어가면 시스템에 대한 포괄적인 메트릭 및 경보가 있다는 확신을 가질 수 있다.

kube-prometheus 배포로 얻을 수 있는 컴포넌트를 다루므로 컴포넌트를 명확하게 이해하고 필요에 맞게 사용자 정의 적용해 사용할 수 있다.

프로메테우스 서버

클러스터의 프로메테우스 오퍼레이터를 사용해 프로메테우스 서버에 대한 새 스테이트풀셋을 생성하라는 메시지를 표시하는 프로메테우스 사용자 정의 리소스를 생성할 수 있다. [예시 9-4]는 프로메테우스 리소스에 대한 예시 매니페스트다.

```
apiVersion: monitoring.coreos.com/v1
kind: Prometheus
metadata:
  name: platform
  namespace: platform-monitoring
  labels:
    monitor: platform
    owner: platform-engineering
spec:
  alerting: ❶
    alertmanagers:
    - name: alertmanager-main
      namespace: platform-monitoring
      port: web
  image: quay.io/prometheus/prometheus:v2.20.0 ❷
  nodeSelector:
    kubernetes.io/os: linux
  replicas: 2
  resources:
    requests:
      memory: 400Mi
  ruleSelector:        ❸
    matchLabels:
      monitor: platform
      role: alert-rules
  securityContext:
    fsGroup: 2000
    runAsNonRoot: true
    runAsUser: 1000
  serviceAccountName: platform-prometheus
  version: v2.20.0
  serviceMonitorSelector: ❹
    matchLabels:
      monitor: platform
```

❶ 경보를 보낼 위치에 프로메테우스의 구성을 알린다.

❷ 프로메테우스에 사용할 컨테이너 이미지다.

❸ PrometheusRule이 프로메테우스 서버에 적용되는 프로메테우스 오퍼레이터를 알린다. 여기에 표시된 레이블로 생성된 모든 프로메테우스 규칙은 이 프로메테우스 서버에 적용된다.

❹ 이는 ruleSelector가 PrometheusRule에 수행하는 것과 동일하게 ServiceMonitor에 수행된다. 레이블이 있는 모든 ServiceMonitor 리소스는 프로메테우스 서버의 스크래핑 구성을 알리는 데 사용된다.

프로메테우스 사용자 정의 리소스를 사용하면 플랫폼에 있는 오퍼레이터로 프로메테우스 서버를 쉽게 배포해 메트릭을 수집할 수 있다. '조직 및 페더레이션'에서 언급했듯이 주어진 클러스터에서 프로메테우스의 여러 배포 간에 메트릭 수집 및 처리 부하를 나누는 것이 유용할 수 있다. 이 모델은 사용자 정의 쿠버네티스 리소스를 사용해 프로메테우스 서버를 가동하는 기능으로 활성화된다.

일부 사용 사례에서는 프로메테우스 오퍼레이터로 프로메테우스 서버를 가동하는 기능도 플랫폼 테넌트에 노출하는 데 도움이 된다. 팀의 애플리케이션은 기존 프로메테우스 서버를 압도할 대량의 메트릭을 방출할 수 있다. 또한 리소스 예산에 팀의 메트릭 수집 및 처리를 포함할 수 있으므로, 네임스페이스에 전용 프로메테우스 서버를 두는 것이 모델에 유용하다. 모든 팀이 자체 프로메테우스 리소스를 배포하고 관리하는 이 접근 방식을 선호하는 것은 아니다. 많은 세부 사항의 추가 추상화가 필요할 수 있지만, 고려해야 할 옵션이라 할 수 있다. 이 모델을 사용하면 대시보드 및 수집된 메트릭에 대한 경보는 물론 페더레이션 및 장기 보관에 대한 추가 복잡성을 무시하지 않아야한다.

프로메테우스 서버를 배포하는 것과 이에 대한 구성을 지속적으로 관리하는 것은 별개다. 이를 위해 프로메테우스 오퍼레이터에는 다른 방식의 사용자 정의 리소스가 존재하며, 가장 일반적인 것은 ServiceMonitor 리소스다. ServiceMonitor 리소스를 생성하면 프로메테우스 오퍼레이터는 관련 프로메테우스 서버의 스크래핑 구성을 업데이트해 응답한다. [예시 9-5]는 쿠버네티스 API 서버에서 메트릭을 수집하기 위해 프로메테우스에 대한 스크래핑 구성을 생성하는 ServiceMonitor를 보여준다.

예시 9-5 서비스 리소스의 예시 매니페스트

```
apiVersion: monitoring.coreos.com/v1
kind: ServiceMonitor
metadata:
  labels:
    k8s-app: apiserver
    monitor: platform ❶
  name: kube-apiserver
  namespace: platform-monitoring
spec:
  endpoints: ❷
  - bearerTokenFile: /var/run/secrets/kubernetes.io/serviceaccount/token
    interval: 30s
    port: https
    scheme: https
    tlsConfig:
      caFile: /var/run/secrets/kubernetes.io/serviceaccount/ca.crt
      serverName: kubernetes
  jobLabel: component ❸
  namespaceSelector: ❹
    matchNames:
    - default
  selector: ❺
    matchLabels:
      component: apiserver
      provider: kubernetes
```

❶ serviceMonitorSelector로 프로메테우스 매니페스트의 [예시 9-1]에서 참조되는 레이블이다.

❷ 엔드포인트는 사용할 포트와 프로메테우스가 메트릭을 스크랩할 인스턴스에 연결하는 방법의 설정을 제공한다. 이 예는 HTTPS를 사용해 연결하도록 프로메테우스에 지시하고 연결 엔드포인트를 확인하기 위해 인증 기관 및 서버명을 제공한다.

❸ 프로메테우스 용어에서 잡^{job}은 서비스 인스턴스의 모음이다. 예를 들어 개별 apiserver 는 인스턴스다. 클러스터의 모든 apiserver는 집합적으로 잡을 구성한다. 이 필드 는 프로젝트에서 잡에 사용해야 하는 이름이 포함된 레이블을 나타낸다. 이때의 잡은 apiserver다.

❹ namespaceSelector는 대상에 대한 메트릭을 스크래핑 할 서비스를 찾을 네임스페이스 를 프로메테우스에 지시한다.

❺ 셀렉터는 쿠버네티스 서비스의 레이블로 서비스 디스커버리를 활성화한다. 즉, 지정된 레이블을 포함하는 모든 서비스(기본 네임스페이스에 있음)는 메트릭을 스크래핑할 대상을 찾는 데 사용된다.

프로메테우스 서버의 스크래핑 구성은 파드 그룹 모니터링을 위한 파드모니터 리소스(서비스 모니터가 있는 서비스와 반대)와 인그레스 또는 정적 대상 모니터링을 위한 프로브 리소스로 관 리할 수도 있다.

PrometheusRule 리소스는 오퍼레이터에게 메트릭 기록 및 메트릭 경보의 규칙이 포함된 프로메테우스 규칙 파일을 생성하도록 지시한다. [예시 9-6]은 레코드 규칙과 경보 규칙을 포함하는 PrometheusRule의 매니페스트의 예를 보여준다. 이런 규칙은 컨피그맵에 저장되 고 프로메테우스 서버 파드에 마운트된다.

예시 9-6 프로메테우스 규칙 리소스의 예시 매니페스트

```
apiVersion: monitoring.coreos.com/v1
kind: PrometheusRule
metadata:
  labels:
    monitor: platform
    role: alert-rules ❶
  name: sample-rules
  namespace: platform-monitoring
spec:
  groups:
  - name: kube-apiserver.rules
```

```
      rules:
      - expr: |  ❷
          sum by (code,resource) (rate(
            apiserver_request_total{job="apiserver",verb=~"LIST|GET"}[5m]
          ))
        labels:
          verb: read
        record: code_resource:apiserver_request_total:rate5m
    - name: kubernetes-apps
      rules:
      - alert: KubePodNotReady  ❸
        annotations:
          description: {{ $labels.namespace }}/{{ $labels.pod }} 파드가 15분 넘게 준비되지 않은 상태였다.
          summary: 파드가 15분 이상 준비되지 않은 상태였다.
        expr: |
          sum by (namespace, pod) (
            max by(namespace, pod) (
              kube_pod_status_phase{job="kube-state-metrics", phase=~"Pending|Unknown"} ) *
on(namespace, pod) group_left(owner_kind) topk by(namespace, pod) (
              1, max by(namespace, pod, owner_kind) (kube_pod_owner{owner_kind!="Job"})
          )
) > 0
for: 15m
labels:
  severity: warning
```

❶ ruleSelector로 프로메테우스 매니페스트의 [예시 9-1]에서 참조되는 레이블이다.

❷ 5분 동안 모든 쿠버네티스 API 서버 인스턴스에 대한 총 LIST 및 GET 요청에 대한 기록 규칙의 예시다. API 서버에 노출된 apiserver_request_total 메트릭에 대한 표현식을 사용하고 code_resource:apiserver_request_total:rate5m이라는 새 메트릭을 저장한다.

❸ 파드가 15분 이상 준비되지 않은 상태에서 멈추면, 프로메테우스에서 경보 알림을 보내도록 하는 경보 규칙이다.

프로메테우스 오퍼레이터 및 사용자 정의 리소스를 사용해 프로메테우스 서버 및 설정을 관리하는 방식은 매우 유용한 패턴으로 입증됐으며, 실무에서 매우 널리 퍼졌다. 프로메테우스를 기본 메트릭 도구로 사용을 적극 권장한다.

얼럿매니저

다음의 주요 컴포넌트는 얼럿매니저다. 얼럿매니저는 경보를 처리하고 대기 중인 엔지니어에게 통신 매체를 구성하는 수신기로 라우팅하는 별도의 고유한 워크로드다. 프로메테우스에는 메트릭 가능한 조건의 응답으로 프로메테우스가 경보를 실행하도록 하는 경보 규칙이 있다. 이런 경보는 얼럿매니저로 전송돼 그룹화되고 중복 제거되므로 여러 레플리카 또는 컴포넌트에 영향을 미치는 중단이 발생할 때 사용자가 경보를 받지 않는다. 그런 다음 구성된 수신기로 알림이 전송된다. 수신자는 이메일, 슬랙^{Slack} 또는 페이저듀티와 같이 지원되는 경보 시스템을 통해 알림을 수신 받을 수 있다. 지원되지 않거나 사용자 정의 알림 시스템을 구현하려면 얼럿매니저에는 URL을 제공할 수 있는 웹훅 수신기가 있어 얼럿매니저가 JSON 페이로드와 함께 POST 요청을 보낼 URL을 제공할 수 있다.

프로메테우스 오퍼레이터를 사용할 때 [예시 9–7]과 같이 매니페스트와 함께 새 얼럿매니저를 배포할 수 있다.

예시 9–7 얼럿매니저 리소스에 대한 예시 매니페스트

```
apiVersion: monitoring.coreos.com/v1
kind: Alertmanager
metadata:
  labels:
    alertmanager: main
  name: main
  namespace: platform-monitoring
spec:
  image: quay.io/prometheus/alertmanager:v0.21.0
  nodeSelector:
    kubernetes.io/os: linux
  replicas: 2 ❶
```

```
securityContext:
  fsGroup: 2000
  runAsNonRoot: true
  runAsUser: 1000
serviceAccountName: alertmanager-main
version: v0.21.0
```

❶ 고가용성 구성으로 얼럿매니저를 배포하기 위해 여러 레플리카를 생성할 수 있다.

[예시 9-7]의 사용자 정의 리소스는 얼럿매니저 인스턴스를 배포하는 매우 편리한 방법을 제공하지만, 클러스터에 여러 얼럿매니저를 배포할 필요는 매우 드물다. 기본적으로 고가용성 구성으로 배포할 수 있기 때문이다. 여러 클러스터를 중앙 집중식 얼럿매니저를 고려할 수 있지만, 클러스터당 하나를 갖는 것이 주어진 클러스터에 대한 외부 종속성을 줄이기 때문에 현명하다. 클러스터의 공통 얼럿매니저를 활용하면 테넌트가 단일 PrometheusRule 리소스를 활용해 앱에 대한 새 경보 규칙을 구성할 수 있다. 이 모델에서 각 프로메테우스 서버는 클러스터의 얼럿매니저에 경보를 보내도록 구성된다.

그라파나

플랫폼 운영자가 복잡한 쿠버네티스 기반 플랫폼에서 일어나는 일을 추론할 수 있으려면 프로메테우스에 저장된 데이터에서 차트와 대시보드를 작성하는 것이 중요하다. 그라파나 Grafana(https://grafana.com)는 프로메테우스 메트릭을 보기 위한 기본 솔루션이 된 오픈소스 시각화 레이어다. kube-prometheus 프로젝트는 커뮤니티에서 사용할 수 있는 다른 많은 것은 말할 것도 없고, 기초 및 시작점으로 사용할 다양한 대시보드를 제공한다. 물론 플랫폼의 일부로 관리하는 모든 시스템의 시계열 데이터를 표시하는 차트를 자유롭게 작성할 수 있다.

메트릭 시각화는 애플리케이션 팀도 중요하다. 시각화는 프로메테우스 서버를 배포하는 방법과 관련이 있다. 클러스터에서 여러 프로메테우스 인스턴스를 활용할 때 수집된 메트릭을 플랫폼의 테넌트에게 어떻게 노출하는가? 한편으로는 각 프로메테우스 서버에 그라파나 대시보드를 추가하는 것이 유용한 패턴일 수 있다. 시각화는 각 사용자의 메트릭 관심사별 편리한 분리 대시보드를 제공할 수 있다. 그러나 한편으로 사용자가 일상적으로 여러 개의 개별 대시보드에 로그인해야 할 때 번거롭다. 이 부분을 해결할 수 있는 두 가지 옵션이 있다.

- 페더레이션을 사용해 여러 서버의 메트릭을 단일 서버로 수집한 다음, 단일 서버의 대시보드를 추가해 시스템 집합에 대한 메트릭에 액세스할 수 있다. 페더레이션 설정은 Thanos와 같은 프로젝트에서 사용되는 접근 방식이다.
- 단일 그라파나 대시보드에 여러 데이터 소스를 추가한다. 이때 단일 대시보드는 여러 프로메테우스 서버의 메트릭을 노출한다.

선택은 프로메테우스 인스턴스를 페더레이션할 때 복잡성을 선호할지 아니면 더 복잡한 그라파나 구성을 관리할지에 따라 결정된다. 페더레이션 서버 옵션과 함께 고려해야 할 추가 리소스 소비가 있지만, 옵션이 요구사항에 알맞다면 대부분 선호도의 문제다.

클러스터에 단일 프로메테우스 서버를 사용하고 플랫폼 운영자가 테넌트별 메트릭을 얻기 위해 같은 그라파나로 데이터를 연동할 때, 대시보드 보기 및 편집의 권한을 고려해야 한다. 사용 사례에 맞게 조직, 팀 및 사용자를 구분해 구성해야 할 수도 있다.

노드 익스포터

노드 익스포터(https://github.com/prometheus/node_exporter)는 일반적으로 쿠버네티스 데몬셋으로 실행되고 시스템 및 운영체제 메트릭을 수집하는 노드 에이전트다. 호스트 수준 CPU, 메모리, 디스크 I/O, 디스크 공간, 네트워크 통계 및 파일 디스크립터 정보를 제공해 기본적으로 수집하는 몇 가지 메트릭의 이름을 지정한다. 앞서 언급했듯이 노드 익스포터는 익스포터의 가장 일반적인 예 중 하나다. 리눅스 시스템은 기본적으로 프로메테우스 메트릭을 내보내지 않는다. 노드 익스포터는 커널에서 OS 관련 메트릭을 수집한 다음, 프로메테우스에서 스크래핑할 수 있도록 제공한다. 프로메테우스를 사용해 유닉스 계열 시스템의 시스템 및 하드웨어를 모니터링할 때 유용하다.

kube-state-metrics

kube-state-metrics(https://github.com/kubernetes/kube-state-metrics)는 다양한 쿠버네티스 리소스와 관련된 메트릭을 제공한다. 본질적으로 쿠버네티스 API에서 수집된 리소스의 정보를 제공하기 위한 익스포트 도구다. 예를 들어 kube-state-metrics는 파드 시작 시간, 상태, 레이블, 우선순위 클래스, 리소스 요청 및 제한을 노출한다. 일반적으로 kubectl get 또는 kubectl이 수집하는 데 사용하는 모든 정보들이 포함된다. 이런 메트릭은 충돌 루프에 갇힌 파드 또는 리소스 할당량에 근접한 네임스페이스와 같은 중요한 클러스터 조건을 감지하는 데 유용하다.

프로메테우스 어댑터

프로메테우스 어댑터(https://github.com/DirectXMan12/k8s-prometheus-adapter)는 kube-prometheus 스택의 일부이기 때문에 내용을 같이 포함한다. 그러나 익스포터의 종류가 아니며 프로메테우스의 핵심 기능에 관여하지도 않는다. 대신 프로메테우스 어댑터는 프로메테우스의 클라이언트로 사용한다. 프로메테우스 API에서 메트릭을 검색하고 쿠버네티스 메트릭 API로 사용할 수 있도록 지원한다. 어댑터를 사용해 워크로드의 오토스케일링 기능을 활성화할 수 있다. 오토스케일링의 자세한 내용은 13장에서 살펴볼 예정이다.

운영 환경 수준의 메트릭 및 경보 시스템에는 많은 컴포넌트가 있다. 프로메테우스로 이 부분을 통합하는 방법과 다양한 문제를 관리하는 데 수고를 덜어주기 위해 프로메테우스를 포함해 kube-prometheus 스택으로 구성된 여러 컴포넌트와 패턴을 알아봤다. 로깅과 메트릭을 알아봤고 분산 트레이싱을 살펴본다.

분산 트레이싱

일반적으로 트레이싱은 실행 경로를 따르는 특수한 종류의 이벤트 캡처를 나타낸다. 트레이싱은 단일 소프트웨어에 적용할 수 있지만, 이 절에서는 여러 워크로드에 걸쳐 있는 분산 트레이싱을 다루고, 마이크로서비스 아키텍처에서 요청을 트레이싱한다. 분산 시스템을 채택한 조직은 기술의 이점을 크게 누릴 수 있다. 분산 트레이싱을 애플리케이션 팀을 위한 플랫폼 서비스로 제공하는 방법을 설명한다.

로깅 및 메트릭과 비교해 분산 트레이싱 간의 중요한 차이점은 애플리케이션과 플랫폼 간의 트레이싱 기술이 호환돼야 한다는 것이다. 앱이 표준출력^{stdout} 및 표준에러^{stderr}에 기록하는 한, 로그를 집계하는 플랫폼 서비스는 앱에서 로그가 기록되는 방식을 신경 쓰지 않는다. 그리고 CPU 및 메모리 소비와 같은 일반적인 메트릭은 특별한 계측 없이 워크로드에서 수집할 수 있다. 그러나 애플리케이션이 플랫폼에서 제공하는 트레이싱 시스템과 호환되지 않는 클라이언트 라이브러리로 계측되면 트레이싱이 전혀 작동하지 않는다. 이런 이유로 플랫폼과 애플리케이션 개발 팀 간의 긴밀한 협업이 이 영역에서 매우 중요하다.

분산 트레이싱 주제를 다루면서 먼저 오픈트레이싱^{OpenTracing} 및 오픈텔레메트리^{OpenTelemetry} 명세와 함께 트레이싱을 논의할 때 사용되는 용어를 살펴본다. 그런 다음 트레이싱에 사용되는 인기 있는 프로젝트에 공통적인 컴포넌트를 다룬다. 또한 트레이싱을 활성화하는 데 필요한 애플리케이션 계측과 서비스 메시 사용의 의미를 설명한다.

오픈트레이싱 및 오픈텔레메트리

오픈트레이싱(https://opentracing.io)은 생태계가 구현 표준에 수렴하도록 돕는 분산 트레이싱을 위한 오픈소스 명세다. 명세는 트레이싱을 이해하는 데 중요한 세 가지 개념을 중심으로 한다.

트레이싱

분산 애플리케이션의 최종 사용자가 요청을 하면 해당 요청은 요청을 처리하고 클라이언트 요청을 충족하는 데 참여하는 고유한 서비스를 통과한다. 트레이싱은 전체 트랜잭션을 나타내며, 분석에 관심이 있는 엔티티다. 트레이싱은 여러 범위로 구성된다.

스팬

요청을 처리하는 각 고유 서비스의 범위를 나타낸다. 워크로드 경계에서 발생하는 작업은 트레이싱의 일부인 단일 범위를 구성한다.

태그

태그는 트레이싱에서 컨텍스트화하고 검색 가능한 인덱스를 제공하기 위해 범위에 첨부된 메타데이터다.

트레이싱이 시각화되면 일반적으로 각 개별 트레이싱이 포함되며, 시스템의 어떤 컴포넌트가 성능에 가장 큰 영향을 미치는지 쉽게 나타낸다. 또한 에러가 발생하는 위치와 애플리케이션의 다른 컴포넌트에 미치는 영향을 트레이싱하는 데 도움이 된다.

최근 오픈트레이싱 프로젝트는 오픈센서스^{OpenCensus}와 병합돼 오픈텔레메트리(https://opentelemetry.io)를 형성했다. 이 글을 쓰는 시점에서 오픈텔레메트리 지원은 분산 트레이싱의 대표적인 오픈소스인 예거^{Jaeger}에서 실험적으로 반영 중이지만, 가까운 시일에 오픈텔레메트리가 사실상의 표준이 됨을 예상할 수 있다.

트레이싱 컴포넌트

분산 트레이싱을 플랫폼 서비스로 제공하려면 몇 가지 플랫폼 컴포넌트가 있어야 한다. 여기서 논의할 패턴은 집킨^{zipkin}(https://zipkin.io) 및 예거(https://www.jaegertracing.io)와 같은 오픈소스 프로젝트에 적용할 수 있지만, 동일한 모델이 다른 프로젝트 및 오픈트레이싱 표준을 구현하는 상업적으로 지원되는 제품도 적용 가능하다.

에이전트

분산 애플리케이션의 각 컴포넌트는 처리된 각 요청에 대한 범위를 출력한다. 에이전트는 애플리케이션이 스팬 정보를 보낼 수 있는 서버 역할을 한다. 쿠버네티스 기반 플랫폼에서는 일반적으로 클러스터의 각 서버에서 실행되고, 해당 노드의 워크로드의 모든 범위를 수신하는 노드 에이전트다. 에이전트는 일괄 처리된 범위를 중앙 콜렉터로 전달한다.

콜렉터

콜렉터collector는 스팬을 처리하고 백엔드 데이터베이스에 저장한다. 스팬을 스토리지에 저장하기 전에 유효성 검사, 인덱싱 및 변환 수행을 담당한다.

스토리지

지원되는 데이터베이스는 프로젝트마다 다르지만, 일반적으로 지원되는 데이터베이스는 카산드라Cassandra(https://cassandra.apache.org)와 일래스틱서치Elasticsearch(https://www.elastic.co/elastic search)다. 샘플링 시에도 분산 트레이싱 시스템은 매우 많은 양의 데이터를 수집한다. 사용된 데이터베이스는 분산 트레이싱의 유용한 분석 내용을 생성하기 위해 대용량 데이터를 처리하고 신속하게 검색할 수 있어야 한다.

API

API는 클라이언트가 저장된 데이터에 액세스할 수 있도록 한다. 트레이싱 및 해당 스팬을 다른 워크로드 또는 시각화 레이어에 노출한다.

사용자 인터페이스

사용자 인터페이스는 분산 트레이싱의 진가가 발휘되는 컴포넌트다. 이 시각화 레이어는 API를 쿼리하고 앱 개발자에게 데이터를 표시한다. 엔지니어가 시스템 및 분산 애플리케이션을 분석하기 위해 유용한 차트로 수집된 데이터를 볼 수 있는 곳이다.

그림 9-8은 트레이싱 컴포넌트 상호 간의 관계 및 구성도를 보여준다.

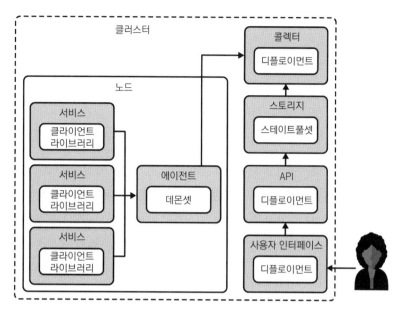

그림 9-8 트레이싱 플랫폼 서비스의 컴포넌트다.

애플리케이션 계측

스팬이 수집되고 트레이싱되기 위해서는 스팬 정보를 전달하도록 애플리케이션을 계측해야 하기 때문에 애플리케이션 개발 팀의 동의를 얻는 것이 중요하다. 애플리케이션이 트레이싱하고자 하는 데이터를 제공하지 않으면 아무리 좋은 트레이싱 플랫폼 서비스라도 쓸모가 없다. 14장에서는 이 주제를 더 자세하게 살펴볼 예정이다.

서비스 메시

서비스 메시를 사용할 때 트레이스에 포함된 메시 데이터를 원할 수 있다. 서비스 메시는 워크로드를 오가는 요청의 프록시를 구현하고, 프록시 타이밍마다 계측된 트레이싱 스팬을 가져오면 프록시를 통하는 트래픽이 성능에 미치는 영향을 이해하는 데 도움이 된다. 서비스 메시를 사용할 때도 애플리케이션을 계측해야 한다. 요청 헤더는 트레이싱으로, 하나의 서비스 요청에서 다음 서비스 요청으로 전파돼야 한다. 서비스 메시는 6장에서 이미 자세한 내용을 설명했다.

요약

관찰 가능성은 플랫폼 엔지니어링에서 중요한 비중을 차지하는 관심사항이다. 관찰 가능성이 해결되지 않고는 어떤 애플리케이션 플랫폼도 운영 준비가 된 것으로 확정할 수 없을 것이다. 컨테이너화된 워크로드에서 로그를 안정적으로 수집하고 쿠버네티스 API 서버의 감사 로그와 함께 로깅 백엔드로 전달할 수 있는지 확인할 수 있다. 또한 메트릭 및 경보 설정의 최소 요구사항을 고려해야 한다. 쿠버네티스 컨트롤 플레인에서 노출된 메트릭을 수집하고 대시보드에 표시하고 경보를 받는다. 애플리케이션 개발 팀과 협력해 애플리케이션을 계측하고 특정 메트릭을 노출하고 이를 모니터링하기 위해 수집한다. 마지막으로, 팀이 마이크로서비스 아키텍처를 수용할 때, 앱 개발 팀과 협력해 앱을 계측하고 해당 정보를 활용하기 위해 트레이싱 플랫폼 컴포넌트를 설치한다. 시스템을 사용하면 문제를 해결하고 작업을 개선해 성능과 안정성을 개선할 수 있는 가시성이 생긴다.

10장

식별

사용자와 애플리케이션 워크로드의 ID를 설정하는 것은 쿠버네티스 플랫폼을 설계하고 구현할 때 주요 관심사다. 시스템 침해를 당하지 않기 위해서는 적절한 권한을 가진 엔티티(사용자 또는 애플리케이션)만 특정 시스템에 액세스하거나 특정 작업을 수행할 수 있도록 해야 한다. 따라서 인증 및 권한 부여 시스템이 모두 구현됐는지 확인해야 한다.

- 인증은 애플리케이션 또는 사용자의 ID를 설정하는 프로세스다.
- 권한 부여는 인증된 후 애플리케이션이나 사용자가 수행할 수 있는 작업을 결정하는 프로세스다.

10장은 인증에만 초점을 두되, 권한 부여에 대해서는 필요할 때 간단히 설명한다. 더 많은 정보를 얻으려면 쿠버네티스에서 역할 기반 액세스 제어[RBAC, Role Based Access Control]를 조사해야 하며(사용 가능한 많은 리소스가 있음) 권한을 이해할 수 있도록 자신의 애플리케이션에 이를 구현하기 위한 견고한 전략이 있는지 확인해야 한다. 배포할 수 있는 모든 외부 애플리케이션에 필요하다.

인증 목적으로 ID를 설정하는 것은 거의 모든 분산 시스템의 핵심 요구사항이다. 모든 사람이 사용한 간단한 예는 사용자 이름과 암호다. 이 정보는 사용자를 시스템 사용자로 식별한다. 이 컨텍스트에서 ID에는 몇 가지 속성이 있어야 한다.

- 검증이 가능해야 한다. 사용자가 사용자 이름과 비밀번호를 입력하면 데이터베이스나 정보 출처로 이동해 값을 비교해 올바른지 확인할 수 있어야 한다. 제공될 수 있는 TLS 인증서는 신뢰할 수 있는 발급 CA를 해당 인증서를 확인할 수 있어야 한다.
- 식별은 고유해야 한다. 서비스에 제공된 식별 방식이 고유하지 않을 때, 서비스는 보유자를 구체적으로 식별할 수 없다. 그래서 원하는 범위에서만 고유성을 유지해야 한다(예: 사용자 이름 또는 이메일 주소).

ID를 설정하는 것은 권한 부여 문제를 처리하기 위한 첫 번째 중요한 사항이다. 부여해야 하는 리소스 액세스 범위를 결정하기 전에 시스템을 인증하는 엔티티를 고유하게 식별해야 한다.

쿠버네티스 클러스터는 일반적으로 많은 사용자와 팀이 단일 클러스터에서 여러 애플리케이션을 배포하고 운영하는 여러 테넌트에 서비스를 제공한다. 쿠버네티스에서 테넌트를 해결하는 것은 도전 과제를 제시하는 것이 바로 식별이다. 고려해야 하는 권한 및 리소스 매트릭스가 주어지면 많은 배포 및 구성 시나리오를 해결해야 한다. 개발 팀은 애플리케이션에 액세스할 수 있어야 한다. 운영팀은 모든 애플리케이션에 액세스하거나 플랫폼 서비스에 액세스해야 할 수도 있다. 애플리케이션 간 통신은 애플리케이션 간에 제한돼야 한다. 그런 다음 목록이 계속된다. 공유 서비스는 어떤가?

보안 팀 및 배포 도구에 걸쳐 이는 모두 공통된 문제이며, 클러스터 구성 및 유지 관리에 상당한 복잡성을 추가한다. 권한도 어떻게든 업데이트된 상태로 유지해야 함을 기억해야 하는데, 이는 잘못되기 쉽기 때문이다. 쿠버네티스에 외부 시스템과 통합하고 안전한 방식으로 ID 및 액세스 제어를 모델링할 수 있는 기능이 있으니 이를 참고하면 좋다.

사용자 ID와 쿠버네티스에 사용자를 인증하는 다양한 방법을 설명하는 것으로 시작한다. 그런 다음 쿠버네티스 클러스터에서 애플리케이션 ID를 설정하기 위한 옵션 및 패턴으로 넘어간다. 쿠버네티스 API 서버에 애플리케이션을 인증하는 방법과 오퍼레이터와 같이 쿠버네티스와 직접 상호작용하는 도구 작성 방법도 같이 확인한다. 또한 AWS와 같은 외부 서비스 인증 외에도 애플리케이션이 클러스터에서 서로를 인증할 수 있도록 고유한 애플리케이션 ID를 설정하는 방법을 다룬다.

사용자 식별

쿠버네티스 클러스터에서 강력한 사용자 ID 시스템을 구현하기 위한 방법과 패턴을 다룬다. 이 컨텍스트에서 사용자를 클러스터와 직접 상호작용할 사용자로, Kubectl CLI 또는 API를 사용해 정의한다. ID의 속성(이전 절에서 설명)은 사용자 및 애플리케이션 ID에 공통적이지만 일부 방법은 다르다. 예를 들어, 사용자는 항상 사용자 식별이 가능하고 고유하기를 원한다. 그러나 이런 속성은 OIDC[OpenID Connect]를 사용하는 사용자와 서비스 어카운트 토큰을 사용하는 애플리케이션을 서로 다른 방식으로 달성된다.

인증 방법

쿠버네티스 운영자가 사용할 수 있는 다양한 인증 방법이 있으며, 각각 고유한 강점과 약점이 있다. 이 책의 핵심 주제에 따라 특정 사용 사례를 이해하고, 어떤 것이 효과가 있을지 평가하고, 시스템과 통합하고, 사용자 경험[UX, User eXperience]을 제공하고, 조직에 필요한 보안 태세를 제공하는 것이 필수적이다.

실무에서 구현한 일반적으로 사용되는 패턴을 설명하면서 사용자 ID를 설정하는 각 방법과 절충점을 다룬다. 여기에 설명된 방법 중 일부는 플랫폼에 따라 다르며, 특정 클라우드 프로바이더에서 사용할 수 있는 기능에 연결돼 있는 반면, 다른 방법은 플랫폼에 구애받지 않는다. 시스템이 기존 기술 환경에 얼마나 잘 통합되는지는 확실히 채택 여부를 결정하는 요소가 된다. 새 도구에서 사용할 수 있는 추가 기능과 기존 스택과의 통합 관리 용이성 사이의 절충안이 있다.

ID를 제공하는 것 외에도 설명된 방법 중 일부는 암호화를 제공할 수도 있다. 예를 들어 PKI[1] 방법을 설명한 흐름은 mTLS 통신에 사용할 수 있는 인증서를 제공한다. 그러나 암호화는 10장에서 알아볼 대상은 아니며, ID 부여 방법의 보조적인 이점이다.

공유 시크릿

공유 시크릿은 호출 엔티티와 서버가 보유하는 고유한 정보 조각 또는 집합이다. 예를 들어 애플리케이션이 MySQL 데이터베이스에 연결해야 할 때, 사용자명과 비밀번호 조합을 사용해 인증할 수 있다. 이 방법은 양쪽 모두가 어떤 형태로든 그 조합에 액세스할 수 있어야 한다. 해당 정보를 사용해 MySQL에 항목을 생성한 다음 이를 필요로 하는 호출 애플리케이션에 시크릿을 배포해야 한다. 그림 10-1은 액세스하기 위해 프론트엔드에서 처리해야 하는 유효한 자격 증명을 백엔드 애플리케이션이 저장하는 패턴을 보여준다.

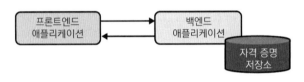

그림 10-1 공유 시크릿 흐름

쿠버네티스는 공유 시크릿 모델을 활용해 API 서버에 인증할 수 있는 두 가지 옵션을 제공한다. 첫 번째 방법에서는 API 서버에 사용자명 및 선택적으로 그룹을 정적 토큰에 매핑하는 CSV(쉼표로 구분된 값) 목록을 제공할 수 있다. API 서버에 인증을 원할 때 토큰을 제공할 수 있다.

---

1 디지털 인증의 생성, 관리, 배포, 사용, 저장, 파기와 공개 키 암호화의 관리에 쓰이는 일련의 역할, 정책, 하드웨어, 소프트웨어, 절차의 총칭으로 전자상거래, 인터넷 뱅킹, 민감한 정보를 담은 이메일을 포함한 다양한 네트워크 활동에 있어 정보의 안전한 전송 목적으로 사용된다. – 옮긴이

HTTP 인가[Authorization] 헤더에서 베어러[Bearer] 토큰[2]으로 쿠버네티스는 매핑된 사용자의 요청으로 처리하고 그에 따라 조치한다.

다른 방법은 API 서버에 사용자 이름 및 선택적으로 그룹과 암호 매핑의 CSV를 제공한다. 이 방법을 구성하면 사용자는 HTTP 기본 인증 헤더에 base64로 인코딩된 자격 증명을 제공할 수 있다.

 쿠버네티스에는 사용자 또는 그룹이라는 리소스나 오브젝트가 없다. 이는 RBAC RoleBinding에서 식별하려고 미리 정의된 이름일 뿐이다. 사용자는 정적 파일에서 토큰 또는 암호로 매핑될수 있고 이전에 설명한 대로 x509 인증서의 CN(Common Name)에서 가져오거나 OAuth 요청에서 필드로 읽을 수 있다. 사용자를 결정하는 방법의 그룹은 사용 중인 인증 방법에 전적으로 의존하며 쿠버네티스는 이를 내부적으로 정의하거나 관리할 방법이 없다. 필자의 의견으로는 이패턴이 API의 장점이다. 다양한 구현을 연결할 수 있고 문제를 처리하도록 특별히 설계된 시스템에 문제를 위임할 수 있기 때문이다.

두 가지 방법 모두 심각한 약점이 있으므로 권장하지 않는다. 약점 중 일부는 쿠버네티스 특정 구현으로 인한 것이고, 일부는 공유 시크릿 모델에 내재돼 있다. 이를 곧 논의할 예정이다. 쿠버네티스에서 주요 문제는 다음과 같다.

- 정적 토큰 및 암호 파일은 API 서버에 액세스할 수 있는 위치에 일반 텍스트로 저장해야 한다. 누군가가 API 서버를 손상하는 해당 노드에 액세스할 수 있다면, 암호화되지 않은 암호 파일보다 더 걱정해야 할 일이 있기 때문에 정적 토큰 및 암호 파일은 처음에 보이는 것보다 위험이 적다. 그러나 쿠버네티스 설치는 대부분 자동화되며, 설정에 필요한 모든 자산은 리포지터리에 저장해야 한다. 리포지터리는 보안, 감사 및 업데이트돼야 한다. 리포지터리는 부주의나 잘못된 관행으로 자격 증명을 유출할 수 있는 다른 잠재적인 위험성이 있다.

---

2   OAuth 2.0과 함께 사용되는 주요 액세스 토큰 유형이다. 베어러 토큰은 불투명한 문자열이며, 이를 사용하는 클라이언트에게 의미가 없다. 일부 서버는 짧은 16진수 문자열인 토큰을 발행하는 반면, 다른 서버는 JWT(JSON Web Token)과 같은 구조화된 토큰을 사용할 수 있다. – 옮긴이

- 정적 토큰과 사용자 이름/암호 조합 모두 만료 날짜가 없다. 자격 증명이 손상될 때 위반된 사항을 신속하게 식별하고 관련 자격 증명을 제거한 후 API 서버를 다시 시작해 해결해야 한다.

- 자격 증명 파일을 수정하려면 API 서버를 다시 시작해야 한다. 실제로(그리고 개별적으로) 자격 증명 파일은 상당히 사소하다. 그러나 많은 조직이 수동 개입에서 벗어나 실행 중인 소프트웨어 및 서버에 올바르게 전환한다. 구성 변경은 단순히 SSH로 VM에 연결하는 것과 비교해 대부분 재구축 및 재배포 프로세스다. 그러므로 API 서버 설정을 수정하고 프로세스를 다시 시작하려면 더 복잡하다.

방금 설명한 쿠버네티스 고유의 단점 외에도 공유 시크릿 모델에는 다른 단점이 있다. 사용자가 신뢰할 수 없는 엔티티일 때 적절한 ID를 받으려고 먼저 시크릿 저장소에 인증하려면 어떻게 해야 하는가? 보안 도입 문제와 해결 방법은 '애플리케이션/워크로드 식별'에서 자세히 살펴본다.

공개 키 인프라

 이 절에서는 사용자가 이미 PKI 개념에 익숙하다고 가정한다.

PKI 모델은 인증서와 키를 사용해 쿠버네티스 사용자를 고유하게 식별하고 인증한다. 쿠버네티스는 PKI를 광범위하게 사용해 시스템의 모든 핵심 컴포넌트 간의 통신을 보호한다. CA 및 인증서를 여러 가지 방법으로 구성할 수 있지만, 실무에서 가장 일반적으로 볼 수 있는 방법인 kubeadm(업스트림 쿠버네티스의 일반적인 설치 방법)을 사용해 이를 시연한다.

쿠버네티스 클러스터를 설치한 후, 일반적으로 `kubernetes-admin` 사용자 세부 정보가 포함된 kubeconfig 파일을 얻는다. 이 파일은 기본적으로 클러스터의 루트 키다. 일반적으로 kubeconfig 파일은 admin.conf라고 하며 이와 유사하다.

```
apiVersion: v1
clusters:
- cluster:
    certificate-authority-data: <.. 스니펫 ...>
    server: https://127.0.0.1:32770
  name: kind-kind
contexts:
- context:
    cluster: kind-kind
    user: kind-kind
  name: kind-kind
current-context: kind-kind
kind: Config
preferences: {}
users:
- name: kind-kind
  user:
    client-certificate-data: <.. 스니펫 ...>
    client-key-data: <.. 스니펫 ...>
```

클러스터에 인증할 사용자를 결정하려면 먼저 client-certificate-data 필드를 base64로
디코딩한 다음 openssl을 사용해 내용을 표시해야 한다.

```
Certificate:
    Data:
        Version: 3 (0x2)
        Serial Number: 2587742639643938140 (0x23e98238661bcd5c)
    Signature Algorithm: sha256WithRSAEncryption
        Issuer: CN=kubernetes
        Validity
            Not Before: Jul 25 19:48:42 2020 GMT
            Not After : Jul 25 19:48:44 2021 GMT
        Subject: O=system:masters, CN=kubernetes-admin
        Subject Public Key Info:
            Public Key Algorithm: rsaEncryption
                Public-Key: (2048 bit)
                Modulus:
                    <.. 스니펫 ...>
```

```
        Exponent: 65537 (0x10001)
    X509v3 extensions:
        X509v3 Key Usage: critical
            Digital Signature, Key Encipherment
        X509v3 Extended Key Usage:
            TLS Web Client Authentication
    Signature Algorithm: sha256WithRSAEncryption
        <.. 스니펫 ...>
```

쿠버네티스 CA에서 발급한 인증서를 확인하고 사용자를 `system:masters` 그룹에서 `kubernetes-admin`(주제 CN 필드)으로 식별한다. x509 인증서를 사용할 때 존재하는 모든 조직 (O=)은 쿠버네티스로 사용자가 일부로 간주돼야 하는 그룹으로 처리된다. 10장 뒷부분에서 사용자 및 그룹 구성 및 권한에 대한 고급 방법을 설명한다.

앞의 예에서는 클러스터 전체의 관리 권한을 활성화하는 예약된 기본 이름인 `kubernetes-admin` 사용자에 대한 기본 구성을 본다. RBAC 시스템을 사용해 적절한 권한을 부여받을 수 있는 다른 일반 시스템 사용자를 식별하려면 인증서 프로비저닝을 구성하는 방법을 보면 좋다. 많은 인증서 아티팩트 세트를 프로비저닝하고 관리하는 것은 힘든 작업이지만, 쿠버 네티스는 기본 제공 리소스를 사용해 도울 수 있다.

다음에 설명된 인증서 서명 요청[3](CSR, Certificate Signing Request) 흐름이 올바르게 작동하려면 여기 에 표시된 대로 `--cluster-signing-cert-file` 및 `--cluster-signing-key-file` 매개변수로 controller-manager를 구성해야 한다.

```
spec:
  containers:
  - command:
    - kube-controller-manager
    - --cluster-signing-cert-file=/etc/kubernetes/pki/ca.crt
    - --cluster-signing-key-file=/etc/kubernetes/pki/ca.key
    # Additional flags removed for brevity
```

---

3   인증서 발급을 위한 필요한 정보를 담고 있는 인증서 신청 형식 데이터. CSR에 포함되는 내용으로는 개인 키 생성 단계에서 만들 어진 개인 키와 공개 키의 키쌍 중에서 공개 키가 포함되며, 인증서가 적용되는 도메인에 대한 정보 등이 포함된다. – 옮긴이

```
image: k8s.gcr.io/kube-controller-manager:v1.17.3
```

적절한 RBAC 권한이 있는 모든 엔티티는 쿠버네티스 API에 CertificateSigningRequest 오브젝트를 제출할 수 있다. 사용자가 자체 제출할 수 있어야 할 때 사용자가 해당 요청을 제출할 수 있는 메커니즘을 제공해야 한다. 이를 수행하려면 system:anonymous User 또는 system:unauthenticated 그룹이 CSR을 제출하고 검색할 수 있도록 권한을 명시적으로 구성한다.

RBAC 권한이 없으면 인증되지 않은 사용자는 정의상 인증을 허용하는 프로세스를 시작할 수 없다. 하지만 인증되지 않은 사용자에게 쿠버네티스 API 서버에 대한 액세스 권한을 부여하고 싶지 않기 때문에 접근 방식을 확실히 주의해야 한다. 따라서 CSR에 셀프 서비스를 제공하는 일반적인 방법은 적절한 권한으로 실행되는 쿠버네티스 위에 얇은 추상화 또는 포털을 제공한다. 사용자는 다른 자격 증명(일반적으로 SSO)을 사용해 포털에 로그인하고 CSR 흐름을 시작할 수 있다(그림 10-2 참조).

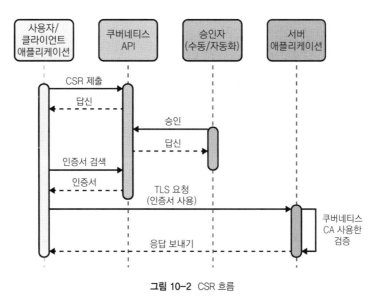

그림 10-2 CSR 흐름

CSR 흐름에서 사용자는 개인 키를 로컬에서 생성한 다음, 포털로 제출할 수 있다. 또는 포털에서 각 사용자에 대한 개인 키를 생성하고 승인된 인증서와 함께 사용자에게 반환할 수 있다. 생성은 openssl 또는 기타 여러 도구/라이브러리를 사용해 수행할 수 있다. CSR은 사용자 이름과 포함돼야 하는 추가 그룹을 포함해 사용자가 x509 인증서로 인코딩하려는 메타데이터를 포함해야 한다. 다음 예에서는 사용자를 john으로 식별하는 인증서 요청을 생성한다.

```
$ openssl req -new -key john.key -out john.csr -subj "/CN=john"
$ openssl req -in john.csr -text
Certificate Request:
    Data:
        Version: 0 (0x0)
        Subject: CN=john
        Subject Public Key Info:
            Public Key Algorithm: rsaEncryption
                Public-Key: (1024 bit)
                Modulus:
                    <.. 스니펫 ...>
                Exponent: 65537 (0x10001)
        Attributes:
            a0:00
    Signature Algorithm: sha256WithRSAEncryption
        <.. 입력값 ...>
```

CSR을 생성한 후 CertificateSigningRequest 리소스의 포털로 클러스터에 제출할 수 있다. 다음은 YAML 오브젝트로서의 요청의 예이지만, 포털은 YAML을 수동으로 구성하는 대신 쿠버네티스 API를 프로그래밍 방식으로 적용할 가능성이 높다.

```
cat <<EOF | kubectl apply -f -
apiVersion: certificates.k8s.io/v1beta1
kind: CertificateSigningRequest
metadata:
    name: john
spec:
    request: $(cat john.csr | base64 | tr -d '\n')
```

```
    usages:
    - client auth
  EOF
```

이렇게 하면 승인 대기 중인 보류 상태의 CSR 오브젝트가 쿠버네티스에 생성된다. CSR 오브젝트에는 (base64로 인코딩된) 서명 요청과 요청자의 사용자 이름이 포함돼 있다. 서비스 어카운트 토큰을 사용해 쿠버네티스 API에 인증할 때 자동 흐름에서 파드가 하는 것처럼 사용자 이름은 서비스 어카운트 이름이 된다. 다음 예에서는 쿠버네티스 API에 kubernetes-admin 사용자로 인증됐으며, 요청자 필드에 나타낸다. 포털을 사용할 때 해당 포털 컴포넌트에 할당된 서비스 어카운트가 표시된다.

```
$ kubectl get csr
NAME        AGE    REQUESTOR            CONDITION
my-app      17h    kubernetes-admin     Pending
```

요청이 보류 중일 때 사용자에게 인증서가 부여되지 않는다. 다음 단계에는 CSR을 승인하는 클러스터 관리자 또는 적절한 권한이 있는 사용자가 포함된다. 사용자의 식별 프로그래밍 방식으로 확인할 수 있을 때 이 작업도 자동화될 수 있다. 승인은 해당 쿠버네티스 클러스터에서 식별하는 데 사용할 수 있는 인증서를 사용자에게 다시 발행한다. 따라서 요청 제출자가 자신이 요청하는 사람이라는 확인을 반드시 수행해야 한다. 이는 CSR에 식별 메타데이터를 추가하고 요청된 ID 정보를 검증하는 자동화된 프로세스를 갖도록 하거나 대역 외 프로세스로 사용자를 식별함으로써 달성할 수 있다.

CSR이 승인되면 CSR의 상태 필드에 있는 인증서를 검색해 쿠버네티스 API와의 TLS 통신에 개인 키와 함께 사용할 수 있다. 포털 구현에서 CSR은 포털 시스템으로 당겨지고 요청한 사용자가 다시 로그인하고 포털을 다시 확인하면 사용할 수 있게 된다.

```
apiVersion: certificates.k8s.io/v1beta1
kind: CertificateSigningRequest
metadata:
  name: my-app
# 간결함을 위해 추가 필드가 제거됐다
```

```
status:
  certificate: <.. 스니펫 ...> conditions:
  - lastUpdateTime: "2020-03-04T15:45:30Z"
    message: 이 CSR은 kubectl 인증서 승인에 의해 승인됐다
    reason: KubectlApprove
    type: Approved
```

인증서를 디코딩할 때 CN 필드에 관련 ID 정보(john)가 포함돼 있음을 알 수 있다.

```
Certificate:
    Data:
        Version: 3 (0x2)
        Serial Number:
            66:82:3f:cc:10:3f:aa:b1:df:5b:c5:42:cf:cb:5b:44:e1:45:49:7f
    Signature Algorithm: sha256WithRSAEncryption
        Issuer: CN=kubernetes
        Validity
            Not Before: Mar    4 15:41:00 2020 GMT
            Not After : Mar    4 15:41:00 2021 GMT
        Subject: CN=john
        Subject Public Key Info:
            Public Key Algorithm: rsaEncryption
                Public-Key: (2048 bit)
                Modulus:
                    <.. 스니펫 ...>
                Exponent: 65537 (0x10001)
        X509v3 extensions:
            X509v3 Extended Key Usage:
                TLS Web Client Authentication
            X509v3 Basic Constraints: critical
                CA:FALSE
            X509v3 Subject Key Identifier:
                EE:8E:E5:CC:98:41:78:4A:AE:32:75:52:1C:DC:DD:D0:9B:95:E0:81
    Signature Algorithm: sha256WithRSAEncryption
        <.. 스니펫 ...>
```

마지막으로 개인 키와 사용자인 john으로 쿠버네티스 API 서버와 통신할 수 있는 승인된 인증서를 포함하는 kubeconfig를 만들 수 있다. 이전 CSR 프로세스에서 반환된 인증서는

kubeconfig에 표시된 **client-certificate-data** 필드로 이동한다.

```
apiVersion: v1
clusters:
- cluster:
    certificate-authority-data: <.. 스니펫 ...>
    server: https://127.0.0.1:32770
  name: kind-kind
contexts:
- context:
    cluster: kind-kind
    user: kind-kind
  name: kind-kind
current-context: kind-kind
kind: Config
preferences: {}
users:
- name: kind-kind
  user:
    client-certificate-data: <.. 스니펫 ...>
    client-key-data: <.. 스니펫 ...>
```

자동화 시스템이 일부 검증 가능한 SSO 자격 증명 또는 기타 인증 방법을 기반으로 인증서를 프로비저닝하는 실무에서 이 모델의 구현을 보았다. 자동화가 되면 이런 시스템이 성공할 수 있지만 권장하지 않는다. 쿠버네티스 사용자의 기본 인증 방법으로 x509 인증서를 사용하면 다음과 같은 여러 문제가 발생한다.

- 쿠버네티스 CSR 흐름으로 프로비저닝된 인증서는 만료되기 전에 취소할 수 없다. 현재 쿠버네티스에서 온라인 인증서 상태 프로토콜[OCSP, Online Certificate Status Protocol] 스테이플링의 인증서 해지 목록을 지원하지 않는다.
- 외부 인증을 기반으로 인증서 프로비저닝을 담당하는 컴포넌트를 만들고 유지 관리하는 것 외에도 추가 PKI를 프로비저닝, 지원 및 유지 관리해야 한다.
- x509 인증서에는 만료 타임스탬프가 있으며, 쌍(키/인증서)이 손상될 때의 위험을 줄이려면 타임스탬프를 비교적 짧게 유지해야 한다. 짧은 수명은 인증서 변동이 크다

는 것을 의미하며, 클러스터에 대한 일관된 액세스가 유지되도록 인증서를 정기적으로 사용자에게 배포해야 한다.

- 인증서를 요청하는 사용자를 식별할 수 있는 방법이 필요하다. 자동화된 시스템에서는 외부에서 이를 수행하는 방법을 엔지니어링할 수 있다. 검증 가능한 메타데이터가 없을 때 대역 외 검증은 너무 많은 시간이 소요돼 실용적이지 않다. 특히 인증서의 수명이 짧다.

- 인증서는 하나의 클러스터로 현지화된다. 실무에서는 프로젝트와 그룹에 걸쳐 10개에서 100개까지의 많은 쿠버네티스 클러스터를 볼 수 있다. 각 클러스터 고유한 자격 증명이 필요하면 관련 자격 증명을 저장하고 관리하는 복잡성이 배로 증가한다. 이로 인해 사용자 경험이 많이 저하된다.

 인증서를 기본 인증 방법으로 사용하지 않을 때에도 admin.conf kubeconfig를 안전한 위치에 보관해야 한다. 어떤 이유에서든 인증 방법을 사용할 수 없게 되면 클러스터에 액세스하기 위한 관리자용 접속 수단으로 사용할 수 있어야 한다.

오픈아이디 커넥트

쿠버네티스로 사용자 인증 및 ID를 설정할 때 가장 좋은 선택은 기존 싱글 사인 온$^{Single Sign-On}$ 시스템 또는 프로바이더와 통합한다. 거의 모든 조직에는 이미 Okta, Auth0, Google 또는 사용자가 내부 시스템을 인증하고 액세스할 수 있는 단일 장소를 제공하는 내부 LDAP/AD와 같은 솔루션이 있다. 보안이 강력한 요소인 인증과 같을 때, 매우 전문화된 요구사항이 없는 한, 복잡성을 아웃소싱하는 것이 확실한 선택이다.

이런 시스템에는 많은 장점이 있다. 보통 잘 알려지고 널리 지원되는 표준을 기반으로 한다. 사용자 어카운트의 모든 관리와 보안이 잘 된 단일 시스템의 액세스를 통합해 계정/액세스의 관리 및 제거를 간단하게 만든다. 또한 공통 오픈아이디 커넥트$^{OIDC, OpenID Connect}$ 프레임워크를 사용할 때 사용자가 해당 시스템에 자격 증명을 노출하지 않고도 다운스트림 애플리케이션에 액세스할 수 있다. 여러 환경에 있는 많은 쿠버네티스 클러스터가 단일 식별자를 활용할 수 있어 클러스터 구성 간의 편차를 줄일 수 있다는 장점이 있다.

쿠버네티스는 OIDC를 인증 메커니즘으로 직접 지원한다(그림 10-3 참조). 조직에서 관련 OIDC 엔드포인트를 기본적으로 노출하는 ID 프로바이더를 사용할 때, 이를 활용하도록 쿠버네티스를 구성하는 것은 간단하다.

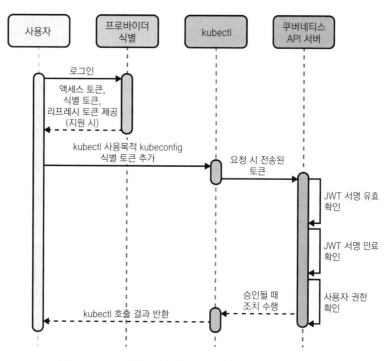

그림 10-3 OIDC 흐름. 공식쿠버네티스 문서(https://oreil.ly/VZCz5) 참조

그러나 추가 기능을 제공하거나 사용자 경험을 개선하려면 추가 도구가 필요한 상황이 있다. 첫째, 조직에 여러 ID 프로바이더가 있을 때 OIDC 콜렉터를 활용해야 한다. 쿠버네티스는 구성 옵션에서 단일 ID 프로바이더 정의만 지원하며, OIDC 콜렉터는 여러 다른 프로바이더(OIDC 또는 기타 방법)에 대한 단일 중개자 역할을 할 수 있다. 키클락^{Keycloak}(https://github.com/keycloak/keycloak) 및 UAA(https://github.com/cloudfoundry/uaa)와 같은 다른 인기 있는 옵션이 유사한 기능을 제공하지만, 덱스^{Dex}(CNCF 내의 샌드박스 프로젝트(https://oreil.ly/_

maX6))를 이전에도 여러 번 성공적으로 사용했다.

 인증은 클러스터 액세스의 중요한 경로에 있음을 기억해야 한다. 덱스, 키클락 및 UAA는 모두 다양한 정도로 구성할 수 있으며, 솔루션을 구현할 때 가용성과 안정성을 최적화해야 한다. 도구는 추가 관리에 부담이기 때문에 구성, 업데이트 및 보안이 강화돼야 한다. 실무에서 항상 사용자의 환경과 클러스터에 도입된 추가적인 복잡성을 이해하고 소유할 필요성을 강조하려고 노력한다.

OIDC를 활용하도록 API 서버를 구성하는 것은 간단하지만, 클러스터 사용자에게 원활한 사용자 경험을 제공하는 데 주의를 기울여야 한다. OIDC 솔루션은 사용자를 식별하는 토큰을 로그인 성공 시 반환한다. 그러나 클러스터에 액세스하고 작업을 수행하려면 적절한 형식의 kubeconfig가 필요하다. 초기에 실무에서 이 사례를 만났을 때 동료들은 Gangway라는 간단한 웹 UI를 개발해 OIDC 프로바이더를 통한 로그인 프로세스를 자동화하고 관련된 엔드포인트 및 인증서 포함이 완료된 반환 토큰에서 준수하는 kubeconfig를 생성했다.

OIDC는 필자가 선호하는 인증 방법이지만 모든 상황에 적합하지는 않고 보조 방법이 필요할 수 있다. 사양에 정의된 OIDC를 사용하려면 사용자가 ID 프로바이더의 웹 인터페이스로 직접 로그인해야 한다. 이는 사용자가 실제로 사용하는 애플리케이션이 아닌 신뢰할 수 있는 프로바이더에게만 자격 증명을 제공하도록 하기 위한 분명한 이유다. 이 요구사항은 자동화봇이 시스템에 액세스해야 할 때 문제를 일으킬 수 있다. OIDC는 CI/CD 시스템 및 웹 기반 자격 증명 문제에 응답할 수 없는 기타 도구와 같은 자동화된 도구에 일반적이다.

이때 다른 모델 및 솔루션을 볼 수 있다.

- 자동화봇이 중앙 관리 계정에 연결될 때, 외부 시스템에 로그인하고 응답으로 토큰을 받는 kubectl 인증 플러그인을 구현할 수 있다. 웹훅 토큰 인증 방법으로 토큰을 확인하도록 쿠버네티스를 구성할 수 있다. 토큰 생성기 및 웹훅 서버를 생성하려면 일부 사용자 정의 코딩이 필요한 방법이다.
- 다른 상황에는 사용자가 중앙에서 관리할 필요가 없는 자동화봇 계정 인증서 기반 인증을 사용하는 것을 봤다. 이는 물론 인증서 발급 및 교체를 관리해야 하지만, 사

용자 정의 컴포넌트가 필요하지 않음을 의미한다.

- 또다른 수동 방식이지만 효과적인 대안 솔루션은 도구에 대한 서비스 어카운트를 만들고 API 액세스하려면 생성된 토큰을 활용한다. 도구가 클러스터에서 실행 중일 때 파드에 직접 탑재된 자격 증명을 사용할 수 있다. 도구가 클러스터 외부에 있으면 도구가 액세스할 수 있는 보안 위치에 토큰을 수동으로 복사해 붙여넣고, kubectl 또는 API 호출을 수행할 때 이를 활용할 수 있다. 서비스 어카운트는 '서비스 어카운트 토큰'에서 자세히 다룰 예정이다.

사용자 최소 권한 구현

식별 및 인증을 구현하는 다양한 방법을 봤고 권한 부여라는 주제로 넘어간다. 클러스터에서 RBAC를 구성하는 방법을 자세히 설명하는 것은 이 책의 범위를 벗어난다. 이는 애플리케이션, 환경 및 팀에 따라 크게 다를 수 있다. 그러나 관리 액세스 역할을 설계할 때 최소 권한 원칙을 중심으로 필드에서 성공적으로 구현한 패턴을 설명한다.

팀당 클러스터 접근 방식을 선택하든, 다중 테넌트 클러스터 접근 방식을 선택하든 환경 구성, 업그레이드 및 유지 관리를 담당하는 최고 관리자가 운영팀에 있다. 개별 팀은 필요한 액세스 권한에 따라 권한을 제한해야 하지만, 관리자는 전체 클러스터를 완전히 접근 가능하므로 우발적으로 파괴적인 작업을 수행할 가능성이 더 커진다.

이상적으로는 모든 클러스터 액세스 및 작업이 깃옵스나 이와 유사한 자동화된 프로세스로 수행될 것이다. 그러나 실제로는 사용자가 개별적으로 클러스터에 액세스하는 것을 정기적인 상황으로 보고, 다음 패턴에서 잠재적인 문제를 제한하는 효과적인 방법이 있다는 것을 발견했다. 예를 들어 잘못된 kubeconfig를 실수로 로드하는 동안 중요한 항목을 삭제하려고 관리자 역할을 특정 사용자의 이름/ID에 직접 바인딩할 수 있다. 이런 일은 절대 일어나서는 안 된다.

쿠버네티스는 가장impersonation 개념을 지원하는데, 가장은 사용자의 기본 권한을 제한하고 민감한 명령을 수행할 수 있는 권한을 상승시키도록 요구함으로써, 리눅스 시스템에서 sudo 와 밀접하게 작동하는 경험을 만들 수 있다. 실질적으로 이런 사용자들이 기본적으로 모든 것을 볼 수 있도록 하고 싶지만 의도적으로 사용자의 권한을 상승시켜 쓰기를 할 수 있도록 하고 싶다. 이 모델은 특정 사용자가 관리자 권한을 갖는 상황이 생길 가능성을 상당히 줄 인다.

권한 상승 패턴을 구현하는 방법을 살펴본다. 이는 운영팀의 사용자 ID가 모두 쿠버네티스의 운영팀 그룹의 일부라고 가정한다. 앞서 언급했듯이 쿠버네티스에는 그룹 자체에 대한 정의된 개념이 없으므로 사용자는 모두 쿠버네티스 ID(x509 인증서, OIDC 클레임 등)에 그룹의 일부임을 식별하는 추가 속성을 적용할 수 있다.

ops-team 그룹의 사용자가 기본 읽기 전용 액세스 권한을 제공하는 ClusterRole에 대한 액세스를 허용하는 ClusterRoleBinding을 만든다.

```yaml
apiVersion: rbac.authorization.k8s.io/v1
kind: ClusterRoleBinding
metadata:
  name: cluster-admin-view
roleRef:
  apiGroup: rbac.authorization.k8s.io
  kind: ClusterRole
  name: view
subjects:
- apiGroup: rbac.authorization.k8s.io
  kind: Group
  name: ops-team
```

cluster-admin 사용자가 클러스터 관리자처럼 ClusterRole 권한을 가질 수 있도록 Cluster RoleBinding을 생성한다. ClusterRole을 운영팀 그룹에 직접 바인딩하지 않는다는 것을 기억해야 한다. 어떤 사용자도 cluster-admin 사용자로 직접 식별할 수 없다. cluster-admin 은 다른 인증된 사용자가 가장하고 권한을 위임받은 사용자가 된다.

```
apiVersion: rbac.authorization.k8s.io/v1
kind: ClusterRoleBinding
metadata:
  name: cluster-admin-crb
roleRef:
  apiGroup: rbac.authorization.k8s.io
  kind: ClusterRole
  name: cluster-admin
subjects:
- apiGroup: rbac.authorization.k8s.io
  kind: User
  name: cluster-admin
```

마지막으로 cluster-admin 사용자의 가장을 허용하는 cluster-admin-impersonator라
는 ClusterRole과 해당 기능을 ops-team 그룹의 모든 사람에게 바인딩하는 ClusterRole
Binding을 만든다.

```
apiVersion: rbac.authorization.k8s.io/v1
kind: ClusterRole
metadata:
  name: cluster-admin-impersonator
rules:
- apiGroups: [""]
  resources: ["users"]
  verbs: ["impersonate"]
  resourceNames: ["cluster-admin"]
---
apiVersion: rbac.authorization.k8s.io/v1
kind: ClusterRoleBinding
metadata:
  name: cluster-admin-impersonate
roleRef:
  apiGroup: rbac.authorization.k8s.io
  kind: ClusterRole
  name: cluster-admin-impersonator
subjects:
- apiGroup: rbac.authorization.k8s.io
  kind: Group
```

```
      name: ops-team
```

ops-team 그룹의 사용자(john)의 kubeconfig를 사용해 권한 상승이 실제로 어떻게 작동하는지 살펴본다.

```
$ kubectl get configmaps
No resources found.

$ kubectl create configmap my-config --from-literal=test=test
Error from server (Forbidden): configmaps is forbidden: User "john"
cannot create resource "configmaps" in API group "" in the namespace "default"

$ kubectl --as=cluster-admin create configmap my-config --from-literal=test=test
configmap/my-config created
```

모든 사용자(팀-그룹, 팀-역할, 팀-관리자)에 유사하게 구현하는 것은 관리자 이전 설정을 사용했는데, 비용이 많이 드는 실수에 대한 많은 가능성을 제거하는 견고한 패턴이다. 또한 방금 설명한 가장 접근 방식의 좋은 점은 모든 것이 쿠버네티스 감사 로그에서 실행되므로 원래 사용자 로그인을 보고 클러스터 관리자로 가장한 다음 조치를 취할 수 있다.

애플리케이션/워크로드 식별

쿠버네티스의 사용자의 ID를 설정하기 위한 주요 방법과 패턴, 클러스터에 인증하는 방법을 봤다. 클러스터에서 실행되는 워크로드에 대한 ID를 설정하는 방법을 사례로 살펴본다.

- 잠재적으로 추가 보안 상호 인증을 설정하려고 클러스터의 다른 워크로드를 식별하는 워크로드 사례다.
- 쿠버네티스 API 자체의 적절한 액세스 권한을 얻으려고 자신을 식별하는 워크로드 사례다. 워크로드 식별은 쿠버네티스 리소스를 체크하고 조치를 취해야 하는 사용자 정의 컨트롤러의 일반적인 사용 사례다.

- 자신을 식별하고 외부 서비스에 인증하는 워크로드 사례다. 이는 클러스터 외부의 모든 것이 될 수 있지만, 주로 AWS, GCP 등에서 실행되는 클라우드 프로바이더 서비스다.

'네트워크 식별'에서는 가장 널리 사용되는 두 가지 컨테이너 네트워크 인터페이스 도구^{CNI,} Container Networking Interface(캘리코 및 실리움)를 알아본다. 첫 번째 사용 사례에서 설명한 식별을 하고 액세스를 제한하는 방법을 살펴본다.

둘째, 서비스 어카운트 토큰^{SAT, Service Account Tokens} 및 예상 서비스 어카운트 토큰^{PSAT, Projected Service Account Tokens}을 알아본다. SAT와 PSAT는 쿠버네티스 API 자체(두 번째 사용 사례)를 식별하는 워크로드의 기본 메커니즘일 뿐만 아니라, 워크로드 대 워크로드 식별(첫 번째 사용 사례)을 가능하게 하는 유연하고 중요한 쿠버네티스 기본 요소다.

다음으로 플랫폼 자체에서 애플리케이션의 식별을 제공하는 옵션을 다룬다. 실무에서 볼 수 있는 가장 일반적인 사용 사례는 AWS 서비스에 액세스해야 하는 워크로드이며, 가능한 세 가지 방법을 살펴볼 예정이다.

마지막으로 플랫폼 매개 식별의 개념을 확장해 여러 플랫폼과 환경에서 일관된 식별 모델을 제공하는 것을 목표로 하는 도구를 알아본다. 이 접근 방식의 유연성은 언급한 모든 사용 사례를 포괄하는 데 사용할 수 있으며, 플랫폼 매개 식별이 어떻게 매우 강력한 기능이 될 수 있는지 보여줄 것이다.

설명한 패턴을 구현하기 전에, 워크로드 간 식별 설정과 관련된 요구사항을 확실히 평가해야 한다. 이 기능을 설정하는 것은 고급 수준의 활동이며, 대부분의 조직은 초기에는 이 주제를 바로 해결할 필요는 없다.

공유 시크릿

사용자 식별에 대한 공유 시크릿에 대한 논의의 대부분은 애플리케이션 식별에도 적용된다. 그러나 실무 경험에 근거한 추가적인 주제와 지침이 있다.

클라이언트와 서버가 알고 있는 시크릿이 있으면, 만료 시 어떻게 안전하게 순환할 수 있는가? 이상적으로는 시크릿이 손상될 때 발생할 수 있는 잠재적 손상을 완화하려고 고정된 수명을 갖기를 원한다. 또한 시크릿이 공유되기 때문에 클라이언트 애플리케이션과 서버 모두에 다시 배포해야 한다. 해시코프의 볼트는 엔터프라이즈 시크릿 저장소의 대표적인 예이며, 재동기화 문제를 해결하는 목표에 근접한 많은 도구와의 통합을 제공한다. 그러나 볼트는 '사용자 식별'에서 처음 접한 보안 도입 문제도 있다.

보안 도입 문제는 식별 및 인증 모델이 설정되기 전에 공유 시크릿이 클라이언트와 서비스 엔티티 모두에 안전하게 배포되도록 하려고 할 때 발생한다. 초기에 두 엔티티 간에 시크릿을 생성하려는 모든 시도는 손상돼 식별 및 고유 인증에 대한 보장을 깨뜨릴 수 있다.

결함에도 불구하고 공유 시크릿은 거의 모든 사용자와 애플리케이션에서 잘 지원되고 이해되는 모델이라는 점에서 강력한 장점이 있는데, 이로 인해 플랫폼 간 운용성을 위한 강력한 선택이 된다. 10장 뒷부분에서 고급 인증 방법을 사용해 볼트 및 쿠버네티스의 보안 도입 문제를 해결하는 방법을 본다. 볼트가 안전하게 구성되면 공유 시크릿과 관련된 많은 문제를 완화시킬 수 있다.

네트워크 식별

IP주소, VPN, 방화벽 등과 같은 네트워크 기본 요소는 역사적으로 어떤 애플리케이션이 어떤 서비스에 액세스할 수 있는지 제어하기 위한 식별 형식을 사용한다. 그러나 클라우드 네이티브 생태계에서는 이런 방법이 무너지고 패러다임이 변화했기 때문에 경험상 여러 팀을 새로 교육하는 것이 중요하다.

이런 변화를 네트워킹 및 보안 조직과 같이 수용하려면 어떻게 적용할 수 있는지 확인해야 한다. 너무 자주 네트워크 보안 및 통제를 요구하면 언젠가는 저항에 부딪힐 것이다. 실제로 필요할 때 거의 모든 상태를 달성하는 것이 가능하긴 하지만, 구현 세부 사항에 얽매이지 않고 팀의 실제 요구사항을 이해하는 데는 많은 시간이 걸린다.

컨테이너 기반 환경에서 워크로드는 네트워킹 스택과 기본 서버를 공유한다. 워크로드는 점점 더 임시적이며, 노드 간에 자주 이동한다. 이로 인해 IP주소 및 네트워크 변경이 지속적으로 발생한다.

멀티클라우드 및 API 중심 세계에서 네트워크는 더 이상 기본 경계가 아니다. 호출은 일반적으로 여러 프로바이더에 걸쳐 외부 서비스에 발생하며, 각 프로바이더는 호출 애플리케이션을 식별할 방법이 필요할 수 있다.

기존의 플랫폼 수준, 네트워크 기본 요소(호스트 IP주소, 방화벽 등)는 워크로드 식별을 설정하는 데 적합하지 않으며, 적용될 때는 심층 방어의 추가 레이어로만 사용해야 한다. 워크로드 식별 적용이 기존 네트워크 기본 요소에 나쁘다는 것이 아니라, 효과적으로 추가하려면 워크로드 컨텍스트가 있어야 한다는 의미다. 다음 절에서는 CNI 옵션이 쿠버네티스 클러스터의 식별 수준을 제공하는 방법과 이를 활용하는 최선의 방법을 살펴본다. CNI 프로바이더는 쿠버네티스 API에서 검색된 네트워크 기본 요소와 메타데이터를 결합해 요청을 컨텍스트화하고, 식별을 제공할 수 있다. 가장 인기 있는 CNI 구현을 간략히 살펴보고 어떤 기능을 제공할 수 있는지 알아본다.

캘리코

캘리코(https://www.projectcalico.org)는 OSI 모델의 레이어3(네트워크) 및 레이어4(전송)에서 네트워크 정책 적용을 제공해 사용자가 네임스페이스, 레이블 및 기타 메타데이터를 기반으로 파드 간의 통신을 제한할 수 있도록 한다. 네트워크 구성(iptables/ipvs)을 수정해 IP주소를 허용/비허용함으로써 모두 활성화시키는 적용법이다.

캘리코는 또한 엔보이 프록시(https://www.envoyproxy.io)와 함께 사용할 때 디카스테스 Dikastes[4]라는 컴포넌트를 사용해 서비스 어카운트 기반으로 정책 결정을 내릴 수 있도록 지원한다(독립 실행형 엔보이 또는 이스티오(https://istio.io)와 같은 서비스 메시의 일부로 배포). 이 방법을 사용하면 애플리케이션 프로토콜(헤더 등) 및 관련 암호화 식별(인증서 등)의 특성에 따라 레이어7(애플리케이션)에서 적용할 수 있다.

기본적으로 이스티오(엔보이)는 mTLS만 수행하고 워크로드가 이스티오 CA(시타델)에서 서명한 인증서를 제공하는지 확인한다. 디카스테스는 그림 10-3의 아키텍처 구성도[diagram]에서 볼 수 있듯이 엔보이와 함께 사이드카로 실행된다. 엔보이는 디카스테스와 상의하기 전에 CA를 확인하여 요청을 인정할지 또는 거부할지의 여부를 결정한다. 디카스테스는 사용자 정의의 캘리코 네트워트폴리시 또는 GlobalNetworkPolicy 오브젝트를 기반으로 결정을 내린다.

```
apiVersion: projectcalico.org/v3
kind: GlobalNetworkPolicy
metadata:
  name: summary
spec:
  selector: app == 'summary'
  ingress:
    - action: Allow source:
      serviceAccounts:
        names: ["customer"]
      NamespaceSelector: app == 'bank'
  egress:
    - action: Allow
```

앞의 규칙은 정책이 app: summary 레이블이 있는 모든 파드에 적용되도록 지정하고 레이블 app: bank가 있는 네임스페이스에서 customer 서비스 어카운트를 호출하는 파드에 대한 액

---

4   이스티오 서비스 메시에 대한 네트워크 정책을 적용한다. 클러스터에서 이스티오 엔보이에 대한 사이드카 프록시로 실행된다. - 옮긴이

세스를 제한한다. 이 규칙은 캘리코 컨트롤 플레인 중 하나인 펠릭스felix5 노드 에이전트가 특정 서비스 어카운트에서 실행 중인 파드를 해당 IP주소와 조정하고, 이후에 이 정보를 유닉스 소켓으로 디카스테스에 동기화해 규칙을 계산하기 때문에 정상 동작된다.

대역 외 검증은 이스티오 환경에서 잠재적인 공격 벡터를 완화하므로 중요하다. 이스티오는 클러스터의 시크릿에 각 서비스 어카운트의 PKI를 저장한다. 추가 확인 없이 해당 시크릿을 훔칠 수 있었던 공격자는 해당 계정으로 실행되고 있지 않더라도 적용하고자 하는 서비스 어카운트(해당 PKI를 제시함으로써)로 가장할 수 있다.

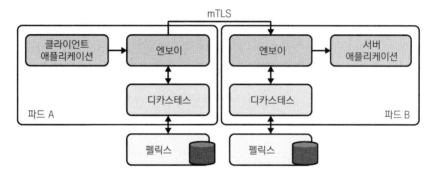

그림 10-4 엔보이와 함께 디카스테스를 사용하는 아키텍처 구성도

팀에서 이미 캘리코를 활용한다면 디카스테스가 심층 방어를 추가로 제공할 수 있으므로, 반드시 적용을 고려해야 한다. 그러나 이스티오 또는 일부 다른 메시 솔루션(예: 독립 실행형 엔보이)에서도 사용 가능하기 때문에 워크로드를 식별하려는 환경에서 실행돼야 한다. 클레임6은 연결된 모든 서비스와 함께 제공되는 서비스 메시에 의존해 독립적으로 암호화 방식을 확인할 수 없다. 클레임은 그 자체로 사소하지 않은 수준의 복잡성을 추가하며 밸런스를 신중하게 평가해야 한다. 클레임 접근 방식의 장점은 캘리코와 이스티오가 모두 플랫폼 간 구현되므로 이 설정으로 환경에서 쿠버네티스 안팎에서 모두 실행되는 애플리케이션 식별을 설

---

5   라우팅과 ACL, 호스트의 엔드포인트에 원하는 연결을 제공하기 위한 부분을 프로그래밍하고 엔드포인트를 호스팅하는 각 서버에서 에이전트 데몬 형태로 실행한다. – 옮긴이

6   데이터를 싣는 페이로드에 토큰을 담을 정보가 들어 있는데 여기에 담는 정보의 한 조각을 클레임이라고 한다. – 옮긴이

정할 수 있다(일부 옵션은 쿠버네티스 전용이다).

실리움

캘리코와 마찬가지로 실리움(https://docs.cilium.io)도 레이어3 및 레이어4에서 네트워크 정책을 제공해 사용자가 네임스페이스 및 기타 메타데이터(예: 레이블)를 기반으로 파드 간의 통신을 제한할 수 있다. 실리움은 레이어7에서 정책을 적용하고 서비스 어카운트로 서비스 액세스를 추가 도구 없이 제한하는 기능도 지원한다.

캘리코와 달리 실리움의 적용은 IP주소 및 노드 네트워킹 구성 업데이트를 기반으로 하지 않는다. 대신 실리움은 각 고유 파드 및 엔드포인트(엔드포인트 수 기반)에 대한 ID를 계산하고, ID를 각 패킷에 인코딩한다. 그런 다음 데이터 경로의 다양한 지점에서 eBPF(https://oreil.ly/Jl9yw) 커널 훅을 사용한 식별을 기반으로 패킷을 허용해야 하는지 여부를 적용한다.

실리움이 엔드포인트(파드)에 대한 식별을 계산하는 방법을 간략하게 살펴본다. 애플리케이션의 목록 중 실리움 엔드포인트의 출력은 다음 코드에 표시된다. 스니펫에서 레이블 목록을 생략하지만 목록의 마지막 파드(deathstar-657477f57d-zzz65)의 다른 4개의 파드에는 없는 추가 레이블을 추가했다. 결과적으로 마지막 파드에 이전 4개와 다른 식별이 적용됨을 알 수 있다. 하나의 다른 레이블을 제외하고 배포의 모든 파드는 네임스페이스, 서비스 어카운트 및 기타 여러 개의 임의 쿠버네티스 레이블을 공유한다.

```
$ kubectl exec -it -n kube-system cilium-oid9h -- cilium endpoint list
NAMESPACE       NAME                         ENDPOINT        IDIDENTITY ID
default         deathstar-657477f57d-jpzgb   1474            1597
default         deathstar-657477f57d-knxrl   2151            1597
default         deathstar-657477f57d-xw2tr   16              1597
default         deathstar-657477f57d-xz2kk   2237            1597
default         deathstar-657477f57d-zzz65   1               57962
```

분기 레이블을 제거하면 deathstar-657477f57d-zzz65 파드가 4개의 피어와 동일한 식별자로 재할당된다. 이 수준의 세분성은 식별자를 개별 파드에 할당할 때 많은 기능과 유연성을 제공한다.

실리움은 쿠버네티스 네이티브 네트워크 폴리시 API를 구현하고 캘리코와 마찬가지로 CiliumNetworkPolicy 및 CiliumClusterwideNetworkPolicy 오브젝트의 형태로 더 완전한 기능을 제공한다.

```yaml
apiVersion: "cilium.io/v2"
kind: CiliumNetworkPolicy
metadata:
  name: "k8s-svc-account"
spec:
  endpointSelector:
    matchLabels:
      io.cilium.k8s.policy.serviceaccount: leia
  ingress:
  - fromEndpoints:
    - matchLabels:
        io.cilium.k8s.policy.serviceaccount: luke
    toPorts:
    - ports:
      - port: '80'
        protocol: TCP
      rules:
        http:
        - method: GET
          path: "/public$"
```

예시에서는 특별한 io.cilium.k8s.policy.* 레이블 셀렉터를 사용해 클러스터의 특정 서비스 어카운트를 대상으로 한다. 그런 다음 실리움은 이전에 본 식별 레지스트리를 사용해 필요에 따라 액세스를 제한 및 허용한다. 표시된 정책에서 leia 서비스 어카운트가 있는 파드에서 포트 80의 /public 경로의 액세스를 제한한다. luke 서비스 어카운트가 있는 파드에서만 액세스를 허용한다.

캘리코와 마찬가지로 실리움은 크로스 플랫폼이므로, 쿠버네티스 및 비 쿠버네티스 환경에서 사용할 수 있다. 식별할 수 있도록 연결된 모든 서비스에 실리움이 있어야 하므로 이 접근 방식을 사용하면 네트워킹 설정의 전반적인 복잡성이 증가할 수 있다. 그러나 실리움을 적용할 때 서비스 메시 컴포넌트가 필요하지는 않다.

서비스 어카운트 토큰

 서비스 어카운트는 파드 그룹의 식별을 제공하는 쿠버네티스의 기본 요소다. 모든 파드는 서비스 어카운트에서 실행된다. 서비스 어카운트가 관리자로 미리 생성되지 않고 파드에 할당되지 않을 때 해당 계정에는 네임스페이스에 대한 기본 서비스 어카운트가 할당된다.

서비스 어카운트 토큰은 쿠버네티스 시크릿으로 생성되는 JWT(JSON Web Token)이다. 각 서비스 어카운트(기본 서비스 어카운트 포함)에는 JWT가 포함된 해당 암호가 있다. 달리 지정하지 않는 한, 토큰은 해당 서비스 어카운트에서 실행되는 각 파드에 탑재되며, 쿠버네티스 API를 요청할 때 사용할 수 있다.

쿠버네티스 서비스 어카운트는 워크로드 집합을 식별자를 할당하는 방법을 제공한다. 그런 다음 RBAC 규칙을 클러스터에서 적용해 특정 서비스 어카운트의 액세스 범위를 제한할 수 있다. 서비스 어카운트은 쿠버네티스 자체가 일반적으로 API 클러스터 내 액세스를 인증하는 방식이다.

```
apiVersion: v1
kind: ServiceAccount
metadata:
  name: default
  namespace: default
secrets:
- name: default-token-mf9v2
```

서비스 어카운트가 생성되면 계정을 식별하는 고유한 JWT를 포함하는 연결된 시크릿도 생성된다.

```
apiVersion: v1
data:
  ca.crt: <.. 스니펫 ...>
  namespace: ZGVmYXVsdA==
  token: <.. 스니펫 ...>
kind: Secret
metadata:
  annotations:
    kubernetes.io/service-account.name: default
```

```
    kubernetes.io/service-account.uid: 59aee446-b36e-420f-99eb-a68895084c98
  name: default-token-mf9v2
  namespace: default
type: kubernetes.io/service-account-token
```

기본적으로 파드는 사용할 특정 서비스 어카운트를 지정하지 않으면 마운트된 네임스페이스의 기본 서비스 어카운트 토큰을 자동으로 가져온다. 모든 서비스 어카운트 토큰이 파드에 명시적으로 마운트되고 해당 액세스 범위가 잘 이해되고 정의되도록 폴백 및 기본값을 가정하는 대신 비활성화해야 한다(https://oreil.ly/kX5mI).

파드의 서비스 어카운트를 지정하려면, 파드 사양에서 serviceAccountName 필드를 사용한다.

```
apiVersion: v1
kind: Pod
metadata:
  name: my-pod
spec:
  serviceAccountName: my-pod-sa
# Additional fields removed for brevity
```

그러면 서비스 어카운트의 시크릿(토큰 포함)이 /var/run/secrets/kubernetes.io/service account/에 있는 파드에 마운트된다. 애플리케이션은 토큰을 검색해 클러스터의 다른 애플리케이션을 서비스 요청할 때 사용할 수 있다.

대상 애플리케이션은 쿠버네티스 토큰 리뷰 API를 호출해 제공된 토큰을 확인할 수 있다.

```
curl -X "POST" "https://<kubernetes API IP>:<kubernetes API Port>\ /apis/authentication.k8s.io/
v1/tokenreviews" \
    -H 'Authorization: Bearer <token>' \ ❶
    -H 'Content-Type: application/json; charset=utf-8' \
    -d $'{
"kind": "TokenReview",
"apiVersion": "authentication.k8s.io/v1",
"spec": {
    "token": "<token to verify>" ❷
```

```
      }
   }'
```

❶ API 서버와 통신할 수 있도록 대상 애플리케이션의 파드에 탑재된 시크릿이다.

❷ 호출 애플리케이션이 ID 증명으로 제시한 토큰이다.

쿠버네티스 API는 인증 여부 외에도 검증할 토큰의 메타데이터로 응답한다.

```
{
  "kind": "TokenReview",
    "apiVersion": "authentication.k8s.io/v1",
    "metadata": {
      "creationTimestamp": null
    },
    "spec": {
      "token": "<token to verify>"
    },
    "status": {
      "authenticated": true,
      "user": {
        "username": "system:serviceaccount:default:default",
        "uid": "4afdf4d0-46d2-11e9-8716-005056bf4b40",
        "groups": [
          "system:serviceaccounts",
          "system:serviceaccounts:default",
          "system:authenticated"
        ]
      }
    }
}
```

예시는 그림 10-5의 흐름을 보여준다.

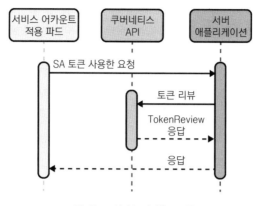

그림 10-5 서비스 어카운트 토큰

서비스 어카운트 토큰은 초기부터 쿠버네티스의 일부였으며, JWT(소모 가능 형식)에서 플랫폼과 긴밀한 통합을 제공한다. 서비스 어카운트 또는 시크릿이 삭제되면 토큰이 무효화되므로, 운영자 유효성을 상당히 엄격하게 제어한다. 그러나 식별로 사용하는 것을 차선책으로 만드는 기능이 있다. 가장 중요한 것은 토큰의 범위가 특정 서비스 어카운트로 지정되므로, 파드 또는 단일 컨테이너와 같이 더 세분화된 범위를 가진 모든 항목의 유효성을 검사할 수 없다는 점이다. 또한 토큰을 클라이언트 식별의 한 형태로 사용하고 확인하려면 애플리케이션에 기능을 추가해야 한다. 여기에는 일부 사용자 정의 컴포넌트를 사용해 토큰 리뷰 API를 호출하는 작업이 포함된다.

토큰은 단일 클러스터로 범위가 지정되므로 각 클러스터의 토큰 리뷰 API를 노출하고 클러스터에 대한 일부 추가 메타데이터를 인코딩하지 않고는 한 클러스터에서 발행한 서비스 어카운트 토큰을 다른 클러스터에서 호출하는 서비스에 대한 식별 문서로 사용할 수 없다는 요청이 발생한다. 이 모든 것은 설정에 상당한 복잡성을 추가하므로, 클러스터 간 서비스 식별/인증 방법으로 이 경로를 사용하지 않는 것이 좋다.

적절하게 세분화된 방식으로 애플리케이션에 권한을 부여할 수 있도록 하려면 쿠버네티스 API 서버에 액세스가 필요한 각 워크로드의 고유한 서비스 어카운트를 생성해야 한다. 또한 워크로드에 쿠버네티스 API 서버 액세스가 필요하지 않을 때 서비스 어카운트 오브젝트에서 automount ServiceAccountToken: false 필드를 지정해 서비스 어카운트 토큰을 비활성화한다.

예를 들어 네임스페이스의 기본 서비스 어카운트에서 자격 증명 토큰의 자동 마운트를 비활성화하도록 설정할 수 있다. 이 필드는 파드 오브젝트에서도 설정할 수 있지만, 두 위치에 모두 설정될 때 파드 필드에 우선 적용된다.

예상 서비스 어카운트 토큰

쿠버네티스 v1.12부터 서비스 어카운트 토큰의 아이디어를 기반으로 적용하지만 일부 단점(예: TTL, 넓은 범위 및 지속성)을 해결하는 데 사용할 수 있는 추가 식별 방법이 있다.

PSAT 흐름이 올바르게 작동하려면 아래와 같은 표시된 매개변수 키로 쿠버네티스 API 서버를 설정해야 한다(모두 설정 가능).

```
spec:
  containers:
  - command:
    - kube-apiserver
      - --service-account-signing-key-file=/etc/kubernetes/pki/sa.key
      - --service-account-key-file=/etc/kubernetes/pki/sa.pub
      - --service-account-issuer=api
      - --service-account-api-audiences=api
    # Additional flags removed for brevity
    image: k8s.gcr.io/kube-apiserver:v1.17.3
```

PSAT의 본인 확인 및 확인 절차는 SAT 방식과 유사하다. 그러나 파드/애플리케이션이 자동 마운트된 서비스 어카운트 토큰을 읽도록 하는 대신, 예상된 서비스 어카운트 토큰을 볼륨으로 마운트한다. 이렇게 하면 토큰도 파드에 삽입되지만, 토큰의 TTL 및 사용자 정의 대상을 지정할 수 있다.

```yaml
apiVersion: v1
kind: Pod
metadata:
  name: test
  labels:
    app: test
spec:
  serviceAccountName: test
  containers:
  - name: test
    image: ubuntu:bionic
    command: ['sh', '-c', 'echo 헬로 쿠버네티스! && sleep 3600']
    volumeMounts:
    - mountPath: /var/run/secrets/tokens
      name: app-token
  volumes:
  - name: app-token
    projected:
      sources:
      - serviceAccountToken:
          audience: api ❶
          expirationSeconds: 600
          path: app-token
```

❶ 대상 필드는 호출 애플리케이션의 토큰을 사용하고 호출 애플리케이션으로 가장하려고 시도하는 대상 애플리케이션을 방지하기 때문에 중요하다. 대상 애플리케이션에 따라 대상 범위가 항상 올바르게 지정돼야 한다. 이때 API 서버 자체와 통신하도록 범위를 지정한다.

 PSAT 이용 시 지정된 서비스 어카운트를 생성해 사용해야 한다. 쿠버네티스는 네임스페이스 기본 서비스 어카운트의 PSAT를 적용하지 않는다.

호출 애플리케이션은 예상 토큰을 읽고 클러스터의 요청에서 사용할 수 있다. 대상 애플리케이션은 토큰 리뷰 API를 호출하고 수신된 토큰을 전달해 토큰을 확인할 수 있다. PSAT 방법을 사용하면 검토에서 TTL이 만료되지 않았는지 확인하고, 특정 파드 정보를 포함해 현재 애플리케이션의 추가 메타데이터를 반환한다. 이는 일반 SAT(서비스 어카운트만 주장함)보다 더 좁은 범위를 제공한다.

```
// 간결함을 위해 추가 필드가 제거됐다.
"extra": {
  "authentication.kubernetes.io/pod-name": ["test"],
  "authentication.kubernetes.io/pod-uid": ["8b9bc1be-c71f-4551-aeb9-2759887cbde0"]
}
```

그림 10-6에서 볼 수 있듯이 토큰의 식별 유효성과 세분성으로 비교하면 SAT와 PSAT 흐름 자체(대상 필드를 확인하는 서버 제외) 사이에는 실제 차이가 없다. 대상 필드는 토큰의 의도된 수신자를 식별하기 때문에 중요하다. JWT 공식 사양(https://oreil.ly/gKlA7)에 따라 API는 대상이 API 서버 구성에 지정된 대상과 일치하지 않는 토큰을 거부한다.

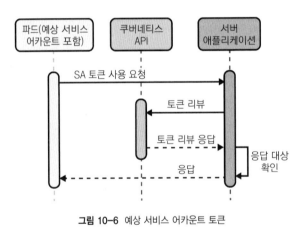

그림 10-6 예상 서비스 어카운트 토큰

예상 서비스 어카운트 토큰은 쿠버네티스의 기능 세트에 최근에 추가되어 주목받는 기능 중 하나다. 자체적으로 플랫폼 자체와의 긴밀한 통합을 제공하고, 구성 가능한 TTL을 제공하며, 좁은 범위(개별 파드)를 갖는다. 또한 더 강력한 패턴을 구성하기 위한 요소로 사용할 수도 있다(나중에 살펴볼 예정이다).

플랫폼 중재 노드 식별

모든 워크로드가 동종 플랫폼(예: AWS)에서 실행될 때, 워크로드의 컨텍스트 메타데이터로 인해 플랫폼 자체에서 식별을 하고 워크로드에 식별자를 할당할 수 있다.

식별은 워크로드 자체로 주장되는 것이 아니라 대역 외 프로바이더 속성을 기반으로 결정된다. 프로바이더는 플랫폼의 다른 서비스와 통신하는 데 사용할 수 있는 식별자를 증명하려고 워크로드 자격 증명을 반환한다. 그러면 다른 서비스도 같은 기본 플랫폼에 있기 때문에 해당 자격 증명을 확인하는 것이 간단해진다.

AWS에서 EC2 인스턴스는 S3 버킷과 같은 다른 서비스에 연결하려고 자격 증명을 요청할 수 있다. AWS 플랫폼은 인스턴스의 메타데이터를 검사하고 그림 10-7과 같이 연결할 인스턴스에 역할별 자격 증명을 다시 제공할 수 있다.

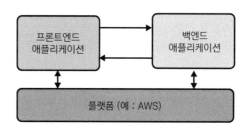

그림 10-7 플랫폼 중재 식별

 사용 중인 식별자에 적절한 사용 권한이 있는지 확인하려고 플랫폼은 요청 승인을 수행해야 한다. 이 메서드는 요청을 인증하는 데만 사용된다.

많은 클라우드 프로바이더가 이 절에서 설명한, 자격 증명을 제공하는 기능을 사용자들에게 제공한다. AWS는 실무에서 가장 일반적으로 볼 수 있는 프로바이더이기 때문에, AWS에 적용되고 통합되는 도구에 집중적으로 알아보기로 한다.

AWS 플랫폼 인증 메소드/도구

AWS는 EC2 메타데이터 API로 노드 수준에서 강력한 자격 증명 솔루션을 제공한다. 메타데이터 API은 플랫폼(AWS)이 자격 증명/식별 자체를 적용하는 엔티티 없이 여러 고유 속성을 기반으로 호출 엔티티를 식별할 수 있는 플랫폼 중재 시스템의 예다. 그런 다음 플랫폼은 관련 정책으로 정의된 모든 서비스에 액세스할 수 있도록 하는 보안 자격 증명을 인스턴스(예: 역할 형태로)에 전달할 수 있다. 이를 통틀어 식별 액세스 관리IAM, Identity and Access Management라고 한다.

이 모델은 AWS 및 기타 많은 프로바이더가 자체 클라우드 서비스에 대한 보안 액세스를 제공하는 방법을 뒷받침한다. 그러나 컨테이너 및 기타 다중 테넌트 애플리케이션 모델의 등장으로 노드별 식별/인증 시스템이 중단되고 추가 도구 및 대체 접근 방식이 필요하다.

실무에서 접할 수 있는 세 가지 주요 도구 옵션을 살펴본다. 여기서는 동일한 대략적인 구현 모델을 공유하는 유사한 장점과 단점이 있는 2개의 개별 도구인 kube2iam과 kiam을 알아본다. 또한 오늘날에는 이런 도구를 권장하지 않는 이유와 마지막 옵션인 서비스 어카운트용 IAM 역할IRSA, IAM Roles for Service Accounts과 같은 보다 통합된 솔루션을 고려해야 하는 이유도 같이 설명한다.

kube2iam kube2iam(https://github.com/jtblin/kube2iam)은 실행 중인 워크로드와 AWS EC2 메타데이터 API 사이에서 프록시 역할을 하는 오픈소스 도구다. 아키텍처는 그림 10-8에 나와 있다.

 kube2iam은 클러스터의 모든 노드가 파드에 필요할 수 있는 모든 역할의 상위 집합을 맡을 수 있어야 한다. kube2iam은 컨테이너 이탈이 발생할 때 제공되는 액세스 범위가 잠재적으로 크다는 것을 의미하는 보안 모델이다. 따라서 kube2iam을 사용하지 않는 것이 좋다. 실무에서는 보안 취약 모델을 정기적으로 접하게 될 수 있으므로 뒤에서 자세히 살펴볼 예정이며, 이를 자세히 알아보기 전에 구현의 제한 사항을 먼저 확인한다.

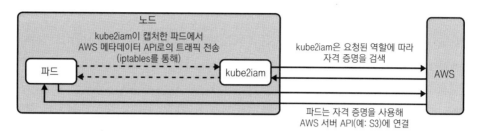

그림 10-8 kube2iam 아키텍처 및 데이터 흐름

kube2iam 파드는 데몬셋의 모든 노드에서 실행된다. 각 파드는 iptables 규칙을 주입해 메타데이터 API에 대한 아웃바운드 트래픽을 캡처하고, 해당 노드에서 실행 중인 kube2iam 인스턴스로 리디렉션한다.

AWS API와 상호작용하려는 파드는 명세에서 어노테이션으로 역할을 지정해야 한다. 예를 들어 다음 디플로이먼트 명세에서 iam.amazonaws.com/role 어노테이션에 지정된 역할을 볼 수 있다.

```
apiVersion: apps/v1
kind: Deployment
metadata:
  name: nginx-deployment
spec:
  replicas: 3
  template:
    metadata:
      annotations:
        iam.amazonaws.com/role: <role-arn>
      labels:
        app: nginx
    spec:
      containers:
      - name: nginx
        image: nginx:1.9.1
        ports:
        - containerPort: 80
```

kiam kube2iam과 마찬가지로 kiam(https://github.com/uswitch/kiam)은 AWS EC2 메타데이터 API에 대한 프록시 역할을 하는 오픈소스 도구다. 아키텍처 및 결과 보안 모델은 그림 10-9와 같이 약간 개선됐다.

 kube2iam보다 안전하지만 kiam은 잠재적으로 심각한 보안 결점도 있다. 이 절에서는 결함 완화방법을 설명하지만, kiam을 사용할 때는 주의를 기울이고 공격 벡터를 이해해야 한다.

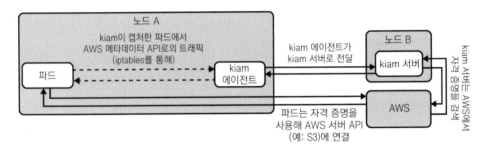

그림 10-9 kiam 아키텍처 및 데이터 흐름

kiam에는 서버 및 에이전트 컴포넌트가 모두 있다. 에이전트는 클러스터의 모든 노드에서 데몬셋으로 실행된다. 서버 컴포넌트는 컨트롤 플레인 노드나 클러스터 노드의 하위 집합으로 제한될 수 있다. 에이전트는 EC2 메타데이터 API 요청을 캡처하고 이를 서버 컴포넌트로 전달해 AWS에서 적절한 인증을 완료한다. 그림 10-10과 같이 서버 노드만 AWS IAM 역할(파드에 필요할 수 있는 모든 역할의 상위 집합)을 적용하기 위한 액세스 권한이 필요하다.

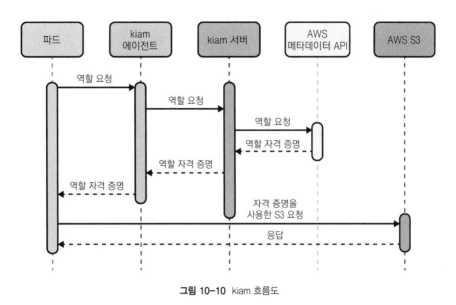

그림 10-10 kiam 흐름도

모델에는 워크로드가 서버 노드에서 실행될 수 없도록(따라서 제한 없는 AWS API 액세스를 얻을
수 있는) 제어하는 부분이 있어야 한다. 역할 추정은 원하는 역할을 파드에 어노테이션을 추
가해 kube2iam과 같은 방식으로 적용한다.

```
apiVersion: apps/v1
kind: Deployment
metadata:
  name: nginx-deployment
spec:
  replicas: 3
  template:
    metadata:
      annotations:
        iam.amazonaws.com/role: <role-arn>
      labels:
        app: nginx
    spec:
      containers:
      - name: nginx
        image: nginx:1.9.1
```

```
      ports:
      - containerPort: 80
```

보안 모델은 kube2iam보다 낮지만, kiam은 사용자가 노드에 직접 파드를 예약할 수 있는 잠재적인 공격 벡터가 있으며(nodeName 필드를 채우면 쿠버네티스 스케줄러와 잠재적인 보호 장치를 우회할 수 있다) EC2 메타데이터 API에 무제한 액세스할 수 있다.

노드 이름 필드가 파드 만들기에서 미리 채워지지 않도록 하는 수정 또는 유효성 검사 승인 웹훅을 실행하고 쿠버네티스 API에 대한 요청을 업데이트하면 문제를 해결할 수 있다.

kiam은 기존 AWS 사용자가 친숙한 모델(역할 추정)로 개별 파드가 AWS API에 액세스할 수 있도록 하는 강력한 기능을 제공한다. 이는 파드를 사용하기 전에 이전에 보안 식별/인증 후 적용되는 모델에 실행 가능한 솔루션이다.

서비스 어카운트에 대한 IAM 역할 AWS는 2019년 말부터 쿠버네티스와 IAM 간의 서비스 어카운트[IRSA](https://oreil.ly/dUoJJ)를 위한 IAM 역할이라는 네이티브 통합을 제공했다.

높은 수준에서 IRSA는 사용자가 원하는 AWS IAM 역할로 파드에 어노테이션을 달 수 있다는 점에서 kiam 및 kube2iam과 유사한 경험을 노출한다. 구현은 다르지만 기존 접근 방식의 보안 문제를 제거한다.

AWS IAM은 쿠버네티스 API 서버인 타사 OIDC 프로바이더에 ID를 페더레이션할 수 있도록 지원한다. PSAT를 통해 보았듯이 쿠버네티스는 파드 단위로 단시간 사용가능한 토큰을 만들고 서명 처리할 수 있다.

AWS IRSA는 이런 기능을 SDK의 추가 자격 증명 프로바이더와 결합해 sts:AssumeRole WithWebIdentity를 호출해 PSAT를 전달한다. PSAT 및 원하는 역할은 파드 내의 환경변수로 주입해야 한다(원하는 서비스 어카운트에 따라 자동으로 주입 작업을 수행하는 웹훅이 있다).

```
  apiVersion: apps/v1
  kind: Pod
  metadata:
    name: myapp
```

```
spec:
  serviceAccountName: my-serviceaccount
  containers:
  - name: myapp
    image: myapp:1.2
    env:
    - name: AWS_ROLE_ARN
      value: "arn:aws:iam::123456789012:role/\
        eksctl-irptest-addon-iamsa-default-my-\
        serviceaccount-Role1-UCGG6NDYZ3UE"
    - name: AWS_WEB_IDENTITY_TOKEN_FILE
      value: /var/run/secrets/eks.amazonaws.com/serviceaccount/token
    volumeMounts:
    - mountPath: /var/run/secrets/eks.amazonaws.com/serviceaccount
      name: aws-iam-token
      readOnly: true
  volumes:
  - name: aws-iam-token
    projected:
      defaultMode: 420 sources:
      - serviceAccountToken:
        audience: sts.amazonaws.com
        expirationSeconds: 86400
        path: token
```

쿠버네티스는 기본적으로 .well-known OIDC 엔드포인트를 노출하지 않으므로, AWS IAM 이 쿠버네티스의 공개 서비스 어카운트 서명 키를 사용해 토큰을 확인할 수 있도록 공개되는 위치(정적 S3 버킷)에서 구성하려면 추가 작업이 필요하다.

확인되면 AWS IAM은 애플리케이션의 요청에 응답해 그림 10-11과 같이 원하는 IAM 역할 자격 증명에 대한 PSAT를 교환한다.

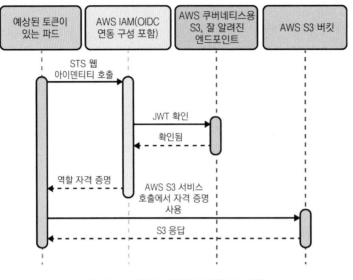

그림 10-11 서비스 어카운트에 대한 IAM 역할

IRSA의 설정은 약간 투박하지만 파드 IAM 역할 추정에 대한 모든 접근 방식 중 최고의 보안 모델을 보유한다.

IRSA는 운영 및 개발 팀에 친숙한 패턴과 기본 요소를 사용하므로, 이미 AWS 서비스를 활용하고 있는 조직에 탁월한 선택이다. 강력한 보안 모델로 이해하기 쉬운 모델(서비스 어카운트를 IAM 역할에 매핑)을 사용했다.

아마존 일래스틱 쿠버네티스 서비스EKS, Elastic Kubernetes Service를 활용하지 않을 때 IRSA를 배포하고 구성하는 데 다소 번거로울 수 있다는 단점이 있다. 그러나 최근 쿠버네티스 자체에 대한 추가 기능은 쿠버네티스 자체를 OIDC 프로바이더로 노출하는 것과 같은 기술적인 문제 중 일부를 완화한다.

공통 플랫폼(여기서는 AWS)으로 식별을 중재하는 것은 많은 장점이 있다. 이 동일한 모델을 구현하는 것을 목표로 하지만, 여러 플랫폼을 확장할 수 있는 도구를 알아본다. 이 도구로 모든 클라우드 및 플랫폼에서 모든 워크로드를 실행할 수 있는 유연성과 함께 중앙 집중식 식별 시스템을 제어할 수 있다.

SPIFFE 및 SPIRE를 통한 크로스 플랫폼 식별

SPIFFE^{Secure Production Identity Framework For Everyone}는 x509 및 JWT와 같은 기존 암호화 형식을 활용할 수 있는 식별 구문(SPIFFE 확인 가능한 식별 문서^{SVID, SPIFFE Verifiable Identity Document})을 지정하는 표준이다. 또한 여러 식별자를 제공하고 사용하기 위한 여러 API를 지정한다. SPIFFE 식별자는 `spiffe://trust-domain/hierarchical/workload` 형식이다. 여기서 `spiffe://` 뒤의 모든 절은 여러 방식으로 사용할 수 있는 임의의 문자열 식별자다(일부 레이어 구조를 만드는 것이 가장 일반적임).

SPIRE^{SPIFFE Runtime Environment}은 SPIFFE의 참조 구현이며, 애플리케이션이 SVID를 제공하고 소비할 수 있도록 하는 여러 SDK 및 통합 기능이 있다.

특별히 다르게 명시되지 않는 한 SPIFFE와 SPIRE를 함께 사용한다고 가정한다.

아키텍처와 개념 SPIRE는 식별자의 서명 기관 역할을 하는 서버 컴포넌트를 실행하고 모든 워크로드 식별자의 레지스트리와 식별 문서를 발급하는 데 필요한 조건을 유지 관리한다.

SPIRE 에이전트는 유닉스 소켓으로 식별자를 요청하려고 워크로드용 API를 노출하는 데몬셋으로 모든 노드에서 실행된다. 또한 에이전트는 노드의 파드에 대한 메타데이터를 결정하려고 kubelet에 대한 읽기 전용 액세스로 구성된다. SPIRE 아키텍처는 그림 10-12에 나와 있다.

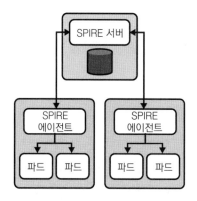

그림 10-12 SPIRE 아키텍처. 공식SPIRE 문서(https://oreil.ly/6VY4A) 참조

에이전트가 온라인 상태가 되면 노드 증명^{attestation}이라고 하는 프로세스로 자신을 확인하고

에이전트가 온라인 상태가 되면 노드 증명[attestation]이라고 하는 프로세스로 자신을 확인하고
서버에 등록한다(그림 10-13 참조). 노드 증명 프로세스는 환경 컨텍스트(예: AWS EC2 메타데이
터 API 또는 쿠버네티스 PSAT)를 활용해 노드를 식별하고 SPIFFE ID를 할당한다. 그런 다음 서
버는 x509 SVID 형식으로 노드 ID를 발급한다. 다음은 노드 등록의 예다.

```
/opt/spire/bin/spire-server entry create \
    -spiffeID spiffe://production-trust-domain/nodes \
    -selector k8s_psat:cluster:production-cluster \
    -selector k8s_psat:agent_ns:spire \
    -selector k8s_psat:agent_sa:spire-agent \
    -node
```

이는 SPIRE 서버에 SPIFFE ID `spiffe://production-trust-domain/nodes`를 에이전트 파
드가 지정된 셀렉터를 충족하는 노드에 할당하도록 지시한다. 이때 PSAT로 확인된 **spire-
agent** 서비스 어카운트 아래 운영 환경 클러스터의 SPIRE 네임스페이스에서 파드가 실행되
는 시점을 선택한다.

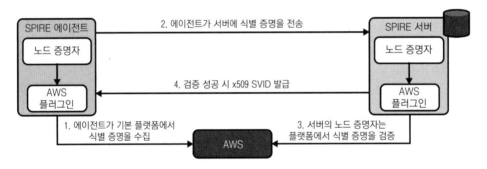

그림 10-13 노드 증명 흐름도. 공식 SPIRE 문서(https://oreil.ly/Q5eEW) 참조

워크로드가 온라인 상태가 되면, 노드의 로컬 워크로드 API를 호출해 SVID를 요청한다.
SPIRE 에이전트는 플랫폼에서 사용할 수 있는 커널, kubelet 등의 정보를 사용해 호출 워크
로드의 속성을 결정한다. 이 프로세스를 워크로드 증명이라고 한다(그림 10-14 참조). 그런 다
음 SPIRE 서버는 셀렉터로 워크로드 식별자와 속성을 일치시키고 다른 시스템 인증에 사용

할 수 있는 SVID를 에이전트로 워크로드에 반환한다.

```
/opt/spire/bin/spire-server entry create \
    -spiffeID spiffe://production-trust-domain/service-a \
    -parentID spiffe://production-trust-domain/nodes \
    -selector k8s:ns:default \
    -selector k8s:sa:service-a \
    -selector k8s:pod-label:app:frontend \
    -selector k8s:container-image:docker.io/johnharris85/service-a:v0.0.1
```

이는 SPIRE 서버에 SPIFFE ID `spiffe://production-trust-domain/service-a`를 다음과 같은 워크로드에 할당하도록 지시한다.

- ID가 `spiffe://production-trust-domain/nodes`인 노드에서 실행한다.
- `default` 네임스페이스에서 실행한다.
- 서비스 어카운트에서 `service-a`을 실행한다.
- `app: frontend` 레이블의 파드가 있다.
- `docker.io/johnharris85/service-a:v0.0.1` 이미지를 사용해 구축됐다.

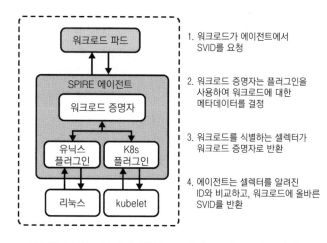

그림 10-14 워크로드 증명. 공식 SPIRE 문서(https://oreil.ly/Eh7Xl) 참조

워크로드 증명자(attestor) 플러그인은 서비스 어카운트를 사용해 kubelet을 쿼리(워크로드 정보 검색)할 수 있다. 그런 다음 kubelet은 토큰 리뷰 API를 사용해 무기명 토큰을 검증한다. 이로 쿠버네티스 API 서버 연결 가능성이 필요하다. 따라서 API 서버 다운타임은 워크로드 증명을 방해할 수 있다.

--authentication-token-webhook-cache-ttl kubelet 플래그는 kubelet이 토큰 리뷰 응답을 캐시하는 기간을 제어하고 문제를 완화하는 데 도움이 될 수 있다. 그러나 큰 캐시 TTL 값은 권한 취소에 영향을 줄 수 있으므로 권장하지 않는다. 자세한 내용은 SPIRE 워크로드 증명자 문서(https://oreil.ly/Pn1ZP)를 참조한다.

SPIFFE 및 SPIRE를 통한 크로스 플랫폼 식별 패턴은 쿠버네티스 안팎에서 워크로드에 강력한 ID 시스템을 구축하려고 할 때 상당한 이점이 있다. SPIFFE 명세는 x509 및 JWT에서 잘 이해되고 널리 지원되는 암호화 표준을 활용하며 SPIRE 구현은 다양한 애플리케이션 통합 방법도 지원한다. 예상 서비스 어카운트 토큰을 자체 셀렉터와 결합해 개별 파드를 식별함으로써 매우 세분화된 수준으로 ID 범위를 지정할 수 있는 속성이 있는 기능이 있다. SPIRE는 사이드카 컨테이너가 파드에 있고 각 컨테이너에 다양한 액세스 수준이 필요한 시나리오에서 특히 유용하다.

가장 노동 집약적이며, 환경에서 다른 컴포넌트를 유지 관리하기 위한 도구와 노력에 대한 전문 지식이 필요한 접근 방식이다. 각 워크로드를 등록하는 데 필요한 작업도 있을 수 있지만, 이는 자동화될 수 있다(워크로드 자동 등록 오픈소스를 여러 커뮤니티에서 개발 중임).

SPIFFE/SPIRE에는 워크로드 애플리케이션과 여러 통합 지점이 있다. 적절한 통합 지점은 플랫폼에 원하는 연결 수준과 사용자가 환경을 갖는 제어 수준에 따라 달라진다.

애플리케이션 직접 액세스 SPIRE는 애플리케이션이 SPIFFE 워크로드 API와 직접 통합할 수 있도록 Go, C, 자바용 SDK를 제공한다. 이들은 기존 HTTP 라이브러리를 감싸지만, 식별자 획득 및 확인을 위한 기본 요소를 제공한다. 다음은 Go 언어에서 쿠버네티스 서비스 b를 호출하고, x509 SVID에 특정 SPIFFE ID가 표시될 것으로 예상하는 예시다.

```
err := os.Setenv("SPIFFE_ENDPOINT_SOCKET", "unix:///run/spire/sockets/agent.sock")
conn, err := spiffe.DialTLS(ctx, "tcp", "service-b", spiffe.ExpectPeer("spiffe://production-
trust-domain/service-b"))
if err != nil {
    log.Fatalf("TLS 연결을 생성할 수 없음: %v", err)
}
```

SPIRE 에이전트는 플랫폼과 긴밀한 통합을 원하지만, SDK를 사용할 수 없는 언어로 작업하는 사용자에 gRPC(https://grpc.io/about) API도 제공한다.

하위 절에서 설명한 대로 직접 통합은 다음과 같은 이유로 최종 사용자에게 애플리케이션에서 권장되는 접근 방식이 아니다.

- 애플리케이션과 플랫폼/구현을 긴밀하게 연결한다.
- SPIRE 에이전트 유닉스 소켓을 파드에 장착해야 한다.
- 쉽게 확장할 수 없다.

이런 라이브러리를 직접 사용하는 것이 적절할 상황은 도구 집합의 기존 기능 중 일부를 감싸거나 확장하는 일부 중간 플랫폼 도구를 구축할 때다.

사이드카 프록시. SPIRE는 기본적으로 엔보이 프록시에서 사용할 인증서를 게시하려고 엔보이 SDS API를 지원한다. 그러면 엔보이는 SVID x509 인증서를 사용해 다른 서비스와 TLS 연결을 설정하고, 신뢰 번들을 사용해 들어오는 연결을 확인할 수 있다.

엔보이는 특정 SPIFFE ID(SVID로 인코딩)만 연결할 수 있는지 확인하는 기능을 지원한다. 확인 기능을 구현하는 방법에는 다음의 두 가지 방식이 있다.

- 엔보이 구성에서 verify_subject_alt_name 값 목록을 지정한다.
- 엔보이의 외부 인가 API를 활용해 어드미션 결정을 외부 시스템(예: OPA)에 위임한다. 다음은 이를 달성하기 위한 레고 정책의 예시 코드다.

```
package envoy.authz

import input.attributes.request.http as http_request
import input.attributes.source.address as source_address

default allow = false

allow {
    http_request.path == "/api"
    http_request.method == "GET"
    svc_spiffe_id == "spiffe://production-trust-domain/frontend"
}

svc_spiffe_id = client_id {
    [_, _, uri_type_san] := split(http_request.headers["x-forwarded-client-cert"], ";")
    [_, client_id] := split(uri_type_san, "=")
}
```

예에서 엔보이는 SPIRE 신뢰 번들 요청의 TLS 인증서를 확인한 다음, OPA에 권한을 위임한다. 레고 정책은 SVID를 검사하고, SPIFFE ID가 spiffe://production-trust-domain/frontend와 일치할 때 요청을 허용한다. 흐름의 아키텍처는 그림 10-15에 나와 있다.

 OPA를 중요한 요청 경로에 삽입하는 방식이므로 흐름/아키텍처를 설계할 때 이를 고려해야 한다.

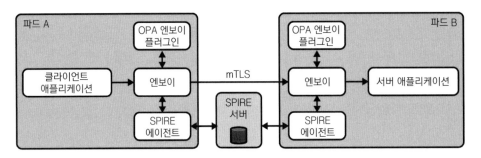

그림 10-15 엔보이와 함께 적용된 SPIRE

서비스 메시(이스티오)   이스티오의 CA는 `spiffe://cluster.local/ns/<namespace>/sa/<service_account>` 형식으로 SPIFFE ID를 인코딩해 모든 서비스 어카운트 SVID를 생성한다. 따라서 이스티오 서비스 메시의 서비스는 SPIFFE 인식 엔드포인트를 활용할 수 있다.

 서비스 메시는 10장을 벗어나지만, 많은 사람들이 ID 및 인증 문제를 서비스 메시에서도 해결하려고 한다. 시도의 대부분은 여기서 자세히 설명하는 방법과 도구를 기반으로 한다.

기타 애플리케이션 통합 방법   방금 논의한 기본 방법 외에도 SPIRE는 다음도 지원한다.

* SVID 및 트러스트 번들을 파일시스템으로 직접 가져와 애플리케이션이 변경사항을 감지하고 다시 로드할 수 있도록 한다. 이렇게 하면 애플리케이션이 SPIRE에 어느 정도 무관하게 할 수 있지만, 동시에 파일 시스템에서 인증서가 도난당할 수 있는 공격 경로를 열게 된다.
* 인증서를 SPIRE에서 스트리밍할 수 있는 NGINX 모듈(앞서 설명한 엔보이 통합과 유사)이 있다. 사용자가 서버에 연결하도록 허용돼야 하는 SPIFFE ID를 지정하고자 할 때 NGINX용 사용자 정의 모듈로 구성한다.

시크릿 저장소(볼트)**와의 통합**   SPIRE는 애플리케이션이 해시코프 볼트(https://www.vault project.io)에서 일부 공유되는 시크릿 자료를 가져와야 할 때 발생할 수 있는 보안 문제를 해결하는 데 사용할 수 있다. 볼트는 OIDC 프로바이더로 SPIRE 서버와 OIDC 페더레이션을 사용해 클라이언트를 인증하도록 구성할 수 있다.

볼트의 역할은 SPIFFE ID에 바인딩될 수 있으므로 워크로드가 SPIRE에서 JWT SVID를 요청할 때, 볼트는 역할을 획득하고 볼트의 접근자 자격 증명을 얻는 데 유효한 기능을 제공한다.

AWS와의 통합   SPIRE는 ID를 설정하고 AWS 서비스에 인증하는 데도 사용할 수 있다. 이 프로세스는 AWS IRSA 및 볼트 절에서 동일한 OIDC 연동 아이디어를 활용한다. 워크로드는 페더레이션 OIDC 프로바이더(SPIRE 서버) 유효성을 검사해 AWS에서 확인한 JWT SVID를 요청한다. AWS에서 JWT를 검증하는 데 필요한 JSON 웹 키 세트[JWKS] 자료를 검색하려 할 때 SPIRE에 공개적으로 액세스할 수 있어야 한다는 단점이 있다.

요약

실무에서 성공 사례 기반으로 구현한 패턴과 도구를 알아봤다.

식별은 다층적인 주제이며 다양한 패턴의 복잡성과 각 개별 조직의 요구사항에 맞는 방식에 익숙해지면 시간이 지남에 따라 접근 방식이 발전한다. 일반적으로 사용자 식별 방식에서는 타사 SSO가 이미 있지만, OIDC로 이를 쿠버네티스에 직접 통합하는 것은 사소한 작업이 아니다. 이런 상황에서 주요 조직 식별 전략 외부에 쿠버네티스가 있는 것을 봤다. 요구사항에 따라 괜찮을 수 있지만 직접 통합하면 환경, 특히 다중 클러스터가 있는 환경의 가시성과 제어가 향상된다.

워크로드/애플리케이션 측면에서 식별이 운영 단계 구현 후 사후 고려(기본 서비스 어카운트 이상)사항으로 취급되는 것을 종종 경험했다. 다시 말하지만 내부 요구사항에 따라 괜찮을 수 있다. 클러스터 및 플랫폼 간 워크로드 식별을 위한 강력한 솔루션을 구현하면 상당한 복잡성이 발생하고 외부 도구에 대한 더 깊은 지식이 필요하다는 것은 명백한 사실이다. 그러나 조직이 쿠버네티스의 높은 성숙도 수준에 도달해 10장에서 설명하는 패턴을 구현하면 쿠버네티스 환경의 보안 태세가 크게 향상되고 침해가 발생할 때 심층 방어 레이어를 추가로 제공할 수 있다고 생각한다.

11장

플랫폼 서비스 구축

플랫폼 서비스는 애플리케이션 플랫폼에 기능을 추가하기 위해 설치되는 컴포넌트다. 일반적으로 컨테이너화된 워크로드로 일부 *-system이라고 하는 네임스페이스에 배포되며, 플랫폼 엔지니어링 팀에서 관리한다. 플랫폼 서비스는 애플리케이션 개발 팀에서 관리하는 플랫폼 테넌트가 관리하는 워크로드와 다르다.

클라우드 네이티브 생태계는 애플리케이션 플랫폼의 일부로 사용할 수 있는 프로젝트가 풍부하다. 또한 플랫폼 서비스 솔루션을 기꺼이 제공할 프로바이더가 많다. 비용 분석 결과, 이익 분기점을 통과하는 모든 곳에서 이를 사용해야 한다. 앱 플랫폼을 구현하려는 목적까지 도달할 수도 있다. 그러나 쿠버네티스 기반 플랫폼의 엔터프라이즈 사용자가 사용자 정의 컴포넌트를 구축한다. 쿠버네티스 기반 플랫폼을 기존 사내 시스템과 통합해야 할 수도 있다. 충족해야 할 고유하고 정교한 워크로드 요구사항이 있을 수 있다. 일반적이지 않거나 귀하의 비즈니스 요구에 예외적인 상황일 때도 있다. 상황에 관계없이 11장에서는 맞춤형 솔루션으로 애플리케이션 플랫폼을 확장하는 방법을 자세히 설명한다.

맞춤형 플랫폼 서비스를 구축하는 개념의 핵심은 사용자의 수고를 없애려는 노력이다. 여기에는 자동화 이상의 것이 있다. 자동화가 핵심이지만, 자동화된 컴포넌트의 통합이 가장 중요하다. 원활하고 안정적인 시스템 상호작용은 어렵고도 중요하다. API 기반 소프트웨어의 개념은 소프트웨어 시스템의 통합을 촉진하고 강력하기에 바로 쿠버네티스가 널리 채택된 이유이기도 하다. 플랫폼에 추가하는 모든 소프트웨어 API를 빌드하고 노출할 필요 없이 전체 플랫폼 API 기반 동작을 가능하게 한다. 소프트웨어는 핵심 리소스를 관리하거나 새 오브젝트의 상태를 나타내는 사용자 정의 리소스를 추가해 쿠버네티스 API를 활용할 수 있다. 플랫폼을 구축할 때 통합 자동화 패턴을 따른다면 서비스에 대한 엄청난 사용자의 수고를 덜 수 있다는 부분을 알리고자 한다. 그리고 이런 노력에 성공한다면 혁신과 발전, 발전을 위한 더 큰 기회가 열린다.

11장에서는 쿠버네티스 컨트롤 플레인을 확장하는 방법을 다룬다. 쿠버네티스에서 사용하는 효과적인 엔지니어링 패턴을 적용해보고, 그 패턴으로 해당 시스템을 구축한다. 쿠버네티스 운영자, 설계 패턴 및 사용 사례, 개발 방법을 탐색하는 내용을 중점적으로 알아본다. 그러나 플랫폼 서비스 구축에 대한 전체적인 관점을 유지할 수 있도록 먼저 쿠버네티스의 확장점을 둘러보는 것이 중요하다. 명확한 컨텍스트를 갖고 더 넓은 시스템과 조화를 이루는 솔루션을 적용해야 한다. 마지막으로 생태계에서 가장 중요한 쿠버네티스 컨트롤러인 스케줄러를 확장하는 방법을 살펴본다.

확장점

쿠버네티스는 놀랍도록 확장이 가능한 시스템이다. 확장점은 쿠버네티스에서 가장 강력한 기능 중 하나다. 소프트웨어 개발에서 흔히 발생하는 치명적인 오류는 상상할 수 있는 모든 사용 사례를 충족하려고 새로운 기능을 추가하려고 할 때 일어난다. 시스템은 결과에 대한 경로가 불분명한 옵션의 미로가 빠르게 될 수 있다. 또한 내부 종속성이 증가하고 시스템 컴포넌트 간의 취약한 연결이 안정성을 떨어뜨리기 때문에 종종 불안정해 질 수 있다. 유닉스 철학의 중심 원칙에는 하나의 일을 잘하고 상호 운용 가능하게 만드는 데는 충분한 이유가 있다. 쿠버네티스는 사용자가 컨테이너화된 워크로드를 조정하는 동안 발생할 수 있는 모든 가능한 요구사항에 맞춰 제공할 수 없기 때문에 결코 구축할 수 없는 시스템이다. 쿠버네티스는 그 자체로도 복잡한 분산 소프트웨어 시스템이기 때문에 모든 요구사항을 충족시킬 수 없다. 쉽게 통합될 수 있는 솔루션으로 필요한 요구사항을 충족할 수 있는 확장점을 제공하므로 모두 갖출 필요는 없다. 쿠버네티스는 확장점의 특성을 통해 거의 모든 요구사항을 충족하도록 확장 및 사용자 정의 적용할 수 있다.

쿠버네티스와 정의된 인터페이스를 충족하는 플러그인 확장이라고 하는 컨텍스트는 널리 사용되는 웹훅 확장 솔루션과 마찬가지로 이 책의 다른 부분에서 주로 다룬다. 11장에서는 상당한 시간을 들여 오퍼레이터 확장 주제에 대한 내용을 살펴볼 예정이다.

플러그인 확장

플러그인 확장은 일반적으로 쿠버네티스에서 워크로드를 실행하는 데 중요하고 필수적인 인접 시스템과 쿠버네티스를 통합하는 데 도움이 되는 광범위한 확장 클래스다. 구현 자체가 아니라 타사에서 솔루션을 구현하는 데 사용할 수 있는 명세다.

네트워크

컨테이너 네트워크 인터페이스$^{CNI, Container Network Interface}$는 컨테이너가 연결할 네트워크를 제공하기 위해 플러그인이 충족해야 하는 인터페이스를 정의한다. 요구사항을 충족시키려는 플러그인이 많지만, 모두 CNI를 충족해야 한다. 이 주제는 5장에서 다뤘다.

스토리지

컨테이너 스토리지 인터페이스$^{CSI, Container Storage Interface}$는 스토리지 시스템을 컨테이너화된 워크로드에 노출하기 위한 시스템을 제공한다. 다시 말하지만, 서로 다른 프로바이더의 스토리지를 노출하는 다양한 볼륨 플러그인이 있다. 이 주제는 4장에서 살펴봤다.

컨테이너 런타임

컨테이너 런타임 인터페이스$^{CRI, Container Runtime Interface}$는 kubelet이 사용 중인 런타임에 신경 쓰지 않도록 컨테이너 런타임으로 노출돼야 하는 작업에 대한 표준을 정의한다.

도커는 역사적으로 가장 인기가 많은 컨테이너 런타임이었지만 이제는 자체적인 강점으로 인기를 얻은 오픈소스 기반 런타임이 많다. 이 주제는 3장에서 자세히 설명했다.

디바이스

쿠버네티스 디바이스 플러그인 프레임워크를 사용하면 워크로드가 기본 노드 디바이스에 액세스할 수 있다. 필자가 현장에서 찾은 가장 일반적인 예는 컴퓨팅 집약적 워크로드에 사용되는 GPU^{Graphics Processing Unit}다. 노드 풀은 특수 디바이스가 있는 노드의 클러스터에 추가돼 워크로드를 할당할 수 있다. 이 주제에 대한 자세한 내용은 2장을 참조하면 된다.

플러그인의 개발은 일반적으로 통합된 제품을 지원하거나 판매하는 프로바이더에서 수행한다. 경험상 디바이스 분야에서 맞춤형 솔루션을 구축하는 플랫폼 개발자를 찾기가 매우 어렵다. 대신 일반적으로 사용 가능한 옵션을 평가하고 요구사항을 충족하는 옵션을 활용하는 방법을 고려해야 한다.

웹훅 확장

웹훅 확장은 쿠버네티스 API 서버가 핵심 API 기능의 사용자 정의 변환을 수행하려고 호출하는 백엔드 서버 롤을 적용한다. 각 요청이 API 서버에 도착할 때 거쳐야 하는 단계가 있다. 클라이언트는 액세스가 허용됐는지 확인하려고 인증된다(AuthN). API는 클라이언트가 요청하는 작업 수행 인가(AuthZ)가 되는지 확인한다. API 서버는 활성화된 어드미션 플러그인에서 요청한 대로 리소스를 변경한다. 리소스 스키마의 유효성이 검사되고 어드미션 제어의 유효성을 검사해 모든 특수 또는 사용자 정의 유효성 검사가 수행된다. 그림 11-1은 클라이언트, 쿠버네티스 API 및 API에서 활용하는 웹훅 확장 간의 관계를 보여준다.

인증 확장

OIDC^{OpenIDentity Connect}와 같은 인증 확장은 API 서버에 대한 인증 요청 작업을 오프로드할 수 있는 기회를 제공한다. 이 주제는 10장에서 자세히 다뤘다.

또한 API 서버가 웹훅을 호출해 인증된 사용자가 리소스를 수행할 수 있는 작업을 승인하도록 할 수 있다. 쿠버네티스에 기능 기반 액세스 제어 시스템이 내장돼 있기 때문에 이는 보기드문 구현 방식이다. 그러나 어떤 이유로든 시스템이 부적절하다고 판단되면 인증 확장 옵션을 사용할 수 있다.

어드미션 컨트롤

어드미션 컨트롤은 특히 유용하고 널리 사용되는 확장점이다. 사용 중일 때 작업을 수행하려고 API 서버에 요청이 전송되면, API 서버는 어드미션 웹훅 구성의 유효성 검사 및 변경에 따라 적용 가능한 어드미션 웹훅을 호출한다. 이 주제는 8장에서 다뤘다.

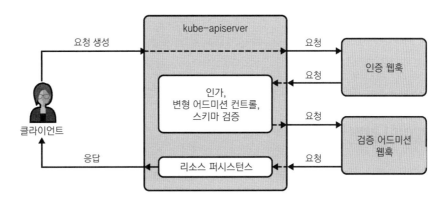

그림 11-1 웹훅 확장은 쿠버네티스 API 서버에서 활용하는 백엔드 서버에서 구현된다.

오퍼레이터 확장

오퍼레이터는 API 서버의 백엔드 웹훅과 달리 클라이언트다. 그림 11-2에서 볼 수 있듯이 소프트웨어 오퍼레이터는 실제 운영 엔지니어와 마찬가지로 쿠버네티스 API의 클라이언트로 상호작용한다. 소프트웨어 오프레이터는 종종 쿠버네티스 오퍼레이터라고 하며, 공식적으로 문서화된 오퍼레이터 패턴(https://oreil.ly/HLXtJ)을 따른다. 오퍼레이터 사용의 주요 목적은 작업자의 수고를 덜어주고 작업자를 대신해 작업을 자동으로 수행하는 것이다. 오퍼레이터 확장은 핵심 쿠버네티스 컨트롤 플레인 컴포넌트와 동일한 엔지니어링 원칙을 따른다. 오퍼레이터 확장을 플랫폼 서비스로 개발할 때 애플리케이션 플랫폼에 대한 컨트롤 플레인의 사용자 정의 확장으로 생각하면 된다.

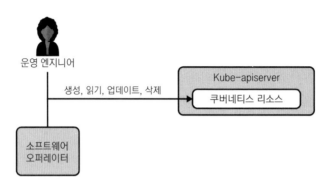

그림 11-2 오퍼레이터 확장은 쿠버네티스 API 서버의 클라이언트다.

오퍼레이터 패턴

오퍼레이터 패턴은 쿠버네티스를 쿠버네티스로 확장하는 것으로 요약할 수 있다. 새로운 쿠버네티스 리소스를 생성하고, 여기에 정의된 상태를 조정하려고 쿠버네티스 컨트롤러를 개발한다. 사용자 정의 리소스CRD, Custom Resource Definitions라는 쿠버네티스 리소스를 사용해 새 리소스를 정의한다. CRD는 새 API 타입을 만들고 쿠버네티스 API에 새 오브젝트의 유효성을 검사하는 방법을 알려준다. 그런 다음 쿠버네티스 컨트롤러를 매우 효과적으로 만드는 것과 동일한 원칙과 설계를 취하고, 원칙을 사용해 시스템에 대한 소프트웨어 확장을 구축한다. 오퍼레이터를 구축할 때 사용하는 두 가지 핵심 메커니즘인 사용자 정의 리소스와 컨트롤러가 있다.

오퍼레이터의 개념은 CoreOS의 창립자 중 한 명인 브랜던 필립Brandon Phillips이 2016년 11월에 도입했다. 오퍼레이터의 초기 정의는 오퍼레이터가 복잡한 상태 저장 애플리케이션을 관리하는 앱별 컨트롤러다. 오퍼레이터는 여전히 매우 유용한 정의이지만 쿠버네티스 문서가 이제 CRD를 오퍼레이터로 사용하는 모든 컨트롤러를 분류하는 곳으로 수년에 걸쳐 조금씩 확장됐다. 일반적으로는 플랫폼 서비스 구축에 적용할 때 사용하는 방식으로 적용된다. 플랫폼 서비스는 '복잡한 상태 저장 애플리케이션'이 아니므로, 오퍼레이터 패턴을 사용해 여러 이점을 얻을 수 있다.

사용자 정의 컨트롤러에서 사용할 기능에 대한 모델을 제공하는 쿠버네티스 컨트롤러를 살펴본다. 그런 다음 컨트롤러가 조정하는 원하는 상태와 기존 상태를 저장하는 사용자 정의 리소스를 알아본다.

쿠버네티스 컨트롤러

쿠버네티스의 핵심 기능은 컨트롤러에서 제공한다. 컨트롤러는 리소스 타입을 관찰하고 원하는 상태를 충족해 리소스 생성, 변형 및 삭제에 응답한다. 예를 들어 레플리카셋 리소스 타입을 감시하는 kube-controller-manager와 함께 번들로 제공되는 컨트롤러가 있다. 레플리카셋이 생성되고 컨트롤러는 레플리카셋의 레플리카 필드에 정의된 수만큼의 동일한 파드를 생성한다. 나중에 해당 값을 변경하면 컨트롤러가 원하는 새 상태를 충족하려고 파드를 생성하거나 삭제하는 메커니즘으로 동작한다.

감시 메커니즘은 모든 쿠버네티스 컨트롤러 기능의 핵심으로, 쿠버네티스 API 서버에서 리소스 변경에 응답해야 하는 컨트롤러에 노출되는 etcd 기능이다. 컨트롤러는 API 서버와의 연결을 열어두므로, API 서버가 관심을 가지거나 관리하는 리소스에 변경사항이 발생했을 때 컨트롤러에 알릴 수 있다.

컨트롤러를 통해 쿠버네티스의 동작이 강력해진다. 사용자는 리소스 매니페스트를 제출해 원하는 시스템 상태를 선언할 수 있다. 원하는 상태를 수행하는 책임이 있는 컨트롤러는 알림을 받고 기존 상태가 선언된 원하는 상태와 일치하도록 작업을 시작한다. 또한 사용자가 매니페스트를 제출하는 것 외에도 컨트롤러도 동일한 작업을 수행해 다른 컨트롤러에서 작업을 트리거할 수 있다. 이런 방식으로 안정적이고 신뢰할 수 있는 정교한 기능을 제공할 수 있는 컨트롤러 시스템을 갖게 된다.

컨트롤러의 중요한 기능은 장애로 인해 원하는 상태를 충족할 수 없으면 계속해서 무한 루프를 시도한다. 원하는 상태를 충족시키려는 시도 사이의 기간은 시간이 지남에 따라 증가할 수 있으므로 시스템에 과도한 부하가 걸리지 않지만 지속적으로 상태 충족 시도를 수행한다. 컨트롤러는 이와 같은 복잡한 분산 시스템에서 매우 중요한 자가 치유 동작을 제공한다.

예를 들어 스케줄러는 클러스터의 노드에 파드를 할당한다. 스케줄러는 특히 중요하고 관련된 작업이 있는 쿠버네티스 컨트롤러다. 하나 이상의 파드에 사용할 수 있는 컴퓨팅 리소스가 충분하지 않으면 '보류 중' 상태가 되고 스케줄러는 일정 간격으로 파드 스케줄링을 계속 시도한다. 따라서 컴퓨팅 리소스가 확보되거나 추가되면 파드가 스케줄링되고 실행된다. 따라서 다른 배치 워크로드가 완료되고 리소스가 확보되거나 클러스터 오토스케일링 처리가 일부 워커 노드를 추가하면 운영 엔지니어의 추가 작업 없이 보류 중인 파드가 할당된다.

애플리케이션 플랫폼에 대한 확장을 빌드하려면, 오퍼레이터 패턴을 따를 때 쿠버네티스 컨트롤러에서 사용하는 다음과 같은 설계 원칙을 반드시 사용해야 한다. 종료되지 않는 루프에서 기존 상태와 원하는 상태를 조정한다.

사용자 정의 리소스

쿠버네티스 API에서 인식할 리소스 타입을 확장하는 기능이 가장 중요하다. 유효한 CRD를 제출하면, 즉시 새로운 사용자 정의 API 타입을 사용할 수 있다. CRD에는 입력할 모든 필드가 포함돼 있다. 리소스의 원하는 상태를 제공할 spec과 관찰된 기존 상태에 대한 중요한 정보를 기록할 수 있는 status 모두에서 사용자 정의 리소스에 필요하다.

사용자 정의 리소스를 자세히 알아보기 전에 쿠버네티스 리소스를 간략하게 검토해 본다. 리소스를 명확히 이해해두기를 권한다. 쿠버네티스의 리소스를 이야기할 때 상태를 기록하는 데 사용되는 오브젝트를 참조한다. 공통 리소스의 예는 파드 리소스다. 파드 매니페스트를 생성할 때 파드 리소스가 될 속성을 정의한다. `kubectl apply -f pod.yaml` 또는 이와 유사한 것을 사용해 API 서버에 제출하면 파드 API 타입의 인스턴스가 생성된다. 한편으로는 CRD 에 제공된 오브젝트의 정의와 형식을 나타내는 API 타입 또는 '종류'가 있다. 반면에 그러 한 종류의 인스턴스화 또는 인스턴스인 리소스가 있다. 파드는 API 타입 또는 종류다. 'my-app'이라는 이름으로 생성한 파드는 쿠버네티스 리소스다.

오브젝트 간의 관계가 기록되고 데이터베이스 자체의 외래 키로 연결되는 관계형 데이터베 이스와 달리 쿠버네티스 API의 각 오브젝트는 독립적으로 존재한다. 관계는 레이블과 셀렉 터를 사용해 설정되며, 이런 방식으로 정의된 관계를 관리하는 것은 컨트롤러의 작업이다. 구조적 쿼리 언어^{SQL}로 할 수 있는 방식으로 관련 오브젝트 etcd를 쿼리할 수 없다. 따라서 리소스를 이야기할 때 네임스페이스, 파드, 디플로이먼트, 시크릿, 컨피그맵 등의 실제 인스 턴스를 말한다. 사용자 정의 리소스는 다음으로 추가 및 정의된 사용자 정의 리소스를 의미 한다. CRD를 만들 때 다른 핵심 쿠버네티스 리소스와 마찬가지로 사용자 정의 리소스를 만 들고 관리할 수 있는 새 API 타입을 정의한다.

CRD는 필드를 정의하려고 Open API v3 스키마 명세를 사용한다. 필드를 선택 또는 필수 로 설정하고, 기본값을 설정하는 것과 같은 기능을 사용할 수 있다. 이렇게 하면 사용자 정 의 리소스 중 하나를 만들거나 업데이트하라는 요청을 받으면 API 서버에 대한 유효성 검사 지침이 제공된다. 또한 개선된 논리적 구성으로 API를 그룹화할 수 있으며, 매우 중요하게 는 API 타입의 버전도 지정할 수 있다.

CRD가 무엇이며, 사용자 정의 리소스의 매니페스트가 어떻게 생겼는지 이해하기 위해 사용 자 정의 웹앱^{WebApp} API 타입의 가상 예를 살펴본다. 예에서 웹앱 리소스에는 다음 6개의 쿠 버네티스 리소스로 구성된 웹 애플리케이션에 대한 원하는 상태가 포함된다.

디플로이먼트

    클라이언트에 사용자 인터페이스를 제공하고, 요청을 처리하며 관계형 데이터베이스 에 데이터를 저장하는 스테이트풀 애플리케이션이다.

스테이트풀셋

웹 애플리케이션을 위한 퍼시스턴트 데이터 저장소를 제공하는 관계형 데이터베이스다.

컨피그맵

배포의 각 파드에 마운트되는 스테이트리스 애플리케이션에 대한 설정 파일을 포함한다.

시크릿

애플리케이션이 데이터베이스에 연결하기 위한 자격 증명을 포함한다.

서비스

배포의 백엔드 파드로 트래픽을 라우팅한다.

인그레스

인그레스 컨트롤러가 클라이언트 요청을 클러스터로 적절하게 라우팅하기 위한 라우팅 규칙을 포함한다.

웹앱 리소스를 생성하면 웹앱 오퍼레이터에 다양한 하위 리소스를 생성하라는 메시지가 표시된다. 생성된 리소스는 비즈니스의 최종 사용자이자 고객인 클라이언트에게 서비스를 제공하는 웹 애플리케이션의 완전한 기능 인스턴스를 구성한다.

[예시 11-1]은 CRD가 새로운 웹앱 API 타입을 정의하는 모습을 보여준다.

예시 11-1 웹앱 CRD 매니페스트

```
apiVersion: apiextensions.k8s.io/v1
kind: CustomResourceDefinition
metadata:
  name: webapps.workloads.apps.acme.com ❶
spec:
  group: workloads.apps.acme.com
  names: ❷
    kind: WebApp
    listKind: WebAppList
    plural: webapps
    singular: webapp
```

```
scope: Namespaced
versions:
- name: v1alpha1
  schema:
    openAPIV3Schema:
      description: WebApp은 웹앱 API의 스키마이다.
      properties:
        apiVersion:
          description: 'API 버전은 오브젝트 표현의 버전이 지정된 스키마를 정의한다. 서버는 인식된 스키마를
            최신 내부 값으로 변환해야 하며, 인식되지 않은 값을 거부할 수 있다.'
          type: string
        kind:
          description: 'Kind는 오브젝트가 나타내는 REST 리소스를 나타내는 문자열 값이다. 서버는 클라이언트
            가 요청을 제출하는 엔드포인트에서 이를 유추할 수 있다. 카멜케이스[1]에서 업데이트할 수 없다.'
          type: string
        metadata:
          type: object
        spec:
          description: WebAppSpec은 웹앱의 원하는 상태를 정의한다.
          properties:
            deploymentTier: ❸
              enum:
              - dev
              - stg
              - prod
              type: string
            webAppHostname:
              type: string
            webAppImage:
              type: string
            webAppReplicas: ❹
              default: 2
              type: integer
          required: ❺
          - deploymentTier
```

---

1   var camelCase와 같이 변수 지정 시 중간 글자들은 대문자로 시작하지만 첫 글자가 소문자인 경우에는 낙타와 모양이 비슷해서
    CamelCase라고 한다. ― 옮긴이

```
        - webAppHostname
        - webAppImage
      type: object
    status:
      description: WebAppStatus는 웹앱의 관찰된 상태를 정의한다.
      properties:
        created:
          type: boolean
      type: object
    type: object
  served: true
  storage: true
```

❶ 사용자 정의 리소스 자체의 이름과 구별되는 사용자 정의 리소스 정의의 이름이다.

❷ 정의와 구별되는 사용자 정의 리소스의 이름이다. 여기에는 복수 버전과 같은 이름의 변형이 포함된다.

❸ deploymentTier 필드에는 열거형 아래에 나열된 값 중 하나가 포함돼야 한다. 유효성 검사는 사용자 정의 리소스의 인스턴스를 만들거나 업데이트하라는 요청을 받으면 API 서버에서 수행한다.

❹ webAppReplicas 필드에는 필드가 제공되지 않을 때 적용되는 기본값이 포함된다.

❺ 필수 필드가 여기에 나열된다. webAppReplicas는 포함되지 않으며, 기본값이 있음을 유의해야 한다.

웹앱의 매니페스트가 어떻게 생겼는지를 살펴본다. [예시 11-2]에 표시된 매니페스트를 API 서버에 제출하기 전에 먼저 [예시 11-1]에 표시된 CRD를 생성해 쿠버네티스가 API를 갖도록 해야 한다. 그렇지 않으면 생성하려는 오브젝트를 인식하지 못한다.

예시 11-2 웹앱 리소스 매니페스트의 예

```
apiVersion: workloads.apps.acme.com/v1alpha1
kind: WebApp
metadata:
```

```
    name: webapp-sample
  spec:
    webAppReplicas: 2 ❶
    webAppImage: registry.acme.com/app/app:v1.4
    webAppHostname: app.acme.com
    deploymentTier: dev ❷
```

❶ 매니페스트는 선택적 필드의 기본값을 지정한다. 불필요하지만 명시성을 원하면 수행하는 것이 좋다.

❷ 필드에 허용된 값 중 하나가 사용된다. 허용되지 않는 값은 API 서버가 에러와 함께 요청을 거부하도록 요청한다.

웹앱 매니페스트가 쿠버네티스 API에 제출되면 웹앱 운영자는 웹앱 종류의 새 인스턴스가 생성됐음을 감시 프로세스로 알린다. API 서버를 호출해 웹 애플리케이션의 인스턴스를 가동하는 데 필요한 다양한 하위 리소스를 생성함으로써 매니페스트에 표현된 원하는 상태를 충족한다.

 사용자 정의 리소스 모델은 강력하지만, 과도하게 사용하면 안 된다. 사용자 정의 리소스를 최종 사용자 애플리케이션의 기본 데이터 저장소로 사용하지 않는 게 좋다. 쿠버네티스는 컨테이너 오케스트레이션 시스템이다. etcd는 애플리케이션의 내부 퍼시스턴트 데이터가 아니라 소프트웨어 배포 상태를 저장해야 한다. etcd를 기본 데이터 저장소로 사용하면, 클러스터의 컨트롤 플레인에 상당한 부하가 생긴다. 관계형 데이터베이스, 오브젝트 스토리지 또는 애플리케이션에 적합한 데이터 스토리지를 고려해야 한다. 소프트웨어 배포를 관리하려면 컨트롤 플레인이 아닌 곳에 적용해야 한다.

오퍼레이터 사용 사례

쿠버네티스 기반 플랫폼을 개발할 때 오퍼레이터는 해당 플랫폼에 기능을 추가하기 위한 강력한 모델을 제공한다. 구현해야 하는 시스템의 상태를 사용자 정의 리소스 필드에 나타낼 수 있고, 쿠버네티스 컨트롤러를 사용해 변경사항을 조정해 가치를 얻을 수 있다면 오퍼레이터는 훌륭한 옵션이다.

플랫폼 기능 외에도 오퍼레이터를 사용해 플랫폼에서 소프트웨어 배포를 쉽게 관리할 수 있다. 일반화된 추상화의 편리함을 제공하거나 특정 정교한 애플리케이션의 요구사항에 맞게 사용자 정의할 수 있다. 두 경우 모두 소프트웨어를 사용해 소프트웨어 배포를 관리하는 것은 매우 유용하다.

플랫폼에서 사용할 수 있는 세 가지 일반 오퍼레이터 범주를 설명한다.

- 플랫폼 유틸리티
- 범용 워크로드 오퍼레이터
- 앱별 오퍼레이터

플랫폼 유틸리티

오퍼레이터는 플랫폼 개발에 매우 유용할 수 있다. 클러스터에 기능을 추가하고 컨트롤 플레인을 원활하게 활용하고 통합하는 방식으로 쿠버네티스 위에 기능을 구축할 수 있다. 쿠버네티스 위에 플랫폼 서비스를 제공하려고 오퍼레이터를 활용하는 풍부한 오픈소스 프로젝트가 있다. 이런 프로젝트는 이미 사용 가능하며 개발할 필요가 없다. 오퍼레이터를 언급하는 이유는 오퍼레이터가 작동 방식에 대한 좋은 멘탈 모델을 구축하는 데 도움이 되기 때문이다. 사용자 정의 플랫폼 유틸리티를 개발해야 할 때 기존의 성공적인 프로젝트를 살펴보는 것이 도움이 된다.

- 프로메테우스 오퍼레이터(https://oreil.ly/ClgDL)를 사용하면 플랫폼에서 메트릭 수집, 저장 및 경보 플랫폼 서비스를 제공할 수 있다. 9장에서는 이 프로젝트에서 파생될 수 있는 가치를 탐구한다.
- cert-manager(https://cert-manager.io)는 인증서 관리를 서비스 기능으로 제공한다. x509 인증서 생성 및 갱신 서비스를 제공해 인증서 관리의 상당한 수고와 가동 중지 시간의 가능성을 제거한다.

- Rook(https://rook.io)은 Ceph(https://ceph.io)와 같은 프로바이더와 통합해 블록, 오브젝트 및 파일시스템 스토리지를 서비스로 관리하는 스토리지 오퍼레이터다.

오픈소스 솔루션은 커뮤니티에서 사용할 수 있는 항목의 예다. 유사한 플랫폼 유틸리티를 제공하고 지원할 수 있는 수많은 프로바이더도 있다. 그러나 솔루션을 사용할 수 없거나 적합하지 않은 엔터프라이즈 환경에서는 때때로 자체 맞춤형 플랫폼 유틸리티를 구축한다.

현장에서 볼 수 있는 맞춤형 플랫폼 유틸리티의 일반적인 예는 네임스페이스 오퍼레이터이다. ResourceQuota, LimitRange 및 Role과 같이 각 네임스페이스와 함께 생성되는 표준 리소스 집합이 조직에 있는 것은 매우 일반적인 일이다. 그리고 컨트롤러를 사용해 각 네임스페이스 내 리소스를 생성하는 일상적인 지루함을 처리하는 것은 유용한 패턴이었다. 네임스페이스 오퍼레이터 아이디어를 예로 사용해 오퍼레이터를 구축할 때 구현 세부사항을 설명한다.

범용 워크로드 오퍼레이터

애플리케이션 개발자의 핵심 역량은 구축하는 소프트웨어에 안정성과 기능을 추가하는 방식에 달려있다고 해도 과언이 아니다. 쿠버네티스에 배포하려면 YAML을 작성하지 않는다. 리소스 제한 및 요청을 적절하게 정의하는 방법, 컨피그맵 볼륨 또는 시크릿을 환경 변수로 마운트하는 방법, 레이블 셀렉터를 사용해 서비스를 파드와 연결하는 방법 중 어느 것도 소프트웨어에 기능이나 안정성을 추가하지 않는다.

배포된 워크로드의 공통 패턴을 개발한 조직에서 범용 방식으로 복잡성을 추상화하는 모델은 상당한 가능성이 있다. 이는 특히 마이크로서비스 아키텍처를 수용한 조직과 관련이 있다. 이런 환경에는 다른 기능으로 배포되지만, 배포 패턴은 매우 유사한 상당한 수의 고유한 소프트웨어가 있을 수 있다.

예를 들어 회사에 디플로이먼트, 서비스 및 인그레스 리소스로 구성된 워크로드가 많으면, 오브젝트를 리소스 매니페스트의 대부분을 추상화할 수 있는 오퍼레이터로 인코딩할 수 있는 패턴이 있다. 각각의 경우에 서비스는 디플로이먼트의 레이블을 참조하는데, 그때마다 인그레스는 서비스 이름을 참조한다. 모든 것은 오퍼레이터가 쉽게 처리할 수 있고, 세부 사항을 올바르게 파악할 수 있지만 다소 수고스럽다.

앱별 오퍼레이터

앱 스팩App-specific 오퍼레이터는 쿠버네티스 오퍼레이터가 있는 것의 핵심에서 복잡한 스테이트풀 애플리케이션을 관리하기 위한 사용자 정의 쿠버네티스 컨트롤러와 함께 사용자 정의된 리소스다. 앱 스펙 오퍼레이터는 특정 애플리케이션을 관리하려고 오브젝트가 빌드된다. 커뮤니티의 다양한 데이터베이스 오퍼레이터가 앱 스펙 오퍼레이터로 인기가 많다. 또한 카산드라Cassandra, 일래스틱서치Elasticsearch, MySQL, MariaDB, PostgreSQL, MongoDB 등을 위한 오퍼레이터가 있다. 일반적으로, 구성 업데이트, 백업 및 업그레이드와 같은 2일차 관리 문제 뿐만 아니라 초기 적용되는 배포도 처리한다.

인기 있는 커뮤니티나 프로바이더 지원 프로젝트를 위한 플랫폼 서비스 오퍼레이터는 지난 몇 년 동안 꾸준한 인기를 얻었다. 오퍼레이터를 적용고자 하는 대부분의 엔터프라이즈 애플리케이션 환경은 걸음마 수준의 오퍼레이터 방식이 적용돼 있다. 조직이 내부적으로 정교한 스테이트풀셋 애플리케이션을 개발하고 관리할 때 앱 스펙 오퍼레이터가 알맞다. 예를 들어 회사에서 중요한 비즈니스 기능을 제공하는 이커머스ecommerce 웹사이트, 트랜잭션 처리 앱 또는 인벤토리 관리 시스템과 같은 것을 유지하면 이 옵션을 고려해야 할 수 있다. 배포에서 사용자의 수고를 줄이는 엄청난 기회와 이런 종류의 워크로드 관리가 특히 널리 배치되고 자주 배치될 때 업데이트된다.

앱 스펙 오퍼레이터가 워크로드를 관리하기 위한 보편적으로 올바른 선택이라고 말하기는 어렵다. 간단한 사용 사례로는 과도할 수도 있다. 운영 환경 준비 오퍼레이터는 개발하는 것이 아니어서, 그 부분의 가중치weight를 측정한다. 일상적인 수고에서 배포를 관리하는 데 많은 시간을 보내고 애플리케이션의 2일차 운영의 우려 사항이 있는가? 장기간에 걸친 일상적인 수고보다는 오퍼레이터를 건설하는 엔지니어링 비용이 있는가? 헬름 또는 커스터마이즈

454

kustomize와 같은 기존 도구가 고생을 완화시키는 충분한 자동화를 제공할 수 있다.

오퍼레이터 개발

쿠버네티스 오퍼레이터를 개발하는 작업은 간단하지 않다. 특히 모든 기능을 갖춘 애플리케이션별 오퍼레이터를 개발하는 경우 더욱 그렇다. 복잡한 프로젝트를 운영 환경에 도입하는 데 필요한 엔지니어링 투자는 상당하다. 다른 유형의 소프트웨어 개발과 마찬가지로 이 분야에서 처음 시작한다면 유용한 패턴과 성공적인 전략에 익숙해질 때까지 덜 복잡한 프로젝트부터 시작하는 것이 좋다. 개발 오퍼레이터가 보다 효율적이고 성공적인 노력을 하는 데 도움이 되는 도구 및 디자인 전략을 설명한다.

도구의 개발에 필요한 특정 프로젝트를 다룬다. 도구 개발을 위한 소프트웨어를 세부적으로 설계하고 구현하는 프로세스를 분해한다. 코드 스니펫을 통해 개념과 사례를 알아본다.

오퍼레이터 개발 도구 사용

사용자 정의 쿠버네티스 오퍼레이터에 좋은 사용 사례가 필요할 때 유용한 커뮤니티 프로젝트가 있다. 쿠버네티스 Client-Go 라이브러리에 익숙하고 쿠버네티스 오퍼레이터를 개발하는 경험이 풍부한 Go 프로그래머가 있으면 오퍼레이터를 처음부터 쓸 수 있다. 그러나 모든 오퍼레이터에게 공통된 컴포넌트가 있으며, 표준 공통 코드를 생성하는 도구를 사용한다. 유틸리티는 일반적으로 사용되는 노련한 오퍼레이터 개발자조차 사용하기 어려우며, 단지 시간만 절약할 뿐이다. 소프트웨어 개발 키트^{SDK} 및 프레임워크는 개발 오퍼레이터의 패턴에 맞출 때 되지만, 사용자의 목적에 맞지 않는 가정을 하면 좋지 않다. 프로젝트가 하나 이상의 사용자 정의 리소스를 사용해 구성을 정의해야 한다. 사용자 정의 컨트롤러가 오브젝트와 관련된 동작을 구현하고 사용자 정의 컨트롤러에 적합한 도구가 필요하다.

Kubebuilder

KubeBuilder는 쿠버네티스 API를 구축하기 위한 SDK로 묘사할 수 있다. SDK는 적절한 설명이지만, 정확히 기대할 수 있는 수준은 아니다. KubeBuilder를 사용하면 보일러 플레이트를 생성하는 데 사용하는 커맨드 라인 툴로 시작할 수 있다. 소스코드, Dockerfile, Makefile, 샘플 쿠버네티스 매니페스트 등 모든 프로젝트에서 작성해야 하는 모든 것을 자동으로 생성한다. 따라서 프로젝트가 시작될 때 이 부분을 준비하는 데 들이는 많은 시간을 절약할 수 있다.

KubeBuilder는 컨트롤러-런타임이라는 프로젝트의 도구 모음을 활용한다. 필요한 부분에 대해서는 임포트 및 공통 구현 부분에 CLI에서 생성된 소스코드에 포함한다. 일상적인 수많은 루틴을 실행하면 컨트롤러 실행 및 쿠버네티스 API와 상호작용하는 데 도움이 된다. 공유 캐시와 클라이언트를 설정해 API 서버와 효율적인 상호작용을 제공하는 데도 도움이 된다. 캐시를 사용하면 컨트롤러가 API 서버에서 로드를 쉽게하려면 각 쿼리에 대한 API 서버에 대한 새 요청없이 오브젝트를 나열하고 얻을 수 있다. 컨트롤러 런타임은 리소스 변경과 같은 이벤트에 대한 응답으로 조정 요청을 트리거하는 메커니즘을 제공한다. 조정은 기본적으로 상위 사용자 정의 리소스로 트리거된다. 일반적으로 컨트롤러 및 기능으로 생성된 하위 리소스에 변경될 때 대개 트리거돼야 한다. 고가용성^{HA, Highly Available} 모드로 컨트롤러를 실행하려면 컨트롤러 런타임은 주어진 시간에 하나의 컨트롤러가 활성화되도록 컨트롤러 리더 선출을 할 수 있는 기회를 제공한다. 또한 컨트롤러-런타임에는 어드미션 컨트롤에 자주 사용되는 웹훅을 구현하는 패키지가 포함돼 있다. 마지막으로, 라이브러리에는 구조화된 로그를 작성하고 관찰 가능성을 위해 쿠버네티스 메트릭을 노출하는 기능이 포함돼 있다.

쿠버네티스 경험이 있는 Go 프로그래머는 Kubebuilder를 선택하면 매우 좋다. 숙련된 소프트웨어 개발자라면 GO 프로그래밍 언어의 새로운 기능을 구현할 때도 좋은 선택이다. 그러나 Go 프로그래밍으로의 독점적으로 전환하고자 한다면 다른 언어를 사용할 수 없다.

쿠버네티스용 도구를 개발할 때 Go를 모른다면 Go 학습을 적극 고려해야 한다. 물론 다른 언어를 사용할 수 있다. 쿠버네티스는 결국 REST API를 제공한다. 그리고 공식적으로 지원되는 파이썬, 자바, C#, 자바 스크립트, 하스켈(Haskell)용 클라이언트 라이브러리는 물론 다른 많은 커뮤니티 지원 라이브러리가 있다. Go를 사용하는 중요한 이유가 있다면 확실히 성공할 수 있다. 그러나 쿠버네티스 자체는 Go로 작성됐으며, 쿠버네티스 세계에서 해당 언어에 대한 생태계는 풍부하고 잘 지원된다.

시간을 절약할 수 있는 Kubebuilder의 기능은 CRD 생성이다. CRD 매니페스트를 직접 작성해야 하는데, 사용자 정의 API를 정의하는 데 사용되는 OpenAPI v3 명세가 Kubebuilder와 매우 상세하게 관련돼 있다. Kubebuilder CLI는 사용자 정의 API 타입에 대한 필드를 정의할 파일을 생성한다. 다양한 필드를 구조체 정의에 추가하고 기본값과 같은 메타데이터를 제공하는 특수 마커로 태그를 지정한다. 그런 다음 make 대상을 사용해 매우 편리하게 CRD 매니페스트를 생성할 수 있다.

대상 만들기의 주제에서 CRD 생성 외에도 RBAC 및 샘플 사용자 지정 리소스 매니페스트를 생성하고, 개발 클러스터에 사용자 지정 리소스를 설치하고, 오퍼레이터를 위한 이미지를 빌드 및 게시하는 동안 클러스터를 로컬 컨트롤러를 통해 실행할 수 있다. 개발과 같이 지루하고 시간 소모적인 작업에 편의를 제공하면 특히 프로젝트 초기에 생산성이 향상된다.

빌드 오퍼레이터로 Kubebuilder를 선호하고 권장하는 이유를 알아봤는데, 다양한 프로젝트에서 성공적으로 채택돼 사용됐다.

메타 컨트롤러

Go 이외의 특정 프로그래밍 언어에 대한 편안함 때문에 계속 사용해야 하면 오퍼레이터 개발에 도움이 되는 다른 유용한 옵션은 메타 컨트롤러Metacontroller다. 메타 컨트롤러는 오퍼레이터를 개발하고 배포하는 완전히 다른 접근 방식이지만, 다양한 언어를 사용하고 플랫폼에 여러 사용자 정의 사내 오퍼레이터를 배포할 것으로 예상하면 고려할 가치가 있는 방법이다. 쿠버네티스 프로그래밍 경험이 있는 엔지니어는 프로토타이핑에 메타 컨트롤러를 사용한 다음, 설계 및 구현 세부 정보가 설정되면 최종 프로젝트에 Kubebuilder를 사용한다. 그리고

Kubebuilder는 메타 컨트롤러의 강점 중 하나를 구현한다. 클러스터에 메타 컨트롤러 추가 기능을 설치하면 빠르게 시작할 수 있다.

Kubebuilder는 본질적으로 메타 컨트롤러다. 쿠버네티스 API와의 상호작용을 추상화하는 클러스터 추가 기능이다. 사용자의 임무는 컨트롤러의 로직을 포함하는 컨트롤러 웹훅을 작성한다. 메타 컨트롤러는 컨트롤러 웹훅을 람다^{lambda} 컨트롤러라고 부른다. 람다 컨트롤러는 적용하고자 하는 리소스로 무엇을 할지 결정한다.

메타 컨트롤러는 관리 중인 리소스를 감시하고 결정을 내려야 하는 변경사항이 있을 때 HTTP 호출로 컨트롤러에 경보를 전달한다. 메타 컨트롤러 자체는 웹훅의 특성을 정의하는 사용자 정의 리소스(예: URL 및 관리 리소스)를 사용한다. 따라서 클러스터에서 메타 컨트롤러가 실행되면 컨트롤러 추가는 람다 컨트롤러 웹훅 배포와 메타 컨트롤러 사용자 정의 리소스 추가로 구성된다. 예로는 복합 컨트롤러 리소스가 있다. 그리고 새로운 컨트롤러는 메타 컨트롤러의 요청을 수락하는 엔드포인트를 노출하고 해당 쿠버네티스 리소스 오브젝트가 포함된 JSON 페이로드를 구문 분석한 다음 쿠버네티스 API로 보낼 변경사항과 함께 메타 컨트롤러에 응답을 반환해야 한다. 그림 11-3은 메타 컨트롤러를 사용할 때 이런 컴포넌트가 상호작용하는 방식을 보여준다.

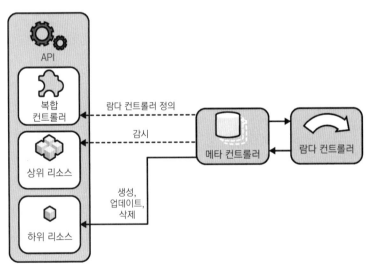

그림 11-3 메타 컨트롤러는 람다 컨트롤러용 쿠버네티스 API를 추상화한다.

메타 컨트롤러가 도움이 되지 않는 것은 클러스터에 추가해야 할 수 있는 CRD를 생성하기 때문이다. 쿠버네티스 리소스의 변경사항에 응답하는 컨트롤러를 작성하면 문제가 되지는 않는다. 그러나 사용자 정의 리소스를 개발하면 Kubebuilder가 상당한 이점이 있는 영역이다.

오퍼레이터 프레임워크

오퍼레이터 프레임워크는 레드햇에서 시작돼 현재 CNCF의 인큐베이팅 프로젝트로 운영되고 있는 오픈소스 도구 모음으로, 이를 통해 오퍼레이터를 쉽게 개발할 수 있다. 여기에는 Go로 오퍼레이터를 개발할 때 Kubebuilder와 유사한 기능을 제공하는 오퍼레이터 SDK가 포함된다. Kubebuilder와 마찬가지로 프로젝트의 표준 공통 코드를 생성하는 CLI를 제공한다. 또한 Kubebuilder와 마찬가지로 컨트롤러 런타임 도구를 사용해 쿠버네티스 API와의 통합을 돕는다. Go 프로젝트 외에도 오퍼레이터 SDK로 개발자는 헬름 또는 앤서블을 사용해 운영을 관리한다. 프레임워크에는 오퍼레이터를 위한 운영자인 오퍼레이터 생명 주기 관리자도 포함돼 있다. 오퍼레이터 설치 및 업그레이드를 위한 추상화를 제공한다. 이 프로젝트는 또한 사용자가 사용하는 소프트웨어에 대한 오퍼레이터를 찾을 수 있는 방법을 제공하는 오퍼레이터 허브를 관리한다. 현장에서 이런 도구를 사용하는 플랫폼 팀을 만난 적이 없다. 레드햇에서 관리하는 프로젝트여서 레드햇 쿠버네티스기반 제품인 오픈시프트 사용자 사이에서 더 일반적이다.

데이터 모델 설계

앱이 데이터를 유지하는 데 사용할 데이터베이스 스키마를 정의해 웹 애플리케이션 디자인을 시작할 수 있는 것처럼 오퍼레이터를 구축할 때 오퍼레이터가 사용할 사용자 정의 리소스의 데이터 모델부터 시작하면 좋다. 실제로 시작하기 전에 명세에서 사용자 정의 리소스에 필요한 필드가 무엇인지 알 수 있다. 해결해야 할 문제나 채워야 할 공백을 인식하는 즉시 원하는 상태를 정의하는 오브젝트의 속성이 구체화되기 시작한다.

11장 앞부분에 있는 네임스페이스 오퍼레이터의 예에서 LimitRange, ResourceQuota, 롤 및 네트워크 폴리시와 같은 다양한 리소스를 생성하는 오퍼레이터로 시작해 앱 개발 팀을 위한 새 네임스페이스와 함께 이동할 수 있다. 팀 리드를 네임스페이스 관리자 롤에 즉시 바인딩한 다음, 네임스페이스 관리를 해당 사람에게 넘길 수 있다. 그러면 자연스럽게 사용자 정의 리소스의 명세에 `adminUsername` 필드를 추가하게 된다. 사용자 정의 리소스 매니페스트는 예시 11-3과 비슷하게 작성될 것이다.

예시 11-3 AcmeNamespace 리소스에 대한 매니페스트의 예

```
apiVersion: tenancy.acme.com/v1alapha1
kind: AcmeNamespace
metadata:
  name: team-x
spec:
  namespaceName: app-y ❶
  adminUsername: sam ❷
```

❶ 네임스페이스의 임의적 이름으로, 이때는 'app-y' 워크로드를 호스팅한다.

❷ 이 사용자 이름은 일반적으로 Active Directory 시스템 또는 이와 유사한 회사의 ID 프로바이더가 사용하는 것과 일치하다.

[예시 11-3]의 매니페스트를 제출하면 [예시 11-4]에 표시된 방식으로 네임스페이스 관리자 롤에 대한 RoleBinding의 주제에 사용자 이름 sam이 추가된다.

예시 11-4 team-x AcmeNamespace의 생성된 Role 및 RoleBinding의 예

```
apiVersion: rbac.authorization.k8s.io/v1
kind: Role
metadata:
  name: namespace-admin
  namespace: app-y
rules:
- apiGroups:
  - "*"
  resources:
```

```
  - "*"
  verbs:
  - "*"
---
apiVersion: rbac.authorization.k8s.io/v1
kind: RoleBinding
metadata:
  name: namespace-admin
  namespace: app-y
roleRef:
  apiGroup: rbac.authorization.k8s.io
  kind: Role
  name: namespace-admin
subjects:
- kind: User
  name: sam ❶
  namespace: app-y
```

❶ AcmeNamespace 매니페스트에 제공된 adminUsername은 여기에 삽입돼 namespace-admin
  롤에 바인딩된다.

원하는 동작을 생각할 때 sam이 namespace-admin 롤에 바인딩되도록 하면 이를 수행하는
데 필요한 데이터, 즉 sam의 사용자 이름과 네임스페이스 이름이 매우 명확해진다. 따라서
기능을 제공하고 그로부터 CRD에 대한 명세의 필드를 정의하는 데 필요한 명백한 데이터
스니펫으로 시작한다. Kubebuilder 프로젝트의 일부로 보이는 것은 [예시 11-5]에 표시된
것과 유사하다.

예시 11-5 AcmeNamespaceSpec에 대한 타입 정의

```
// api/v1alpha1/acmenamespace_types.go

...

// AcmeNamespaceSpec은 AcmeNamespace의 원하는 상태를 정의한다.
type AcmeNamespaceSpec struct {

  // 네임스페이스 이름
```

```
NamespaceName 문자열 `json:"namespaceName"`

// 네임스페이스의 사용자 이름 admin
AdminUsername 문자열 `json:"adminUsername"`
...
```

AcmeNamespaceSpec 타입 정의는 Kubebuilder가 테스트 및 데모에 사용할 CRD 매니페스트와 샘플 AcmeNamespace 매니페스트를 생성하는 소스코드다.

이제 원하는 동작에 대한 상태를 적절하게 관리할 수 있다고 생각하는 데이터 모델이 있으므로, 컨트롤러 작성을 시작할 때다. 개발하고 원하는 결과를 가져오는 데 필요한 추가 필드가 있음을 발견함에 따라 데이터 모델이 부적절하다는 것을 알게 될 가능성이 높다. 그러나 컨트롤러 작성은 지금 시작하면 훗날 많이 유용하게 쓰일 것이다.

로직 구현

로직은 컨트롤러에서 구현된다. 컨트롤러의 기본 작업은 하나 이상의 사용자 정의 리소스를 관리한다. 컨트롤러는 관리 중인 사용자 정의 리소스를 계속 감시한다. 이 부분은 Kubebuilder 및 메타 컨트롤러와 같은 도구를 사용할 때 구현하기 쉽다. 참고할 훌륭한 코드 예제가 있는 깃허브 리포지터리인 client-go 라이브러리를 사용할 때도 매우 간단하다. 사용자 정의 리소스의 감시로 컨트롤러는 AcmeNamespaceSpec 타입의 리소스에 대한 모든 변경사항에 대한 알림을 받는다. 이 시점에서 컨트롤러의 작업은 다음과 같다.

- 시스템의 기존 상태에 대한 정확한 상태 수집
- 시스템의 원하는 상태를 검사
- 기존 상태와 원하는 상태를 조정하려고 필요한 조치를 취함

기존 상태

기본적으로 컨트롤러가 기존 상태 정보를 수집할 수 있는 위치는 다음 세 군데다.

- 사용자 정의 리소스의 status
- 클러스터의 기타 관련 리소스
- 클러스터 외부 또는 다른 시스템의 관련 조건

status 필드는 쿠버네티스의 컨트롤러가 관찰된 기존 상태를 기록할 장소를 제공한다. 예를 들어 쿠버네티스는 파드 및 네임스페이스와 같은 일부 리소스에서 status.phase 필드를 사용해 리소스가 Running(파드)인지 또는 Active(네임스페이스)인지를 추적한다.

네임스페이스 오퍼레이터의 예로 돌아가 본다. 컨트롤러는 해당 명세와 함께 새 AcmeNamespace 리소스에 대한 알림을 받는다. 컨트롤러는 새 리소스라고 가정할 수 없으며, 자동화 방식으로 하위 네임스페이스 및 롤 리소스를 생성하기만 하면 된다. 단순히 일부 변경으로 업데이트된 기존 리소스라면 어떻게 되는가? 하위 리소스를 다시 생성하려고 하면 쿠버네티스 API에서 에러가 발생한다. 그러나 앞의 쿠버네티스 예시를 따르려면 CRD의 status에 phase 필드를 포함하면 컨트롤러가 이를 확인해 기존 상태를 평가할 수 있다. 처음 생성될 때 컨트롤러는 status.phase 필드가 비어 있음을 알게 된다. status.phase 필드는 컨트롤러에 새로운 리소스 생성임을 알리고 모든 하위 리소스 생성을 진행해야 한다. API의 성공적인 응답으로 모든 하위 리소스가 생성되면 컨트롤러는 status.phase 필드를 Created 값으로 채울 수 있다. 그런 다음 AcmeNamespace 리소스가 나중에 변경되면 컨트롤러에 알림이 표시되면 이 필드에서 이전에 생성됐음을 확인하고 다른 조정 단계로 이동할 수 있다.

기존 상태를 결정하려고 status.phase 필드를 사용하는 데는 한 가지 치명적인 결함이 있다. 컨트롤러 자체는 절대 실패하지 않을 것이라고 가정한다. 하위 리소스를 만드는 동안 문제가 발생하면 어떻게 하는가? 예를 들어 컨트롤러가 새 AcmeNamespace에 대한 알림을 받고 하위 네임스페이스를 생성한 다음, 연결된 롤 리소스를 생성하기 전에 중단된다고 가정해 본다. 컨트롤러가 다시 작동하면 status.phase 필드에서 Created가 없는 AcmeNamespace 리소스를 찾고, 하위 네임스페이스를 만들려고 시도하지만, 상황을 조정할 만족스러운 방법 없이 실패한다. 이를 방지하려면 컨트롤러는 새로운 AcmeNamespace

가 생성됐음을 발견한 첫 번째 단계로 `status.phase`에 `CreationIn Progress` 값을 추가할 수 있다. 이렇게 하면 생성 중 실패가 발생하면 컨트롤러가 다시 돌아와 `CreationInProgress` 단계를 볼 때 `status`만으로는 기존 상태를 정확하게 결정할 수 없음을 알게 된다. 여기에서 클러스터의 다른 관련 리소스를 확인해 기존 상태를 확인해야 한다.

AcmeNamespace `status`에서 기존 상태를 확인할 수 없어도 API 서버에 쿼리할 수 있다. `CreationInProgress`로 설정된 AcmeNamespace의 단계를 찾으면 API 서버에 있을 것으로 예상되는 하위 리소스의 존재에 대한 쿼리를 시작할 수 있다. 실패 예시에서는 하위 네임스페이스를 쿼리하고 존재하는 것을 찾은 다음 계속 진행한다. 롤 리소스를 쿼리하고 존재하지 않는 것을 찾은 다음 해당 리소스 생성을 진행한다. 이런 방식으로 컨트롤러는 실패에 관대할 수 있기에 항상 장애가 발생할 것이라고 가정하고 그에 따라 컨트롤러 로직을 개발해야 한다.

컨트롤러는 클러스터 외부의 기존 상태에 관심을 가진다. 클라우드 인프라 컨트롤러가 이에 대한 좋은 예다. 인프라 시스템의 상태는 클러스터 외부의 클라우드 프로바이더 API에서 쿼리해야 한다. 기존 상태는 해당 오퍼레이터의 목적에 따라 크게 달라지나 일반적으로는 명확하다.

원하는 상태

시스템의 원하는 상태는 관련 리소스에 대한 명세에 표시된다. 네임스페이스 오퍼레이터에서 `namespaceName`이 제공하는 원하는 상태는 결과 Namespace의 `metadata.name` 필드가 있어야 하는 내용을 컨트롤러에 알려준다. `adminUsername` 필드는 `namespace-admin` RoleBinding의 `subjects[0].name`이 무엇이어야 하는지를 결정한다. 다음은 원하는 상태를 하위 리소스의 필드에 직접 매핑하는 예다. 구현 방식은 덜 직접적일 수 있다.

11장 앞부분에 있는 `AcmeStore` 예에서 `deploymentTier` 필드를 사용해 이에 대한 예를 봤다. 사용자는 컨트롤러 로직에 사용할 기본값을 알려주는 단일 변수를 지정할 수 있다. 네임스페이스에 매우 유사한 아이디어를 적용할 수 있다. 새롭게 수정된 AcmeNamespace 매니페스트는 [예시 11-6]과 같다.

```
apiVersion: tenancy.acme.com/v1alapha1
kind: AcmeNamespace
metadata:
  name: team-x
spec:
  namespaceName: app-y
  adminUsername: sam
  deploymentTier: dev ❶
```

❶ AcmeNamespace API 타입에 대한 데이터 모델에 새로 추가됐다.

그러면 컨트롤러가 [예시 11-7]과 같은 ResourceQuota를 생성하라는 메시지가 표시된다.

```
apiVersion: v1
kind: ResourceQuota
metadata:
  name: dev
spec:
  hard:
    cpu: "5"
    memory: 10Gi
    pods: "10"
```

deploymentTier: prod의 기본 ResourceQuota는 [예시 11-8]과 비슷할 수 있다.

```
apiVersion: v1
kind: ResourceQuota
metadata:
  name: prod
spec:
  hard:
    cpu: "500"
```

```
  memory: 200Gi
  pods: "100"
```

조정

쿠버네티스에서 조정^{reconciliation}은 원하는 상태와 일치하도록 기존 상태를 변경하는 프로세스다. 이는 삭제된 파드와 연결된 컨테이너 런타임 중지 컨테이너를 요청하는 kubelet만큼 간단하다. 또는 스테이트풀 애플리케이션을 나타내는 사용자 정의 리소스에 대한 응답으로 새 리소스 배열을 만드는 오퍼레이터와 같이 더 복잡할 수 있다. 다음은 원하는 상태를 표현하는 리소스를 생성하거나 삭제해 트리거된 조정의 예다. 그러나 매우 자주 조정되는 변형^{mutation} 방식도 같이 포함된다.

간단한 변형의 예는 디플로이먼트 리소스의 레플리카 수를 5에서 10으로 업데이트할 때다. 기존 상태는 워크로드 5개의 파드다. 원하는 상태는 파드 10개다. 이때 디플로이먼트 컨트롤러가 수행하는 조정에는 관련 레플리카셋의 레플리카 업데이트가 포함된다. 그런 다음 레플리카셋 컨트롤러는 5개의 새로운 파드 리소스를 생성해 상태를 조정한다. 이 리소스는 차례로 스케줄러로 스케줄링되며, 이는 해당 kubelet이 컨테이너 런타임에서 새 컨테이너를 요청하도록 한다.

다른 변형 예는 디플로이먼트 명세에서 컨테이너 이미지를 변경할 때다. 컨테이너 이미지를 변경할 때는 일반적으로 실행 중인 애플리케이션의 버전을 업데이트하기 위함이다. 기본적으로 디플로이먼트 컨트롤러는 상태를 조정할 때 롤링 업데이트를 수행한다. 새 버전의 앱에 대한 새 레플리카셋을 만들고 새 레플리카셋의 레플리카를 늘리고 이전 레플리카셋의 레플리카를 줄여 파드가 한 번에 하나씩 교체되도록 한다. 모든 새 이미지 버전이 원하는 수의 레플리카로 실행되면 조정이 완료된다.

사용자 정의 리소스를 관리하는 사용자 정의 컨트롤러의 조정은 사용자 정의 리소스가 나타내는 내용에 따라 크게 달라진다. 그러나 컨트롤러의 영역을 벗어난 조건 때문에 조정이 성공하지 못하면 성공할 때까지 무기한 재시도해야 한다는 점은 일정히 유지돼야 한다. 조정 루프는 반복 사이에 증가하는 지연을 구현해야 한다. 예를 들어, 클러스터의 다른 시스템이 컨트롤러의 작업 완료를 방해하는 상태를 능동적으로 조정하는 것으로 예상하는 것이 타당할 때 1초 후에 다시 시도할 수 있다. 그러나 불필요한 리소스 소비를 방지하려고 5분이라는 합리적인 제한 시간에 도달할 때까지 각 반복 사이의 지연을 기하급수적으로 늘리는 것이 좋다. 이 시점에서 컨트롤러는 5분마다 조정을 다시 시도한다. 신속하게 해결되지 않는 상황에서 리소스 소비 및 네트워크 트래픽을 제한하면서 시스템을 자동으로 해결할 수 있다.

구현 세부 정보

넓은 의미에서 네임스페이스 오퍼레이터를 위한 초기 컨트롤러 기능 구현을 위해 다음을 수행할 수 있다.

- 앞의 예와 같이 간결한 AcmeNamespace 매니페스트를 작성하거나 생성한다.
- 쿠버네티스 API에 매니페스트를 제출한다.
- 컨트롤러가 네임스페이스, ResourceQuota, LimitRange, Role, RoleBinding을 생성해 응답하도록 한다.

kubebuilder 프로젝트에서 이런 리소스를 생성하는 로직는 `Reconcile` 메소드에 있다. 컨트롤러로 네임스페이스를 생성하는 초기 구현은 [예시 11-9]와 같다.

예시 11-9 AcmeNamespace 컨트롤러의 Reconcile 메소드

```go
// controllers/acmenamespace_controller.go

package controllers

import (
    "context"

    "github.com/go-logr/logr"
    corev1 "k8s.io/api/core/v1"
    metav1 "k8s.io/apimachinery/pkg/apis/meta/v1"
    "k8s.io/apimachinery/pkg/runtime"
    ctrl "sigs.k8s.io/controller-runtime"
    "sigs.k8s.io/controller-runtime/pkg/client"
```

```
        tenancyv1alpha1 "github.com/lander2k2/namespace-operator/api/v1alpha1"
    )

    ...

    func (r *AcmeNamespaceReconciler) Reconcile(req ctrl.Request) (ctrl.Result, error) {
        ctx := context.Background()
        log := r.Log.WithValues("acmenamespace", req.NamespacedName)

        var acmeNs tenancyv1alpha1.AcmeNamespace ❶
        r.Get(ctx, req.NamespacedName, &acmeNs) ❶

        nsName := acmeNs.Spec.NamespaceName
        adminUsername := acmeNs.Spec.AdminUsername

        ns := &corev1.Namespace{ ❶
            ObjectMeta: metav1.ObjectMeta{
                Name: nsName,
                Labels: map[string]string{
                    "admin": adminUsername,
                },
            },
        }

        if err := r.Create(ctx, ns); err != nil { ❹
            log.Error(err, "unable to create namespace")
            return ctrl.Result{}, err
        }

        return ctrl.Result{}, nil
    }
    ...
```

❶ 생성, 업데이트, 삭제된 AcmeNamespace 오브젝트를 나타내는 변수다.

❷ 요청에서 AcmeNamespace 오브젝트의 콘텐츠를 가져온다. 간결함 때문에 에러 처리가 생략됐다.

468

❸ 새 네임스페이스 오브젝트를 만든다.

❹ 쿠버네티스 API에서 새 네임스페이스 리소스를 생성한다.

앞의 단순화된 스니펫은 새 네임스페이스를 생성하는 컨트롤러를 보여준다. 네임스페이스 admin에 대한 Role 및 RoleBinding을 컨트롤러에 추가하는 것은 [예시 11-10]과 비슷할 것이다.

예시 11-10 AcmeNamespace 컨트롤러에 의한 Role 및 RoleBinding 생성

```go
// controllers/acmenamespace_controller.go
...
    role := &rbacv1.Role{
        ObjectMeta: metav1.ObjectMeta{
            Name: "namespace-admin",
            Namespace: nsName,
        },
        Rules: []rbacv1.PolicyRule{
            {
                APIGroups: []string{"*"},
                Resources: []string{"*"},
                Verbs:     []string{"*"},
            },
        },
    }

    if err := r.Create(ctx, role); err != nil {
        log.Error(err, "namespace-admin 롤을 생성 할 수 없다.")
        return ctrl.Result{}, err
    }

    binding := &rbacv1.RoleBinding{
        ObjectMeta: metav1.ObjectMeta{
            Name: "namespace-admin",
            Namespace: nsName,
        },
        RoleRef: rbacv1.RoleRef{
            APIGroup: "rbac.authorization.k8s.io",
```

```
            Kind: "Role",
            Name: "namespace-admin",
        },
        Subjects: []rbacv1.Subject{
            {
                Kind: "User",
                Name: adminUsername,
                Namespace: nsName,
            },
        },
    }

    if err := r.Create(ctx, binding); err != nil {
        log.Error(err, "namespace-admin RoleBinding을 만들 수 없다.")
        return ctrl.Result{}, err
    }

    return ctrl.Result{}, nil
}
...
```

이때 AcmeNamespace 매니페스트를 API에 제출할 수 있으며, 네임스페이스 오퍼레이터는
네임스페이스, 네임스페이스 관리자를 위한 롤 및 제공한 사용자 이름에 대한 RoleBinding
을 생성한다. 앞에서 논의한 바와 같이 새 AcmeNamespace를 생성할 때는 제대로 작동하
지만, 향후 다른 시간에 이를 조정하려고 하면 중단된다. AcmeNamespace가 어떤 방식으
로든 변경됐을 때 발생한다. 또한 컨트롤러가 어떤 이유로든 다시 시작됐을 때도 발생한다.
컨트롤러가 다시 시작되면 다음 때를 대비해 모든 기존 리소스를 다시 나열하고 조정해야
한다.

따라서 이 시점에서 단순히 컨트롤러를 다시 시작하면 컨트롤러가 중단된다. 상태 필드의 간
단한 사용을 추가해 문제를 해결해 본다. [예시 11-11]은 AcmeNamespaceStatus에 필드를 추
가하는 것을 보여준다.

470

```go
// api/v1alpha1/acmenamespace_types.go


// AcmeNamespaceStatus는 AcmeNamespace의 관찰된 상태를 정의한다.
type AcmeNamespaceStatus struct {

    // Tracks the phase of the AcmeNamespace
    // +optional
    // +kubebuilder:validation:Enum=CreationInProgress;Created
    Phase string `json:"phase"`
}


// +kubebuilder:object:root=true
// +kubebuilder:subresource:status
...
```

[예시 11-12]와 같이 컨트롤러에서 새로운 상태 필드를 활용할 수 있다.

```go
// controllers/acmenamespace_controller.go
...


const (
    statusCreated = "Created"
    statusInProgress = "CreationInProgress"
)


...


func (r *AcmeNamespaceReconciler) Reconcile(req ctrl.Request) (ctrl.Result, error) {
    ...

    switch acmeNs.Status.Phase {
    case statusCreated:
        // 아무것도 실행하지 않음
        log.Info("AcmeNamespace 하위 리소스가 생성되었다.")
    case statusInProgress:
        // TODO: 필요에 따라 쿼리 및 생성
```

```
            log.Info("AcmeNamespace 하위 리소스 생성 진행 중 ")
    default:
            log.Info("AcmeNamespace 하위 리소스가 생성되지 않았다. ")

            // 상태를 statusInProgress로 설정
            acmeNs.Status.Phase = statusInProgress

            if err := r.Status().Update(ctx, &acmeNs); err != nil {
                log.Error(err, "AcmeNamespace 상태를 업데이트할 수 없다.")
                return ctrl.Result{}, err
            }

            // 네임스페이스, Role 및 RoleBinding 생성
            ...

            // 상태를 statusCreated로 설정
            acmeNs.Status.Phase = statusCreated
            if err := r.Status().Update(ctx, &acmeNs); err != nil {
                log.Error(err, " AcmeNamespace 상태를 업데이트할 수 없다.")
                return ctrl.Result{}, err
            }
        }
    return ctrl.Result{}, nil
}
...
```

이제 안전하게 다시 시작할 수 있는 컨트롤러가 됐다. 또한 사용자 정의 리소스의 상태로 기존 상태를 검사하고 해당 기존 상태를 기반으로 조정 단계를 수행하는 시스템의 시작이 됐다.

하위 리소스에 대한 소유권을 설정하는 작업이 필요하다. AcmeNamespace 리소스를 네임스페이스, Role 및 RoleBinding의 소유자로 설정하면 소유자 AcmeNamespace 리소스를 삭제해 모든 하위을 삭제할 수 있다. 소유권은 API 서버에서 관리한다. 컨트롤러가 실행 중이 아니더라도 소유자 AcmeNamespace 리소스가 삭제되면 하위도 삭제된다.

소유권으로 AcmeNamespace API 타입의 범위 지정에 대한 질문을 제기하고자 한다.

Kubebuilder를 사용할 때 기본적으로 네임스페이스 범위 지정이 사용된다. 그러나 네임스페이스 범위 API 타입은 네임스페이스와 같은 클러스터 범위 리소스의 소유자가 될 수 없다. Kubebuilder를 사용하면 [예시 11-13]과 같이 편리한 마커를 사용해 용도에 적합한 범위로 CRD 매니페스트를 생성할 수 있다.

예시 11-13 Kubebuilder 프로젝트에서 업데이트된 API 정의

```go
// api/v1alpha1/acmenamespace_types.go
package v1alpha1

import (
    metav1 "k8s.io/apimachinery/pkg/apis/meta/v1"
)

// 이 파일은 기본 템플릿이므로 이 파일을 편집한다.
// 참고: json 태그가 필요하다. 추가하는 모든 새 필드에는 직렬화할 필드에 대한 json 태그가 있어야 한다.

// AcmeNamespaceSpec은 AcmeNamespace의 원하는 상태를 정의한다.
type AcmeNamespaceSpec struct {

    // 네임스페이스의 이름
    NamespaceName string `json:"namespaceName"`

    // 네임스페이스 admin의 사용자 이름
    AdminUsername string `json:"adminUsername"`
}

// AcmeNamespaceStatus는 AcmeNamespace의 관찰된 상태를 정의한다.
type AcmeNamespaceStatus struct {

    // AcmeNamespace의 단계를 추적한다.
    // +optional
    // +kubebuilder:validation:Enum=CreationInProgress;Created
    Phase string `json:"phase"`
}

// +kubebuilder:resource:scope=Cluster ❶
// +kubebuilder:object:root=true
```

```
// +kubebuilder:subresource:status

// AcmeNamespace는 acmenamespaces API의 스키마다.
type AcmeNamespace struct {
    metav1.TypeMeta `json:",inline"`
    metav1.ObjectMeta `json:"metadata,omitempty"`

    Spec AcmeNamespaceSpec `json:"spec,omitempty"`
    Status AcmeNamespaceStatus `json:"status,omitempty"`
}

// +kubebuilder:object:root=true

// AcmeNamespaceList에는 AcmeNamespace 목록이 포함된다.
type AcmeNamespaceList struct {
    metav1.TypeMeta `json:",inline"`
    metav1.ListMeta `json:"metadata,omitempty"`
    Items []AcmeNamespace `json:"items"`
}

func init() {
    SchemeBuilder.Register(&AcmeNamespace{}, &AcmeNamespaceList{})
}
```

❶ 이 마커는 매니페스트가 make manifests를 사용해 생성될 때 CRD에서 올바른 범위를 설정한다.

[예시 11-13]은 [예시 11-14]와 같은 CRD를 생성한다.

예시 11-14 AcmeNamespace API 타입에 대한 클러스터 범위 CRD

```
---
apiVersion: apiextensions.k8s.io/v1beta1
kind: CustomResourceDefinition
metadata:
  annotations:
    controller-gen.kubebuilder.io/version: (devel)
  creationTimestamp: null
  name: acmenamespaces.tenancy.acme.com
```

```yaml
spec:
  group: tenancy.acme.com
  names:
    kind: AcmeNamespace
    listKind: AcmeNamespaceList
    plural: acmenamespaces
    singular: acmenamespace
  scope: Cluster
  subresources:
    status: {}
  validation:
    openAPIV3Schema:
      description: AcmeNamespace는 acmenamespaces API의 스키마이다.
      properties:
        apiVersion:
          description: 'API 버전은 이 오브젝트 표현의 버전이 지정된 스키마를 정의한다. 서버는 인식된 스키마를
            최신 내부 값으로 변환해야 하며, 인식되지 않은 값은 거부할 수 있다.'
          type: string
        kind:
          description: Kind는 이 오브젝트가 나타내는 REST 리소스를 나타내는 문자열 값이다. 서버는 클라이언트
            가 요청을 제출하는 엔드포인트에서 이를 추론할 수 있다. 업데이트할 수 없다. CamelCase로 표시된다.
          type: string
        metadata:
          type: object
        spec:
          description: AcmeNamespaceSpec은 AcmeNamespace의 원하는 상태를 정의한다.
          properties:
            adminUsername:
              description: 네임스페이스 admin의 사용자 이름
              type: string
            namespaceName:
              description: 네임스페이스의 이름
              type: string
          required:
          - adminUsername
          - namespaceName
          type: object
        status:
          description: 'AcmeNamespaceStatus는 AcmeNamespace의 관찰된 상태를 정의한다.'
```

```
          properties:
            phase:
              description: AcmeNamespace의 단계를 추적한다.
              enum:
              - CreationInProgress
              - Created
              type: string
            type: object
      type: object
  version: v1alpha1
  versions:
  - name: v1alpha1
    served: true
    storage: true
status:
  acceptedNames:
    kind: ""
    plural: ""
  conditions: []
  storedVersions: []
```

❶ 리소스 범위가 올바르게 설정됐다.

AcmeNamespace를 모든 하위 리소스의 소유자로 설정할 수 있다. 그러면 각 하위 리소스의 metadata에 ownerReference 필드가 도입된다. 이 시점에서 Reconcile 메소드는 [예시 11-15]와 같다.

예시 11-15 AcmeNamespace의 하위 리소스에 대한 소유권 설정

```
func (r *AcmeNamespaceReconciler) Reconcile(req ctrl.Request) (ctrl.Result, error) {
    ctx := context.Background()
    log := r.Log.WithValues("acmenamespace", req.NamespacedName)

    var acmeNs tenancyv1alpha1.AcmeNamespace
    if err := r.Get(ctx, req.NamespacedName, &acmeNs); err != nil {
        if apierrs.IsNotFound(err) { ❶
            log.Info("리소스 삭제됨")
            return ctrl.Result{}, nil
```

```
    } else {
        return ctrl.Result{}, err
    }
}

nsName := acmeNs.Spec.NamespaceName
adminUsername := acmeNs.Spec.AdminUsername

switch acmeNs.Status.Phase {
case statusCreated:
    // 아무것도 실행하지 않는다.
    log.Info("AcmeNamespace 하위 리소스가 생성됐다.")
case statusInProgress:
    // TODO: 필요에 따라 쿼리 및 생성
    log.Info("AcmeNamespace 하위 리소스 생성 진행 중")
default:
    log.Info("AcmeNamespace 하위 리소스가 생성되지 않았다.")

    // set status to statusInProgress
    acmeNs.Status.Phase = statusInProgress
    if err := r.Status().Update(ctx, &acmeNs); err != nil {
        log.Error(err, " AcmeNamespace 상태를 업데이트할 수 없다.")
        return ctrl.Result{}, err
    }

    ns := &corev1.Namespace{
        ObjectMeta: metav1.ObjectMeta{
            Name: nsName,
            Labels: map[string]string{
                "admin": adminUsername,
            },
        },
    }

    // 네임스페이스에 대한 소유자 참조 설정 ❷
    err := ctrl.SetControllerReference(&acmeNs, ns, r.Scheme)
    if err != nil {
        log.Error(err, "네임스페이스에 대한 소유자 참조를 설정할 수 없다.")
        return ctrl.Result{}, err
    }
```

```go
    }

    if err := r.Create(ctx, ns); err != nil {
        log.Error(err, "네임스페이스를 생성할 수 없다.")
        return ctrl.Result{}, err
    }

    role := &rbacv1.Role{
        ObjectMeta: metav1.ObjectMeta{
            Name: "namespace-admin",
            Namespace: nsName,
        },
        Rules: []rbacv1.PolicyRule{
            {
                APIGroups: []string{"*"},
                Resources: []string{"*"},
                Verbs:     []string{"*"},
            },
        },
    }

    // 롤에 대한 소유자 참조 설정 ❸
    err = ctrl.SetControllerReference(&acmeNs, role, r.Scheme)
    if err != nil {
        log.Error(err, "롤에 대한 소유자 참조를 설정할 수 없다.")
        return ctrl.Result{}, err
    }

    if err := r.Create(ctx, role); err != nil {
        log.Error(err, "네임스페이스 관리자 역할을 만들 수 없다.")
        return ctrl.Result{}, err
    }

    binding := &rbacv1.RoleBinding{
        ObjectMeta: metav1.ObjectMeta{
            Name: "namespace-admin",
            Namespace: nsName,
        },
        RoleRef: rbacv1.RoleRef{
```

```go
                APIGroup: "rbac.authorization.k8s.io",
                Kind: "Role",
                Name: "namespace-admin",
            },
            Subjects: []rbacv1.Subject{
                {
                    Kind: "User",
                    Name: adminUsername,
                    Namespace: nsName,
                },
            },
        }

        // RoleBinding에 대한 소유자 참조 설정 ❹
        err = ctrl.SetControllerReference(&acmeNs, binding, r.Scheme);
        if err != nil {
            log.Error(err, "RoleBinding에 대한 참조를 설정할 수 없다.")
            return ctrl.Result{}, err
        }

        if err := r.Create(ctx, binding); err != nil {
            log.Error(err, "RoleBinding을 만들 수 없다.")
            return ctrl.Result{}, err
        }

        // 상태를 statusCreated로 설정
        acmeNs.Status.Phase = statusCreated
        if err := r.Status().Update(ctx, &acmeNs); err != nil {
            log.Error(err, "AcmeNamespace 상태를 업데이트할 수 없다.")
            return ctrl.Result{}, err
        }
    }

    return ctrl.Result{}, nil
}
...
```

❶ AcmeNamespace가 삭제됐을 때 조정을 시도하지 않도록 리소스가 발견되지 않았는지

확인해야 한다.

❷ 네임스페이스에 소유자 참조를 설정한다.

❸ 롤에 소유자 참조를 설정한다.

❹ RoleBinding에서 소유자 참조를 설정한다.

AcmeNamespace 리소스가 있는지 확인하려면 에러 검사를 추가해야 했다. 삭제되면 조정하려는 상태가 더 이상 없어 정상적인 조정이 실패하기 때문이다. 이때 API 서버가 삭제 이벤트에 대한 조정 상태를 처리하도록 하위 리소스에 소유자 참조를 넣는다.

하위 리소스에 소유자 참조를 넣는 방식이 조정이 기존 상태를 가정함을 보여준다. 조정은 다음과 같을 때 트리거된다.

- 컨트롤러 시작 또는 다시 시작
- 리소스가 생성될 때
- 컨트롤러 자체가 변경한 사항을 포함해 리소스가 변경될 때
- 리소스가 삭제될 때
- 시스템의 정확한 뷰^{view}를 보장하려고 API와 주기적으로 재동기화를 수행한다.

트리거로 조정을 촉발한 이벤트를 가정하지 않는지 확인해야 한다. 상태 필드를 사용하고 필요에 따라 다른 리소스의 관련 조건을 결정하고 그에 따라 조정한다.

어드미션 웹훅

사용자 정의 리소스에 새 API 타입을 생성하는 CRD의 OpenAPI v3 명세를 사용해 구현할 수 없는 기본값 또는 유효성 검사가 필요하면 어드미션 웹훅 유효성 검사 및 변경으로 전환할 수 있다. Kubebuilder CLI에는 더 빠르게 진행할 수 있도록 표준 공통 코드를 생성해 이런 사용 사례에 특히 적합한 create 웹훅 명령이 있다.

검증 웹훅이 네임스페이스 오퍼레이터 예시 및 해당 AcmeNamespace 리소스와 함께 유용

할 수 있는 예는 `adminUsername` 필드를 검증한다. 편의상 웹훅은 엔터프라이즈 ID 프로바이더에게 전화를 걸어 제공된 사용자 이름이 유효한지 확인해 수정 때문에 사람의 개입이 필요한 실수를 방지할 수 있다.

기본값 설정의 예로는 가장 일반적이고 가장 저렴한 개발 옵션으로 `deploymentTier`를 기본값으로 설정할 수 있다. 이는 사용자 정의 리소스 데이터 모델에 새 필드를 추가하는 변경을 수행할 때 기존 리소스 정의와의 역호환성을 유지하는 데 특히 유용하다.

어드미션 웹훅은 오퍼레이터의 프로토타입이나 초기 알파 릴리즈에 포함되지 않을 때가 많지만, 프로젝트의 안정적인 릴리즈로 사용자 경험을 개선할 때 일반적으로 사용된다. 8장에서는 어드미션 컨트롤의 주제를 심층적으로 다뤘다.

파이널라이저

상위 사용자 지정 리소스가 제거될 때 삭제되도록 하려고 사용자 정의 리소스가 하위 리소스의 소유자로 설정되는 예를 살펴봤다. 그러나 이 메커니즘이 항상 충분하지는 않다. 사용자 정의 리소스가 소유권이 적절하지 않은 클러스터의 다른 리소스와 관계가 있거나 사용자 정의 리소스가 삭제될 때 클러스터 외부의 조건을 업데이트해야 할 때 파이널라이저^{Finalizers}를 사용하는 것이 중요할 수 있다.

파이널라이저는 [예시 11-16]과 같이 리소스의 메타데이터에 추가된다.

예시 11-16 파이널라이저가 있는 AcmeNamespace 매니페스트

```
apiVersion: tenancy.acme.com/v1alapha1
kind: AcmeNamespace
metadata:
  name: team-x
  finalizers:
  - namespace.finalizer.tenancy.acme.com ❶
spec:
  namespaceName: app-y
  adminUsername: sam
```

❶ 파이널라이저로 사용되는 문자열 값이다.

파이널라이저로 사용된 문자열 값은 컨트롤러 외에 시스템의 다른 어떤 것에도 중요하지 않다. 다른 컨트롤러가 동일한 리소스에 파이널라이저를 적용해야 할 때에 대비해 안전하게 고유한 값을 사용한다.

리소스에 파이널라이저가 있으면 API 서버는 리소스를 삭제하지 않는다. 삭제 요청이 수신되면 대신 리소스를 업데이트해 해당 메타데이터에 `deleteTimestamp` 필드를 추가한다. 리소스 업데이트는 컨트롤러에서 조정을 트리거한다. 모든 사전 삭제 작업을 완료할 수 있도록 `deleteTimestamp`에 대한 검사를 컨트롤러의 Reconcile 메소드에 추가해야 한다. 완료되면 컨트롤러에서 파이널라이저를 제거할 수 있다. 그러면 API 서버에서는 리소스를 삭제할 수 있음을 인지할 수 있다.

사전 삭제 작업의 일반적인 예는 클러스터 외부의 시스템에 있다. 네임스페이스 오퍼레이터의 예에서 네임스페이스 사용량을 추적하는 엔터프라이즈 차지백 시스템이 있고, 네임스페이스가 삭제될 때 업데이트해야 하면 파이널라이저는 오퍼레이터에게 네임스페이스를 제거하기 전에 해당 외부 시스템을 업데이트하도록 요청할 수 있다. 다른 예는 워크로드가 애플리케이션 스택의 일부로 데이터베이스 또는 오브젝트 스토리지와 같은 관리형 서비스를 사용할 때다. 애플리케이션의 인스턴스가 삭제되면 관리 서비스용 인스턴스도 정리해야 한다.

스케줄러 확장

스케줄러는 쿠버네티스의 핵심 기능을 제공한다. 쿠버네티스 가치 제안의 큰 부분은 워크로드를 실행할 VM 풀의 추상화 부분이다. 파드가 실행될 위치는 스케줄러가 결정한다. kubelet과 함께 두 컨트롤러가 다른 모든 것이 구축되는 쿠버네티스의 핵심을 형성한다고 말할 수 있다. 스케줄러는 애플리케이션 플랫폼을 위한 초석 플랫폼 서비스다. 이 절에서는 스케줄러의 동작을 사용자 정의, 확장 및 교체하는 방법을 살펴본다.

스케줄러와 같은 핵심 컨트롤 플레인 컴포넌트와 11장에서 지금까지 살펴본 사용자 정의 오퍼레이터 간의 유사성을 염두에 두는 것이 도움이 된다. 두 경우 모두 쿠버네티스 리소스를 관리하는 쿠버네티스 컨트롤러를 다루고 있다. 맞춤형 오퍼레이터로 완전히 새로운 맞춤형 컨트롤러를 개발하는 반면 스케줄러는 모든 쿠버네티스 클러스터와 함께 배포되는 핵심 컨트롤러다. 사용자 정의 오퍼레이터를 사용해 새로운 사용자 정의 리소스를 설계하고 생성하는 반면, 스케줄러는 핵심 파드 리소스를 관리한다.

쿠버네티스 사용자가 스케줄러를 확장하거나 동작을 수정해야 할 필요성을 찾는 것은 드문 일이다. 그러나 클러스터 기능에 얼마나 중요한지 고려할 때 스케줄러가 스케줄링 결정에 도달하는 방법과 필요 시 이런 결정을 수정하는 방법을 이해하는 것이 현명하다. 반복해서 얘기하자면, 쿠버네티스의 탁월한 기능의 상당 부분은 확장성과 모듈성이다. 스케줄러가 요구 사항을 충족하지 않으면 해당 동작을 수정 또는 보강하거나 완전히 교체할 수 있다.

스케줄러 확장을 탐색하면서 스케줄러가 파드를 할당할 위치를 결정하는 방법을 조사해 각 스케줄링 결정에 무엇이 들어가는지 이해할 수 있도록 한 다음 스케줄링 정책으로 결정에 영향을 미칠 수 있는 방법을 알아본다. 또한 여러 스케줄러를 실행하고 사용자 정의 스케줄러를 작성하는 옵션도 다룬다.

판단식 및 우선순위

스케줄러를 확장하거나 수정하는 방법을 살펴보기 전에 먼저 스케줄러가 결정을 내리는 방법을 이해해야 한다. 스케줄러는 2단계로 진행되며 파드가 스케줄링될 노드를 결정한다.

첫 번째는 필터링이다. 필터링 단계에서 스케줄러는 여러 판단식으로 파드를 호스팅할 수 없는 노드를 필터링한다. 예를 들어 스케줄링 중인 파드가 노드의 테인트^{taints2}를 허용하는지 확인하는지의 판단식^{predicate}이 있다. 컨트롤 플레인 노드는 일반적으로 테인트를 사용해 일

---

2 쿠버네티스에서 테인트는 특정 노드에 대한 제한을 설정하는 데 사용되는 메커니즘이다. 이는 노드에 일부 파드가 스케줄링되지 않도록 할 수 있다. 해당 노드에서 파드가 실행되는 것을 제한하거나 특정 파드 유형이 해당 노드에서 실행되도록 유도하는 데 사용된다. – 옮긴이

반 워크로드가 거기에서 스케줄링되지 않도록 한다. 파드에 허용되지 않으면 모든 테인트된 노드는 파드에 대한 부적격 대상으로 필터링된다. 노드에 이런 리소스에 대한 값을 요청하는 모든 파드에 충분한 CPU 및 메모리 리소스가 있는지 확인하는 판단식도 있다. 예상대로 노드에 파드 명세를 충족하기에 리소스가 충분하지 않으면 부적격 호스트로 필터링된다. 모든 판단식이 노드 적격성을 확인하면 필터링 단계가 완료된다. 이때 적격 노드가 없으면 파드는 클러스터에 적격 노드가 추가되는 것과 같이 조건이 변경될 때까지 보류 상태로 유지된다. 노드 목록이 단일 노드로 구성되면 이 시점에서 스케줄링이 발생할 수 있다. 적격 노드가 여러 개이면 스케줄러는 두 번째 단계로 진행한다.

두 번째는 채점 단계다. 채점 단계에서는 우선순위를 사용해 특정 파드에 가장 적합한 노드를 결정한다. 노드 점수를 높이는 데 도움이 되는 우선순위는 파드에서 사용 중인 컨테이너 이미지의 존재다. 노드에 더 높은 점수를 주는 다른 우선순위는 스케줄링 중인 파드와 동일한 서비스를 공유하는 파드가 없다. 즉, 스케줄러는 향상된 노드 장애 허용치로 여러 노드에 서비스를 공유하는 파드를 배포하려고 시도한다. 채점 단계는 파드에 대한 preferred 규칙이 구현되는 곳이기도 한다. 점수 매기기 단계가 끝나면 각 적격 노드에는 점수가 책정된다. 가장 높은 점수를 받은 노드가 파드에 가장 적합한 것으로 간주되고 스케줄링된다.

스케줄링 정책

스케줄링 정책은 스케줄러가 사용할 판단식 및 우선순위를 구성하는 데 사용된다. 제어 플레인 노드의 디스크에 스케줄링 정책을 포함하는 구성 파일을 작성하고 스케줄러에 --policy-config-file 플래그를 제공할 수 있지만 선호되는 방법은 컨피그맵을 사용한다. 스케줄러에 --policy-configmap 플래그를 제공한 후 API 서버로 스케줄링 정책을 업데이트할 수 있다. 컨피그맵 방법을 사용할 때 컨피그맵을 가져오기 위한 규칙을 추가하려면 system:kube-scheduler ClusterRole을 업데이트해야 할 수 있다.

이 글을 쓰는 시점에서 스케줄러에 대한 —policy—config—file 및 —policy—configmap 플래그는 모두 계속 작동하지만, 공식 문서에서는 더 이상 사용되지 않는 것으로 표시된다. 새로운 사용자 지정 스케줄링 동작을 구현할 때 여기에서 설명하는 정책보다 다음 절에서 설명하는 스케줄링 프로필을 사용하는 것이 좋다.

예를 들어 [예시 11—17]의 컨피그맵 정책은 selectable 키가 있는 레이블이 있을 때만 파드에서 nodeSelector로 노드를 선택할 수 있도록 한다.

예시 11-17 스케줄링 정책을 정의하는 컨피그맵 예

```
apiVersion: v1
kind: ConfigMap
metadata:
  name: scheduler-policy-config
  namespace: kube-system
data:
  policy.cfg: |+ ❶
    apiVersion: v1
    kind: Policy
    predicates:
    - name: "PodMatchNodeSelector" ❷
    argument:
      labelsPresence:
        labels:
        - "selectable" ❸
        presence: true ❹
```

❶ 스케줄러가 정책에 사용할 것으로 예상되는 파일 이름이다.

❷ nodeSelectors를 구현하는 판단식 이름이다.

❸ 선택에 제약을 추가하는 데 사용할 레이블 키다. 예에서 노드에 이 레이블 키가 없으면 파드에서 선택할 수 없다.

❹ 제공된 레이블이 있어야 함을 나타낸다. false값이면 없어야 한다. presence: true의 예시 구성을 사용하면 레이블이 없는 노드 selectable: ""는 파드에서 선택할 수 없다.

이 스케줄링 정책이 적용되면 [예시 11-18]에서 매니페스트를 사용해 정의된 파드가 device: gpu와 selectable: "" 레이블이 모두 있는 적격 노드에만 스케줄링된다.

예시 11-18 nodeSelector 필드를 사용해 스케줄링을 지시하는 파드 매니페스트

```
apiVersion: v1
kind: Pod
metadata:
  name: terminator
spec:
  containers:
    - image: registry.acme.com/skynet/t1000:v1
      name: terminator
  nodeSelector:
    device: gpu
```

스케줄링 프로필

스케줄링 프로필을 사용하면 스케줄러로 컴파일되는 플러그인을 활성화하거나 비활성화할 수 있다. 스케줄러를 실행할 때 --config 플래그에 파일 이름을 전달해 프로필을 지정할수 있다. 이런 플러그인은 이전에 다룬 필터 및 채점 단계를 포함하지만, 이에 국한되지 않는 다양한 확장점을 구현한다. 경험상 이런 방식으로 스케줄러를 사용자 정의할 필요는 거의 없다. 그러나 필요하다면 쿠버네티스 설명서에서 지침을 참고할 수 있다.

다중 스케줄러

스케줄러가 하나로 제한되지 않는다는 점에 유의해야 한다. 정책 및 프로필이 다른 쿠버네티스 스케줄러 또는 맞춤형 스케줄러를 원하는 수만큼 배포할 수 있다. 여러 스케줄러를 실행하면 파드에 대한 명세에 schedulerName을 제공할 수 있다. 그러면 해당 파드에 대한 스케줄링을 수행하는 스케줄러가 결정된다. 다중 스케줄러 모델을 따르는 데 따른 복잡성이 추가된 점을 감안할 때 특수 스케줄링 요구사항이 있는 워크로드에 전용 클러스터를 사용하는 것을

고려해야 한다.

사용자 정의 스케줄러

정책 및 프로필을 사용하더라도 쿠버네티스 스케줄러를 사용할 수 없을 때는 자체 스케쥴러를 개발해 사용할 수 있는 옵션이 있다. 사용자 정의 스케쥴러는 파드 리소스를 감시하는 컨트롤러 개발을 수반하며, 새로운 파드가 생성될 때마다 파드가 실행돼야 하는 위치를 결정하고 해당 파드에 대한 nodeName 필드를 업데이트해야 한다. nodeName 필드 업데이트는 좁은 범위이지만 간단한 워크스루walkthough가 아니다. 핵심 스케쥴러는 스케쥴링 결정을 내릴 때 고려하는 수많은 복잡한 요소를 일상적으로 평가하는 정교한 컨트롤러다. 요구사항이 맞춤형 스케쥴러를 요구할 만큼 특수한 경우, 이 동작을 정교화하기 위해 상당한 엔지니어링 노력을 투자해야 할 가능성이 높다. 기존 스케쥴러를 사용한 옵션을 모두 활용했고 프로젝트에 활용할 수 있는 깊은 쿠버네티스 전문 지식이 있는 경우에만 이 접근 방식을 진행하는 것이 좋다.

요약

11장에서는 쿠버네티스에서 사용할 수 있는 확장점과 테넌트의 요구사항을 충족하는 데 필요한 플랫폼 서비스를 추가하는 최선의 방법을 이해하는 것이 중요하다. 또한 쿠버네티스 오퍼레이터의 오퍼레이터 패턴 및 사용 사례를 설명했다. 오퍼레이터를 구축해야 하는 강력한 필요성을 찾으면 사용할 개발 도구 및 언어를 결정하고 사용자 정의 리소스의 데이터 모델을 설계한 다음 해당 사용자 정의 리소스를 관리할 쿠버네티스 컨트롤러를 구축하는 방법을 배웠다. 마지막으로 기본 스케쥴러 동작이 요구사항을 충족하지 않으면 스케쥴링 정책 및 프로필을 살펴보고 동작을 수정함을 알았다. 특정 상황이면 기본 스케쥴러를 대체하거나 함께 실행할 사용자 정의 스케쥴러를 개발할 수 있는 옵션이 있다는 것도 배웠다.

11장에서 소개한 원칙과 관행을 사용하면 더 이상 커뮤니티나 회사 프로바이더에서 제공하는 유틸리티 및 소프트웨어의 제약을 받지 않는다. 기존 솔루션에 없는 중요한 요구사항이 발생하면 비즈니스에 필요할 수 있는 전문 플랫폼 서비스를 추가하기 위한 도구와 지침을 활용해 마음대로 사용할 수 있다.

12장

멀티테넌시

쿠버네티스에 운영 환경 애플리케이션 플랫폼을 구축할 때 플랫폼에서 실행될 테넌트를 처리하는 방법을 고려해야 한다. 이 책 전체에 걸쳐 설명한 것처럼 쿠버네티스는 많은 요구사항을 구현하는 데 사용할 수 있는 기본 기능 세트를 제공한다. 워크로드 테넌시도 다르지 않다. 쿠버네티스는 테넌트가 동일한 플랫폼에서 안전하게 공존할 수 있도록 하는 데 사용할 수 있는 다양한 핸들러를 제공한다. 즉, 쿠버네티스는 테넌트를 정의하지 않는다. 테넌트는 애플리케이션, 개발 팀, 사업부 등이 될 수 있다. 테넌트를 정의하는 것은 독자와 독자의 조직에 달려 있으며, 12장이 해당 작업에 도움이 되기를 바란다.

테넌트가 누구인지 설정했으면 멀티테넌트를 동일한 플랫폼에서 실행해야 하는지 여부를 결정해야 한다. 대규모 조직이 애플리케이션 플랫폼을 구축하도록 지원한 경험에서 플랫폼팀은 일반적으로 멀티테넌트 플랫폼 운영에 관심이 있음을 알았다. 즉, 이 결정은 서로 다른 세입자의 특성과 그들 사이에 존재하는 신뢰에 확고하게 뿌리를 두고 있다. 예를 들어, 공유 애플리케이션 플랫폼을 제공하는 기업은 외부 고객에게 서비스로서의 컨테이너를 제공하는 기업과 이야기가 다르다.

먼저 쿠버네티스로 달성할 수 있는 테넌트 격리의 정도를 살펴본다. 워크로드의 특성과 특정 요구사항에 따라 제공해야 하는 격리 정도가 결정된다. 격리가 강할수록 멀티테넌시 분야에 필요한 투자도 커진다. 그런 다음 쿠버네티스에서 멀티테넌시 기능의 많은 부분을 가능하게 하는 필수 빌딩 블록인 쿠버네티스 네임스페이스를 설명한다. 마지막으로 역할 기반 액세스 제어, 즉 RBAC 리소스 요청 및 제한, 파드 시큐리티 폴리시 등을 포함해 멀티테넌트 클러스터에서 테넌트를 격리하는 데 활용할 수 있는 다양한 쿠버네티스 기능을 살펴본다.

격리 정도

쿠버네티스는 각각 장단점이 있는 다양한 테넌트 모델에 적합하다. 구현할 모델을 결정하는 가장 중요한 요소는 워크로드에 필요한 격리 정도^{Degrees of Isolation}다. 예를 들어, 제3자가 개발한 신뢰할 수 없는 코드를 실행하려면 일반적으로 조직의 내부 애플리케이션을 호스팅하는 것보다 더 강력한 격리가 필요하다. 일반적으로 따를 수 있는 테넌시 모델에는 싱글테넌트 클러스터와 멀티테넌트 클러스터가 있다. 각 모델의 장단점을 설명한다.

싱글테넌트 클러스터

싱글테넌트 클러스터 모델(그림 12-1 참조)은 클러스터 리소스를 공유하지 않기 때문에 테넌트 간에 가장 강력한 격리를 제공한다. 클러스터 리소스 공유가 없어서 복잡한 멀티테넌트 지원 문제, 즉 테넌트 격리 문제가 없어서 매력적인 모델이다.

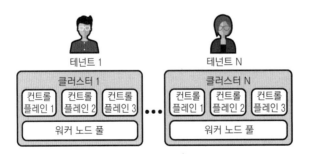

그림 12-1 각 테넌트는 별도의 클러스터에서 실행된다(CP는 컨트롤 플레인 노드를 나타냄).

테넌트 수가 적으면 싱글테넌트 클러스터를 실행할 수 있다. 그러나 싱글테넌트 클러스터 모델에 다음과 같은 단점이 있음을 유의해야 한다.

리소스 오버헤드

각 싱글테넌트 클러스터는 대부분 최소 3개의 전용 노드가 필요한 자체 컨트롤 플레인을 실행해야 한다. 테넌트가 많을수록 워크로드를 실행하는 데 사용할 수 있는 클러스터 컨트롤 플레인 전용 리소스가 늘어난다. 컨트롤 플레인 외에도 각 클러스터는 플랫폼 서비스를 제공하려고 일련의 워크로드를 호스팅한다. 이런 플랫폼 서비스는 멀티테넌트 클러스터의 다른 테넌트 간에 공유될 수 있으므로 오버헤드도 발생한다. 모니터링 도구, 정책 컨트롤러(예: OPA) 및 인그레스 컨트롤러가 좋은 예다.

관리 복잡성 증가

플랫폼팀이 많은 수의 클러스터를 관리하는 일은 부담이 된다. 각 클러스터는 배포, 추적, 업그레이드 등을 수행해야 한다. 수백 개의 클러스터에서 보안 취약점을 수정해야 한다고 상상해 본다. 플랫폼팀이 이를 효과적으로 수행하려면 고급 도구에 대한 투자가 필요하다.

방금 언급한 단점에도 현장에서 싱글테넌트 클러스터를 성공적으로 구현한 사례를 많이 봤다. 그리고 클러스터 API(https://oreil.ly/8QRz7)와 같은 클러스터 생명 주기 도구가 성숙기에 도달하면서 싱글테넌트 모델을 채택하기가 더 쉬워졌다. 즉, 현장에서 집중하는 대부분은 멀티테넌트 클러스터가 있는 조직을 돕는 것이다. 멀티테넌트 클러스터를 알아본다.

멀티테넌트 클러스터

멀티테넌트를 호스팅하는 클러스터는 싱글테넌트 클러스터의 단점을 해결할 수 있다. 테넌트당 하나의 클러스터를 배포하고 관리하는 대신 플랫폼팀은 더 적은 수의 클러스터에 집중할 수 있으므로 리소스 오버헤드와 관리 복잡성이 줄어든다(그림 12-2 참조). 즉, 효과를 볼 수 있다는 것이다. 멀티테넌트 클러스터의 구현은 테넌트가 서로 영향을 미치지 않고 공존할 수 있도록 해야 하므로 더 복잡하고 미묘한 차이가 있다.

그림 12-2 멀티테넌트가 공유하는 싱글 클러스터(CP는 제어 평면 노드를 나타냄)

멀티테넌시는 소프트 멀티테넌시와 하드 멀티테넌시라는 두 가지 유형으로 제공된다. '멀티팀'이라고도 하는 소프트 멀티테넌시는 플랫폼의 테넌트 간에 일정 수준의 신뢰가 존재한다고 가정한다. 이 모델은 일반적으로 테넌트가 같은 조직에 속할 때 실행 가능하다. 예를 들어, 다른 테넌트를 호스팅하는 엔터프라이즈 애플리케이션 플랫폼은 일반적으로 소프트 멀티테넌시 상태를 가정할 수 있다. 테넌트가 조직을 성공으로 이끌 때 좋은 영향을 받기 때문이다. 의도가 긍정적이더라도 의도하지 않은 문제(예: 취약성, 버그 등)가 발생할 수 있으므로 테넌트 격리는 여전히 필요하다.

반면에 하드 멀티테넌트 모델은 테넌트 간에 신뢰가 없음을 설정한다. 보안 관점에서 테넌트는 적절한 격리 메커니즘을 적용하는데 취약점으로 간주되기도 한다. 다른 조직에 속한 신뢰할 수 없는 코드를 실행하는 플랫폼이 좋은 예다. 이때 테넌트가 클러스터를 안전하게 공유할 수 있도록 하려면 테넌트 간의 강력한 격리가 중요하다.

1장의 집에 비유해 설명한 주제를 바탕으로 소프트 멀티테넌시 모델은 함께 사는 가족이라고 보면 된다. 그들은 부엌, 거실 및 유틸리티를 공유하지만, 각 가족 구성원은 자신의 침실이 있다. 대조적으로, 하드 멀티테넌트 모델은 아파트 건물로 더 잘 표현된다. 여러 가족이 건물을 공유하지만 각 가족은 잠긴 대문 뒤에 산다.

소프트 및 하드 멀티테넌시 모델은 멀티테넌트 플랫폼에 대한 대화를 안내하는 데 도움이 될 수 있지만 구현은 명확하지 않다. 현실은 멀티테넌시 범위로 가장 잘 설명된다. 테넌트는 플랫폼에서 무엇이든 할 수 있으며 모든 리소스를 소비한다. 다른 한편으로는 테넌트가 플랫폼의 모든 레이어에서 엄격하게 제어되고 격리되는 완전한 테넌트 격리가 있다.

상상할 수 있듯이 테넌트 격리 없이 운영 멀티테넌트 플랫폼을 구축할 수 없다. 동시에 완전한 테넌트 격리로 멀티테넌트 플랫폼을 구축하려면 비용이 많이 드는 무익한 노력만 할 수도 있다. 따라서 멀티테넌시 범위에서 워크로드와 조직 전체에 적합한 최적의 지점을 찾는 것이 중요하다.

워크로드에 필요한 격리를 결정하려면 쿠버네티스 기반 플랫폼에서 격리를 적용할 수 있는 다양한 레이어를 고려해야 한다.

워크로드 플레인

워크로드 플레인은 워크로드가 실행되는 노드로 구성된다. 멀티테넌트 시나리오에서 워크로드는 일반적으로 노드의 공유 풀 전체에 예약된다. 이 수준의 격리에는 노드 리소스, 보안 및 네트워크 경계 등의 공정한 공유가 포함된다.

컨트롤 플레인

컨트롤 플레인은 API 서버, 컨트롤러 관리자 및 스케줄러와 같은 쿠버네티스 클러스터를 구성하는 구성요소를 포함한다. 쿠버네티스에는 권한 부여(예: RBAC), 어드미션 컨트롤, API 우선순위 및 공정성을 포함해 이 수준에서 테넌트를 분리하는 데 사용할 수 있는 다양한 메커니즘이 있다.

플랫폼 서비스

플랫폼 서비스에는 중앙 집중식 로깅, 모니터링, 인그레스, 클러스터 내 DNS 등이 포함된다. 워크로드에 따라 플랫폼 서비스 또는 기능에도 일정 수준의 격리가 필요할 수 있다. 예를 들어 테넌트가 서로의 로그를 검사하거나 클러스터의 DNS 서버로 서로의 서비스를 검색하지 못하도록 할 수 있다.

쿠버네티스는 각 레이어에서 격리를 구현하는 데 사용할 수 있는 다양한 기본 요소를 제공한다. 자세히 알아보기 전에 클러스터에서 테넌트를 분리할 수 있는 기본 경계인 쿠버네티스 네임스페이스를 설명한다.

네임스페이스 경계

네임스페이스는 쿠버네티스 API에서 다양한 기능을 활성화한다. 또한 클러스터를 구성하고, 정책을 시행하고, 액세스를 제어하는 등의 작업을 수행할 수 있다. 더 중요한 것은 멀티테넌트 쿠버네티스 플랫폼을 구현할 때 테넌트를 초기 구축하고 격리하기 위한 기반을 제공하기 때문에 중요한 구축 기반이다.

그러나 테넌트 격리와 관련해 네임스페이스는 쿠버네티스 컨트롤 플레인의 논리적 구성이라는 점을 염두에 둬야 한다. 추가 정책이나 구성이 없으면 네임스페이스는 워크로드 플레인에 영향을 미치지 않는다. 예를 들어 다른 네임스페이스에 속한 워크로드는 고급 일정 제약 조건이 적용되지 않는 한 같은 노드에서 실행될 가능성이 높다. 결국 네임스페이스는 쿠버네티스 API의 리소스에 연결된 메타데이터의 일부일 뿐이다.

그렇긴 하지만 12장에서 탐색할 격리 메커니즘의 대부분은 네임스페이스 구성에 달려 있다. RBAC, 리소스 할당량 및 네트워크 정책이 이런 메커니즘의 예다. 따라서 테넌시 전략을 설계할 때 가장 먼저 네임스페이스를 활용하는 방법을 설정한다. 현장에서 조직을 도울 때 다음과 같은 접근 방식을 사용한다.

팀당 네임스페이스

각 팀이 클러스터의 싱글네임스페이스에 액세스할 수 있으며 특정 팀에 정책 및 할당량을 간단하게 적용할 수 있는 접근 방식이다. 그러나 여러 서비스를 소유한 팀이 싱글네임스페이스에 존재하는 것은 어려울 수 있다. 전반적으로 쿠버네티스를 시작하는 소규모 조직에서 실행 가능한 모델이다.

애플리케이션당 네임스페이스

클러스터의 각 애플리케이션에 네임스페이스를 제공하므로 애플리케이션별 정책 및 할당량을 더 쉽게 적용할 수 있는 접근 방식이다. 일반적으로 테넌트가 여러 네임스페이스에 액세스할 수 있으므로 테넌트 초기 구축 프로세스와 테넌트 수준 정책 및 할당량을 적용하는 기능이 복잡해진다는 단점이 있다. 즉, 멀티테넌트 플랫폼을 구축하는 대규모 조직 및 기업에 가장 적합한 방식이다.

레이어당 네임스페이스

네임스페이스를 사용해 다른 런타임 레이어(또는 환경)을 설정하는 패턴이다. 개발, 스테이징 및 운영 레이어를 별도의 클러스터를 사용하는 것을 선호하기 때문에 일반적으로 이 접근 방식을 피한다.

사용 방법은 격리 요구사항과 조직의 구조에 따라 크게 달라진다. 팀당 네임스페이스 모델에 의존하면 네임스페이스의 모든 리소스 또는 모든 팀 구성원이 네임스페이스의 워크로드에 액세스할 수 있음을 기억해야 한다. 예를 들어 앨리스와 밥이 같은 팀에 있다고 가정하면 둘 다 팀의 네임스페이스에서 시크릿을 가져올 수 있는 권한이 있으면 앨리스가 밥의 시크릿을 보는 것을 방지할 수 없다.

쿠버네티스 멀티테넌시

쿠버네티스 기반 플랫폼을 구축할 때 구현할 수 있는 다양한 테넌시 모델을 설명했다. 12장의 나머지 부분에서는 멀티테넌트 클러스터와 테넌트를 안전하고 효과적으로 호스팅하려고 활용할 수 있는 다양한 쿠버네티스 기능 중 멀티테넌트의 지원 측면에 중점을 둔다.

먼저 컨트롤 플레인 레이어에서 사용할 수 있는 격리 메커니즘에 중점을 둔다. 주로 RBAC, 리소스 할당량 및 어드미션 웹훅 검증이다. 그런 다음 워크로드 플레인으로 이동해 리소스 요청과 제한, 네트워크 폴리시, 파드 시큐리티 폴리시를 논의한다. 마지막으로 멀티테넌트를 염두에 두고 설계할 수 있는 예시 플랫폼 서비스의 모니터링 및 중앙 집중식 로깅을 설명한다.

RBAC

같은 클러스터에서 멀티테넌트를 호스팅할 때 테넌트가 자신에게 속하지 않는 리소스를 수정하지 못하도록 API 서버 레이어에서 격리를 적용해야 한다. RBAC 권한 부여 메커니즘을 사용하면 이 정책을 구성할 수 있다. 10장에서 논의한 것처럼 API 서버는 사용자 또는 테넌트의 ID를 설정하는 다양한 메커니즘을 지원한다. 일단 설정되면 테넌트의 ID가 RBAC 시스템으로 전달돼 테넌트가 요청된 작업을 수행할 권한이 있는지 여부를 결정한다.

테넌트를 클러스터에 등록할 때 API 리소스를 생성 및 관리할 수 있는 하나 이상의 네임스페이스에 대한 액세스 권한을 부여할 수 있다. 각 테넌트에 권한을 부여하려면 롤 또는 ClusterRole을 해당 ID와 바인딩해야 한다. 바인딩은 RoleBinding 리소스를 사용해 수행된다. 다음 스니펫은 app1 네임스페이스에 대한 app1-viewer 그룹 뷰의 액세스 권한을 부여하는 RoleBinding의 예를 보여준다. 좋은 사용 사례가 없는 한 테넌트의 ClusterRoleBinding을 사용하지 말아야 한다. 테넌트가 모든 네임스페이스에서 바인딩된 역할을 활용할 수 있도록 권한을 부여하기 때문이다.

```
apiVersion: rbac.authorization.k8s.io/v1
kind: RoleBinding
metadata:
  name: viewers
  namespace: app1
roleRef:
  apiGroup: rbac.authorization.k8s.io
  kind: ClusterRole
  name: view
subjects:
- apiGroup: rbac.authorization.k8s.io
  kind: Group
  name: app1-viewer
```

예시에서 RoleBinding이 view라는 이름의 ClusterRole을 참조한다는 것을 알 수 있다. view ClusterRole은 쿠버네티스에서 사용할 수 있는 기본 제공 역할이다. 쿠버네티스는 일반적인 사용 사례를 다루는 기본 제공 역할 세트를 제공한다.

view

　view 역할은 테넌트에게 네임스페이스 범위 리소스에 대한 읽기 전용 액세스 권한을 부여한다. 예를 들어 롤은 팀의 모든 개발자에게 바인딩될 수 있다. 예를 들어 운영 클러스터에서 리소스를 검사하고 문제를 해결할 수 있기 때문이다.

edit

　edit 역할을 사용하면 테넌트가 네임스페이스 범위 리소스를 볼 뿐만 아니라 생성, 수정 및 삭제할 수 있다. 롤의 능력을 감안할 때 edit 역할의 바인딩은 애플리케이션 배포에 대한 접근 방식에 따라 크게 달라진다.

admin

　리소스를 보고 편집하는 것 외에도 admin 롤은 Role 및 RoleBinding을 만들 수 있다. 롤은 일반적으로 테넌트 관리자에게 바인딩돼 네임스페이스 관리 문제를 위임한다.

기본 제공 역할은 좋은 출발점이다. 즉, 쿠버네티스 API의 방대한 리소스에 대한 액세스 권한을 부여하기 때문에 너무 광범위하다고 생각할 수 있다. 최소 권한 원칙을 따르려면 작업을 완료하는 데 필요한 최소한의 리소스 및 작업 집합을 허용하는 긴밀한 범위의 역할을 만들 수 있다. 그러나 이렇게 하면 잠재적으로 많은 고유한 역할을 관리해야 하므로 관리 오버헤드가 발생하기도 한다.

 대부분의 쿠버네티스 배포에서 테넌트는 일반적으로 클러스터의 모든 네임스페이스를 나열할 권한이 있다. 이는 현재 쿠버네티스 RBAC 시스템을 사용해 이를 달성할 수 있는 방법이 없기 때문에 테넌트가 다른 네임스페이스가 무엇인지 알지 못하도록 해야 할 때 문제가 된다. 요구사항이 있으면 이를 처리하려고 더 높은 수준의 추상화를 빌드해야 한다(오픈시프트의 프로젝트 (https://oreil.ly/xIAT8) 리소스는 이를 해결하는 추상화의 예다).

RBAC는 동일한 클러스터에서 멀티테넌트를 실행할 때 필수다. 테넌트가 서로의 리소스를 보고 수정하는 것을 방지하는 데 필요한 컨트롤 플레인 레이어에서 격리를 제공한다. 멀티테넌트 쿠버네티스 기반 플랫폼을 구축할 때 RBAC를 활용해야 한다.

리소스 할당량

멀티테넌트 플랫폼을 제공하는 플랫폼 오퍼레이터로서 각 테넌트가 제한된 클러스터 리소스의 적절한 공유를 얻도록 해야 한다. 그렇지 않으면 야심찬(또는 악의적인) 테넌트가 전체 클러스터를 소비하고 다른 테넌트를 효과적으로 고갈시키는 것을 막을 수 없다.

리소스 소비를 제한하려면 쿠버네티스의 리소스 할당량 기능을 사용할 수 있다. 리소스 할당량은 네임스페이스 수준에서 적용되며 두 가지 종류의 리소스를 제한할 수 있다. 한편으로는 CPU, 메모리 및 스토리지와 같이 네임스페이스에서 사용할 수 있는 컴퓨팅 리소스의 양을 제어할 수 있다. 반면에 파드, 서비스 등의 수와 같이 네임스페이스 내에서 생성할 수 있는 API 오브젝트의 수를 제한할 수 있다. API 오브젝트를 제한해야 하는 일반적인 시나리오는 비용이 많이 들 수 있는 클라우드 환경에서 LoadBalancer 서비스의 수를 제어한다.

할당량은 네임스페이스 수준에서 적용되기 때문에 네임스페이스 전략은 할당량 구성 방법에 영향을 준다. 테넌트가 싱글 네임스페이스에 액세스할 수 있으면 네임스페이스에서 각 테넌트에 대한 ResourceQuota를 생성할 수 있으므로 각 테넌트에 할당량을 적용하는 것은 간단하다. 테넌트가 여러 네임스페이스에 액세스할 수 있으면 이야기가 더 복잡해진다. 이때 다른 네임스페이스에 할당량을 적용하려면 추가 자동화 또는 추가 컨트롤러가 필요하다(계층적 네임스페이스 컨트롤러(https://oreil.ly/PyPDK)는 이 문제를 해결하려는 시도다).

ResourceQuota를 더 자세히 알아보기 위해 실제로 살펴본다. 다음 예는 네임스페이스가 최대 1개의 CPU와 512MiB의 메모리를 사용하도록 제한하는 ResourceQuota를 보여준다.

```
apiVersion: v1
kind: ResourceQuota
metadata:
```

```
  name: cpu-mem
  namespace: app1
spec:
  hard:
    requests.cpu: "1"
    requests.memory: 512Mi
    limits.cpu: "1"
    limits.memory: 512Mi
```

app1 네임스페이스의 파드들이 스케줄링되면 쿼터가 그에 따라 소비된다. 예를 들어 0.5개의 CPU와 256MiB를 요청하는 파드를 생성하면 다음과 같이 업데이트된 할당량을 볼 수 있다.

```
$ kubectl describe resourcequota cpu-mem
Name:              cpu-mem
Namespace:         app1
Resource           Used      Hard
--------           ----      ----
limits.cpu         500m      1
limits.memory      512Mi     512Mi
requests.cpu       500m      1
requests.memory    512Mi     512Mi
```

구성된 할당량을 초과해 리소스를 사용하려는 시도는 다음 에러 메시지와 같이 어드미션 컨트롤러로 차단된다. 이때 2개의 CPU와 2GiB의 메모리를 사용하려고 했지만, 할당량 때문에 제한을 받았다.

```
$ kubectl apply -f my-app.yaml
Error from server (Forbidden): error when creating "my-app.yaml": pods "my-app" is forbidden:
      exceeded quota: cpu-mem,
          requested: limits.cpu=2,limits.memory=2Gi,
                  requests.cpu=2,requests.memory=2Gi,
          used: limits.cpu=0,limits.memory=0,
                  requests.cpu=0,requests.memory=0,
          limited: limits.cpu=1,limits.memory=512Mi,
                  requests.cpu=1,requests.memory=512Mi
```

위의 예처럼 ResourceQuota는 테넌트가 클러스터 리소스를 사용하는 방법을 제어하는 기능을 제공한다. 멀티테넌트 클러스터를 실행할 때 테넌트가 클러스터의 제한된 리소스를 안전하게 공유할 수 있도록 하기 때문에 중요하다.

어드미션 웹훅

쿠버네티스에는 정책을 시행하는 데 사용할 수 있는 일련의 내장 승인 컨트롤러가 있다. 방금 다룬 ResourceQuota 기능은 어드미션 컨트롤러를 사용해 구현된다. 기본 제공 컨트롤러는 일반적인 사용 사례를 해결하는 데 도움이 되지만, 일반적으로 조직에서는 테넌트를 격리하고 제한하려면 어드미션 레이어를 확장해야 한다.

어드미션 웹훅 검증 및 변경은 사용자 정의 로직을 어드미션 파이프라인에 주입할 수 있는 메커니즘이다. 어드미션 웹훅은 이미 8장에서 다뤘으므로, 어드미션 웹훅의 구현 세부사항을 파헤치지 않는다. 대신 사용자 정의 어드미션 웹훅으로 현장에서 해결한 멀티테넌트 사용 사례 중 일부를 검색할 수 있다.

표준화된 레이블

인증 웹훅을 사용해 모든 API 오브젝트에 표준 레이블 세트를 적용할 수 있다. 예를 들어 모든 리소스에 소유자 레이블이 있어야 할 수 있다. 레이블은 클러스터를 쿼리하는 방법을 제공하고, 네트워크 정책 및 스케줄링 제약 조건과 같은 상위 수준 기능을 지원하기 때문에 표준 레이블 집합을 갖는 것이 유용하다.

필드 필요

표준 레이블 집합을 적용하는 것과 마찬가지로 인증 웹훅을 사용해 특정 리소스의 필드를 필요에 따라 표시할 수 있다. 예를 들어 모든 테넌트가 인그레스 리소스의 https 필드를 설정하도록 요구할 수 있다. 또는 테넌트가 항상 파드 명세에서 레디니스 및 라이브니스 프로브를 설정하도록 요구할 수 있다.

가드레일 설정

쿠버네티스에는 제한하거나 비활성화할 수 있는 광범위한 기능이 있다. 웹훅을 사용하면 특정 기능 주위에 가드레일guardrail을 설정할 수 있다. 예로는 특정 서비스 유형(예: NodePort) 비활성화, 노드 셀렉터 비활성화, 인그레스 호스트 이름 제어 등이 있다.

멀티네임스페이스 리소스 할당량

필자는 조직이 여러 네임스페이스에 리소스 할당량을 적용해야 하는 현장 사례를 경험했다. 쿠버네티스의 ResourceQuota 오브젝트는 네임스페이스 범위이므로, 사용자 정의 어드미션 웹훅 컨트롤러를 사용해 이 기능을 구현할 수 있다.

전반적으로 어드미션 웹훅은 멀티테넌트 클러스터에서 사용자 정의 정책을 시행하는 좋은 방법이다. 그리고 OPA^Open Policy Agent(https://www.openpolicyagent.org), Kyverno(https://github.com/kyverno/kyverno)와 같은 정책 엔진의 등장으로 이를 구현하기가 훨씬 쉬워졌다. 이런 엔진을 활용해 클러스터의 테넌트를 격리하고 제한하는 것을 고려한다.

API 우선순위 및 공정성

쿠버네티스의 API 우선순위 및 공정성(https://oreil.ly/IA7jy) 기능은 컨트롤 플레인 레이어에서 테넌트를 격리하는 데 활용할 수 있는 다른 메커니즘이다. 이 기능은 구성 가능한 정책에 따라 처리하는 동시 요청 수를 제한해 API 서버가 과부하되는 것을 방지한다.

API 서버는 컨트롤 플레인 기능의 핵심이다. 한 테넌트에 과부하가 걸리면 다른 테넌트에게 심각한 결과를 초래할 수 있다. API 우선순위 및 공정성 기능은 악의적인 테넌트 또는 버그가 있는 API 클라이언트가 과부하를 일으키는 모든 시도를 방해할 수 있다. 대신 구성된 정책에 따라 클라이언트의 요청이 대기열에 추가되거나 거부된다.

API 우선순위 및 공정성 기능은 비교적 새로운 기능이다. 이 글을 쓰는 시점에서 이 기능은 알파 버전이며 아직 현장에서 구현된 것을 보지 못했다. 따라서 사용할 강력한 이유가 없는 한 활성화를 보류하는 것이 좋다. 필요하다고 생각되면 이 기능을 활용하는 대신 여러 클러스터를 실행하는 것이 구현을 더 간단하게 만드는지 평가하는 것이 좋다.

리소스 요청 및 제한

쿠버네티스는 클러스터 노드의 공유 풀에 워크로드를 예약한다. 일반적으로 다른 테넌트의 워크로드가 동일한 노드에 예약돼 노드의 리소스를 공유한다. 리소스가 공정하게 공유되는 지 확인하는 것은 멀티테넌트 플랫폼을 실행할 때 가장 중요한 문제 중 하나다. 그렇지 않으면 테넌트가 같은 노드에 있는 다른 테넌트에 부정적인 영향을 미칠 수 있다.

쿠버네티스의 리소스 요청 및 제한은 컴퓨팅 리소스와 관련해 테넌트를 서로 격리하는 메커니즘이다. 리소스 요청은 일반적으로 쿠버네티스 스케줄러 수준에서 수행된다(CPU 요청은 나중에 살펴보겠지만, 런타임에도 반영됨). 대조적으로 리소스 제한은 리눅스 제어 그룹(cgroup) 및 리눅스 CFS^{Completely Fair Scheduler}를 사용해 노드 수준에서 구현된다.

 요청 및 제한은 운영 워크로드에 대한 적절한 격리를 제공하지만, 격리는 하이퍼바이저에서 제공하는 것만큼 엄격하지 않다는 점을 알아야 한다. 컨테이너화된 환경에서는 워크로드의 시끄러운 이웃 증상을 완전히 제거하는 것이 어려울 수 있다. 주어진 쿠버네티스 노드에서 부하가 걸리는 여러 워크로드의 의미를 실험하고 이해해야 한다.

리소스 격리를 제공하는 것 외에도 리소스 요청 및 제한은 파드의 QoS(서비스 품질) 클래스를 결정한다. QoS 클래스는 노드의 리소스가 부족할 때 kubelet이 파드를 축출하는 순서를 결정하기 때문에 중요하다. 쿠버네티스는 다음과 같은 QoS 클래스를 제공한다.

Guaranteed

CPU 제한이 CPU 요청과 동일하고 메모리 제한이 메모리 요청과 같은 파드로, 이는 모든 컨테이너에 걸쳐 적용돼야 한다. kubelet은 Guaranteed 파드를 거의 제거하지 않는다.

Burstable

보장 자격이 없고 CPU 또는 메모리 요청이 있는 컨테이너가 하나 이상 있는 파드다. kubelet은 요청 이상으로 소비하는 리소스 수에 따라 Burstable 파드를 축출한다. 요청보다 높게 버스팅bursting[1]하는 파드는 요청에 더 가깝게 버스팅하기 전에 파드에서 축출된다.

BestEffort

CPU 또는 메모리 제한 및 요청이 없는 파드로, BestEffort 파드는 '최선의 노력'을 기반으로 실행되고 kubelet으로 가장 먼저 축출된다.

 파드 제거는 복잡한 프로세스다. kubelet은 QoS 클래스를 사용해 파드 순위를 매기는 것 외에도 축출 결정을 내릴 때 파드 우선순위를 고려한다. 쿠버네티스 문서에는 '리소스 부족' 처리 (https://oreil.ly/LucD9)를 자세히 설명하는 훌륭한 기사가 있다.

리소스 요청 및 제한이 테넌트 격리를 제공하고 파드의 QoS 클래스를 결정함을 알았으므로 이제 리소스 요청 및 제한에 대한 세부 정보를 살펴본다. 쿠버네티스가 다양한 리소스 요청 및 제한을 지원하지만 런타임 시 모든 워크로드에 필요한 필수 리소스인 CPU와 메모리를 논의한다. 먼저 메모리 요청과 제한을 알아본다.

파드의 각 컨테이너는 메모리 요청 및 제한을 지정할 수 있다. 메모리 요청이 설정되면 스케줄러는 이를 추가해 파드의 전체 메모리 요청을 가져온다. 이 정보를 사용해 스케줄러는 파드를 호스팅하기에 충분한 메모리 용량을 가진 노드를 찾는다. 클러스터 노드에 충분한 메모리가 없으면 파드는 보류 상태로 유지된다. 그러나 일단 예약되면 파드의 컨테이너는 요청된 메모리가 보장된다.

파드의 메모리 요청은 메모리 리소스에 대한 보장된 하위 한계를 나타낸다. 그러나 노드에서 사용 가능하면 추가 메모리를 사용할 수 있다. 이는 파드가 스케줄러가 다른 워크로드 또는 테넌트에 할당할 수 있는 메모리를 사용하기 때문에 문제가 된다. 새 파드가 동일한 노드에 예약되면 파드가 메모리를 놓고 경합을 다툴 수 있다. 두 파드의 메모리 요청을 모두 충족

---

1   간헐적으로 특정 양의 데이터를 주고받는 것을 의미한다. 일반적으로, 버스트 동작에는 버스트를 일으키는 어떤 시초나 발단이 트리거에 도달했음을 은연 중에 암시한다. 버스트 운영은 간헐적인 동작이지만, 개개의 기술에 따라 그 속도는 규칙적이거나 또는 불규칙적일 수 있다. – 옮긴이

하기 위해 요청보다 많은 메모리를 소비하는 파드가 종료된다. 그림 12-3은 이 과정을 보여준다.

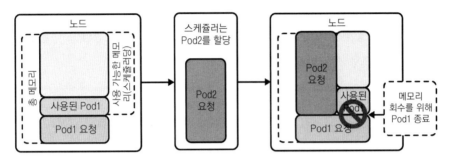

그림 12-3 요청보다 많은 메모리를 소비하는 파드는 새 파드의 메모리를 회수하려고 종료된다.

테넌트가 소비할 수 있는 메모리 양을 제어하려면 워크로드에 대한 메모리 제한을 포함해야 하며, 이는 주어진 워크로드에 사용 가능한 메모리 양에 대한 상한을 적용한다. 워크로드가 한도를 초과해 메모리를 사용하려고 하면 워크로드가 종료된다. 메모리는 압축할 수 없는 리소스이기 때문이다. 메모리를 조절할 수 있는 방법이 없으므로 노드의 메모리가 경합 상태일 때 프로세스를 종료해야 한다. 다음 스니펫은 메모리 부족으로 종료된(OOMKilled) 컨테이너를 보여준다. 출력의 '마지막 상태' 절에서 '이유'를 확인한다.

```
$ kubectl describe pod memory
Name: memory
Namespace: default
Priority: 0
... <스니펫> ...
Containers:
    stress:
        ... <스니펫> ...
        Last State: Terminated
            Reason: OOMKilled
            Exit Code: 1
            Started: Fri, 23 Oct 2020 10:11:51 -0400
            Finished: Fri, 23 Oct 2020 10:11:56 -0400
        Ready: True
```

```
Restart Count: 1
Limits:
    memory: 100Mi
Requests:
    memory: 100Mi
```

현장에서 마주하는 일반적인 질문은 테넌트가 요청보다 높은 메모리 제한을 설정하도록 허용해야 하는지 여부다. 즉, 노드가 메모리에서 초과 할당돼야 하는지 여부다. 이 질문은 노드 밀도와 안정성 사이의 절충점으로 귀결된다. 노드를 초과 할당하면 노드 밀도는 증가하지만, 워크로드 안정성은 감소한다. 앞서 봤듯이 요청보다 많은 메모리를 소비하는 워크로드는 메모리가 경합 상태가 되면 종료된다. 대부분은 플랫폼팀이 노드를 과도하게 구독하지 않도록 권장한다. 일반적으로 노드를 꽉 채우는 것보다 안정성을 더 중요하게 생각하기 때문이다. 이는 특히 운영 워크로드를 호스팅하는 클러스터일 때다.

이제 메모리 요청과 제한을 다뤘으므로, 논의를 CPU로 옮겨 본다. 메모리와 달리 CPU는 압축 가능한 리소스다. CPU가 경합 상태일 때 프로세스를 조절할 수 있다. 이런 이유로 CPU 요청 및 제한은 메모리 요청 및 제한보다 다소 복잡하다.

CPU 요청 및 제한은 CPU 단위를 사용해 지정된다. 대부분은 1 CPU 유닛은 1 CPU 코어와 같다. 요청 및 제한은 분수(예: 0.5 CPU)일 수 있으며, 'm' 접미사를 추가해 밀리초를 사용해 표현할 수 있다. 1 CPU 유닛은 1000m CPU와 같다.

파드의 컨테이너가 CPU 요청을 지정하면 스케줄러는 파드를 배치하기에 충분한 용량을 가진 노드를 찾는다. 배치되면 kubelet은 요청된 CPU 단위를 cgroup CPU 공유로 변환한다. CPU 공유는 cgroup(즉, cgroup 내의 프로세스)에 CPU 시간을 부여하는 리눅스 커널의 메커니즘이다. 다음은 염두에 둬야 할 CPU 공유의 중요한 측면이다.

- CPU 공유는 상대적이다. 1000 CPU 공유는 1 CPU 코어 또는 1000 CPU 코어를 의미하지 않는다. 대신 CPU 용량은 상대 몫에 따라 모든 cgroup 간에 비례적으로 나뉜다. 예를 들어, 서로 다른 cgroup에 있는 2개의 프로세스를 고려해야 한다. 프로세스 1(P1)에 2,000개의 공유가 있고 프로세스 2(P2)에 1,000개의 공유가 있으면 P1

은 P2보다 두 배의 CPU 시간을 얻는다.

- CPU 공유는 CPU가 경합 중일 때만 적용된다. CPU가 완전히 활용되지 않으면 프로세스가 제한되지 않고 추가 CPU 주기를 사용할 수 있다. 앞의 예는 P1 CPU가 100% 사용 중일 때만 P2보다 두 배의 CPU 시간을 얻는다.

CPU 공유(CPU 요청)는 동일한 노드에서 다른 테넌트를 실행하는 데 필요한 CPU 리소스 격리를 제공한다. 테넌트가 CPU 요청을 선언하는 한 해당 요청에 따라 CPU 용량이 공유된다. 결과적으로 테넌트는 다른 테넌트가 CPU 시간을 얻지 못하도록 할 수 없다.

CPU 제한은 다르게 작동한다. 각 컨테이너가 사용할 수 있는 CPU 시간의 상한을 설정한다. 쿠버네티스는 CFS^{Completely Fair Scheduler}의 대역폭 제어 기능을 활용해 CPU 제한을 구현한다. CFS 대역폭 제어는 CPU 소비를 제한하려고 기간을 사용한다. 각 컨테이너는 구성 가능한 기간에 할당량을 얻다. 할당량은 모든 기간에 사용할 수 있는 CPU 시간을 결정한다. 컨테이너가 할당량을 소진하면 컨테이너는 나머지 기간 동안 제한된다.

기본적으로 쿠버네티스는 기간을 100ms로 설정한다. CPU 제한이 0.5개인 컨테이너는 그림 12-4에 표시된 것처럼 100ms마다 50ms의 CPU 시간을 얻는다. CPU가 3개로 제한되는 컨테이너는 100밀리초마다 300ms의 CPU 시간을 확보하므로, 컨테이너가 100ms마다 최대 3개의 CPU를 사용할 수 있다.

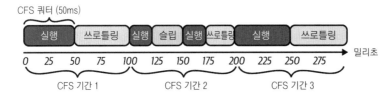

그림 12-4 CFS 기간이 100밀리초고, CPU 할당량이 50밀리초인 cgroup에서 실행 중인 프로세스의 CPU 소비 및 조절

CPU 제한의 특성 때문에 때때로 놀라운 동작이나 예상치 못한 조절이 발생할 수 있다. 이는 일반적으로 기간 초기에 전체 할당량을 사용할 수 있는 멀티스레드 애플리케이션이다. 예를 들어 CPU가 1개로 제한하는 컨테이너는 100ms마다 100ms의 CPU 시간을 얻는다. 컨테이

너에 CPU를 사용하는 5개의 스레드가 있다고 가정하면 컨테이너는 20ms 동안 100ms 할당량을 소비하고 나머지 80ms 동안 제한된다. CPU 제한의 예는 그림 12-5에 나와 있다.

그림 12-5 멀티스레드 애플리케이션은 100밀리초 기간의 처음 20밀리초 동안 전체 CPU 할당량을 사용한다.

CPU 제한을 적용하면 특히 서로 다른 노드에서 여러 레플리카를 실행할 때 애플리케이션 성능의 변동성을 최소화하는 데 유용하다. 성능 변동성은 CPU 제한 없이 레플리카의 버스트 및 유휴 CPU 주기를 소비할 수 있다는 사실에서 비롯되며, 이는 다른 시간에 사용할 수 있다. CPU 제한을 CPU 요청과 동일하게 설정하면 워크로드가 요청한 CPU를 정확하게 얻을 때 변동성을 제거할 수 있다(Google과 IBM은 CFS 대역폭 제어를 자세히 설명하는 백서(https://oreil.ly/39Pu7)를 게시했다). 비슷한 맥락에서 CPU 제한은 성능 테스트 및 벤치마킹에서 중요한 역할을 한다. CPU 제한이 없으면 워크로드에 사용 가능한 CPU가 예약된 노드와 사용 가능한 유휴 CPU 양에 따라 달라지기 때문에 벤치마크에서 결정적인 결과가 나오지 않는다.

워크로드에 예측 가능한 CPU 액세스가 필요할 때(예: 지연 시간에 민감한 애플리케이션) CPU 제한을 CPU 요청과 똑같이 설정하면 도움이 된다. 그렇지 않으면 CPU 주기에 상한선을 둘 필요가 없다. 노드의 CPU 리소스가 경합 상태일 때 CPU 공유 메커니즘은 컨테이너의 CPU 요청에 따라 워크로드가 CPU 시간의 공정한 공유를 얻도록 한다. CPU가 경합 상태가 아니면 워크로드가 기회에 따라 CPU를 소비하므로 유휴 CPU 주기가 낭비되지 않는다.

쿠버네티스 CPU 제한에 영향을 미치는 리눅스 커널 버그

CPU 제한과 관련된 다른 문제는 컨테이너를 불필요하게 제한하는 리눅스 커널 버그(https://oreil.ly/EPWrm)이다. 이는 웹 서비스와 같이 지연 시간에 민감한 워크로드에 상당한 영향을 미친다. 이 문제를 피하려고 쿠버네티스 사용자는 다음을 포함한 다양한 해결 방법을 사용했다.

- 파드 명세에서 CPU 제한 제거
- kubelet 플래그 —cpu-cfs-quota=false를 설정해 CPU 제한 적용 비활성화
- kubelet 플래그 —cpu-cfs-quota-period를 설정해 CFS 기간을 5 - 10ms로 줄임

리눅스 커널 버전에 따라 버그가 리눅스 커널 버전 5.4에서 수정됐고(https://oreil.ly/xekUx) 버전 4.14.154+, 4.19로 백포트됐으므로, 이런 해결 방법을 구현하지 않아도 될 수 있다. .84+ 및 5.3.9+. CPU 제한을 적용해야 할 때, 이 버그를 피하기 위해 리눅스 커널 버전을 업그레이드하는 것이 좋다.

네트워크 정책

대부분의 배포에서 쿠버네티스는 플랫폼에서 실행되는 모든 파드가 서로 통신할 수 있다고 가정한다. 상상할 수 있듯이 이 입장은 테넌트 간에 네트워크 수준 격리를 적용하려는 멀티테넌트 클러스터에 문제가 있다. 네트워크 폴리시 API는 테넌트가 네트워크 레이어에서 서로 격리되도록 활용할 수 있는 메커니즘이다.

5장에서 네트워크 정책을 탐구했으며, 여기에서 네트워크 정책을 시행할 때 CNI 플러그인의 롤을 설명했다. 이 절에서는 특히 멀티테넌트 클러스터에서 네트워크 정책을 일반적인 접근 방식인 기본 deny-all 네트워크 정책 모델을 설명한다.

플랫폼 오퍼레이터는 전체 클러스터에서 기본 deny-all 네트워크 정책을 설정할 수 있다. 그렇게 하면 테넌트가 플랫폼에 온보딩되는 즉시 완전히 격리된다는 점을 감안할 때 네트워크 보안 및 격리와 관련해 가장 강력한 입장을 취하게 된다. 또한 테넌트를 워크로드의 네트워크 상호작용을 선언해야 하는 모델로 유도해 애플리케이션의 네트워크 보안을 향상시킨다.

기본 deny-all 정책을 구현할 때 각각 장단점이 있는 두 가지 경로를 따를 수 있다. 첫 번째 접근 방식은 쿠버네티스에서 사용 가능한 네트워크 폴리시 API를 활용한다. 네트워크 폴리시 API가 핵심 API이기 때문에 이 구현은 다양한 CNI 플러그인 간에 이식 가능하다. 그러나 네트워크 폴리시 오브젝트가 네임스페이스 범위일 때 네임스페이스당 하나씩 여러 기본 전체 거부 네트워크 폴리시 리소스를 만들고 관리해야 한다. 또한 테넌트가 자체 네트워크 폴리시 오브젝트를 생성하려면 권한이 필요하기 때문에 테넌트가 기본 deny-all 정책을 수정하거나 삭제하지 못하도록 방지하려면 추가 제어를 구현해야 한다(일반적으로 앞에서 설명한 것처럼 어드미션 웹훅으로). 다음 스니펫은 기본 전체 거부 네트워크 폴리시 오브젝트를 보여준다. 빈 파드 셀렉터는 네임스페이스의 모든 파드를 선택한다.

```
apiVersion: networking.k8s.io/v1
kind: NetworkPolicy
metadata:
  name: default-deny-all
  namespace: tenant-a
spec:
  podSelector: {}
  policyTypes:
  - Ingress
  - Egress
```

다른 접근 방식은 CNI 플러그인별 사용자 정의 리소스 정의CRD를 활용한다. 안트레아, 캘리코 및 실리움과 같은 일부 CNI 플러그인은 클러스터 수준 또는 '글로벌' 네트워크 정책을 지정할 수 있는 CRD를 제공한다. CRD는 기본 deny-all 정책의 구현 및 관리 복잡성을 줄이는 데 도움이 되지만, 특정 CNI 플러그인에 연결된다. 다음 스니펫은 기본 deny-all 정책을 구현하는 캘리코 GlobalNetworkPolicy CRD의 예를 보여준다.

```
apiVersion: projectcalico.org/v3
kind: GlobalNetworkPolicy
metadata:
  name: default-deny
spec:
  selector: all()
```

```
types:
- Ingress
- Egress
```

 일반적으로 기본 deny-all 네트워크 정책 구현은 클러스터의 DNS 서버에 대한 DNS 쿼리와 같은 기본 네트워크 트래픽을 허용하는 예외를 만든다. 또한 클러스터 손상을 방지하려고 kube-system 네임스페이스 및 기타 시스템 수준 네임스페이스에 적용되지 않는다. 이전 코드의 YAML 스니펫은 이런 문제를 해결하지 않는다.

대부분의 선택사항과 마찬가지로 기본 제공 네트워크 폴리시 오브젝트를 사용할지 CRD를 사용할지 여부는 이식성과 단순성 사이의 균형을 유지한다. 경험상 CNI 플러그인을 전환하는 것은 드문 일이라는 점을 감안할 때 CNI 관련 CRD를 활용해 얻은 단순성은 일반적으로 절충할 가치가 있음을 발견했다. 즉, 쿠버네티스 네트워킹 특별 관심 그룹(sig-network)이 클러스터를 지원하려고 진화하는(https://oreil.ly/jVP_f) 네트워크 폴리시 API를 고려하고 있기 때문에 가까운 미래에 이 범위가 지정된 네트워크 정책의 선택을 하지 않아도 될 수 있다.

기본적으로 deny-all 정책이 설정되면 테넌트는 애플리케이션이 작동할 수 있도록 네트워크 패브릭에 통로를 뚫어야 한다. 워크로드에 적용되는 인그레스 및 이그레스 규칙을 지정하는 네트워크 폴리시 리소스를 사용해 이를 달성한다. 예를 들어 다음 스니펫은 웹 서비스에 적용할 수 있는 네트워크 폴리시를 보여준다. 웹 프론트엔드에서 인그레스 또는 수신 트래픽을 허용하고 데이터베이스로 이그레스 또는 송신 트래픽을 허용한다.

```
apiVersion: networking.k8s.io/v1
kind: NetworkPolicy
metadata:
  name: webservice
  namespace: reservations
spec:
  podSelector:
    matchLabels:
      role: webservice
  policyTypes:
  - Ingress
```

```
  - Egress
 ingress:
 - from:
   - podSelector:
      matchLabels:
        role: frontend
   ports:
   - protocol: TCP
     port: 8080
 egress:
 - to:
   - podSelector:
       role: database
   ports:
   - protocol: TCP
     port: 3306
```

기본 deny-all 네트워크 정책을 시행하는 것은 중요한 테넌트 격리 메커니즘이다. 쿠버네티스 위에 플랫폼을 구축할 때 특히 멀티테넌트를 호스팅할 계획일 때 이 패턴을 따르는 것이 좋다.

파드 시큐리티 폴리시

파드 시큐리티 폴리시^{PSP, PodSecurityPolicy}은 테넌트가 동일한 클러스터에서 안전하게 공존할 수 있도록 하는 중요한 메커니즘이다. PSP는 권한 있는 실행, 호스트 볼륨 액세스, 호스트 네트워크 바인딩 등과 같은 런타임 시 파드의 중요한 보안 매개변수를 제어한다. PSP(또는 유사한 정책 시행 메커니즘)가 없으면 워크로드는 클러스터 노드에서 거의 모든 작업을 자유롭게 수행할 수 있다.

쿠버네티스는 어드미션 컨트롤러를 사용해 PSP로 구현된 대부분의 제어를 시행한다(루트가 아닌 사용자를 요구하는 규칙은 이미지를 다운로드한 후 컨테이너의 런타임 사용자를 확인하는 kubelet으로 때때로 시행된다). 어드미션 컨트롤러가 활성화되면 PSP에서 허용하지 않는 한 파드 생성 시도가 차단된다. [예시 12-1]은 일반적으로 멀티테넌트 클러스터에서 기본 정책으로 정의

하는 제한적인 PSP를 보여준다.

예시 12-1 제한적인 파드 시큐리티 폴리시의 예

```
apiVersion: policy/v1beta1
kind: PodSecurityPolicy
metadata:
  name: default
  annotations:
    seccomp.security.alpha.kubernetes.io/allowedProfileNames: | 'docker/default,runtime/
default'
    apparmor.security.beta.kubernetes.io/allowedProfileNames: 'runtime/default'
    seccomp.security.alpha.kubernetes.io/defaultProfileName: 'runtime/default'
    apparmor.security.beta.kubernetes.io/defaultProfileName: 'runtime/default'
spec:
  privileged: false ❶
  allowPrivilegeEscalation: false
  requiredDropCapabilities:
    - ALL
  volumes: ❷
    - 'configMap'
    - 'emptyDir'
    - 'projected'
    - 'secret'
    - 'downwardAPI'
    - 'persistentVolumeClaim'
  hostNetwork: false ❸
  hostIPC: false
  hostPID: false
  runAsUser:
    rule: 'MustRunAsNonRoot' ❹
  seLinux:
    rule: 'RunAsAny' ❺
  supplementalGroups: ❻
    rule: 'MustRunAs'
    ranges:
      - min: 1
        max: 65535
  fsGroup: ❼
```

```
    rule: 'MustRunAs'
    ranges:
      - min: 1
        max: 65535
  readOnlyRootFilesystem: false
```

❶ 권한 있는 컨테이너를 허용하지 않는다.

❷ 파드가 사용할 수 있는 볼륨 유형을 제어한다.

❸ 파드가 기본 호스트의 네트워크 스택에 바인딩되지 않도록 한다.

❹ 컨테이너가 루트가 아닌 사용자로 실행되는지 확인해야 한다.

❺ 이 정책은 노드가 SELinux가 아닌 AppArmor를 사용하고 있다고 가정한다.

❻ 컨테이너가 사용할 수 있는 허용된 그룹 ID를 지정한다. 루트 gid(0)는 허용되지 않는다.

❼ 볼륨에 적용되는 그룹 ID를 제어한다. 루트 gid(0)는 허용되지 않는다.

파드를 허용하는 PSP의 존재는 파드가 승인되기에 충분하지 않다. 파드도 PSP를 사용할 수 있는 권한이 있어야 한다. PSP 인증은 RBAC를 사용해 처리된다. 파드는 서비스 어카운트가 PSP를 사용하도록 어드미션 되면 PSP를 사용할 수 있다. 파드를 생성하는 액터가 PSP를 사용할 권한이 있으면 파드도 PSP를 사용할 수 있다. 그러나 클러스터 사용자가 파드를 거의 생성하지 않는다는 점을 감안할 때 PSP 인증하려면 서비스 어카운트를 사용하는 것이 더 일반적인 접근 방식이다. 다음 스니펫은 sample-psp라는 특정 PSP를 사용하도록 서비스 어카운트에 권한을 부여하는 Role 및 RoleBinding을 보여준다.

```
kind: Role
apiVersion: rbac.authorization.k8s.io/v1
metadata:
  name: sample-psp
rules:
- apiGroups: ['policy']
  resources: ['podsecuritypolicies']
```

```
    resourceNames: ['sample-psp']
    verbs: ['use']
---
apiVersion: rbac.authorization.k8s.io/v1beta1
kind: RoleBinding
metadata:
  name: sample-psp
subjects:
- kind: ServiceAccount
  name: my-app
roleRef:
  apiGroup: rbac.authorization.k8s.io
  kind: Role
  name: sample-psp
```

대부분은 플랫폼팀은 PSP를 생성 및 관리하고 테넌트가 이를 사용할 수 있도록 지원한다. 정책을 설계할 때 항상 최소 권한 원칙을 따라야 한다. 파드가 작업을 완료하는 데 필요한 최소한의 권한과 기능만 허용한다. 시작점으로 일반적으로 다음 정책을 만드는 것이 좋다.

기본

기본 정책은 클러스터의 모든 테넌트에서 사용할 수 있다. 모든 권한 있는 작업을 차단하고, 모든 리눅스 기능을 삭제하고, 루트 사용자로 실행하는 것을 허용하지 않는 제한적인 정책이어야 한다(이 정책의 YAML 정의에 대한 예 12-1 참조). 기본 정책으로 만들려면 다음을 수행할 수 있다. ClusterRole 및 ClusterRoleBinding을 사용해 PSP를 사용하도록 클러스터의 모든 파드에 권한을 부여한다.

kube-system

kube-system 정책은 kube-system 네임스페이스에 있는 시스템 컴포넌트를 위하는 구성 요소의 특성 때문에 이 정책은 기본 정책보다 더 관대해야 한다. 예를 들어 파드가 hostPath 볼륨을 마운트하고 루트로 실행할 수 있도록 허용해야 한다. 기본 정책과 달리 RBAC 권한 부여는 kube-system 네임스페이스의 모든 서비스 어카운트로 범위가 지정된 RoleBinding을 사용해 달성된다.

네트워킹

네트워킹 정책은 CNI 플러그인과 같은 클러스터의 네트워킹 컴포넌트에 맞춰져 있다. 이런 파드는 클러스터 노드의 네트워킹 스택을 조작하려면 더 많은 권한이 필요하다. 이 정책을 네트워킹 파드로 분리하려면 네트워킹 파드 서비스 어카운트만 정책을 사용하도록 승인하는 RoleBinding을 생성한다.

네트워킹 정책이 적용되면 테넌트는 권한이 없는 워크로드를 클러스터에 배포할 수 있다. 추가 권한이 필요한 워크로드가 있으면 동일한 클러스터에서 권한 있는 워크로드를 실행할 위험을 허용할 수 있는지 여부를 결정해야 한다. 그렇다면 해당 워크로드에 맞는 다른 정책을 만들어야 한다. 워크로드에 필요한 권한을 부여하고 해당 워크로드의 서비스 어카운트만 PSP를 사용하도록 승인한다.

PSP는 멀티테넌트 플랫폼에서 중요한 시행 메커니즘이다. 공유 노드에서 다른 테넌트와 함께 실행되므로 테넌트가 런타임에 할 수 있는 것과 할 수 없는 것을 제어한다. 플랫폼을 구축할 때 PSP를 활용해 테넌트가 서로 격리되고 보호되도록 해야 한다.

쿠버네티스 커뮤니티는 핵심 프로젝트에서 파드 시큐리티 폴리시 API 및 승인 컨트롤러를 제거하는 가능성을 논의한다(https://oreil.ly/ayN8j). 제거되면 오픈 폴리시 에이전트(OPA)(https://oreil.ly/wrz23) 또는 키베르노(Kyverno)(https://oreil.ly/v7C2H)와 같은 정책 엔진을 활용해 유사한 기능을 구현할 수 있다.

멀티테넌트 플랫폼 서비스

쿠버네티스 컨트롤 플레인과 워크로드 플레인을 격리하는 것 외에도 플랫폼에서 제공하는 다양한 서비스에서 격리를 시행할 수 있다. 여기에는 로깅, 모니터링, 인그레스 등과 같은 서비스가 포함된다. 격리를 구현하는 데 있어 중요한 결정 요소는 서비스를 제공하는 데 사용하는 기술이다. 또한 도구나 기술이 즉시 멀티테넌시를 지원해 구현을 크게 단순화할 수 있다.

중요한 고려사항은 레이어에서 테넌트를 격리해야 하는지 여부다. 테넌트가 서로의 로그와 메트릭을 살펴봐도 괜찮은가? DNS로 서로의 서비스를 자유롭게 검색하는 것이 허용되는가? 인그레스 데이터 경로를 공유할 수 있는가? 이런 질문과 유사한 질문에 답하면 요구사항을 명확히 하는 데 도움이 된다. 결국 플랫폼에서 호스팅하는 테넌트 간의 신뢰 수준으로 귀결된다.

플랫폼팀을 지원할 때 직면하는 일반적인 시나리오는 프로메테우스를 사용한 멀티테넌트 모니터링이다. 기본적으로 프로메테우스는 멀티테넌트를 지원하지 않는다. 메트릭은 프로메테우스 HTTP 엔드포인트를 액세스 권한이 있는 모든 사용자가 액세스할 수 있는 싱글 시계열 데이터베이스에 수집 및 저장된다. 즉, 프로메테우스 인스턴스가 멀티테넌트의 메트릭을 스크래핑하면 다른 테넌트가 서로의 데이터를 보는 것을 방지할 수 있는 방법이 없다. 문제를 해결하려면 테넌트별로 별도의 프로메테우스 인스턴스를 배포해야 한다.

이 문제에 접근할 때 일반적으로 프로메테우스 오퍼레이터prometheus-operator(https://oreil.ly/j38-Q)를 활용한다. 9장에서 설명한 것처럼 프로메테우스 오퍼레이터로 사용자 정의 리소스 정의를 사용해 프로메테우스의 여러 인스턴스를 배포하고 관리할 수 있다. 또한 다양한 테넌트를 안전하게 지원할 수 있는 모니터링 플랫폼 서비스를 제공할 수 있다. 테넌트는 프로메테우스, 그라파나, 얼럿매니저 등을 포함하는 전용 모니터링 스택을 확보하므로 완전히 격리된다.

플랫폼의 대상 사용자 경험에 따라 테넌트가 오퍼레이터를 사용해 프로메테우스 인스턴스를 배포하도록 허용하거나 새 테넌트를 온보딩할 때 자동으로 인스턴스를 생성할 수 있다. 플랫폼팀에 용량이 있으면 플랫폼 테넌트의 부담을 제거하고 향상된 사용자 경험을 제공하므로 후자를 권장한다.

중앙 집중식 로깅은 멀티 테넌시를 염두에 두고 구현할 수 있는 플랫폼 서비스다. 일반적으로 여기에는 멀티테넌트에 대한 로그를 다른 백엔드 또는 데이터 저장소로 보내는 작업이 포함된다. 대부분의 로그 포워더forwarder에는 멀티테넌트 솔루션을 구현하는 데 사용할 수 있는 라우팅 기능이 있다.

플루언트디 및 플루언트 비트는 포워더를 구성할 때 태그 기반 라우팅 기능을 활용할 수 있다. 다음 스니펫은 앨리스 로그(alice-ns 네임스페이스의 파드)를 한 백엔드로 라우팅하고 밥 로그(bob-ns 네임스페이스의 파드)를 다른 백엔드로 라우팅하는 샘플 플루언트 비트 출력 구성을 보여준다.

```
[OUTPUT]
    Name                es
    Match               kube.var.log.containers.**alice-ns**.log
    Host                alice.es.internal.cloud.example.com
    Port                ${FLUENT_ELASTICSEARCH_PORT}
    Logstash_Format     On
    Replace_Dots        On
    Retry_Limit         False

[OUTPUT]
    Name                es
    Match               kube.var.log.containers.**bob-ns**.log
    Host                bob.es.internal.cloud.example.com
    Port                ${FLUENT_ELASTICSEARCH_PORT}
    Logstash_Format     On
    Replace_Dots        On
    Retry_Limit         False
```

백엔드에서 로그를 격리하는 것 외에도 한 테넌트가 로그 전달 인프라를 혹사하는 것을 방지하려면 속도 제한 또는 조절을 구현할 수도 있다. 플루언트디와 플루언트 비트에는 제한을 적용하는 데 사용할 수 있는 플러그인이 있다. 마지막으로, 이를 보증하는 사용 사례가 있으면, 로깅 오퍼레이터를 활용해 쿠버네티스 CRD로 로깅 구성을 노출하는 것과 같은 고급 사용 사례를 지원할 수 있다.

플랫폼 서비스 레이어의 멀티테넌트는 플랫폼팀에서 간과할 때가 있다. 멀티테넌트 플랫폼을 구축할 때 요구사항과 제공하려는 플랫폼 서비스에 대한 요구사항을 고려해야 한다. 어떤 면에는 플랫폼에 기본적인 접근 방식과 도구에 대한 결정을 내릴 수 있다.

요약

워크로드 테넌시는 쿠버네티스 위에 플랫폼을 구축할 때 고려해야 하는 중요한 문제다. 한편으로는 각 플랫폼 테넌트를 싱글테넌트 클러스터를 운영할 수 있다. 실행 가능한 접근 방식이기는 하지만 리소스 및 관리 오버헤드를 비롯한 단점도 살펴봤다. 대안은 테넌트가 클러스터의 컨트롤 플레인, 워크로드 플레인 및 플랫폼 서비스를 공유하는 멀티테넌트 클러스터다.

같은 클러스터에서 멀티테넌트를 호스팅할 때 테넌트가 서로 부정적인 영향을 미치지 않도록 테넌트를 격리해야 한다. 앞서 격리를 구축할 수 있는 기반으로 쿠버네티스 네임스페이스를 논의했다. 그런 다음 멀티테넌트 플랫폼을 구축할 수 있도록 하는 쿠버네티스에서 사용할 수 있는 많은 격리 메커니즘을 논의했다. 주로 컨트롤 플레인, 워크로드 플레인 및 플랫폼 서비스와 같은 다양한 레이어에서 사용할 수 있는 메커니즘이다.

컨트롤 플레인 격리 메커니즘은 테넌트가 수행할 수 있는 작업을 제어하기 위한 RBAC, 클러스터 리소스를 분배하기 위한 리소스 할당, 정책을 강제하기 위한 어드미션 웹훅과 같은 기능들을 포함한다. 워크로드 플레인에서는 노드 리소스의 공정한 공유를 보장하기 위해 리소스 요청 및 제한을 사용하여 테넌트를 분리할 수 있으며, 파드 네트워크를 분할하기 위해 네트워크 폴리시 및 파드 시큐리티 폴리시를 사용할 수 있다. 마지막으로, 플랫폼 서비스에 대한 멀티테넌트 제공을 구현하기 위해 다양한 기술을 활용할 수 있다. 모니터링 및 중앙 집중식 로깅을 예시로 들어 여러 테넌트를 지원하기 위해 구축할 수 있는 플랫폼 서비스를 확인했다.

13장

오토스케일링

워크로드 용량을 자동으로 스케일링하는 기능은 클라우드 네이티브 시스템의 강력한 이점이다. 용량 요구사항이 크게 변경되는 애플리케이션이 있으면 오토스케일링으로 비용을 절감하고, 해당 애플리케이션을 관리하는 데 필요한 엔지니어링 수고를 줄일 수 있다. 오토스케일링은 사람의 개입 없이 워크로드의 용량을 늘리거나 줄이는 프로세스다. 오토스케일링은 메트릭을 활용해 애플리케이션 용량을 스케일링해야 하는 시기에 대한 메트릭을 제공하는 것으로 시작된다. 여기에는 해당 메트릭에 응답하는 조정 설정이 포함된다. 그리고 수행해야 하는 작업을 수용하려고 애플리케이션에서 사용할 수 있는 리소스를 실제로 스케일링 및 축소하는 시스템에서 절정에 달한다.

오토스케일링은 놀라운 이점도 있지만, 오토스케일링을 사용해서는 안 될 때를 인식하는 것이 중요하다. 오토스케일링은 애플리케이션 관리를 복잡하게 만든다. 초기 설정 외에도 오토스케일링 메커니즘의 구성을 다시 방문해 조정해야 할 가능성이 매우 크다. 따라서 애플리케이션의 용량 요구사항이 크게 변경되지 않으면, 앱이 처리할 가장 높은 트래픽 볼륨에 대한 프로비저닝을 완벽하게 수용할 수 있다. 애플리케이션 로드가 예측 가능한 시간에 변경되면 해당 시간에 용량을 조정하기 위한 수동 노력은 오토스케일링에 대한 투자가 정당화될 수 없을 정도로 사소한 것일 수 있다. 거의 모든 기술과 마찬가지로 장기적 이점이 시스템의 설정 및 관리보다 클 때만 활용해야 한다.

오토스케일링의 주제를 크게 두 가지 범주로 나눈다.

워크로드 오토스케일링

개별 워크로드에 대한 용량 자동 관리

클러스터 오토스케일링

워크로드를 호스팅하는 기본 플랫폼의 용량 자동 관리

접근 방식을 검토할 때 자동 스케일링에 대한 일반적인 기본 동기사항을 염두에 둬야 한다.

원가 관리

퍼블릭 클라우드 프로바이더로부터 서버를 임대하거나 가상화된 인프라 사용을 내부적으로 비용을 청구할 때 원가cost 관리가 관련이 있다. 클러스터 오토스케일링을 사용하면 비용을 지불하는 시스템 수를 동적으로 조정할 수 있다. 인프라에서 탄력성을 달성하려면 워크로드 자동 스케일링을 활용해 클러스터 내 관련 애플리케이션의 용량을 관리해야 한다.

용량 관리

활용할 정적 인프라 세트가 있으면, 자동 스케일링으로 해당 고정 용량 할당을 동적으로 관리할 수 있다. 예를 들어, 비즈니스의 최종 사용자에게 서비스를 제공하는 애플리케이션에는 가장 바쁘게 제공해야 할 시간이 있을 것이다. 워크로드 오토스케일링으로 애플리케이션은 용량을 동적으로 스케일링하고 필요할 때 많은 양의 클러스터를 사용할 수 있다. 또한 계약을 체결하고 다른 워크로드를 위한 공간을 확보할 수 있다. 업무 외 시간에 사용하지 않는 컴퓨팅 리소스를 활용할 수 있는 배치batch1 작업이 있다. 클러스터 오토스케일링은 클러스터에서 사용하는 VM 수가 사람의 개입 없이 조정되기

---

1 일괄적으로 모아서 처리하는 작업을 의미한다. 가령, 하루동안 쌓인 데이터를 배치작업으로 특정 시간에 한꺼번에 처리할 때가 이에 해당한다. 특정 시간 이후에는 자원을 거의 소비하지 않는 것이 특징이다. – 옮긴이

때문에 컴퓨팅 인프라 용량을 관리하는 데 있어 상당한 인적 수고를 제거할 수 있다.

오토스케일링은 부하와 트래픽이 변동하는 애플리케이션에 적합하다. 자동 스케일링을 사용하지 않을 때 다음 두 가지 옵션이 있다.

- 지속적으로 애플리케이션 용량을 과도하게 프로비저닝해 비즈니스에 추가 비용을 발생시킨다.
- 엔지니어에게 수동 스케일링 작업을 경보 처리해 추가 작업 수고를 초래한다.

13장에서는 먼저 오토스케일링에 접근하는 방법과 시스템을 활용하도록 소프트웨어를 설계하는 방법을 살펴본다. 그런 다음 쿠버네티스 기반 플랫폼에서 애플리케이션을 자동 스케일링하는 데 사용할 수 있는 특정 시스템을 자세히 알아본다. 여기에는 조정 이벤트를 트리거하는 데 사용해야 하는 메트릭을 포함해 수평 및 수직 오토스케일링이 포함된다. 또한 클러스터 자체에 비례해 워크로드를 조정하는 방법과 고려할 수 있는 사용자 정의 자동 크기 조정의 예를 살펴본다. 마지막으로 '클러스터 오토스케일링'에서는 호스팅하는 워크로드의 수요 변화를 크게 수용할 수 있도록 플랫폼 자체의 스케일링을 설명한다.

스케일링 유형

소프트웨어 엔지니어링에서 스케일링은 일반적으로 두 가지 범주로 나뉜다.

수평 스케일링

여기에는 워크로드의 동일한 레플리카 수를 변경하는 작업이 포함된다. 이는 특정 애플리케이션의 파드 수 또는 애플리케이션을 호스팅하는 클러스터의 노드 수다. 수평적 스케일링에 대한 향후 참조 사항은 파드 또는 노드 수를 늘리거나 줄이는 것을 언급할 때 'out' 또는 'in'이라는 용어를 사용한다.

단일 인스턴스의 리소스 용량 변경이 포함된다. 애플리케이션은 애플리케이션의 컨테이너에 대한 리소스 요청 또는 제한이 변경된다. 클러스터 노드는 일반적으로 사용 가능한 CPU 및 메모리 리소스의 양을 변경해야 한다. 수직 스케일링의 향후 참조에서는 이런 변경사항을 언급하려면 '위' 또는 '아래'라는 용어를 사용한다.

동적 스케일링이 필요한 시스템, 즉 부하가 자주 크게 변경되는 시스템에서는 가능하면 수평 스케일링을 선호한다. 수직 스케일링은 사용할 수 있는 가장 큰 VM에 제한된다. 또한 수직 스케일링으로 용량을 늘리려면 애플리케이션을 다시 시작해야 한다. VM의 동적 스케일링이 가능한 가상화된 환경에서도 리소스 요청 및 제한이 현재 동적으로 업데이트될 수 없으므로 파드를 다시 시작해야 한다. 이를 기존 인스턴스를 다시 시작할 필요가 없고, 레플리카를 추가해 용량이 동적으로 증가하는 수평적 스케일링과 비교해야 한다.

애플리케이션 아키텍처

오토스케일링 주제는 서비스 지향 시스템에서 특히 중요하다. 애플리케이션을 별개의 컴포넌트로 분해하면 애플리케이션의 다른 부분을 독립적으로 확장할 수 있다는 장점이 있다. 클라우드 네이티브가 등장하기 훨씬 전에 n-티어 아키텍처로 이 작업을 수행했다. 웹 애플리케이션을 관계형 데이터베이스에서 분리하고 웹 애플리케이션을 독립적으로 확장하는 것이 보편화됐다. 마이크로서비스 아키텍처로 이를 더욱 확장할 수 있다. 예를 들어, 기업 웹사이트에는 블로그 게시물을 제공하는 서비스와 구별되는 온라인 상점을 지원하는 서비스가 있을 수 있다. 마케팅 이벤트가 있을 때 블로그 서비스에 영향을 미치지 않고 그대로 유지되는 동안 온라인 상점은 확장될 수 있다.

다양한 서비스를 독립적으로 확장할 수 있는 이 기회로 워크로드에서 사용하는 인프라를 보다 효율적으로 활용할 수 있다. 그러나 많은 고유한 워크로드를 확장하는 관리 오버헤드가 발생한다. 확장 프로세스를 자동화하는 것은 매우 중요하다. 특정 시점에서는 필수가 된다.

오토스케일링은 이미지 크기가 작고 시작 시간이 빠른, 더 작고 민첩한 워크로드에 적합하다. 주어진 노드에 컨테이너 이미지를 가져오는 데 필요한 시간이 짧고 컨테이너가 생성된 후 애플리케이션이 시작되는 데 걸리는 시간도 짧으면 워크로드가 확장 이벤트에 빠르게 응답할 수 있다.

용량을 훨씬 더 쉽게 조정할 수 있다. 이미지 크기가 기가바이트를 초과하는 애플리케이션과 몇 분 동안 실행되는 시작 스크립트는 부하 변화에 응답하는 데 훨씬 덜 적합하다. 이와 같은 워크로드는 오토스케일링에 적합하지 않으므로 앱을 설계하고 구축할 때 이 점을 기억해야 한다.

오토스케일링에는 앱 인스턴스 중지가 포함된다는 점도 반드시 기억하자. 물론 워크로드가 확장될 때는 적용되지 않는다. 그러나 확장된 워크로드는 다시 축소해야 한다. 여기에는 실행 중인 인스턴스가 중지된다. 그리고 수직으로 확장된 워크로드는 리소스 할당을 업데이트하려면 다시 시작해야 한다. 둘다 애플리케이션을 정상적으로 종료하는 기능이 중요하다. 14장에서는 이 주제를 자세히 다룰 예정이다.

쿠버네티스 클러스터의 오토스케일링 워크로드를 자세히 알아본다.

워크로드 오토스케일링

오토스케일링 애플리케이션 워크로드에 중점을 둔다. 여기에는 일부 메트릭을 모니터링하고 사용자의 개입 없이 워크로드 용량을 조정하는 작업이 포함된다. 일부 메트릭은 설정하고 잊어 버리는 작업처럼 들리지만, 특히 초기 단계에서 그렇게 취급하지 말아야 한다. 오토스케일링 구성을 부하 테스트한 후에도 운영 환경에서 수행되는 동작이 의도한 것인지 확인해야 한다. 부하 테스트가 항상 운영 환경 조건을 정확하게 모방하는 것은 아니다. 따라서 일단 운영 단계에서 애플리케이션을 체크해 애플리케이션이 올바른 임계값에서 확장되고 있고 효율성 및 최종 사용자 경험에 대한 목표가 충족되고 있는지 확인한다. 중요한 스케일링 이벤트에 대한 알림을 받아 필요에 따라 동작을 검토하고 스케일링할 수 있도록 경보 설정을 적극 고려해야 한다.

수평 파드 오토스케일러와 수직 파드 오토스케일러^{Vertical Pod Autoscaler}를 다룬다. 쿠버네티스에서 워크로드를 오토스케일링하는 데 사용되는 가장 일반적인 도구다. 또한 워크로드가 스케일링 이벤트를 트리거하는 데 사용하는 메트릭과 이 목적으로 사용자 정의 애플리케이션 메트릭을 고려해야 하는 시기를 자세히 알아본다. 또한 클러스터 비례 오토스케일러와 메트릭 적용이 의미 있는 사용 사례를 살펴본다. 마지막으로 고려할 수 있는 특정 도구 이외의 사용자 정의 방법을 설명한다.

수평 파드 오토스케일러

수평 파드 오토스케일러^{HPA, Horizontal Pod Autoscaler}는 쿠버네티스 기반 플랫폼에서 워크로드를 오토스케일링하는 데 사용되는 가장 일반적인 도구다. 수평 파드 오토스케일러 리소스와 kube-controller-manager에 번들로 제공되는 컨트롤러를 사용해 쿠버네티스에서 기본적으로 지원한다. CPU 또는 메모리 사용량을 워크로드 오토스케일링을 위한 메트릭으로 사용하면 HPA 사용에 대한 진입 장벽이 낮다.

이때 쿠버네티스 메트릭 서버(https://oreil.ly/S0vbj)를 사용해 HPA에서 파드메트릭^{PodMetrics}를 사용할 수 있다. 메트릭 서버는 클러스터의 kubelet에서 컨테이너에 대한 CPU 및 메모리 사용량 메트릭을 수집하고, 파드메트릭 리소스의 리소스 메트릭 API으로 사용할 수 있도록 한다. 메트릭 서버는 쿠버네티스 API 집계^{aggregation} 레이어(https://oreil.ly/eXDcl)를 활용한다. API 그룹 및 버전 `metrics.k8s.io/v1beta1`의 리소스에 대한 요청은 메트릭 서버로 프록시 처리된다.

그림 13-1은 컴포넌트가 수평 파드 오토스케일러 기능을 수행하는 방법을 보여준다. 메트릭 서버는 플랫폼의 컨테이너에 대한 리소스 사용량 메트릭을 수집한다. 클러스터의 각 노드에서 실행 중인 kubelet에서 이 데이터를 가져와 액세스해야 하는 클라이언트가 해당 데이터를 사용할 수 있도록 한다. HPA 컨트롤러는 기본적으로 쿠버네티스 API 서버에 쿼리

해 해당 리소스 사용량 데이터를 15초마다 검색한다. 쿠버네티스 API는 요청된 데이터를 제공하는 메트릭 서버에 요청을 프록시한다. HPA 컨트롤러는 수평 파드 오토스케일러 리소스 유형에 대한 감시를 유지하고, HPA에 정의된 구성을 사용해 애플리케이션의 레플리카 수가 적절한지 결정한다. 결정 과정이 이뤄지는 과정을 예시 13-1에서 보여준다. 앱은 가장 일반적으로 배포 리소스로 정의되며, HPA 컨트롤러에서 레플리카 수를 조정해야 한다고 판단하면 API 서버로 관련 배포를 업데이트한다. 그후 디플로이먼트 컨트롤러는 레플리카셋을 업데이트해 응답하며, 파드 수를 변경한다.

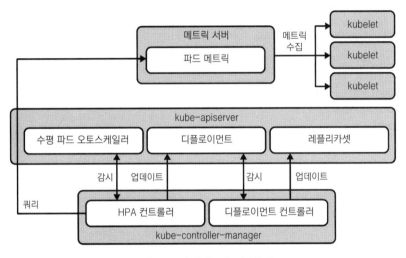

그림 13-1 수평 파드 오토스케일러

HPA에 대한 원하는 상태는 다음 예시와 같이 수평 파드 오토스케일러 리소스에서 선언된다. `targetCPUUtilizationPercentage`는 대상 워크로드의 레플리카 수를 결정하는 데 사용된다.

예시 13-1 디플로이먼트 및 수평 파드 오토스케일러 매니페스트의 예

```
apiVersion: apps/v1
kind: Deployment
metadata:
  name: sample
```

```
spec:
  selector:
    matchLabels:
      app: sample
  template:
    metadata:
      labels:
        app: sample
    spec:
      containers:
      - name: sample
        image: sample-image:1.0
        resources:
          requests:
            cpu: "100m" ❶
---
apiVersion: autoscaling/v1
kind: HorizontalPodAutoscaler
metadata:
  name: sample
spec:
  scaleTargetRef:
    apiVersion: apps/v1
    kind: Deployment
    name: sample
  minReplicas: 1 ❷
  maxReplicas: 3 ❸
  targetCPUUtilizationPercentage: 75 ❹
```

❶ 사용 중인 메트릭 resources.requests 값을 설정해야 한다.

❷ 레플리카는 이 값 아래로 축소되지 않는다.

❸ 레플리카는 이 값을 초과해 확장되지 않는다.

❹ 원하는 CPU 사용률. 실제 사용률이 이 값을 훨씬 초과하면 레플리카 수가 증가한다. 현저히 낮을 때 감소한다.

CPU 및 메모리와 같은 여러 메트릭을 사용해 스케일링 이벤트를 트리거하는 사용 사례가 있으면 autoscaling/v2beta2 API를 사용할 수 있다. 이때 HPA 컨트롤러는 각 메트릭을 기반으로 적절한 레플리카 수를 개별적으로 계산한 다음, 가장 높은 값을 적용한다.

CPU 사용률 방식은 가장 일반적이고 쉽게 사용되는 오토스케일링 방법이며, 널리 적용 가능하며 구현하기가 상대적으로 복잡하지 않다. 그러나 이 방법의 한계를 꼭 이해해야 한다.

모든 워크로드를 수평적으로 확장할 수 있는 것은 아니다

개별 인스턴스 간에 로드를 공유할 수 없는 애플리케이션의 수평 스케일링은 쓸모가 없다. 이는 일부 스테이트풀 워크로드 및 리더가 선택한 애플리케이션에 해당되는데 수직 파드 오토스케일링을 고려할 수 있는 사례들이다.

클러스터 크기는 확장을 제한한다

애플리케이션이 확장되면 클러스터의 워커 노드에서 사용 가능한 용량이 부족해질 수 있다. 이때 사전에 충분한 용량을 프로비저닝하거나, 플랫폼 운영자에게 용량을 수동으로 추가하라는 경보를 사용하거나, 클러스터 오토스케일링을 사용해 해결할 수 있다.

CPU 및 메모리는 확장 결정에 사용하기에 적합한 메트릭이 아닐 수 있다

워크로드가 확장 필요성을 더 잘 식별하는 사용자 정의 메트릭을 노출하면 사용할 수 있는데, 13장 뒷부분에서 사례를 다룬다.

애플리케이션에 가해지는 로드에 비례해 항상 변경되지 않는 메트릭을 기반으로 워크로드를 오토스케일링 하지 않아야 한다. 가장 일반적인 오토스케일링 측정 항목은 CPU다. 그러나 특정 워크로드의 CPU가 추가된 부하에 따라 크게 변하지 않고 증가된 부하에 더 정비례해 메모리를 소비하면 CPU를 사용하지 않아야 한다. 덜 분명한 예는 워크로드가 시작 시 추가된 CPU를 사용할 때다. 정상 작동 중에 CPU는 오토스케일링에 완벽하게 유용한 트리거일 수 있다. 그러나 시작 CPU 스파이크는 트래픽이 스파이크를 유발하지 않았더라도 HPA에서 스케일링 이벤트의 트리거로 해석한다. kube-controller-manager를 사용해 이를 완화하는 방법이 있다. 시작 유예 기간을 제공하는 —horizontal-pod-autoscaler-cpu-initialization-period 또는 스케일링 평가 사이의 시간을 늘릴 수 있는 —horizontal-pod-autoscaler-sync-period와 같은 관리자 플래그 등이 있다. 그러나 플래그는 kube-controller-manager에 설정돼 있다. 이는 전체 클러스터의 모든 HPA에 영향을 미치며, 시작 CPU 사용량이 많지 않은 워크로드에 영향을 미친다. 클러스터 전체의 워크로드에 대한 HPA의 응답성을 감소시킬 수 있다. 팀에서 CPU 소비가 오토스케일링 요구사항에 대한 트리거로 작동하도록 하는 해결 방법을 사용할 때보다 대표적인 사용자 지정 메트릭을 사용하는 것이 좋다. 예를 들어 수신된 HTTP 요청의 수가 더 나은 측정 기준이 될 수 있다.

쿠버네티스 수직 파드 오토스케일링에서 사용할 수 있는 다른 형태의 오토스케일링을 살펴본다.

수직 파드 오토스케일링

'스케일링 유형'에서 본 것처럼 워크로드를 수직으로 조정하는 것은 덜 일반적인 요구사항이다. 또한 수직 확장을 자동화하는 것은 쿠버네티스에서 구현하기가 더 복잡하다. HPA가 핵심 쿠버네티스에 포함돼 있지만, VPA는 메트릭 서버 외에 3개의 개별 컨트롤러 컴포넌트를 배포해 구현해야 한다. 이런 이유로 수직 파드 오토스케일링^{VPA, Vertical Pod Autoscaler}(https://oreil.ly/TxeiY)은 HPA보다 덜 일반적으로 사용된다.

VPA는 세 가지 고유한 컴포넌트로 구성된다.

추천자

해당 파드에 대한 파드메트릭 리소스의 사용량을 기반으로 최적의 컨테이너 CPU 또는 메모리 요청 값을 결정한다.

어드미션 플러그인

추천자recommender의 추천에 따라 생성될 때 새 파드에 대한 리소스 요청 및 제한을 변경한다.

업데이터

어드미션 플러그인으로 적용된 업데이트된 값을 가질 수 있도록 파드를 evict한다.

그림 13-2는 컴포넌트와 VPA의 상호작용을 보여준다.

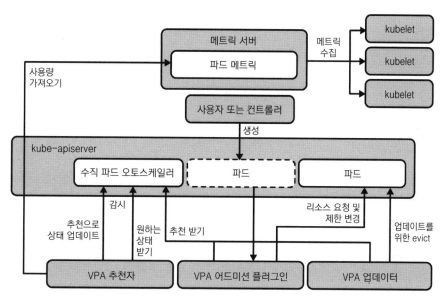

그림 13-2 수직 파드 오토스케일링

VPA에 대한 원하는 상태는 [예시 13-2]에서 설명한 대로 수직 파드 오토스케일러 리소스에서 선언된다.

예시 13-2 수직 오토스케일러를 구성하는 파드 리소스 및 수직 파드 오토스케일러 리소스

```
apiVersion: v1
kind: Pod
metadata:
```

```
    name: sample
spec:
  containers:
  - name: sample
    image: sample-image:1.0
    resources: ❶
      requests:
        cpu: 100m
        memory: 50Mi
      limits:
        cpu: 100m
        memory: 50Mi
---
apiVersion: "autoscaling.k8s.io/v1beta2"
kind: VerticalPodAutoscaler
metadata:
  name: sample
spec:
  targetRef:
    apiVersion: "v1"
    kind: Pod
    name: sample
  resourcePolicy:
    containerPolicies:
      - containerName: '*' ❷
        minAllowed: ❸
          cpu: 100m
          memory: 50Mi
        maxAllowed: ❹
          cpu: 1
          memory: 500Mi
        controlledResources: ["cpu", "memory"] ❺
  updatePolicy:
    updateMode: Recreate ❻
```

❶ VPA는 값을 업데이트할 때 요청: 제한 비율을 유지한다. 보장된 QOS 예에서 요청을 변경하면 제한이 동일하게 변경된다.

❷ 이 스케일링 정책은 모든 컨테이너에 적용되며 이 예에서는 하나만 적용된다.

❸ 리소스 요청은 이 값 아래로 설정되지 않는다.

❹ 리소스 요청은 이 값보다 높게 설정되지 않는다.

❺ 오토스케일링되는 리소스를 지정한다.

❻ 세 가지 updateMode 옵션이 있다. Recreate 모드는 오토스케일링을 활성화한다. Initial 모드는 생성 시 리소스 값을 설정하려고 어드미션 제어를 적용하지만, 파드를 축출하지 않는다. Off 모드는 리소스 값을 권장하지만, 자동으로 변경하지는 않는다.

현장에서 전체 Recreate 모드에서 VPA를 볼 때는 매우 드물다. 그러나 Off 모드에서 사용하는 것도 유용할 수 있다. 애플리케이션의 포괄적인 부하 테스트 및 프로파일링은 운영 환경으로 이동하기 전에 권장되고 선호되지만, 항상 현실은 아니다. 기한이 있는 엔터프라이즈 환경에서 리소스 소비 프로필을 잘 이해하기 전에 워크로드가 운영 환경에 배포될 때가 많다. 이는 일반적으로 안전 조치로 리소스를 과도하게 요청해 인프라 활용도를 낮추는 결과를 낳는다. 이때 VPA를 사용해 운영 환경 부하가 적용된 후, 엔지니어가 평가하고 수동으로 업데이트하는 값을 추천할 수 있다. 이렇게 하면 앱이 아직 정상적으로 종료되지 않으면 특히 중요한 사용량이 가장 많은 시간에 워크로드가 제거되지 않는다는 점을 안심할 수 있다. 그러나 VPA는 값을 권장하기 때문에 리소스 사용량 메트릭을 검토하고 최적의 값을 결정하는 수고를 덜어준다. 이 사례에서는 오토스케일링 처리가 아니라 리소스 스케일링 보조 장치다.

Off 모드의 VPA에서 추천을 얻으려면 kubectl describe vpa <vpa name>을 실행한다. Status 절에서 [예시 13-3]과 유사한 출력을 얻을 수 있다.

예시 13-3 수직 파드 오토스케일링 추천

```
Recommendation:
  Container Recommendations:
    Container Name:  coredns
    Lower Bound:
```

```
       Cpu:          25m
       Memory:       262144k
   Target:
       Cpu:          25m
       Memory:       262144k
   Uncapped Target:
       Cpu:          25m
       Memory:       262144k
   Upper Bound:
       Cpu:          427m
       Memory:       916943343
```

각 컨테이너에 대한 추천을 제공한다. CPU 및 메모리 요청에 대한 기준 추천으로 Target 값을 사용한다.

사용자 정의 측정 항목을 사용한 오토스케일링

CPU 및 메모리 소비가 특정 워크로드를 확장하는 데 좋은 메트릭이 아니면, 사용자 정의 메트릭을 대안으로 활용할 수 있고, 여전히 HPA와 같은 도구를 사용할 수 있다. 그러나 오토스케일링을 트리거하는 데 사용되는 메트릭 소스를 변경한다. 첫 번째 단계는 애플리케이션에서 적절한 사용자 정의 메트릭을 노출한다. 14장에서는 이를 수행하는 방법을 설명한다.

다음으로 사용자 정의 측정 항목을 오토스케일링에 노출해야 하는데, 앞서 살펴본 쿠버네티스 메트릭 서버 대신 사용할 사용자 정의 메트릭 서버가 필요하다. 데이터독^{datadog}과 같은 일부 프로바이더는 쿠버네티스에서 이를 수행하는 시스템을 제공한다. 10장에서 설명하는 앱의 사용자 정의 메트릭을 스크랩하고 저장하는 프로메테우스 서버가 있다고 가정하면 프로메테우스로 이를 수행할 수도 있다. 이때, 프로메테우스 어댑터(https://oreil.ly/vDgk3)를 사용해 사용자 정의 메트릭을 제공할 수 있다.

프로메테우스 어댑터는 프로메테우스의 HTTP API에서 사용자 정의 메트릭을 검색하고 쿠버네티스 API를 노출한다. 메트릭 서버와 마찬가지로 프로메테우스 어댑터는 쿠버네티스 API 집계를 사용해 쿠버네티스가 프로메테우스 어댑터에 대한 메트릭 API 요청을 프록시하도록 지시한다. 실제로 프로메테우스 어댑터는 사용자 정의 메트릭 API 외에도 메트릭 서버 기능을 프로메테우스 어댑터로 완전히 대체할 수 있는 리소스 메트릭 API를 구현한다. 또한 클러스터 외부의 메트릭을 기반으로 애플리케이션을 확장할 수 있는 기회를 제공하는 외부 메트릭 API를 구현한다.

수평 오토스케일러로 사용자 정의 측정 항목을 활용할 때 프로메테우스는 앱에서 해당 측정 항목을 스크랩한다. 프로메테우스 어댑터는 프로메테우스에서 해당 메트릭을 가져와 쿠버네티스 API 서버를 노출한다. HPA는 이런 메트릭을 조회하고 그림 13-3처럼 애플리케이션을 적절하게 확장한다.

이런 방식으로 사용자 정의 메트릭을 활용하면 약간의 복잡성이 추가되지만, 이미 워크로드에서 유용한 메트릭을 노출하고 프로메테우스를 사용해 모니터링하면 메트릭 서버를 프로메테우스 어댑터로 교체하는 것은 어려운 부분이 아니다. 그리고 HPA가 열어주는 추가적인 오토스케일링 기회는 고려할 가치가 있다.

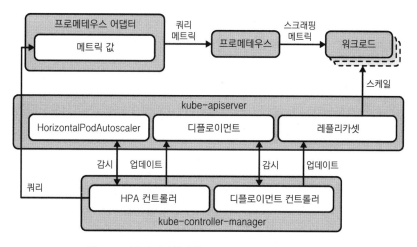

그림 13-3 사용자 정의 측정 항목이 있는 수평형 파드 오토스케일링

클러스터 비례 오토스케일러

클러스터 비례 오토스케일러CPA, Cluster Proportional Autoscaler(https://oreil.ly/2ATBG)는 클러스터의
노드(또는 노드의 하위 집합) 수를 기반으로 레플리카를 확장하는 수평 워크로드 오토스케일링
이다. 따라서 HPA와 달리 메트릭 API에 의존하지 않는다. 따라서 메트릭 서버 또는 프로메
테우스 어댑터에 대한 종속성이 없다. 또한 쿠버네티스 리소스로 구성하지 않고 플래그를 사
용해 대상 워크로드를 구성하고 컨피그맵을 사용해 구성을 확장한다. 그림 13-4는 CPA의
훨씬 단순한 운영 모델을 보여준다.

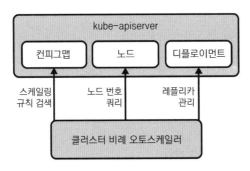

그림 13-4 클러스터 비례 오토스케일링

CPA는 사용 사례가 많지 않다. 클러스터에 비례해 확장해야 하는 워크로드는 일반적으로
플랫폼 서비스로 제한된다. CPA를 고려할 때 특히 HPA를 이미 다른 워크로드와 함께 활용
하고 있으면 HPA가 더 나은 솔루션을 제공하는지 평가해야 한다. 이미 HPA를 사용하고 있
으면 필요한 메트릭 API를 구현하려고 메트릭 서버 또는 프로메테우스 어댑터가 이미 배포
돼 있다. 따라서 다른 오토스케일러를 배포하고 그에 따른 관리 오버헤드가 최선의 선택이
아닐 수 있다. 또는 HPA가 아직 사용되지 않고 CPA가 필요한 기능을 제공하는 클러스터에
서 간단한 운영 모델로 인해 더 매력적이다.

CPA에서 사용하는 두 가지 확장 방법이 있다.

- 선형^{linear} 방법은 클러스터에 있는 노드 또는 코어 수에 정비례해 애플리케이션을 확
  장한다.

- 래더[ladder] 방법은 단계 함수를 사용해 노드:레플리카 또는 코어:레플리카의 비율을 결정한다.

클러스터를 수백 개의 워커 노드로 확장할 수 있는 클러스터 DNS와 같은 서비스에 CPA가 성공적으로 사용되는 것을 봤다. 이와 같으면 5개 노드에서 서비스에 대한 트래픽과 수요는 300개 노드에서와 크게 달라지므로 이 접근 방식이 매우 유용할 수 있다.

사용자 정의 오토스케일링

워크로드 오토스케일링이라는 주제로 지금까지 커뮤니티에서 사용할 수 있는 몇 가지 특정 도구인 HPA, VPA 및 CPA와 메트릭 서버 및 프로메테우스 어댑터를 설명했다. 그러나 워크로드 오토스케일링은 이 도구 세트에 국한되지 않는다. 필요한 스케일링 동작을 구현하는 자동화된 방법은 모두 동일한 범주에 속한다. 예를 들어 애플리케이션에 대한 트래픽이 증가하는 요일과 시간을 알고 있다면 관련 배포에서 레플리카 수를 업데이트하는 쿠버네티스 CronJob[2]과 같은 간단한 것을 구현할 수 있다. 사실, 이와 같이 간단하고 직관적인 방법을 활용할 수 있다면 더 간단한 솔루션을 선택해야 한다. 움직이는 부품이 적은 시스템은 예기치 않은 결과를 생성할 가능성이 적다.

여기까지로 워크로드 오토스케일링에 대한 접근 방식이 마무리한다. 핵심 쿠버네티스, 커뮤니티 개발 추가 컴포넌트 및 사용자 정의 솔루션을 사용해 이에 접근하는 여러 방법을 살펴봤다. 다음으로 워크로드를 호스팅하는 기반인 쿠버네티스 클러스터 자체를 오토스케일링하는 방법을 살펴본다.

---

2 유닉스 계열 운영체제의 시간 기반 잡 스케줄러. 소프트웨어 환경을 설정하고 관리하는 사용자들은 작업을 고정된 시간, 날짜, 간격에 주기적으로 실행할 수 있도록 스케줄링하려고 CronJob을 사용한다. - 옮긴이

클러스터 오토스케일링

쿠버네티스 클러스터 오토스케일러^{CA, Cluster Autoscaler}(https://oreil.ly/Q5Xdp)는 클러스터의 워커 노드를 수평으로 확장하기 위한 자동화된 솔루션을 제공한다. HPA의 한계 중 하나에 대한 솔루션을 제공하고 쿠버네티스 인프라의 용량 및 비용 관리와 관련된 상당한 수고를 완화할 수 있다.

플랫폼팀이 쿠버네티스 기반 플랫폼을 채택하고 새 테넌트가 초기 준비됨에 따라 클러스터의 용량을 관리해야 한다. 이는 수동적이고 일상적인 검토 프로세스일 수 있다. 또한 경보 처리 기반일 수 있으므로 사용 메트릭에 대한 경보 규칙을 사용해 워커를 추가하거나 제거해야 하는 상황을 알려준다. 또는 단순히 테넌트를 추가 및 제거하고 CA가 수용하도록 클러스터 확장을 관리하도록 작업을 완전히 자동화할 수 있다.

또한 리소스 소비가 크게 변동하는 워크로드 오토스케일링을 활용하면 CA에 대한 이야기가 훨씬 더 매력적이다. HPA 관리 워크로드의 로드가 증가하면 레플리카 수가 증가한다. 클러스터의 컴퓨팅 리소스가 부족하면 일부 파드가 예약되지 않고 보류 상태로 유지된다. CA는 정확한 조건을 찾고 부족을 충족하는 데 필요한 노드 수를 계산하고 클러스터에 새 노드를 추가한다. 그림 13-5의 다이어그램은 수평 스케일링 애플리케이션을 수용하려고 스케일링되는 클러스터를 보여준다.

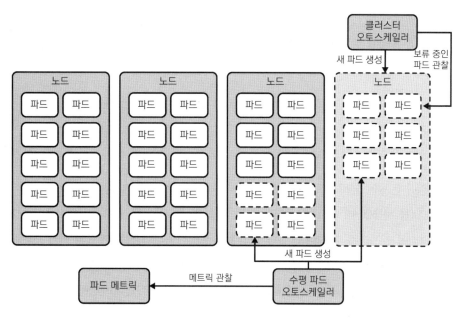

그림 13-5 클러스터 오토스케일러는 파드 레플리카 확장에 대한 응답으로 노드를 확장한다.

다른 면에서 부하가 감소하고 HPA가 애플리케이션용 파드에서 확장되면 CA는 장기간 동안 충분히 활용되지 않은 노드를 찾는다. 활용도가 낮은 노드의 파드를 클러스터의 다른 노드로 다시 예약할 수 있으면 CA는 활용도가 낮은 노드를 프로비저닝 해제해 클러스터를 축소한다.

워커 노드의 동적 관리를 호출할 때 노드 전체에 파드 배포가 불가피하게 섞인다는 점을 기억해야 한다. 쿠버네티스 스케줄러는 일반적으로 파드가 처음 생성될 때 워커 노드 주위에 균등하게 파드를 배포한다. 그러나 파드가 실행되고 나면 배포될 환경을 결정한 스케줄링 결정은 축출되지 않는 한 재평가되지 않는다. 따라서 특정 애플리케이션이 수평으로 확장 됐다가 다시 확장되면 워커 노드에 파드가 고르지 않게 분산될 수 있다. 어떤 때는 단 몇 개의 노드에 클러스터링된 배포에 대한 많은 레플리카가 생길 수 있다. 많은 레플리카 생성이 워크로드의 노드 장애 허용 범위에 위협이 되면 쿠버네티스 디스케줄러(https://github.com/kubernetes-sigs/descheduler)를 사용해 다양한 정책에 따라 이를 제거할 수 있다. 제거되면 파드가 다시 예약된다. 이렇게 하면 노드 간 분포의 균형을 재조정하는 데 도움이 된다. 실제로 이를 수행해야 하는 필요성이 명백한 경우는 많이 발견되지 않았지만, 이것은 가능한 옵션이다.

상상할 수 있듯이 클러스터 오토스케일링을 고려 중이면 계획해야 할 인프라 관리 문제가 있다. 먼저 프로젝트 리포지터리에 문서화된 지원되는 클라우드 프로바이더 중 하나를 사용해야 한다. 다음으로 CA에 VM을 생성하고 파괴할 수 있는 권한을 부여해야 한다.

인프라 관리 문제는 클러스터 API(https://github.com/kubernetes-sigs/cluster-api) 프로젝트와 함께 CA를 사용할 때 다소 변경된다. 클러스터 API는 자체 쿠버네티스 오퍼레이터를 사용해 클러스터 인프라를 관리한다. 이때 클라우드 프로바이더와 직접 연결해 워커 노드를 추가 및 제거하는 대신 CA가 이 작업을 클러스터 API로 오프로드한다. CA는 클러스터 API 컨트롤러에로 조정되는 MachineDeployment 리소스의 레플리카을 업데이트하기만 하면 된다. 이렇게 하면 CA와 호환되는 클라우드 프로바이더를 사용할 필요가 없다(단, 클라우드 프로바이더에 대한 클러스터 API 공급자가 있는지 확인해야 함). 권한 문제는 또한 클러스터 API 컴포넌트로 오프로드된다. 여러모로 좋은 모델이다. 그러나 클러스터 API는 일반적으로 관리 클러스터를 사용해 구현된다. 클러스터 API가 고려해야 할 클러스터 오토스케일링에 대한 외부 종속성을 도입한다. 이 주제는 '관리 클러스터'에서 자세히 다뤘다.

CA의 확장 동작은 구성 가능하다. CA는 깃허브(https://oreil.ly/DzQ0J)의 프로젝트 FAQ에 설명된 플래그를 사용해 구성된다. [예시 13-4]는 AWS에 대한 CA 배포 매니페스트를 보여주고, 공통 플래그를 설정하는 방법의 예를 포함한다.

예시 13-4 아마존 웹 서비스 오토스케일링 그룹을 대상으로 하는 CA 배포 매니페스트

```
apiVersion: apps/v1
kind: Deployment
metadata:
  name: aws-cluster-autoscaler
spec:
  replicas: 1
  selector:
```

```
    matchLabels:
      app.kubernetes.io/name: "aws-cluster-autoscaler"
  template:
    metadata:
    labels:
      app.kubernetes.io/name: "aws-cluster-autoscaler"
spec:
  containers:
    - name: aws-cluster-autoscaler
      image: "us.gcr.io/k8s-artifacts-prod/autoscaling/cluster-autoscaler:v1.18"
      command:
        - ./cluster-autoscaler
        - --cloud-provider=aws        ❶
        - --namespace=kube-system
        - --nodes=1:10:worker-auto-scaling-group        ❷
        - --logtostderr=true
        - --stderrthreshold=info
        - --v=4
      env:
        - name: AWS_REGION
          value: "us-east-2"
      livenessProbe:
        httpGet:
          path: /health-check
          port: 8085
      ports:
        - containerPort: 8085
```

❶ 지원되는 클라우드 프로바이더를 설정한다. 예에서는 AWS를 설정한다.

❷ 이 플래그는 worker-auto-scaling-group이라는 AWS 오토스케일링 그룹을 업데이트하
   도록 CA를 구성한다. CA는 이 그룹의 VM 수를 1에서 10 사이로 확장할 수 있다.

클러스터 오토스케일링은 매우 유용할 수 있다. 클라우드 네이티브 인프라가 제공하는 강력
한 이점 중 하나를 잠금 해제하는데, 이로 인해 사소하지 않은 복잡성을 초래한다. 운영 환
경에서 비즈니스 크리티컬 플랫폼의 확장을 자율적으로 관리하려고 특정 시스템에 의존하기
전에 부하 테스트를 수행하고 시스템이 어떻게 작동할지를 잘 이해해야 한다. 중요한 고려사

항으로 클러스터에서 도달하게 될 상한선을 명확하게 이해해야 한다. 플랫폼이 상당한 워크로드 용량을 호스팅하고 클러스터가 수백 개의 노드로 확장되도록 허용할 때 플랫폼의 컴포넌트에 병목 현상이 발생하기 전에 확장할 위치를 이해해야 한다. 클러스터 크기 조정에 대한 자세한 내용은 2장에서 찾을 수 있다.

클러스터 오토스케일링과 관련된 다른 고려사항은 필요할 때 클러스터가 확장되는 속도다. 여기서 오버 프로비저닝^{Overprovisioning}이 도움이 된다.

클러스터 오버 프로비저닝

클러스터 오토스케일러는 클러스터의 컴퓨팅 리소스가 부족해 예약할 수 없는 보류 파드에 응답한다는 점을 기억해야 한다. 따라서 CA가 클러스터 노드를 확장하기 위한 조치를 취하는 순간 클러스터는 이미 가득 찼다. 즉, 적절하게 관리되지 않으면 새 노드를 예약할 수 있게 되는 데 걸리는 시간 동안 확장 워크로드의 용량이 부족해진다. 워크로드 용량 부족 시 클러스터 오버 프로비저너^{cluster-overprovisioner}(https://oreil.ly/vXij5)가 도움이 된다.

먼저 새 노드가 가동되고 클러스터에 조인하고 워크로드를 수락할 준비가 되는 데 총 걸리는 시간을 이해해야 한다. 흐름을 이해하면 상황에 가장 적합한 솔루션을 해결할 수 있다.

- HPA의 목표 사용률을 충분히 낮게 설정해 애플리케이션이 최대 용량이 되기 전에 워크로드가 확장되도록 한다. 낮은 목표 사용률은 노드를 프로비저닝할 시간을 허용하는 버퍼를 제공할 수 있다. 클러스터를 과도하게 프로비저닝할 필요가 없지만, 특히 급격한 부하 증가를 고려해야 하면 용량 부족을 방지하려고 목표 사용률을 너무 낮게 설정해야 할 수 있다. 이로 인해 드문 이벤트를 처리하려고 만성적으로 워크로드 용량을 과도하게 프로비저닝하는 상황이 발생한다.
- 클러스터 오버 프로비저닝을 사용하는 방법도 있는데, 확장 중인 워크로드에 대한 버퍼를 제공하려면 빈 노드를 대기 상태로 설정한다. 이렇게 하면 고부하 이벤트에 대비해 HPA의 목표 사용률을 인위적으로 낮게 설정할 필요가 없다.

클러스터 오버 프로비저닝은 다음을 수행하는 파드를 배포해 작동한다.

- 노드에 대한 거의 모든 리소스를 예약하기에 충분한 리소스를 요청한다.
- 실제 리소스를 사용하지 않는다.
- 다른 파드가 필요로 하는 즉시 중단되도록 하는 우선순위 클래스를 사용한다.

오버 프로비저너 파드의 리소스 요청이 전체 노드를 예약하도록 설정되면 오버 프로비저너 배포의 레플리카 수로 대기 노드 수를 조정할 수 있다. 특정 이벤트 또는 마케팅 캠페인에 대한 오버 프로비저닝은 오버 프로비저너 배포에서 레플리카 수를 늘리면 된다.

그림 13-6은 오버 프로비저닝이 어떻게 생겼는지 보여준다. 단일 파드 레플리카를 보여주지만 이벤트 확장을 위한 적절한 버퍼를 제공하는 데 필요한 만큼 많을 수 있음을 알 수 있다.

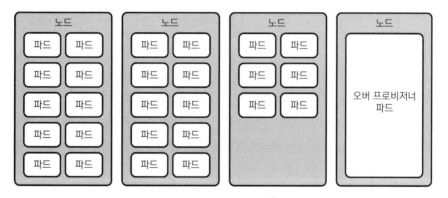

그림 13-6 클러스터 오버 프로비저닝

오버 프로비저너 파드가 차지하는 노드는 이제 클러스터의 다른 파드에서 필요할 때마다 대기 상태다. `value: -1`인 우선순위 클래스를 만든 다음 이를 오버 프로비저너 배포에 적용해 이를 수행할 수 있다. 이렇게 하면 기본적으로 다른 모든 워크로드의 우선순위가 더 높아진다. 다른 워크로드의 파드에 리소스가 필요하면 오버 프로비저너 파드가 즉시 제거돼 워크로드 확장이 가능하다. 오버 프로비저너 파드는 보류 상태가 되며, 그림 13-7과 같이 클러스터 오토스케일러가 새 노드를 프로비저닝해 대기 상태로 유지하도록 트리거한다.

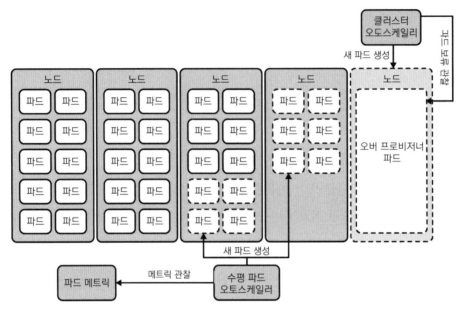

그림 13-7 클러스터 오버 프로비저너로 확장한다.

클러스터 오토스케일러 및 클러스터 오버 프로비저너를 사용하면 수평 스케일링 워크로드와 매우 잘 어울리는 쿠버네티스 클러스터를 수평으로 스케일하는 효과적인 메커니즘이 있다. 수평 스케일링으로 해결되지 않는 클러스터의 용도를 찾지 못했기 때문에 여기에서 수직 스케일링 클러스터를 다루지 않았다.

요약

용량 요구사항이 크게 변경될 수 있는 애플리케이션이 있을 때 가능하면 수평 스케일링을 사용하는 쪽으로 선택한다. 자주 중지 및 시작돼 원활하게 재생되도록 오토스케일링할 앱을 개발하고 CPU 또는 메모리가 스케일링을 트리거하기에 좋은 메트릭이 아니면 사용자 정의 메트릭을 노출한다. 효율성과 최종 사용자 경험을 최적화하고 예상대로 작동하는지 확인하기 위해 오토스케일링을 테스트한다. 워크로드가 클러스터 용량 이상으로 스케일되면, 클러스터 자체를 오토스케일링하는 것을 고려해야 한다. 그리고 스케일링 이벤트가 특히 급격할 때는 클러스터 오버 프로비저너를 사용해 노드를 대기 상태로 전환하는 방법을 고려하는 것이 좋다.

14장

애플리케이션 고려사항

쿠버네티스는 실행 및 관리할 수 있는 애플리케이션 유형과 관련해 유연한 플랫폼이다. 운영체제 및 프로세서 유형 제한을 제외하고 쿠버네티스는 기본적으로 무엇이든 실행할 수 있다. 대규모 모놀리식, 분산 마이크로서비스, 일괄 워크로드 등을 지원한다. 쿠버네티스가 워크로드에 요구하는 사항은 워크로드를 컨테이너 이미지화해 배포된다는 것이다. 컨테이너화 애플리케이션을 더 좋은 방식으로 쿠버네티스에 배포하려고 적용할 수 있는 여러 단계가 있다.

14장에서는 플랫폼 대신 애플리케이션에 초점을 맞출 것이다. 플랫폼팀의 일원이라도 14장을 건너뛰지 않는 게 좋다. 개발자에게만 적용된다고 생각할 수도 있지만 플랫폼 엔지니어에게도 적용되는 사항이다. 플랫폼팀 구성원으로서 플랫폼에서 맞춤형 서비스를 제공하는 애플리케이션을 구축하게 될 가능성이 크기 때문이다. 그렇지 않더라도 14장의 내용은 플랫폼을 사용하는 개발 팀과 더 잘 일치하고 컨테이너 기반 플랫폼에 익숙하지 않은 팀을 교육하는 데 도움이 될 것이다.

쿠버네티스에서 애플리케이션을 실행할 때 고려해야 할 다음의 사항을 다룬다.

- 플랫폼에 애플리케이션 배포 및 템플릿, 패키징과 같은 배포 매니페스트를 관리하

는 메커니즘

- 쿠버네티스 API(컨피그맵/시크릿) 사용, 설정 및 시크릿 관리를 위한 외부 시스템과 통합과 같은 애플리케이션 구성 접근 방식
- Pre-stop 컨테이너 훅, 단계적 종료$^{graceful\ termination}$ 및 스케줄링 제한과 같은 워크로드의 가용성을 향상시키는 쿠버네티스 기능
- 상태 프로브, 플랫폼에 애플리케이션 상태 정보를 표시할 수 있는 쿠버네티스의 기능
- 애플리케이션이 플랫폼에서 제대로 실행되도록 하는 데 중요한 리소스 요청 및 제한
- 워크로드를 효과적으로 디버그, 문제 해결 및 운영하기 위한 메커니즘으로서 로그, 메트릭 및 트레이싱

쿠버네티스에 애플리케이션 배포

애플리케이션이 컨테이너화되고 컨테이너 이미지 레지스트리에서 사용 가능하면 쿠버네티스에 배포할 준비가 된 것이다. 대부분의 애플리케이션 배포에는 디플로이먼트, 서비스, 컨피그맵, CRD 등과 같은 앱을 실행하는 데 필요한 쿠버네티스 리소스를 설명하는 YAML 매니페스트 작성이 포함된다. 그런 다음 매니페스트를 API 서버에 보내면 쿠버네티스가 처리한다. 기본 YAML 매니페스트를 사용하는 것은 처음 시작하기에 좋은 방법이지만, 특히 애플리케이션을 다른 클러스터나 환경에 빠르게 배포할 때 실용적이지 않다. 다음과 유사한 질문이 나올 가능성이 크다.

- 스테이징과 운영 환경에서 실행할 때 다른 자격 증명을 제공하려면 어떻게 해야 하는가?
- 다양한 데이터 센터에 배포할 때 다른 이미지 레지스트리를 사용하려면 어떻게 해야 하는가?
- 개발과 운영 환경에서 서로 다른 레플리카 수를 어떻게 설정하는가?
- 다른 매니페스트에서 모든 포트 번호가 일치하도록 하려면 어떻게 해야 하는가?

질문은 계속 생길 것이다. 각 문제를 해결하기 위해 여러 세트의 매니페스트를 가질 수 있지만, 순열은 이를 관리하는 것을 상당히 어렵게 만든다. 이 절에서는 매니페스트 관리 문제를 해결할 때 취할 수 있는 접근 방식을 설명한다. 주로 쿠버네티스용 템플릿 매니페스트 및 패키징 애플리케이션을 다룬다. 그러나 커뮤니티에서 사용할 수 있는 도구의 범위를 논의하지 않는다. 팀에서 다른 옵션을 고려할 때 분석에 어려움을 겪을 때가 있다. 필자의 조언은 더 좋은 방식을 선택하고 더 높은 가치의 문제를 해결하는 부분으로 나아가려는 관점을 취한다.

배포 매니페스트 템플릿

템플릿에는 배포 매니페스트에 플레이스홀더^{placeholder}를 도입하는 작업이 포함된다. 매니페스트에 값을 하드코딩하는 대신 플레이스홀더는 필요에 따라 값을 주입할 수 있는 메커니즘을 제공한다. 예를 들어 다음 템플릿 매니페스트를 사용하면 레플리카 수를 다른 값으로 설정할 수 있다. 개발에는 하나의 레플리카가 필요하지만 운영 환경에는 5개의 레플리카가 필요할 수 있다.

```
apiVersion: apps/v1
kind: Deployment
metadata:
  labels:
    app: nginx
  name: nginx
spec:
  replicas: {{ .Values.replicaCount }}
  selector:
    matchLabels:
      app: nginx
  template:
    metadata:
      labels:
        app: nginx
    spec:
      containers:
        - image: nginx
          name: nginx
```

쿠버네티스용 애플리케이션 패키징

독립형 소프트웨어 패키지를 만드는 것은 매니페스트 관리를 처리하면서 애플리케이션을 배포하는 데 사용할 수 있는 다른 메커니즘이다. 패키징 솔루션은 일반적으로 템플릿을 기반으로 하지만, OCI 호환 레지스트리, 생명 주기 관리 훅 등에 패키지를 푸시하는 기능과 같이 유용할 수 있는 추가 기능을 도입한다.

패키지는 서드 파티^{third party}[1]가 관리하는 소프트웨어를 사용하거나 서드 파티에게 소프트웨어를 제공하는 훌륭한 메커니즘이다. 헬름^{Helm}을 사용해 소프트웨어를 쿠버네티스 클러스터에 설치했다면 이미 패키징의 이점을 활용한 것이다. 헬름에 익숙하지 않을 때 다음 스니펫으로 패키지를 설치하는 데 필요한 사항을 알 수 있다.

```
$ helm repo add hashicorp https://helm.releases.hashicorp.com
"hashicorp" has been added to your repositories


$ helm install vault hashicorp/vault
```

패키지는 쿠버네티스에서 소프트웨어를 배포하고 관리하는 좋은 방법이 될 수 있다. 즉, 고급 생명 주기 관리가 필요한 복잡한 애플리케이션은 패키지가 부족할 수 있어서, 애플리케이션의 오퍼레이터가 더 나은 솔루션일 수 있다. 2장에서 오퍼레이터를 광범위하게 설명했다. 14장이 플랫폼 서비스에 초점을 맞추고 있지만, 이미 설명한 개념은 복잡한 애플리케이션을 위한 오퍼레이터를 구축할 때 적용된다.

설정 및 시크릿 수집

애플리케이션에는 일반적으로 런타임에 동작하는 방법을 알려주는 설정이 있다. 설정에는 일반적으로 로깅 수준, 종속성의 호스트 이름(예: 데이터베이스의 DNS 레코드), 시간 초과 등이

---

1   하드웨어나 소프트웨어 등의 제품을 제조하고 있는 주요 기업이나 그 계열 회사 또는 기술 제휴를 하고 있는 기업이 아닌 제3자 기업을 부르는 말이다. 간략히 제3자 또는 3차 협력사라고도 한다. – 옮긴이

포함된다. 설정 중 일부는 암호와 같이 일반적으로 시크릿이라고 하는 민감한 정보를 포함할 수 있다. 이 절에서는 쿠버네티스 기반 플랫폼에서 애플리케이션을 구성하는 데 사용할 수 있는 다양한 방법을 설명한다. 먼저 핵심 쿠버네티스에서 사용할 수 있는 컨피그맵 및 시크릿 API를 검토한다. 그런 다음 주로 외부 시스템과 통합하는 쿠버네티스 API의 대안을 탐색한다. 마지막으로, 실무에서 가장 잘 작동된 사례를 기반으로 접근 방식에 대한 지침을 제공할 것이다.

자세히 알아보기 전에 애플리케이션의 컨테이너 이미지 내부에 설정이나 시크릿을 번들로 묶는 것을 피해야 한다는 점을 알아야 한다. 애플리케이션 바이너리와 해당 설정 간의 긴밀한 결합은 런타임 구성의 목적을 무효화한다. 게다가, 시크릿은 보안 문제를 야기한다. 그렇지 않으면 시크릿에 액세스할 수 없어야 하는 행위자가 이미지에 액세스할 수 있기 때문이다. 이미지에 설정을 포함하는 대신 플랫폼 기능을 활용해 런타임에 설정을 추가해야 한다.

쿠버네티스 컨피그맵 및 시크릿

컨피그맵 및 시크릿은 런타임에서 애플리케이션을 설정할 수 있게 해주는 쿠버네티스 API의 핵심 리소스다. 쿠버네티스의 다른 리소스와 마찬가지로 API 서버로 생성되며 일반적으로 다음 예와 같이 YAML로 선언된다.

```
apiVersion: v1
kind: ConfigMap
metadata:
  name: my-config
data:
  debug: "false"
```

애플리케이션에서 컨피그맵 및 시크릿을 사용하는 방법을 알아본다.

첫 번째 방법은 컨피그맵 및 시크릿을 파드의 파일시스템에 파일로 마운트하는 것이다. 파드 스펙을 지정할 때 이름으로 컨피그맵 또는 시크릿을 참조하는 볼륨을 추가하고 특정 위치의 컨테이너에 탑재할 수 있다. 예를 들어 다음 스니펫은 my-config라는 컨피그맵을 /etc/my-app/config.json에 있는 my-app이라는 컨테이너에 마운트하는 파드를 정의한다.

```
apiVersion: v1
kind: Pod
metadata:
  name: my-app
spec:
  containers:
  - image: my-app
    name: my-app:v0.1.0
    volumeMounts:
    - name: my-config
      mountPath: /etc/my-app/config.json
  volumes:
  - name: my-config
    configMap:
      name: my-config
```

볼륨 마운트를 활용하는 것은 컨피그맵 및 시크릿을 사용할 때 선호되는 방법이다. 파드의 파일이 동적으로 업데이트돼 앱을 다시 시작하거나 파드를 다시 생성하지 않고도 애플리케이션을 재설정할 수 있기 때문이다. 즉, 컨피그맵 및 시크릿은 애플리케이션이 지원해야 하는 것이다. 애플리케이션은 디스크의 설정 파일을 관찰하고 파일이 변경되면 새 설정을 적용해야 한다. 많은 라이브러리와 프레임워크로 이 기능을 쉽게 구현할 수 있다. 컨피그맵 및 시크릿 적용이 가능하지 않으면 설정 파일을 감시하고 새 설정을 사용할 수 있을 때 기본 프로세스(예: SIGHUP 사용)에 신호를 보내는 사이드카 컨테이너를 도입할 수 있다.

다른 사례로, 환경변수로 컨피그맵 및 시크릿을 사용하기도 한다. 애플리케이션이 환경변수를 통한 설정을 예상할 때 이는 자연스러운 접근 방식이다. 환경변수는 명령줄 플래그로 설정을 제공해야 할 때도 유용할 수 있다. 다음 예에서 파드는 값이 포함된 debug라는 키가 있는 my-config라는 컨피크맵을 사용해 DEBUG 환경변수를 설정한다.

```
apiVersion: v1
kind: Pod
metadata:
  name: my-app
```

```
spec:
  containers:
    - name: my-app
      image: my-app:v0.1.0
      env:
        - name: DEBUG
          valueFrom:
            configMapKeyRef:
              name: my-config
              key: debug
```

환경변수 사용 방식의 단점은 컨피그맵 또는 시크릿에 대한 변경사항이 다시 시작될 때까지 실행 중인 파드에 반영되지 않는다는 것이다. 일부 애플리케이션에서는 문제가 되지 않을 수 있지만, 염두에 둬야 한다. 시크릿의 단점은 일부 애플리케이션이나 프레임워크가 시작 중 또는 충돌 시 환경 세부 정보를 로그에 덤프할 수 있다는 것이다. 시크릿이 실수로 로그 파일로 유출될 수 있으므로 보안 위험이 있다.

이처럼 두 가지 컨피그맵 및 시크릿 사용 방법은 설정을 워크로드에 주입하는 쿠버네티스에 의존한다. 애플리케이션이 쿠버네티스 API와 통신해 설정을 가져오는 다른 옵션도 있다. 설정 파일이나 환경변수를 사용하는 대신 애플리케이션은 쿠버네티스 API 서버에서 직접 컨피그맵 및 시크릿을 읽는다. 앱은 구성이 변경될 때마다 작동할 수 있도록 API를 볼 수도 있다. 개발자는 많은 쿠버네티스 라이브러리 또는 SDK 중 하나를 사용해 이 기능을 구현하거나 스프링 클라우드 쿠버네티스와 같이 이 기능을 지원하는 애플리케이션 프레임워크를 활용할 수 있다.

애플리케이션 설정하려면 쿠버네티스 API를 활용하는 것이 편리할 수 있지만 고려해야 할 중요한 단점이 있음을 알게 됐다. 첫째, 설정을 가져오려면 API 서버에 연결해야 하므로 애플리케이션과 쿠버네티스 플랫폼 간의 긴밀한 결합이 생성된다. 결합을 통해 질문 몇 가지가 떠오른다. API 서버가 다운되면 어떻게 되는가? 플랫폼팀이 API 서버를 업그레이드할 때 애플리케이션에 다운타임이 발생하는가?

둘째, 애플리케이션이 API에서 설정을 가져오려면 자격 증명이 필요하고 올바른 권한이 있어야 한다. 이런 요구사항은 서비스 어카운트가 필요하고 워크로드에 대한 RBAC 역할을 정의해야 하므로 배포 복잡성을 증가시킨다.

마지막으로 이 방법을 사용해 설정을 가져오는 애플리케이션이 많을수록 API 서버에 과도한 부하가 가해진다. API 서버는 클러스터 컨트롤 플레인의 중요한 컴포넌트이기 때문에 앱 설정에 대한 이런 접근 방식은 클러스터의 전반적인 확장성과 상충될 수 있다.

전반적으로 컨피그맵 및 시크릿를 사용할 때 쿠버네티스 API와 직접 통합하는 것보다 볼륨 마운트 및 환경변수를 사용하는 것을 선호한다. 이런 방식으로 애플리케이션은 기본 플랫폼에서 분리된 상태로 유지된다.

워크로드 메타데이터 주입

워크로드가 자신에 대한 정보를 가져와야 하는 특정 시나리오가 있다. 아마도 워크로드는 실행 중인 네임스페이스, 레이블 또는 리소스 제한이 필요할 것이다. 쿠버네티스는 Downward API를 제공하므로 워크로드가 쿠버네티스를 상호작용하거나 알 필요 없이 파드 메타데이터를 주입할 수 있다. 컨피그맵 및 시크릿와 유사하게 환경변수 또는 볼륨 마운트로 메타데이터를 제공할 수 있다.

다음 예는 Downward API가 작동하는 모습을 보여준다. 이때 파드는 MEM_LIMIT라는 환경변수로 사용할 수 있는 메모리 제한 부분을 확인해야 한다.

```yaml
apiVersion: v1
kind: Pod
metadata:
  name: my-app
spec:
  containers:
    - name: my-app
      image: my-app:0.1.0
      command: [ "my-app" ]
      env:
        - name: MEM_LIMIT
          valueFrom:
            resourceFieldRef:
              containerName: my-app
              resource: limits.memory
```

외부 시스템에서 설정 가져오기

컨피그맵 및 시크릿은 애플리케이션 설정과 관련해 쿠버네티스 API에 내장돼 있으며, 즉시 사용할 수 있어서 편리하다. 즉, 설정 및 시크릿은 쿠버네티스가 존재하기 훨씬 이전에 애플리케이션 개발자가 직면한 문제였다. 쿠버네티스는 이 문제를 해결하기 위한 기능을 제공하지만, 외부 시스템 사용을 대신 막는 것은 없다.

현장에서 가장 흔히 사용하는 외부 구성 또는 시크릿 관리 시스템 중 하나는 해시코프 볼트 **HashiCorp Vault**(https://www.vaultproject.io)다. 볼트는 쿠버네티스 시크릿에서 사용할 수 없는 고급 시크릿 관리 기능을 제공한다. 예를 들어 볼트는 동적 시크릿, 시크릿 순환, 시간 기반 토큰 등을 제공한다. 애플리케이션이 이미 볼트를 활용한다면 쿠버네티스에서 애플리케이션을 실행할 때 계속 사용할 수 있다. 아직 볼트를 사용하지 않더라도 쿠버네티스 시크릿에 대한 보다 강력한 대안으로 평가할 가치가 있다. 이미 7장에서 시크릿 관리 고려사항과 볼트 통합을 광범위하게 설명했다. 쿠버네티스의 시크릿 관리와 볼트 통합의 하위 수준 세부 정보를 자세히 알아보려면 해당 장을 확인하는 것이 좋다.

설정 또는 시크릿으로 외부 시스템을 활용할 때 플랫폼으로 통합을 가능한 한 많이 오프로드하는 것이 유익하다는 것을 알게 됐다. 볼트와 같은 외부 시스템과 통합은 파드의 볼륨 또는 환경변수로 시크릿을 노출하는 플랫폼 서비스로 제공될 수 있다. 플랫폼 서비스는 외부 시스템을 추상화하고 통합의 구현 세부사항을 걱정하지 않고 애플리케이션이 시크릿을 사용할 수 있도록 한다. 전반적으로 플랫폼 서비스를 활용하면 애플리케이션의 복잡성이 줄어들고 애플리케이션 전반에 걸쳐 표준화가 이뤄진다.

스케줄링 조정 이벤트 처리

쿠버네티스는 다양한 이유로 워크로드가 이동하는 매우 동적인 환경이다. 클러스터 노드는 들어오거나 나갈 수 있으며, 리소스가 부족하거나 심지어 실패 처리가 되기도 한다. 리소스가 부족하거나 실패할 수도 있다. 플랫폼팀은 클러스터 생명 주기 작업(예: 업그레이드)을 수행하려면 노드를 드레인drain[2], cordon[3] 또는 제거할 수 있다. 다음은 워크로드가 중단되고 스케줄링이 변경될 수 있는 상황의 예이며 기타 여러 가지 사항이 있다.

이유에 관계없이 쿠버네티스의 동적 특성은 애플리케이션의 가용성과 운영에 영향을 미칠 수 있다. 애플리케이션의 아키텍처가 장애의 영향을 결정하는 데 가장 큰 영향을 미치더라도 쿠버네티스에는 영향을 최소화하려고 활용할 수 있는 기능이 있는데, 여기서 살펴본다. 먼저 Pre-stop 컨테이너 생명 주기 훅을 알아본다. 이름에서 알 수 있듯이 훅을 사용하면 쿠버네티스가 컨테이너를 중지하기 전에 조치를 취할 수 있다. 그런 다음 종료 이벤트에 대한 응답으로 애플리케이션에서 신호를 처리하는 것을 포함해 컨테이너를 정상적으로 종료하는 방법을 살펴볼 예정이다. 마지막으로 장애 도메인에 애플리케이션을 배포하지 않도록 할 때 사용할 수 있는 메커니즘인 파드 안티어피니티 규칙도 알아본다. 앞에서 언급했듯이 메커니즘은 교란의 영향을 최소화하는 데 도움이 될 수 있지만 실패 가능성을 제거할 수는 없다. 이 절을 읽을 때 이 점을 염두에 둔다.

Pre-stop 컨테이너 생명 주기 훅

쿠버네티스는 여러 가지 이유로 워크로드를 종료할 수 있다. 컨테이너가 종료되기 전에 작업을 수행해야 하면 Pre-stop 컨테이너 생명 주기 훅을 활용할 수 있다. 쿠버네티스는 두 가지 유형의 훅을 제공한다. exec 생명 주기 훅은 컨테이너에서 명령을 실행하는 반면, HTTP 생명 주기 훅은 지정한 엔드포인트(일반적으로 컨테이너 자체)에 HTTP 요청을 발행한다. 사용할 훅은 특정 요구사항과 달성하려는 대상에 따라 다르다.

컨투어(https://projectcontour.io) 인그레스 컨트롤러의 Pre-stop 훅은 해당 훅의 장점을 잘 보여주는 좋은 예다. 진행 중인 클라이언트 요청 삭제를 방지하려면 컨투어에는 컨테이너를

---

2   노드 관리를 위해서 지정된 노드에 있는 파드들을 다른 곳으로 이동시키는 명령어다. – 옮긴이
3   지정된 노드에 더이상 파드들이 스케줄링되서 실행되지 않도록 한다. – 옮긴이

중지하기 전에 명령을 실행하도록 쿠버네티스에 지시하는 컨테이너 Pre-stop 훅이 포함돼 있다. 컨투어 디플로이먼트 YAML 파일의 다음 스니펫은 Pre-stop 훅 구성을 보여준다.

```
# <... 스니펫 ...>
    spec:
      containers:
      - command:
        - /bin/contour
        args:
          - envoy
          - shutdown-manager
        image: docker.io/projectcontour/contour:main
        lifecycle:
          preStop:
            exec:
              command:
                - /bin/contour
                - envoy
                - shutdown
# <... 스니펫 ...>
```

컨테이너 Pre-stop 훅을 사용하면 쿠버네티스가 컨테이너를 중지하기 전에 조치를 취할 수 있다. 컨테이너에 있지만 실행 중인 프로세스의 일부가 아닌 명령이나 스크립트를 실행할 수 있다. 훅이 계획된 생명 주기 또는 스케줄링 변경 이벤트가 발생할 때만 실행된다는 점을 고려해야 한다. 예를 들어 노드가 실패하면 훅이 실행되지 않는다. 또한 Pre-stop 훅의 일부로 수행되는 모든 작업은 다음에 논의할 파드의 정상적인 종료 기간으로만 관리된다.

정상적인 컨테이너 종료

Pre-stop 훅을 실행한 후 쿠버네티스는 SIGTERM 신호를 워크로드에 전송해 컨테이너 종료 프로세스를 시작한다. SIGTERM 신호는 컨테이너가 중지되고 있음을 알린다. 또한 기본적으로 30초인 종료 기간의 감시를 실행하기 시작한다. 파드 사양의 terminationGracePeriodSeconds 필드를 사용해 이 기간을 조정할 수 있다.

정상적인 종료 기간 동안은 애플리케이션은 종료되기 전에 필요한 모든 작업을 완료할 수 있다. 애플리케이션에 따라 이런 작업은 데이터 유지, 열린 연결 닫기, 파일을 디스크로 flush하는 등의 작업이 될 수 있다. 완료되면 애플리케이션은 성공 종료 코드와 함께 종료돼야 한다. 정상적인 종료는 그림 14-1에 나와 있으며, 여기에서 kubelet이 SIGTERM 신호를 보내고 유예 기간 내에 컨테이너가 종료되기를 기다리는 것을 볼 수 있다.

종료 기간 내에 애플리케이션이 종료되면 쿠버네티스는 종료 프로세스를 완료하고 계속 진행한다. 그렇지 않으면 SIGKILL 신호를 보내 프로세스를 강제로 중지한다. 그림 14-1은 다이어그램의 오른쪽 하단을 향한 강제 종료를 보여준다.

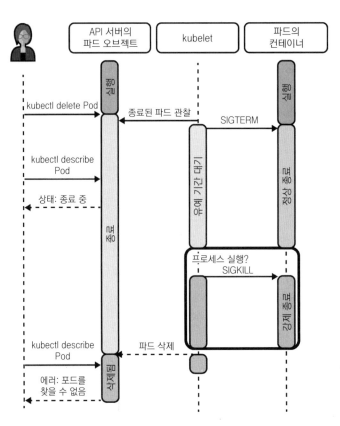

그림 14-1 쿠버네티스에서 애플리케이션 종료. kubelet은 먼저 SIGTERM 신호를 워크로드에 보내고 구성된 정상 종료 기간까지 기다린다. 기간이 만료된 후에도 프로세스가 계속 실행 중이면 kubelet은 SIGKILL을 전송해 프로세스를 종료한다.

애플리케이션이 정상적으로 종료되려면 SIGTERM 신호를 처리해야 한다. 각 프로그래밍 언어 또는 프레임워크에는 시그널 핸들러^{signal handler}를 구성하는 고유한 방법이 있다. 일부 애플리케이션 프레임워크가 이를 대신 처리할 수도 있다. 다음 스니펫은 시그널 수신 시 애플리케이션의 HTTP 서버를 중지하는 SIGTERM 시그널 핸들러를 구성하는 Go 애플리케이션을 보여준다.

```go
func main() {
    // 앱 초기화 코드는 여기에 작성한다....
    httpServer := app.NewHTTPServer()

    // OS에서 인터럽트를 수신하거나 시그널을 종료할 채널을 만든다.

    // 시그널 패키지에 버퍼링된 채널이 필요하기 때문에 버퍼링된 채널을 사용한다.
    shutdown := make(chan os.Signal, 1)
    signal.Notify(shutdown, os.Interrupt, syscall.SIGTERM)

    // 애플리케이션을 시작하고 에러 수신 대기
    errors := make(chan error, 1)
    go httpServer.ListenAndServe(errors)

    // 메인을 차단하고 종료를 기다립니다.
    select {
    case err := <-errors:
        log.Fatalf("http 서버 에러: %v", err)

    case <-shutdown:
        log.Printf("http 서버 종료 ")
        httpServer.Shutdown()
    }
}
```

쿠버네티스에서 애플리케이션을 실행할 때 SIGTERM 시그널에 대한 시그널 핸들러를 구성하는 것이 좋다. 수행할 종료 작업이 없더라도 시그널을 처리하면 애플리케이션을 중지하는 데 걸리는 시간이 줄어들어 다른 워크로드를 위한 리소스를 확보할 수 있으므로 더 나은 방식으로 쿠버네티스를 활용할 수 있게 된다.

가용성 요구사항 충족

컨테이너 Pre-stop 훅 및 단계적 종료는 애플리케이션의 단일 인스턴스 또는 레플리카와 관련된다. 애플리케이션이 수평으로 확장 가능하면 가용성 요구사항을 충족하려고 클러스터에서 실행 중인 여러 레플리카가 있을 가능성이 크다. 워크로드의 인스턴스를 2개 이상 실행하면 내결함성이 향상될 수 있다. 예를 들어 클러스터 노드에 장애가 발생해 애플리케이션 인스턴스 중 하나를 사용하면 다른 레플리카 작업을 선택할 수 있다. 그러나 동일한 에러 도메인에서 실행 중이면 레플리카이 여러 개 있어도 도움이 되지 않는다.

장애가 발생한 도메인에 파드가 분산시키려면 파드 안티어피니티 규칙을 사용하는 방법이 있다. 파드 안티어피니티 규칙을 사용해 파드 정의에서 정의한 제약 조건에 따라 파드를 예약하고 싶다고 쿠버네티스 스케줄러에 알린다. 더 구체적으로 말하면, 워크로드의 레플리카를 이미 실행 중인 노드에 파드를 배치하지 않도록 스케줄러에 요청한다. 3개의 레플리카가 있는 웹 서버를 고려한다. 3개의 레플리카가 동일한 에러 도메인에 배치되지 않도록 하려면 다음 스니펫에서와 같이 파드 안티어피니티를 사용할 수 있다. 이때 안티어피니티 규칙은 클러스터 노드의 영역 레이블로 결정된 대로 영역 간에 파드를 배치하는 것을 선호해야 한다고 스케줄러에 알린다.

```
# ... <스니펫> ...
    affinity:
      PodAntiAffinity:
        preferredDuringSchedulingIgnoredDuringExecution:
          - labelSelector:
              matchExpressions:
                - key: "app"
                  operator: In
                  values:
                    - my-web-server
            topologyKey: "zone"
# ... <스니펫> ...
```

파드 안티어피니티 외에도 쿠버네티스는 장애 도메인에 파드를 분산할 때 파드 안티어피니티 규칙을 개선한 파드 토폴로지 확산 제약 조건을 제공한다. 안티어피니티 규칙의 문제는 파드가 도메인 전체에 고르게 분산되도록 보장할 방법이 없다는 것이다. 토폴로지 키를 기반으로 스케줄링을 '선호'하거나 장애 도메인당 단일 레플리카를 보장할 수 있다.

파드 토폴로지 확산 제약 조건은 워크로드를 분산하도록 스케줄러에 지시할 수 있는 방법을 제공한다. 파드 안티어피니티 규칙과 유사하게 스케줄링이 필요한 새 파드에서만 평가되므로 소급 적용되지 않는다. 다음 스니펫은 파드가 여러 영역에 분산되도록 하는 파드 토폴로지 확산 제약의 예를 보여준다(노드의 zone 레이블 기반). 제약 조건을 충족할 수 없으면 파드가 스케줄링되지 않는다.

```
# ... <스니펫> ...
spec:
  topologySpreadConstraints:
  - maxSkew: 1
    topologyKey: zone
    whenUnsatisfiable: DoNotSchedule
    labelSelector:
      matchLabels:
        foo: bar
# ... <스니펫> ...
```

애플리케이션의 여러 인스턴스를 실행할 때 파드 배치 기능을 활용해 인프라 장애에 대한 애플리케이션의 내구성을 향상시켜야 한다. 그렇지 않으면 쿠버네티스가 원하는 내결함성을 달성하지 못하는 워크로드를 스케줄링할 위험이 있다.

상태 프로브

쿠버네티스는 많은 시그널을 사용해 플랫폼에서 실행되는 애플리케이션의 상태를 확인한다. 상태와 관련해 쿠버네티스는 워크로드를 불투명한 상자로 취급한다. 프로세스가 시작됐는지 여부를 확인한다. 이 정보는 유용하지만 일반적으로 애플리케이션을 효과적으로 실행하고 관리하는 데 충분하지 않다. 여기에서 프로브probe가 필요하다. 프로브는 쿠버네티스에 애플리케이션 상태에 대한 향상된 가시성을 제공한다.

쿠버네티스는 활성, 준비 및 시작 프로브의 세 가지 프로브 유형을 제공한다. 각 유형을 자세히 설명하기 전에 모든 프로브 유형에 공통적인 여러 프로브 메커니즘을 다음과 같이 검토해본다.

Exec

kubelet은 컨테이너 내부에서 명령을 실행한다. 명령이 0 종료 코드를 반환하면 프로브가 성공한 것으로 간주된다. 그렇지 않으면 kubelet은 컨테이너를 비정상으로 판단한다.

HTTP

kubelet은 Pod의 엔드포인트에 HTTP 요청을 보낸다. HTTP 응답 코드가 200 이상 400 미만이면 프로브가 성공한 것으로 간주된다.

TCP

kubelet은 설정 가능한 포트에서 컨테이너와 TCP 연결을 설정한다. 연결이 성공적으로 설정되면 컨테이너는 정상적인 것으로 간주된다.

프로브 메커니즘을 공유하는 것 외에도 모든 프로브에는 워크로드에 따라 프로브를 조정하는 데 사용할 수 있는 공통 매개변수 세트가 있다. 매개변수에는 성공 및 실패 임계값, 시간 초과 기간 등이 포함된다. 쿠버네티스 문서에서는 각 설정을 자세히 설명하므로 여기서는 자세히 다루지 않는다.

라이브니스 프로브

라이브니스Liveness 프로브는 쿠버네티스가 클러스터의 파드 상태를 이해하는 데 도움이 된다. 노드 수준에서 kubelet은 라이브니스 프로브가 구성된 파드를 지속적으로 탐색한다. 라이브니스 프로브가 실패 임계값을 초과하면 kubelet은 파드를 비정상으로 간주하고 다시 시작한다. 그림 14-2는 HTTP 라이브니스 프로브를 나타내는 순서도를 보여준다. kubelet 은 10초마다 컨테이너를 조사한다. kubelet이 마지막 10개의 프로브가 실패한 것을 발견하면 컨테이너를 다시 시작한다.

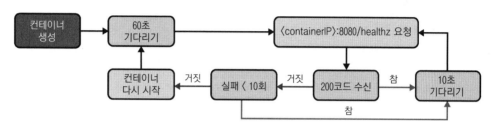

그림 14-2 10초 기간의 HTTP 기반 라이브니스 프로브를 보여주는 순서도. 프로브가 연속적으로 10번 실패하면 파드가 비정상으로 간주되고 kubelet이 다시 시작된다.

 라이브니스 프로브 실패로 인해 컨테이너가 다시 시작된다는 점을 감안할 때 일반적으로 라이브니스 프로브 구현이 워크로드의 외부 종속성을 확인하지 않아야 한다고 제안한다. 라이브니스 프로브를 워크로드에 로컬로 유지하고 외부 종속성을 확인하지 않으면 발생할 수 있는 연쇄 에러를 방지할 수 있다. 예를 들어 데이터베이스와 상호작용하는 서비스는 라이브니스 프로브의 일부로 '데이터베이스 가용성' 검사를 수행해서는 안 된다. 워크로드를 다시 시작해도 문제가 해결되지 않을 가능성이 높기 때문이다. 앱이 데이터베이스 문제를 감지하면 앱은 읽기 전용 모드로 전환하거나 데이터베이스에 의존하는 기능을 정상적으로 비활성화할 수 있다. 다른 옵션은 앱이 다음에 논의할 레디니스 프로브를 실패하는 것이다.

레디니스 프로브

레디니스Readiness 프로브는 특히 요청을 처리하는 서비스에 쿠버네티스에서 가장 일반적이고 가장 중요한 프로브 유형이다. 쿠버네티스는 레디니스 프로브를 사용해 서비스 트래픽을 파드로 라우팅할지 여부를 제어한다. 따라서 레디니스 프로브는 애플리케이션이 요청을 수락할 준비가 됐음을 플랫폼에 알리는 메커니즘을 제공한다.

라이브니스 프로브와 마찬가지로 kubelet은 프로브 결과에 따라 애플리케이션을 조사하고 파드의 상태를 업데이트하는 역할을 한다. 프로브가 실패하면 플랫폼은 사용 가능한 엔드포인트 목록에서 실패한 파드를 제거해 트래픽을 준비된 다른 레플리카로 효과적으로 전환한다. 그림 14-3은 HTTP 기반 레디니스 프로브를 설명하는 순서도를 보여준다. 프로브의 초기 지연 시간은 5초이고 프로브 기간은 10초이다. 시작 시 애플리케이션은 레디니스 프로브가 성공할 때만 트래픽 수신을 시작한다. 그런 다음 프로브가 연속으로 두 번 실패하면 플랫폼이 파드로 트래픽 전송을 중지한다.

서비스 유형 워크로드를 배포할 때 이를 처리할 수 없는 레플리카에 요청을 보내지 않도록 레디니스 프로브를 구성해야 한다. 레디니스 프로브는 파드가 시작될 때 중요할 뿐만 아니라 준비되지 않은 레플리카로 클라이언트를 라우팅하는 것을 방지하려면 파드의 라이프사이클 동안에도 중요하다.

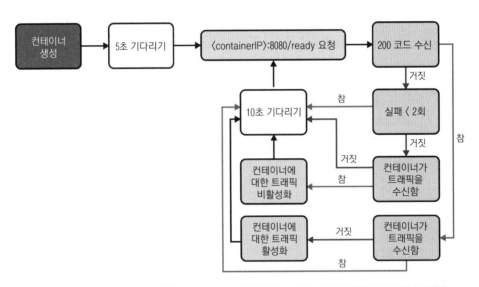

그림 14-3 10초 기간의 HTTP 기반 레디니스 프로브를 보여주는 순서도. 프로브가 연속으로 두 번 실패하면 파드가 준비되지 않은 것으로 간주되고 준비된 엔드포인트 집합에서 제외된다.

시작 프로브

라이브니스 프로브 및 레디니스 프로브는 쿠버네티스의 첫 번째 버전부터 사용할 수 있다. 시스템이 인기를 얻으면서 커뮤니티는 추가 프로브인 시작[Startup] 프로브를 구현할 필요가 있음을 확인했다. 시작 프로브는 느리게 시작하는 애플리케이션을 초기화할 수 있는 추가 시간을 제공한다. 라이브니스 프로브와 유사하게 시작 프로브가 실패하면 컨테이너가 다시 시작된다. 그러나 라이브니스 프로브와 달리 시작 프로브는 성공할 때까지만 실행되며, 이때 라이브니스 프로브 및 레디니스 프로브로 인계된다.

라이브니스 프로브가 충분하지 않은 이유가 궁금하다면 초기화하는 데 평균 300초가 걸리는 애플리케이션을 고려해 본다. 실제로 컨테이너를 중지하기 전에 300초를 기다리는 라이브니스 프로브를 사용할 수 있다. 시작하는 동안 라이브니스 프로브가 작동한다. 그러나 나중에 애플리케이션이 실행될 때는 어떻게 되는가? 애플리케이션이 비정상 상태가 되면 플랫폼은 다시 시작하기 전에 300초를 기다린다. 애플리케이션 비정상 상태는 시작 프로브가 해결하는 문제다. 시작하는 동안 워크로드를 감시하지만 방해가 되지는 않는다. 그림 14-4는 방금 설명한 것과 같은 시작 프로브를 안내하는 순서도를 보여준다. 실패 임계값은 30회, 프로브 감시 기간은 10초다.

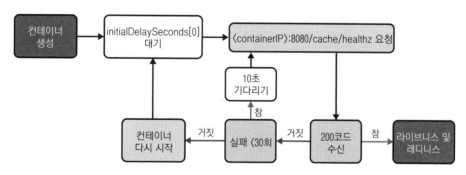

그림 14-4 10초 기간의 HTTP 기반 시작 프로브를 보여주는 순서도. 프로브가 성공적인 응답을 반환하면 시작 프로브가 비활성화되고 활성/레디니스 프로브가 활성화된다. 그렇지 않고 프로브가 연속적으로 30번 실패하면 kubelet은 파드를 다시 시작한다.

시작 프로브는 특정 애플리케이션에 유용할 수 있지만 절대적으로 필요할 때가 아니면 일반적으로 사용하지 않는 것이 좋다. 대부분은 라이브니스 프로브 및 레디니스 프로브가 적절하다고 생각한다.

프로브 구현

다양한 프로브 유형을 다뤘으므로 애플리케이션, 특히 라이브니스 프로브 및 레디니스 프로브에서 이런 유형에 접근하는 방법을 살펴본다. 라이브니스 프로브가 실패하면 플랫폼이 파드를 다시 시작하는 반면, 레디니스 프로브가 실패하면 트래픽이 파드로 라우팅되는 것을 방지할 수 있다. 다양한 결과를 감안할 때 라이브니스 프로브 및 레디니스 프로브를 모두 활용하는 대부분의 애플리케이션은 서로 다른 프로브 엔드포인트 또는 명령을 구성해야 한다.

이상적으로 라이브니스 프로브는 교착 상태 또는 앱 진행을 영구적으로 방해하는 기타 조건과 같이 다시 시작해야 하는 문제가 있을 때만 실패한다. HTTP 서버를 노출하는 애플리케이션은 일반적으로 200 상태 코드를 무조건 반환하는 활성 엔드포인트을 구현한다. HTTP 서버가 정상이고 앱이 응답할 수 있는 한 앱을 다시 시작할 필요가 없다.

활성 엔드포인트와 달리 준비성 엔드포인트는 애플리케이션에서 다양한 조건을 확인할 수 있다. 예를 들어 애플리케이션이 시작 시 내부 캐시를 워밍하면 캐시가 워밍되지 않는 한 준비 엔드포인트는 false를 반환할 수 있다. 다른 예로는 앱이 부하를 분산시키는 메커니즘으로 레디니스 프로브에 실패할 수 있는 조건인 서비스 과부하가 있다. 상상할 수 있듯이 확인된 조건은 애플리케이션마다 다르다. 그러나 일반적으로 시간이 지나면 해결되는 일시적인 조건이다.

요약하면, 일반적으로 요청을 처리하는 워크로드에 레디니스 프로브를 사용하는 것이 좋다. 레디니스 프로브는 컨트롤러, 작업 등과 같은 다른 애플리케이션 유형에서 의미가 없다. 라이브니스 프로브에 관해서는 애플리케이션을 다시 시작할 때만 고려하면, 문제를 해결하는 데 도움이 될 것이다. 마지막으로 절대적으로 필요할 때가 아니면 시작 프로브를 피하는 경향이 있다.

파드 리소스 요청 및 제한

쿠버네티스의 주요 기능은 클러스터 노드에서 애플리케이션을 예약하는 것이다. 스케줄링 프로세스에는 무엇보다도 워크로드를 호스팅하기에 충분한 리소스가 있는 후보 노드를 찾는 것이 포함된다. 워크로드를 효과적으로 배치하려면 쿠버네티스 스케줄러가 먼저 애플리케이션의 리소스 요구사항을 알아야 한다. 일반적으로 리소스에는 CPU 및 메모리가 포함되지만, 임시 저장소 및 사용자 정의 또는 확장 리소스와 같은 다른 리소스 유형도 포함될 수 있다.

애플리케이션을 예약하는 것 외에도 쿠버네티스는 런타임 시 리소스를 보장하려면 리소스 정보도 필요하다. 결국 플랫폼에는 애플리케이션 간에 공유되는 리소스가 제한돼 있다. 리소스 요구사항을 제공하는 것은 애플리케이션이 해당 리소스를 사용하는 능력에 매우 중요하다.

리소스 요청 및 리소스 제한, 그리고 리소스 요청과 제한이 애플리케이션에 미치는 영향을 설명한다. 12장에서 이미 논의한 것처럼 플랫폼이 리소스 요청 및 제한을 구현하는 방법에 대한 자세한 내용은 다루지 않을 것이다.

리소스 요청

리소스 요청은 애플리케이션을 실행하는 데 필요한 최소 리소스 양을 지정한다. 대부분은 쿠버네티스에 애플리케이션을 배포할 때 리소스 요청을 지정해야 한다. 이렇게 하면 런타임 시 워크로드가 요청된 리소스에 액세스할 수 있다. 리소스 요청을 지정하지 않으면 노드의 리소스에 경합이 발생할 때 애플리케이션의 성능이 크게 저하될 수 있다. 노드가 다른 워크로드로 메모리를 회수해야 할 때 애플리케이션이 종료될 가능성도 있다. 그림 14-5는 메모리 요청이 있는 다른 워크로드가 추가 메모리를 사용하기 시작하기 때문에 애플리케이션이 종료되는 것을 보여준다.

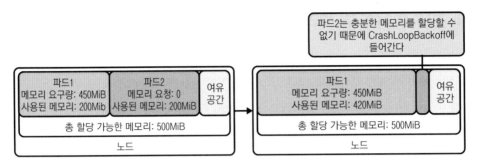

그림 14-5 파드1과 파드2는 노드의 메모리를 공유한다. 각 파드는 처음에 총 500MiB 중 200MiB를 사용한다.
파드2는 사양에 메모리 요청이 없기 때문에 파드1이 추가 메모리를 소비해야 할 때 파드2가 종료된다.
파드2는 시작하기에 충분한 메모리를 할당할 수 없기 때문에 충돌 루프에 들어간다.

리소스 요청의 주요 과제는 사용할 올바른 번호를 찾는 것이다. 기존 애플리케이션을 배포하면 시간 경과에 따른 애플리케이션의 실제 사용률 또는 이를 호스팅하는 VM의 크기와 같이 앱의 리소스 요청을 결정하려고 분석할 수 있는 데이터가 이미 있을 수 있다. 과거 데이터가 없으면 학습 기반 예상치를 사용하고 시간이 지남에 따라 데이터를 수집해야 한다. CPU 및 메모리 요청에 대한 값을 제안하고 시간이 지남에 따라 해당 값을 조정할 수 있는 VPA를 사용하는 옵션도 있다. VPA에 대한 자세한 내용은 13장을 참조한다.

리소스 제한

리소스 제한을 사용하면 워크로드가 소비할 수 있는 최대 리소스 양을 지정할 수 있다. 왜 인위적인 제한을 두는지 궁금해 할 수도 있다. 결국 사용 가능한 리소스가 많을수록 좋다. 이는 일부 워크로드에 해당되지만, 리소스에 대한 바인딩되지 않은 액세스는 예측할 수 없는 성능을 초래할 수 있다. 파드는 사용 가능할 때 추가 리소스에 액세스할 수 있지만, 다른 파드가 노드의 리소스를 필요로 할 때는 액세스할 수 없기 때문이다. 추가 리소스 할당 문제는 메모리와 함께 더욱 악화된다. 메모리가 압축할 수 없는 리소스라는 점을 감안할 때 플랫폼은 선택에 따라 소비된 메모리를 회수해야 할 때 파드를 종료하는 것 외에 다른 선택이 없다.

리소스 제한을 설정할 때 해당 제한을 워크로드 자체에 전파해야 하는지 여부를 반드시 고

566

려해야 한다. 자바 애플리케이션이 좋은 예다. 애플리케이션이 이전 버전의 자바(JDK 버전 8u131 이하)를 사용하면 메모리 제한을 JVM^Java Virtual Machine으로 전파해야 한다. 그렇지 않으면 JVM은 제한을 인식하지 못하고 허용된 것보다 더 많은 메모리를 사용하려고 시도한다. 자바는 `JAVA_OPTIONS` 환경변수를 사용해 JVM의 메모리 설정을 구성할 수 있다. 항상 가능한 것은 아니지만 JVM 버전을 업데이트하는 방법도 있다. 최신 버전에서는 컨테이너 내 메모리 제한을 감지할 수 있기 때문이다. 런타임을 활용하는 애플리케이션을 배포할 때 애플리케이션이 리소스 제한을 이해하도록 전파해야 하는지 여부를 고려한다.

워크로드를 성능 테스트 또는 벤치마크를 실행할 때도 제한이 중요하다. 상상할 수 있듯이 각 테스트 실행은 서로 다른 시간에 서로 다른 노드에 예약된 파드를 실행될 가능성이 높다. 리소스 제한이 워크로드에 적용되지 않으면 테스트 중인 워크로드가 노드에 유휴 리소스가 있을 때 리소스 요청 이상으로 버스트될 수 있으므로 테스트 결과는 매우 가변적일 수 있다.

일반적으로 리소스 제한을 리소스 요청과 동일하게 설정해야 한다. 이렇게 하면 옆에서 실행 중인 다른 파드에서 어떤 일이 발생하더라도 애플리케이션이 항상 같은 양의 리소스를 갖게 된다.

애플리케이션 로그

애플리케이션 로그는 개발 및 운영 환경 모두에서 애플리케이션 문제를 해결하고 디버그하는 데 중요하다. 쿠버네티스에서 실행되는 애플리케이션은 가능한 한 표준 출력 및 표준 에러 스트림(STDOUT/STDERR)을 로깅해야 한다. 이는 애플리케이션의 복잡성을 제거할 뿐만 아니라 중앙 위치로 로그를 전달할 때 플랫폼의 관점에서 가장 덜 복잡한 솔루션이다. 9장에서 이 문제를 다뤘으며, 여기에서 다양한 로그 처리 전략, 시스템 및 도구도 설명했다. 이 절에서는 애플리케이션 로그를 생각할 때 고려해야 할 사항을 다룰 것이다. 가장 먼저 이야기할 것은 처음에 로그인해야 하는 내용이다. 그런 다음 구조화되지 않은 로그와 구조화된 로그를 설명한다. 마지막으로 로그 메시지에 컨텍스트 정보를 포함해 로그의 유용성을 높이는 방법을 설명한다.

로그 내용

애플리케이션 로그와 관련해 가장 먼저 파악해야 할 사항은 로그에 포함할 내용이다. 개발 팀에는 일반적으로 고유한 운영 방식이 있지만, 로그를 너무 많이 사용하는 경향이 있음을 발견했다. 너무 많이 기록하면 불필요한 로그가 너무 많이 발생하고 중요한 정보를 놓칠 위험이 있다. 반대로 너무 적게 기록하면 애플리케이션 문제를 효과적으로 해결하기가 어려워질 수 있다. 대부분은 마찬가지로 여기에서 균형을 맞춰야 한다.

애플리케이션 팀과 함께 작업하는 동안 무언가를 기록할지 여부를 결정하는 데 도움이 되는 좋은 경험 법칙은 다음과 같은 질문을 하는 것이다. 로그 메시지는 실행 가능한가? 대답이 예이면 해당 메시지를 기록할 가치가 있다는 좋은 로그 표시고, 그렇지 않으면 로그 메시지가 유용하지 않을 수 있다는 표시다.

구조화되지 않은 로그와 구조화된 로그

애플리케이션 로그는 비정형 또는 정형으로 분류할 수 있다. 구조화되지 않은 로그는 이름에서 알 수 있듯이 특정 형식이 없는 텍스트 문자열이다. 팀이 만들어야 하는 사전 계획이 전혀 없기 때문에 가장 널리 사용되는 방식이다. 팀에 일반적인 지침이 있을 수 있지만, 개발자는 원하는 형식으로 메시지를 기록할 수 있다.

반면 구조화된 로그에는 이벤트를 기록할 때 제공해야 하는 미리 결정된 필드가 있다. 일반적으로 JSON 행 또는 키-값 행으로 형식이 지정된다(예: `time="2023-08-09T03:41:12-03:21"`).

구조화된 로그는 기계가 읽을 수 있는 형식으로 작성돼 쿼리 및 분석이 더 쉽다는 점이 주요 장점이다. 즉, 구조화된 로그는 사람이 읽기가 더 어려운 경향이 있으므로 애플리케이션에서 로깅을 구현할 때 절충점을 신중하게 고려해야 한다.

로그의 컨텍스트 정보

로그의 주요 목적은 특정 시점에 애플리케이션에서 발생한 일에 대한 통찰력을 제공하는 것이다. 라이브 애플리케이션에서 운영 환경 문제를 해결하거나 문제가 발생한 이유를 이해하려고 근본 원인 분석을 수행하고 있을 수 있다. 작업을 완료하려면 일반적으로 발생한 상황 외에도 로그 메시지에 컨텍스트 정보가 필요하다.

결제 애플리케이션을 예로 들어 보겠다. 파이프라인을 제공하는 애플리케이션 요청에서 에러가 발생하면 에러 자체를 기록하는 것 외에도 에러를 둘러싼 컨텍스트도 포함시켜야 한다. 예를 들어, 수취인^{payee}을 찾을 수 없어 에러가 발생할 때 수취인 이름 또는 ID, 결제를 시도하는 사용자 ID, 결제 금액 등을 포함한다. 컨텍스트 정보는 문제 해결 경험을 개선하고 문제를 방지하는 데 도움이 된다. 그렇다고 해서 로그에 민감한 정보를 포함해서는 안 된다.

메트릭 노출

로그 외에도 메트릭은 애플리케이션이 어떻게 작동하는지에 대한 중요한 통찰력을 제공한다. 애플리케이션 메트릭이 있으면 애플리케이션에 주의가 필요한 시기를 알려주도록 경보를 구성할 수 있다. 또한 시간 경과에 따른 메트릭을 집계해 소프트웨어의 새 버전을 출시할 때 추세, 개선 사항 및 회귀사항을 발견할 수 있다. RED(비율^{Rate}, 에러^{Errors}, 기간^{Duration}), USE(사용량^{Utilization}, 포화도^{Saturation}, 에러^{Errors}) 및 앱별 메트릭을 포함해 캡처할 수 있는 일부 메트릭과 애플리케이션 계측을 알아본다. 모니터링을 가능하게 하는 플랫폼 컴포넌트와 메트릭에 대한 추가 논의에 관심이 있다면 9장을 확인한다.

애플리케이션 계측

대부분은 플랫폼은 애플리케이션의 외부에서 볼 수 있는 동작에 대한 메트릭을 측정하고 표시할 수 있다. CPU 사용량, 메모리 사용량, 디스크 IOPS 등과 같은 메트릭은 애플리케이션을 실행하는 노드에서 쉽게 사용할 수 있다. 이런 종류의 메트릭이 유용하지만, 내부에서 주요 메트릭을 노출하도록 애플리케이션을 계측하는 것은 가치가 있다.

프로메테우스는 실무에서 사용하는 쿠버네티스 기반 플랫폼을 위한 가장 인기 있는 모니터링 시스템 중 하나다. 9장에서 프로메테우스와 컴포넌트를 광범위하게 다뤘다. 프로메테우스용 앱 계측에 대한 설명에 집중한다.

프로메테우스는 구성 가능한 엔드포인트(일반적으로 /metrics)에서 HTTP 요청을 사용해 애플리케이션에서 메트릭을 가져온다. 이는 프로메테우스가 긁어낼 수 있도록 애플리케이션이 엔드포인트를 노출해야 함을 의미한다. 엔드포인트의 응답에 프로메테우스 형식의 메트릭이 포함돼야 한다는 점은 특히 중요하다. 모니터링하려는 소프트웨어 유형에 따라 메트릭을 노출하려고 취할 수 있는 두 가지 접근 방식이 있다.

기본 계측

애플리케이션 프로세스에서 메트릭이 노출되도록 프로메테우스 클라이언트 라이브러리를 사용해 애플리케이션을 계측하는 작업이 포함된다. 기본 계측은 애플리케이션의 소스코드를 제어할 수 있는 훌륭한 접근 방식이다.

외부 프로세스 익스포터

외부 프로세스 익스포터는 기존 메트릭을 변환하고 프로메테우스 호환 형식으로 노출하는 워크로드 옆에서 실행되는 추가 프로세스다. 직접 계측할 수 없고 일반적으로 사이드카 컨테이너 패턴을 사용해 구현되는 상용 소프트웨어에 가장 적합하다. 예로는 NGINX 프로메테우스 익스포터(https://oreil.ly/g0ZCt) 및 MySQL 서버 익스포터(https://oreil.ly/SJOka)가 있다.

프로메테우스 계측 라이브러리는 카운터, 게이지, 히스토그램 및 요약의 네 가지 메트릭 유형을 지원한다. 카운터는 증가할 수만 있는 메트릭이고 게이지는 증가하거나 감소할 수 있는 메트릭이다. 히스토그램 및 요약은 카운터 및 게이지보다 고급 메트릭이다. 히스토그램은 관찰을 구성 가능한 버킷에 배치한 다음 프로메테우스 서버에서 분위수(예: 95번째 백분위수)

를 계산하는 데 사용할 수 있다. 요약은 슬라이딩 시간 창을 클라이언트 측에서 분위수를 계산한다는 점을 제외하고 히스토그램과 유사하다. 프로메테우스 문서(https://oreil.ly/epvwC)는 메트릭 유형을 더 자세히 설명한다.

프로메테우스 라이브러리로 애플리케이션을 계측하려면 세 가지 기본 작업을 수행해야 한다. Go 서비스를 계측하는 예를 살펴본다. 먼저 HTTP 서버를 시작해 프로메테우스가 스크랩할 메트릭을 노출해야 한다. 라이브러리는 메트릭을 프로메테우스 형식으로 인코딩하는 작업을 처리하는 HTTP 처리기를 제공한다. 핸들러를 추가하면 다음과 같이 보일 것이다.

```go
func main() {
    // 애플리케이션 코드...
    http.Handle("/metrics",
        promhttp.HandlerFor(
            prometheus.DefaultGatherer,
            promhttp.HandlerOpts{},
    ))
    log.Fatal(http.ListenAndServe("localhost:8080", nil))
}
```

다음으로 메트릭을 만들고 등록해야 한다. 예를 들어 items_handled_total이라는 카운터 메트릭을 노출하려면 다음과 유사한 코드를 사용한다.

```go
// 카운터를 생성한다.
var totalItemsHandled = prometheus.NewCounter(
    prometheus.CounterOpts{
        Name: "items_handled_total",
        Help: " 처리된 총 대기열 항목 수다.",
    },
)

// 카운터를 등록한다.
// prometheus.MustRegister(totalItemsHandled)
```

마지막으로 애플리케이션에서 발생하는 상황에 따라 메트릭을 업데이트해야 한다. Counter

예제를 계속하면 Counter의 Inc() 메서드를 사용해 증가시킨다.

```
func handleItem(item Item) {

    // 품목 처리 코드...
    // 항목을 처리할 때 카운터를 증가시킨다.
    totalItemsHandled.Inc()
}
```

프로메테우스 라이브러리를 사용해 애플리케이션을 계측하는 것은 비교적 간단하다. 더 복잡한 작업은 애플리케이션이 노출해야 하는 메트릭을 결정하는 것이다. 다음 절에서는 메트릭을 선택하기 위한 시작점으로 사용할 수 있는 다양한 방법이나 내용을 설명한다.

USE 방법

브렌던 그레그[Brendan Gregg](http://www.brendangregg.com/useme thod.html)가 제안한 USE 방법은 시스템 리소스에 중점을 둔다. USE 방법을 사용할 때 애플리케이션에서 사용하는 각 리소스에 대한 사용량, 포화도 및 에러(USE)를 캡처한다. 리소스에는 일반적으로 CPU, 메모리, 디스크 등이 포함된다. 대기열, 스레드 풀 등과 같은 애플리케이션 소프트웨어에 존재하는 리소스도 포함될 수 있다.

RED 방법

USE 방법과 달리 RED 방법은 기본 리소스 대신 서비스 자체에 더 중점을 둔다. 톰 윌키[Tom Wilkie](https://oreil.ly/sW3al)가 처음 제안한 RED 방법은 서비스가 처리하는 요청의 비율, 에러 및 기간을 캡처한다. RED 방법은 온라인 서비스에 더 적합할 수 있다. 메트릭는 사용자 경험에 대한 통찰력과 사용자의 관점에서 서비스를 인식하는 방식을 제공하기 때문이다.

네 가지 골든 시그널

채택할 수 있는 또다른 철학은 사이트 안정성 엔지니어링(https://oreil.ly/iv1bJ)(O'Reilly)에서 구글이 제안한 네 가지 골든 시그널을 측정하는 것이다. 구글은 모든 서비스를 지연, 트래픽, 에러 및 포화의 네 가지 중요한 신호를 측정할 것을 제안한다. 이는 포화도가 추가된 RED 방법의 일부 메트릭 수집 방식과 다소 유사하다는 것을 알 수 있다.

애플리케이션 특정 메트릭

USE 방법, RED 방법 및 네 가지 골든 시그널은 모든 애플리케이션은 아니지만 대부분의 애플리케이션에 적용할 수 있는 일반 메트릭을 수집한다. 앱별 정보를 표시하는 추가 메트릭 클래스가 있다. 예를 들어 장바구니에 항목을 추가하는 데 얼마나 걸리는가? 또는 고객과 상담원을 연결하는 데 시간이 얼마나 걸리는가? 일반적으로 이런 메트릭은 비즈니스 핵심 성과 메트릭(KPI)와 상관 관계가 있다.

어떤 방법을 선택하든 애플리케이션에서 메트릭을 내보내는 것이 성공에 매우 중요하다. 메트릭에 액세스할 수 있으면 대시보드를 구축해 시스템 동작을 시각화하고, 문제가 발생했을 때 대기 중인 팀에 알리도록 경보를 설정하고, 추세 분석을 수행해 조직을 발전시킬 수 있는 비즈니스 인텔리전스를 도출할 수 있다.

분산 트레이싱을 위한 계측 서비스

분산 트레이싱을 사용하면 여러 서비스로 구성된 애플리케이션을 분석할 수 있다. 애플리케이션을 구성하는 다양한 서비스를 통과하는 요청의 실행 흐름에 대한 가시성을 제공한다. 9장에서 설명한 바와 같이 쿠버네티스 기반 플랫폼은 예거(https://www.jaegertracing.io) 또는 집킨(https://zipkin.io)과 같은 시스템을 사용해 플랫폼 서비스로 분산 트레이싱을 제공할 수 있다. 그러나 모니터링 및 메트릭과 유사하게 분산 트레이싱을 활용하려면 서비스를 계측해야 한다. 예거 및 오픈트레이싱(https://opentracing.io)을 사용해 서비스를 계측하는 방법을 살펴본다. 먼저 트레이싱 도구를 초기화하는 방법을 설명한다. 그런 다음 서비스에서 스팬을 만드는 방법을 자세히 알아볼 예정이다. 범위는 분산 트레이싱의 측정 대상인 시간 지정 작업이다. 마지막으로 한 서비스에서 다른 서비스로 트레이싱 컨텍스트를 전파하는 방법을 살펴본다. 예로 Go 언어 및 Go 라이브러리를 사용하지만 개념은 다른 프로그래밍 언어에도 적용할 수 있다.

트레이싱 도구 초기화

서비스에서 스팬을 생성하려면 먼저 트레이싱 도구를 초기화해야 한다. 초기화의 일부에는 애플리케이션이 실행 중인 환경에 따라 트레이싱 도구를 구성하는 작업이 포함된다. 트레이싱 도구는 서비스 이름, 트레이싱 정보를 보낼 URL 등을 알아야 한다. 이런 설정으로 예거 클라이언트 라이브러리 환경변수를 사용하는 것이 좋다. 예를 들어 JAEGER_SERVICE_NAME 환경변수를 사용해 서비스 이름을 설정할 수 있다.

트레이싱 도구를 구성하는 것 외에도 트레이싱 도구를 초기화할 때 트레이싱 도구를 메트릭 및 로깅 라이브러리와 통합할 수 있다. 트레이싱 도구는 메트릭 라이브러리를 사용해 샘플링된 트레이싱 및 범위의 수, 성공적으로 보고된 범위의 수 등과 같은 트레이싱 프로그램에서 발생하는 일에 대한 메트릭을 내보낸다. 반면에 트레이싱 도구는 에러가 발생하면 로깅 라이브러리를 활용해 로그를 내보낸다. 또한 트레이싱 도구를 구성해 스팬을 기록할 수 있다. 이는 개발 진행시 트레이싱 부분에 다소 유용하게 사용된다.

Go 서비스에서 예거 트레이싱 도구를 초기화하려면 다음과 유사한 코드를 애플리케이션에 추가한다. 이때 프로메테우스를 메트릭 라이브러리로 사용하고, Go의 표준 로깅 라이브러리를 사용한다.

```go
package main

import (
```

```
    "log"

    jaeger "github.com/uber/jaeger-client-go"
    "github.com/uber/jaeger-client-go/config"
    "github.com/uber/jaeger-lib/metrics/prometheus"
)

func main() {
    // 앱 초기화 코드...
    metricsFactory := prometheus.New() ❶

    cfg := config.Configuration{} ❷
    tracer, closer, err := cfg.NewTracer( ❸
        config.Metrics(metricsFactory),
        config.Logger(jaeger.StdLogger),
    )
    if err != nil {
        log.Fatalf("트레이싱 도구 초기화 에러: %v", err)
    }

    defer closer.Close()

    // main() 코드 작성 부분...
}
```

❶ 예거가 메트릭을 내보내는 데 사용할 수 있는 프로메테우스 메트릭 팩토리를 생성한다.

❷ 하드코딩된 구성 없이 기본 예거 구성을 생성한다(대신 환경변수 사용).

❸ 구성에서 새 트레이싱 도구를 만들고 메트릭 팩토리 및 Go 표준 라이브러리 로거를 제공한다.

트레이싱 프로그램이 초기화되면 서비스에서 범위 생성을 시작할 수 있다.

스팬 생성

트레이싱 프로그램이 있으므로 서비스에서 범위 생성을 시작할 수 있다. 서비스가 요청 처리 흐름의 중간 어딘가에 있다고 가정하면 서비스는 이전 서비스에서 들어오는 범위 정보를 역직렬화하고 자식 범위를 만들어야 한다. 예는 HTTP 서비스이므로 스팬 컨텍스트는 HTTP 헤더로 전파된다. 다음 코드는 헤더에서 컨텍스트를 추출하고 새 범위를 만든다. 이전 절에서 초기화한 트레이싱 도구는 범위에 있어야 한다.

```
package main

import (
    "github.com/opentracing/opentracing-go"
    "github.com/opentracing/opentracing-go/ext"
    "net/http"
)

func (s server) handleListPayments(w http.ResponseWriter, req *http.Request) {
    spanCtx, err := s.tracer.Extract( ❶
        opentracing.HTTPHeaders,
        opentracing.HTTPHeadersCarrier(req.Header),
    )
    if err != nil {
        // 에러를 처리
    }

    span := opentracing.StartSpan( ❷
        "listPayments",
        ext.RPCServerOption(spanCtx),
    )
    defer span.Finish()
}
```

❶ HTTP 헤더에서 컨텍스트 정보를 추출한다.

❷ 추출된 범위 컨텍스트를 사용해 새 범위를 만든다.

서비스가 요청을 처리할 때 방금 생성한 범위에 하위 범위를 추가할 수 있다. 예를 들어 서비스가 SQL 쿼리를 수행하는 함수를 호출한다고 가정해 보겠다. 다음 코드를 사용해 함수에 대한 자식 범위를 만들고 작업 이름을 listPayments로 설정할 수 있다.

```go
func listPayments(ctx context.Context) ([]Payment, error) {
    span, ctx := opentracing.StartSpanFromContext(ctx, "listPayments")
    defer span.Finish()

    // SQL 쿼리 실행
}
```

컨텍스트 전파

지금까지 동일한 서비스 또는 프로세스에서 범위를 만들었다. 요청 처리와 관련된 다른 서비스가 있으면 다른 쪽 끝에 있는 서비스를 연결해 트레이싱 컨텍스트를 전파해야 한다. 이전 절에서 설명한 것처럼 HTTP 헤더를 사용해 컨텍스트를 전파할 수 있다.

오픈트레이싱 라이브러리는 HTTP 헤더에 컨텍스트를 삽입하는 데 사용할 수 있는 지원 기능을 제공한다. 다음 코드는 Go 표준 라이브러리 HTTP 클라이언트를 사용해 요청을 생성하고 보내는 예를 보여준다.

```go
import (
    "github.com/opentracing/opentracing-go"
        "github.com/opentracing/opentracing-go/ext"
            "net/http"
)

// HTTP 요청 생성
req, err := http.NewRequest("GET", serviceURL, nil)
if err != nil {
    // 핸들 에러
}

// 요청의 HTTP 헤더에 컨텍스트 주입
ext.SpanKindRPCClient.Set(span) ❶
ext.HTTPUrl.Set(span, url)
ext.HTTPMethod.Set(span, "GET")
span.Tracer().Inject( ❷
    span.Context(),
```

```
    opentracing.HTTPHeaders,
    opentracing.HTTPHeadersCarrier(req.Header),
)

// 요청을 보냄
resp, err := http.DefaultClient.Do(req)
```

❶ 범위를 서비스 호출의 클라이언트 측으로 표시하는 태그를 추가한다.

❷ 요청의 HTTP 헤더에 범위 컨텍스트를 삽입한다.

트레이싱하려고 애플리케이션을 계측하려면 트레이싱 도구를 초기화하고 서비스에서 범위를 만들고 범위 컨텍스트를 다른 서비스로 전파하는 작업이 포함된다. 태그 지정, 로깅 및 전달 대상을 포함해 탐색해야 하는 추가 기능이 있다. 플랫폼팀에서 트레이싱을 플랫폼 서비스로 제공하면 이제 이를 활용하는 데 필요한 추가적인 아이디어가 필요할 것이다.

요약

쿠버네티스에서 애플리케이션을 좋은 방식으로 실행하고자 할 때 할 수 있는 일이 여러 가지가 있다. 대부분은 구현하는 데 시간과 노력을 투자해야 하지만, 애플리케이션의 운영 환경 구현 수준을 달성하는 데 중요하다는 것을 알게 됐다. 애플리케이션을 플랫폼에 온보딩할 때 런타임 시 구성 및 시크릿 삽입, 리소스 요청 및 제한 지정, 프로브를 사용해 애플리케이션 상태 정보 노출, 로그, 메트릭 및 트레이싱으로 애플리케이션 계측을 포함해 14장에서 제공하는 지침을 고려해야 할 것이다.

15장

CI/CD 파이프라인

독자가 특정 벤더 소속이나 컨설턴트가 아니라고 가정할 때 쿠버네티스 플랫폼을 구현하는 것이 팀이나 회사의 목표가 돼서는 안 된다. 쿠버네티스 운영하기 책에서 언급하기엔 이상한 주장처럼 보일 수 있지만, 잠시 뒤로 물러나서 생각해보기로 한다. 모든 회사는 핵심 역량을 제공하는 비즈니스에 맞닿아 있다. 핵심 역량의 비즈니스 사례로는 전자상거래 플랫폼, SaaS 모니터링 시스템 또는 보험 웹사이트일 수 있다. 쿠버네티스와 같은 플랫폼이나 비슷한 도구들은 핵심 비즈니스 가치를 좀 더 좋게 제공하려고 존재한다. 이는 IT 솔루션을 설계하고 구현할 때 팀에서 종종 잊는 사실이다.

이런 사항을 염두에 두고 15장에서는 쿠버네티스에서 개발자로부터 운영 환경으로 코드를 가져오는 실제 프로세스에 중점을 둔다. 관련성이 있다고 생각되는 각 단계를 가장 잘 다루려고 많은 사람들에게 친숙한 파이프라인 모델을 설명한다.

먼저 소스코드에서 배포된 자산asset의 컨테이너 이미지를 구축할 때 고려해야 할 사항을 살펴본다. 이미 쿠버네티스 또는 기타 컨테이너 플랫폼을 사용한다면 익숙한 개념도 있을 것이다. 컨테이너를 처음 사용할 때 현재 소프트웨어(WAR 파일, Go 바이너리 등)를 빌드하는 방식에서 컨테이너 이미지 빌드 및 관리와 관련된 패러다임의 전환이 될 것이라 생각된다.

자산을 구축한 후에는 자산을 저장할 장소가 필요하다. 보통 컨테이너 레지스트리(예: 도커허브DockerHub, 하버Harbor1, 키Quay2)중 하나를 선택할 때 중요하다고 생각하는 기능을 설명한다. 컨테이너 레지스트리의 많은 속성은 보안과 관련이 있으며 이미지 스캔, 업데이트 및 서명과 같은 옵션을 설명한다.

마지막으로 지속적 전달Continuous Delivery과 관련 도구가 쿠버네티스와 어떻게 교차 검토하는 데 시간을 할애한다. 깃옵스(깃 리포지터리에서 클러스터 상태 동기화를 통한 배포) 및 보다 전통적인 명령형 파이프라인 접근 방식과 같은 새로운 방식의 아이디어를 살펴볼 예정이다.

아직 쿠버네티스를 실행하고 있지 않더라도 방금 언급한 모든 상위 수준 영역(빌드, 자산 저장, 배포)을 고려 또는 이미 적용했을 것으로 예상한다. 모든 사람이 기존 도구 및 접근 방식에 대한 투자와 전문 지식을 갖고 있다는 것은 합리적이며 조직이 전체 CI/CD 파이프라인을 새로 시작하려는 상황은 거의 발생하지 않는다. 파이프라인에 깨끗한 핸드오프 지점이 있으며, 각 단계를 가장 효과적인 접근 방식으로 선택할 수 있다는 점이 15장에서 강조하는 사항이다. 이 책에서 다루는 많은 주제와 마찬가지로 비즈니스 가치 제공에 계속 초점을 맞추면서 점진적인 긍정적 변화를 시행하는 것이 전적으로 가능해지도록 권장한다.

컨테이너 이미지 빌드

컨테이너를 사용하기 전에 애플리케이션을 바이너리, 압축 자산 또는 서버에 배포할 원시 소스코드로 패키징한다. 패키징은 독립 실행형으로 실행되거나 애플리케이션 서버 내부에서 실행된다. 애플리케이션 자체와 함께 배포 대상 환경에서 성공적으로 실행하려면 사용 가능한 올바른 종속성과 구성이 환경에 포함돼 있는지 확인해야 한다.

---

1   하버는 정책 및 역할 기반 액세스 제어로 아티팩트를 보호하고, 이미지가 스캔되고 취약성이 없는지 확인하고, 이미지를 신뢰할 수 있도록 서명 가능한 오픈소스 레지스트리다(https://goharbor.io). – 옮긴이

2   키 컨테이너 이미지 레지스트리는 스토리지를 제공하고 사용자가 컨테이너를 구축, 분산 및 배포할 수 있도록 지원하고 자동화, 인증 및 권한 부여 시스템으로 이미지 리포지터리에 대한 보안을 강화할 수 있다. 키는 오픈시프트와 함께 제공되거나 독립 실행형 구성요소로 제공된다(https://quay.io). – 옮긴이

컨테이너 기반 환경에서 컨테이너 이미지는 배포 가능한 자산이다. 여기에는 애플리케이션 바이너리 자체 뿐만 아니라 실행 환경 및 관련 종속성이 포함된다. 이미지 자체는 OCI 이미지 사양을 함께 준수하는 일부 메타데이터와 함께 압축된 파일시스템 레이어 집합이다. 이는 다양한 컨테이너 런타임(자세한 관련 내용은 3장)에서 찾을 수 있다.

일반적으로 컨테이너 이미지를 빌드하려면 이미지를 설명하는 도커 파일을 만들고 도커 엔진을 사용해 도커 파일을 실행해야 한다. 즉, 다양한 시나리오에서 컨테이너 이미지를 만드는 데 사용할 수 있는 도구의 각각 고유한 접근 방식이 있는 생태계가 있다. 도커의 빌드 도구 중 하나인 빌드킷^{BuildKit}에서 개념을 차용하려면 프론트엔드 및 백엔드 측면에서 빌드를 생각해 본다. 프론트엔드는 도커 파일 또는 빌드팩^{Buildpack}과 같은 이미지를 빌드하는 데 사용해야 하는 고급 프로세스를 정의하는 방법이다(15장 뒷부분에서 자세히 살펴볼 예정). 백엔드는 프론트엔드에서 생성된 정의를 취하고 파일시스템에서 명령을 실행해 이미지를 구성하는 실제 빌드 엔진이다.

많은 백엔드는 도커 데몬이나, 모든 경우에 적합하지 않을 수 있다. 예를 들어 쿠버네티스에서 빌드를 실행하려면 컨테이너에서 도커 데몬(도커 인 도커)을 실행하거나 호스트 시스템의 도커 유닉스 소켓을 빌드 컨테이너에 탑재해야 한다. 이런 접근 방식에는 모두 단점이 있으며, 후자는 잠재적인 보안 문제가 노출된다. 문제를 해결하는 대안으로 카니코^{Kaniko3}와 같은 빌드 백엔드를 사용한다. 카니코는 동일한 프론트엔드(도커 파일)를 사용하지만, 다른 기술을 사용해 도커 영역 내 이미지를 생성하므로 쿠버네티스 파드에서 실행하기 위한 확실한 선택이 된다. 이미지 구축 방법을 결정할 때 다음 질문에 답해야 한다.

- 빌더를 루트로 실행할 수 있는가?
- 도커 소켓을 마운트해도 되는가?
- 데몬 실행에 관심이 있는가?
- 빌드를 컨테이너화 할 것인가?

---

3 카니코는 컨테이너 또는 쿠버네티스 클러스터 내부의 도커 파일에서 컨테이너 이미지를 빌드하는 도구다(https://github.com/GoogleContainerTools/kaniko). – 옮긴이

- 쿠버네티스의 워크로드 간에 실행이 가능한가?
- 레이어 캐싱을 얼마나 활용할 계획인가?
- 도구 선택이 빌드 배포에 어떤 영향을 미치는가?
- 어떤 프론트엔드 또는 이미지 정의 메커니즘을 사용하고자 하고, 무엇을 지원하는가?

먼저 컨테이너 이미지(클라우드 네이티브 빌드팩)를 빌드할 때 본 패턴과 안티패턴을 다룬다. 그런 다음 컨테이너 이미지를 빌드하는 다른 방법과 이런 모든 기술을 파이프라인에 통합하는 방법을 검토한다.

조직에서 초기에 자주 제기되는 질문은 이미지 빌드를 책임져야 하는 사람에 관한 것이다. 초기에 도커가 대중화되면서 개발자 중심 도구로 널리 채택됐다. 경험상 소규모 조직에는 여전히 도커 파일을 작성하고 애플리케이션 이미지에 대한 빌드 프로세스를 정의하는 개발자가 따로 있다. 그러나 조직이 대규모의 컨테이너 플랫폼 및 쿠버네티스를 채택하려고 함에 따라 개별 개발자 또는 개발 팀이 모두 자체 도커 파일을 생성하도록 하는 것은 지속 가능한 방식은 아니다. 사례로 두 가지를 들자면 첫째, 개발자가 추가적으로 도커 파일 생성 작업을 수행하기 때문에 중앙 관리의 책임에서 멀어지게 하고, 둘째, 표준화 없이 생성된 이미지별 큰 차이가 생길 수도 있게 돼 중앙 관리의 어려움을 초래한다.

결과적으로, 개발 팀의 빌드 프로세스를 추상화하는 방향으로 나아가고 코드 저장소 정보를 입력 받고 컨테이너를 생성할 수 있는 소스에서 이미지 패턴 및 도구를 구현하는 운영 및 플랫폼팀으로 중앙 책임을 옮기고 있다. 파이프라인으로 이동할 준비가 된 이미지에 대한 패턴은 '클라우드 네이티브 빌드팩'절에서 더 자세히 살펴볼 예정이다. 그 사이에 플랫폼팀이 워크숍을 하거나 도커 파일 및 이미지 생성으로 개발 팀을 지원하는 일반적으로 패턴도 봤다. 조직이 확장됨에 따라 이는 효과적인 첫 번째 단계가 될 수 있지만, 일반적으로 개발 팀 대 플랫폼 인력의 비율을 고려할 때 지속 가능하지 않다.

골든 베이스 이미지 안티패턴

실무에서 일반적으로 팀이 컨테이너 및 클라우드 기본 환경에서 등장한 패턴을 수용하도록 조정하지 않은 결과인 안티패턴을 접했다. 아마도 이들 중 가장 일반적인 것은 미리 정해진 골든 이미지 개념, 즉 골든 베이스 이미지 안티패턴^{Golden Base Image Antipattern}이다. 시나리오는 사전 컨테이너 환경에서 특정 베이스 이미지^{Base Image}(예: 사전 구성된 CentOS 기반)가 조직에서 사용하도록 승인되고 운영 환경에 들어가는 모든 애플리케이션은 해당 이미지를 기반으로 해야 한다. 이 접근 방식은 일반적으로 이미지의 도구와 라이브러리가 잘 검증됐기 때문에 보안상의 이유로 채택된다. 그러나 컨테이너로 이동할 때 팀은 서드 파티 및 벤더로부터 유용한 업스트림 이미지를 가져와서 해당 이미지를 기반으로 애플리케이션 및 구성을 재구성함으로써 바퀴를 재발명해야 한다는 것을 알게 됐다.

이와 관련된 문제를 소개하고자 한다. 첫째, 업스트림 이미지에서 내부 사용자 정의 버전으로의 초기 변환과 관련된 추가 작업이 있다. 둘째, 이런 내부 이미지를 저장하고 관리하려고 내부 플랫폼팀에 관리 책임이 있다. 일반적인 환경에서 사용 중인 이미지 수를 감안할 때 확산될 수 있는 상황이므로, 이런 접근 방식은 일반적으로 관련된 추가 작업을 감안할 때 업데이트가 드물게 수행되기 때문에 보안 상태가 더 나빠지게 된다.

이 영역에서 권장하는 사항은 일반적으로 보안 팀과 협력해 골든 이미지가 제공하는 특정 요구사항을 식별한다. 일반적으로 다음 중 몇 가지가 적용된다.

- 특정 에이전트/소프트웨어가 설치돼 있는지 확인
- 취약한 라이브러리가 없는지 확인
- 사용자 계정에 올바른 권한이 있는지 확인

제한의 이유를 이해함으로써 요구사항을 파이프라인에 배치하고 비준수 이미지를 거부 또는 경고하고, 원하는 보안 태세를 유지하도록 하는 동시에 팀이 이미지를 업스트림 커뮤니티에서 제작에 들어간 작업방식과 같이 재사용할 수 있도록 하는 도구로 코드화할 수 있다. '이미지 레지스트리'절에서 한 가지 예시 워크플로로 자세히 살펴본다.

기본 OS를 지정해야 하는 더 강력한 이유는 문제 해결이 필요한 조직에 운영 지식이 있는지 확인해야 하기 때문이다. 그러나 조금 더 깊이 파고들 때 기본 OS 지정은 보이는 것만큼 유용하지 않다. 특정 문제를 해결하려고 컨테이너로 실행해야 할 때는 매우 드물고, 리눅스 기반 운영체제 간의 차이점은 필요한 지원 유형은 상당히 사소하다. 또한 컨테이너 내부의 오버헤드를 줄이려고 점점 더 많은 애플리케이션이 초경량 스크래치[4] 또는 무배포 이미지로 패키징되고 있다.

모든 업스트림/벤더 이미지를 자체 기반으로 리팩터링하려고 시도하는 것은 피해야 한다. 그러나 필자는 선별된 베이스 이미지의 내부 집합을 유지하는 것이 나쁜 생각이라고 주장하지 않는다. 이런 베이스 이미지는 애플리케이션을 이미지화하기 위한 기초로 사용하기에 훌륭할 수 있으며, 다음 절에서 내부 기반을 구축할 때 고려해야 할 사항을 설명하고자 한다.

베이스 이미지 선택

컨테이너의 베이스 이미지는 애플리케이션의 컨테이너 이미지가 빌드될 맨 아래 레이어를 결정한다. 베이스 이미지는 일반적으로 애플리케이션 컨테이너 이미지의 일부가 될 운영체제 라이브러리 및 도구를 포함하므로 중요하다. 베이스 이미지를 선택할 때 주의하지 않으면 컨테이너 이미지를 부풀릴 뿐만 아니라 보안 취약점이 될 수 있는 불필요한 라이브러리 및 도구의 소스가 될 수 있다.

조직의 성숙도와 보안 상태에 따라 베이스 이미지는 선택의 여지가 없을 수 있다. 필자는 조직 전체에서 사용해야 하는 승인된 베이스 이미지셋을 선별하고 관리하는 전담팀이 있는 많은 조직과 협력했다. 하지만 선택의 여지가 있거나 베이스 이미지를 조사하는 팀의 일원이라면 베이스 이미지를 평가할 때 다음 지침을 고려해야 한다.

- 이미지가 평판이 좋은 벤더에서 게시됐는지 확인한다. 임의의 도커허브 사용자의

---

4 처음 이미지를 빌드할 때 사용하는 비어 있는 이미지(https://hub.docker.com/_/scratch) - 옮긴이

베이스 이미지를 사용하고 싶지 않다. 결국, 이 이미지는 전부는 아닐지라도 대부분의 애플리케이션의 기초가 된다.

- 업데이트 주기를 이해하고 지속적으로 업데이트되는 이미지를 선호한다. 앞서 언급했듯이 베이스 이미지에는 일반적으로 새로운 취약점이 발견될 때마다 패치해야 하는 라이브러리와 도구가 포함돼 있다.

- 오픈소스 빌드 프로세스 또는 사양이 있는 이미지를 선호하는데, 일반적으로 이미지가 빌드되는 방식을 이해하려고 검사할 수 있는 도커 파일이다.

- 불필요한 도구나 라이브러리가 있는 이미지는 피한다. 필요하면 개발자가 구축할 수 있는 작은 공간을 제공하는 최소한의 이미지를 선호한다.

대부분은 자신의 이미지를 구축할 때 이전 원칙을 구현하기 때문에 스크래치 또는 배포가 없는 것이 확실한 선택인 것으로 나타낸다. 스크래치 이미지에는 아무 것도 포함돼 있지 않으므로 더 간단한 정적 바이너리 스크래치를 사용하면 가능한 한 가장 간결한 이미지가 될 수 있다. 그러나 루트 CA 인증서 또는 기타 자산이 필요할 때 문제가 발생할 수 있다. 인증서들은 복사할 수 있지만 생각해볼 문제가 있다. 여기서 디스트로레스^{distroless5}가 나오게 된다. 디스트로레스의 기본은 사전 생성된 일부 루트가 아닌 사용자 혹은 없음 상태와 선택한 베이스 이미지의 특성에 따라 달라지는 최소한의 필수 라이브러리 집합을 포함하므로 대부분은 권장하는 방식이다. 디스트로레스에는 선택할 수 있는 여러 언어별 기본 적용 방식이 있다.

다음 절에서는 애플리케이션을 실행할 적절한 사용자를 지정하는 것의 중요성부터 시작해 모범 사례 패턴을 계속 살펴볼 예정이다.

---

5   디스트로레스 이미지에는 애플리케이션과 해당 런타임 종속성만 포함된다. 여기에는 표준 리눅스 배포판에서 찾을 수 있는 패키지 관리자, 셸 또는 기타 프로그램이 포함돼 있지 않기 때문에 경량의 컨테이너 이미지를 생성해 배포할 수 있다(https://github.com/GoogleContainerTools/distroless). – 옮긴이

런타임 사용자

컨테이너 격리 모델(주로 컨테이너가 기본 리눅스 커널을 공유한다는 사실) 때문에 컨테이너의 런타임 사용자는 일부 개발자가 생각하지 못하는 중요한 의미를 갖는다. 대부분은 컨테이너의 런타임 사용자를 지정하지 않으면 프로세스가 루트 사용자로 실행된다. 이는 컨테이너의 공격 표면을 증가시키기 때문에 문제가 된다. 예를 들어 공격자가 기본 애플리케이션 컨테이너를 손상시키고 탈출할 때 기본 호스트에서 루트 액세스 권한을 얻을 수 있다.

컨테이너 이미지를 빌드할 때 컨테이너의 런타임 사용자를 고려해야 한다. 애플리케이션을 루트로 실행해야 하는가? 애플리케이션이 /etc/passwd의 내용에 의존하는가? 컨테이너 이미지에 루트가 아닌 사용자를 추가해야 하는가? 이런 질문에 답할 때 컨테이너 이미지의 구성에서 런타임 사용자를 지정해야 한다. 도커 파일을 사용해 이미지를 빌드할 때 다음 예제와 같이 USER 지시문을 사용해 런타임 사용자를 지정할 수 있다. 예제는 루트가 아닌 기본적으로 다음과 같이 구성된 사용자 및 그룹 ID로 my-app 바이너리를 실행하는데 이 부분은 디스트로레스 이미지셋의 일부다.

```
FROM gcr.io/distroless/base
USER nonroot:nonroot
COPY ./my-app /my-app
CMD ["./my-app", "serve"]
```

쿠버네티스 배포 매니페스트에서 런타임 사용자를 지정할 수 있지만, 컨테이너 이미지 명세의 일부로 정의하면 자체 문서화 컨테이너 이미지가 생성되므로 가치가 있다. 또한 개발자가 로컬 또는 개발 환경에서 컨테이너로 작업할 때 동일한 사용자 및 그룹 ID를 사용하도록 한다.

패키지 버전 고정

애플리케이션이 외부 패키지를 활용할 때 apt, yum 또는 apk와 같은 패키지 관리자를 사용해 설치할 가능성이 크다. 컨테이너 이미지를 빌드할 때 패키지의 버전을 고정하거나 지정하는 것이 중요하다. 예를 들어, 다음 예는 imagemagick[6]에 의존하는 애플리케이션을 보여준다. 도커 파일의 apk 명령은 imagemagick을 애플리케이션과 호환되는 버전에 고정한다.

```
FROM alpine:3.12
<...스니펫...>
RUN ["apk", "add", "imagemagick=7.0.10.25-r0"]
<...스니펫...>
```

패키지 버전을 지정하지 않으면 애플리케이션을 손상시킬 수 있는 다른 패키지를 얻을 위험이 있다. 따라서 항상 컨테이너 이미지에 설치하는 패키지 버전을 지정해야 한다. 이렇게 하면 컨테이너 이미지 빌드가 반복 가능하고 호환 가능한 패키지 버전으로 컨테이너 이미지를 생성할 수 있다.

빌드와 런타임 이미지 비교

배포하려고 애플리케이션을 패키징하는 것 외에도 개발 팀은 컨테이너를 활용해 애플리케이션을 구축할 수도 있다. 예를 들어 컨테이너는 도커 파일로 코드화할 수 있는 잘 정의된 빌드 환경을 제공할 수 있다. 컨테이너 빌드 환경은 개발자가 시스템에 빌드 도구를 설치할 필요가 없기 때문에 유용하다. 더 중요한 것은 컨테이너가 전체 개발 팀과 CI[Continuous Integration, 지속적 통합] 시스템에 걸쳐 표준화된 빌드 환경을 제공할 수 있다.

컨테이너를 사용해 애플리케이션을 빌드하는 것이 유용할 수 있지만 빌드 컨테이너 이미지와 런타임 이미지를 구별하는 것이 중요하다. 빌드 이미지에는 애플리케이션을 컴파일하는 데 필요한 모든 도구 및 라이브러리가 포함돼 있는 반면, 런타임 이미지에는 배포할 애플리케이션이 포함돼 있다. 예를 들어 자바 애플리케이션에서 JDK, 그래들[Gradle]/메이븐[Maven], 모든 컴파일 및 테스트 도구를 포함하는 빌드 이미지가 있을 수 있다. 그러면 런타임 이미지에는 자바 런타임과 애플리케이션만 포함될 수 있다.

---

6 ImageMagick을 사용해 디지털 이미지를 생성, 편집, 구성 또는 변환한다. PNG, JPEG, GIF를 비롯한 다양한 형식(200개 이상)의 이미지를 읽고 쓸 수 있다. 또한 크기 조정, 뒤집기, 미러링, 회전과 텍스트, 선, 다각형 등을 그릴 수 있다. – 옮긴이

일반적으로 애플리케이션이 런타임에 빌드 도구를 필요로 하지 않는다는 점을 감안할 때 런타임 이미지에는 도구가 포함돼서는 안 된다. 이로 인해 배포가 빠르고 보안 취약 범위가 더 줄어든 가벼운 컨테이너 이미지가 생성된다. 도커를 사용해 이미지를 빌드할 때 다단계 빌드 기능을 활용해 런타임 이미지에서 빌드를 분리할 수 있다. 다음 스니펫은 Go 애플리케이션용 도커 파일을 보여준다. 빌드 단계는 Go 도구 모음을 포함하는 golang 이미지를 사용하는 반면, 런타임 단계는 스크래치 베이스 이미지를 사용하며 애플리케이션 바이너리만 포함한다.

```
# 빌드 단계
FROM golang:1.12.7 as build ❶
WORKDIR /my-app
COPY go.mod . ❷
RUN go mod download
COPY main.go .
ENV CGO_ENABLED=0
RUN go build -o my-app

# 배포 단계
FROM gcr.io/distroless/base ❸
USER nonroot:nonroot ❹
COPY --from=build --chown=nonroot:nonroot /my-app/my-app /my-app ❺
CMD ["/my-app"]
```

❶ 기본 golang 이미지에는 런타임에 필요하지 않은 모든 Go 빌드 도구가 포함돼 있다.

❷ 코드는 변경되지만 종속성은 변경되지 않으면 이 단계를 캐시할 수 있도록 먼저 go.mod 파일을 복사하고 다운로드한다.

❸ 디스트로레스를 런타임 이미지로 사용해 최소한의 기반을 활용할 수 있지만, 불필요한 추가 종속성은 없다.

❹ 가능하다면 루트가 아닌 일반 사용자 권한으로 앱을 실행하고자 한다.

❺ 컴파일된 파일(my-app)만 빌드 단계에서 배포 단계로 복사된다.

컨테이너는 단일 프로세스를 실행하며 일반적으로 감독자(supervisor) 또는 초기화 시스템이 없다. 따라서 신호가 올바르게 처리되고 분리된 프로세스가 올바르게 상위 프로세스가 다시 지정되고 수확되는지 확인해야 한다. 요구사항을 충족하고 애플리케이션 인스턴스의 부트스트랩 역할을 할 수 있는 최소 초기화 스크립트가 있다.

클라우드 네이티브 빌드팩

컨테이너 이미지를 빌드하는 다른 방법에는 애플리케이션의 소스코드를 분석하고 컨테이너 이미지를 자동으로 생성하는 도구가 포함된다. 애플리케이션별 빌드 도구와 마찬가지로 이 접근 방식은 개발자가 도커 파일을 만들고 관리할 필요가 없으므로 개발자 경험을 크게 단순화한다. 클라우드 네이티브 빌드팩^{Cloud Native Buildpacks}은 이런 접근 방식의 구현이며 고수준의 흐름이 그림 15-1에 나와 있다.

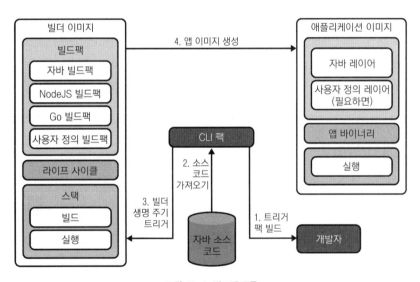

그림 15-1 빌드팩 흐름

클라우드 네이티브 빌드팩^{Cloud Native Buildpacks}은 헤로쿠와 클라우드 파운드리가 수년 동안 해당 플랫폼용 애플리케이션을 패키징하는 데 사용한 기술인 빌드팩의 컨테이너 중심 구현이다. CNB는 애플리케이션을 쿠버네티스에서 실행할 준비가 된 OCI 컨테이너 이미지로 패키징한다. 이미지를 빌드하려면 CNB는 애플리케이션 소스코드를 분석하고 그에 따라 빌드팩을 실행한다. 예를 들어 소스코드에 Go 파일이 있을 때 Go 빌드팩이 실행된다. 마찬가지로 CNB가 pom.xml 파일을 찾으면 메이븐(자바) 빌드팩이 실행된다. 모든 것은 백그라운드에서 실행되며 개발자는 pack이라는 CLI 도구를 사용해 프로세스를 시작할 수 있다. 빌드팩의 범위가 엄격해 모범 사례를 따르는 고품질 이미지를 빌드할 수 있다는 점이 이 접근 방식의 가장 큰 장점이다.

개발자 경험을 개선하고 플랫폼 채택 장벽을 낮추는 것 외에도 플랫폼팀은 맞춤형 빌드팩을 활용해 정책을 시행하고 규정 준수를 보장하며 플랫폼에서 실행되는 컨테이너 이미지를 표준화할 수 있다.

전반적으로 소스코드에서 컨테이너 이미지를 빌드하는 솔루션을 제공하는 것은 가치 있는 노력이 될 수 있다. 또한 이런 솔루션의 가치는 조직의 규모에 따라 증가한다는 사실을 알게 됐다. 결국 개발 팀은 애플리케이션을 컨테이너화하는 방법이 아니라 애플리케이션에서 가치를 구축하는 데 집중하기를 원한다.

이미지 레지스트리

이미 컨테이너를 사용한다면 선호하는 레지스트리가 있다. 하나의 VM에 빌드하고 다른 많은 VM(독립형 또는 클러스터)에서 실행하기를 원하기 때문에 이는 도커 및 쿠버네티스를 활용하기 위한 핵심 요구사항이다. 이미지는 마찬가지로 OCI는 레지스트리 작업에 대한 표준 사양(상호 운용성을 보장하려면)도 정의하고 사용 가능한 많은 독점 및 오픈소스 솔루션이 있으며 대부분은 공통 핵심 기능셋을 공유한다. 대부분의 이미지 레지스트리는 서버(사용자 인터페이스 및 API 논리용), 블롭^{Blob} 저장소(이미지 자체용) 및 데이터베이스(사용자 및 이미지 메타데이터용)의 세 가지 주요 구성요소로 구성된다. 일반적으로 스토리지 백엔드는 구성할 수 있으며, 이는 레지스트리 아키텍처를 설계하는 방법에 영향을 줄 수 있다. 다음 절에서 이 부분을 더 살펴볼 예정이다.

레지스트리에서 제공하는 가장 중요한 기능과 이를 파이프라인에 통합하기 위한 패턴을 살펴볼 예정이다. 기능이 일반적으로 유사하기 때문에 특정 레지스트리 구현을 자세히 살펴보지는 않는다. 그러나 기존 설정이나 요구사항에 따라 특정 방향의 시나리오가 있다.

아티팩토리[Artifactory][7] 또는 넥서스[Nexus]와 같은 아티팩트 저장소를 이미 활용하고 있을 때 관리가 용이하려면 해당 이미지 호스팅 기능을 활용할 수 있다. 마찬가지로 환경이 클라우드 기반이 많은 아마존 일래스틱 컨테이너 레지스트리[AWS ECR, AWS Elastic Container Registry], 구글 컨테이너 레지스트리[GCR, Google Container Registry] 또는 애저 컨테이너 레지스트리[ACR, Azure Container Registry]와 같은 클라우드 프로바이더 레지스트리를 활용하면 비용 이점이 있을 수 있다.

레지스트리를 선택할 때 환경 및 클러스터의 토폴로지, 아키텍처 및 장애 도메인을 핵심 요소로 고려해야 한다. 고가용성을 보장하려고 각 장애 도메인에 레지스트리를 배치하도록 선택할 수 있다. 이 작업을 수행할 때 중앙 집중식 블롭 저장소를 원하는지 또는 각 리전에 블롭 저장소를 원하는지 여부를 결정하고 레지스트리 간에 이미지 복제를 설정해야 한다. 복제는 이미지를 레지스트리셋 중 하나로 푸시하고 해당 이미지가 세트의 다른 세트로 자동 푸시되도록 하는 대부분의 레지스트리 기능이다. 선택한 레지스트리에서 자동 푸시 부분이 직접 지원되지 않더라도 파이프라인 도구(예: 젠킨스)와 각 이미지 푸시에서 트리거되는 웹훅을 사용해 기본 레플리카를 설정하는 것은 매우 간단하다.

일대 다수의 레지스트리의 결정은 지원해야 하는 처리량의 영향도 받는다. 수천 명의 개발자가 모든 코드 커밋에서 코드 및 이미지 빌드를 트리거하는 조직에서 동시 작업(풀 및 푸시)의 수는 상당할 수 있다. 따라서 이미지 레지스트리는 파이프라인에서 제한된 역할만 수행하지만 운영 환경 배포 뿐만 아니라 개발 활동을 위한 중요한 경로에 있다는 점을 이해하는 것이 중요하다. 고수준의 서비스 가용성을 달성하려고 다른 중요 구성요소와 동일한 방식으로 모니터링 및 관리해야 하는 핵심 컴포넌트다.

---

7   JFrog사의 아티팩토리는 모든 주요 패키징 형식, 빌드 도구 및 CI 서버를 지원하는 유일한 유니버셜 리포지터리 매니저(Universal Repository Manager)다. (https://jfrog.com/artifactory) – 옮긴이

레지스트리는 클러스터나 컨테이너화된 환경에서 쉽게 실행될 의도로 구축되는 접근 방식('지속적 전달'에서 다시 설명)을 적용하면 이점이 많다. 기본적으로 쿠버네티스 내부의 모든 기본 요소와 규칙을 활용해 서비스를 계속 실행하고 검색 가능하며 쉽게 구성할 수 있다. 클러스터 내부의 서비스에 의존해 해당 클러스터에서 새 서비스를 시작하기 위한 이미지를 제공한다는 단점이 꽤 부담이 된다. 레지스트리가 공유 서비스 클러스터에서 실행되고 레지스트리의 일부 인스턴스가 항상 요청을 처리할 수 있도록 백업 클러스터에 대한 장애 조치 시스템이 있는 것을 보는 것이 더 일반적이다.

레지스트리가 쿠버네티스 외부에서 실행되고 모든 클러스터에 필요한 더 많은 독립 실행형 부트스트랩 컴포넌트로 취급되는 것을 확인했다. 외부 실행 방식은 일반적으로 조직에서 이미 아티팩토리 또는 다른 레지스트리의 기존 인스턴스를 사용하고 있으며 이미지 호스팅하려고 용도를 변경하고 있을 때다. 클라우드 레지스트리를 활용하는 것도 여기에서 일반적인 패턴이지만, 동일한 토폴로지에서 가용성 보장과 잠재적인 추가 대기 시간도 알고 있어야 한다.

레지스트리를 선택하고 사용할 때 가장 일반적인 문제를 살펴본다. CI/CD 파이프라인 보안이 배포된 아티팩트(이미지)를 중심으로 적용되기 때문에 모두 보안과 관련있는 문제다. 먼저 취약점 스캔과 이미지에 알려진 보안 결함이 없는지 확인하는 방법을 살펴본다. 그런 다음 외부/벤더 이미지를 환경으로 가져오는 데 효과적일 수 있는 일반적으로 사용되는 격리 흐름을 설명한다. 마지막으로 이미지 신뢰와 서명을 알아본다. 이미지 신뢰와 서명에 관심이 있는 조직은 많으나, 상위 도구 및 접근 방식이 성숙 단계 전에 있는 분야다.

취약점 스캐닝

취약점에 대한 이미지 스캔은 대부분의 이미지 레지스트리의 핵심 역량이다. 일반적으로 일반적인 취약성 및 노출[CVE] 데이터베이스와 함께 검색 자체를 타사 컴포넌트에 위임한다. 클레어^{Clair[8]}는 인기 있는 오픈소스 선택이며, 특정 요구사항이 있으면 연결 가능하다.

모든 조직에는 CVE 점수를 고려할 때 수용 가능한 위험 요소에 대한 자체 요구사항이 있다. 레지스트리는 일반적으로 정의된 점수 임계값을 초과하는 CVE를 포함하는 이미지 풀링을 비활성화할 수 있는 컨트롤을 노출한다. 또한 CVE를 허용 목록에 추가하는 기능은 플래그가 지정됐지만, 사용자 환경과 관련이 없는 문제를 우회하는 데 유용할 수 있다.

초기 풀 타임의 정적 스캐닝은 처음에는 유용할 수 있지만, 환경에서 이미 사용하고 있는 이미지에서 시간이 지남에 따라 취약점이 발견되면 어떻게 될 것인가? 변경사항을 감지하도록 스캔을 예약할 수 있지만 이미지 업데이트 및 교체 계획이 필요하다. 업데이트된 이미지를 자동으로 수정(패치)하고 푸시하고 싶을 수 있으며 항상 이미지를 최신 상태로 유지하려는 솔루션이 있다. 그러나 이는 이미지 업데이트로 인해 호환되지 않거나 실행 중인 애플리케이션이 중단될 수 있는 변경사항이 발생할 수 있으므로 문제가 될 수 있다. 자동화된 이미지 업데이트 시스템은 지정된 배포 변경 프로세스 외부에서도 작동할 수 있으며, 환경에서 감사하기 어려울 수 있다. 이전에 설명한 이미지 풀 차단도 문제를 일으킬 수 있다. 핵심 애플리케이션의 이미지에 새로운 CVE가 발견되고 풀이 갑자기 금지될 때 해당 워크로드가 새 노드로 예약되고 이미지를 풀링할 수 없으면 애플리케이션에서 가용성 문제가 발생할 수 있다. 보안 대 가용성의 각 솔루션을 구현할 때 직면하는 절충안을 이해하고 정보에 입각해 문서화돼 있는 결정을 내리는 것이 중요하다.

간단히 설명된 자동 수정보다 더 일반적인 모델은 이미지 취약성 스캔을 경고 또는 모니터링하고 이를 운영 및 보안 팀에 전달한다. 이 경고의 구현은 선택한 레지스트리에서 제공하는 기능에 따라 다를 수 있다. 취약한 이미지 및 검색된 CVE의 세부 정보를 포함해 페이로드로 스캔 완료 시 웹훅 호출을 트리거하도록 일부 레지스트리를 구성할 수 있다. 다른 사람들은 표준 도구를 사용해 경고할 수 있는 이미지 및 CVE 세부 정보가 있는 스크랩 가능한 메트릭 집합을 노출할 수 있다(메트릭 및 경고 도구에 대한 자세한 내용은 9장 참조). 이 방법을 사용하려면

---

8   클레어는 애플리케이션 컨테이너(현재 OCI 및 도커 포함)의 취약점에 대한 정적 분석을 위한 오픈소스 프로젝트다(https://github.com/quay/clair). – 옮긴이

더 많은 수동 개입이 필요하지만 사용자 환경에서 이미지의 보안 상태에 대한 가시성을 높이는 동시에 패치 방법과 시기를 더 잘 제어할 수 있다.

이미지에 대한 CVE 정보가 있으면 취약점의 영향을 기반으로 이미지를 패치할지 여부 및 시기에 대한 결정을 내릴 수 있다. 이미지를 패치하고 업데이트해야 할 때 일반 배포 파이프라인으로 업데이트, 테스트 및 배포를 트리거할 수 있다. 이를 통해 완전한 투명성과 감사 가능성을 갖게 되며 변경사항은 모두 정규 프로세스를 거치게 된다. 15장 뒷부분에서 CI/CD 및 배포 모델을 자세히 설명한다.

정적 이미지 취약성 스캐닝은 일반적으로 조직의 CI/CD 파이프라인에서 구현되는 부분이지만 컨테이너 보안에 대한 심층 방어 전략이 적용돼야 하는 레이어 중 하나일 뿐이다. 배포 후 이미지가 악성 콘텐츠를 다운로드하거나 컨테이너화된 애플리케이션이 런타임에 손상/도용될 수 있다. 따라서 일부 유형의 런타임 검색을 반드시 구현해야 한다. 좀 더 간단한 형태로, 이미지는 배포 후 취약한 바이너리 또는 라이브러리가 도입되지 않도록 하려고 실행 중인 컨테이너에 대한 주기적 파일시스템 스캐닝의 형태를 취할 수 있다. 그러나 강력한 보호를 하려면 컨테이너가 수행할 수 있는 작업과 동작을 제한해야 한다. 컨테이너 동작 제한은 CVE가 발견되고 패치될 때 발생할 수 있는 두더지 잡기처럼 불가피한 부분을 제거하고 대신 컨테이너화된 애플리케이션이 보유해야 하는 기능에 초점을 맞춘다. 런타임 스캐닝은 여기에서 완전히 다룰 공간이 없는 더 큰 주제이지만 팔코falco(https://falco.org) 및 Aqua Security 제품군(https://github.com/aquasecurity)과 같은 도구를 살펴봐야 한다.

검역 워크플로

대부분의 레지스트리는 알려진 취약점을 이미지를 스캔하고 이미지 풀을 제한하는 메커니즘을 제공한다. 그러나 이미지를 사용하기 전에 충족해야 하는 추가 요구사항이 있을 수 있다. 또한 개발자가 공용 인터넷에서 직접 이미지를 가져올 수 없고 내부 레지스트리를 사용해야 하는 시나리오에 직면했다. 이런 사용 사례는 모두 다음에 설명하는 검역 워크플로 파이프라인과 함께 다중 레지스트리 설정을 사용해 해결할 수 있다.

첫째, 개발자에게 이미지를 요청할 수 있는 셀프 서비스 포털을 제공할 수 있다. 서비스나우 ServiceNow[9] 또는 젠킨스 작업과 같은 도구가 요구사항에 알맞게 구현이 가능하며 필자는 이런 방식을 여러 번 봤다. 챗봇은 또한 개발자에게 보다 원활한 통합을 제공할 수 있기 때문에 최근에 조금씩 인기를 얻고 있다. 이미지가 요청되면 이미지 검사를 실행할 수 있는 검역소 레지스트리로 자동으로 가져오고 파이프라인이 환경을 가동해 이미지가 특정 기준을 충족하는지 확인하고 가져올 수 있다.

검사를 통과하면 이미지에 서명하고(선택 사항임, 자세한 내용은 '이미지 서명'절 참조) 승인된 레지스트리로 푸시할 수 있다. 개발자는 또한 이미지가 승인(또는 거부 및 추론)됐음을 (챗봇 또는 업데이트된 티켓/작업 등으로) 통지 받을 수 있다. 전체 흐름은 그림 15-2에서 볼 수 있다.

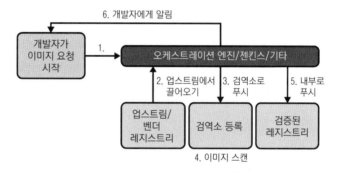

그림 15-2 검역 워크플로

검역 워크플로는 어드미션 컨트롤러와 결합돼 서명된 이미지 또는 특정 레지스트리에서 가져온 이미지만 클러스터에서 실행되도록 허용할 수 있다.

---

9 기술 관리 지원을 위한 SaaS(Software as a Service)를 제공하는 클라우드 기반 회사다. 이 회사는 IT 서비스 관리(ITSM), IT 운영 관리(ITOM) 및 IT 비즈니스 관리(ITBM)를 전문으로 하며 사용자가 다양한 앱과 플러그인으로 프로젝트, 팀 및 고객 상호작용을 관리할 수 있도록 해준다(https://www.servicenow.kr). – 옮긴이

이미지 서명

애플리케이션이 코드 라이브러리나 컨테이너 이미지와 같은 외부 종속성에 의존하게 되면서 파이프라인 보안 문제가 점점 더 널리 퍼지게 된다.

이미지를 살펴볼 때 자주 언급되는 보안 기능은 서명이라는 개념이다. 간단히 말해서 서명의 개념은 이미지 게시자가 이미지의 해시를 생성하고 해당 ID를 레지스트리에 푸시하기 전에 이미지와 연결해 이미지에 암호로 서명할 수 있다. 그런 다음 사용자는 게시자의 공개 키에 서명된 해시의 유효성을 검사해 이미지의 진위를 확인할 수 있다.

서명 워크플로는 CI/CD 파이프라인의 시작 부분에서 이미지를 생성하고 파이프라인의 각 단계 후에 서명할 수 있다는 점에서 매력적이다. 테스트가 완료된 후에 서명할 수 있으며, 릴리즈 관리 팀에서 배포가 승인된 후에 다시 서명할 수 있다. 그런 다음 배포할 때 지정한 다양한 당사자가 서명했는지 여부에 따라 이미지 배포를 운영 환경으로 전환할 수 있다. 승인을 통과했는지 확인할 뿐만 아니라 현재 운영 환경으로 승격되는 이미지와 정확히 같은 이미지인지 확인한다. 고수준의 흐름은 그림 15-3에 나와 있다.

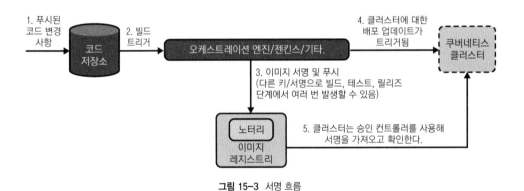

그림 15-3 서명 흐름

이 분야의 주요 프로젝트는 노터리^{Notary}로, 원래 도커에서 개발했으며 소프트웨어 업데이트의 안전한 배포를 용이하게 하도록 설계된 시스템인 업데이트 프레임워크^{TUF, The Update Framework}를 기반으로 구축됐다.

유익한 점에도 불구하고 현장에서 이미지 서명을 많이 채택하지 않았다. 첫째, 노터리에는 서버와 여러 데이터베이스를 포함한 여러 컴포넌트가 있는데, 설치, 구성 및 관리해야 하는 추가 컴포넌트다. 뿐만 아니라 이미지에 서명하고 확인하는 기능은 일반적으로 소프트웨어 배포의 중요한 경로에 있기 때문에 노터리 시스템은 고가용성과 탄력성 기반으로 구성돼야 한다.

둘째, 노터리는 각 이미지가 이름의 일부로 레지스트리 URL을 포함하는 GUN$^{\text{Globally Unique Name}}$으로 식별되도록 요구한다. 서명이 레지스트리에 연결돼 있고 이동/복사할 수 없기 때문에 여러 레지스트리(예: 캐시, 에지서버 위치)가 있으면 서명이 더욱 문제가 된다.

마지막으로 노터리와 TUF는 서명 과정에서 서로 다른 키 쌍을 사용해야 한다. 키마다 보안 요구사항이 다르며 보안 침해 시 교체하기 어려울 수 있다. 학문적으로 잘 설계된 솔루션을 제공하지만 현재 노터리/TUF 구현은 사용 중인 기본 기술 중 일부에만 익숙해지는 많은 조직에 진입 장벽이 너무 높다. 따라서 많은 사람이 서명 워크플로가 제공하는 추가 보안 이점을 더 많은 편의성과 지식을 교환할 준비가 돼 있지 않다.

글을 쓰는 시점에서 노터리의 두 번째 버전을 개발하고 출시하기 위한 노력이 진행 중이다. 업데이트된 버전은 키 관리의 복잡성을 줄이고 서명을 OCI 이미지 자체와 번들로 묶어 전송할 수 없다는 제약을 제거하는 등 방금 논의한 많은 문제를 해결해 사용자 경험을 개선해야 한다.

쿠버네티스 클러스터에서 실행할 수 있도록 허용하기 전에 이미지가 서명됐는지 확인하는 어드미션 웹훅을 구현하는 기존 프로젝트가 이미 여러 개 있다. 문제가 해결되면 서명이 CI/CD 파이프라인에서 더 자주 구현되는 속성이 되고 서명 어드미션 웹훅이 더욱 성숙해질 것으로 예상된다.

지속적 전달

앞에서 소스코드를 컨테이너 이미지로 변환하는 프로세스와 이미지가 저장되는 위치와 이미지 레지스트리를 선택하고 배포하는 데 필요한 아키텍처 및 절차상의 결정을 살펴봤다. 여기서는 초기 단계를 많은 환경(테스트, 스테이징, 운영)에 걸쳐 잠재적으로 여러 쿠버네티스 클러스터에 이미지를 실제 배포하는 것과 연결하는 전체 파이프라인을 검토한다.

많은 사람이 이미 익숙할 명령형 푸시 기반 파이프라인을 살펴보기 전에 빌드 프로세스를 자동화된 파이프라인에 통합하는 방법을 다룬다. 마지막으로 버전 제어 리포지터리를 환경에 배포해야 하는 자산에 대한 정보 소스로 활용하는 배포에 대한 비교적 새로운 접근 방식인 깃옵스 분야에서 등장하는 원칙과 도구를 살펴볼 예정이다.

지속적 전달^{CD, Continuous Delivery}은 방대한 영역이며 많은 책에서 다루는 가치로운 주제다. CD 원칙에 대한 일부 지식이 있다고 가정하고 쿠버네티스 및 관련 도구에서 원칙을 구현하는 방법에 중점을 둘 것이다.

파이프라인에 빌드 통합

로컬 개발 및 테스트 단계의 개발자는 로컬에서 도커를 사용해 이미지를 빌드할 수 있다. 그러나 초기 단계 및 조직을 넘어서는 모든 것은 중앙 버전 제어 저장소에 코드를 커밋해 트리거되는 자동화된 파이프라인의 일부로 빌드를 수행하고자 한다. 15장 뒷부분에서 실제 환경에 이미지를 배포하는 것과 관련된 고급 패턴을 설명하겠지만, 여기서는 클라우드 네이티브 파이프라인 자동화 도구를 사용해 클러스터에서 빌드 단계를 실행하는 방법에 순전히 초점을 맞추고자 한다.

일반적으로 코드 커밋으로 새 이미지 빌드가 트리거되기를 원한다. 일부 파이프라인 도구는 구성된 리포지터리 집합을 간헐적으로 폴링하고 변경사항이 감지되면 작업 실행을 트리거한다. 다른 때는 버전 제어 시스템에서 웹훅을 실행해 시작하는 프로세스를 트리거할 수 있다. 개념을 설명하기 위해 쿠버네티스에서 실행되도록 설계된 인기 있는 오픈소스 파이프라인 도구인 택톤[Tekton 10]의 예를 사용한다. 택톤 및 기타 많은 쿠버네티스 기본 도구는 CRD 를 활용해 파이프라인의 컴포넌트를 설명한다. 다음 코드에서 여러 파이프라인에서 재사용할 수 있는 작업 CRD의 많이 편집된 인스턴스를 볼 수 있다. 택톤은 자체 파이프라인에서 사용할 수 있는 일반적인 작업(예: 다음 스니펫에 표시된 대로 깃 리포지터리 복제)의 카탈로그를 관리한다.

```
apiVersion: tekton.dev/v1beta1
kind: Task
metadata:
  name: git-clone
spec:
  workspaces:
    - name: output
      description: "깃 리포지터리는 이 작업 공간을 지원하는 볼륨에 복제된다."
  params:
    - name: url
      description: 복제할 깃 url
      type: string
    - name: revision
      description: 체크아웃을 위한 깃 리비전(브랜치, 태그, sha, ref…)
      type: string
      default: master
    <...스니펫...>
  results:
    - name: commit
      description: 이 작업에서 가져온 정확한 SHA 커밋
  steps:
    - name: clone
      image: "gcr.io/tekton-releases/github.com/tektoncd/pipeline/cmd/git-init:v0.12.1"
      script: |
        CHECKOUT_DIR="$(workspaces.output.path)/$(params.subdirectory)"
        <...스니펫...>
```

---

10 CDF(Continuous Delivery Foundation)에서 관리하는 지속적 통합 및 딜리버리(CI/CD) 시스템을 구축하기 위한 오픈소스의 벤더 중립적인 프레임워크다. 쿠버네티스 네이티브 프레임워크인 택톤은 파이프라인, 워크플로우 및 기타 컴포넌트에 대한 업계 스펙을 제공함으로써 지속적인 딜리버리를 현대화할 수 있도록 지원하며, 이를 통해 여러 클라우드 제공자나 하이브리드 환경에서 보다 빠르고 손쉬운 배치가 가능해진다(https://tekton.dev). – 옮긴이

```
    /ko-app/git-init -url "$(params.url)" -revision "$(params.revision)" \
    -refspec "$(params.refspec)" \ -path "$CHECKOUT_DIR" \
    -sslVerify="$(params.sslVerify)" \ -submodules="$(params.submodules)" \
    -depth "$(params.depth)"
  cd "$CHECKOUT_DIR"
  RESULT_SHA="$(git rev-parse HEAD | tr -d '\n')" EXIT_CODE="$?"
  if [ "$EXIT_CODE" != 0 ]
  then
    exit $EXIT_CODE
  fi
  # 결과에 후행 줄 바꿈을 추가하지 않았는지 확인해야 한다!
  echo -n "$RESULT_SHA" > $(results.commit.path)
```

OCI 이미지를 구축하는 방법에는 여러 가지가 있다. 도커 파일이 필요한 것도 있고, 빌드의
일부로 추가 작업을 해야 할 수도 있다. 거의 모든 파이프라인 도구는 사용자가 함께 연결할
수 있는 개별 기능 부분을 구성할 수 있도록 하는 단계 또는 작업의 개념을 노출한다. 다음
코드 스니펫은 클라우드 네이티브 빌드팩을 사용해 이미지를 빌드하는 작업 정의의 예를 보
여준다.

```
apiVersion: tekton.dev/v1beta1
kind: Task
metadata:
  name: buildpacks-phases
  labels:
    app.kubernetes.io/version: "0.1"
  annotations:
    tekton.dev/pipelines.minVersion: "0.12.1"
    tekton.dev/tags: image-build
    tekton.dev/displayName: "buildpacks-phases"
spec:
  params:
    - name: BUILDER_IMAGE
      description: "빌드가 실행될 이미지(생명 주기 및 호환 가능한 빌드팩을 포함해야 함)."
    - name: PLATFORM_DIR
      description: 플랫폼 디렉토리의 이름이다.
      default: empty-dir
```

```yaml
      - name: SOURCE_SUBPATH
        description: "빌드할 소스가 있는 `source` 입력 내의 하위 경로다."
        default: ""
  resources:
    outputs:
      - name: image
        type: image
  workspaces:
    - name: source
  steps:
    <...스니펫...>
    - name: build
      image: $(params.BUILDER_IMAGE)
      imagePullPolicy: Always
      command: ["/cnb/lifecycle/builder"]
      args:
        - "-app=$(workspaces.source.path)/$(params.SOURCE_SUBPATH)"
        - "-layers=/layers"
        - "-group=/layers/group.toml"
        - "-plan=/layers/plan.toml"
      volumeMounts:
        - name: layers-dir
          mountPath: /layers
        - name: $(params.PLATFORM_DIR)
          mountPath: /platform
        - name: empty-dir
          mountPath: /tekton/home
    <...스니펫...>
```

그런 다음 해당 작업 및 기타 사항들을 파이프라인의 일부로 여기에는 표시되지 않았지만 입력 리포지터리와 함께 연결할 수 있다. 여기에는 빌드팩 빌더가 소스로 사용할 워크스페이스와 함께 이전에 깃 리포지터리를 복제한 워크스페이스를 매핑하는 작업이 포함된다. 프로세스가 끝날 때 이미지를 레지스트리에 푸시하도록 지정할 수도 있다.

구성 가능한 작업 블록 설정 접근 방식의 유연성은 파이프라인이 쿠버네티스에서 빌드 흐름을 정의하기 위한 매우 강력한 도구가 된다는 것을 의미한다. 빌드에 테스트 또는 린트[lint 11] 단계를 추가하거나 일종의 정적 코드 분석을 추가할 수 있다. 원하면 '이미지 서명'에 설명된 대로 이미지에 서명 단계를 쉽게 추가할 수도 있다. 카니코 또는 빌드킷과 같은 다른 빌드 도구를 실행하려고 예제에서와 같이 빌드팩을 사용하지 않으면 자체 작업을 정의할 수도 있다.

푸시 기반 배포

앞에서 파이프라인에서 빌드를 자동화하는 방법을 확인했다. 클러스터에 대한 배포를 실제로 수행하기 위해 이를 확장하는 방법과 이런 유형의 자동 전달 파이프라인을 더 쉽게 만들기 위한 구현 패턴을 살펴볼 예정이다.

이전에 본 작업/단계 기반 접근 방식의 거의 모든 도구에 존재하며 유연성 때문에 새로 생성되고 푸시된 태그를 읽는 파이프라인 끝에 간단히 단계를 만들 수 있다. 이미지를 만들고 배포용 이미지를 업데이트한다. 이는 kubectl 셋 이미지를 사용해 클러스터에서 직접 배포를 업데이트해 달성할 수 있으며 여러 예시에서 여전히 이 접근 방식을 보여준다. 더 나은 대안은 파이프라인이 이미지 태그 변경사항을 배포를 설명하는 YAML 파일에 다시 작성한 다음, 변경사항을 버전 제어에 다시 커밋하도록 한다. 그런 다음 변경사항을 적용하려고 저장소의 새 버전을 kubectl apply로 트리거할 수 있다. 이때 YAML을 클러스터에 대한 대략적인 정보 소스로 유지할 수 있으므로 '깃옵스'에서 이를 자세히 설명한 것과 같이 후자의 접근 방식이 선호되지만, 전자는 허용 가능한 마이그레이션을 수행 할 때 이런 유형의 쿠버네티스 네이티브 자동화 파이프라인을 반복하는 단계를 의미한다.

---

11 린트(lint) 또는 린터(linter)는 소스코드를 분석해 프로그램 오류, 버그, 스타일 오류, 의심스러운 구조체에 표시(flag)를 달아놓기 위한 도구들을 가리킨다. – 옮긴이

쿠버네티스에 애플리케이션을 배포할 때 고려해야 할 두 가지 고유한 유형의 아티팩트가 있다. 즉, 애플리케이션에 필요한 코드 및 구성과 구축 방법, 배포 방법에 대한 구성이다. 아티팩트를 가장 잘 구성할 수 있는 방법으로, 애플리케이션과 관련된 모든 것을 단일 트리에 함께 유지하거나, 개별적으로 유지하는 방법이 있다.

일반적으로 다음과 같은 이유로 후자의 경로를 선택하는 것이 좋다.

- 각 문제는 일반적으로 조직의 별도 도메인 또는 팀의 책임이다. 개발자는 애플리케이션이 어떻게 배포되고 프로세스에 입력될 것인지 알고 있어야 하지만 사이즈 조정, 환경, 시크릿 주입 등의 구성은 대부분 플랫폼 또는 운영팀의 책임이다.
- 보안 권한 및 감사 요구사항은 코드 리포지터리와 배포 파이프라인 아티팩트, 시크릿 및 환경 구성을 포함하는 리포지터리와 다를 수 있다.

---

12 SemVer는 Semantic Versioning의 줄임말로, 버전 형식에 의미를 부여해 좀 더 체계적인 버전 관리를 위한 명세다. 배포 정책이나 시기에 따라서 버전이 매겨지거나, 의미 없이 버전이 올라가는 것을 지양하며 버저닝에 대한 명확한 의미를 부여한다(https://semver.org/lang/ko). − 옮긴이

별도의 리포지터리에 배포 구성이 있으면 배포 파이프라인이 먼저 리포지터리를 체크아웃한 다음 이미지 태그 업데이트(sed 또는 이와 유사한 것을 사용)를 실행하고 마지막으로 변경사항을 깃으로 다시 확인하는 방법을 따라하기 쉽다. 깃이 형상 관리 저장소임을 확인한다. 그런 다음 변경된 매니페스트에 kubectl apply -f를 실행할 수 있다. 명령형 또는 푸시 기반 모델은 그림 15-4와 같이 버전 제어 시스템에서 제공하는 기본 제공 보고 및 로깅 기능을 활용하고 파이프라인을 통한 변경 흐름을 쉽게 볼 수 있으므로 뛰어난 감사 기능을 제공한다.

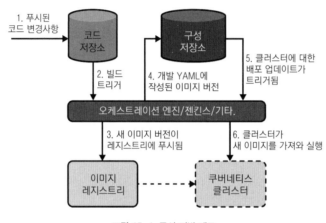

그림 15-4 푸시 기반 배포

조직의 자동화 수준에 따라 파이프라인에서 처리하는 환경 간에 승격이 필요할 수 있으며, 다른 쿠버네티스 클러스터 배포가 실행될 수도 있다. 대부분의 도구를 사용해 이를 달성하는 방법이 분명히 있으며 일부는 다른 도구보다 기본적으로 더 나은 지원을 제공한다. 그러나 푸시 기반 배포는 대상으로 사용하려는 각 클러스터에 대한 인벤토리 및 자격 증명을 유지해야 하기 때문에 명령형 파이프라인 모델을 구현하기가 더 어려울 수 있는 영역이다.

환경에 변경사항을 푸시하는 중앙 집중식 도구가 있으면 파이프라인이 어떤 이유로 중단될 때 파이프라인을 다시 시작하거나 정상 상태로 다시 조정해야 한다. 또한 배포 문제가 발생하면 이를 인지할 수 있도록 구현된 것과 상관없이 배포 파이프라인에 대한 모니터링 및 경고를 관리해야 한다.

롤아웃 패턴

파이프라인이 성공적으로 완료됐는지 확인하려고 모니터링해야 할 필요성을 간략하게 언급했다. 그러나 새 버전의 애플리케이션을 배포할 때 상태를 모니터링하고 문제를 해결하거나 이전 작업 상태로 롤백해야 하는지 여부를 결정할 방법도 필요하다.

조직에서 구현하려는 패턴이 있다. 패턴을 전반적으로 다루는 책도 있지만 쿠버네티스에서 일부 패턴을 구현하는 방법을 보여주기 위한 목적으로 여기서는 간략하게 다룰 예정이다.

카나리

카나리 릴리즈는 새 버전의 애플리케이션이 클러스터에 배포되고 작은 트래픽 하위 집합(메타데이터, 사용자 또는 기타 속성 기반)이 새 버전으로 전달되는 부분이다. 카나리 방식의 새 버전이 이전 버전과 동일한 방식으로 작동하거나 최소한 오류 시나리오가 발생하지 않도록 이를 면밀히 모니터링할 수 있다. 시간이 흘러 신뢰도가 높아짐에 따라 트래픽 비율이 천천히 증가할 수 있다.

블루/그린

카나리와 유사하지만 트래픽의 빅뱅 컷오버가 더 많이 포함되는 방식으로, 여러 클러스터(이전 버전은 파란색, 새 버전은 녹색)에서 달성하거나 동일한 클러스터에서 달성할 수 있다. 서비스 배포가 의도한 대로 작동하는지 테스트하고 새 버전으로 트래픽을 차단하기 전에 사용자가 직면하지 않는 환경에서 테스트를 수행할 수 있다. 증가된 오류가 표시되면 트래픽을 줄일 수 있다. 물론 애플리케이션이 상태, 세션 및 기타 문제를 적절하게 처리해야 할 수 있으므로 추가적인 배포 옵션이 있다.

A/B 테스트

다시 카나리와 유사하게 컨슈머의 하위 집합을 대상으로 하는 다른 동작을 포함할 수 있는 애플리케이션 버전을 출시할 수 있다. 롤백, 포워드 또는 실험 확장 여부를 결정하려면 새 버전의 사용 패턴에 대한 메트릭 및 분석을 수집할 수 있다.

이런 패턴은 기능이나 새 버전이 활성화되는 시점에 대한 제어를 제공함으로써 애플리케이션 배포를 릴리스에서 컨슈머로 분리할 수 있는 원하는 상태로 바꿔줄 수 있다. 변경사항을 운영 환경에 배포할 위험을 줄이는 데 탁월한 관행이다.

패턴의 대부분은 일종의 네트워크 트래픽 이동으로 구현된다. 쿠버네티스에는 패턴의 구현을 가능하게 하는 매우 풍부한 네트워킹 기본 요소와 기능이 있다. 패턴을 가능하게 하는 오픈소스 도구(다양한 서비스 메시 솔루션 위에 있음)로 플래거Flagger[13]가 있다. 플래거는 쿠버네티스 클러스터에서 컨트롤러로 실행되고 배포 리소스의 이미지 필드에 대한 변경사항을 감시한다. 트래픽을 적절하게 이동하도록 기본 서비스 메시를 프로그래밍 방식으로 구성해 이전 패턴을 활성화할 수 있는 많은 조정 가능한 옵션을 제공한다. 또한 새로 롤아웃된 버전의 상태를 모니터링하고 롤아웃 프로세스를 계속하거나 중지하고 되돌리는 기능을 추가한다.

플래거 및 기타 솔루션을 살펴보는 일은 가치로운 일이다. 그러나 도입하는 대부분의 패턴을 활성화하려면 서비스 메시가 필요한 추가 복잡성을 감안할 때 조직의 쿠버네티스 여정의 두 번째 또는 세 번째 단계의 일부로 더 일반적으로 설명된다.

깃옵스

쿠버네티스의 제공 파이프라인에 푸시 기반 배포 단계를 추가하는 방법을 살펴봤다. 배포 방식에서 떠오르는 대안 모델은 깃옵스다. 명령적으로 클러스터에 변경사항을 푸시하는 대신 깃옵스 모델은 그림 15-5와 같이 클러스터에서 실행 중인 리소스와 깃 저장소의 내용을 지속적으로 조정하는 컨트롤러를 특징으로 한다. 깃옵스는 쿠버네티스 자체에서 얻을 수 있는 제어 루프 조정 경험과 밀접하게 연관돼 있다. 깃옵스 공간의 두 가지 기본 도구는 ArgoCD와 Flux[14]이며 두 프로젝트 팀은 각각의 도구를 뒷받침하려면 공통 엔진 기반으로 함께 작업

---

13 플래거는 쿠버네티스에서 실행되는 애플리케이션의 릴리스 프로세스를 자동화하는 점진적 전달 도구다. 메트릭을 측정하고 적합성 테스트를 실행하는 동안 트래픽을 새 버전으로 점진적으로 이동해 운영 환경에 새 소프트웨어 버전을 도입할 위험을 줄인다(https://flagger.app). - 옮긴이

14 Flux는 개방적이고 확장 가능한 쿠버네티스용 지속적 전달(CD) 솔루션이다(https://fluxcd.io). - 옮긴이

한다.

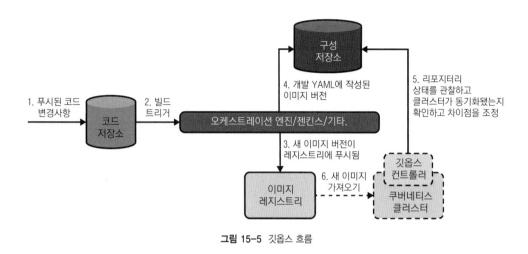

그림 15-5 깃옵스 흐름

깃옵스의 이점은 다음과 같다.

- 본질적으로 선언적이므로 배포 자체의 문제(도구 자체의 다운 등) 또는 배포가 임시로 삭제되면 정상 상태로 조정이 시도된다.
- 깃은 형상 관리 저장소가 되며 기본적으로 변경사항에 대한 강력한 감사 로그를 얻는 것 외에도 기존 전문 지식과 도구에 대한 친숙함을 활용할 수 있다. 사용자는 클러스터에 변경사항의 게이트로서 Pull Request 워크플로우를 사용할 수 있으며, 대부분의 버전 관리 시스템에서 노출하는 확장 지점(웹훅, 워크플로우, 액션 등)을 통해 필요에 따라 외부 도구와 통합할 수 있다.

깃옵스에도 단점이 있다. 깃을 단일 소스로 진정으로 사용하려는 조직이면 이는 버전 제어에서 시크릿 데이터를 유지하는 것을 의미한다. 문제를 해결하려고 최근 몇 년 동안 여러 프로젝트가 등장했으며, 가장 잘 알려진 프로젝트는 비트나미[Bitnami15]의 SealedSecret다. 이 프

---

15 비트나미는 가상 어플라이언스 및 웹 애플리케이션, 개발 스택용 소프트웨어 패키지 및 설치 라이브러리다. 비트나미 스택은 리눅스, 윈도우, MacOS에 소프트웨어를 설치하려고 사용된다. – 옮긴이

로젝트로 암호화된 버전의 시크릿이 저장소에 커밋된 다음 클러스터에 적용된 후 애플리케이션에서 사용할 수 있도록 해독될 수 있다. 이런 접근 방식은 5장에서 설명했었다.

또한 현재 동기화 상태를 모니터링해야 한다. 파이프라인이 푸시 기반이고 실패하면 파이프라인에 실패가 표시된다. 그러나 깃옵스 접근 방식은 선언적이기 때문에 클러스터 내 관찰된 상태와 깃에 선언된 상태가 장기간 분기된 상태로 유지되면 발생하는 경고를 받아야 한다.

깃옵스의 수용 증가는 실무에서 볼 수 있는 추세이지만, 확실히 더 전통적인 푸시 기반 모델에서 패러다임의 전환이다. 모든 애플리케이션이 YAML 리소스의 플랫 애플리케이션을 사용해 그대로 깔끔하게 배포되는 것은 아니며, 조직이 이 접근 방식으로 전환할 때 처음에 순서 지정 및 일부 스크립팅을 빌드해야 할 수 있다.

생명 주기의 일부로 리소스를 생성, 수정 또는 삭제할 수 있는 도구를 인식하는 것이 중요하다. 도구는 깃옵스 모델에 맞추려면 약간의 구성 변경이 필요하기 때문이다. 클러스터에서 실행되고 특정 CRD를 감시한 다음 쿠버네티스 API로 직접 여러 다른 리소스를 생성하는 컨트롤러를 예로 들 수 있다. 엄격 모드에서 실행할 때 깃옵스 도구는 단일 소스인 깃 리포지터리에 없기 때문에 동적으로 생성된 리소스를 삭제할 수 있다. 물론 알 수 없는 리소스의 삭제는 대부분은 바람직할 수 있으며, 깃옵스의 긍정적인 속성 중 하나다. 그러나 깃 리포지터리에서 의도적으로 대역 외 변경이 발생할 수 있는 상황을 반드시 신경써야 한다. 모델을 손상시킬 수 있으므로 해결해야 하는 문제다.

요약

소스코드를 컨테이너로 가져와 쿠버네티스 클러스터에 배포하는 프로세스를 살펴봤다. 이미 익숙할 많은 단계와 원칙(빌드/테스트, CI/CD 등)이 여전히 컨테이너/쿠버네티스 환경에 적용되지만 도구 사용법은 다르다. 동시에 깃옵스와 같은 일부 개념은 기존 배포 패턴에서 안정성과 보안을 강화하려고 쿠버네티스 자체에 있는 개념을 기반으로 하는 방식이 새로운 것일 수 있다.

CI/CD 파이프라인에는 다양한 흐름과 패턴을 가능하게 하는 많은 도구가 있다. 파이프라인의 각 부분을 조직의 다른 그룹에 얼마나 많이 또는 적게 노출할지 결정하는 것의 중요성을 기억해야 한다. 개발 팀이 쿠버네티스에 참여하고 빌드 및 배포 아티팩트를 작성할 만큼의 중요성이 있을 수 있다. 또는 플랫폼팀이 관련 기반 및 자동화 방식을 제자리에 배치해야 하는 추가 부담을 대가로 확장 및 표준화 문제를 용이하게 하려고 개발 팀에서 모든 기본 세부 정보를 추상화하려는 것일 수도 있다.

16장

플랫폼 추상화

조직에서 빌드를 채택하고 쿠버네티스 플랫폼을 설계하고 빌드하는 방식으로 접근하는 것을 살펴봤다. 그러나 플랫폼과 상호작용하게 될 많은 팀(예: 개발, 정보 보안, 네트워킹 등)의 핵심 요구사항을 충족하지 못할 때가 많아 재작업과 추가 노력이 필요하기 때문에 일반적으로 위험이 따른다. 여정에 다른 그룹을 참여하는 구축 플랫폼이 목적에 적합한지 확인하는 것이 중요하다.

쿠버네티스 플랫폼에 대한 다른 팀, 특히 개발자의 온보딩 및 사용 경험을 설계할 때 고려해야 할 사항을 다룬다. 먼저 철학적인 측면을 살펴보고 개발자가 쿠버네티스를 얼마나 알아야 하는지를 확인한 다음, 개발자가 쿠버네티스 배포 및 클러스터 자체 배포를 시작할 수 있도록 원활한 진입로를 구축하는 방법을 설명한다. 마지막으로 1장에서 언급한 복잡성 범위를 다시 상기해 배치할 수 있는 추상화 수준을 살펴볼 예정이다. 다양한 수준의 지식과 기본 구현에 대한 참여를 원하는 개발 팀에 쿠버네티스 플랫폼을 제공할 때 복잡성과 유연성 사이의 균형을 맞추는 것을 목표로 한다.

여기에서는 팀 협업을 늘리고 조직의 모든 사람의 요구사항을 충족하는 플랫폼을 구축한다는 특정 입장의 측면을 다루는 것을 목표로 한다. 표면적으로 특정 측면을 다루는 것은 가벼운 주제로 보일 수 있지만, 내부에서 논의되는 문제는 많은 기업이 극복해야 하는 가장 어려운 장애물이며 쿠버네티스 기반 애플리케이션 플랫폼의 성공적인 채택 여부를 결정할 수 있다.

플랫폼 노출

쿠버네티스 플랫폼을 설계하고 구현할 때 개별 요구사항을 평가하고 다양한 영역에서 질문해야 할 필요성을 여러 번 설명했다. 많은 선택에 정보를 제공하는 질문은 개발 팀이 기본 쿠버네티스 시스템 및 리소스에 얼마나 노출되기를 원하는지를 결정하는 것이다. 이 결정에 영향을 미치는 요소가 있다.

쿠버네티스는 비교적 새로운 기술이다. 경우에 따라 쿠버네티스를 채택하려는 동기는 인프라 사용 및 효율성을 단순화하거나 워크로드를 표준화하기 위한 인프라 측면에서 볼 수 있다. 다른 때는 클라우드 네이티브 애플리케이션의 개발 및 배포를 수용하고 가속화할 수 있다고 생각하는 새로운 기술을 구현하고자 하는 개발 팀이 주도할 수 있다. 추진력이 어디에서 왔는지, 새로운 패러다임에 적응하거나, 새로운 도구를 배우거나, 새로운 플랫폼과 상호작용할 때 사용자 경험의 변화에 관계없이 다른 팀에서 영향을 느낀다.

일부 조직에서는 개발 팀이 기본 플랫폼에 노출돼서는 안 된다는 강력한 요구사항이 있다. 이를 위한 동기는 개발자가 개발 중인 플랫폼의 구현 세부사항에 주의를 기울이지 않고 비즈니스 가치를 제공하는 데 집중해야 한다는 믿음이다. 어느 정도 가치가 있지만 경험상 항상 완전히 동의하지는 않는 방식이다. 예를 들어, 개발자는 기본 플랫폼을 대상으로 하는 애플리케이션을 효과적으로 개발하려면 기본 플랫폼에 대한 최소한의 이해가 필요하다. 기본 플랫폼에 대한 이해는 애플리케이션과 플랫폼의 결합을 높이는 것이 아니라 플랫폼 기능을 최대화하는 방법을 순수하게 이해하는 것을 의미한다. 14장에서는 애플리케이션과 플랫폼 관계를 더 자세히 다룬다.

개발자 노출 없는 접근 방식이 성공하려면 플랫폼팀에 충분한 역량이 있어야 한다. 첫째, 환경을 유지 관리하고 지원하는 일을 전적으로 책임지고, 둘째, 해당 팀이 개발자가 플랫폼과 원활하게 상호작용하는 데 필요한 추상화를 구축하는 책임도 져야 하기 때문이다. 개발자가 쿠버네티스에 직접 노출되지 않더라도 애플리케이션 성능 분석, 문제 디버깅 및 문제 해결 방법이 여전히 필요하기 때문에 이 점은 중요하다. 개발자에게 클러스터에 대한 kubectl 액세스 권한을 부여하면 기본 세부 정보가 너무 많이 노출되면 개발자가 애플리케이션을 운영 환경에 소유할 수 있도록 하는 동시에 구현 세부 정보로 압도하지 않도록 하는 중간 레이어가 필요하다. 9장에서는 디버깅 도구를 개발 팀에 효과적인 방법으로 노출하는 주요 방법을 다뤘다.

일부 조직에서는 개발자를 위한 문제 해결 경험을 간소화하는 것만으로는 충분하지 않을 수 있다. 쿠버네티스에 애플리케이션을 배포하는 것도 복잡할 수 있으며, 잠재적으로 많은 컴포넌트가 필요할 수 있다. 애플리케이션이 성공적으로 배포되려면 스테이트풀셋, 퍼시스턴트 볼륨 클레임, 서비스 및 컨피그맵이 필요할 수 있다. 이런 개념을 개발자에게 노출하는 것이 바람직하지 않으면 플랫폼팀은 한 단계 더 나아가 해당 영역에서 추상화를 만들 수 있다. 이는 셀프 서비스 파이프라인으로 달성하거나 필요한 부분을 보다 간단하게 캡슐화하려고 11장에서 다룬 사용자 정의 리소스를 구축할 수 있다. 16장의 뒷부분에서 접근 방식을 모두 다룬다.

노출할 플랫폼의 양을 결정할 때 제한 요소는 추상화를 만드는 팀의 기술과 경험이다. 예를 들어 플랫폼팀이 사용자 정의 리소스 경로를 따르려면 쿠버네티스 API 모범 사례에 대한 일부 개발 기술과 지식이 필요하다. 그렇지 않으면 구축할 수 있는 추상화가 제한될 수 있으므로 개발 팀에 더 많은 플랫폼 내부를 노출해야 한다.

클러스터와 애플리케이션의 배포를 간소화하고 표준화하려고 팀이 개발자 및 기타 최종 사용자에게 셀프 서비스 모델을 제공하는 방법을 살펴볼 예정이다.

자체 서비스 온보딩

조직의 쿠버네티스 여정 초기에는 플랫폼팀이 클러스터를 필요로 하는 모든 팀을 위해 클러스터 프로비저닝 및 구성을 담당할 가능성이 높다. 그들은 또한 최소한 해당 클러스터에 애플리케이션을 배포하는 데 도움을 줄 책임이 있다. 채택된 테넌시 모델에 따라(12장의 워크로드 테넌시 참조) 설정 프로세스의 요구사항이 다를 수 있다. 단일 테넌트 모델에서 클러스터 프로비저닝 및 구성은 공통 권한 세트, 핵심 서비스(로깅, 모니터링, 인그레스 등) 및 액세스(예: 싱글 사인 온) 설정을 사용해 더 간단히 구성할 수 있다. 그러나 다중 테넌트 클러스터에서는 온보딩된 각 팀 및 애플리케이션을 여러 추가 컴포넌트(예: 네임스페이스, 네트워크 폴리시, 할당량 등)를 생성해야 진행할 수 있다.

그러나 조직이 확장되기 시작하면서 수동으로 프로비저닝 및 구성하는 것은 지속 가능하지 않다. 플랫폼팀의 반복적인 수고를 나타내며, 수동 작업이 완료되기를 기다리는 개발 팀의 참여를 차단한다. 기본 성숙도 수준에 도달하면 일반적으로 팀이 내부 사용자에게 일종의 자체 서비스 제안을 제공하기 시작하는 것을 볼 수 있다. 이를 제공하는 효과적인 방법은 젠킨스 또는 깃랩[GitLab][1]과 같은 기존 CI/CD 도구 또는 프로세스를 사용한다. 두 도구 모두 파이프라인을 쉽게 생성할 수 있도록 하고 실행 시 추가 사용자 지정 입력 기능을 제공한다.

kubeadm 및 클러스터 API와 같은 도구의 성숙도는 클러스터 생성 자동화를 비교적 간단하고 일관되게 만든다. 예를 들어 팀은 클러스터 이름 및 사이즈 조정과 같은 조정 가능한 매개변수를 노출할 수 있으며 파이프라인은 적절한 자격 증명을 출력하거나 요청 팀에 액세스하기 전에 해당 도구를 호출해 합리적인 기본값으로 클러스터를 프로비저닝할 수 있다. 많은 사항들과 마찬가지로 자동화는 선택하는 만큼 정교할 수 있다. 기본 인프라에 관련 비용 센터를 자동으로 태그 지정하는 것을 포함해 요청하는 사용자의 LDAP 정보를 기반으로 로드 밸런서와 DNS를 자동으로 생성하는 파이프라인을 확인한다. 사이징은 사용자에게 공개될

---

1   깃랩은 깃랩 사(GitLab Inc.)가 개발한 깃 저장소 및 CI/CD, 이슈 추적, 보안성 테스트 등의 기능을 갖춘 웹 기반의 데브옵스 플랫폼으로써, 오픈소스 라이선스 및 사유 소프트웨어 라이선스를 사용한다. 시중에 유통되고 있는 많은 데브옵스 솔루션들은 자신들의 특화된 영역 이외는 API를 이용한 연동만을 제공하지만 깃랩은 단일 애플리케이션으로써 데브옵스의 전 영역의 기능들을 모두 제공한다(https://about.gitlab.com). – 옮긴이

수 있지만 팀, 환경, 프로젝트에 따라 특정 범위로 제한된다. 애플리케이션의 분류 또는 보안 프로필에 따라 프라이빗 또는 퍼블릭 클라우드에서 프로비저닝할지 여부를 선택할 수도 있다. 플랫폼팀이 개발 팀을 위한 유연하면서도 강력한 자동 프로비저닝 프로세스를 생성할 수 있는 가능성은 다양하다.

다중 테넌트 시나리오는 클러스터를 생성하는 것이 아니라 네임스페이스 및 모든 관련 오브젝트를 생성해 새 애플리케이션에 대한 소프트 격리 환경을 제공할 수 있다. 다시 말하자면, 유사한 파이프라인 접근 방식을 사용할 수 있지만 이때는 개발 팀이 애플리케이션을 배포할 클러스터를 선택할 수 있다.

다음은 쿠버네티스 구축 이후 기본 수준에서 생성하는 오브젝트 목록이다.

네임스페이스

애플리케이션이 상주하고 다른 컴포넌트가 구축할 수 있도록 논리적 격리를 제공한다.

RBAC

승인된 적절한 그룹만 자체 애플리케이션의 네임스페이스에 있는 리소스에 액세스할 수 있도록 한다.

네트워크 폴리시

애플리케이션이 자체 또는 다른 공유 클러스터 서비스와만 통신할 수 있도록 하고 필요하면 동일한 클러스터의 다른 애플리케이션과 통신할 수 없도록 한다.

쿼터

하나의 네임스페이스 또는 애플리케이션이 클러스터에서 소비할 수 있는 리소스의 양을 제한해 자원 사용량 이슈 상황이 발생할 가능성을 줄인다.

LimitRange

네임스페이스에서 생성된 특정 오브젝트의 기본값을 설정한다.

파드 시큐리티 폴리시

루트 사용자로 실행하지 않는 것과 같이 워크로드가 기본 보안 설정을 준수하는지 확인한다.

위에 소개한 내용이 모든 시나리오에서 필요한 것은 아니지만, 결합하면 클러스터 관리자와 플랫폼팀이 수동 개입 없이 새로운 개발 팀을 위한 원활한 온보딩 환경 및 배포 환경을 만들 수 있다.

조직이 쿠버네티스에 대한 사용 및 지식이 성숙해짐에 따라 오퍼레이터를 사용해 쿠버네티스 기본 방식으로 파이프라인을 구현할 수 있다. 예를 들어 다음 예시에서 팀 리소스를 정의할 수 있다.

```yaml
apiVersion: examples.namespace-operator.io/v1
kind: Team
metadata:
  name: team-a
spec:
  owner: Alice
  resourceQuotas:
    pods: "50"
    storage: "300Gi"
```

예에서는 소유자(사용자) 및 일부 리소스 할당량으로 온보딩하려는 특정팀을 정의할 수 있다. 클러스터에 있는 컨트롤러는 이 오브젝트를 읽고 관련 네임스페이스, RBAC 리소스 및 할당량을 만들고 함께 묶는 역할을 한다. 쿠버네티스 API와 밀접하게 연결되고 리소스를 관리하고 조정하는 기본 방법을 노출할 수 있기 때문에 강력한 접근 방식이다. 예를 들어 역할이 실수로 삭제되거나 할당량이 수정되면 컨트롤러는 상황을 자동으로 해결할 수 있다. 이런 고수준 유형의 리소스(예: 팀 또는 애플리케이션)는 클러스터를 부트스트랩하는 데도 유용할 수 있지만 팀 오브젝트와 컨트롤러를 추가하기만 하면 사용 가능한 모든 관련 구성을 자동화할 수 있다.

정교한 자동화 설정을 만들려고 이 부분을 더 깊이 파고들 수 있다. 예를 들어, 새로운 애플리케이션을 구성해야 할 수 있는 관찰 가능성 도구를 생각해 볼 수 있다. 팀 컨트롤러가 새 팀이나 애플리케이션에 대한 맞춤형 대시보드를 생성 및 제출하도록 하고 그라파나가 자동으로 다시 로드하도록 할 수 있다. 새 팀 또는 네임스페이스를 얼럿매니저에 새 경보 대상을 동적으로 추가할 수 있다. 단순하고 사용자 친화적인 온보딩 추상화 뒤에 매우 강력한 기능을 만들 수 있다.

추상화 범위

1장에서는 추상화 범위의 개념을 소개했다. 그림 16-1에서는 해당 개념을 확장하고 추상화 범위의 구체적인 수준을 추가한다.

추상화 범위가 어느 위치에 도달할 수 있는지에 영향을 미칠 수 있는 철학적 결정 및 조직 내 제약사항을 설명했다. 이 절에서는 왼쪽(추상화 없음)에서 오른쪽(완전히 추상화된 플랫폼)으로 진행하는 더 자세한 범위를 살펴보고, 옵션과 절충점을 살펴볼 예정이다.

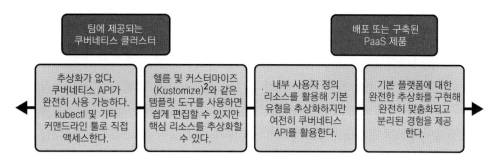

그림 16-1 추상화 범위

---

2   커스터마이즈를 사용하면 템플릿이 없는 원시 YAML 파일을 여러 용도로 사용자 지정할 수 있으므로 원본 YAML을 그대로 유지하고 사용할 수 있다. 쿠버네티스 API 오브젝트를 이해하고 패치할 수 있다. 파일에 선언한다는 점에서 make와 비슷하고 편집된 텍스트를 내보내는 sed와 비슷하다(https://github.com/kubernetes-sigs/kustomize). - 옮긴이

커맨드라인 툴

기본 커맨드라인 툴로 쿠버네티스 API를 노출함으로써 추상화 없이 범위의 맨 왼쪽 끝에 있다. 일부 조직에서는 kubectl이 개발자를 위한 쿠버네티스의 기본 진입점이 된다. 이는 제약 사항(플랫폼팀에서 지원을 받을 수 없는 상황) 또는 선택(개발자들이 쿠버네티스를 직접 사용하는 것에 익숙하고 원함) 때문일 수 있다. 클러스터에 일부 자동화 또는 가드레일이 있을 수 있지만, 개발자는 기본 도구를 사용해 상호작용한다.

개발 팀이 쿠버네티스에 약간 익숙하더라도 단점이 있는데 다음과 같다.

- 잠재적으로 여러 클러스터에 대한 인증 방법을 설정하고 구성해야 하는 수동 오버헤드는 번거로울 수 있다. 여기에는 여러 클러스터 간에 컨텍스트를 전환하고 개인이 항상 의도한 클러스터를 대상으로 하도록 하는 것이 포함된다.

- kubectl 커맨드의 출력 형식은 보고 작업하기가 번거로울 수 있다. 기본적으로 테이블 형식의 출력이 제공되지만 정보를 보다 간결하게 표시하려고 다른 형식으로 마샬링marshaling[3]하고 jq[4]와 같은 외부 도구로 파이프할 수 있다. 그러나 이를 위해서는 개발자가 kubectl의 옵션과 외부 도구 추가에 대한 사용 방법을 알고 있어야 한다.

- 기본 kubectl은 추상화/중개 없이 사용자에게 쿠버네티스의 모든 조정 및 핸들러 역할을 한다. 따라서 승인되지 않은 액세스를 제한하려면 적절한 RBAC 규칙이 있을 뿐만 아니라 API 서버로 들어오는 모든 요청을 조사하는 어드미션 컨트롤 레이어가 있는지 확인해야 한다.

다양한 도구가 이런 경험을 향상시킬 수 있다. kubens 및 kubectx와 같이 로컬 셸에서 더 나

---

3 컴퓨터 과학에서 한 오브젝트의 메모리에서 표현방식을 저장 또는 전송에 적합한 다른 데이터 형식으로 변환하는 과정이다. 또한 이는 데이터를 컴퓨터 프로그램의 서로 다른 부분 간에 혹은 한 프로그램에서 다른 프로그램으로 이동해야 할 때도 사용된다. 마샬링은 직렬화(serialization)와 유사하며 직렬화된 오브젝트에서 멀리 떨어진 오브젝트와 통신하려고 사용된다. 이는 복잡한 통신을 단순화하려고, 기본 요소 대신 통신을 위한 맞춤형 오브젝트를 사용한다. – 옮긴이

4 jq는 JSON 데이터용 sed와 같다. sed, awk, grep등 텍스트 등 구조화된 데이터를 슬라이스, 필터링, 매핑 및 변환하는 데 사용할 수 있다(https://stedolan.github.io/jq). – 옮긴이

은 사용자 경험을 제공할 수 있는 많은 kubectl 플러그인이 있으며, 이는 각각 네임스페이스 및 컨텍스트에 대한 더 나은 사용성과 가시성을 제공한다. 여러 파드의 로그를 집계하거나 애플리케이션 상태를 위한 터미널 UI를 제공하는 플러그인이 있다. 고급 도구는 아니지만 일반적인 고충을 제거하고 개발자가 기본 구현 세부 정보의 복잡성을 알아야 할 필요성을 제거할 수 있다. 추가 도구는 유용한 도우미이지만 여전히 추상화 없이 쿠버네티스 API를 직접 노출한다.

kubeconfig, 인증서, 토큰 등의 복잡성을 사용자로부터 추상화하려면 인증 흐름을 간소화하려고 외부 인증 시스템에 연결하는 플러그인도 있다. 외부 연결 플러그인은 개발자가 여러 클러스터, 특히 동적으로 왔다갔다 할 수 있는 클러스터에 안전하게 액세스할 수 있도록 하는 것이 어려워서 테스트 검증 도구의 일부 확장을 정기적으로 볼 수 있는 영역이어야 한다. 중요하지 않은 환경에서 액세스는 키페어(생성, 관리 및 배포해야 함)를 기반으로 할 수 있는 반면, 보다 안정적인 환경에서는 액세스가 싱글 사인 온 시스템에 연결될 가능성이 높다. 여러 클라이언트가 로컬 사용자의 로그인 자격 증명을 기반으로 중앙 클러스터 레지스트리에서 자격 증명을 가져오기 위한 커맨드라인 유틸리티를 개발한다.

에어비앤비[Airbnb]에서는 최근 QCon 강연(https://oreil.ly/OxTSc)에서 멜라니 세불라[Melanie Cebula]가 발표한 클러스터와 상호작용하고 이미지 구축, 배포, 더 비슷하게 적용하는 부분을 참고하고 결정할 수도 있다.

개발자가 클러스터와 상호작용할 수 있는 그래픽 인터페이스를 허용하는 추가 도구 클래스가 있다. 최근 인기 있는 선택은 Octant(https://octant.dev) 및 Lens(https://k8slens.dev)다. 쿠버네티스 대시보드가 클러스터에 있는 현황을 출력하는 것처럼 추가 도구는 워크스테이션에서 로컬로 실행되고 kubeconfig를 활용해 클러스터에 액세스한다. 도구는 클러스터와 해당 애플리케이션의 시각적 표현을 보고자 하는 플랫폼에 처음인 개발자에게 훌륭한 진입로가 될 수 있다. 클라이언트 측 경험을 향상시키는 것은 조직이 쿠버네티스와 개발자 상호작용을 단순화하려고 취할 수 있는 첫 번째 단계다.

템플릿을 통한 추상화

쿠버네티스에 단일 애플리케이션을 배포하려면 여러 쿠버네티스 오브젝트를 생성해야 할 수 있다. 예를 들어, 간단한 워드프레스^{Wordpress}[5] 애플리케이션에는 다음 항목이 필요하다.

디플로이먼트

워드프레스 인스턴스의 이미지, 명령 및 속성을 설명한다.

스테이트풀셋

MySQL을 워드프레스용 데이터 저장소로 배포하기 위한 오브젝트다.

서비스

워드프레스와 MySQL 모두에 대한 검색 및 로드 밸런싱을 제공한다.

PVC

워드프레스 데이터에 대한 볼륨을 동적으로 생성한다.

컨피그맵

워드프레스와 MySQL 모두에 대한 구성을 유지한다.

시크릿

워드프레스와 MySQL 모두에 대한 관리자 자격 증명을 보유한다.

이 목록에는 매우 작은 애플리케이션을 지원하는 거의 열 가지 오브젝트가 있다. 뿐만 아니라 구성하는 데 필요한 전문 방식들이 있다. 예를 들어 스테이트풀셋을 사용할 때 앞에 놓을 특별한 Headless 서비스를 만들어야 한다. 필자는 개발자들이 다양한 쿠버네티스 오브젝트 유형을 모두 직접 만들고 구성하는 방법을 몰라도 클러스터에 애플리케이션을 배포할 수 있기를 바란다.

---

5   워드프레스는 세계 최대의 자유-오픈소스 소프트웨어 저작물 관리 시스템이다. PHP로 작성됐으며, MySQL 또는 MariaDB가 주로 사용된다. 워드프레스로 제작된 웹사이트의 시장 점유율이 전세계 웹사이트의 42%를 돌파했다(https://wordpress.com/ko/). – 옮긴이

애플리케이션을 배포할 때 사용자 경험을 용이하게 할 수 있는 방법은 작은 입력셋만 노출하고 배후에서 나머지 표준 공통 코드를 생성한다. 이 접근 방식은 개발자가 모든 오브젝트의 모든 필드를 알 필요는 없지만 여전히 기본 오브젝트 중 일부를 노출하고 순수한 kubectl보다 한 단계 높은 도구를 사용한다. 이 영역에서 어느 정도 성숙된 도구는 헬름 및 커스터마이즈와 같은 템플릿 도구다.

헬름

헬름은 지난 몇 년 동안 쿠버네티스 생태계에서 인기 있는 도구가 됐다. 필자는 헬름이 템플릿 이상의 기능이 있다는 것을 알고 있지만 경험상 템플릿 사용 사례(예시에 명시된 매니페스트 편집 및 적용 내역)가 일부 생명 주기 관리 기능보다 더 매력적이라는 것을 발견했다.

다음은 서비스를 설명하는 워드프레스 헬름 차트(애플리케이션을 설명하는 패키지)의 스니펫이다.

```
ports:
  - name: http
    port: {{ .Values.service.port }}
    targetPort: http
```

개발자에게 직접 노출되지 않지만 다른 곳에서 주입되거나 정의된 값을 사용하는 템플릿이다. 헬름은 명령줄 또는 일반적으로 값 파일로 전달할 수 있다.

```
## 쿠버네티스 설정
## minikube은 서비스를 NodePort로 설정하고 다른 곳에서는 LoadBalancer 또는 ClusterIP를 사용한다.
##
service:
  type: LoadBalancer
  ## HTTP Port
  ##
  port: 80
```

차트에는 적절한 설정이 포함된 기본 Values.yaml 파일이 포함돼 있지만 개발자는 필요한 설정만 수정하는 재정의를 제공할 수 있다. 심층 지식 없이도 템플릿으로 강력한 사용자 정의가 가능하다. 헬름은 순전히 값을 템플릿화하는 부분 외에도 기본 논리 작업을 위한 기능도 포함하고 있어 값 파일을 한 번만 조정하면 기본 템플릿에서 여러 부분을 생성하거나 수정할 수 있다.

방금 표시된 예제 값 파일에는 type: Loadbalancer 설정이 있다. 이 설정은 여러 위치에서 템플릿에 직접 주입되지만 다음 코드 스니펫에 표시된 것처럼 조건부 및 내장 함수를 사용해 더 복잡한 템플릿을 트리거하는 역할도 한다.

```
spec:
  type: {{ .Values.service.type }}
  {{- if (or (eq .Values.service.type "LoadBalancer")
    (eq .Values.service.type "NodePort")) }}
  externalTrafficPolicy: {{ .Values.service.externalTrafficPolicy | quote }}
  {{- end }}
  {{- if (and (eq .Values.service.type "LoadBalancer")
    .Values.service.loadBalancerSourceRanges) }}
  loadBalancerSourceRanges:
    {{- with .Values.service.loadBalancerSourceRanges }}
{{ toYaml . | indent 4 }}
    {{- end }}
  {{- end }}
```

인라인 논리는 복잡해 보일 수 있는 요소가 있다. 그러나 복잡성은 최종 사용자 개발 팀이 아니라 헬름 차트 작성자가 소유한다. 템플릿에서 복잡한 YAML 구조의 구성은 개발자가 구성을 수정하기 위한 인터페이스인 값 파일의 단일 유형 키에서 시작된다. 값 파일을 런타임에 지정할 수 있으므로 다른 파일(다른 구성 포함)을 다른 클러스터, 팀 또는 환경에 사용할 수 있다.

타사 및 내부 애플리케이션을 모두 구성 및 배포하려고 헬름을 구현하는 것은 개발자로부터 기본 플랫폼 중 일부를 추상화하고 필요한 옵션에만 더 밀접하게 집중할 수 있도록 하는 효과적인 첫 번째 단계가 될 수 있다. 그러나 여전히 단점이 있다. 인터페이스(Values.yaml)는 여전히 YAML이며 개발자가 변경의 영향을 이해하려고 템플릿을 탐색해야 할 때 비우호적인 사용자 환경이 될 수 있다(참조하기 좋은 문서를 작성해 이를 완화할 수 있음).

한 단계 더 나아가고자 하는 사람들을 위해 조정 가능한 항목을 사용자 인터페이스로 추상화하는 도구가 개발된 것을 봤다. 내부적으로 보다 기본적으로 접근할 수 있지만 사용자 환경은 사용자의 요구사항에 따라 사용자 정의할 수 있다. 예를 들어 워크플로는 기존 배포 도구(예: 젠킨스) 또는 티켓팅 유형의 서비스에 구축할 수 있지만 기본 출력은 여전히 클러스터에 적용되는 쿠버네티스 매니페스트일 수 있다. 강력하지만 관리가 복잡해져 추상화는 결국 사용자에게 누출되기도 한다.

최근 등장한 조정 가능 항목을 사용자 인터페이스로 추상화하는 도구 제공 모델에 대한 흥미로운 해석은 Ambassador Labs(https://app.getambassador.io)의 K8s 이니셜라이저^{initializer}다. 브라우저 기반 UI 워크플로를 사용해 사용자는 배포하려는 서비스 유형과 대상 플랫폼의 여러 질문을 받는다. 그런 다음 사이트는 사용자가 모든 사용자 정의가 적용된 클러스터에 적용할 다운로드 가능한 패키지를 출력한다.

모든 템플릿 접근 방식은 강점과 약점이 많다. 실무에서는 여전히 클러스터에 적용되는 쿠버네티스 기본 오브젝트를 다루고 있다. 예를 들어 완성된 값으로 헬름 파일을 출력할 때 여전히 서비스, 스테이트풀셋 등에 노출된다. 오브젝트 노출은 플랫폼의 완전한 추상화가 아니므로 개발자는 여전히 일정 수준의 기본 지식이 필요하다. 그러나 반대로 오브젝트 노출은 이런 접근 방식의 장점이기도 한다(헬름을 사용하거나 K8s 이니셜라이저에서 보다 추상적인 접근 방식). 업스트림 헬름 차트 또는 이니셜라이저가 필요로 하는 것을 정확히 출력하지 않을 때도 클러스터에 적용하기 전에 결과를 수정할 수 있는 완전한 유연성이 있다.

커스터마이즈

커스터마이즈^{Kustomize}는 임의의 쿠버네티스 YAML 오브젝트의 필드에 임의의 추가, 삭제 및 수정을 적용하려고 독립형 또는 kubectl의 일부로 사용할 수 있는 유연한 도구다. 템플릿 도구는 아니지만 헬름이 다른 방식으로 노출하지 않는 필드를 수정하는 방법으로 헬름으로 템플릿화된 매니페스트 집합에서 활용될 때 유용하다.

이전에 설명한 헬름은 완전한 유연성을 허용하는 매우 강력한 추상화로서 추가 사용자 정의를 위해 커스터마이즈와 같은 것으로 파이프된 템플릿 도구로 봤다. 범위의 중간 어딘가에 있으며 종종 조직에 적합한 지점에 있는 방식이다. 다음 절에서는 추상화 범위의 오른쪽으로 더 이동해 각 조직/사용 사례에 특별히 맞춤화된 사용자 정의 리소스로 기본 오브젝트를 캡슐화하는 방법을 살펴볼 예정이다.

쿠버네티스 초기 추상화

쿠버네티스는 기본 오브젝트 및 API 패턴 집합을 제공한다. 오브젝트 및 API들을 결합하면 내장되지 않은 유형과 아이디어를 캡처하려고 더 높은 수준의 추상화 및 사용자 정의 리소스를 구축할 수 있다. 2019년 말 소셜미디어 회사인 핀터레스트[Pinterest][6]는 CRD(및 관련 컨트롤러)를 생성한 방법을 설명하는 흥미로운 블로그 게시물을 게시했다. 개발 팀에서 쿠버네티스 기본 빌딩 블록을 추상화하는 방법으로 내부 워크로드를 모델링한다. 핀터레스트는 이 접근 방식에 대한 근거를 다음과 같이 요약했다.

디플로이먼트, 잡 및 데몬셋과 같은 쿠버네티스 기본 워크로드 모델은 자체 워크로드를 모델링하는 데 충분하지 않다. 사용성 문제는 쿠버네티스를 채택하는 과정에서 큰 장애물이다. 예를 들어 서비스 개발자가 엔드포인트를 엉망으로 만드는 인그레스가 없거나 잘못 구성된 것에 불평하는 것을 들었다. 또한 배치 잡 사용자가 템플릿 도구를 사용해 동일한 작업 사양의 수백 개의 사본을 생성하고 결국 디버깅 악몽으로 끝나는 것을 봤다.

> — 리다 리[Lida Li], 준 리우[June Liu], 로드리고 메네제스[Rodrigo Menezes], 쉬리 쉬[Suli Xu], 장해리[Harry Zhang], 로베르토 로드리게스 알칼라[Roberto Rodriguez Alcala]; "핀터레스트에서 쿠버네티스 플랫폼 구축"(https://oreil.ly/Ovmgh)

다음 코드 스니펫에서 PinterestService는 핀터레스트의 사용자 정의 내부 리소스의 예다. 25줄 오브젝트는 직접 생성할 때 350줄 이상에 해당하는 여러 쿠버네티스 기본 오브젝트를 만든다.

```
apiVersion: pinterest.com/v1
kind: PinterestService
metadata:
  name: exampleservice
  project: exampleproject
  namespace: default
spec:
  iamrole: role1
  loadbalancer:
    port: 8080
  replicas: 3
  sidecarconfig:
    sidecar1:
      deps:
      - example.dep
    sidecar2:
      log_level: info
  template:
    spec:
      initcontainers:
      - name: init
        image: gcr.io/kuar-demo/kuard-amd64:1
      containers:
      - name: init
        image: gcr.io/kuar-demo/kuard-amd64:1
```

특정 입력만 최종 사용자에게 노출되는 이전 절에서 본 템플릿 모델의 확장을 예로 만들었다. 그러나 이때 상대적으로 구조화되지 않은 Values.yaml 파일보다 애플리케이션의 컨텍스트에서 의미가 있고 개발자가 더 직관적으로 이해할 수 있는 입력 오브젝트를 구성할 수 있다. 추상화 누수가 발생할 수 있지만 플랫폼팀(CRD/오퍼레이터 생성)이 기존 리소스의 제약 조건에서 작업하지 않고 기본 리소스를 생성 및 수정하는 방법을 완전히 제어할 가능성이 적은 방식이다. 헬름 접근 방식과 같은 오브젝트 또한 헬름의 내장된 기능으로 제한되는 대신 범용 프로그래밍 언어로 훨씬 더 정교한 로직을 컨트롤러와 함께 만들 수 있는 능력이 있다.

그러나 앞서 논의한 바와 같이 이는 플랫폼팀이 이제 프로그래밍 전문성을 갖춰야 한다는 절충안과 함께 제공된다. 플랫폼 서비스 및 오퍼레이터 생성에 대한 자세한 내용은 11장을 참조하면 된다.

오퍼레이터를 활용해 외부 API를 호출해 더 풍부한 기능을 추상화된 오브젝트 유형에 통합할 수도 있다. 예를 들어, 한 클라이언트에는 모든 애플리케이션이 올바르게 작동하고 외부 클라이언트에 노출되도록 등록해야 하는 내부 DNS 시스템이 있었다. 기존 흐름은 개발자가 웹 포털을 방문해 할당된 DNS 이름에서 전달해야 하는 포트와 서비스 위치를 수동으로 추가하도록 한다. 개발자 경험을 향상시킬 수 있는 옵션이 있다.

기본 쿠버네티스 오브젝트(이때 인그레스와 같은)를 사용하면 적용된 인그레스에 대한 특수 어노테이션을 읽고 애플리케이션을 DNS 서비스에 자동으로 등록하는 오퍼레이터를 만들 수 있다. 이 예는 다음의 예시와 같이 보일 수 있다.

```yaml
apiVersion: networking.k8s.io/v1
kind: Ingress
metadata:
  name: my-app
  annotations:
    company.ingress.required: true
spec:
  rules:
  - host: "my-app"
    http:
      paths:
      - path: /
        backend:
          service:
            name: my-app
            port:
              number: 8000
```

컨트롤러는 `company.ingress.required: true` 어노테이션을 읽고 애플리케이션 이름에 따라 네임스페이스 또는 기타 메타데이터가 이동해 적절한 DNS 레코드를 등록할 수 있을 뿐만 아니라 특정 규칙에 따라 호스트 필드를 잠재적으로 수정할 수 있다. 개발자가 필요로 하는 레코드 생성과 같은 수작업을 많이 줄여주지만 여전히 쿠버네티스 오브젝트(앞 예제는 인그레스 오브젝트)에 대한 약간의 지식이 필요하다. 그런 식으로 이전 절에서 설명한 추상화 수준에 더 가깝다고 볼 수 있다.

`PinterestService`와 같은 사용자 정의 리소스를 사용하는 옵션도 있다. 필요한 모든 정보가 캡슐화돼 있으며, 오퍼레이터로 인그레스를 생성하고 DNS 시스템과 같은 외부 서비스를 구성할 수 있다. 이 부분은 기본 추상화를 개발자에게 누설하지 않았으며, 구현 시 완전한 유연성이 생긴다.

다양한 추상화 수준 지원

조직에 제공할 올바른 수준의 추상화를 결정할 때 이를 문서화하고 지원할 방법을 생각하는 것이 중요하다. 예를 들어, 헬름 또는 기타 템플릿 도구와 같은 것을 사용하거나 초기 쿠버네티스 오브젝트(파드, PVC, 컨피그맵 등)로 추출하는 접근 방식을 사용할 때 문제를 해결할 때 엄청난 양의 커뮤니티 리소스를 활용할 수 있다.

예를 들어 스토리지를 바인딩할 수 없는 이유를 설명하는 PVC의 상태 조건 또는 잘못 구성된 템플릿으로 차트를 설치하려고 할 때 헬름에서 오는 에러 메시지가 될 수 있다. 일반적으로 사용되는 도구 및 오브젝트에 대한 성숙하고 광범위한 문서 및 공유 커뮤니티 경험 때문에 두 가지 모두 온라인에서 쉽게 검색할 수 있다.

이런 오브젝트를 완전히 추상화할 때(개발자가 초기 디버깅 액세스 권한이 없는 파이프라인 뒤 또는 PinterestService와 같은 사용자 정의 리소스 유형 뒤에서) 사용 범위가 매우 좁다(잠재적으로 조직 내부에만 해당). 이때 좋은 문서화가 필수적이지만 내부 상황을 투영할 수 있는 유리창을 제공하는 것도 깨진 유리창(break-glass) 상황에서 유용할 수 있다.

깨진 유리창 접근 방식은 최종 사용자가 기본 고수준의 추상화를 경험할 수 있게 해 일상적인 마찰을 최소화하지만 필요하거나 원하면 다른 수준의 추상화를 사용하도록 선택할 수 있기 때문에 특히 개별 기술 또는 지식을 기반으로 할 때 강력하다고 할 수 있다. 경험상 이 모델은 플랫폼 추상화를 설계할 때 이상적인 모델이어야 한다.

여기서 또다른 관련 측면은 기술의 이전 가능성이다. 업스트림 쿠버네티스 기술이 보편화됨에 따라 기본 내부에 액세스하거나 노출되면 해당 사람들이 플랫폼과 상호작용하고 문제를 해결하는 것이 더 쉬워진다. 또한 기술 범위가 좁아질까 두려워 특정 다운스트림 플랫폼/배포에 깊이 뿌리내리고 싶지 않은 인재를 유치하려면 보다 기본적인 플랫폼 또는 레이어에 액세스할 수 있는 플랫폼을 갖는 것이 더 유리할 수 있다.

사용자 정의 리소스 및 오퍼레이터 접근 방식을 사용하더라도 여전히 플랫폼의 핵심 메커니즘 중 일부를 개발 팀에 노출한다. 유효한 쿠버네티스 메타데이터, API 버전 및 리소스 유형을 지정해야 한다. 또한 YAML(구축을 위한 파이프라인, 래퍼 또는 UI도 제공하지 않는 한) 및 이와 관련된 단점을 노출한다. 마지막이 될 다음 절에서는 추상화 범위의 오른쪽으로 완전히 이동하고 개발자가 애플리케이션 코드에서 플랫폼으로 직접 이동할 수 있고 쿠버네티스를 전혀 알지 않아도 되는 옵션을 설명한다.

쿠버네티스를 보이지 않게 만들기

이전 절에서 추상화 범위가 왼쪽에서 오른쪽으로 이동했다. 가장 덜 추상화된(초기 kubectl 액세스) 단계에서 시작해 완전히 추상화된 플랫폼으로 끝나게 된다. 개발자가 쿠버네티스를 사용한다는 사실조차 모르고 플랫폼에 대한 유일한 인터페이스(대부분)가 코드를 커밋/푸시해 상당히 좁은 범위 및 플랫폼 사용 부분을 노출되지 않고 초점을 맞춘다.

헤로쿠와 같은 SaaS 제공 업체와 클라우드 파운드리와 같은 도구는 10년 전에 개발자 중심의 푸시 경험을 대중화했다. 개념으로 한 번 구성된 도구가 애플리케이션이 작동하는 데 필요한 모든 보완 컴포넌트(관측 가능성 스택, 라우팅/트래픽 관리의 일부 형태, 소프트웨어 카탈로그 등) 개발자가 단순히 코드를 소스 리포지터리에 푸시할 수 있다. 플랫폼의 특수 컴포넌트는 적절한 리소스 제한을 설정하고, 코드를 실행할 환경을 프로비저닝하고 필요하면 표준 PaaS 구성요소를 함께 연결해 간소화된 최종 사용자 경험을 가능하게 할 수 있다.

여기에 쿠버네티스와 약간의 크로스오버가 있다고 생각할 수도 있다. 이는 유사한 기능을 활성화하기 위한 기본 요소도 제공한다. 원래 PaaS 플랫폼이 구축됐을 때 도커와 쿠버네티스는 존재하지 않았고 보다 기본적인 컨테이너화된 워크로드의 보급은 매우 제한적이라서 처음부터 VM 기반 환경을 위해 구축됐다. 애플리케이션 작동 컴포넌트 및 서비스 플랫폼은 앞서 설명한 이유로 쿠버네티스로 이전되거나 다시 작성되고 있다. 쿠버네티스는 상위 수준 플랫폼을 구축하기 위한 매우 견고한 기계적 기반, API 규약 및 기본 초기 자원을 제공한다.

쿠버네티스에서 자주 제기되는 비판 내용으로는 운영 및 개발 팀 모두에게 협상해야 하는 컨테이너 환경으로의 전환 외에도 사소하지 않은 추가 복잡성을 도입한다는 점이다. 그러나 이런 관점은 공동 창립자 조 베다^{Joe Beda}가 여러 번 말했듯이 플랫폼 구축을 위한 플랫폼이 되는 쿠버네티스의 주요 목표 중 하나를 놓치고 있다. 복잡성은 항상 어딘가에 존재하지만 아키텍처 결정과 기본 요소를 쿠버네티스로 플랫폼 개발자, 벤더 및 오픈소스 커뮤니티에 복잡성을 추상화해 쿠버네티스에서 원활한 개발 및 배포 경험을 구축할 수 있다.

이미 가장 인기 있고 성공적인 오픈소스 PaaS^{Platform as a Service}(현재 쿠버네티스로 이식됨)인 클라우드 파운드리를 언급했으며 구글 앱 엔진^{Google App Engine}[7] 및 일부 기타 서버리스 기술 및 레드햇 오픈시프트의 일부와 같은 상당히 성숙한 옵션이 있다. 이외에도 환경이 성숙해짐에 따라 더 많은 플랫폼이 등장한다. 인기 있는 플랫폼은 원래 스포티파이^{Spotify}에서 만든 백스테이지^{Backstage}[8]이다. 이제 CNCF 샌드박스 프로젝트는 개발자가 애플리케이션을 배포하고 관리할 수 있도록 맞춤형 추상화를 제공하는 포털을 구축하기 위한 플랫폼이다. 글을 쓰는 동안에도 해시코프(볼트 및 Consul과 같은 많은 클라우드 기본 OSS 도구 개발자)는 최종 사용자를 기본 배포 플랫폼에서 분리하고 개발 팀에 높은 수준의 추상화를 제공하는 새로운 도구인 웨이포인트^{Waypoint} 프로젝트를 발표했다. 발표 블로그 게시물에서 그들은 다음과 같이 작성했다.

---

7 구글 앱 엔진은 구글에서 제공하는 서비스이며, 웹 애플리케이션을 PHP, 파이썬, 자바, Go 언어를 사용해 개발하고 구글의 인프라에서 실행하고 버전 관리할 수 있다. 구글 클라우드 플랫폼의 일부다(https://cloud.google.com/appengine/docs?hl=ko). - 옮긴이

8 백스테이지는 개발자 포털 구축을 위한 개방형 플랫폼이다. 중앙 집중식 소프트웨어 카탈로그를 기반으로 하는 백스테이지는 마이크로서비스 및 인프라의 순서를 복원하고 제품 팀이 자율성을 손상시키지 않으면서 고품질 코드를 신속하게 제공할 수 있도록 한다(https://backstage.io). - 옮긴이

우리는 간단한 이유로 웨이포인트를 만들었다. 개발자는 배포를 원한다.

— 미첼 하시모토^{Mitchell Hashimoto}, '해시코프 웨이포인트 발표'(https://oreil.ly/ZhTJ4)

웨이포인트는 소프트웨어 개발의 빌드, 배포 및 릴리즈 단계를 캡슐화하는 것을 목표로 한다. 웨이포인트를 사용하면 개발자는 필수 입력만 요청하는 최소 방식으로 전체 단계 세트를 설명한다는 점을 제외하고는 도커 파일과 유사하게 프로세스를 설명하는 설정 파일을 생성하거나 생성하는 데 도움을 받아야 한다. 설정의 예는 다음과 같다.

```
project = "example-nodejs"

app "example-nodejs" {
    labels = {
        "service" = "example-nodejs",
        "env" = "dev"
    }

    build {
        use "pack" {}
        registry {
            use "docker" {
                image = "example-nodejs"
                tag = "1"
                local = true
            }
        }
    }

    deploy {
        use "kubernetes" {
        probe_path = "/"
        }
    }

    release {
        use "kubernetes" {
        }
```

```
        }
    }
```

웨이포인트의 접근 방식은 개발자에게 웨이포인트 설정 파일 작성 시 약간의 복잡성을 여전히 부여한다. 그러나 웨이포인트는 추상화한 결정이 많다. 플랫폼을 추상화한다고 해서 항상 모든 복잡성이 프로세스에서 제거되거나 아무도 새로운 것을 배울 필요가 없다는 의미는 아니다. 대신, 이때와 같이 속도와 유연성의 최적점에 도달하는 올바른 추상화 수준에서 새롭고 단순화된 인터페이스를 도입할 수 있다. 웨이포인트는 기본 플랫폼도 배포 및 릴리스 단계에서 전환해 해시코프의 자체 노마드 또는 기타 오케스트레이션 엔진과 같은 것을 사용할 수 있다. 모든 기본 세부 정보와 로직은 플랫폼으로 추상화된다. 쿠버네티스 및 이런 기타 플랫폼이 발전하고 더 안정적이고 완벽해짐에 따라(일부는 거의 다 왔다고 주장할 수도 있음), 개발 팀이 보다 빠른 비즈니스 가치를 제공할 수 있도록 더 나은 수준의 플랫폼 개발에서 진정한 혁신이 계속된다.

요약

플랫폼팀이 사용자(일반적으로 개발 팀)에게 제공할 수 있는 다양한 추상화 레이어와 이를 구현하는 데 사용된 공통 도구 및 패턴을 설명했다. 플랫폼 추상화는 조직 문화, 역사, 도구, 기술 세트 등이 선택하는 모든 결정과 단점에 영향을 미치는 영역이며, 필자가 함께 작업한 거의 모든 고객이 16장에서 설명한 문제를 약간 다른 방식으로 해결하기로 선택했다.

개발 팀이 기본 배포 플랫폼에 너무 많은 관심을 가질 필요가 없다는 논지를 전했지만 배포 플랫폼에 대한 관심이 항상 옳다거나, 개발자가 위치를 이해해서는 안 된다는 의미는 아니다. 애플리케이션이 어떻게 실행되고 있는지에 대한 정보는 플랫폼의 특정 기능을 활용하거나 소프트웨어 문제를 디버그할 수 있는 데 중요하다. 항상 그렇듯이 강한 균형을 유지하는 것이 가장 성공적인 방법이다.

프로덕션 쿠버네티스

애플리케이션 플랫폼 구축을 위한

발 행 | 2024년 1월 2일

옮긴이 | 나 정 호
지은이 | 조쉬 로소 · 리치 랜더 · 알렉산더 브랜드 · 존 해리스

펴낸이 | 권 성 준
편집장 | 황 영 주
편 집 | 김 진 아
          임 지 원
디자인 | 윤 서 빈

에이콘출판주식회사
서울특별시 양천구 국회대로 287 (목동)
전화 02-2653-7600, 팩스 02-2653-0433
www.acornpub.co.kr / editor@acornpub.co.kr

한국어판 ⓒ 에이콘출판주식회사, 2024, Printed in Korea.
ISBN 979-11-6175-797-1
http://www.acornpub.co.kr/book/production-kubernetes

책값은 뒤표지에 있습니다.